縄文社会における
土器の移動と交流

水沢 教子 著

雄山閣

序　文

本書は、縄文時代中期の中央高地を中心に周辺地域との関係を含めて、集落遺跡における土器型式・製作技法・土器胎土を実証的に分析し、土器製作および土器の移動の実態について、人間集団の行動と交流という観点から解明したものである。

土器の胎土分析研究をミドルレンジ理論の一環として位置づけて、考察の枠組みをモデル構築していく点にも、本研究の特色がある。方法論の中で、岩石・鉱物・粘土の理化学的分析を総合して「在地胎土」を認定し、人間集団の行動を復元するTtCモデル（型式・技法・胎土モデル）のフレームを構築するのである。ミドルレンジ理論は、プロセス考古学の創始者ビンフォードによって確立されたもので、沈黙して語ることのない考古資料（静態）と、文化システムとして捉える当時の生活（動態）とを橋渡しする方法論として、現代のアメリカ考古学理論のベースにもなっている。考古学的記録への意味付与の明示化、研究者側の文化投影を避ける異文化理解という原則、推論過程における論理的な独立性が重視される。本研究では、ミドルレンジ理論のカバーする範囲を広義に理解して、その適用が試みられている。考古学の客観的な資料解釈とは何であるか、本質的な議論への良き材料となるだろう。

長野県千曲市屋代遺跡群の調査成果を機軸に、集落の類型と立地、敷石住居の構造、生業と食料について総合的に論じている。人々の交流をめぐっては、中期前葉から中葉の地域間交流を焼町土器の様相などから考察し、中期後葉の地域性について屋代遺跡群と東北南部の大木式土器を比較分析し論じている。

独自の方法論に立脚した胎土分析の実践では、長野県熊久保遺跡、川原田遺跡、屋代遺跡群、宮城県浅部貝塚の出土土器を膨大な労力をかけて分析した。そして土器型式と胎土分析結果との総合による在地製作品・搬入品・模倣品の指摘、屋代遺跡群における縄文中期から古代までの土器の通時的分析による在地胎土の認定基準の提示など、土器製作と人間集団の行動に関し多くの事実を明らかにしている。胎土分析の結果を、各土器型式の内容・組成と素地土の調達行動という観点で考察し、土器製作と流通のシステムについて総括している。土器の局地的製作と土器型式内外での頻繁な移動、模倣製作の可能性が指摘される。これからの課題としての「土器在地胎土網」整備の必要性は、地域研究の組織化への展望でもある。

本書においては、日本考古学の長い伝統を継承する土器型式研究、およびその地域性についての詳細な分析と、近年とくに著しい進展が認められる理化学的な胎土分析法とが、同じ方法論の両面として総合されている。その手法は非常に実証的で堅実であるが、一人の研究者が考古学的方法と自然科学的方法の両分野によく通じ、実際に資料分析にあたることで、重要な成果が得られているのである。その意味では、現代の極度に細分化された歴史科学の研究状況にも一石を投じるものではなかろうか。

この試論は中央高地の縄文中期社会の解明にとどまらず、縄文社会における土器作りの構造、さらに土器型式の広域的な斉一性と地域的特色のメカニズム解明に貢献するものである。本書で提示された新しい縄文社会像は、その具体的な研究法や幅広い分析視角とともに、今後の縄文土器研究に対しての、ひとつの重要な問いかけとなるであろう。

東北大学大学院文学研究科教授
阿子島　香

◎縄文社会における土器の移動と交流／目次◎

挿図目次

表目次

序　章

第1節　本書の射程

1　土器の斉一性とその背景

(1) 土器の斉一性

縄文土器がある地域の中で似通った特徴を持ち、時間的な流れの中で同様な段階へと変化を遂げていく現象、つまり土器の斉一性は、それがあるゆえに作業概念としての土器型式が成り立ち、編年研究が進んできたといえる。そしてそれは土器のあらゆる共伴資料に年代を与え、それらを刻々と流れる歴史の時間軸の中に位置づけることを可能にしてきた。土器型式が作業概念であるとしても土器を製作したのは人間である以上、土器型式内の斉一性と土器型式間の異質性の背後には何らかの社会的な事象が予想される。そのため、土器型式の作業概念としての側面を用いて土器編年を進めると同時に、この事象を具体的に説明する必要がある。例えば土器づくりを担ったのは個人であるのか、集団であるのか、集団であればどのような集団か。このような問題意識に対し、ある時は土器の型式学的な研究から、またある時は分布論の中で、様々な解釈がなされてきた。しかしながら現状において研究者間の統一見解がみられないことは、考古学者の大多数が用いるどの方法も、相互に納得できる証明方法となり得ていないことを意味する。そして更に列島規模でみた場合、土器型式毎の事情はそれぞれ異なり、とても等質な説明を行うことはできそうにない。どのような資料から何を読みとることができるのか､我々はまだ模索を続けている。

一つの集落全体が広く移動した結果、広域の土器が似通うような可能性はあるのだろうか。狩猟・採集民の事例には、定住的な拠点集落を持ちながらもそこから必要に応じて狩猟や採集に出かけ、一時滞在用のキャンプを設けて一定期間とどまることがあり、八ヶ岳西南麓の縄文遺跡では、集落が同一尾根上に移動する例や、沢を挟んで反対側に分村する例（勅使河原 1992 a・b）がみられ、千葉県新田野貝塚でも半径 10㎞内外の集落の移動が推測されている（林 2004 a）。前者は季節毎に異なる資源をより効率的に獲得するため、後2者は資源の消費を自然の回復力以下に抑え適正規模に保全するためであり、このような集落の移動や分村は、集落の安定化が進んだ中期でも、自然の生態系に強く依存している縄文社会にあっては十分考えられよう。ただ、これらの目的で土器型式の範囲程広い領域を移動する必要はない。我々が「遺跡」と呼ぶ対象のうちいくつかは同一集団が遺したものである可能性は否定できないものの、土器を保持したまま集落の構成員の大部分が同時に移動するという理由をもって、土器が広域に類似する背景の説明にはならない。

その結果、土器の斉一性の背景に、土器製作者の移動といった現象が浮上する。

(2) 土器の斉一性と結婚による女性の移動（婚後居住規制研究）の問題点

縄文土器の広がりの範囲を部族などの集団の領域と捉え、土器の斉一性は外婚的な婚姻関係を通じて土器製作者たる女性が集団間を頻繁に転居移動した結果とする考え方がある。それに伴って土器型式がある居住集団、地域社会から別の社会へと伝達、授受された結果成り立つものと理解すべき（谷口 1986）とされる。土器の中でも特に埋甕に照準を合わせたものには、埋甕の埋設形態の差を故郷を別にする婚入女性のグループと対応させて「埋甕集団」とし、更に２つの集団から交互に婚入してくることから「父系父方交差イトコ婚」とした研究（丹羽 1980）や、埋甕が幼児の生・死・再生に係わることから、埋甕の土器型式差はそれを用いた女性の出自差を示すとして詳細な分析を行った事例が注目される（佐々木 1981）。

土器づくりを担うのは確かに女性が多かっただろう。『正倉院文書』には女性が土器づくりを担い、男性が土掘りや製品の運搬に従事していた記録があり、マードックの「労働の性別分業に関する比較資料」での世界各地の民族例でも女性が土器の製作に主に従事する優位指数は 80％を越えている。土器と女性の関係を重視し、やはり女性との関係性が指摘される埋甕の型式差や土器型式そのものの広がりを一歩進んで女性の移動に置き換えることは、遺物の分析を基礎に置く考古学の研究方法としては非常に重要な視点と認められる。しかしながら、婚入者を示す在地外土器型式の埋甕は各集落とも極少数に止まり、埋甕の主体が在地型式であった場合、これを同一土器型式圏内からの婚入者が持参したもの（搬入品）とするのか、同一集落に生涯住み続ける女性がその集落で作ったもの（在地土器）とするのかは、土器型式観察のレベルだけでは難しい側面がある。

さて、考古資料のパターンの解釈において、婚後居住規制が言及されてきた分野として、その他に集落研究がある[(1)]。例えば与助尾根遺跡で二棟一対の住居跡群が抽出されたという考古学的事実に対し、「一棟に家長夫婦と幼児、他の一棟に家長と出自を同じくする男子や子供が居住した可能性を示す事実と考えられてくるのである。」（水野 1969）という解釈が行われた。幅広く支持されてきた水野集落論は、集落研究の端緒を開いたという評価の一方で、個別具体的な解釈の前提に関する説明に乏しい。そしてこのような集落研究に限らず、考古学の対象が、社会構造や親族関係、あるいは精神的な領域へと踏み込めば踏み込むほど、その傾向が強くなることは避けられない。その延長線上に、女性の結婚による土器の広がりといった解釈も位置づけられよう。そして、説明に乏しい解釈の前提に、研究者の経験則への傾斜が少なからず想定されるのではないか。

一方、埋葬形態や人骨そのものを素材とした親族組織研究においても婚後居住が問題となってきた。抜歯研究では、結婚に際して行われる抜歯型式が集団全体で大きく二つのタイプに分かれ、それぞれの副葬品の多寡から一方が在来者、もう一方を他の集落からの婚入者であるという前提から、日本列島では縄文時代前・中期には婿入り婚が優勢であり（春成 1980）、結婚の形態としては複婚制（春成 1981）が指摘された[(2)]。また、茨城県中妻貝塚と千葉県下太田貝塚の土坑に再葬された複数の人骨のミトコンドリアＤＮＡ解析からは、どちらも約半数の人骨が属する主体となるハプロタイプが特定され、その他に１～数名が属する副次的なタイプがみられることから、一つの母系集団が中心にあり、そこへ婚入した人々がいたことが明らかになった（西本他 2001）。

更に西日本各地の古墳出土人骨の歯冠計測値・性別・年齢構成・埋葬順位・人骨配置・移動などの分析では、5世紀前半までは兄妹・姉弟・兄弟・姉妹が一緒に葬られ、出産歴のある女性も自分の兄弟と一緒に葬られるが、5世紀後半には男性家長と男もしくは女の子供が一緒に葬られるようになり、6世紀前半には家長の妻が家長と一緒に葬られるようになるという変遷が明らかになった。伝統的な双系社会における5世紀の軍事的な緊張によって家父長のみに父系の出自が成立したものの、双系を含めての二重構造が平安時代末まで続き、ようやく鎌倉時代になって父系直系家族が成立したと総括された（田中1995）。

以上のような、土器研究とその他の分野における婚後居住規制の解釈を巡る不一致は、この問題が、考古学と周辺諸科学、文献史学、文化人類学などの諸分野を横断して議論されることが少なく、総合的に考察する視点の欠如に起因する。そしてその結果、土器の斉一性は女性の結婚による移動に起因するという仮説こそが歴史的に証明すべき対象であるにも拘わらず、それが一部の研究の中では前提となってしまった観がある。もし考古資料の分析の結果、ある蓋然性をもってそれが証明されたのなら、それは列島の歴史の一端として評価しなければならないだろう。ところが現状では、考古資料の分析と、そこから導き出される結果の解釈の形で証明されなければならないはずの結婚の形態が、まず前提として置かれ、その枠組みのもとに土器の斉一性が説明されてしまっているのである。

2　土器研究の枠組みと限界

土器の斉一性の背景には、前項で確認した土器製作者の動きの他に、土器を持った人の動き、つまり土器の交換・交易などの物流やそれに伴う人々の交流が予想される。ただ長らく土器研究の対象となってきたこの問題は、実は非常に難しい問題を内包している。なぜならばそれをつきつめればつきつめるほど、静態叙述を得意とする考古学の、既存の枠組みでは対応が難しい動態領域に、大きく踏み込んでいく必要が生ずるからである。

日本考古学は歴史学の一分野とされているが、歴史学が依拠するところの文字資料を直接的には持たない。そこで、過去の痕跡である静物としての遺跡や遺構から、その意味するところを読みとり、解釈を行うことを第一の目的とする。ところが考古学者は、現代社会の中で生活しているため、様々に移り変わる経済・社会的な動きのうち現在直面している視点から過去をみる傾向が否応なく生ずる可能性がある（トリッガー1991）。例えば、高度経済成長時の豊かな縄文社会像、豊かさゆえの閉塞感から生ずる社会像に呼応するかのような縄文時代の戦争論、地球温暖化に伴うエコ社会の到来とともに出現した資源の計画的利用の模範たる縄文社会像などは単なる偶然であろうか。考古学は発掘調査によって他の歴史科学分野を圧倒する資料量を誇り、型式論・層位論・分布論等の土台によって学として体系化されている。しかしながら、歴史科学である以上、いかなる場合も現在の立ち位置が結果の解釈を左右するような状況は許されるべきではない。もしもそのような背景から解釈の幅が生じ得るとしたら、考古学は発見とその平易な記述以上に歩みを進めてはならないだろう。

さて、考古学が動態的な解釈へと歩みを進めるためには、私は考古学が科学であることを更に徹底しなければならないと考える。自然科学者はデータを集めて実験を行い、仮説を立てる。そしてその仮説を更に多くのデータに対して検証し、最終的な解釈（追認可能な一般法則モデルの構築）を行う。考古学者は発掘調査の中で遺跡の形成過程を正しく理解した上で記載して取り上げられた遺物のみを集成し、そこから必要な属性を収集して仮説を立てる。そしてその仮説の更に多くの資料に対する成立の可否を検証して最終的な解釈を行わなければならない。そして実験の過程が詳しく明示されなければならないのと同様に収集と検証の過程は特に入念に明示される必要がある。なぜなら収集と検証の過程にこそ、考古学者の思想やその社会背景に左右された解釈がなされるブラックボックスが存在する可能性が高いからである。

考古学における歴史叙述の素材はいうまでもなく報告書と遺された遺物である。調査後に遺跡が残ることが稀である以上、再現不可能であるがゆえに調査の精度が高く、欲しい情報に対する不備がなるべく少ない遺跡を分析対象に望むしかない。しかしながら、以前はごく基本的とされていた事柄でさえも、最近は調査・整理期間の制約などの理由で十分な記録を掲載できないケースは後を絶たないし、将来の分析を期待して一見無駄と思われるデータをとることも稀になった。そこで収集のブラックボックスを克服する方法として、既存の報告書の記述の入念な資料批判と並んで、分析の対象と定めた遺跡に対し自らが資料収集のための精緻な調査を実施することが重要となる。つまり限られた調査期間の中で無数の情報の中から内外に合理的な説明ができる資料の選択的収集を瞬時に実施し、その内容を十分に活用して考古学的事実を引き出すことが求められる。

では検証のブラックボックスはどうであろうか。明示的な論証を心がけても、証明すべき命題によっては、仮説検証の過程での飛躍が顕著な場合がある。そこで、ここに原因と結果を別個の体系によって一般理論化する装置としてのミドルレンジ研究（阿子島 1983）が必要となる。21 世紀になって考古学者は更に、目指す縄文時代から、時間の流れという面で遠のき、それに反比例して解釈に用いるべき知識は貧困化していく。つまり縄文時代から遠くなればなるほど、一世代前よりも、より多くの努力が要求されることになろう。ミドルレンジ研究はこのような世代の考古学者にこそ課せられた課題である。

考古学者はまず考古学的事象である「過去の痕跡」を分析し、他との関係を記録する。しかしながら、現在見ることのできないそれらが、どのような「動き」の中から生じたものなのかを導き出す場合、誰もが自らが知り得る何らかの「知識」に基づくことになる。考古学者が世代を重ねるとともに、言い換えれば都市文明を享受するうちに、かつて生活に密着していた「知識」は貧弱になり、自らが過信する「常識」のみに基づいた場合の解釈の幅はより狭くなる傾向が強まっていく。そしてそれを避けたくば、静物が語るある意味堅実な事象の積み重ねに止め、その先へ叙述を進めることができないというジレンマに陥る。そのような中にこそ、仮説の検証を「現代世界の知識によってはなされず、痕跡現象の記述モデル」によって行う（阿子島 1985）ミドルレンジ研究の意義がある。そしてミドルレンジ研究の原則の中で行われてきた実験使用痕研究のように、明示的で体系的な方法を、土器研究も持たなければならない。

縄文社会における土器の移動や人々の交流を体系的に論じていくためにも、このような考古学の現状と課題と踏まえた上で、最も適切な方法を選択して駆使していく必要がある。

第2節　課題の設定とその追究方法

1　本書の課題

次に、具体的に本書での課題を設定する。

まず第一の課題は、土器の斉一性の問題である。土器型式つまり似通った土器が広域に分布する背景にはどのようなシステムがあり、その斉一性を生んだ社会背景は考古資料の分析からはどのように解釈されるのか。この課題に具体的に接近する手段として、土器の搬入・搬出・模倣製作の研究がある。土器が頻繁に搬入・搬出されたとすれば土器の情報が広く伝わり、模倣品が生ずる確立が高まる。結果として土器の斉一性が高まるという説明ができる。これに対し、土器製作者が頻繁に移動したとすれば、それによって土器の製作技法が広がり、結果として斉一性が高まる。ここへ更に土器の交易や土器製作を担った人物の性別を関連づけ、遺物の分析から遺跡毎の実体を実証できれば、それは土器の生産形態や社会構造、更には当時の親族組織を考察する糸口にもなり得る。

第二の課題は、土器型式分布圏を越えた遠隔地で、似通った土器が出土する実態はどのような現象の結果と捉えられ、それは具体的には人々のどのような行動と結びつくのかという点である。第一の課題が一土器型式の広がりであるのに対し、第二の課題はより広域な土器や人の動きを示唆する。これは土器型式の斉一性の背景とは異なる、何か別個の動的背景が予測される。

これら第一、第二の課題を検討するための分析対象時期を、集落が安定化した縄文時代中期に置き、更に分析のフィールドの中心を、比較的人口密度の高い中央高地の長野県千曲市（旧更埴市）屋代遺跡群の地下４ｍと６ｍから発見された集落に設定し、その前後の時期の土器を比較資料として取り上げ、研究の深化を図るとともに、宮城県登米市浅部貝塚出土土器との比較を行った。

また、上記の課題を追究するための考古学の方法論として、土器の属性分析を含めた型式学的方法に加え、土器に残された痕跡の科学的な調査から粘土の調達・調合・精製など土器づくりのベースとなる履歴を解明するための手段としての胎土分析を含む自然科学的な方法を取り入れる。

本書の第三の課題は、胎土分析を、型式学的研究と並ぶ、縄文社会復元のための方法論として位置づけるために、その可能性と限界を整理し、更に内包する課題を克服するための理論の総合的な整備を行うことである。

2　本書の構成

以上の課題設定を受けて、本書の章立てを行う。

第１章では本書で取り扱う全分野に関して、先史・古代社会の領域と交流に関する研究史をまとめた。まず第１節では、土器の詳細な分析から土器や人の動きに迫った研究を取り上げる。第２節ではそのような土器の生産消費の拠点としての集落とその領域を扱った研究を概観し、土器以外の財の遠隔地への動きに関する研究の現段階を確認する。また、土器型式との関係が指摘されてきた結婚の形態について、文化人類学や文献史料における研究の成果を引用して研究の現段階を概観する。第３節では本書における主要な方法論である胎土分析の研究史を概観して問題点を洗い出す。

第2章では本論の分析のフィールドとなる中央高地の縄文時代中期集落の構造と展開について詳述する。第1節では千曲川中流域の集落の立地とその内容を概観する。第2節では千曲市屋代遺跡群を分析の起点とし、集落の構造とこの地域に全国的にも古い形態が確認された柄鏡形敷石住居跡についてその発生と展開の過程を地域間交流の視点に立って論述する。第3節では千曲市屋代遺跡群の調査によって抽出された微細遺物から、同地域の生業と食料の問題に焦点をあてる。

第3章では中央高地の縄文時代中期の土器にみられる地域間の交流の可能性を探る。第1節では千曲川水系を中心にした中期前葉と中葉の様相を、第2節では東北地方との関係が強まる中期後葉の様相を詳述する。

第4章では、胎土分析を実践するために筆者が構築した枠組みの総まとめを行う。通常胎土分析を行えば科学的な結論に導かれるかのように誤解されることが多い。しかしながら、単なる分析では、その土器が在地製作か搬入品かを特定することさえも大変難しい。というのは、縄文時代の土器の場合、土器を作っている粘土の産地をスポット的に特定することが困難だからである。1992年に筆者は「縄文社会復元の手続きとしての胎土分析」の中で胎土分析のための枠組みを提示し、更に御代田町川原田遺跡出土土器を素材としてその方法論の実践研究を行い、胎土分析のミドルレンジ研究としての位置づけとモデル構築が結果の解釈を左右する点を具体的に説いてきた。ここではその枠組みに、更に昨今の成果を加え、詳述する。

第5章では、件の枠組みを用いた実践研究を行う。まず中央高地の縄文時代中期で異系統土器の接触がみられる遺跡として、朝日村熊久保遺跡、御代田町川原田遺跡、千曲市屋代遺跡群を順に取り上げ、更に宮城県の浅部貝塚での分析事例を加え、胎土分析を用いた土器の移動と交流の実態をまとめる。

第6章では、本書での分析に他の研究事例を含めて筆者の枠組みでの解析をより多面的に行い、先史社会における、土器づくりと流通システムの解明にかかる結論を述べる。

これらを踏まえて終章では、本論を通じての成果と課題をまとめる。

註

（1）考古学の方法論としての型式論、層位論、機能論や年代の決定には、その背後に生物学、地質学、物理学などの理論的な拠り所があった。つまりそれぞれが既存の学問体系に依拠しつつその方法論が成り立っていた。一方、集落論においては、遺構から導き出された純粋な考古学的な事象を解釈に導く過程で、表記するしないに拘わらず、世界の民族学の知見が応用されることが多い。

（2）抜歯研究では、東日本では晩期には嫁入り婚が優勢になるものの、西日本では相変わらず婿入りが優勢だったという結論が出された。ただ抜歯研究を含めて墓地や被葬者を2つの群に分け、一方を婚入者、他方を在来者とする「出自表示論」は、発掘調査の進展による基礎事実の変更、解釈の多様性、方法論同士の検証の欠落等の問題が多いとされている（田中 1998）。

第１章　先史・古代社会の領域と交流に関する研究史

第１節　土器型式から社会に迫る研究

1　土器型式は何を意味するか

土器の斉一性、つまり類似した土器が広域に広がる理由は研究史の上ではどのように扱われてきたのだろうか。土器の類似度を捉える方法として、考古資料の分類の単位である土器型式に焦点をあてる。19 世紀後半から 20 世紀にかけて型式学を確立したスウェーデンのオスカル・モンテリウスは、「一番底の方で発見される総てのものは、中層のものよりも古い時期のものであり、中層のものは又上層のものの示す時期よりも古いものである」という層位学的な方法と並ぶ「相対的年代」の決定方法として「型式学的方法（Typologische Methode）」を位置づけた。これは「色々変わっている形（フォルム）（Form）の内的特徴に由って組み立てた」ものとされ、その事例も詳述されている（モンテリウス著・浜田耕作訳 1932）。山内清男は「型式」の概念を縄文土器に取り入れ(1)、「地方差・年代差を示す年代学上の単位」とした（山内 1932）が、晩年には「土器の地方型の存在は、住民が数百人（時には数十人から千人以上）の人員からなる多数の部族に分かたれ、その若干が同一の土器型式を用いるということを想像すれば理解し易いであろう。あるいは民族を言語学的群に分かつことと似ていると言っても良いであろう。土器は比較的土着のものであるが、相当広く交易されることがある。石器その他装飾品のあるものは、更に広く名声を得、交易の範囲が広く、各地で模倣されるというような、未開民族にみられる事情をあげることも必要であろう。」（山内 1964）とも述べている。

さて、作業概念であった土器型式の背後にあるものは、それ以前からも多くの研究者によって論じられてきた。土器型式が集団のまとまりを意味するとして向坂鋼二は集団領域を論じ（向坂 1958）、岡本勇（岡本 1959）、後藤和民（後藤 1973）はその点に疑問を差し挟み、林謙作は土器型式の範囲を当時の人々の生活した領域として資源や環境などから見直そうとした（林 2004a）。鈴木公雄は、土器型式の分布圏を「大略同一の土器を使用することを共通の意志とする集団」として（鈴木 1969）定義したのに対し、土器の施文技法属性から一土器型式内の小地域差の解釈を行った羽生淳子は「一型式内における地域差が、集団の独自の意志を反映するものか、あるいは土器の製作者にとっては非意図的なものであったかを知り得る手がかりは少ない。」と述べた（羽生 1987）。これに対し、横山浩一は「型式」を、個々の考古資料が持っている無数の属性から研究者が必要と認めた属性を抽出して構成した概念である（横山 1985）と定義した上で、それは「人間の行動の類似性によって生みだされる」もので「ある地域に住み、たがいに交流を保っている漠然たる人間の集合」が「共同で作り上げ、伝えてきた共通の行動方式」の結果実現されるものと抽象的に説明している。一方小林達雄は型式（type）の性格である特殊性と普遍性は「作者が所属する集団の信念や伝統や観念のなかから醸成される」「範型」で、「常に面接関係を維持する集団が互いに情報を共有することに由来する」と更に踏み込んでいる。また、集団は通常複数の型式を作り出しているとして、型式間に共通した雰囲気・ムードと製作工程に係わる流儀が共通するまとまりを「様式」(style) とし、例として「撚糸文系土器様式」や「亀ケ岡土器様式」などの例をあげた（小林 1983・1989)。

縄文時代の土器はその文様の複雑さから象徴性を有していることが想像されるため、土器型式を部族などの人間集団と一致させる考え方は、土器型式を社会構造に繋げる画期的な議論に思える。ただ縄文人の多岐にわたるであろう日常生活の、更に手工業生産活動の一部にすぎない土器の文様がそのまま集団を意味するという前提は、今のところ仮説の域に止まり、それ自体がまず証明の対象でなければならない。仮にこの前提に従えば、単一の集団（部族）が居住する東北地方に対し、中央高地の諸遺跡ではどこも複数の集団（部族）が一つの集落で共同生活を行っていたことになる。この前提から導き出される解釈の意味の深刻さに比して、まだその点は殆ど議論されていない。現状のままでは「縄文土器型式の分布圏は部族を意味する」と全く同じ階梯で「縄文土器型式の分布圏は土器の流通圏を意味する」、「縄文土器型式の分布圏は共通の祭祀に由来する」等、解釈は多様に可能である。当初は作業概念であった土器型式が、今日意味するところはまだ定まったとはいえない(2)。

さて、このような型式の意味を中島庄一は実念論、唯名論、概念論の立場から解題した（中島 1990 ～ 1992)。実念論では、私たちが観察する以前から縄文土器型式は実在しており、分類とはそのような実在を改めて認識する行為であると考える。これによって型式の背後には必ず何かがあり、それは人間集団の表象の場合もあるということになる。これに対し、唯名論では人間は事物の特殊性を認識できるだけであり、「類」は実在するとは考えない。これに近い発想は山内型式論で、類別ではなく区分の考え方だとする。確かに山内型式論では型式は実在せず、縄文時代の時空体を座標系に位置づける便宜的なものである。また概念論では個々の遺物に個々の属性があり、比較する事物間の、ある基準で選ばれた属性が一致することで類が形成されるが、属性の選択には研究者の主観が働き得る。これらに対し、小林達雄の様式分類は縄文土器の「気風」の共通性を認めることで成り立つ。そしてその背景にはある集団に育つ者はその集団の文化的伝統から逃れられないゆえに、彼らが製作した物はその社会の独特な類似性を形成するという「実体化仮説」がある。そして「気風」を言い換えると、あらゆる場面で普遍的な言語活動の文法のような共通の属性、いわば「範型」となるとした。このように解釈した上で、範型を考古学的に観察することができる手段が土器を記号として捉えることで、それを具体化するのが「施文原理」（文様構成要素、文様モチーフと表出技法、文様総体）の分析であるとして、加曽利Ｅ式から称名寺式への変化を解説した。そして「施文原理」の分析こそが、集団を捉える道であると説いた。

私たち現代に生きる人間の入手可能な過去の人々の痕跡としてのこのような「施文原理」の抽出は、全てではないにしろまず「土器づくりを共有している」という条件によって抽出される「集団」を捉える道であることは共感できる。更に土器づくり集団の構成員が、山内の「部族」に代表されるようなある集団の部分集合であると仮定すれば、土器づくり集団に属する個々人は生まれ育った集団の文化伝統を背後に背負っているため、仕上がった土器は母集団の「施文原理」を反映することになろう。ただ、たとえ同じ文法を守っていても会話や文章が千差万別であるように、土器が何の規制もなく、単に「施文原理」を守るのみで作られたとすれば、細別型式が成立する程に斉一的になることはあり得ないだろう。つまり施文原理に何らかの規制が加わわることにより土器型式が成立すると考える。それでも「施文原理」は土器型式の斉一性を考える必要条件であり、個別土器型式毎に積極的に抽出すべきである。

2　土器型式から集団の具体的な事象へ

土器の「施文原理」を前項のように捉えると、それは型式学的な属性と技術的な属性を含む。そしてそのような属性を複合させて、「集団」へとアプローチする作業を具体的に進めた先行研究事例が複数浮かび上がる。ここではそのうち、特に重要な3つの研究に注目し、選択された属性の総体を、中島の用語を借用して仮に「施文原理」とした上で整理する。

前山精明は、新潟県巻町（現新潟市）豊原遺跡Ⅵ群3類土器を取り上げ、類似資料の空間分布から具体的な人間活動を導き出そうとした（前山 1991）。そしてそれらの比較検討のための属性として「胎土」（凝灰岩相大粒子）、「器形」（直立・外傾・外反）、「文様」（口縁部区画帯・単位文様）、「地文」（撚糸文・縄文）を抽出した。これが「施文原理」にあたる。そして豊原遺跡出土土器と新潟県内の主要23遺跡で、これらの属性の組み合わせを比較した。その結果、豊原遺跡から半径5km程度の近圏の土器は豊原例に変形要素が加わるもので占められ、半径40kmで逆に類似度が高い主要グループとやや変形したものが少数、100km以上離れた遺跡では豊原遺跡での客体の類型と何らかの変形が認められるものが少数確認された。このような結果を、より具体的な行動に置き換えるにあたり、前山は「A、婚姻に伴い土器製作者が他の集団に編入される（転入者自身が類似度の高い土器を製作するとともに、模倣品や折衷品が生みだされるとしている）」、「B、土器の流通。個体数や出現率は概して少数かつ低率にとどまることが予想される。搬入品と模倣品が製作されることも考えられる」、「C、土器の製作情報のみ伝達」、「D、世帯もしくは世帯群（集落）の地理的移動。他の集団に編入されるケース（D1）と母村の移動や分村の派生（D2）に区分できる」、「E、偶発的な類似」の5つの行動パターンを提示した。もしも半径5km圏の遺跡に豊原例と同一「施文原理」の土器が多ければ、行動パターンAが裏付けられるが、既述のとおり分析の結果では豊原例と同一と認定できるものやその主要グループの類似品は認定されず、Bのうち「模倣」やCの可能性のみが指摘された。そして40km圏・100km圏ともにBが認められ、AとDの範疇に含まれるものはみられなかった。このような分析結果からは、何れの場合も「婚姻」に伴って土器製作者が移動した場合、積極的に製作するはずのⅥ群3類土器そのものにあたる資料が欠如している実態が浮かび上がったのである。これは、類似度という視点を実証的に導入し、広域にわたる遺跡を面的・網羅的に分析することができれば、行動仮説を検証する道が開かれることを意味する。前山の分析結果をもとに、Ⅵ群3類土器そのものと類似品等を判別する基準をより明確化し、更に胎土の分類精度をより高めることによって、5つの行動パターンを具体的かつ実証的に論ずることができると期待される。

極めて詳細な搬出・搬入、模倣製作モデルの提示とその検証事例として小杉康の研究があげられる（小杉 1984・1985）。小杉は「胎土」、「器形」、「成形技法」、「文様帯構成・文様構成」、「施文技法」の5つの属性に注目し、どれか一つ以上に他型式の表現形式が用いられている場合、それを「模倣品」と定義した。分析例として北白川下層Ⅱ式が主体を占め、諸磯ａ式が伴出する岐阜県中通遺跡第一号住居跡出土土器を取り上げ、「胎土」が北白川下層Ⅱ式、「器形」が諸磯ａ式に類似し、「成形技法」が北白川下層Ⅱ式、「文様帯」・「文様構成」と「施文技法」が諸磯ａ式である土器に対し、北白川下層Ⅱ式圏内で、北白川下層Ⅱ式土器製作者が、器形・文様帯や文様構成・施文技法で諸磯ａ式の表現形式を借用して「模倣製作」したものと結論づけた。更に情報の取得過程については①諸磯式土器を北白川圏内の製作地で入手してそれをもとに問題の土器を製作する場合、②諸磯式の製作者が諸磯式圏内で北白川式土器の製作者と接触して土器づくり情報を伝える場合、③諸磯式土器の製作者が北白川圏内に移動して土器を作る場合の３者を想定した。それまで、曖昧であった模倣品の定義を明確化した小杉の取り組みは極めて画期的である。そしてその背景を単純化すれば、①は搬入品、②は何らかの要因による人の移動を想定し得る。そしてこれらがどの程度の割合を占めているか、つまりどの程度恒常的に起こる現象であるのかは、その社会背景に依拠する可能性を内包し、重要である。この一連の研究で取り上げられた５つの属性が「施文原理」に該当するものであるが、特に「胎土」が製作地を限定するのに対し、「成形技法」と「施文技法」は、より製作者を限定できる属性と考えられる。

寺内隆夫は塩尻市北原遺跡第１号住居跡出土の接触変容土器を素材として、土器型式と集団の関係についての非常に興味深い解釈を提示している（寺内 1989）。「平出三Ａ土器」は在地型式にあたるが、本土器については「胎土・焼成」、「器形」、「連鎖状隆帯」、半截竹管のハラを用いた技法や「沈線装飾」の装飾パターンは平出三Ａ土器の特徴を示す一方、「装飾の分割手法」と口頸部文様帯の「三角形区画文」は勝坂式の範疇であった。寺内はそのうち属性の「装飾効果」と「技術面」の双方が平出三Ａ土器に根ざしていることを重視し、「装飾に対する基本的な点は伝承されるため、表面的な効果が変わっていても技術は変わらない場合が多い」と解釈し、この土器は「平出三Ａ土器の製作集団に属する人間の作品である」と結論づけた。氏は土器製作は世代間の伝習によって成り立ち、特に粘土の選択から施文具の使い方に至る技術面はしっかりと教えられて身に付いたため、たとえ表面的な装飾効果が変わっても技術は変わらない場合が多いと考える。そして、このような土器が生まれた背景は、特定の土器型式が強い規範のもとに作られていた場所から外れ、規制が緩んだ土器を作る余地があったためとしている。更に町田市木曽中学校遺跡出土の、基本的には阿玉台Ⅰｂ式でありながら勝坂式土器の区画を持つ土器に対し、勝坂式の集落へ阿玉台式の人間が入り、勝坂式土器を作る人からの圧力を受けながら、阿玉台式の技術を基盤にして一部勝坂式に似せた土器を作ったと考えた。特に従来の土器型式の枠組みをより細かくして変容の認められる土器をその範疇に押し込めるのではなく、折衷土器を折衷土器として捉え、その動きの中にこそ当時の社会をみるべきとする視点は非常に重要である。

本節では「施文原理」を「胎土」（凝灰岩相大粒子）、「器形」（直立・外傾・外反）、「文様」（口縁部区画帯・単位文様）、「地文」（撚糸文・縄文）に求めた前山、「胎土」、「器形」、「成形技法」、「文様帯構成・文様構成」、「施文技法」とした小杉、「胎土」、「器形」、「整形・調整」と「文様帯構成・文様構成や分割手法とその施文手法」（「三角形区画文」・「連鎖状隆帯」・「沈線装飾」）に求めた寺内の知見を紹介した。これらの実例によって、製作技術の伝統に裏付けられた、施文手法を含めて文様に係わる属性をいかに注意深く観察し、抽出できるかが土器の動態を考察する鍵となり、課題であることが明らかとなった。ただ3者とも「施文原理」としての性質と製作地を特定する要素を兼ね備えた属性こそが「胎土」であると位置づけてはいるが、その観察は肉眼の域に止まり、製作地に近接できるまでには至っていない。「施文原理」に詳細な胎土の分析結果が加わることで、土器の動きに関する解釈は更に蓋然性の高いものとなろう。

3　土器の作り手とその性格

土器型式の意味を考える前に、土器製作者の実像とその位置づけを明らかにしておく必要がある。そしてこの課題を考えるためには、文献史料や文化人類学の調査報告からの類推が必要である。

まず土器づくりをした人の性別については、縄文土器に付いた爪の跡や弥生土器に付いた指紋などの痕跡の繊細さから女性である可能性が指摘されているが、未だ統計数理的な根拠に乏しい。一方『正倉院文書』「浄清所解」（天平勝宝2年）[3] には、借馬秋庭女という女性が土師器の製作に従事し、讃岐石前という男性が原料の土を採掘し、運んでこね、土器焼きの薪を採り、藁を準備し、製品を京に運んだという記事がみえる。秋庭女は89日間土器づくりに従事するが、1日100個ずつ24日にわたり「田坏」を作り、1日30個ずつ33日にわたり「碗形」を作り、1日40個ずつ9日にわたり「片碗」、1日30個ずつ22日にわたり「片佐良」、その他1日6個「小手洗」を作ったとされているため、期間中に作った総数は4,416点に上る。他の工人名は書かれていないが、もしこの労働を一人で担ったとすれば、かなりの熟練が推定される。また長屋王家のSD4750からは、土師器の生産に携わる女性工人に食料を支給する際の伝票の木簡が出土していて、「土師女」、「瓮造女」といった表記がなされている（寺崎1995）。共伴する土師器の中に同一工人の製作によるものが存在するとの指摘があり、土師器の専門工人集団が推測されている（玉田1995）[4]。これは平安時代初めの「皇太神宮儀式帳」で須恵器を男性が作るのに対し土師器は女性という記述にも一致する。

土器づくりを女性が担ったという事例は海外の民族例にも多い。女性が専業的に土器を作り、男性たちがそれを船で運んで食料などと交易をしていた事例は、パプアニューギニアの北東マダンの南にあるビルビル村・ヤボブ村やポートモレスビーに近いモツ族の例があげられる（角林1978）。また、あくまでも参考ではあるものの、レヴィ＝ストロースの神話の記述では更にそれに加えて神聖な面が強調される。例えば北ミズーリのヒダッツァインディアンでは蛇が年老いた夫婦を粘土のある場所に誘導し、粘土と砂や炉床から採った石を粉砕混和し、素地土作りを教え、神聖な土器づくりの間、男は蛇を讃える儀礼をとり行っており、女性は宗教歌を歌いながら土器を作り、男性を近づけてはならなかったとする。また南米アンデスのタカナ族・ヒバロ族、コロンビア南東部のタニムカ族などでも女性たちが土器づくりを行っている様子が紹介されるが、特にユルカレ族では、女性が収穫の仕事の無い季節に粘土を採りに行き、人里遠い仮小屋で事前に儀礼を行い、作った壺に焼成の時にひびが入ることを避けるために声を立てず、男性との接触すら避けられている（レヴィ＝ストロース1990）。

マードックが世界224の民族が様々な労働を主に男女どちらが行ったかについて調査した結果を1937年に報告した事例では、男性が土器づくりに携わる優位指数は18.4にすぎず、この労働

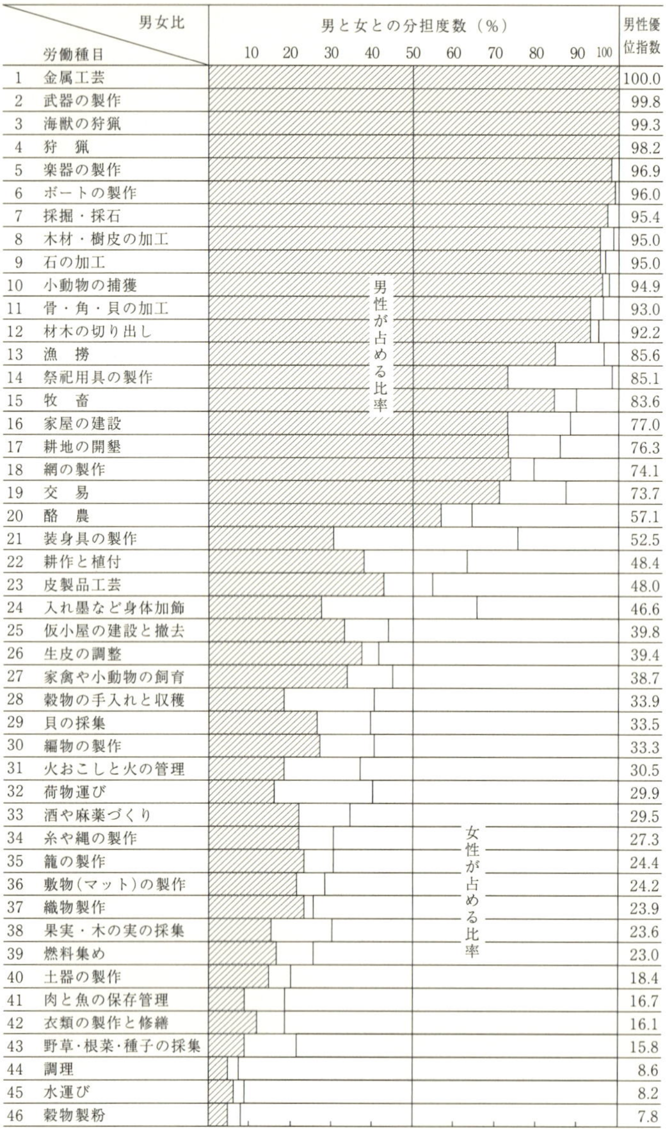
男女比
労働種目
男と女との分担度数（%）
10 20 30 40 50 60 70 80 90 100
男性優位指数
1 金属工芸 100.0
2 武器の製作 99.8
3 海獣の狩猟 99.3
4 狩猟 98.2
5 楽器の製作 96.9
6 ボートの製作 96.0
7 採掘・採石 95.4
8 木材・樹皮の加工 95.0
9 石の加工 95.0
10 小動物の捕獲 94.9
11 骨・角・貝の加工 93.0
12 材木の切り出し 92.2
13 漁撈 85.6
14 祭祀用具の製作 85.1
15 牧畜 83.6
16 家屋の建設 77.0
17 耕地の開墾 76.3
18 網の製作 74.1
19 交易 73.7
20 酪農 57.1
21 装身具の製作 52.5
22 耕作と植付 48.4
23 皮製品工芸 48.0
24 入れ墨など身体加飾 46.6
25 仮小屋の建設と撤去 39.8
26 生皮の調整 39.4
27 家禽や小動物の飼育 38.7
28 穀物の手入れと収穫 33.9
29 貝の採集 33.5
30 編物の製作 33.3
31 火おこしと火の管理 30.5
32 荷物運び 29.9
33 酒や麻薬づくり 29.5
34 糸や縄の製作 27.3
35 籠の製作 24.4
36 敷物（マット）の製作 24.2
37 織物製作 23.9
38 果実・木の実の採集 23.6
39 燃料集め 23.0
40 土器の製作 18.4
41 肉と魚の保存管理 16.7
42 衣類の製作と修繕 16.1
43 野草・根菜・種子の採集 15.8
44 調理 8.6
45 水運び 8.2
46 穀物製粉 7.8
男性が占める比率
女性が占める比率

図1　マードックの労働の男女別分業（都出 1989 より）

が女性の役割分担として優位であることが明らかになっている（都出 1989）（図1）。また、185 の民族について 50 項目の労働の性別分業の状況を公表した研究によると（Murdock, G. P. and Provost, C. 1973）、他の陶芸品を含む土器づくりは、それが行われない社会 61 例、データが無い社会 13 例、性別役割分担が無い社会 6 例を除くとそれが完全に男性の労働である社会は、アフリカで 2 例、地中海周辺で 4 例、太平洋の島で 1 例、ユーラシア東方の 5 例、北米の 2 例、南米の 1 例の計 15 例にすぎず、男性優位労働である社会は 5 例、両性同等の社会が 6 例、女性優位の社会が 6 例であり、完全に女性の労働である社会は 74 例に上っている。これらにウエイトを付けると男性優位指数は 21.1 であり、明らかに土器づくりは女性優位の労働といえる。ただ、この男性優位指数を地域別にみると、アフリカ 5.0、地中海沿岸 28.9、太平洋の島 29.2、北米 13.8、中南米 10.9 であるのに対し、ユーラシア大陸の東方では 61.7 に上り、非常に特異である。そこでは 32 の社会がサンプルとされているが土器づくりが行われていない社会の 14 例、データが無い 4 例、役割分担無しの 2 例を除いた内訳は、土器づくりが男性のみの労働とされる社会は上記のように日本他 4 例で、その他男性優位の社会 3 例、男女同率の社会が 2 例、女性専従の社会は 3 例であった。役割分担が明確であるサンプル数の少なさと、専業工人が多いことが男性優位指数をつり上げていると考えられる。専業工人に男性が多いのは他の労働も含めた傾向で注意を要する。

専業工人集団による窯業でなくとも台湾のヤミ族のように男性が素焼きの土器づくりを行う例もあり、1 mを超えるような大形の土器の製作には女性では無理があるのかもしれない。ただ、女性には子供を産み育てるために居住域からあまり遠く離れられないという事情や、体力面では男性に劣る反面、持続性に優れているという身体的特性、そして土器と直接的に関係する調理を分担するという実態、そして縄文土器が素焼きの土器であるという点等からも縄文時代に女性が土器づくりを行うという傾向がみられることは、ごく自然な生理的役割分担を象徴していると考える。

さて、縄文土器の文様·技法·胎土などの土器づくりの流儀には、地域や時期による斉一性（画一性）があり、それは縄文時代中期の後半から一段と強まる。その背景として前項で取り上げた「施文原理」等があり、その成立には何らかの世代間の伝習が推測される。フィリピンルソン島パシール地域に住むカリンガ族の間では農業を主生業としながらパートタイムの土器づくりが行われていて、ダンタラン村では親族関係にある女性を中心とした3～12人のグループが作られ、年長者とともに土器づくりを経験することによって若者が技術を習得する（小林1993）。ここでの工具の種類や使い方、焼成方法は製作者間で共通している（小林同）。また、同村のやや南西のコルディリェラ地方ビラ村のカンカナイ（族）は、言語化・数値化が容易ではないものの、土器づくりに伴う作業姿勢や作業に伴う特徴的な所作が土器づくりの技術伝承の一環として共有され、技術伝授が厳格に行われていることが（大西1998）土器の斉一性を高めている。

斉一性を更に進めると「専業集団」の存否が議論となろう。考古学的には、千葉県江原台・遠部台遺跡などで土器が多量に廃棄された事例から専業集団による土器づくりが推測されているが（甲野1953）、多摩ニュータウンでの粘土採掘坑の規模や工房の不在、一括土器間の技術差の存在、優品といえる土器の実質的な少なさ等から個別に作られていたと考える方が妥当とされている（可児2005）。北タイのムアンノイの民族考古学的調査事例からは、通常農閑期中心の非専業的な土器づくりが行われていても一時的に大量の土器が作られることもあり、その場合は、実際に専業集団が土器づくりを行うフィリピンのパラディホンよりも土器の斉一性が強まるとされる（小林青1998）。厳格な規制のもとに結束した集団が、ある一定の時間、集中的に土器を作っていれば、その時点のみを観察した場合、それは専業的ともみなせよう。ただ、本格的な土器づくりの専業化が進んだ須恵器等の工人集団とは異なる。

第2節　集落と領域の捉え方

定住によって人々は移動生活から解放され、ある種の家財道具を持つ。多少なりとも生まれた余裕を有効に利用することによって、物質文化を加速度的に発展させ、縄文時代中期に至って爛熟の頂点を極めた。しかしながら定住によって、旧石器時代には遊動生活のルートの中で自然に確保できた各種の生活物資を、新たに自立的に調達するための方法が必要となった。それは日常的に直接行う採取活動と、更に遠隔地を相手にした交易活動の分離といえる。土器を作った人々の生活の拠点はいうまでもなく住居であり集落である。直接採取と交易の分離は、土器づくりの場合、粘土の調達による自給自足と土器の搬入という形で現れることが予想される。前章では土器の作り手の移動が推測される場合、それが結婚によるものであるとの解釈を紹介したが、ここではその点も含めて先行研究を整理してみたい。

1　核領域

赤沢威によると、アフリカの狩猟採集民であるクン・ブッシュマンの日常の活動領域は、通常ホームベースを中心に半径10km、歩いて約2時間の範囲内である。これより遠い地域で仕事をする場合は、必要に応じて生活拠点を移すようだ。これは新田野貝塚の具体的事例に基づく「遺跡テリトリー」にも合致するため、半径10kmという小世界は縄文人の行動圏を考える上でも一つの基本単位となるだろう。これに対し半径5kmは農耕などにより定住した人々の日常行動圏である（赤沢1983）。赤沢は遺跡から出土する貝や魚類の組成から、「その遺跡に居住していた集団が日常的に食料などの各種資源を調達していた領域」を「遺跡テリトリー」とした。

このような日常の活動領域、つまり集団が必要とする物資を確保するために活動を行った全ての範囲を林謙作は領域系の中の「核領域（ニュークリアーテリトリー）」と命名した（林2004a）。地形的には一つの盆地・水系・内湾あるいはそれらの一部の単位が該当するが、その中には男性はより遠く、子供連れの女性はより近くというような事情や、獲得対象物の資源的な偏りにより様々な種類のサブ領域が含まれている。ただ、資源の面からみると、その枯渇に伴う集落の移動も当然想定される。このことが分布論をより難しくする。後藤和民は東京湾沿岸の縄文集落で「貝塚を伴わない集落（短期継続的定着）」や「小型貝塚を伴う集落（短期または半長期の継続的定着）」がそれぞれの自給生産圏を持ちながら、共同加工生産、共同祭祀、共同交易を担う「大型貝塚を伴う（長期回帰的な存続）」特殊遺跡をセンターとして結集し、地区共同体を形成しているとした。そしてその地区共同体同士の間で物資が流通し、交換がなされたというモデルを提示している（後藤1985）。地区共同体同士の距離は推測されていないが、これが後述する交渉圏と係わる。

谷口康浩は関東地方南西部の縄文中期中葉〜後葉集落遺跡を分析対象として、地域全体の住居跡の70〜80％を占める拠点集落として36箇所53遺跡を抽出し、ティーセン多角形を用いて、「核領域」の範囲を調査した（谷口2003）。それによって遺跡の領域面積平均54.15㎢、遺跡間の距離平均8.4kmが抽出された。その1/2を集落の領域、それらの接点を入会地とすれば集落の領域は平均半径4.2kmで、赤沢の農耕定住民の領域に近いことが判明する。また、関東・中部地方の早期末〜前期初頭に成立した環状集落は、その後前期中葉、中期中葉〜後葉、後期前葉〜中葉の3時期を中心に著しい発達をみたが、環状集落の発達過程が人口密度と相関関係を有していることが窺えるとしている。高い人口密度の中で領域権益を守り、継承する主体者として出自集団の発達が促進されたことが環状集落発達の背景となる。また、狩猟採集民に比べてかなり

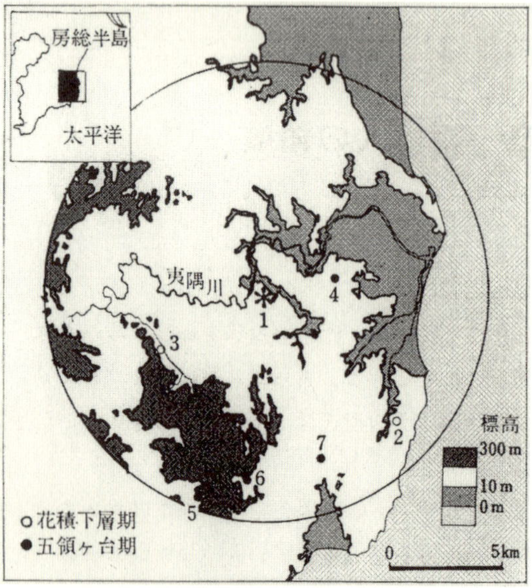

図2　新田野貝塚の遺跡テリトリー
（林2004より：赤沢1983に加筆）

狭い領域面積から、該期の縄文人が既に農耕段階に入っていたことや、拠点集落を中継地とする交易ネットワークの存在をも予測している。樋口昇一は松本平の縄文中期集落の分布を図化する中で、拠点集落同士は直線距離にして4～7kmと自然環境等によって開きがあり、分布の規則性はみられないが、それらの大半は1～2km以内の距離に1～2つの準拠点集落を保有していることを明らかにした（樋口2003）。勅使河原彰は2kmを、八ヶ岳西南麓の縄文集落のうち一つの尾根の上に位置する同時期の集落の遺跡間距離に比定している。その背景には、細い尾根という地形的制約からの頻繁な集落の移動や、拠点集落以外の作業などに使う副次的な遺跡もあったと考えられる（勅使河原1992a）。

資源確保の面から推測される「核領域」と遺跡間距離から推測される「核領域」。等質な地域を対象とすれば、手法の違いこそあれ、結果は近似したものになるはずである。ただ、「核領域」の持つ日常の行動圏という意味を重視すれば、日常行動の詳細を具体的に示すことが必要であろう。特にそれは縄文時代の中における生業の違いによって様々に設定される可能性がある。例えば植物質食料の栽培に大きく依存する中央高地における「核領域」と水産資源に依存する太平洋岸諸遺跡とは開きがあって当然である。ただ､推定の根拠となる動植物遺存体の残りにくさ等が、日本全国の遺跡の「核領域」を同等なレベルで描くことを難しくしている。

2　交渉圏

(1) 交渉圏

これに対し交易・交換・贈与[(1)]など、人と人との結びつきの中でもたらされたと考えられる物資は、この日常の領域を越えて動くもの、つまり非現地性物資を指す。多くはその物資が持つ特異な価値が重視されたからこそ動くと考えられるものである。例えば、垂飾の素材のヒスイや磨製石斧の軟玉、石鏃など剝片石器の黒曜岩（石）はその素材でなくとも構わないのに、敢えて遠隔地からもたらされることが多い。その他アスファルトも石狩低地帯や秋田・山形・新潟県など日本海側に産地が限定される。ヒスイは新潟県の姫川・小滝川や青海川上流域に原産地があり、海岸部にそれを原石から玉に加工したと考えられる遺跡が集中している。これが中部・関東・東北地方から北海道まで流通した。黒曜岩（石）は和田峠・霧ヶ峰周辺に、ガラス質安山岩は佐久地域と群馬県の県境の八風山周辺に産地があり、何れも関東地方まで流通する。このような非現地性物資の中に一部の土器も含まれる。例えば山内清男は亀ヶ岡式土器文化圏中に厳密には「並製の土着的な精製土器」､「土着的な粗製土器」の他に「優品として広がる精製土器」を想定しており、これらが「他地方の人々から特に好まれ求められる優品」であったために本来の亀ヶ岡式分布圏から離れて東海地方から関西に「搬入され、模倣された」と解釈した（大塚2005）。

これら非現地性物資の入手のために他の集団を仲立ちとして結びついている土地を林謙作は「交渉圏」と呼ぶ。物資の原産地とそれらがもたらされた遺跡とを結んだ分布図が結節モデルである。結節モデル構築を目指してのデータの整備が「交渉圏」の広がりをより明確化するものと考えられる。石器や土器胎土は有力な分析対象である（林2004a）。

このように縄文人の領域には日常生活に必要な物資を調達するための「核領域」があり、その外に「交渉圏」が広がっている。ただ、本来地形的な制約がまちまちであるため「核領域」を地域や時代を越えて一律に機械的に設定することはできない。あくまでも調達物資の種類の検討が必要である。土器づくりの場合、薪や粘土、混和材の調達圏がこの核領域と係わってくる。また、搬入土器や搬入混和材、粘土があれば、これは「交渉圏」と関係する。土器を科学的に調査し、その精度を上げることは、これらの問題を考える一助となるであろう。

(2) 交渉圏からの搬入品

① 黒曜岩（石）の流通

交渉圏からもたらされる非現地性物資のうち中央高地に原産地を持つ例に黒曜岩(2)がある。そこで黒曜岩（石）を取り上げ、研究の現状を概観する。

長和町から下諏訪町にかけての和田峠一帯と北八ヶ岳には日本有数の黒曜岩（石）の原産地が所在する。和田峠の北麓長和町側に東餅屋と小深沢、和田峠の南麓下諏訪町側(3)に和田峠西（西餅屋）・星ヶ塔と八島ヶ原湿原南の星ヶ台がある。また、和田峠から尾根を挟んで東側に男女倉、長和町の旧長門町側に星糞峠といった産地がある。黒曜岩（石）は流紋岩質からデイサイト質の酸性のマグマが急激に冷えて固まったガラス質の火山岩であり、その産状は岩脈や溶岩の急冷部として露頭となったり、火砕流、火山泥流、岩屑なだれの中に含まれる。これらは、採掘もしくは収集された後に麓の集落に一時蓄積され、各地に流通していったとされる。黒曜岩（石）の流通に関しては、最近の研究で原産地での採掘跡の時期的変化と流通先の遺跡での時期別の産地情報がリンクして捉えられるようになり、具体的な採掘活動の動態が描かれている。まず鷹山周辺の原産地では、旧石器時代には鷹山川での採取、縄文早期から後期には白色粘土層からの採掘という時期的な変化が追える（大竹 2004）。下諏訪町の東俣遺跡では上流の星ヶ台などから崩落した黒曜岩（石）が地中にたまった場所に向けて前期末の採掘坑が掘られ、星ヶ塔の原産地でも縄文前期末葉と後期から晩期の採掘坑が報告されている（宮坂 2003）。一方、群馬県の集落遺跡で出土する黒曜岩（石）は、前期の関山・有尾式段階には原産地付近の河川からの転石採取であるが、諸磯ａ～ｂ式段階には周辺の旧石器時代の遺跡に散乱していた石を採取する方法が加わり、諸磯ｃ・下島・十三菩提式段階には露頭から採取されるようになったと推測されている（大工原 2003）。そしてそれら黒曜岩（石）の流通量から、始めは集落間の交換程度であったが、諸磯ａ～ｂ式段階になると交易集団が組織されたことで群馬から埼玉北部まで広がったと推測されている（大工原同）。同じ時期、黒曜石と逆方向の動きで注目されるのが、関東のイノシシの獣面把手の付いた土器の信州への流入現象である（関根 2003b）。諸磯ｃ～下島・十三菩提式段階になると原産地の採掘管理者の出現とともに交易は拡大し、山梨県、長野県北部から新潟県までその範囲が拡大したとされる。大工原豊は、「交易相手が参集してくる方法だけでなく、自ら交易相手の居住地へ出向いていって交易を行う方法も採用していた」可能性を強調し、更に「北信ルート」として、原産地から約 70㎞の松原遺跡を交易の中継拠点として新潟から山形を経由して青森までの交易ルートを想定している。一方、金山喜昭は黒曜岩（石）の交易システムが出現する歴史的背景として、狩猟採集民が利器素材として優れている黒曜岩（石）を必需品として入手するようになったこと、男性の生業分化によって大形動物狩猟に従事する地域の上層階層が遠隔地交易によってより有利な利器の調達に乗り出したこと、同様に上層階層のみが持つことができる奢侈品・威信財としての位置づけ、という３点をあげている（金山 1993）。縄文時代中期中葉以降、他の石材が優越し、流通量が減った後も黒曜岩（石）製の石器が入手され続けた背景には、このような威信財的な意味合いも込められていたかもしれない

屋代遺跡群の場合（門脇2000）、集落全体の縄文時代中期前葉の黒曜岩（石）製薄片石器の総量が4,572.8 gであったのに対し、中期後葉は2,009 gと減少する。そのうち特に石鏃は、前葉は黒曜岩（石）が主体を占めていたものの、後葉にはチャート製が黒曜岩（石）製の2倍を占めるようになる(4)。また同じ後葉でも東北系土器が多い加曽利EⅡ式併行期には、黒曜岩（石）の原石・石核・剝片と製品が比較的多く見つかっている。同時期の新潟県清水ノ上遺跡、五丁歩遺跡、前原遺跡でも信州産の可能性がある黒曜岩（石）が石材全体の数％程度出土し、屋代遺跡群と非常に似通った大木9式、圧痕隆帯文土器、渦巻多連文土器が揃って出土した上越市の山屋敷Ⅰ遺跡でも信州産とみられる黒曜岩（石）の製品や剝片・石核が報告されている（寺崎他2003）。イノシシの獣面把手の付いた土器が狩猟の対象獣を象徴し、同じく狩猟を円滑に進める黒曜岩（石）と交換されたとすれば、同様に越後の大木式系の土器が信州産の黒曜岩（石）と交換されることもあったのではないか。そして仮に当初実用品であった黒曜石製の石器や原石が、威信財として扱われたとすれば、遠隔地からもたらされ、それらと交換された土器にもその価値に相当する意味合いを付与できるのかもしれない。黒曜岩（石）の原産地に近い長和町の大仁反遺跡からも、本場の大木式を模倣して作ったと推測される大木式系土器や、北陸系土器が出土している（斎藤他1987）。これらの産地の解明は、黒曜岩（石）交易における集落間のネットワークの解明とも密接に係わってくると考えられる。また、土器が物資を移動させるための容器であって、結果として土器も移動したという捉え方もある。例えば、縄文時代の澱粉食の比率の高まりとともに必要となった塩の運搬のために縄文時代前・中期更に他地域から搬入された壺形土器が一例とされる（藤森1969a）。藤森は星ヶ塔の黒曜岩（石）採掘跡の坑底近くから発見された晩期の東北系の壺形土器にも、塩の搬入を想定していた。

以上、黒曜岩（石）やその製品と土器の交換の実態の解明にはまだ課題が多いものの、縄文時代の交渉圏の広がりは、物資によっては中央高地を起点として本州北端まで延びる可能性がある。

② 交易・交換の担い手

第1節3で土器の作り手を女性と推測した。ニューギニアでは女性の作った土器を男性が船で運んで交易をしていたが（角林1978）、マードックの世界224の民族誌でも、交易の70％は男性が従事するか男性が優先的に従事していたことが判明している（図1）。これは女性が日常の育児や調理、果実・木の実の採集、土器づくりなど生活圏から遠く離れずにできる仕事を分担しているのと対照的である。そして狩猟の道具に加工される剝片石器は、植物質食料と係わる礫を用いた石器と比較して、遠隔地に産地が推測される場合が多い理由もそれらを調達する男性の行動圏との関連から捉えられよう。

狩猟採集民の交換方法には様々な議論がある。マーシャル・サーリンズは返礼が曖昧な贈与を「一般化された相互性（互酬性）」、これに対し等価交換を「均衡のとれた相互性（互酬制）」とした。前者は「分与」、「惜しみない贈与」などとも呼ばれ、親族の距離が近いほど、その頻度が高くなるという。アフリカのブッシュマン、インド洋の北のアンダマン島民、北アラスカのエスキモーをはじめとして、気前の良さを最高の美徳とする社会が世界各地にあり、リーダーは分け与えす

ぎて逆に貧困になることもしばしばある。これは収奪のまさに反対で、持てる者から持たざるものへの流れである。後者は受け取った者の慣行的な等価物が遅滞なく返報されることを指す。「交易」はここに属し、それは利益獲得へと結びつく。ところが、利益獲得を優先せず、社会的慣習によって規定される当事者たちの等価性・対等性意識の下に交換される場合がある。これは「交易」ではなく「交換」とされ、集団と集団を繋ぐコミュニケーションの役割を果たすことが多い。例えばニューギニアのヒューアン湾には肥沃な地でタロ芋を量産するブサマ族、食料自給ができないが陶器を作っているブソ族がいる。ブサマ族のタロ芋は投下労働時間に換算すると非常に不利な条件でブソ族の陶器と交換されている。しかし、当事者間では公正とされているのである。ここでは陶器はこの他に、マット、編袋、籠、彫り椀、小さなカヌーなどと交換されている。同じくニューギニアのヴィシアズ海峡地方では、壺が豚や黒曜岩（石）、ココナッツや犬などと交換されている（サーリンズ 1984）。

このように利益獲得というよりはむしろ、集団と集団を繋ぎ、緊張を緩和するためのコミュニケーションとしての物の行き来、または「惜しみない贈与」が先史社会の物の移動と係わってくるとすれば、私は、その担い手を、男性だったと推測する。

3　通婚圏と領域

縄文時代の集落と領域の問題を考える中で、核領域を規定する要素は直接採集による資源の獲得であり、交渉圏には交換・交易を通しての威信財の確保とネットワークの維持が期待されることを述べてきた。ただ、異質な土器が交渉圏から集落にもたらされる背景には、それが搬入品であることとともに、土器の製作者が移動した可能性が指摘されている。製作者を含む人の移動の背景としてしばしば引き合いに出される領域に「通婚圏」がある。そこで本項では文献史料研究から導き出される「通婚圏」について概観したい。

（1）縄文時代の結婚形態の可能性

まず「通婚圏」の考察の前提となる「結婚(5)」の形態に関し、まず文化人類学、次いで日本の古代史研究の現状について概観する。

文化人類学における結婚の様式は以下のようなカテゴリーに分類され、それに対応する類型の組み合わせはかなり複雑に入り組んでいる。

・結婚生活をどこで営むかに視点を置いた場合

　妻方居住・夫方居住・妻方の後に夫方居住・双所居住・新所居住・オジ方(6)居住

・生まれた時にどこの親族グループへ属するかに視点を置いた場合

　母系出自・父系出自・双系出自

・財産の相続がどのように行われるかに視点を置いた場合

　母系相続・父系相続・双系相続

これら3つのカテゴリーの組み合わせは、例えば妻方居住でも父系出自・父系相続などと複雑な様相を示す。そこで本稿では領域の問題との関連から、結婚生活をどこで営むかに視点を置いた「婚後居住規制」に論点を絞ることにする。さて、婚後居住規制の出現頻度は、世界250の民族（標本社会）調査を集計したG.P.マードックの1949年の著書（マードック 1978）によると、妻方居住38例（15%）、夫方居住146例（58%）、双所居住19例（8%）、はじめ妻方で子供が大きくなると夫方22例（9%）、新所居住17例（7%）オジ方居住8例（3%）である。また、財産の相続と比較的密接に結びついた親族グループを対象にした1967年における世界860民族の事例調査によると、母系出自のみ121例、父系出自のみ401例、単系出自無し（双系）311例、母系と父系（二重出自）27例、であった。また、結婚の形態は歴史的に常に一定でなく、経済・社会・文化的な条件で刻々と変わっていくとされている。更に重要な点はどのような社会で妻方居住婚が多いかというところにある。マードックはその第一の要件として女性が生産とその主要手段である土地の所有において優越する社会、すなわち狩猟と採集に農業が導入される点をあげた(7)。また第二の要件として「相対的に平和」であったことも、妻方居住社会を維持する要素であるとした。これは戦争が戦力たる男性の重要性を高め、女性を売買の対象に追いやるからだとされる。最後に第三の要件として「政治的な統合が相対的に低い水準であったこと」をあげている。歴史的には政治的権威の所有者である男性が権力・財産・威信の増大をもたらすからである（マードック同）。

このような諸条件は考古学的にはどう捉えられるのだろうか。旧石器時代にも植物利用の痕跡はあるが、本格的に狩猟採集に農業が取り入れられるのは新石器時代である。マーガレット・エーレンバーグは104の民族事例から、簡単な鍬や掘棒を使う園耕民社会では農業の大半を女性が担い、男性が狩猟に従事していることから、コムギ・オオムギなどを対象とした農耕が開始された南西アジアや東南ヨーロッパでも一部家畜が登場するものの、類似した分業が行われていたとした（エーレンバーグ1997）。これは、家畜を有し犂耕を行う本格的な農業社会では男性が主体的に農作業に従事するのとは大きな違いである。日本の縄文社会も狩猟採集に初期的な植物の栽培や管理栽培が導入された可能性があり、完全な移動生活による食料の調達からは解放されたという点で類似している。つまり縄文社会では第一の要件としての女性の活動が生業の高い割合を占めていた可能性が推測される。実際に植物質食料への依存は食物残滓の研究と人骨の分析研究の双方から指摘されている。第二の要件としての相対的な平和や第三の要件の政治的な未成熟も、その後の社会と比較して妥当とされることに異を唱えることはできないだろう。このような3つの要件の範囲内では、縄文時代は妻方居住婚が多い社会の要件を満たしている。

また序章で触れた形質人類学やミトコンドリアDNAの分析結果は、この仮定と矛盾しないと理解できる。以上から、古代国家成立までの間の妻方居住婚の存在は否定されるべきものではない。このことによって、縄文社会を含む古代以前の定住社会において、女性のみが結婚によって集団間を移動するような結婚形態のみへの偏重は、まず全く現実的でない。そして女性が子を産み育てるという生理学上の必然から、生まれ育った集団を離れることの不利益がその点を補強する。

(2) 古代の婚後居住形態

日本の古代家族に関する学説は大きく3つに分かれる。まず1つめは『古事記』・『日本書紀』などを含む歴史書ならびに文学作品や貴族階級の日記を基準資料とする高群逸枝の「母系家族説」であり（高群1966）、婚後居住形態としては妻方居住を主体とする。それと対峙するのが8世紀の戸籍や計帳を根拠に夫婦同籍を同居とみなし、父系家族が古くから存在したという「父系家族説」であり、居住形態は夫方の同居とする。ただ、古代史研究の中で、戸籍・計帳自体の擬制が論証されてきたこととともに、『日本霊異記』や『万葉集』に歌われる妻方居住婚の実態が籍帳にいっさいみられない事実こそ「戸」の擬制性を示しているとした関口裕子は、高群を批判的に継承する立場から、更に『今昔物語』、『伊勢物語』、『大和物語』等を加えて中世までの結婚の形態の変遷をまとめた。それによると結婚の形態は時代とともに変化し、またその変化のスピードは支配者層と庶民層で異なる。7世紀末から10世紀初頭まで支配者層は「対偶婚(8)」段階にあり、庶民層はその状態が遅くとも12世紀初頭まで続く。続いて単婚へと変化していく。単婚になって初めて家父長制が成立する。婚後の居住地は遅くて12世紀初頭までの対偶婚時代は両層ともに妻方居住・夫方居住・新処居住が並立するが、その後の単婚時代には夫方居住と新処居住へと変化する（関口1993）。更に3つ目の説は「双系家族説」で、義江明子によると古代の家族は父方、母方双方の親族関係の中で生活しており、家族とは女性と未婚の子供という基本単位を指す。『令集解』戸令結婚条による結婚は、五〇戸一里の中で男女が「相往来」、「相住」というもので(9)、男女両者の合意の後に男性の通いで開始され、子供が産まれ、関係が安定したところで初めて同居に至るというものであったとする。同居には妻方・夫方もしくは新処への移動というようないろいろな場合があり（義江2004・吉田1992）、その具体的な実態は今後の課題が大きい。ただ夫婦の関係は流動的で、父系二世代の同居は存在しないとされ、その点は「母系家族説」に共通する。明石一紀も「居住形態は多様かつ複合的であって明確な婚後居住規制は存在しない。正妻とは一時的妻訪を経たのちに同居するが、経済的には有利なほうに新居を構えたようである。」と述べ、婚姻結合が弱いため離婚・再婚も多く、単婚が成立する以前の対偶婚段階にあるとしている（明石2006）。

以上のように古代史研究では未だに諸説が拮抗している部分もあるが、少なくとも夫方居住婚のみが唯一の結婚形態であるという状況は明らかに否定される。逆にいうと縄文時代よりも政治的統合が進み、時として相対的な平和も崩れる古代日本においてすら、通い婚とその後の妻方居住婚が実際に多数存在したのである。

(3)「通婚圏」と土器づくり

さて、仮にこのような妻方居住婚を含む双系家族的な結婚形態が、縄文時代まで遡るとすれば、「領域」論の観点からみた「通婚圏」とは一体どのような範囲を指すのであろうか。「戸令結婚条」では、結婚した男女は「里」の中で「往来」し、「住」むとされる。里とは大宝律令下で五十戸を一里としたものと推定され、その実態に関しては諸説があるものの、実際に2～3の集落くらいの領域を指すとも考えられている。まず第一番目に、結婚はあくまでも男女の合意に基づく男性の通いによって開始されるものであるため、「通婚圏」もまずは、男性の移動する範囲と事実上置き換えられることになる。それも、翌朝には自宅に帰れるくらいの距離でなければならない。これが「往来」の範囲となる。終生通い婚の場合もあるかもしれないが、通いの期間を終えた男女は妻方、夫方、もしくは新処へと移る。これが「住」の場所となる。ここで「通婚圏」は生活拠点を移す範囲へと変容する。これらがどちらも2～3の集落くらいの領域であるとすれば、集落間距離を縄文時代の研究を参考に仮に2つの集落間距離を4～10㎞とすると、最低で4㎞、最高で20㎞の範囲と捉えられる。因みに単婚（嫁入り婚）かつ父系二世代の同居が生じた江戸時代から明治初期までの通婚圏を、都出比呂志は時代を遡るほど村内婚の比重が高くなること、明治初年では村内婚は半数で、更に郡内婚として一括すると8～9割を占めるとし、その範囲としては半径5～10㎞をおよその目安としている[(10)]（都出 1989）。終生通い婚の場合や通いの範囲＝妻方居住に伴う移動の距離とすれば、最高の20㎞は狩猟採集民の日帰り行動圏の2倍にもなるため、10㎞程度までの範囲が妥当なのかもしれない。通婚圏を形成する2～3の集落が外婚単位として機能し世代を重ねるとその関係は深くなり、それぞれの構成員は何らかの親族関係に行き着くと考えられる。一つの集落にいくつかの出自集団があり相互に通婚関係にある場合や、半族による外婚単位がある場合など様々な可能性があろうが、通婚圏といえる領域には親族関係にある女性が多く居住し、活動する状態になろう。

第1節で紹介したカリンガ族のダンタラン村は伝統的に母方居住[(11)]で、「親族関係」の女性を中心とする3～12人がグループで土器づくりを行い（小林 1993）、ミズーリ川流域に住んだアリカラ族も母方居住で、土器づくりの詳細は母から娘へと受け継がれ、「親族関係」の女性たちが集まって作業を行った（ディーツ 1988）。一方厳格な土器づくり技術を共有しているビラ村のカンカナイ（族）における土器製作者の女性16名のうち2名は出自系統が別で夫方居住に伴って村に婚入したが、既存の土器づくり伝統を共有した（大西 1998）。その反面ニューギニアのヤボブ村のように土器づくりの女性が他の村の男性と結婚すると土器を作る権利を失うような場合もある（角林 1978）。土器づくり集団の規制を一般化するにはまだ事例が足りないが、居住地と親族というまとまりが指標となる可能性は高い。仮に土器づくりが親族関係にある女性の協業だとすれば、妻方居住婚の社会ではそれは居住地のまとまりと一致し易いだろうし、夫方居住婚の社会では通婚圏といえる集落の構成員を含む場合が想定されよう。そしてそのそれぞれの範囲で土器型式や「施文原理」が共有されることになろう。かつてロングエーカーらはカーター・ランチサイト等の分析で、土器にみられる2つのグループは、共同墓地での埋葬形態のグループとの対応関係から妻方居住婚社会での作り手の出自集団であるリニージを反映すると結論づけ、その後、検証のための調査研究や多くの批判が展開された（小林・谷 1998）。ただ、もしいくつかの出自集団が統合されて一つの土器づくりグループを形成していた場合、あるいは出自集団が一つの集落のみに収束しない場合、距離を置いた複数の集落の女性たちが一緒に土器づくりを行うことになるかもしれない。その場合女性が結婚で移動しないにも拘わらず、遠方の集落の土器が類似することになろう。土器群のグループ差は共有された技術に基づく出自集団の差を示すのか、もっと別の関係を示すのか、様々なケースが想定される。

さて通いの期間を過ぎた男女が仮に夫方居住を行った場合、「通婚圏」は土器製作者の女性の移動範囲を示すことになり、そこに土器の地域色が認識される可能性が指摘されてきた。例えば弥生土器の技法や施文の地域色（土器の製作技法や施

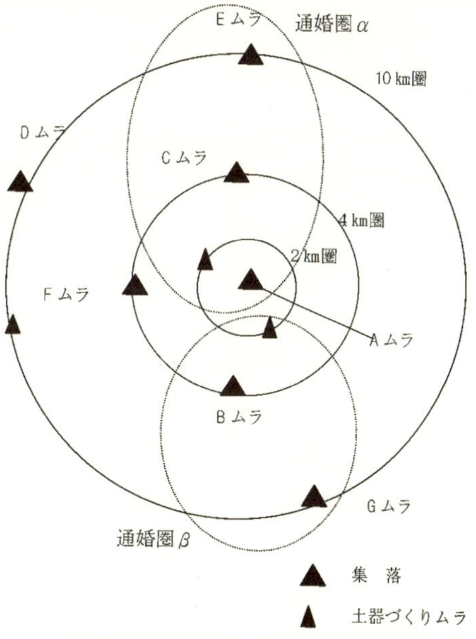

図3　領域・通婚圏・土器づくり集落のイメージ

文原理は共有しながらもそれらの細部や部分要素の組み合わせに差異がある）のあらわれ方は旧制の郡単位程度にまとまるが、これらは通婚によって製作者の女性が移動した「婚姻圏」を示す（都出1989）といった考察がある。縄文時代を対象にした「通婚圏」議論は、土器一般や埋甕といった差こそあれ、まさにこのような女性の移動のみを前提に考察されている場合が多かった。ただ、この場合、他の出自集団に入った女性が積極的に出身地の流儀で土器が作れたのかどうかは疑問である。勝坂式の集落へ入った阿玉台式製作者（寺内1989）のように、技術は故地のものが抜けきれないとしても表面的な文様等は嫁いだ先の流儀を踏襲することや、技術さえも嫁ぎ先に同化された可能性すらある。

このように通婚圏は機械的に予測できてもその範囲を移動するのは誰なのか、それはどのように土器に反映されるのかという根本的な課題はまだ全く未確定である。結婚による居住地の多様性を考慮した上で、土器情報の移動、作り手の移動の解釈に通婚圏を持ち出す限界は、全ての考古学研究者が厳粛に認識しなければならないことを強く指摘したい。

第3節　胎土分析と領域

地球表面の岩石は気温や大気、水など様々な要因で風化され、土に変わっていく。これらに地表や地下の水が作用してやがて粘土が生み出される。そのため母岩の性質や、その後の風化作用、熱水変質、続成作用の度合いによって粘土の性質も多様である。この多様な粘土を使って縄文人は土器を製作した。そこで胎土分析を行うと土器胎土の観察や分析から内包される砂や粘土自体の採取地を特定することで、土器の動きを推定することができる。実際の粘土の採取地は、例えばアーノルドの調査した世界110の民族例によるとそのうち60例までが居住域から2㎞未満に収まり、2～3㎞が12例、3～5㎞が11例、5～10㎞が15例である（Arnold 1985）。5～10㎞といった遠隔地に赴くことがある背景には陶工が良質とする粘土はどこでも簡単に手に入るわけでないことを示す。一方混和材の採集地が10㎞以内に収束する例は37％に止まるとされる。縄文土器の場合それがどの範囲に該当するのかは、実際の個々の分析からある程度推測することができよう。例えばフィリピンのカリンガ族は、粘土を良く練って素地土をつくる際、採集時に砂粒を含んでいない場合は、収縮率を一定に保つことで形を作り易くしたり焼いた時のひび割れを防止するなどの理由で「混和材」を入れる。更に粘土を丹念に練り、すぐに輪積みによる成形、調整・施文を行った後、土器を一昼夜乾燥させ、集落の広場で竹や生草を燃料として野焼きを行う（小林1993）。この一連の工程を労働コストという側面からみた場合、いかに低コストで多くの土器が作れるかが重要であろう。労働コストを低く押さえるには①粘土の産地が近いこと、②それが短時間に成形を行っても、焼成の時に割れにくい良質の粘土であること、③土器焼きに使う燃料が豊富であること、が最大の条件であったろう。このように考えると、日常の生活領域を共有する数集団の中の構成員が共同で土器づくりを担い、土器を供給するような一定の領域内の分業が現実味を帯びてくる。更に良質の粘土産地から遠い住人が、少量の粘土を何度も採りに赴いたり、焼成の時にひび割れてしまったり水漏れを起こし易い悪い粘土で我慢したりするよりも、交換によって財としての土器を手に入れようとしたことも想像に難くない。縄文時代に交易ネットワークがかなり広範囲に発達していたと仮定すると、その最大の理由は定住生活に即した労働コストの削減にあったろうと考えられる。胎土分析は、土器づくりにおけるこのような点を念頭に置いた上で行うことが必要であろう。

さて、一般に土器の胎土分析の目的は、

a　土器型式分類のメルクマール

b　土器の素材の解明

c　土器の原産地推定

d　土器の動き、人の動きの追究

等多岐にわたり、目的に応じて方法が使い分けられている。aは最も一般的な方法で、土器を分類するにあたって属性表の胎土の項目に石英・長石等比較的詳細に胎土特徴を記載するものである。つまり土器胎土はその土器の流儀の一端を担っているため、属性の一つとなり得るのである。bは土器の焼成温度、胎土になる粘土と混和材の関係など主に土器づくりの技術の検証を目的とする。さて、cについては、まず「原産地」の定義が問題である。通常、土器が作られた場所を指す場合と粘土採取地を指す場合が考えられるが、前者の場合は、窯で焼かれている資料（陶磁器・瓦・須恵器など）は窯という原産地点が特定されるために既にこの目的に沿った成果が多く発表されている。しかし、土師器・弥生土器を含めた土器類は焼成遺構が見つかりにくいため、本来の原産地推定は不可能である。粘土の採取地点を指す場合も、粘土採掘遺構等、特殊な例を除いては、黒曜岩（石）のように実際の採掘地を絞り込むことは現時点では難しい。しかしながら土器内の岩石・鉱物を地質図や地質学的な知識、河川砂、遺跡周辺の粘土と対比させることで原産地という点ではないにしろ、土器の胎土を採取したエリアをかなり狭い範囲に収束させることができる。現在までの土器の胎土分析研究の潮流は、このようなエリアを狭める努力であったのと同時に土器胎土の属性を土器の型式学的な属性と組み合わせることで、dの目的、つまり過去におけるある時間を特定した中での人の動きやものの動きの動態に迫ろうとする方向性にあると思う。

縄文時代の領域を問題にする本節では、胎土分析によって具体的に人やものの動きに迫った研究に絞って概観していくことにしたい。

1　胎土分析研究の始まり

胎土分析研究の重要性は、500を超える土器薄片の顕微鏡による砂の観察を通して、アメリカ合衆国ニューメキシコ州リオグランデ川上流域の集落間で大規模な交易があり、その交易圏が時間的に移り変わってきたことを示したシェパードの初期の画期的な研究によって示されたといえよう（Shepard 1956）。日本では清水芳裕が中国地方山間部と海岸部の遺跡を形成した人々の集団領域の解明を目的として、岩石学的方法による胎土分析を進めた（清水 1973a）。清水は異型式が混在する背景には「既製品の到来」と「他集団の模倣品」があり、更に土器が移動する背景には集団の移動（民族例からは季節的移動）が含まれるため、胎土分析は領域研究の手法として有効だと考えた。その方法は土器薄片を作製し、その中の砂粒子（岩石・鉱物）の組成を土器出土地域の地質構成物と比較し、異質なものが存在することをもって土器の搬入を捉え、更に分析のために抽出した土器全体が搬入品から成っていた場合、集落全体が移動してきたと判別するというものであった。また、伊豆諸島では島の土器の大部分が搬入品であり、更にそれらが地域を異にした数型式にわたることなどから、複数の土器製作者の移動を推定し（清水1977）、滋賀里遺跡では搬入品と推定されていた非在地の型式である亀ヶ岡式土器が在地の土で作られており、北陸系とした土器が在地外の土であったことから前者の模倣と後者の搬入を示した（清水1973b）。更にこのような分析方法とメソポタミア・アラビアの研究事例から土器の搬入と搬入された土器の模倣が繰り返し起こることは土器型式の成立に結びつくというモデルを示している（清水1986・1989）。清水の研究は、従来不明瞭であった、いくつかの土器型式の混在する遺跡での在地型式以外の土器の性質を示した特筆すべき成果をもたらした。また「型式上の差と材質上の差を両面から識別することによって、他系統の型式要素が加わっていく過程と、一遺跡の土器型式が搬入土器の影響を受けて変化する要因」を解釈できる（清水1981）とすれば、更に移動、模倣が推定されている個々の土器の文様細部や技法的な側面からの詳細な分析によって、この移動模倣仮説はより蓋然性の高いものとなろう。清水の研究以降、このような土器型式の接触地域で、それぞれの型式の搬出入や人の移動に関する研究者側の積極的な問題意識に基づいた分析が盛んになった（千葉県埋蔵文化財センター1984）。

2　異型式の接触地帯での胎土分析

1980年代から90年代にかけて、異型式の接触地域での胎土分析が盛んに行われた。会津の大木式土器と阿玉台式土器・火焔型土器の接触地域（上條1987、石川1989）、勝坂式、阿玉台式、大木式、焼町土器の混在遺跡（井上1989・1990、赤山1990）、加曽利E式、曽利式、咲畑式等の混在遺跡（安孫子・上條・石川1988、古城1978）、在地系、東北系、関東系、西日本系、北陸系の胎土変異（藤巻・パリノ・サーヴェイ1991）等が注目される。方法はそれぞれ異なるが、大きくは偏光顕微鏡観察とX線回折法、そして蛍光X線分析が使われている。偏光顕微鏡の方法上の長所は観察対象が岩石・鉱物であるため、遺物に含まれている岩石・鉱物の組成を地質図や地質学の研究成果と直接対応させて説明付けられること、粘土や砂粒の精粗、粘土の積み上げ方法などを同時に観察できることである。一方、X線回折法は鉱物（一次鉱物）と粘土（二次鉱物）を、蛍光X線分析は粘土を構成する元素の量比を測定対象とする。その長所は資料の大量かつ迅速な処理が可能であることと、視覚的なグルーピングが可能であることであろう。ただし、土器を対象にした場合、半定量数値はたとえ同一部分を測定したとしても、ばらつきがみられ、一律に収束しない。金属のような均一な素材と土器粘土は根本から異なるため、どの数値を定量値として提示するのかは、非常に難しい問題である。

さて、このような異型式接触地帯での分析でも、一つの遺跡を対象にしただけでは、判定の基準が不足せざるを得ない。複数遺跡を面的に対象にして初めて領域的な胎土分析の成果を提示できる。古城泰は1980年代に既に諸磯b式エリアと浮島式エリアの24遺跡を選択し、それぞれの土器胎土を岩石学的な手法で分析し（古城1981b）、小薬・石川は下吉井式、条痕文系、東海系の接触地域の9遺跡の土器50点を蛍光X線で分析し、遺跡を越えた型式と胎土の関係を探った（小薬・石川1990）。後者では土器を粉砕採取してガラスビートとし、検量線法を用いて波長分散型蛍光X線分析装置で主成分元素（酸化物）の定量を行っていて、機器分析手法としては前処理、方法ともに最も誤差が少なく信頼性に足る方法といえる。分析の結果、型式と主成分元素組成は大枠で一致し、下吉井式は SiO_2 や K_2O が低く、Fe_2O_3 や MgO が高くマフィックな傾向が著しいのに対し、条痕文系は SiO_2 や K_2O が高く、Fe_2O_3 や MgO が低いフェルシックな傾向がみられた。東海系は更にフェルシックな傾向に偏る。このような結果やその分布、また海綿骨針が胎土に含まれることから、特に下吉井式は神奈川西部で集中的に製作され、古東京湾沿いの遺跡を中継して内陸部の遺跡まで持ち込まれたものと推測された。本分析は、あくまでも主成分元素比であるため、岩石学的手法の場合のように直接周辺の地質との対比ができるわけではないが、土器そのものの広域な流通の可能性を示唆した研究として重要である。

ある型式が集中的に製作され、広域に移動するという現象は後藤和民が土器の製作技術研究の結果到達した結論に一致する。後藤は粘土の粘着性や可塑性を保ちながら、その収縮を減ずるために、収縮率の少ない混合物を混和材として投入する必要があり、その配合比率や混和物の種類を決めるのだけでも並大抵のことではないとする。かつて山内清男が述べたように土器はどこでも誰でも作れるものではなく、「一定の地域で専業的に大量生産され、物々交換などによってかなり広範囲に流通していた可能性が充分にある」（後藤 1973）。一方瀬川裕市郎も、静岡県の愛鷹山麓は縄文時代の遺跡が多いにも拘わらず、愛鷹山麓で採取した粘土で土器を焼成することができないという実験結果や増島淳の分析（増島 1980）を検討して、愛鷹山で産出するはずのかんらん石が山麓の遺跡出土土器に含まれていないこと、その胎土は甲府盆地や八ヶ岳山麓の地質を反映している点を突き止めた。瀬川は人は移動せず原料の粘土だけが搬入されたと解釈しているが（瀬川 1985）、上記の分析結果のように他地域からの大量の土器の移動を推測することもできよう。

1990年代以降、土器型式の接触地帯である関東を含む、東海、甲信地方の岩石学的手法による胎土分析は河西学によって主導されてきた。氏は個々の試料に対し精緻なモード測定を遂行し、更に次項で述べる河川砂調査を背景に、胎土の由来の解釈の精度を確実に上げている。そして、自身の分析データをもとに他者の分析結果を加え、土器型式毎の通時的な搬出入動態の叙述を進めている。前期、中期、後期、晩期の殆どの土器は基本的に地元の原料を用いて各地で作られている一方で、東京都下宅部遺跡加曽利B2式の変成岩を主体とする土器（河西 2006）のように、周辺では入手できない胎土の試料が一定量確実にみられ、搬入品が常に組成することも明らかになっている。また、前期木島式のように地域を越えて領家帯の花崗岩が入っているような土器型式が存在（河西 2008）すること、富士吉田市池之元遺跡の堀之内2式土器のように在地胎土の土器が全く認められない例がある（河西 1997）こと等からは、まだ事例は少数であるが土器の局地的な製作の可能性が示唆されているようにみえる。これら一連の研究（河西 2002・2004ほか）と同様な方法による分析（松田 1997・2000）の広がりによって、土器の胎土分析の有効性が積極的に提示されてきたといえよう。

3　単一型式内の土器の移動を追究する試み

胎土分析研究の初期の時期には「同一住居内から出土する同一型式の土器群において、胎土の違いがあるか」(鈴川 1971) というような純粋な同一型式内の胎土についての問いが行われてきた。異型式に対し、同一型式内の土器の動きは注目されにくかった上、更に小地域が対象にされることにより、岩石学的に類似した地質地域内での土器の動きを問題にせざるを得なくなり、型式間の動きを問題にするよりは困難が予想される（中島 1989)。そのため、特徴的な岩石鉱物が散見される地域を対象にした場合（清水 1973a）を除いては、顕著な成果が出されなかった。

しかしながら、一土器型式内の土器の動きを異型式間の土器の動きと同様に分析対象とするための戦略は大きく二つあろう。その一つは、型式と型式の差異を認識したように、今度は型式内の細かな技法上の変異を抽出し、集落間あるいは地域間の差を抽出することである（本章第1節)。二つ目は、既に知られている表層地質図よりも更に狭い胎土の小地域性を抽出することである。土器胎土の帰属地域の特定が小地域で可能になればなるほど、土器群の細かい動きがみえてこよう。増島らは、河川の砂や遺跡周辺の粘土を採取し、それらと土器の胎土を岩石学的に比較することで、かなり細かな土器の動きを論じていくことの可能性を示し（増島 1980・1982、天野・大場 1984)、更に細かい河川砂の分析から広域かつ通時的な縄文土器の動きを論じている（増島 1990)。川砂は各々の地域の地質の浸食によって生じたことからその地域の地質を代表し、更に実際に混和材に使われる場合もある。また、粘土採掘坑や現代の粘土層調査により、土器胎土と実際の粘土との比較も有効である。これらの観点を導入することによって胎土分析の結果の解釈の蓋然性は更に高まったといえる。これを受けて、河西らは（河西・櫛原・大村 1989)、曽利式土器、曽利系土器、加曽利Ｅ式土器が共伴する５遺跡を選び、それぞれ約 20 点ずつの土器の胎土分析を行った。その結果、在地とされていた曽利式土器の７割以上が同じ八ヶ岳南麓の半径 20㎞以内を移動しており、更に客体的な加曽利Ｅ式土器の９割以上が逆に、在地の土器であったことが解った。これによって型式内に限定せず当然土器型式間の土器の動きを考える上でも、河川砂や粘土内の岩石・鉱物組成の検討が必要であることが明白になった。一遺跡だけをみて在地外の型式がその遺跡の在地胎土と異なるからといってすぐにかなり遠方からの搬入を想定することの危険性が具体的に示されたといえよう。また、これらを含む、甲府盆地を中心にした約 20㎞四方に分布する十数箇所の曽利式期の遺跡出土土器の胎土分析では更に興味深い結果が得られている（河西 2002)。この地域の地質は八ヶ岳南麓の安山岩を基盤とする地域、釜無川流域の花崗岩地域、塩川流域のデイサイトの地域に明確に分かれるため、ある遺跡を起点にした場合「在地」（遺跡の立地する地点と同じ地質構造の地域）と「在地外」の境界線が引き易い。そこで土器内に含まれている砂（岩石・鉱物）が在地の地質構成物に由来していると考えられる場合「在地胎土」、違っている場合「在地外胎土」と判別できる。分析の結果、安山岩が主体になる地域の拠点的大集落では在地胎土で作られた在地製作の土器に対し、在地外胎土の土器の割合がかなり高いことが分かった。ただ、この場合の在地外胎土とはすぐ隣接する地質地域の特色のあるものを指す。例えば姥神遺跡を起点とし、在地外胎土の土器を搬入土器と仮定すると、姥神遺跡出土分析土器 29 点のうち、7％が約 3.7㎞の移動、31％が約 7㎞の移動をしたことになる。頭無遺跡を起点とすると 28％が 2.5㎞の移動が、24％が 3.5㎞の移動となる。アーノルドによる世界 110 の民族調査では、p.32 で紹介したように、粘土採取地は 2㎞未満が最も多いものの、10㎞までの間に全体の 89％が収まる。このことから類推すれば、近隣からの搬入と考えられたものは、粘土の直接採取である可能性もゼロとはいえない。しかし、安山岩地域が在地の姥神遺跡で31％を占める花崗岩を含む土器は、花崗岩地域が在地の根古屋遺跡ではほぼ100％を占め、姥神遺跡で７％を占めるデイサイトを含む土器は、デイサイトが在地である清水端遺跡ではほぼ100％を占める。もし姥神遺跡の人が隣接地へ直接粘土を採取しに行って土器を作っていたとすれば、その遺跡固有の素地土の調合の仕方や採取場所の微妙な違いにより、根古屋遺跡や清水端遺跡の土器胎土とここまで似通ってくることはないのではないか。つまり、根古屋遺跡や清水端遺跡を含む隣接地域の遺跡は、姥神遺跡出土土器の搬出元の可能性がある。このことは、まさにごく近い範囲で土器が頻繁に移動しているという事実を補強することになる。更に注目されるのは、この範囲から外れる胎土を持つ土器、つまり遠方からの搬入と推測されるものが各遺跡１～３点程度存在するが、殆どが曽利式土器であったことである。またこの地域で在地外土器と捉えられてきた加曽利Ｅ式は、出土遺跡かその近辺で作られたものと隣接地域に由来するものがあり、それを越えた遠方からの搬入の可能性があるものは殆ど無かった。また隣接地域からの搬入（もしくは隣接地域からの粘土採取）が特に頻繁に起こるのは安山岩地域の遺跡や沖積地内の遺跡で、花崗岩地域やデイサイト地域の小遺跡では、搬入土器自体が極めて少なく、曽利式も加曽利Ｅ式も殆どが在地で製作されたようである。この背景には良質な粘土が近隣にあるかどうかに加え、大集落では土器をはじめとして様々な物資が交換される傾向があることなどの要因が考えられよう。河西は更に関東地方の河川砂の調査成果をも提示している（河西 2006）。

このような河川砂の調査の他に表層地質図よりも更に狭い胎土の小地域性の指標として降下テフラがあげられる。中村由克は信濃町市道遺跡の報告に際し、低倍率の双眼実体顕微鏡で立野式土器やそれと同時期とした押型文土器・表裏縄文土器の表面の岩石・鉱物を観察した結果、「火山灰に由来する大量の水晶（高温型石英）」の混入を指摘した（中村 2001）。また、筆者は御代田町川原田遺跡出土土器のうち浅間火山の噴出物ではない石英や黒雲母を多く含む胎土の由来を追う過程で、結晶質の数層のテフラを発見し、早田勉によって大町 APm テフラ群（クリスタルアッシュ）の可能性が指摘された（水沢 2006b）。河川砂が間接的に周辺地質を反映するのに対し、テフラにはより直接的な混和が推測される。ただ、河川砂と同様にフィールドワークによる事前のカタログづくりが必要である。将来的にはこれらの整備とともに、一土器型式内の土器の履歴がより明確に示されよう。

４　胎土分析の方法を整備する試み

領域論の研究手段として進められてきた胎土分析研究には解釈の点で検討する余地を多く残し、それは胎土分析の手法にも共通する。そのうち「混和材」の問題は最も基礎的な部分である。

岩石学的な手法の胎土分析は、まず土器を形作る粘土や岩石・鉱物を分析し、周辺地質を反映する諸要素と比較して、その異同により土器の搬入や在地製作を判別するというものである。ただ、土器胎土は金属や石のように均一なものではない。まず粘土という元来不均一な素材に、更に混和材という不均一な砂などの素材を添加したり、逆に削除する、あるいは何も手を加えないという、人為的な要素が加わるため、その履歴は複雑化しかつ組成は不均一の一途を辿る。そのため、方法論の中にこのような点を織り込んだ上で分析を進めなければならない。筆者はかつてこの点を整備するための視覚的なモデルを提示した（水沢1992、第4章第2節1（1））が、そこで特に強調したのは、胎土の中に含まれる砂と粘土の分析を別個に行うことである。なぜなら世界の民族例を見渡すと、砂・砕いた岩石・シャモット・穀物・塩・動物の血など様々な素材が混和材として後から添加される例がみられる反面、粘土に元来砂が含まれている等の理由から何も混和しない事例が確実に存在し（鐘ヶ江2007・大西1998）、粘土踏査からも追証されている（水沢2004）。そのため、その両方の可能性を念頭に入れる必要があり、粘土と砂のどちらかを分析しただけでは不十分であることが明白である。例えば仮に、土器内の岩石・鉱物の組成が在地と異なることを根拠に「搬入品」と判断したものの、実際には混和材だけが在地外から供給されていたとすればそれは「搬入品」ではなくて、「搬入混和材」を用いて地元でつくった土器ということになる。逆に混和材が在地的でも、良質な粘土が周辺に存在しないような集落環境であれば、粘土だけを在地外から搬入することも理論的にはあり得る。このような点の追究なしには胎土分析の精度を上げることは不可能と思われる。

建石徹も「粘土と混和材を分離する視点の必要性」を強調し（建石2007）、「土器胎土中の粘土と混和材の分離法に関して示唆に富む研究を実践し続けている例」として、上條朝宏の研究（上條1971、第4章第2節2（2））をあげ、河西学も「土器産地推定における在地」を検討する上でこの問題に取り組んでいる（河西1992a、本書第4章）。

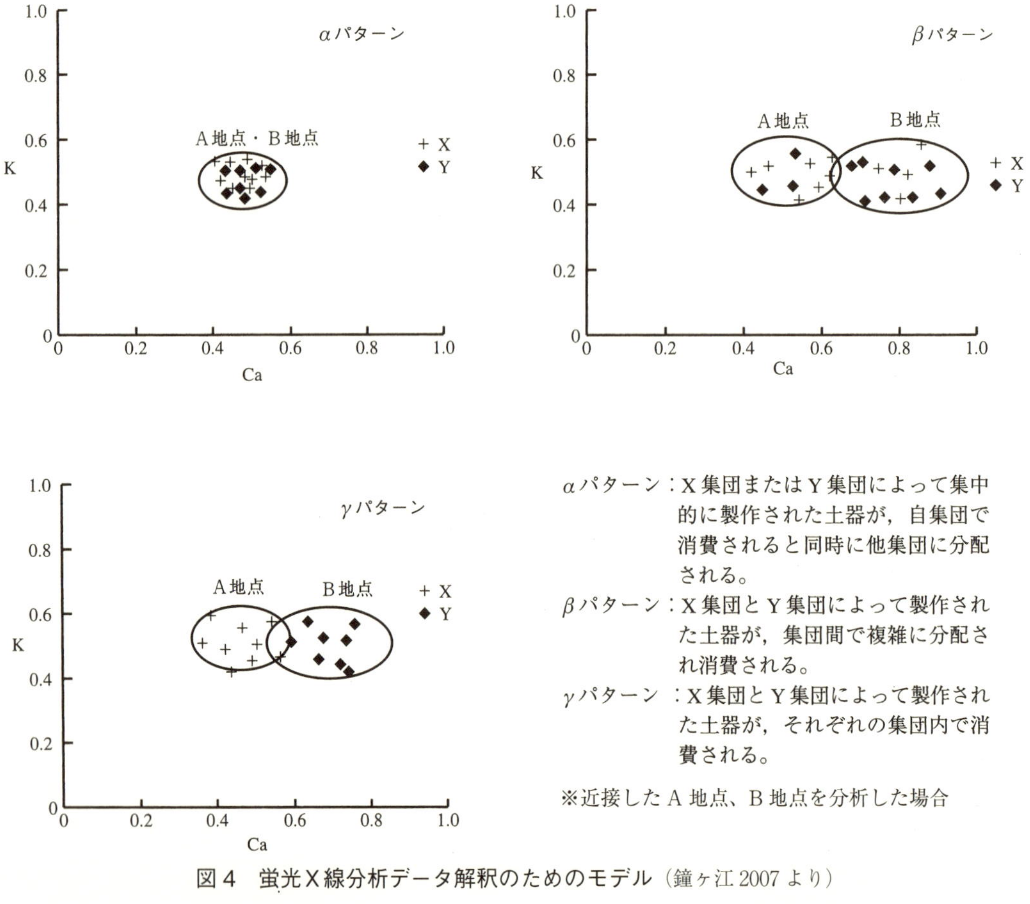
αパターン
A地点・B地点
+ X
◆ Y
βパターン
A地点
B地点
γパターン
K
Ca
αパターン：X集団またはY集団によって集中的に製作された土器が，自集団で消費されると同時に他集団に分配される。
βパターン：X集団とY集団によって製作された土器が，集団間で複雑に分配され消費される。
γパターン：X集団とY集団によって製作された土器が，それぞれの集団内で消費される。
※近接したA地点、B地点を分析した場合

図4　蛍光X線分析データ解釈のためのモデル（鐘ヶ江2007より）

機器分析では粘土と砂の扱いが更に難しくなる。EPMAやSEM-EDSで照射径を絞らない限り、土器の粘土部分に砂部分の情報を加えた形での主成分元素組成が提示されることが予想される。例えば三辻利一の須恵器の蛍光Ｘ線による胎土分析では、表面を研磨して汚れを除去した縦横２㎝程度の試料をタングステンカーバイド乳鉢で粉砕し、塩化ビニール製のリングに入れてプレスしたものにＸ線を照射している（三辻 1983）。石川隆司の蛍光Ｘ線による分析でもまず付着物を洗浄し、表面・断面をミニターで削ってから新鮮な部分を 10 ～ 20g 採取し、タングステンカーバイド製乳鉢で粉砕してからガラスビードにして分析を行っている（小薬・石川 1990）。このような試料全体の粉砕は粘土と砂の均質化を意味し、粘土と混和材が同一の場所から採取されたという前提の下で有効に機能する分析方法といえる。建石徹はこの点に着目し、敢えて粉砕をせず、分析箇所としては砂部分を回避しながら分析位置を変えて５回ずつ測定している。基本的に蛍光Ｘ線分析装置の照射径が３㎜であるため、特に大形の砂の影響を受けそうな場合はマスキングを行い１㎜径に調整している（建石 2004）。鐘ヶ江賢二も蛍光Ｘ線分析において砂と粘土双方を含めて粉砕して固める方法を採用しているが、蛍光Ｘ線分析では結果の解釈のためのモデルと土器製作と搬出入のモデルを予め提示し、また鉱物のみではあるが岩石学的な手法の胎土分析を同時に行い、結果を比較している（図４、鐘ヶ江 2007）。これらの多方面の情報を比較検討することによって、結果の解釈はより蓋然性が高いものとなろう。更に大屋道則は客観的に従来の胎土分析の研究史をまとめ、胎土分析が閉塞状態にある土器研究への突破口でありながら、理論的整備の不備や基礎データの開示不足等、問題が多い現状を指摘した（大屋 2005）。そしてそのような深刻な課題を突破する自らの枠組みとして、遺漏なく土器胎土の粘土部分から砂粒を分離し、効率よく同定する方法としてのアルカリ溶解法と、波長分散型 EPMA による鉱物結晶の元素組成の測定を提唱した[(1)]（大屋他 2006）。今後、土器と土器原料の対比のための精度を更に高めるためには、このような新しい分析方法の開拓と導入が求められよう。

註

【第１節】

（１）例えば大洞式という「土器型式」（山内の諸論文には「型式」もしくは「式」とも記述される）は大洞Ｂ・ＢＣ・Ｃ１・Ｃ２等に細別され、それは「細別型式」とされる。また、いくつかの土器型式を統合して前期、中期、などの大別がなされた（山内 1937）。大洞Ｂ式などの細別型式にはいくつかの器形・器種があり、それらに文様・装飾が組み合わさる。つまり土器型式はいくつもの Type を取り込んでいる（林謙作先生のご教示で詳しくは 2004a 他）ことから、私は 1989 年以来（水沢 1989）、「土器型式」＝ Type complex（ex. 大木式）、「細別型式」＝ Type（ex. 大木８ｂ式）、細別型式内の一つの Type ＝類型（ex. 大木８ｂ式Ｂ類型）を用いており、本書もこれに従う。

（２）土器型式が先史集団のどんな関係を基盤としているのかは、土器製作技術体系の把握に止まらず、木製品、骨角器、家屋の建造技術など様々な技術を総体的に比較検討して、追究しなければならない（須藤 1986）。

（３）東京大学史料編纂所 1917『大日本古文書』11「天平勝宝２年７月 29 日 浄清所解 申作土器事」東京大学出版会 pp.350-351 を参照。

【第２節】

（１）マーシャル・サーリンズは返礼が曖昧な贈与を「一般化された相互性」（一般的互酬制）、これに対し等価交換を「均衡のとれた相互性」（平行的互酬制）とした（サーリンズ, M.〔山内昶訳〕1984「第５章　未開交換の社会学　相互性の図式」『石器時代の経済学』pp.230-236）。

（２）石器石材を指す場合は「黒曜（耀）石」と表記され定着している。ただ、本書では土器中の砂としての黒曜岩について解説する部分が多いため、便宜的に「黒曜岩（石）」に統一する。

（３）全体を霧ヶ峰と呼ぶこともある。

（４）一般に縄文時代中期後葉以降は、剝片石器はチャートなど地元石材が優越するといわれている（斎藤 1985）。

（５）継続的な男女の結びつきを表現する語彙に「婚姻」と「結婚」がみられる。前者の語義は婚が妻の家、姻が婿の家を指し、家と家の結合を意味することと関係し、一定の慣習や法制度の下で社会的に公認されるような結婚を指す（服藤 1993）とされ、「婚嫁」（神宮司廳蔵版 1979）としても括られる。これは「社会的経済的結合でその間に生まれた子供が嫡出子として認められる関係」（新村出編 1991『広辞苑』第４版 p.982）とされ、民法にも通ずる。これに対し、『古事記』の「婚(ま)」く、「娶(みあひ)」（御合(みあひ)）（青木・石母田 1982 pp.71-74 他）は、上記の制度やそれに伴う儀礼成立以前の関係を含む可能性があり（関口 1993）重要である。原初的な家族の基本単位は「生む」という事実によって血縁関係が無条件に証明されている女性とその子供であり、血縁関係が母から娘、孫娘へと、ごく自然に確実に伝えられ、相続も居住もこのラインに沿う状況（フォックス 1977）の中では、その根源となる男女の結びつきに制度や儀礼は取り立てて必要無い。ところが男性と子供の相続を企図した場合､その自然状態を崩さざるを得ない。つまり、自然状態では容易に判別できない男性と子供の血縁関係を証明するために母としての女性を無理に拘束することになる。つまり女性を移動させ（嫁入り）、他の男性から隔離し、そのことを内外に公表するための儀礼（式典）や法的拘束をかけざるを得ない。これが制度としての「婚姻」であり、これによって男性と子供の関係が不動のものとなる（フォックス同上）。つまり「婚姻」とはこのような複雑かつ、歴史的にも比較的後出の手続きを指す語彙であることから、私は縄文時代を含む原初的な男女の結びつきとは異なる次元と考える。よって本書では、男女がペアをなし、継続的に愛を育む関係として、「婚姻」とは表現せず、「結婚」を用いる。

（６）オジとは母方のオジのことを指す。

（７）マードックはリッペルトの説を引用し、まず第一の要件として「民族の生活手段が、その性的分業においてなによりも女性の活動に依存している場合に現れる。」とし、狩猟採集社会に農業が導入された状況を指すとした。これは、狩猟採集用具が男性に属するため狩猟採集社会の財産が男系に受け継がれるのに対し、農耕社会では女性の相続財産が増えるため、女性の移動による損失が大きくなっていったからというトルンバルトの考察がある（マードック 1978 pp.246-247）。また、フォックスも母系出自集団が形成される背景に、「女性が農耕を営み、男性が狩猟を行っていて、かつ女性は分散した一連の居住地にそれぞれ止まって生活している」状況をあげている（フォックス 1977 p.111）。

（８）対偶婚には結婚を恋愛から区別する儀礼や離婚を示す儀礼が存在せず、本人の自立的な性関係がそのまま結婚を意味する。結婚期間中は女性の多夫制の禁忌の欠如、姦通概念の不在など単婚には無い特色を有する。『令集解』の戸令 26 条部分には夫婦が同里にいながら理由無く３ヶ月間互いに往来しない場合離婚とみなすという解釈がされている（黒板勝美・国史大系編纂会 1966）。

（９）上記『令集解』の戸令 26 条「謂」以下義解部分の「若夫婦在同里。而不相往来者。即比无故三月不成離也」の「往来」を指す。また、釈の「其男女同里不相住者。此逃亡。而有子三年。無子二年待耳」の「相住」を指す（黒板勝美・国史大系編纂会 1966）。

⑽　都出は農村社会学の鈴木栄太郎の『日本農村社会学原理』（『鈴木栄太郎著作集』Ⅱ　時潮社 1940）を引用して、東西日本で地域差があり人口密度や散村、集村の差も影響するが半径5～10㎞がおよその目安であるとしている。

⑾　小林・谷 1998 による。また、小林 2000 では、これを更に詳述して花嫁の両親の家のとなりに新婚夫婦の家を建てる「母方に近い新居居住」が伝統である、とされている。

【第3節】

（1）（補註）鉱物結晶の元素組成の測定により、胎土の由来を更に明確化する試みは、2001 年にフォッサマグナミュージアムの宮島宏氏よりご教示いただき、長野県立歴史館の SEM-EDS 装置で分析検討を開始したが、現在研究を停止している。大屋氏の研究に期待したい。

第２章　中央高地縄文時代中期集落の構造と展開

先史時代の土器の製作はどのようなレベルで行われるのだろうか。おおむね各集落に製作者がいて、小規模な単位でムラ毎に作られているという従来の定説に対し、少数のムラのみが土器を占有的に製作し、人員構成も複数のムラを縦断するような場合も想定される。何れにしても土器の製作や消費、交換の場は、集落と認識されよう。もしも集落全体での移動が起こっていれば、土器のみならず遺構までもが故地の流儀を止めていると予測され、それは交流を考える手がかりとなる。

また定住家屋の建設が男性優位の労働であるとすれば、住居形態は男性の動向を示唆するとも捉えられる。本章では千曲川のごく近くに拓かれた集落を起点に、住居形態と生業から交易と交流の問題へアプローチする視点を例示したい。

第１節　集落の立地

１　集落の種類

千曲川流域の主要な縄文中期集落には、拠点集落、一時的な集落、更に作業場のような臨時的な生活空間も含まれる（表1）。その継続性を一瞥すると、中期前葉から中葉への連続性と、中期後葉から末葉、後期初頭への継続性が留意される。これは加曽利Ｅ式の成立とともに勝坂式以来の文様伝統が大きく転換する契機と一致している。そして中期前葉から後葉にかけて継続し、3時期以上にわたって住居跡が検出されている遺跡が、北信では筏遺跡と屋代遺跡群、東信では八千原遺跡である。このうち屋代遺跡群の中期初頭は、ほぼ五領ヶ台Ⅱ式に限定され、中葉は勝坂式後半から唐草文系Ⅱ段階に止まり、その後は加曽利ＥⅡ式から称名寺式まで連続する。ただ土器型式が連続するからといって、その存続時期を通じて集落が途切れることなく続いていたとは考えにくい。末木健（末木 1985）や石井寛（石井 1977）の遺構の詳細な観察によって導き出された移動論、林謙作の利用資源を適正規模に抑えるための必然性からの移動論はともにこの点と関係している。

さて、林謙作は縄文集落を、それらが保有する施設の種類によって「多機能ムラ」と「少機能ムラ」に大別した（林 2004b）。両者の分類の根拠は、常用施設、非・常用施設の種類にあり、常用施設のみから成るムラを少機能ムラ、そこに非・常用施設も含まれるムラを多機能ムラとしている。多機能ムラは独立性が高く、一つの多機能ムラを少機能ムラが取り巻くような形が推測された。「常用施設」とは、日々の生活のためには否応なく必要である施設、「非・常用施設」とは、いつかは必要になり、どこかになければならない施設である。常用施設に属するカテゴリーは居住〈住居跡〉、調理〈礫群・炉穴・集石土壙（ママ）・屋外炉〉、廃棄〈土器捨て場・トチ塚・貝層・魚骨層・骨塚・焼土層・盛土遺構〉、給水〈集水施設〉、通路〈木通〉の５種類で、それぞれに対応する遺構は〈 〉内のように推測できる。また、非・常用施設は６種類で、貯蔵〈貯蔵穴・小竪穴・貯木場〉、

表１　東北信地域における縄文時代中期集落の継続性

遺跡	エリア	郡市（カッコ内は旧名）	中期前葉	中期中葉	中期後葉	中末～後期初頭	出典（報告書の場合は編著者名略）	遺跡種類（中期後葉に限定して表示）
			五領ヶ台（大木７）	勝坂（狢沢・新道・藤内・井戸尻／大木 8a）	加曽利Ｅ（唐草文／大木 8b ～ 9）	加曽利Ｅ Ⅳ～称名寺（大木 10）		
岡ノ峯	北信	野沢温泉村	●		■	●	野沢温泉村教委 1985『岡ノ峯』	準多機能
有尾	北信	飯山市	●				飯山市教育委員会 1992『有尾遺跡』	
深沢	北信	飯山市	●	●			長野県史刊行会 1982「深沢遺跡」『長野県史考古資料編全１巻（2)』	
宮中	北信	飯山市			■	●	黒岩隆 1993 飯山市誌歴史編上	—
姥ヶ沢	北信	中野市	●	■			中野市教育委員会 1983『姥ヶ沢』	
栗林	北信	中野市			●	■	長野県埋蔵文化財センター 1994「栗林遺跡」『県道中野豊野線バイパス志賀中野有料道路埋蔵文化財発掘調査報告書－中野市内－』	
安源寺	北信	中野市	●	●			中野市教育委員会 1987『安源寺遺跡Ⅲ』	
八幡添	北信	高山村		●	■	■	高山村教育委員会 1984『八幡添遺跡』	準多機能
坪井	北信	高山村			●	■	綿田弘実 2005「縄文時代」『高山村誌・歴史編』	
上赤塩	北信	飯綱町（三水村）	■	●			三水村教育委員会 1997『上赤塩遺跡発掘調査報告書』	
風呂屋	北信	飯綱町（三水村）	●	●			長野県埋蔵文化財センター 1998『上信越自動車道発掘調査報告書 14 －中野市内その３・豊野村内－』	
下中牧	北信	信州新町			■	●	信州新町教育委員会 1990『下中牧遺跡』	準多機能
上浅野	北信	長野市（豊野町）	●				笹沢浩 2001「上浅野遺跡」『豊野町の資料１豊野町誌 5』	
明神前	北信	長野市（豊野町）	●	●	●	●	笹沢浩 2001「明神前遺跡」『豊野町の資料１豊野町誌 5』	
筏	北信	小川村	■	■	■	●	小川村教育委員会 1991『筏遺跡』	準多機能
東畑	北信	筑北村（坂北村）	■	■	■	■	坂北村教育委員会 2005『坂北村東畑遺跡』	多機能
村東山手	北信	長野市	●		■	●	長野県埋蔵文化財センター 1999『上信越自動車道発掘調査報告書８－長野市内その６－村東山手遺跡』	—
松原	北信	長野市				●	長野県埋蔵文化財センター 1998『上信越自動車道発掘調査報告書４－松原遺跡縄文時代－』	
稲葉	北信	長野市	●				永峯光一・鈴木孝志 1957「長野県埴科郡松代町西条地区入組稲葉遺跡調査概報」『信濃』9-4	
檀田遺跡	北信	長野市	■		■	●	長野市教育委員会 2004『浅川扇状地遺跡群檀田遺跡（2)』	
屋代遺跡群	北信	千曲市（更埴市）	■	●	■	■	長野県埋蔵文化財センター 2000『上信越自動車道発掘調査報告書 24 更埴条里遺跡・屋代遺跡群－縄文時代編－』	多機能
坪山	北信	千曲市（更埴市）	●				更埴市教育委員会 1995『坪山遺跡・判官塚遺跡』	
蝶葉	北信	千曲市（戸倉町）	●				関孝一 1966「長野県埴科郡戸倉町楪葉遺跡の調査」『信濃』18-4	
円光房	北信	千曲市（戸倉町）			■	■	戸倉町教育委員会 1990『円光房遺跡』	多機能
四日市	東信	上田市（真田町）	●	●	■	■	真田町教育委員会 1990『四日市遺跡』・1996『四日市遺跡Ⅱ』、1997『四日市遺跡Ⅲ』	準多機能
八千原	東信	上田市	■	■	■	■	上田市教育委員会 1991『林之郷・八千原』	準多機能
八幡裏	東信	上田市				■	上田市教育委員会 1997『八幡浦Ⅱ』	
大川	東信	東御市（東部町）	■	●			東部町教育委員会 1992『大川遺跡・中原遺跡群』	
蔵替	東信	東御市（東部町）	●				東部町教育委員会 1994『蔵替遺跡』	
釜村田	東信	東御市（東部町）		●	●		東部町教育委員会 1993『釜村田』	
油田	東信	東御市（東部町）	●	●			長野県史刊行会 1982「油田遺跡」『長野県史考古資料編全１巻（2)』	
下金山	東信	東御市（東部町）	■				東部町教育委員会 1993『釜村田遺跡・下金山遺跡・塚原古墳群』	
伊勢原	東信	東御市（東部町）		●			東部町誌刊行会 1990『東部町誌　歴史編上』	
久保在家	東信	東御市（東部町）		■	■		東部町教育委員会 1992『久保在家遺跡』	準多機能
古屋敷	東信	東御市（東部町）	■	●	■	●	東部町教育委員会 1986『不動坂遺跡群Ⅱ・古屋敷遺跡群Ⅱ』、1985『不動坂遺跡群・古屋敷遺跡群』	—
辻田	東信	東御市（東部町）				●	東部町教育委員会 1995『辻田遺跡』	
中原	東信	東御市（東部町）		■	■	■	長野県埋蔵文化財センター 1999「中原遺跡群」『上信越自動車道発掘調査報告書 20- 東部町内 -』	
山の越	東信	東御市（東部町）	■					
桜畑	東信	東御市（東部町）	■					

下久根	東信	上田市（丸子町）	■	●			丸子町教育委員会 1990『下久根遺跡・二反田遺跡』	
淵ノ上	東信	上田市（丸子町）	■		■	■	丸子町教育委員会 1992『淵ノ上遺跡』、1994『同Ⅱ』	（準多機能）
片羽	東信	長和町（長門町）	●				新編長門町誌刊行会 1989『長門町誌』	
滝	東信	長和町（長門町）	■	■	■		長和町教育委員会 2001『県営土地改良総合整備事業・大門地区に伴う発掘調査報告書Ⅲ－滝遺跡－』	—
明神原	東信	長和町（長門町）	■	■	■		長和町教育委員会 2001『明神原・桑木原遺跡』	—
大仁反	東信	長和町（長門町）		■	■		長和町教育委員会 1987『大仁反遺跡』	—
町東側	東信	長和町（和田村）	●		■		和田村教育委員会 1984『町東側遺跡』	—
細尾中道	東信	長和町（和田村）	■				和田村教育委員会 1993『細尾中道遺跡』	
大庭	東信	立科町	■		■	■	立科町教育委員会 1990『大庭遺跡』	—
駒込	東信	佐久市（浅科村）			■		長野県埋蔵文化財センター 2001『県単農道整備事業（ふるさと）太田野地区埋蔵文化財発掘調査報告書－浅科村内－駒込遺跡』	—
海戸田	東信	佐久市（浅科村）				■	浅科村教育委員会 2002『海戸田Ａ』	
下吹上	東信	佐久市（望月町）	●		●	■	望月町教育委員会 1978『下吹上遺跡』、1992『同第2次』	準多機能
上吹上	東信	佐久市（望月町）	■	■	●	■	望月町教育委員会 1990『上吹上遺跡』	
後沖	東信	佐久市（望月町）	■	■			望月町教育委員会 1983『後沖遺跡』	
竹之城原	東信	佐久市（望月町）	●				望月町教育委員会 1984『竹之城原・浄永坊・浦谷Ｂ遺跡』	
平石	東信	佐久市（望月町）		■	■	■	望月町教育委員会 1989『平石遺跡』	少機能
東丸山	東信	小諸市	■				長野県埋蔵文化財センター 2000「三田原・岩下・郷土遺跡」『上信越自動車道発掘調査報告書 19－小諸市内3－』	
三田原	東信	小諸市			■	■		—
岩下	東信	小諸市			■	■		—
郷土	東信	小諸市		■	■	■		（多機能）
宮平	東信	御代田町			■	■	御代田町教育委員会 2000『宮平遺跡』	多機能
滝沢	東信	御代田町	■		■	■	御代田町教育委員会 1997『滝沢遺跡』	—
川原田	東信	御代田町		■	■		御代田町教育委員会 1997『川原田遺跡』	少機能
西駒込	東信	御代田町			■		御代田町教育委員会 1993『西駒込・東二ツ石・湧玉遺跡』	—
茂沢南石堂	東信	軽井沢町			■	●	軽井沢町教委 1983『茂沢南石堂遺跡総集編』	—
丸山	東信	佐久市	●	●			長野県埋蔵文化財センター 1991「丸山遺跡」『上信越自動車道発掘調査報告書2』	
大星尻古墳群	東信	佐久市	●	●			長野県埋蔵文化財センター 1991「大星尻古墳群」『上信越自動車道発掘調査報告書2』	
吹付	東信	佐久市			■	■	長野県埋蔵文化財センター 1991「吹付遺跡」『上信越自動車道発掘調査報告書2－佐久市内その2－』	—
寄山	東信	佐久市		■	■		佐久教育委員会 1995『中条峯遺跡・寄山遺跡群』	—
曲尾Ⅰ	東信	佐久市			●		佐久市教育委員会 1987『曲尾Ⅰほか』	
鶉ヲネ	東信	佐久市				■	佐久市教育委員会 1988『鶉ヲネ』	
大奈良	東信	佐久市（臼田町）		■	■		臼田町・佐久市教育委員会 2005『大奈良遺跡』	多機能
小原	東信	小海町	●	■			小海町教育委員会 1992『小原遺跡』	
三沢	東信	川上村	●				川上村教育委員会 1987『三沢遺跡』	
大深山	東信	川上村		■	■		川上村教育委員会 1976『大深山遺跡』	（準多機能）
坂上	東信	北相木村		●			北相木村教育委員会 2000『坂上遺跡』	

●：土器あり　■：住居あり　—：中期後葉集落のうち、少機能ムラで施設の一部が検出されていると推測されるもの

埋葬〈土坑墓・配石墓・埋甕〉、祭祀〈広場・配石・立石・掘立柱建物〉、社交／娯楽〈広場・大形建物〉、食品加工〈堅果処理場・水晒し用土坑〉、原料採取〈粘土採掘坑〉である(1)。

縄文集落を分類する場合、今までは継続期間の差を根拠に拠点集落、一時的集落とし、漠然とした規模をもとに大規模集落、小規模集落と捉えがちであった。しかし、このような縄文人の活動に伴って遺された遺構の種類という視点からもう一度、集落を捉えなおす必要がある。ただ、このうち給水、通路、食品加工のように痕跡が残りづらい施設や、原料採取にかかる粘土採掘坑のように必ずしも集落内にあるとは限らない施設が含まれているため、この分類はあくまでも最大公約数と考えるべきであろう。また、後藤和民が東京湾沿岸の縄文集落の中に、干貝などの共同加工生産、共同祭祀、共同交易を担うセンター的な場を想定したように（後藤 1985）、非・常用施設を用いた特別な活動のためのみに存在する特異な場が存在した可能性もある。さすれば集

落の機能は、①常用施設のみの少機能ムラ、②常用施設に非・常用施設が付随する多機能ムラ、③非・常用施設の一部分のみから成る特殊ムラの大別3者が存在することになろう。

そこで、ここでは住居跡が十数軒以上から成り、炉穴や屋外炉とみられる焼土跡、廃棄場、貯蔵穴、墓や埋甕、配石等祭祀施設を有する遺跡を多機能ムラ、多機能ムラの施設のうち4種類未満を有し、住居跡が10軒前後かそれ未満の遺跡を準多機能ムラ、住居跡数軒と炉跡・土器捨て場のみから成る遺跡を少機能ムラ、立石や墓のみの遺跡を特殊ムラと便宜上定義する。東北信地域の中でも千曲川水系の縄文集落を概観すると、住居跡と廃棄場、土坑がみられ、屋外の焼土跡や墓・埋甕と、配石等が特定できる多機能ムラの例は少なく、住居跡数軒以上を含む集落の多くは準多機能ムラ、もしくは少機能ムラ等に分類せざるを得ない（表1）。そのような中で後述する屋代遺跡群は施設の多様性では特筆すべき多機能ムラといえる。

2　千曲川水系における多機能ムラ、屋代遺跡群

屋代遺跡群は千曲市屋代から雨宮地籍、善光寺平への入口にあたる千曲川右岸の自然堤防上に立地する。ここには馬口・城ノ内・荒井・松ヶ崎・大境など複数の遺跡が立地しており、これらの遺跡を総称した名称が屋代遺跡群である。上信越自動車道の建設工事に伴う㈶長野県埋蔵文化財センターによる発掘調査が1991年から4カ年行われ、南に接する後背湿地の更埴条里遺跡も含めて約2.3㎞、172,500㎡（うち屋代遺跡群は46,000㎡）が調査された。長大な調査区で物理的な調査限界である地表下8mまでの調査が行われた結果、千曲川の氾濫によって運ばれたシルトや砂にパックされて近・現代から縄文時代前期にかけて合計29の生活面が確認され、出土遺物は調査時の概算でコンテナ10,000箱に達した。各施設が環境に左右されながら、出現・拡大・縮小・移動・消滅を繰り返す姿は、まさに地底に向かって続く遺跡の大年表である(2)。

屋代遺跡群の縄文時代中期の住居跡数は、前葉22軒、中葉1軒、後葉53軒（柄鏡形敷石住居跡を含む）で、特に集落の主体である後葉には掘立柱建物跡（平地式住居跡を含む）も27棟存在する。中期後葉の竪穴住居跡の中には配石を伴うものがあり、施設としてはその他、屋外焼土跡97基、土坑約446基、杭列43箇所、墓坑6基、屋外埋甕16基等を検出し、中央広場に墓域を伴う環状構成を推測した。特に焼土跡が多数みられた背景は地下4mという残存条件によるところも大きいが、これによって典型的な多機能ムラと認定される。後晩期は狩猟などの場となり、弥生時代になると再び居住域となる。

屋代遺跡群を中心に半径5㎞圏内には住居跡の検出された縄文中期後葉の遺跡は存在しない。ただ、屋代遺跡群と同じ千曲川右岸の約6.8㎞北には松原遺跡、左岸の南西約6㎞には多機能ムラである円光房遺跡といった中期後葉の集落が存在する。屋代遺跡群・松原遺跡・円光房遺跡ともに現在の千曲川までは直線距離で数百mである。このうち中期中葉の遺構は屋代遺跡群の住居1軒のみであり、集落の主体が他へ移動した後の小規模で一時的な滞在地であった可能性がある。中期中葉は八ヶ岳西南麓の縄文集落群で活況を呈するが、東北信地域では、東御市から小諸市、御代田町にかけての浅間山麓地域が中心となる。

第2節　集落の構造と特殊施設

常用施設のうち居住に係わる住居跡と、非・常用施設のうち祭祀に係わる広場・配石・立石・掘立柱建物等の間で、その特殊性ゆえに区分自体が議論となってきた施設に「柄鏡形（敷石）住居址」（山本2002）がある。屋代遺跡群ではそれらが通常の竪穴住居跡と共存する時期が実際にあり、そのことから機能の類推に一石を投じている。屋代遺跡群の中期後葉から末葉にあたる53軒の住居跡のうち、8軒は柄鏡形（敷石）住居跡であり、何れも後世の攪乱が殆ど無い状態に温存され、遺構の保存状況が極めて良好であったため、多くの情報が抽出された。そこで本節では、屋代遺跡群の住居跡の変遷を概観し、更に柄鏡形（敷石）住居跡について考察していきたい。

1　屋代遺跡群における中期後葉の住居跡の様相

屋代遺跡群の中期後葉で、形態が比較的明確な住居跡には、円形・方形の系列（図5）と五角形の系列（図6）があり、それぞれ2b期から4期の5段階の変遷が捉えられる。

① **第一段階　2b期**（大木「9」式・加曽利EⅡ式新相）

SB5313b、SB5341、SB5350、SB5352、SB9001などが該当する。この時期の特徴はやや横長の円形を基調とし、埋甕は南側に埋設され、炉は中軸線よりも西にずれることが多い。特に加曽利EⅡ式中段階へ遡る古手の埋甕を有するSB5352は､南側が突出する五角形に近い平面形である。

② **第二段階　3a期**（大木9a式新相・加曽利EⅢ式古）

SB5311、SB5312、SB5313a、SB5332、SB5345古、SB6702などが該当する。これらは切り合いや土器接合関係から、5311・5312・5332→SB5345（2段階に変遷するうちの第1段階）という変遷が推測される。前3者の形態は円形、隅丸方形から長方形と多様であり、柱穴も第一段階に引き続き、貧弱で規格性に乏しい。構造上注目されるのは、SB5332で、奥壁に土壇を有し、土壇上に石皿､厚手の角礫敷石（石柱の可能性も考えられる）が載せられた状態で検出された。また、SB5313aは東西に細長い平面形で、東西に2対の対ピット（P12・13とP16・17）を持ち、その間に立石が立った状態で検出された。特に火災住居であるSB5345は、炭化した壁材がきっちり五角形形状を残した状態で検出された（図6)。また、4本の主柱穴が他の住居跡と比較して格段に大規模で、2組が切り合い関係にあり、埋甕も大方が2基であるのに対し3基存在すること等から、埋甕1・2が該当する第1段階から、埋甕3の第2段階にかけて継続的に使用された中核的な住居であったと考えた。また、崩落した屋根材の観察から、棟木を持たず、垂木が1点で交差する形態が確認できた意義は大きい。

③ **第三段階　3b期**（大木9a式・加曽利EⅢ式古）

SB5318、SB5323、SB5328、SB5335、SB5345新、SB5346、SB5351、SB9005などが該当する。円形住居跡には、小形のSB5323、SB9005と、部分的に石が敷かれたSB5318、SB5346がある。このうちSB5346は、閃緑岩製埋甕石蓋の周囲に扁平な安山岩製円礫が面的に敷かれている。更に埋甕と炉を結ぶ中軸線延長上に、小形の張り出し部（以下小張出部）と、張出部両脇の対ピットが検出された。これに対しSB5318は床面遺物が次の3c期に相当するが、埋甕が本段階に該

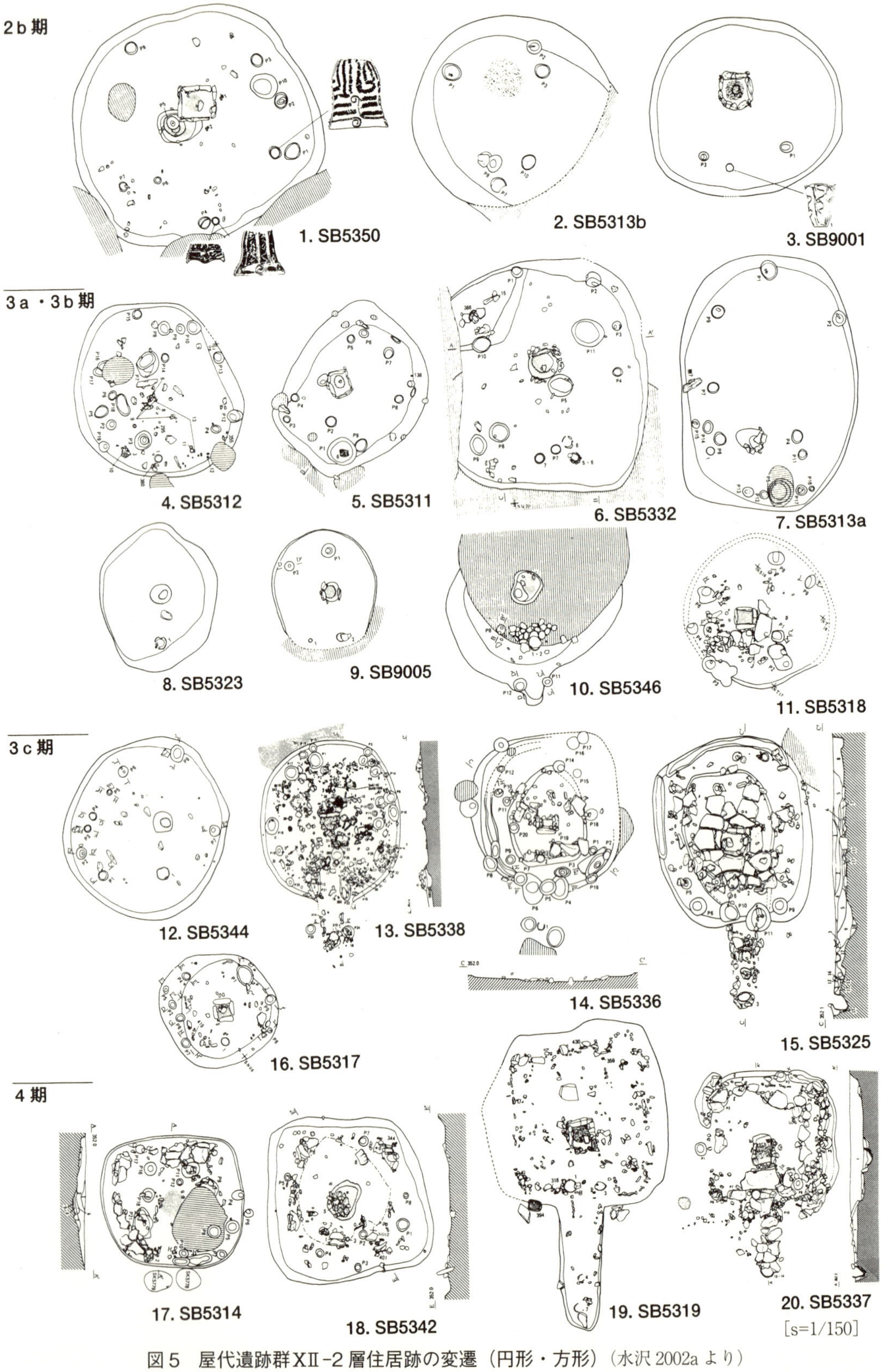

図５　屋代遺跡群XⅡ-2 層住居跡の変遷（円形・方形）（水沢 2002a より）

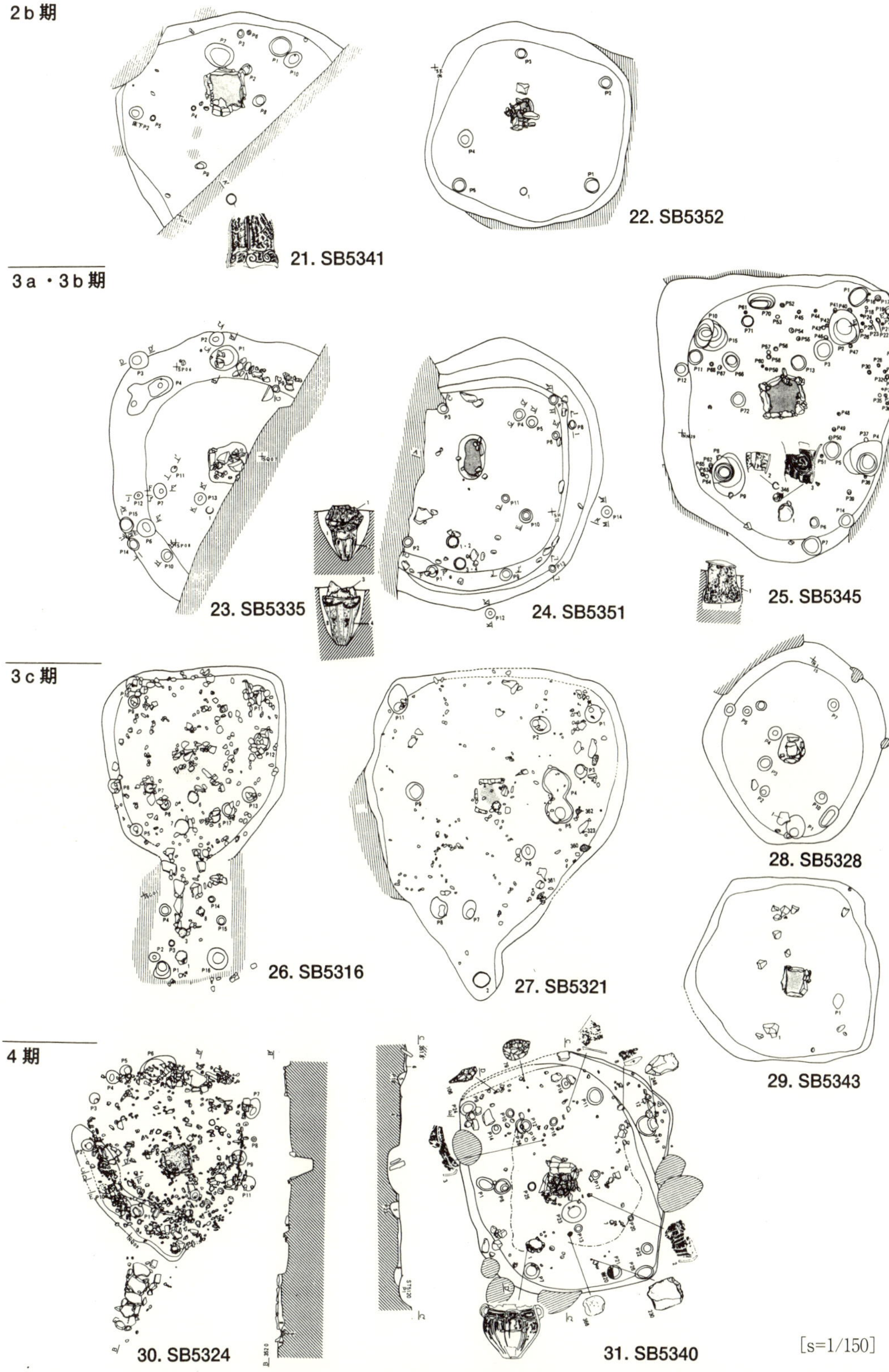

図６　屋代遺跡群ⅩⅡ-2 層住居跡の変遷（五角形）（水沢 2002a より）

当するため、第三段階の終わり頃に位置づけた。プランは未確定だが、敷石の下に埋甕が封印されていた南側には柄部はみられなかったため、円形の敷石住居跡と推測した。炉周辺の敷石は、閃緑岩の切り石が用いられていることは注目される。

SB5328、SB5335、SB5351は南側が張り出す緩い五角形住居跡である。特にSB5335とSB5351には壁に緩い段が一段付随して階段状を呈し、壁に沿って棒状礫が巡る点で特異である。SB5351では床面の主柱穴、テラス部の側柱穴、掘り込み外の垂木尻と関連すると推測される小ピットの３種類が併存しているようである。

本段階には、埋甕の位置にも若干の変化がみえる。前段階には入口部分に埋設される傾向が強かったのに対し、例えばSB5318は、やや炉よりの敷石下に、SB5335の場合は、炉に近接した位置に１基確認されている。屋代遺跡群で通時的な埋甕位置を概観すると、非柄鏡形住居跡では壁際（入口部）に１～２基で、柄鏡形住居跡では炉周辺に１～３基、柄部に１～３基と明確に変化し、埋設角度も異なる(1)ため機能の違いが推測される。このことからこの段階の例は、柄鏡形住居における埋甕埋設方法の確立へ向けての過渡的な存在と認識できよう。また、本段階には埋甕上の石蓋が盛行する。

④ 第四段階　3c期（大木9b式・加曽利EⅢ式新）

SB5316、SB5317、SB5321、SB5325、SB5336、SB5338、SB5343、SB5344などが該当する。このうち円形住居跡のSB5317、SB5344には柱周辺に平石を含む円礫・角礫が散発的に置かれている。このような円形住居跡に棒状の礫による柄が付随した形態のものがB5338であるが、その埋甕は４期との過渡期にあたり、盛土中に小礫を埋め込んだ周礫を有する。３軒とも柱は、壁柱穴型で、方形や五角形住居跡の主柱穴型とは対照的である。方形の主体部を有する住居跡は、SB5325とSB5336である。ともに柄鏡形敷石住居跡で、主体部の炉周辺が一段窪み、そこに石が敷かれている点、壁際に周溝を有する点など、類似点が多い。まずSB5325は、主体部と柄部の接点に対ピットがあり、炉と埋甕を結ぶ中軸線上に埋甕３基が直線的に並び、棒状礫と平石によって柄部が明確に作り出されている。柄鏡形住居跡で、なおかつ柄部･主体部両方に面的にしっかり石が敷かれた例として本遺跡では最古となる。これに対しSB5336は、２組の対ピットの間の主軸上に埋甕が１基みられるのみで、柄部に石は敷かれていない。また、SB5336の対ピットから埋甕までの距離は、SB5325の対ピットから１基目の埋甕までの距離にほぼ等しく、２基目、３基目もほぼ同様の間隔で並ぶ。

五角形住居跡にはSB5316、SB5321とSB5343があり、前２者は柄鏡形住居跡である。SB5321は五角形の大形の主体部に小張出部が付随した様相で、柄部先端には胴部上半を欠いた埋甕が正位で埋設されている。床面には、棒状礫や小礫の他は明確な平石の敷設はみられない。石の数は若干多いものの、構造上２段階の変遷を想定したSB5316の主体部も同様の状況であり(2)、こちらは柄部に平石が敷かれている。

⑤ 第五段階　４期（大木10式古、加曽利EⅣ式）

SB5314、SB5319、SB5324、SB5337、SB5340、SB5342が該当する。本段階になると円形住居跡は姿を消し、柄部の有無に拘わらず、主体部の形態は方形と五角形に集約される。

方形の住居跡のうちSB5314には主柱穴の外側に平石が面的に敷かれ、SB5342には主柱穴内外に平石が敷かれ、四隅に立柱石が配される。両者とも柄部は存在しない。柄鏡形敷石住居成立後も柄部の無い敷石住居が存続することが解る。これに対し同様に方形の主体部を有する住居跡のうち、SB5319とSB5337には柄部が付随する。前者は主体部と柄部の長さがほぼ等しく、本遺跡の柄鏡形住居跡のうち柄部が最も長い。対ピットの位置に2基、柄部に2基の埋甕がみられる。後者には主体部・柄部ともに大形の平石が面的に敷かれ、連結部脇と柄部先端に1基ずつ埋甕が埋設されている。五角形の主体部を有するものにはSB5324とSB5340がある。前者は平石が敷設された柄を有する古段階から、五角形に周礫が巡る新段階へと変遷する。古段階の柄部先端には埋甕の抜去痕らしい痕跡もある。新段階(3)は、主体部に埋甕が1基あり、柄部は取り壊されて周囲に散乱しており埋甕の有無は確認できない。柄を持たず逆五角形を呈するSB5340は、柱の周辺と五角形の頂点にのみ石が敷かれていて、特に頂点の石は先端の尖った立石であった。

2　屋代遺跡群における柄鏡形（敷石）住居跡の諸要素

(1) 形態と柱穴

屋代遺跡群の住居跡について、その形態を段階的に追っていくと、大きく円形・方形の系列と、五角形の系列が認められることが分かる。また、柱穴配置は各形態ともに不定形で、特に円形住居跡では小ピットが5基以上巡るものが多い。ただし、これらは炉上で交差する2～5本の「放射状基準線」（渋谷1982）を引くことができ、上からの加重を分散させて均衡を保つために垂木を支える任意の位置に主柱穴が設置されていたとも考えられる。この傾向は柄鏡形に至ってSB5338のような壁柱穴へと発展した可能性がある。これに対し五角形住居跡のSB5345のようなやや浅い補助柱穴を伴う主柱穴構造からは、耐久性に優れ、固定的な4本柱と、それらを結ぶ桁材を支点とした垂木組構造が推測される。そしてそれらが柄鏡形住居跡SB5325の深い4本主柱と浅い補助柱を成立させた可能性がある。加曽利EⅣ式段階にはSB5324のような多数の壁柱穴と周礫を有するものが継続し、更に主柱穴を持つSB5337・SB5342などもそれに影響されたかのように柱数が増加して7本柱となる。これは後期の壁柱穴隆盛への兆候と捉えられよう。この方向性は、柱にかかる上屋の重みの集中から分散の方向と考えられ、利用素材・住居機能・文化伝統それぞれの変化を総合的に検討し、その背景を考えていく必要があろう。

(2) 敷石のパターン

石を敷くという行為と形態の関係を考えてみよう。加曽利EⅢ式段階の柄鏡形敷石住居跡の石敷部分を概観すると、まず主体部は、

A類：炉の2辺以上に接した部分や埋甕上やその周辺に大形の平石が面的に敷かれるもの。

B類：炉の1辺に接し、その他は炉のやや外側の壁との間に大形の平石が面的に敷かれるもの。

C類：住居跡外縁に石が断続的に敷かれるもの。

D類：住居跡外縁の周礫。

E類：全く石が敷かれないか、小石が点在するにすぎないもの。

という5つの傾向がみられる。また柄部は、

ア類：全体に面的に平石が敷かれるもの。外縁部の枠石が伴うものもある。

イ類：柄部の外縁のみに枠状に棒状礫などが巡るもの。

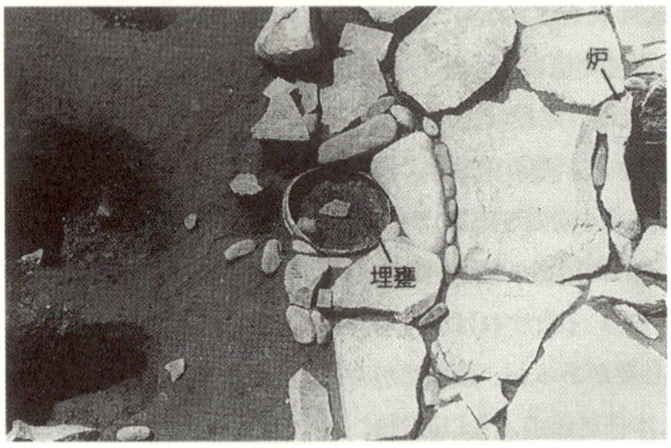

a. SB5325 敷石状況

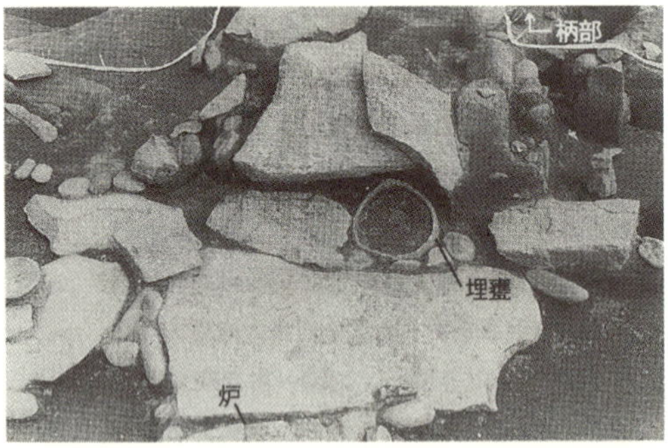

b. SB5337 敷石状況

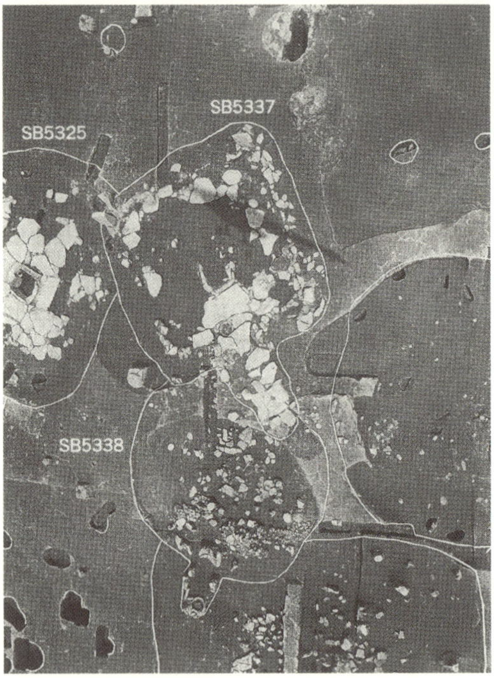

c. 主要敷石住居跡の切り合い

図７　埋甕と平石と炉の関係（水沢 2002 より、長野県立歴史館写真提供）

ウ類：掘り込みのみで全く石が敷かれないもの。

という３つの傾向がある。

（3）形態と敷石パターンの関係

Ａ類は、非柄鏡形住居跡では 3b 期の SB5318（炉～埋甕にかけて）でみられ、3c 期の柄鏡形住居跡である SB5325（炉～埋甕）に引き継がれる。またＢ類はやや遅れて出現し、非柄鏡形住居跡の SB5314（埋甕周辺～やや外側）と柄鏡形住居跡の SB5337（埋甕～やや外側）に採用される。これら面的に石が敷かれる類型は何れも方形・円形住居跡に限られ、平石は炉と埋甕の双方に接している。特にＡ類の SB5325 では、炉の周辺が一段低く掘り窪められ、丁度その段差をならすように平石が敷かれている点は注目される。同様の窪みがＢ類の SB5336 でもみられるが、この部分に石は敷かれていない。もしこの段差を補正する何かが存在するとすれば、それは北村遺跡の SB555（平林他 1993）のような平板が妥当であろう。仮にこの推測が正しければ、Ａ類とＢ類の関係は、「全面平石敷住居」と「平石・板敷併用住居」の関係といえる。一方 3b 期の SB5346 の敷石のこれらとの係わりが問題となるが、SB5318 に始まるＡ・Ｂ類の炉周辺敷石が閃緑岩製の巨大平石を使っているのに対し、こちらは前述のとおり炉に達することが無い上、素材を異にする点に留意する必要がある。

Ｃ類は、非柄鏡形住居跡では 3b 期の SB5335・5351（階段部分に棒状礫が並べられている）に発生し、3c 期になって、柄鏡形住居跡では SB5316・5321（壁際を中心に円礫・棒状礫が並べられている）に引き継がれる。それらが盛土を伴って明確な列をなすＤ類は、3c 期末の SB5338 や４期の SB5319 と、柄の部分が最終的に取り壊されたと推測される SB5324 新で認められる。これらＣ・

D類の住居跡はSB5319・5338を除き全て五角形系列に限られる[4]。また、住居跡の柱穴付近を中心として隅に立石がみられるものは全て4期で、SB5337・SB5342は方形、SB5340は五角形である。

柄鏡形住居跡の柄部の敷石パターンは、ア類は4期のSB5337・SB5324、イ類は3c期のSB5316・5325・5338、4期のSB5319でみられる。ウ類は3b期のSB5346や3c期のSB5321のような短い柄部のものにみられる。このことから、柄部は本来掘り込みのみのウ類であったが、SB5316・SB5325・SB5338のような3c期の長い柄部とともにその外側に石を敷く行為が開始され、4期になると主体部敷石の影響を受けて柄部にも平石が面的に敷かれるようになる過程が捉えられよう。

(4) 五角形系列と柄部の発生

次に五角形系列の変遷に焦点をあてる。明確な五角形系列の登場は、加曽利EⅢ式古段階のSB5345である。同住居跡では主柱穴の外側に張り出した五角形の頂点のやや東側に入口ピットP7・14を有することから、従来の住居の壁の一部に穴を開けた平入りから、一歩進んで通路部分を限定的に確保しようとした意図が看取される。ただし、P7とP14の間には壁板材の連続が認められることから、住居の改装に伴って入口がP7の右から左へ変更された可能性もある。この形態の延長線上にある3b期のSB5335・5351は、SB5345と比べると柱穴は小形化し、その代わり有段（階段状竪穴部壁）構造をとる。床面とこのテラス部に2重に柱穴が巡るとすれば、壁の構造が、段部分を用いて2重化した可能性がある。平面形態では、更にこの系譜上に3c期のSB5321が推測される。ただし、この住居跡には有段構造はみられず、代わりに五角形の頂点に短い柄が付随し、その先端に埋甕が埋設されている。本住居跡の入口部対ピットにはSB5345と対称をなし主軸西側に寄るP7・8が該当する。柄部が設けられたものの、柄部を挟んでピットが対をなすSB5346の出入口の対ピットとは明らかに異なる。因みにSB5346の特徴的な対ピットは、3c期の円形・方形系列の柄鏡形敷石住居跡や周礫を有する住居跡（SB5325・5336・5338）へと引き継がれる。さて、同様に五角形形態であるものの、主体部の長径がSB5321の約2/3に縮小している同時期のSB5316では、SB5321では掘り込みの内側にあった対ピット・埋甕が、外に移動している。また約2.3倍に伸長した柄部は掘り込みを持たず、逆に石を面的に敷くことで、主体部よりも高くなる。柄部両脇のピットの状況から柄部の上屋構造は、主体部とは別に柄部のみの屋根が推測され、周堤を利用した2重の壁が構築されていたとすれば、これらは周堤の土盛りと柄部を仕切る壁に付随するピットで、上屋は主体部と一体であった可能性も考慮する必要があろう。

(5) 形態間の関連と柄鏡形敷石住居の成立

柄鏡形住居の構築順序は、主軸方向や埋甕の若干の時期差から、大まかにSB5316・5325→SB5338（以上3c期）→SB5319→SB5337→SB5324（以上4期）と推測される。順序としては五角形・方形・円形の主体部がランダムに出現し、これらに対する敷石の類型も決して一元的ではない。しかしながらその中に、以下の2つの流れを垣間見ることができる。

まず五角形住居を中心にした系列1である。先に述べたSB5321→SB5316への主体部縮小と柄部の拡大は、柄鏡形住居が（有段）五角形形態を含む加曽利EⅢ式古段階の竪穴住居の中から発展し、独自の形態を確立した過程を示す。また、加曽利EⅢ式古段階の方形・円形住居に特徴的であった面的な石敷きが、五角形住居柄部に導入され、柄鏡形敷石住居が完成された過程をも示す。このような系列には主体部に面的な平石が敷かれないC・D類が対応し、その前後を含めて、SB5345（五角形非柄鏡形住居・3ab期）→SB5335・5351（五角形非柄鏡形住居・3b期）→SB5321（五角形柄鏡形住居・3c期）→SB5316（五角形柄鏡形住居・3c期）→SB5324（五角形柄鏡形敷石住居・4期）という流れを読みとることができる。

このような五角形系列からの柄鏡形住居の成立とほぼ併行し、円形・方形住居を中心にした流れが系列2である。それは、円形敷石住居SB5318の敷石形態を踏襲したSB5325が、同じく円形主体部のSB5346の系譜を引く対ピットとイ類の柄部を取り入れていくものである。ここには円形敷石住居→柄鏡形敷石住居という流れがみられ、このようなA・B類の円形・方形住居の系列は、SB5318（円形非柄鏡形敷石住居・3b期）→SB5325（方形柄鏡形敷石住居・3c期）→SB5337（方形柄鏡形敷石住居・4期）という流れで捉えられる。

これらの2系列から外れるものに円形の主体部でD類の周礫を有するSB5338と方形の主体部で同じく周礫を有するSB5319がある。前者は柱穴の状況からは、先に述べたように3a・b期の竪穴住居からの系譜が推測され、この段階において壁柱穴構造が顕在化したことが解るが、円形主体部と周礫の組み合わせや対ピットの形態などの要素からはSB5345と同様、一連の系譜外に突如出現した観がある。また、後者は柱穴が不明確で、通常の対ピットの位置に埋甕が埋設されている点でも特異である。

3　柄鏡形敷石住居成立前後の長野県内の住居形態の特色

屋代遺跡群で、柄鏡形敷石住居成立の引き金となった、面的な敷石を有する住居、五角形住居、小張出部付き住居、周礫を有する住居はどのように分布するのか。ここでは屋代遺跡群が含まれる千曲川水系、千曲川の上流にあたる犀川水系、屋代遺跡群でごく少数出土した唐草文系土器の中心的分布域である諏訪盆地・八ヶ岳山麓の諸遺跡に照準を合わせ、中期後葉の様相を概観していく（図13）。なお時期の記述は、大枠は報告書の土器型式名(5)に従い、住居単位で主体になる型式名をも補足的に用いた。また、これら柄鏡形敷石住居跡については、発生・分布・構造（山本1976・1994・1995・2002、本橋1988・1990・1995）、構造と機能（秋田1991・1995）等多岐にわたる長年の研究の蓄積があり（山本1999・2004）、長野県域の再検討に際しても、先学の研究を参考としている。

（1）千曲川水系の様相

千曲川は南北佐久地方の小河川の清流を集め、小県郡、更級・埴科郡を北上し、水内・高井郡を経て、飯山地方から魚沼地方へ流れ下る。山がちな東北信では、この千曲川によって形成された沖積平野や堆積盆地・侵食盆地に沿って街道が整備され、現代に続く人々の交通路となっている。また、江戸時代には商品輸送のための通船が西大滝から松代まで航行していることから、局地的には千曲川自体が当時の交通動脈であった可能性がある。そこでここでは、屋代遺跡群に最も緊密な関係を持ったと推測される地域（第一次近接地域）を、千曲川水系の諸遺跡と仮定し、その様相を追っていくことにする。

① 千曲川下流域の住居跡

千曲川下流域の集落遺跡のうち、高山村八幡添遺跡（関・綿田 1984）で検出された加曽利ＥⅢ式〜加曽利ＥⅣ式段階の 13 軒の住居跡は、この時期の住居の形態を考える上で重要である。まず加曽利ＥⅢ式古段階の５軒の住居跡にはプランが不明確であるものの、「小さな平石」が敷かれ、埋甕は炉に近い位置に埋設されている。特に９号住（図８-1）には炉脇の埋甕を一部覆うように平石が数点並んで敷かれ、屋代遺跡群 SB5346 と類似した様相を呈する。これに対し、加曽利ＥⅢ式新段階前後とみられる住居跡や、加曽利ＥⅣ式段階やその直後とみられる２号住（図８-2）・３号住（図８-4）・４号住（図８-3）には長径が 60cmを超える平石が面的に敷設される。2・４号住は円形、３号住が柄鏡形を呈する。一方高山村坪井遺跡では、第一次調査で発見された「寺宮二号址」といわれる加曽利ＥⅢ式新段階に遡る可能性のある（柄鏡形か）敷石住居跡で、面的に「扁平な角礫岩を地山直上に４×3.5 米のほぼ楕円形に敷き、敷石間に小石をつめている」構造が確認された（関 1969）（図８-5）。本住居跡は炉の南側から柄部にかけて大形の平石を敷き、そこから炉の外側にかけて平石間に小石を挟み込む形態が屋代遺跡群の SB5337 に酷似し、炉部１片と外側に平石を敷くＢ類の典型と捉えられる。

② 千曲川中流域の住居跡

長野盆地の屋代遺跡群下流では、長野市松ノ木田遺跡、旭町遺跡、松原遺跡などが調査され、特に松ノ木田遺跡では、加曽利ＥⅢ式段階の方形敷石住居跡が確認されている[(6)]。一方、屋代遺跡群のやや上流左岸の千曲市幅田遺跡（金子・米山・森嶋 1965）には、2 軒の敷石住居跡が報告され、まず「第Ｉ号配石址」（図８-6）とされたものは、全体像が不明だが炉周辺と主体部埋甕にかけて敷石が施されるためＡ類に属す可能性があり、炉の西隅に屋代遺跡群 SB5345 でみられたような小立石が認められる。埋甕は胴部上・下半を切断した 3b 期（加曽利ＥⅢ式古段階併行）の圧痕隆帯文土器で、2b 〜 3b 期に多い倒置埋設である[(7)]。「第Ⅱ号配石址」（図８-7）は、炉周辺を除き、縁辺部に沿って方形に平石（「沢石」）が敷き詰められたＢ類の典型的な敷石住居跡である。平石で覆われた埋甕は、南側の入口部に倒置で埋設され、崩れかけてはいるものの、隆帯によって区画された口縁部文様帯を有する加曽利ＥⅢ式古段階に属する。このことから、幅田遺跡では加曽利ＥⅢ式古段階という古い段階から既にＡ・Ｂ類の敷設方法が並存した可能性がある。またそれぞれ埋甕が石で覆われ、前段階に盛行した埋甕上石蓋の伝統を受け継いでいる。一方近接する円光房遺跡（原田・森嶋 1990）の 35 軒の住居跡のうち、中期後葉で最古の唐草文系Ⅱ段階古に併行する 21 号住（図８-8）は、周溝を持ち、柱穴は不規則で小形であり、数少ない本地域の該期の住居形態を垣間見ることができる。また加曽利ＥⅢ式古段階の５件の住居跡はやや不明瞭ながら平面形態が楕円形で、小形かつ配置の規則性に乏しい主柱穴を持ち、床には石がみられない。そのうち特に３号住（図８-9）は、炉がやや長方形である上、脇の土坑内に逆位で大木式系土器が埋設されていた。他にも大木式系土器は炉周辺や炉体土器として出土している。加曽利ＥⅢ式新段階になると、部分的に閃緑岩平石が残存するがその他は小形の川原石である２号住（図８-10）に、プランが不明瞭ではあるが壁柱穴を持ち、炉周辺に面的に丁寧な閃緑岩平石と川原石によるＡ類の石敷きがなされ、敷石の南側の棒状礫による縁石の外側に正位の埋甕が埋設されている５号住（図８-11）が並存するが、この他に全く石がみられない住居跡も存在する。加曽利ＥⅣ式段階に

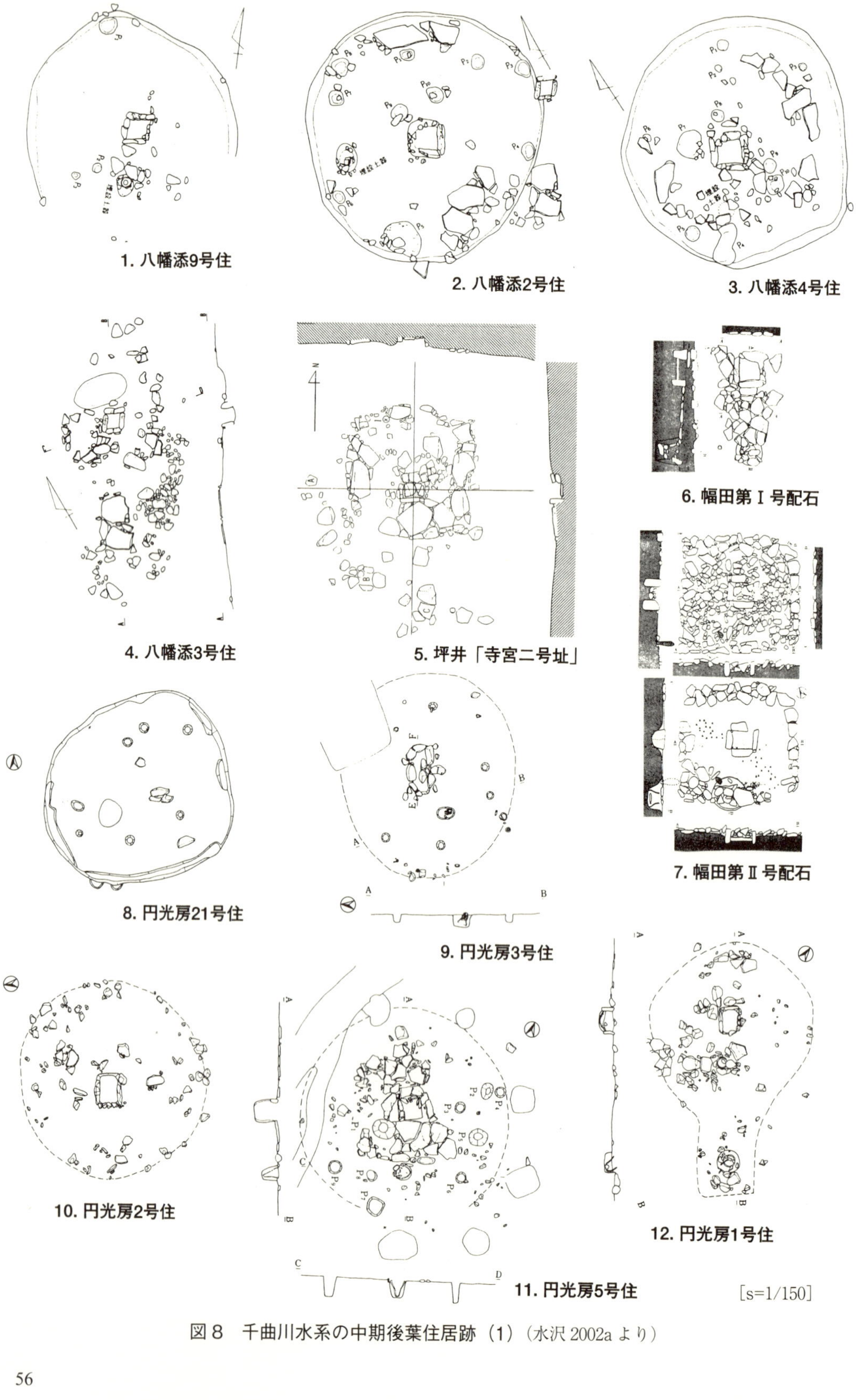

図８　千曲川水系の中期後葉住居跡（1）（水沢 2002a より）

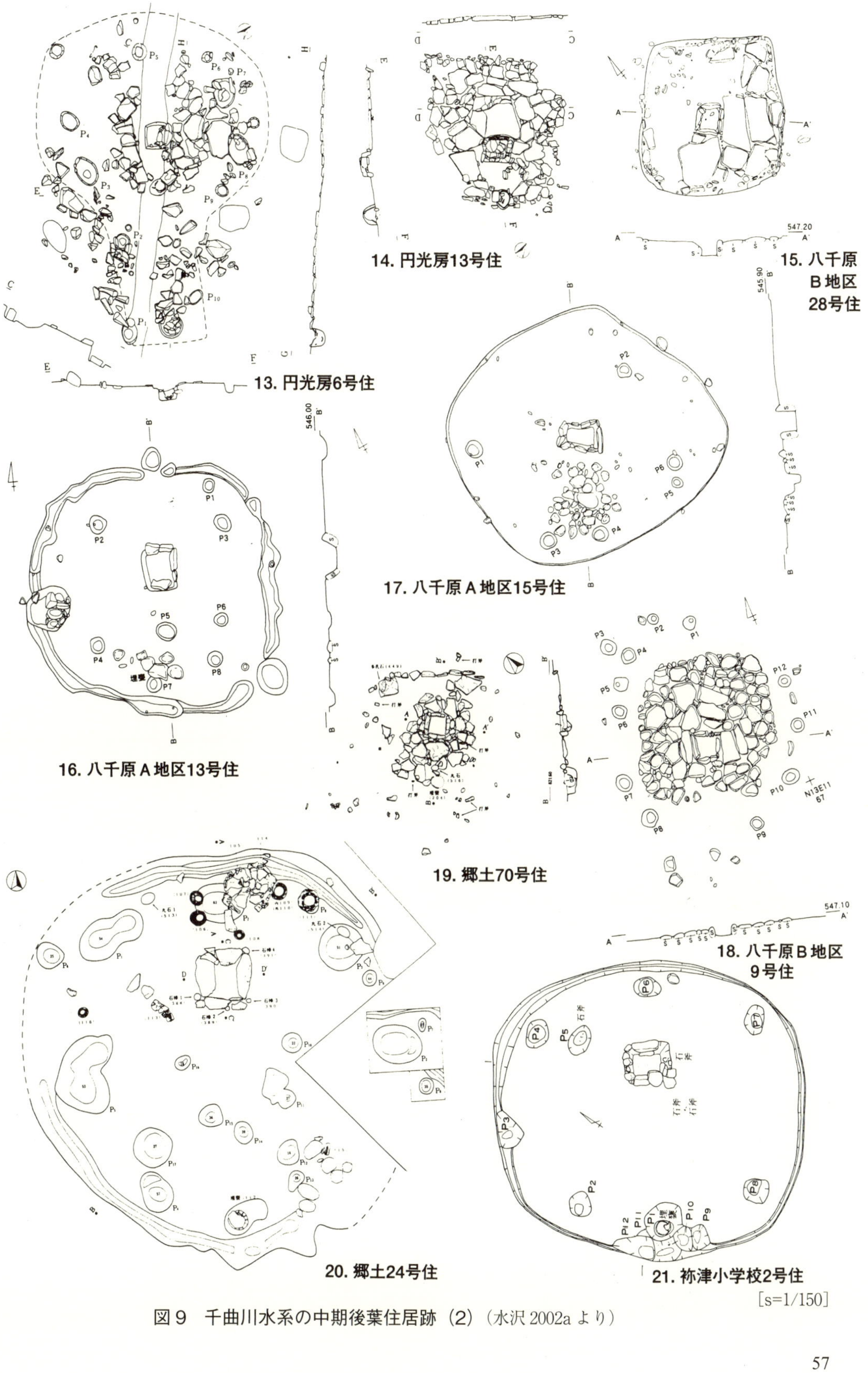

図9　千曲川水系の中期後葉住居跡（2）（水沢 2002a より）

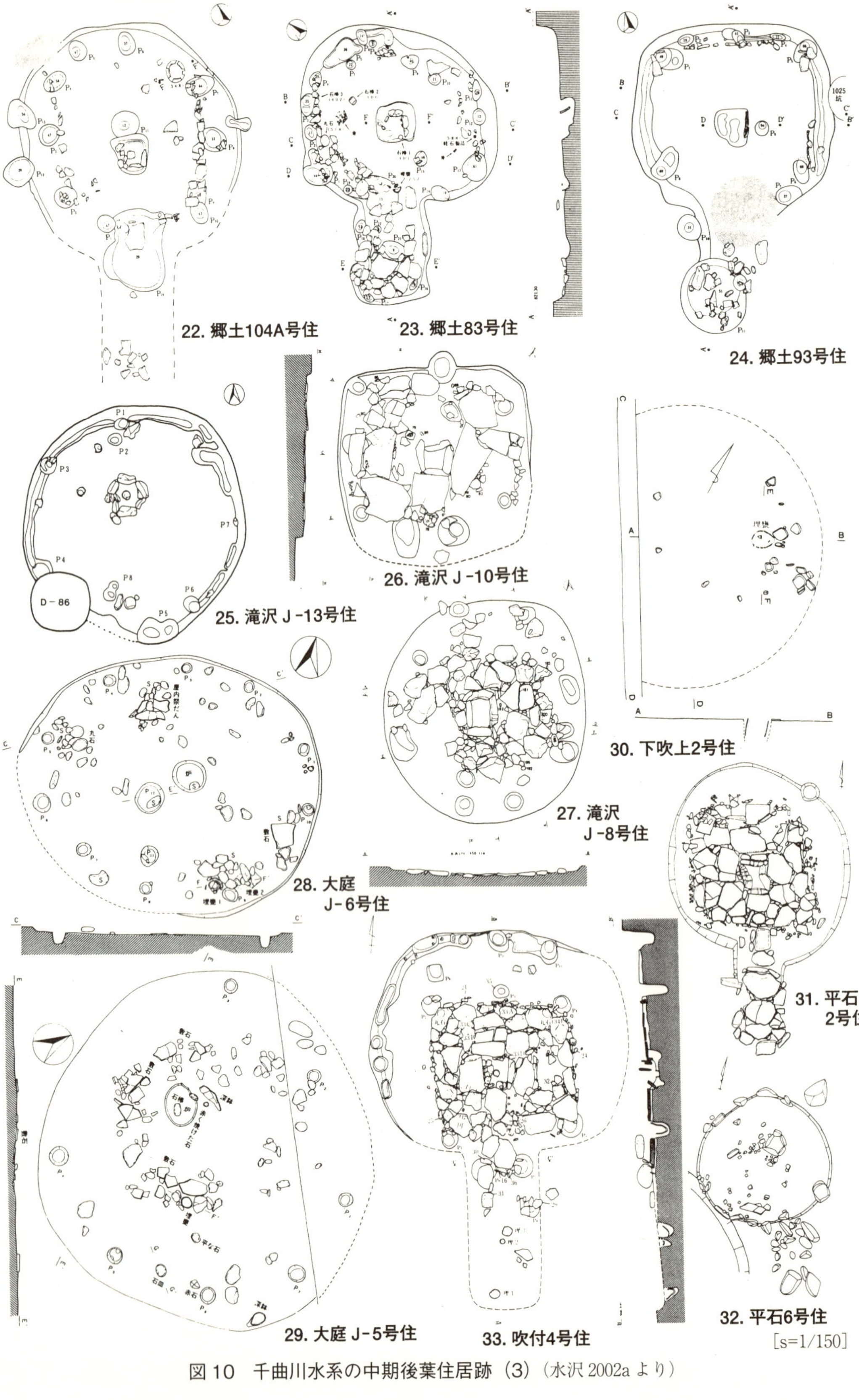

図 10　千曲川水系の中期後葉住居跡（3）（水沢 2002a より）

なると、1号住（図8-12）・6号住（図9-13）のような柄部と主体部に埋甕を持ち、柄部・主体部双方に平石が敷かれる柄鏡形敷石住居が確立するが、円形プランで石が敷かれないものも併存する。この1号住を切る加曽利EⅣ式期の13号住（図9-14）は、炉周辺を中心に大形平石・小石が敷かれるA類で、方形プランが予測されている。

上田市では、千曲川右岸の八千原遺跡、八幡裏遺跡、日影遺跡で該期の住居跡が検出されている。これらのうち八千原遺跡（久保田・中沢1991）の唐草文系Ⅱ段階新に併行すると推測される竪穴住居跡は、壁柱穴を有する円形の竪穴住居跡が2軒、楕円形を呈するものが2軒で、その他に周溝を有し「扁平の川原石が数枚床に敷かれ」それが埋甕を覆う4本主柱穴の住居跡としてA地区13号住（図9-16）が確認された。また、円形で小礫が散在する竪穴住居跡は前段階へ遡る可能性のある1件を含めて4件存在するが、A地区15号住（図9-17）は更に床面の礫が密集している点で注目され、入口ピットを含めて柱穴が6本巡る。加曽利EⅣ式段階になるとB地区28号（図9-15）のように方形の主体部全体に大形の平石が敷かれるA類が出現し、B地区9号住（図9-18）のように掘り込みの外側に柱穴が円形に巡るものも増える。石の素材は「鉄平石」（輝石安山岩）が主で、川原石が併用される。また千曲川右岸の東御市（旧東部町）祢津小学校敷地遺跡（岩佐1976）の加曽利EⅢ式古段階の2号住（図9-21）は、周溝と奥壁に1本足された5本の主柱穴を持ち、主軸奥壁よりに炉、入口部から埋甕と入口関連ピットが検出され、奥壁がやや弧を描くものの、五角形に近い形態が注目される。

③ 千曲川上流域の住居跡

小諸市から御代田町の浅間山麓の南斜面には西から郷土遺跡（桜井2000）・三田原遺跡（宇賀神2000）と滝沢遺跡（小山他1997）などが立地する。まず郷土遺跡で特に注目されるのは加曽利EⅡ式新段階の24号住（図9-20）で、卵形に近い円形を呈し、中央奥壁よりには立石が付随する方形石囲炉を有する。奥壁の2つの円石の間に、大形浅鉢を囲む形で唐草文系・加曽利E式（系）・大木式系を含む6個の土器が伏せられている。柱は比較的深いものが壁に沿って巡るが、入口に近い部分には唐草文系の埋甕を取り巻くように浅い小ピットが集中している。また、後葉の多くの住居跡では石が床面に散乱するものの、炉縁石の可能性もあり判断が難しいが、加曽利EⅢ式新段階の70号住（図9-19）は、炉周辺に平石が敷設されるA類にあたると同時にD類に類似した奥壁部の棒状礫が特徴的である。これはC類で加曽利EⅣ式までの幅を持つ104A号住（図10-22）とともに、本遺跡の敷石住居の初現と考えられる。ただし明確な柄鏡形敷石住居の出現は加曽利EⅣ式段階の83・93（図10-23・24）・123号まで下る。次に、三田原遺跡でも加曽利EⅡ式古段階に壁柱穴を有する卵形の12号住、加曽利EⅢ式古段階に五角形の11号住がみられるが、何れも敷石は確認されておらず、称名寺式期になって完成された形の柄鏡形敷石住居が出現する（宇賀神2000）。御代田町滝沢遺跡では埋甕こそ無いものの、加曽利EⅢ式古段階に五角形で壁柱穴と周溝を持ち、炉が奥壁に寄るJ-13号住（図10-25）が報告され、加曽利EⅢ式新段階には方形の敷石住居跡J-10号住（図10-26）、加曽利EⅣ式段階には炉周辺に平石が密接に敷かれた円形敷石住居跡のJ-8号住（図10-27）と変遷が追える。特にJ-10号住はA類で、炉と埋甕の間に大形の平石1枚を挟む敷設方法や主柱穴の約2倍の径を持つ対ピットが屋代遺跡群SB5325に類似する。また湯川南側にあたる御代田町宮平遺跡では加曽利EⅢ式段階までは竪穴住居で加曽利ＥⅣ式段階にあたるJ-9・J-17住になって初めて敷石住居が出現する（堤・本橋2000）。

南北佐久地方では、鹿曲川の上流蓼科山麓の立科町大庭遺跡で加曽利ＥⅢ式古段階に奥壁部（屋内祭壇）とその西側埋甕周辺に大形の平石・小形の川原石の部分的な面的敷設が行われた円形のJ-6号住（図10-28）が報告されている（島田他1990）。加曽利ＥⅣ式段階にあたるJ-5住（図10-29）は平石が散発的に敷かれるＣ類に分類され、壁柱穴が巡るが明確な柄はみられない。また佐久市（旧望月町）下吹上遺跡（福島・森嶋1978）では、曽利Ⅳ式段階の２号住（図10-30）で、埋甕周辺に扁平な川原石や磨石が敷かれ、加曽利ＥⅣ式／曽利Ⅴ式段階の１号敷石住居跡に至ってＡ類の敷石が出現する。同町平石遺跡（福島1989）でも曽利Ⅳ式段階（一部曽利Ⅲ）の６（図10-32）・７・９・10号住で鉄平石や川原石が床面に断続的に敷かれ始め、曽利Ⅴ式段階の２（図10-31）・23号住になって柄鏡形敷石住居が完成している。千曲川の東側、香坂川の河岸段丘上に立地する佐久市吹付遺跡（百瀬他1991）では、加曽利ＥⅢ式古段階は円形・隅丸方形の竪穴住居跡、加曽利ＥⅢ式新段階になって配石状の小礫を有する住居跡が検出され、加曽利ＥⅣ式段階になると柄鏡形敷石住居跡の４（図10-33）・９住が完成する。このように浅間山麓から千曲川水系の確実な柄鏡形敷石住居の初現は加曽利ＥⅣ式段階で、後期に向けて盛行する傾向が強い（堤・本橋2000）。

④ 千曲川水系の特徴

以上千曲川水系の様相を概観すると、加曽利ＥⅡ式～ＥⅢ式古段階になると一部の竪穴住居跡の床面に散発的に、もしくは埋甕周辺に、石が単独で置かれたり敷かれる傾向が強まる。これらは千曲川を中心とする河原で拾われた安山岩などの円形・棒状の小礫を素材とする場合が多い。ただし原石の露頭に近い佐久市（旧望月町）の２遺跡では「鉄平石」の切石が使われ、立科町大庭遺跡では奥壁祭壇にも用いられている。また、加曽利ＥⅢ式古段階には千曲川中流域の屋代遺跡群・幅田遺跡など地域の拠点的な集落の中のごく少数の住居跡では、他の地域に先駆けて川原石とともに閃緑岩製の大形の平石が面的に敷かれ始める。屋代遺跡群の東方2㎞の距離にある生萱・土口・倉科には最近まで石英閃緑岩の採石場があり、間知石などとして利用されている。幅田遺跡の場合も隣接する円光房遺跡と同様に「冠着山系の露頭」（原田・森嶋1990）が採石場と推測され、石材は両者とも比較的入手し易かったとみられる。一方「鉄平石」（輝石安山岩）も、佐久市（旧望月町）畳石や霧ヶ峰山麓、佐久穂町（旧佐久町）の板石山などでは現在でも採石が続いており、敷石をはじめ化粧石・屋根石などとして使われている。その後、加曽利ＥⅢ式新段階になるとこれらの石材は敷石住居での高い需要に応じて更に多用され、必然的に露頭からの直接採取が活発化したと推測される。柄鏡形敷石住居はこの時期に各地に広がり、柄部まで平石を敷く事例も増加する。河原での小礫の採集は比較的軽労働であるのに対し、面をなすほどの平石の採集・運搬は計画性や協力が必要な重労働である。一見して「石を敷く」という同一の行為でひとくくりにされがちな小礫と大形の平石の間には、「採集」と「採掘」という入手方法上の根本的な違いがある。それゆえ面的な平石の敷設（本橋1995）は、住居構築の大きな転換点であり、遺跡毎の産地の特定も課題となる。

このような豊富な素材を背景とした敷石の系譜に比べ、柄鏡形態の出現過程に関しては、この地域の他遺跡で屋代遺跡群の分析成果以上の情報を得ることは難しい。例えば五角形形態は極少数認められるにすぎず、小張出部付きは皆無で、柄鏡形を呈する柱穴配置の出現もかなり時期が下るものである。また、柄部が検出されない理由としては、柄部の石が主体部検出面よりも高く敷かれる傾向が強いため、滝沢J-10住のように後世の削平を免れ得ない事例や、屋代遺跡群SB5324の分析で指摘したように（水沢2000a）廃絶時の柄部破壊が行われた可能性を念頭に置く必要がある。しかしながら実際に、加曽利ＥⅢ式新段階までは、竪穴住居や柄部を持たない敷石住居が優勢であったことも確かであり、多くの遺跡で明確な柄鏡形敷石住居が成立するのは加曽利ＥⅣ式段階に下るとみられる。

（2）犀川水系の様相

北から高瀬川、南から奈良井川・梓川は合流して犀川となり、屋代遺跡群の下流で千曲川に注ぐ。この水系を屋代遺跡群の第二次近接地域と仮定し、その様相を概観する（図11）。この地域の中期後葉は唐草文系土器を主体に曽利式・加曽利Ｅ式（系）土器が組成し、北陸・東北系も稀にみられる。住居跡は主に円形で、隅丸方形や五角形が伴う。

①五角形住居跡の特色

五角形住居跡は、山形村淀の内遺跡（樋口・長崎他1997）西15号住（曽利Ⅲ併行）（図11-1）・西22号住（同）（図11-2）・西27号住（曽利Ⅱ）・西28号住（曽利Ⅲ）・西29号住（曽利Ⅲ）、山形村殿村遺跡（百瀬他1987）3号住（曽利Ⅱ～Ⅲ）（図11-4）・5号住（曽利Ⅱ～Ⅲ）・19号住（曽利Ⅳ）（図11-5）・22号住（曽利Ⅲ）・24号住（曽利Ⅲ～Ⅳ）、松本市大村塚田遺跡（高桑他1992）20号住（曽利Ⅱ～Ⅲ）、一ツ家遺跡（竹原他1997）30住（曽利Ⅲ）・63住（曽利Ⅳか）（図11-6）・64住（曽利Ⅲか）・塩尻市柿沢東遺跡（三村・山本1984）3号住（曽利Ⅲ～Ⅳ）のようなホームベース形の掘り込みに4本の主柱穴を持ち、その頂点に1～2点の埋甕が埋設されるという形態や、各頂点が更に丸みを帯びた小池遺跡（竹原他1997）92住（曽利Ⅱ）、また頂点が突出することで卵形を呈する大村塚田遺跡10号住（曽利Ⅲ～Ⅳ）、松本市南中島遺跡（新谷他1991）24号住（曽利Ⅲ・Ⅳ）のような形態が目立つ。これらには奥壁や入口部分に平石が集中する傾向がある。これらの住居跡形態に類似するものとして、安曇野市（旧明科町）ほうろく屋敷遺跡（大沢他1991）J20号住（曽利Ⅱ）（図11-10）、淀の内遺跡（樋口・長崎1997）24号住（曽利Ⅱ）（図11-3）、小池遺跡117住（曽利Ⅱ）・134住（同）（図11-7）、山形村洞遺跡（倉科・土屋他1971）J-2号住（曽利Ⅳ）、大村塚田遺跡38号住（曽利Ⅲ）のように、頂点が更に張り出す小張出部を有する住居跡が古くから存在する。柄部両脇の対ピットは明確でなく埋甕の向かって右側に寄る小池134住、左に寄るほうろく屋敷J20号住の様相は五角形系列の屋代遺跡群SB5345やSB5321に通じるところがある。また、ほうろく屋敷遺跡J20号住、洞遺跡J-2号住では奥壁部や入口部脇に集石や石柱が、小池遺跡134住では倒れた石柱が認められる。

②敷石住居跡の状況

ほうろく屋敷遺跡で、加曽利ＥⅡ式新～Ⅲ式古の円形竪穴住居跡J32号住に埋甕石蓋を中心に5枚の「平石の列」が配され、ほぼ同時期のJ36号住でも石蓋周辺に平石や礫が散在するが、Ｂ類の面的な平石敷は加曽利ＥⅢ式古と曽利Ⅲ～Ⅳ式段階の埋甕を持つ敷石9号住に始まり、曽利Ⅴ式段階になると、炉周辺に板状砂岩が敷き詰められるＡ類の敷石1号住（図11-9）他3軒の敷石住居跡が報告されている。また、安曇野市（旧明科町）こや城遺跡（神沢他 1979）では加曽利ＥⅢ式新段階の１～３号住にＡ類と推測される板状砂岩の面的な敷石が、４号住（図 11－11）には炉よりやや外側に方形の安山岩製の面的な平石敷がみられ、その３隅には立石が確認されている。炉内（報文写真図版 6）には上部集石出土土器と同時期とみられる加曽利ＥⅢ式新段階の突起が含まれるものの、更に遡る土器も出土しており、時期決定が難しい。塩尻市柿沢東遺跡でも炉周辺に「平板な川原石」による面的な平石敷Ａ類の４号住（曽利Ｖ）（図 11－8）が出現するのはこの段階であり、大村塚田遺跡のＢ類の方形敷石住居跡の 11・25 号住も「曽利Ｖ式期」とされている。

③ 柄鏡形敷石住居跡

波田町葦原遺跡（小松 1966）では、加曽利ＥⅢ式新段階に、柄鏡形敷石住居跡である３号敷石住居跡が検出されている（図 11－12）。本住居跡の主体部はＣ類であるが柄部はイ類で棒状礫による石組みがみられ、炉入口側には蓋石の載った埋甕が正位で埋設されている上、屋代遺跡群 SB5314 の事例と同様に内部に小形土器が埋納されていた。また、加曽利ＥⅢ式新段階から後期へ存続する明科町北村遺跡（平林他 1993）でもほぼ同時期の SB584 が柄鏡形敷石住居跡であった可能性がある(8)。ただしその他の明確な柄鏡形敷石住居跡は加曽利ＥⅣ式段階に下る。

④ 遺跡の継続と住居構造

犀川水系では、五角形住居や小張出部付き住居は加曽利ＥⅠ新～加曽利ＥⅡ式併行段階から加曽利ＥⅢ式古段階を通じて連続的に存在し、加曽利ＥⅢ式古～新段階を中心に面的な平石が敷設される住居が出現する。しかしながらその反面、従来五角形住居が優勢であった淀の内遺跡、殿村遺跡、小池遺跡、一ツ家遺跡など各地域の拠点的な集落では、集落の規模が極端に縮小するものの、それ以降も、五角形（殿村 19 号・一ツ家 107 住）や円形（小池 104・114・224 住）、卵形（小池 238・242・243 住）、方形（淀の内西 12 号）の竪穴住居が継続し、石が面的に敷かれたり長い柄が付属するような傾向はみられない。ただし壁柱穴を有する例が目立ち始め、逆に柄鏡形住居の柱穴配置からの影響が指摘されている（新谷他 1991）。衰退傾向のこれら集落とは別に、葦原遺跡や後期に向けて拡大していく北村遺跡のような集落が新たに出現する。

（3）諏訪盆地・八ヶ岳西南麓の様相

縄文中期文化のメッカである諏訪盆地・八ヶ岳西南麓は、千曲川上流域の佐久地方と八ヶ岳を挟んで表裏の位置関係にある。佐久地方に千曲川中・下流域よりも唐草文系土器が多い理由は、この地方との頻繁な交流によるものであろう。ここでは、1990 年代になって相次いで刊行された報告を中心に概観し、第三次近接地域の様相に代える（図 12）。

① 五角形住居跡の優勢

岡谷市花上寺遺跡（山田・河原・宮坂 1996）の唐草文系Ⅱ段階の住居跡は、円形・隅丸方形の他に、一辺が隅丸方形を呈し相対する辺が弧状に張り出し、五角形とも相通ずるものが目立つ。典型的な例に 14 号住（唐草文系Ⅱ新）（図 12－1）・16 号住（唐草文系Ⅱ古）（図 12－2）があげられる。このうち 16 号住は隅丸五角形で、奥壁寄りに炉が設置され、壁に沿って周溝と６本の柱穴が巡る。この住居跡では奥壁に接して「鉄平石」製の石壇、入口よりの柱穴を結ぶ線より更に入口側に石蓋が被さる埋甕が確認された。また、ほぼ同時期の岡谷市長塚遺跡（長崎 1971）３号住（図

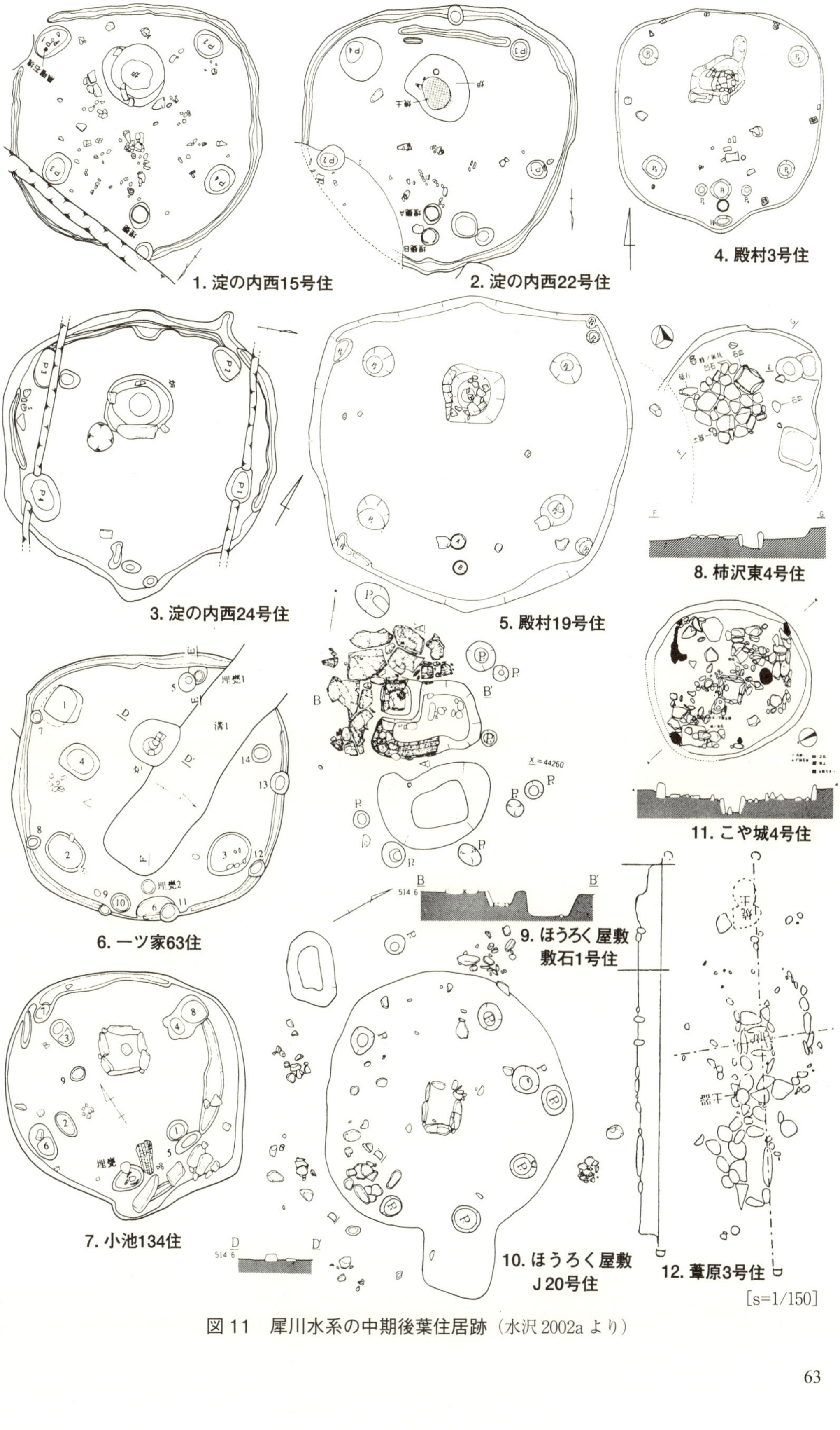

図11　犀川水系の中期後葉住居跡（水沢2002aより）

12-12)は、円形であるが小張出を有する。6本の柱穴で周溝を持ち、小張出の内側に平石が敷かれ、それらの東側主柱穴の外側に3基の埋甕が埋設され、その外側の壁際に7つ目のピットが設けられている。報告書で指摘されたようにこの平石部分が入口とすれば、張出と石敷の組合わさった初期の例と考えられる。

茅野市では茅野和田遺跡（林1970）、よせの台遺跡（鵜飼・守矢他1978）、棚畑遺跡（鵜飼・守矢他1990）、稗田頭A遺跡（功刀1993）、立石遺跡（小池他1994）、新井下遺跡（百瀬1994）、勝山遺跡（小林1994）、上の平遺跡（守矢1995）などで、曽利Ⅱ～Ⅴ式期の住居跡がまとまって検出されている。その主体は五角形か隅丸五角形で、かなり隅が円くなった結果、立石8（曽利Ⅲ）・24号住（曽利Ⅳ）（図12-4・5）のように卵形に近い形態をとるものもみられる。小張出部を持つ住居跡も、棚畑4号住（曽利Ⅲ）（図12-7）、上の平4号住（曽利Ⅱ）（図12-8）、27号住（曽利Ⅱ）など少数存在する。何れも周溝を持ち、柱は4本が多いが、奥壁にもう1本足されるものや、それが入口ピットと対になるものもある。棚畑4号住は長塚3号住のように壁際に沿って柱穴が巡る。後述する小張出部付き住居跡の特徴である対ピットも、例えば棚畑121号住のように、曽利Ⅱ式段階から既に五角形の頂点部分の掘り込みの内側に認められる。

この時期、八ヶ岳山麓から伊那谷、南関東にかけて盛行する「潮見台型」[(9)]には、神奈川県尾崎遺跡例や長野県洞遺跡例など、側壁が長く、張出部にかけてホームベース形を呈する形態が含まれるとされ、「卵形住居」にも原遺跡13号住や三原田遺跡4-17住居跡などと同様の形態のものが含まれる（阿部1998）。また、中南信の住居跡の特別の規格性も既に注目されており（神村1998）、五角形住居跡もここに包括される。今後これらを踏まえて、形態や構造を再検討し、分布の様態を論じていく必要がある。

② 小張出部付き住居跡の特色

この地域の小張出部付き住居跡で注目されるのは、入口部埋甕脇の対ピットの存在である。新井下32号住（図12-11）、よせの台9号住（曽利Ⅲ）（図12-13）、立石10号住（曽利Ⅲ）、上の平4号住（曽利Ⅱ）（図12-8）などでは、主柱穴より浅いピットが張出部の内側に左右対称に穿たれている。そして特に前2者の細長い形態は時期は下るものの屋代SB5338例（図9-13）に類似している。また対ピットの間には、上の平4号住に代表されるような石蓋を持つ埋甕が埋設されたり浅い落ち込みがみられる。本住居跡には張出部の頂点に深さ19㎝のP9があり、入口のピットとP9で囲まれた部分は浅く窪んでいる。このことから入口はP9とP10もしくはP9とP8の間に設けられていたと考えられる。そのため実際の出入りには埋甕石蓋の板状安山岩礫を踏まざるを得なかったことになり、入口と敷石の深い関係が窺える。入口が分離されたことで、P1～P6の内部を中心にした主体部空間と、これら外側に広がる入口空間がそれぞれ独立したとすれば、それは後の柄鏡形敷石住居跡の構造とも相通じる。

③ 敷石住居跡の様相

本地域では、曽利Ⅰ・Ⅱ式期からⅢ・Ⅳ式期を通じて、奥壁部・入口部などに石をまとめて敷く傾向があり、例えば茅野和田遺跡東48号住（曽利Ⅲ式）では、奥壁部の石壇が炉に接し、また諏訪市本城遺跡22号住（曽利Ⅱ式）では入口部床面に大形の平石が敷かれていた（山本1994）。しかしながら、A・B類の敷石と認識される例は、曽利Ⅳ式の埋甕・Ⅴ式の床直土器を有する花

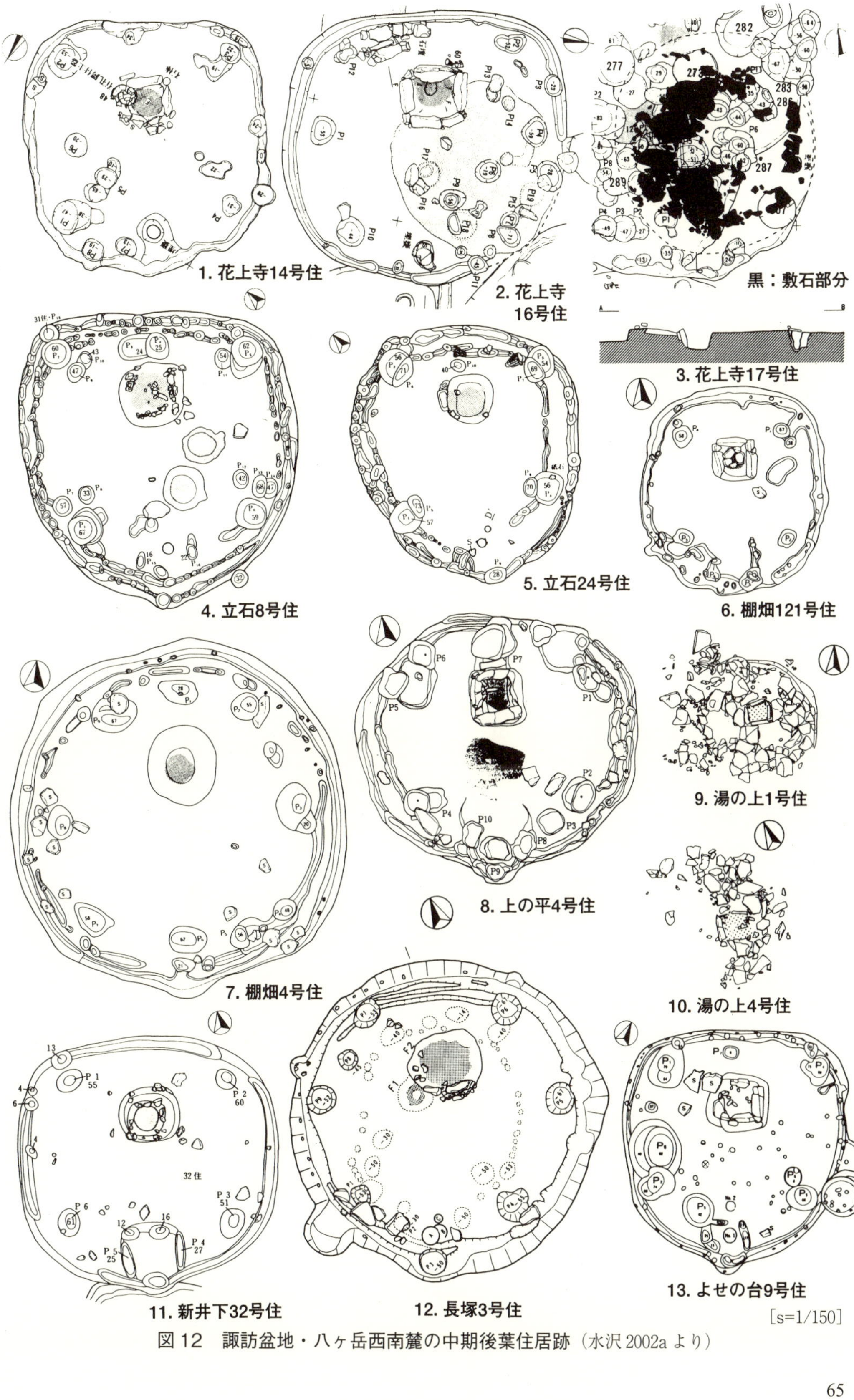

図12　諏訪盆地・八ヶ岳西南麓の中期後葉住居跡（水沢 2002a より）

上寺遺跡17号住（図12-3）まで下る。本住居跡の敷石は一辺70～100cmに及ぶ「鉄平石」製で、大石の間に小礫を挟み込む形態をとる。東側を除いた炉の周囲に敷設され（A類）、かつやや離れて、住居跡東隅の埋甕上から北側にかけても列を成している（B類）。同様に、諏訪市穴場遺跡（高見1982）6号住、同湯の上遺跡1号住・4号住（図12-9・10）でもA・B類の敷石住居跡が検出されており（五味1995）、主体は曽利Ⅴ式だが一部Ⅳ式まで遡る可能性もある[10]。ただ、このような敷石住居跡は稀な存在で、大方は五角形住居を中心にした少数の平石を有する竪穴住居などが中期終末まで継続する。本地域は石の多用という点では他の地域よりも古いが、敷石住居の初現は他の2地域と軌を一にしている。ただし柄鏡形敷石住居自体は未だ明確でない。

4　千曲川水系における柄鏡形敷石住居の成立と地域間交流

（1）五角形形態の受容と有段構造の系譜

屋代遺跡群における各段階に特徴的な住居の形態を、3地域の各遺跡での状況と比較検討してきた。その結果、まず五角形の住居跡形態は千曲川水系には少ないものの、八ヶ岳南麓・諏訪盆地で主体を占め、犀川水系でもかなり目立つ。また小張出部付き住居跡はそれらの変異形として捉えられ、付随する形でほぼ同様の広がりを見せる。五角形住居跡には炉を壁際に移動させることによって開いた反対側の空間（ホームベースの頂点であることが多い）に、小ピット群や対ピットで囲まれた部分、一段掘り窪めた部分、石を敷いた部分などの囲い込み空間を作り出し、その中心に埋甕を埋め込んでいる例がみられる。方法こそ異なれ、「潜在的入口」[11]（秋田1995、石井1998）である。屋代遺跡群で加曽利EⅢ式古段階になって現れるSB5345の五角形形態や自然石による石柱を縁石の連結部に立てる炉の構築方法は更に遡って曽

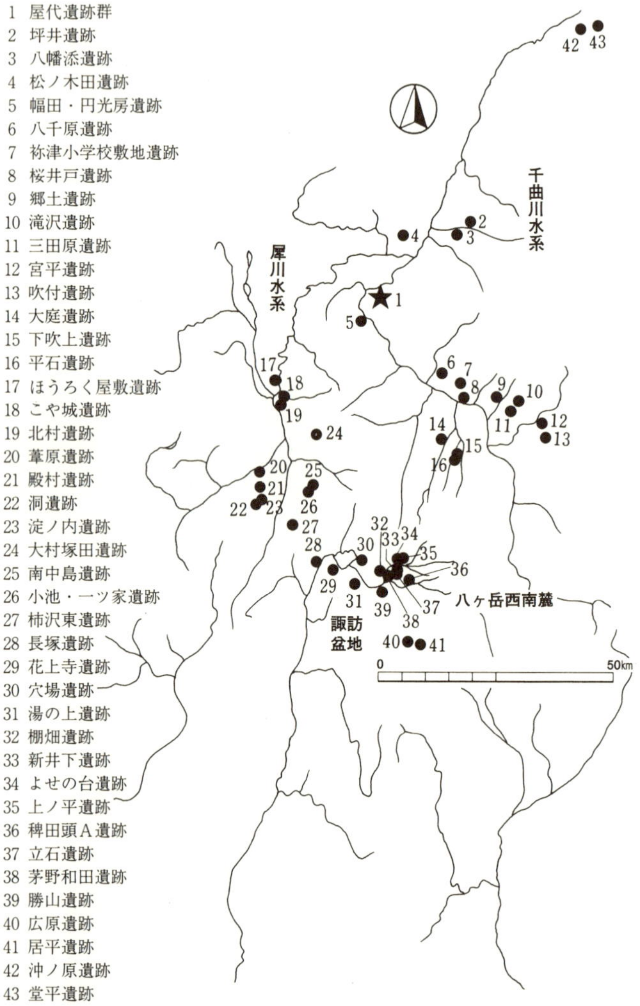

図13　屋代遺跡群と周辺遺跡（水沢2002aより）

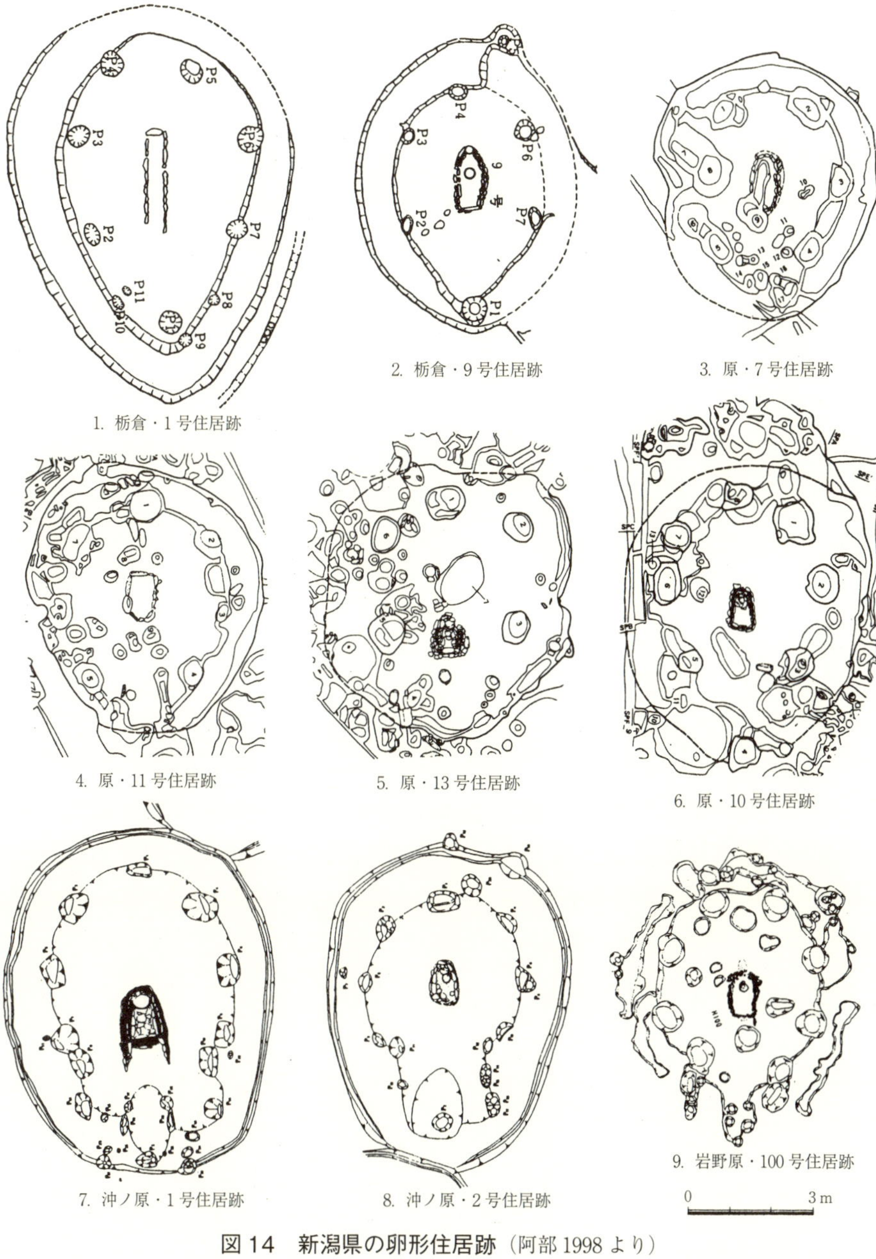

1. 栃倉・1号住居跡
2. 栃倉・9号住居跡
3. 原・7号住居跡
4. 原・11号住居跡
5. 原・13号住居跡
6. 原・10号住居跡
7. 沖ノ原・1号住居跡
8. 沖ノ原・2号住居跡
9. 岩野原・100号住居跡

0　3m

図14　新潟県の卵形住居跡（阿部1998より）

利Ⅱ式段階から既に五角形形態を有し、類似したピット配置をとる犀川流域の諸例にも類似する(12)。また一段階遅れて孤立的に出現する小張出部付き住居跡SB5346に始まる左右対象の対ピットを持つ住居跡における、諏訪湖盆との関係も重要である(13)。

屋代遺跡群において、五角形住居の発展形態として現れる有段構造は、県内では中期中葉に類例(14)があるが、屋代遺跡群例と時期的にも形態的にも似通っているのは、新潟県の卵形住居である(15)。卵形住居（阿部1998）は大木8a式期から確認されており、新潟県域から関東・信越地域に分布するとされる。特に新潟県域の中期後葉の卵形住居にはまだ細分の余地があるものの、屋代遺跡群との共通点が多数指摘できる（図14）。まず有段構造をとり、奥壁側に長方形の炉を有するという点でSB5351は、時期が大木8b式期である栃倉9号住（図14-2）、原7号住（図14-3）と類似する。また、菱形に近い五角形で炉を中央に持つSB5328は有段構造こそ検出できなかったものの、その形態が大木8b式期の原11号住（図14-4）に類似する。ホームベース形のSB5345はその形態と奥壁側を頂点とする亀甲形5本の柱穴配置が大木9式期の原13号住（図14-5）に、炉の位置は大木9式期の10号住（図14-6）に類似する。更に大木9式期の沖ノ原1号住（図14-7）、大木8b式期の2号住（図14-8）、大木9式期の岩野原100号住（図14-9）の柱穴配置にみられる潜在的な柄鏡形の存在は、五角形系列から柄鏡形形態への発展と軌を一にしている。

このように五角形系列の住居形態は、八ヶ岳南麓・諏訪盆地・犀川水系との関係に加えて、連続的に遡及可能な新潟県との強い関連性が確認される。

（2）敷石の様相

敷石の開始は一部上伊那地方を含めた諏訪盆地・八ヶ岳山麓が古く、中期後葉の初頭まで遡る。加曽利ＥⅡ式～Ⅲ式古段階では、各地域とも埋甕上やその周辺、壁際にかけて散発的に石が敷かれたり、床面に小礫が散在する傾向が現れ、奥壁石壇や石柱も広がる(16)。そして系列2の萌芽が、千曲川中流域の炉や埋甕の石蓋に多用される閃緑岩、犀川水系の板状砂岩（大沢他1991）、八ヶ岳の両側や諏訪盆地や入口部の鉄平石などの素材の中に現れていく。そして大形平石の間隙を小礫で埋めるＡ・Ｂ類型の敷設が極少数の円形・方形の竪穴住居において開始されるのは千曲川水系では加曽利ＥⅢ式古段階、犀川水系・諏訪盆地でもほぼ併行する曽利Ⅳ式期である。それは、屋代SB5318、幅田第Ⅰ号配石、花上寺17号住のように最低でも炉と入口側に埋設された埋甕を繋ぐ平石を含む、炉周辺の巨大平石の敷設とともに顕在化し、敷設方法の類似性から柄鏡形敷石住居への連続性が確実視されよう。また今回分析した地域では、この加曽利ＥⅢ式古段階の敷石住居成立以前に、炉の奥側に石を敷く例はみられても、炉縁部手前側に積極的に石を敷く形態を指摘することはできない(17)。

次に五角形を中心とした系列1の住居内礫に着目すると、SB5335の奥壁敷石やSB5321などの床面に配置された礫は、石壇を有する住居の一部を想起させる。しかしながら、石壇・石柱を持つ住居の形状は円形48％・隅丸方形29％が圧倒的多数を占めるとされ（山本1994）、現時点で五角形系列との関係を示すに至っていない。また、SB5324他で検出された周礫の出現する背景も明確ではなく、時期が下るものの検出例の多い関東地方の例（鈴木1976、金井1984）との関係が課題となる。

（3）柄鏡形敷石住居の成立

以上周辺状況の検討結果からは、加曽利ＥⅢ式古段階までの素地が背景となってはいるものの、それぞれの要素がかなり複雑に融合、交錯し、集積した結果、加曽利ＥⅢ式新段階になって円形・方形および五角形の主体部を有する柄鏡形敷石住居が完成していくと考えられる。現時点で完成された姿を目の当たりにできるのは、本稿で対象とした地域に限定すれば、千曲川中流域が顕著であるが、犀川水系などでも葦原遺跡のような例が今後増加する可能性がある。そのような点も踏まえた上で、現時点での柄鏡形敷石住居の成立過程を次のように整理した。

五角形住居系列（系列1）　＊犀川＝犀川水系、諏訪等＝諏訪盆地・八ヶ岳西南麓を指す

2b期 加曽利ＥⅡ新 SB5341　五角形／奥壁部への炉の偏り　＝犀川・諏訪等・千曲川水系共通

3a 期 加曽利ＥⅢ古 SB5345　五角形／（柱穴配置／五角形立石炉）←上中越・（諏訪等・犀川）

3b 期 加曽利ＥⅢ古 SB5335・5351　五角形／奥壁部炉／（有段構造）←上中越

3c 期 加曽利ＥⅢ新 SB5321 → 5316　柄鏡形／主体部縮小と柄部拡張／中央部炉／ピット外へ

4 期　加曽利ＥⅣ　SB5324　柄鏡形／手前部炉／周礫・柄部面的敷石←系列２より面的敷石を導入

柄鏡形敷石住居成立

円形・方形住居系列（系列２）

2b 期 加曽利ＥⅡ新 SB9001　円形

3a 期 加曽利ＥⅢ古 SB5312　円形／埋甕石蓋や周辺に平石＝千曲川水系

3b 期 加曽利ＥⅢ古 SB5346　円形／埋甕周辺面的敷石 ＝千曲川水系

／小張出部・周辺対ピット←犀川・諏訪等

SB5318　円形／炉から埋甕周辺まで面的敷石　＝千曲川水系・犀川・諏訪等

3c 期 加曽利ＥⅢ新 SB5325　柄鏡形／柄部・主体部面的敷石／対ピット＝千曲川水系・犀川

4 期　加曽利ＥⅣ　SB5337　柄鏡形／主体部部分柄部全面敷石＝千曲川水系

（4）住居の機能とその形態が意味するもの

住居跡型式の広がりは集団の移動に伴う可能性が指摘されている（小薬 1991）ように、同時期で機能に差異が無いと考えられる住居跡に形態差の生じる背景は、それを構築した集団の文化伝統の差である可能性が考えられる。五角形住居跡の土器組成を代表する埋甕は、SB5335 は大木式系、SB5351 は大木式系と加曽利Ｅ式（系)、SB5345 は大木式系・圧痕隆帯文土器・加曽利Ｅ式（系)、SB5346 は大木式系と圧痕隆帯文土器であり、仮に中信地域からの集団移動を想定した場合、最も多いと予想される曽利・唐草文系土器は使われていない。また、第６図に示した 3a・3b 期の住居跡全てで大木式が埋甕になっている点は注目されるが、その他の土器型式も併存していることから、上越を含む大木式文化圏から集落単位で集団が移動し、住居を構築し、ムラを形成したともいい難い。更に卵形住居跡の多い魚沼地域の複式炉や機能的に複式炉に類似した構造が屋代遺跡群で採用されていない点も明らかな違いである。

ただ集落全体の集団移動でなくとも、個々の住居形態の決定にはそれぞれの居住者の生活様式に基づくデザインが反映されたことは十分想定される。よって住居跡形態の変化には住居を構築する技術的知識の移動を含む情報の交流があった可能性が考えられる。マードックによると家屋の建設は男性優位指数 77.0（都出 1989）ないし 77.4（Murdock and Provost 1973）とされ、本来男性優位の労働であることが明確である。ただ遊動生活をする人々の社会では家のつくりも比較的華奢であり、そのような場合に限って女性が家造りをする割合が格段に高くなるともいわれる（Murdock and Provost 同上)。このことから類推するに、竪穴住居や、とりわけ敷石住居の構築は、明らかに男性優位の労働である。そして、もし土器が在地製作であり、住居形態のみ外来の要素が取り入れられる時期があったとすれば、それはまさにその段階で男性のみが移動して来たことを示唆する。本来男性優位の労働と考えられる住居形態の変異には、男性の移動と移動先での在来の型式に上乗せした形での住居設計とその構築の可能性を考える視点が必要あろう。

柄鏡形敷石住居はその後、後期に向けて組石構造を更に発達させ、それのみで一集落が構成されることもあるまでに発展するが、成立期には、非柄鏡形敷石住居、面的な平石を持たない柄鏡形住居、竪穴住居がともに併存し[18]、地域の環境に応じた特定の役割のために選択された居住形態の一つであったと考える。特に千曲川水系での柄鏡形敷石住居の出現は全国的にも比較的古く位置づけられるが、それは河川に面して立地することの多い本遺構の調査上の問題でもあるため[19]、分布を確定し、出現エリアを考察することはまだ難しい。例えば敷石を持たない柄鏡形住居の時期は関東地方でも加曽利ＥⅢ式段階に遡り、群馬県の利根川最上流域や、山梨県・神奈川県の相模川流域でも成立に向けての素地は屋代遺跡群周辺と類似した様相を呈する。このような複数の地域の核になる集落で、屋代遺跡群にみられたような複合が起こり、特に石の豊富な地域では敷石を取り入れた「柄鏡形住居」が成立していったとも考えられよう。

しかしながら、このように大河や湖水のほとりなどの水辺という初期の敷石住居の立地とその他の形態の住居との併存という事実は、本遺構の性格を考える上で注目せざるを得ない。当時の河川が現在と相似形ということはなく、動いていたことを考慮しても八幡添遺跡で 150 m、幅田・円光房遺跡や屋代遺跡群で 500 m、下吹上遺跡 100 m、平石遺跡 30 m、ほうろく屋敷遺跡 200 m、葦原遺跡 600 m、花上寺遺跡 500 m という現河川や湖と遺跡の距離の近さはとても偶然とは思えない。この種の住居を用いる人々が、水辺の環境を生活の拠り所としていたことを意味しよう。そしてその背景は、大きくみれば、中期末葉の気候変動に起因する住環境の変化、ひいては社会構造の再編（石井 1998）へと繋がるとも考えられる。巨視的にみれば、八ヶ岳山麓の遺跡数の減少と千曲川水系の活況であり、微視的には例えば黒曜岩（石）石材の使用頻度の低下と在地石材の台頭[20]でも説明されよう。しかしながら重要なのは、そのような背景に止まらず、一体どのような生活上の要求によって、このような異形かつ構築に手間のかかる住居形態が喚起されたのかであろう。寒冷化によって高所から下って湿気の多い場所に占地せざるを得なかったというのも一因であろうが、同一環境の中に従来の竪穴住居が存続しないわけではない。

敷石住居の機能の一つの可能性として、筆者はかつて呪術的な行為に用いる「発汗浴小屋」を提示・詳述した（水沢 2000 a）。気候変動に連動した呪術と医療的行為の必然性から呪術的な色彩の濃い「発汗浴」風習が広まり、その行為の場が、それまでの住居構築とは異なる技術を用いて作られたと考えた。施設の中で蒸気や熱気で発汗した後に、川や湖、湿地、雪中で熱を放出するという民族例からは、機能と立地環境は強い関連を持つ。ただ、儀礼を行わない期間、それは一般住居として機能するため、現段階では用途の一つに儀礼が加わわる住居と分類される。まだ全くの仮説ではあるが、住居形態から予測される遠隔地との情報交換や人の移動は、このような後期社会に向けての精神文化とも係わる問題となろう。そしてその成立の背景として、この地域が大木式系文化、唐草文系文化、加曽利Ｅ式（系）の接点にあたり、それらを地元の文化と融合させながら醸成させていった点に注目し、今後も多角的に分析を進める必要があろう。

さて、河川に沿って立地する上記の遺跡で、特に上流で高瀬川・穂高川・万水川が合流する犀川沿いの安曇野市ほうろく屋敷遺跡周辺は古くからサケ漁が盛んで、上高井郡高山村八幡添遺跡のすぐ南側を流れる八木沢川にも近年までサケの遡上がみられたとされる。次節では屋代遺跡群を定点に縄文人にとって水辺という環境が生業の場としてはどのように利用されていたか、その関係を追ってみたい。

第３節　生業と食料

狩猟が男性の主な生業である社会では、生活拠点周辺で採集や初期的農業を行う女性が土器づくりを分担することが多いとされる（Arnold 1985）。また、マードックによる妻方居住婚の要件の一つに狩猟採集社会に農業が導入された段階があげられ（第１章第２節３）、それもやはり男性の不在と女性の近隣での労働が根拠となっている。赤沢威は狩猟採集民31の集団の生業スケジュールを検討し、多少の差はあれ、全ての集団が狩猟・漁撈・採集を組み合わせており、その３者の季節性と性別役割分担が社会システムにまで影響を及ぼしていると指摘した（赤沢 1983）。更に渡辺仁はアイヌ社会や北米北西海岸の先住民社会において狩猟と漁撈あるいは海獣狩猟と漁撈といった生業を異にする家族・グループの間に経済的格差と宗教的格差が生まれ、それが貴賤感情を伴う階層差を生起させたと指摘した（渡辺 1990）。渡辺の仮説については今後、生業の分化に関する実証的な検証が必要であるが[(1)]、これらの仮説のうち縄文社会を考える上で参考にすべき部分があるとすれば、それは生業が様々な社会システムまで影響を及ぼした点と、それゆえに狩猟や漁撈の成功を願う儀礼が重視された点である。縄文時代の人々は狩猟の道具やより効率の良い狩猟具の素材の獲得のため、遠隔地との交易に力点を置いただろうし（第１章第２節２）、交易が盛んになれば、土器の動きも誘発されよう。また、マードックの要件が、実際に縄文時代にどの程度適応できるかの検証も重要である。

そこで本節では、縄文社会のシステムを考える糸口として、屋代遺跡群における生業活動を取り扱う。

１　縄文時代の栽培に関する研究略史

一般に新石器時代の開始とともに食料確保のための栽培が始まったとされている。アジアでも中国の長江および淮河の中・下流域での栽培稲の出土は約１万年前、アワ作は紀元前６千年紀、韓国では紀元前４千年紀後半には既にアワやキビの栽培が報告されている（伊藤 2005）。沿アムール地方や沿海州でも紀元前２千年紀末にはアワやキビを栽培し、豚を飼育する農耕段階に入ったとされる（佐々木 1991）。一方市川健夫は東日本に広がるブナ林帯でのヒエの栽培やソバ・アワ・ダイズ・エゴマ・キビの焼畑輪作耕作は、その一部が縄文時代を起源とするという説を提示し（市川 1987）、佐々木高明は、ほぼ同様な地域をナラ林帯として、雑穀類が日本へ伝播する経路として朝鮮半島経由、日本海横断、沿海州から北海道の３ルートをあげた（佐々木 同）。

考古学の側では、大山柏が縄文中期の農耕の可能性に言及し（大山 1927）、やがて藤森栄一がそれを大きく展開させた。藤森は石鏃に対し圧倒的な打製石斧の量や、石皿・磨石の形状、凹石の用途、農耕社会特有の地母神信仰の可能性が土偶や石棒から推測されること、多数の竪穴住居から類推される人口の維持と高原・寒冷・火山を居住の場とした点などを根拠に、「原始焼畑陸耕」を行う初期農耕段階に入り、その形態は大陸新石器時代のハック陸耕に類似していたとした（藤森 1949）。ただ原始焼畑陸耕の構成要素の詳述（藤森 1963a）や賛否両論の検証（藤森 1963b）をしつつも栽培植物の種類についての具体的な特定には至らず、芋、ヒエ、アワ、イネ、クリ、ユリなどを例示（藤森1969b）するに止まった。また、考古資料に基づいて生業を語ることこそが考古学の王道としながらも、①気候条件からの植物種の類推，②泥炭遺跡からの花粉化石の抽出による作物相の復元、③曽利遺跡などからのパン状炭化物の詳細な分析を期待し、具体的な栽培植物の検出を将来に託した（藤森1963b）。1970年代になると佐々木高明が考古学者による縄文農耕論争についてまとめると同時に、稲作農耕文化が弥生時代に始まる以前にその母胎となる「照葉樹林焼畑農耕」が存在した可能性を説いた（佐々木1971）。また、中央道の諏訪市荒神山遺跡や原村大石遺跡から出土したパン状炭化物が灰像法による走査型電子顕微鏡観察によってエゴマの可能性が高いと同定されたこと（松谷1983）を嚆矢に、各地で出土した植物遺体の自然科学者による鑑定報告が盛んになされるようになった。特に福井県鳥浜貝塚で出土したヒョウタン、エゴマ、シソ、ゴボウなどには栽培種が含まれており、その後千葉県大坪遺跡や滋賀県粟津湖底遺跡のヒョウタン、岐阜県ツルネ遺跡、京都府桑飼下遺跡の豆類をはじめ更にその種類は増加している（佐原1987、玉多1990、佐々木1991）。1980年代から90年代以降にはプラントオパール分析やフローテーション法（吉崎1993、椿坂1992)、水洗選別法の実践（松井2005）による考古学者の積極的な働きかけによる多様な雑穀類を含む植物遺体の検出に加え、実際の畑遺構も確認（高橋2000b）された。種実の報告数が種実検出への調査担当者の積極性や遺跡の立地環境に左右される面が大きいなどの理由から（黒尾・高瀬2003)、列島全体の画一的な素描が難しいものの、早期から中期にヒエ属とアワの原始的栽培、後晩期にムギ類とキビならびにイネの栽培が拡大してゆくとの想定がなされ（黒尾・高瀬2003、伊藤2005)、ソバも主に花粉から縄文前期頃に渡来し、栽培されていたのは確実とされている（山田・椿坂1991）。昨今では^{14}C年代測定による土器付着炭化種実の実年代比定も精力的に進められつつあり（宮田2009)、これらの栽培種の日本への伝播の過程がより詳述され、非常に速いスピードで研究が進展している。

次に述べる屋代遺跡群での微細遺物検出の実践は、かつて藤森栄一が縄文農耕を提唱した中央高地で、多量の土砂の水洗選別を実践し、直接的に種実の入手を目指した初の報告である。

2　サンプリングと分析—対象遺構とサンプリング方法—

千曲市屋代遺跡群の縄文集落主体部は、北側を流れる旧千曲川によって形成された自然堤防上に立地している（第2章第1節2)。発掘調査時（1993年4月）に私たちは、このような場所を選択して継続的な集落を営んだ背景を、a遺跡景観の復元と人々の介入の様相、b各種原材料の調達の実態の解明、c食物リストの作成、という3つの課題に置き換え、発掘調査現場で土壌を選択的に採集した。ここでは土壌の採集からそれらの資料化の過程を明示し、そこから得られた成果から、当地での生業活動を追究したい。

屋代遺跡群に於いて、中期後葉（加曽利EⅡ式〜Ⅳ式併行期）の約80軒の建物跡が検出されたXⅡ-2層は、下部のXⅡ-3層が人間活動などによって黒色化したもので、地表下4mに広がる。直上には後期前葉の遺構がごく少数検出されたXⅡ-1層が堆積している（図16)。更に下のXⅢ層は中期中葉の生活面であった。ただし、砂・シルトの堆積、居住、砂・シルトの堆積というサイクルによって、XⅡ-2層への後期前葉・中期中葉の遺物の混入は限りなくゼロに近い。そのためXⅡ-2層集落面には、後世の攪乱を免れた膨大な情報が凝縮されていることが予想された。

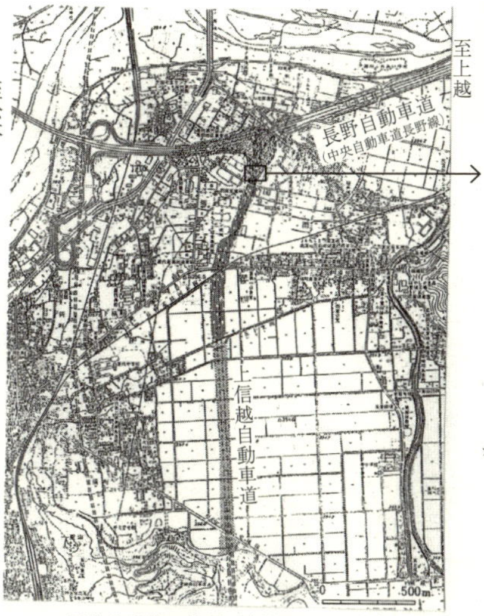

屋代遺跡群の位置（水沢2000aより）

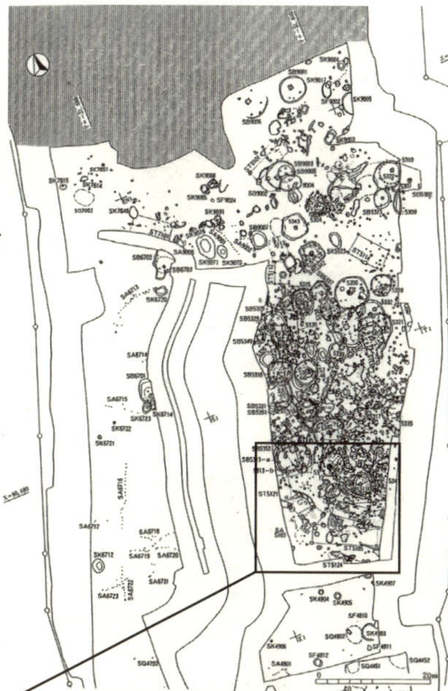

屋代遺跡群⑤区集落（水沢2000aより）

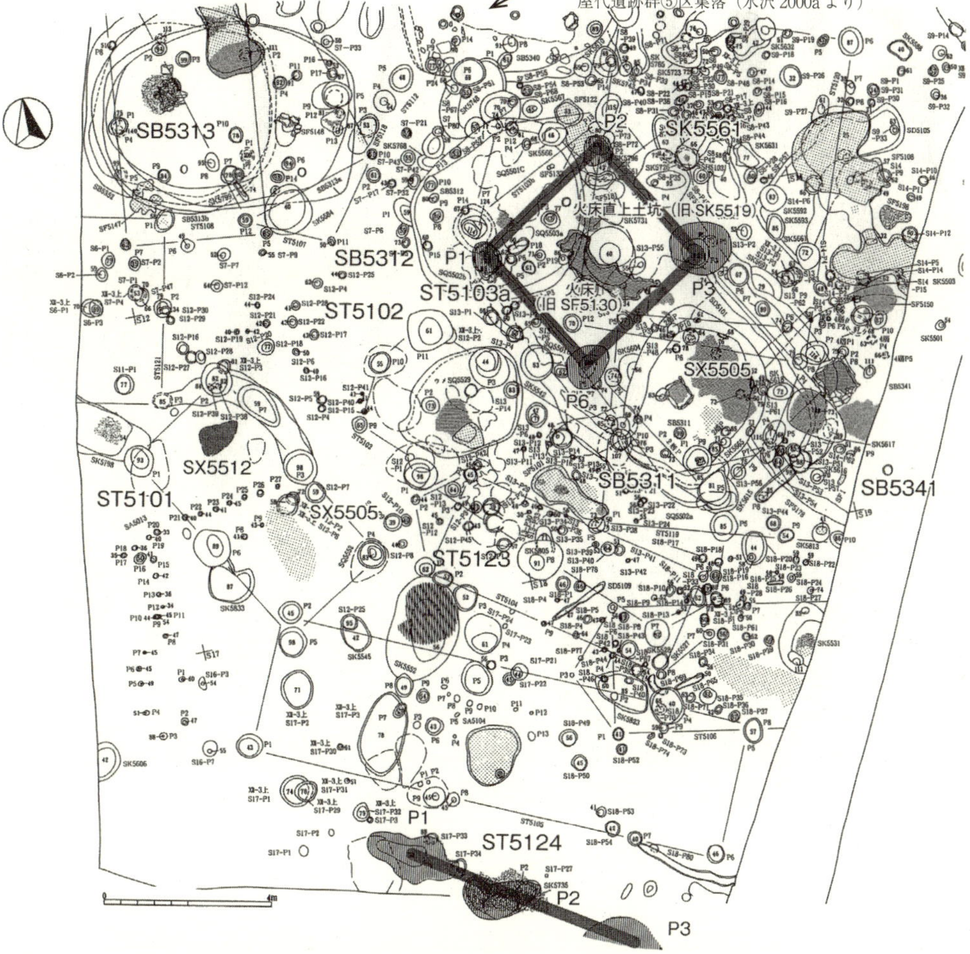

図15　屋代遺跡群の位置と主要遺構（水沢2000aを編集）

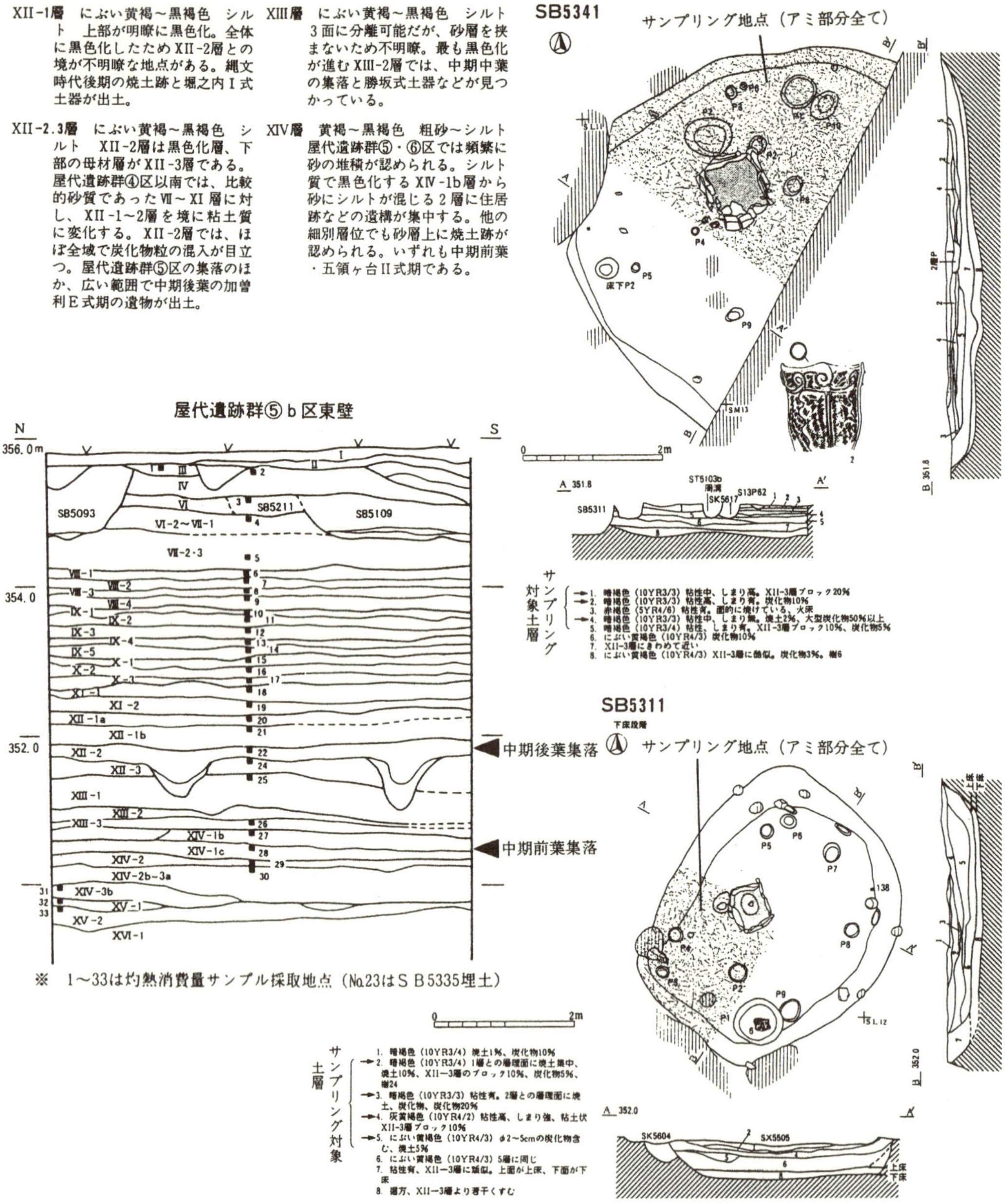
XII-1層　にぶい黄褐～黒褐色　シルト　上部が明瞭に黒色化。全体に黒色化したためXII-2層との境が不明瞭な地点がある。縄文時代後期の焼土跡と堀之内Ｉ式土器が出土。
XII-2.3層　にぶい黄褐～黒褐色　シルト　XII-2層は黒色化層、下部の母材層がXII-3層である。屋代遺跡群④区以南では、比較的砂質であったⅦ～XI層に対し、XII-1～2層を境に粘土質に変化する。XII-2層では、ほぼ全域で炭化物粒の混入が目立つ。屋代遺跡群⑤区の集落のほか、広い範囲で中期後葉の加曽利Ｅ式期の遺物が出土。
XIII層　にぶい黄褐～黒褐色　シルト　３面に分離可能だが、砂層を挟まないため不明瞭。最も黒色化が進むXIII-2層では、中期中葉の集落と勝坂式土器などが見つかっている。
XIV層　黄褐～黒褐色　粗砂～シルト　屋代遺跡群⑤・⑥区では頻繁に砂の堆積が認められる。シルト質で黒色化するXIV-1b層から砂にシルトが混じる２層に住居跡などの遺構が集中する。他の細別層位でも砂層上に焼土跡が認められる。いずれも中期前葉・五領ヶ台II式期である。
屋代遺跡群⑤ｂ区東壁
N
S
356.0m
354.0
352.0
SB5093
SB5211
SB5109
中期後葉集落
中期前葉集落
※　1～33は灼熱消費量サンプル採取地点（No.23はＳＢ5335埋土）
SB5341
サンプリング地点（アミ部分全て）
SB5311
サンプリング地点（アミ部分全て）
サンプリング対象土層

図16　屋代遺跡群の基本層序とSB5311・SB5341 サンプリング地点（水沢2000aより）

そこで発掘調査では、選択した遺構の埋土をサンプリングし、これらの水洗選別等を行うことにした。また、中期中葉のＸⅢ層や、前葉（五領ヶ台Ⅱ式併行期）の22軒の竪穴住居跡が検出されたＸⅣ層の資料も補足的に採取した。

1993年の屋代遺跡群縄文面の調査では、まず２層・４層に大形の炭化物が集中する竪穴住居SB5311と、１・２層、２・３層の層理面に焼土が集中していた竪穴住居SB5341を選択し、全埋土の約1/4を層位的に採集した（図16）。更に全住居跡の埋甕内土壌、選択した住居跡の炉内焼土の部分的採集、選択した土坑（SK）、同掘立柱建物（ST）、同遺物集中（SQ）、同不明遺構（SX）

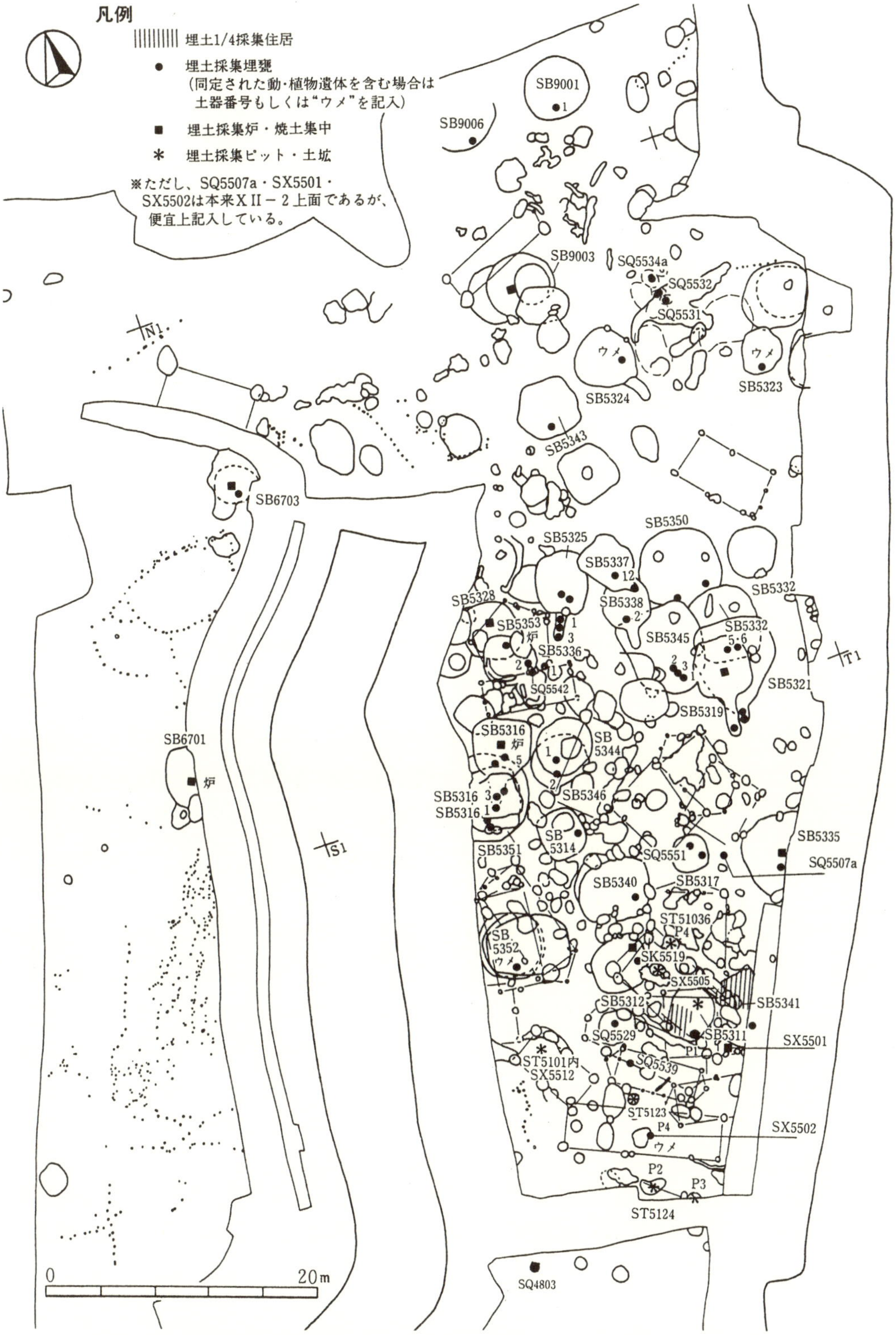

図 17　屋代遺跡群ＸⅡ-2 層検出遺構と下面土壌サンプリング遺構（水沢 2000a より）

内土壌の部分的採集を行った(2)（図17）。採取した試料を室内へ持ち込み、1998年に水洗による篩い分けを行った(3)。水洗の終了したサンプルは200ccと1,800ccに分け、更にメッシュ別に200cc「サンプルＡ」（＝200Ａ以下同様に略）、200Ｂ、200Ｃ、1800Ａ、1800Ｂ、1800Ｄとしてシャーレーに保管した。これらを実体顕微鏡下で「クルミ」、「クリ」、「不明片」、「種子」、「木の皮」、「粟オコシ」、「果実？」、「炭化片」、「魚骨」、「不明骨片」、「歯」、「貝類」、「虫」、「石器・石」、「土器」に仮分類した上で専門家に同定を依頼し、2000年に正式報告（辻・住田・辻2000、高橋2000a）、2002年に作業工程も含めての報告（水沢2002b）、2011年にその後の研究に関する報告（松井他2011）を行った(4)。

3　分析の結果

(1) 遺構別成果と課題

① 分析結果一覧表と課題

分析の結果、縄文中期後葉では住居跡22軒（SB5311・5312・5313・5316・5319・5323・5324・5325・5332・5335・5336・5337・5338・5341・5344・5345・5346・5351・5352・5353・6701・9001）、掘立柱建物跡６棟（ST5101・5102・5103a・5103b・5123・5124）、土坑３基（SK5506・5561・7664）、火床２基（SF5112・5113）、屋外埋甕５基（SQ5529・5531・5532・5542・5551）、中期中葉では屋外火床１基（SF9021）、中期前葉では住居跡１軒（SB9012）と遺物集中２基（SQ7001・7003）から何らかの動植物遺体が検出・報告された（図17・表2）。

まず炭化植物遺体はオニグルミ炭化核破片2,933点、アズキタイプを含むササゲ属４点など27分類群合計3,068点の植物遺体が報告された（辻・住田・辻2000、松井他2011）(5)。また、魚類遺存体としてサケ・マス類（遡河性のサケ属）の椎骨等が合計551点・遊離歯24点、エイ・サメ類椎骨１点、ハゼ科終尾椎１点、コイ科椎骨20点、ドジョウ科椎骨２点、科属不明硬骨魚綱椎骨81点の合計754点の魚骨が報告された（高橋2000b、松井他2011）。

項目と資料の関係は、埋甕・その他の遺構よりも、選択住居跡の埋土1/4からの情報量が格段に多いことが解る。また、2002年報告段階での採集遺物とメッシュの関係は、魚類遺存体26点中14点が0.5㎜＃、７点が1㎜＃、２点が0.5㎜＃か1㎜＃、１点が0.5㎜＃か1㎜＃で不明が２点であった。また、炭化植物遺体のうち、オニグルミ核は0.5㎜＃で得られたものが多く、フローテーション・1㎜＃が若干含まれていた。クリ果皮も0.5㎜＃のものが多い。この他の果実・種子類は、スベリヒユ近似種の種子が0.25㎜＃で得られた他は、フローテーション・1㎜＃・0.5㎜＃で検出されている。今回の結果から、魚類遺存体・植物遺存体双方において、フローテーションと0.5㎜＃の水洗篩の併用の有効性が改めて確認できたといえよう。

② 住居跡埋土出土動植物遺体

SB5311は６層が加曽利ＥⅡ式新段階、１～５層が加曽利ＥⅢ式古段階にあたる。住居としての機能が停止した後、大形の炭化物を大量に含む４層廃棄層が形成され、その堆積後の窪地を使って火床面（３層）が生じるほどの火が焚かれた。それを埋める層厚6㎝程度の２層にはやはり炭化物が比較的多く含まれていた。そのため本住居跡を選択的サンプリング遺構の一つと定め1・2・4層から土壌を集中的に採取した。各層ともにオニグルミ核とサケ・マス類の椎骨破片や歯が共

表2　屋代遺跡群微細遺物検出一覧表（水沢2002ｂに松井他2011を統合編集）

遺構種別	遺構名	層名	報告書掲載時期	動物遺存体と点数															植物遺体と点数																													合計点数
				ハゼ科	サケ・マス類	エイ・サメ類	コイ科	ドジョウ科	魚類科属不明	イノシシ	ニホンジカ	齧歯目	リス科	イヌ科	哺乳類科属不明	カモ科	ムクドリ？	鳥類科属不明	オニグルミ	クリ	トチノキ	キハダ	ミズキ	ササゲ属	マメ科A・B・C	ヒシ	ブドウ属	ニワトコ属	アカザ属	カラムシ属	シソ科	コムギ属	キビ	イネ科	ギシギシ属	タデ属A・B	サナエタデ近似種	スベリヒユ近似種	スミレ属	チョウジタデ近似種	カヤツリグサ科	ナデシコ科	アブラナ科	アカネ科	鱗球	モモ？	不明種実	
竪穴住居跡	SB5311	1層	EⅡ～Ⅲ古	0	2	0	0	0	6	0	0	1	0	0	2	0	0	1	34	0	0	0	1	0	0	0	0	0	1	0	0	0	0	0	1	0	0	0	0	0	0	0	0	0	0	0	1	50
		2層		0	6	0	0	0	4	1	0	0	0	1	2	0	0	0	57	1	0	1	0	0	1	0	0	0	1	1	0	1	1	1	0	0	1	0	1	0	0	0	0	0	0	0	2	83
		4層		0	3	0	5	1	3	1	1	3	0	0	1	0	0	1	148	0	0	2	0	0	4	0	0	1	0	1	0	0	0	1	0	1	0	0	0	0	0	0	0	0	0	0	6	183
		埋土		0	2	0	0	0	0	0	0	0	0	0	0	0	0	0	86	0	0	0	0	0	0	0	0	0	0	0	0	0	0	0	0	0	0	0	0	0	0	0	0	0	0	0	0	88
	SB5312	炉2層	EⅢ	0	1	0	0	0	3	1	0	0	0	0	0	0	0	0	2	0	0	0	0	0	0	0	0	0	0	0	0	0	0	0	0	0	0	0	0	0	0	0	0	0	0	0	0	7
	SB5313	埋甕	EⅡ～Ⅲ古	0	0	0	0	0	0	0	0	0	0	0	0	0	0	2	1	0	0	0	0	0	0	0	0	0	0	0	0	0	0	0	0	0	0	0	0	0	0	0	0	0	0	0	0	3
	SB5316	埋甕1	EⅢ新	0	0	0	0	0	0	0	0	0	0	0	0	0	0	0	1	0	0	0	0	0	0	0	0	0	0	1	0	0	0	0	0	0	0	0	0	0	0	0	0	0	0	0	0	2
		埋甕2		0	0	0	0	0	0	0	0	0	0	0	0	0	0	0	0	0	0	0	0	0	0	0	0	0	0	0	0	0	0	0	0	0	0	0	0	0	0	0	0	0	0	0	0	0
		埋甕3		0	0	0	0	0	0	0	0	0	0	0	0	0	0	0	1	0	1	0	0	0	1	0	0	0	0	0	0	0	0	0	0	0	0	0	0	0	0	0	0	0	0	0	0	3
		埋甕5		0	0	0	0	0	0	0	0	0	0	0	0	0	0	0	1	0	0	0	0	0	0	0	0	0	0	0	0	0	0	0	0	0	0	0	0	0	0	0	0	0	0	0	0	1
		炉灰焼土		0	2	0	11	0	0	0	0	0	0	0	0	0	0	0	0	0	0	0	0	0	0	0	0	0	0	0	0	0	0	0	0	0	0	0	0	0	0	0	0	0	0	0	0	13
	SB5319	埋甕	EⅣ	0	0	0	0	0	0	0	0	0	0	0	0	0	0	0	1	0	0	0	0	0	1	0	0	0	0	0	0	0	0	0	0	0	0	0	0	0	0	0	0	0	0	0	0	2
	SB5323	埋甕	EⅢ古	0	0	0	0	0	0	0	0	0	0	0	0	0	0	0	0	0	0	0	0	0	0	0	0	0	0	0	0	0	0	0	0	0	0	0	0	0	0	0	0	0	0	0	0	0
	SB5324	埋甕	EⅣ	0	0	0	0	0	0	0	0	1	0	0	0	0	0	0	0	0	0	0	0	0	0	0	1	0	0	0	0	0	0	0	0	0	0	0	0	0	0	0	0	0	0	0	0	2
	SB5325	埋甕1	EⅢ新	0	0	0	0	0	0	0	0	0	0	0	0	0	0	0	1	0	0	0	0	0	0	0	0	0	0	0	0	0	0	0	0	0	0	0	0	0	0	0	0	0	0	0	0	1
		埋甕3		0	0	0	0	0	0	0	0	0	0	0	0	0	0	0	1	0	0	0	0	0	0	0	0	0	0	0	0	0	0	0	0	0	0	0	0	0	0	0	0	0	0	0	0	1
	SB5332	埋甕5・6	EⅢ古	0	0	0	0	0	8	0	0	0	0	0	0	0	0	0	0	0	0	0	0	0	0	0	0	0	0	0	0	0	0	0	0	0	0	0	0	0	0	0	0	0	0	0	0	8
	SB5335	炉焼土		0	6	0	0	0	0	0	0	0	0	0	0	0	0	1	0	0	0	0	0	0	0	0	0	0	0	0	0	0	0	0	0	0	0	0	0	0	0	0	0	0	0	0	0	7
	SB5336	埋甕1	EⅢ新	0	0	0	0	0	0	0	0	0	0	0	0	0	0	0	1	0	0	0	0	0	0	0	0	0	0	0	0	0	0	0	0	0	0	0	0	0	0	0	0	0	0	0	0	1
		埋甕2		0	0	0	0	0	0	0	0	0	0	0	0	0	0	0	1	0	0	0	0	0	0	0	0	0	1	0	0	0	0	0	0	0	0	0	0	0	0	0	0	0	0	0	0	2
	SB5337	埋甕	EⅣ	0	0	0	0	0	0	0	0	0	0	0	0	0	0	0	1	0	0	0	0	0	0	0	0	0	0	0	0	0	0	0	0	0	0	0	0	0	0	0	0	0	0	0	0	1
柄鏡形住居跡	SB5338	柄部	EⅢ新	0	0	0	0	0	0	0	0	0	0	0	0	0	0	0	9	0	0	0	0	0	0	0	0	0	0	0	0	0	0	1	0	0	0	0	0	0	0	0	0	0	0	0	0	10
		埋甕2		0	0	0	0	0	4	0	0	0	0	0	0	0	0	0	0	0	0	0	0	0	0	0	0	0	0	0	0	0	0	0	0	0	0	0	0	1	0	0	0	0	0	0	0	5
竪穴住居跡	SB5341	2層	EⅢ古	0	0	1	2	0	2	0	0	0	0	0	0	0	1	1	1656	0	7	0	0	1	0	2	0	2	0	0	0	0	0	0	0	0	0	0	0	0	0	0	0	0	0	0	0	1675
		3層	EⅡ～EⅢ古	0	0	0	0	0	0	0	0	0	1	0	0	0	0	0	1	0	0	0	0	0	0	0	0	1	0	0	0	0	0	0	0	0	0	0	0	0	0	0	0	0	0	0	0	3
		4層		0	1	0	1	0	3	1	0	0	0	0	0	0	0	0	60	0	0	0	0	0	0	0	0	0	0	0	0	0	0	0	0	0	0	0	0	0	0	0	0	0	0	0	0	66
		5層		0	0	0	0	0	2	9	0	0	0	0	1	0	0	7	208	3	0	0	0	0	0	0	0	0	0	0	0	0	0	3	0	0	0	0	0	0	0	0	2	0	0	0	0	235
		他		0	0	0	0	0	0	0	0	0	0	0	0	0	0	0	30	0	1	0	0	0	0	0	0	0	0	0	0	0	0	0	0	0	0	0	0	0	0	0	0	0	1	0	0	32
	SB5344	埋甕	EⅢ新	0	0	0	0	0	0	0	0	0	0	0	0	0	0	0	0	0	0	0	0	0	0	0	0	0	0	0	0	0	0	0	0	0	0	0	0	0	0	0	0	0	0	0	0	0
	SB5345	埋甕1	EⅢ古	0	0	0	0	0	1	0	0	0	0	0	0	0	0	0	2	0	0	0	0	0	0	0	0	0	0	0	0	0	0	0	0	0	0	0	0	0	0	0	0	0	0	0	0	3
		埋甕2		0	0	0	0	0	0	0	0	0	0	0	0	0	0	0	1	0	0	0	0	0	0	0	0	0	0	0	0	0	0	0	0	0	0	0	0	0	0	0	0	0	0	0	0	1
		埋甕3		0	0	0	0	0	0	0	0	0	0	0	0	0	0	0	1	0	0	0	0	0	0	0	0	0	0	0	0	0	0	0	0	0	0	0	0	0	0	0	0	0	0	0	0	1
	SB5346	埋甕1(A)		0	0	0	0	0	0	1	0	0	0	0	0	0	0	0	6	0	0	0	0	0	0	0	0	0	0	0	0	0	0	0	0	0	0	0	0	0	0	0	0	0	0	0	1	8
		埋甕2(B)		0	1	0	0	0	0	0	0	3	0	0	0	0	0	0	16	0	0	0	0	0	0	0	0	0	0	0	0	0	0	0	0	0	0	0	0	0	1	0	0	0	0	0	0	21
	SB5351	埋甕1		0	0	0	0	0	0	0	0	0	0	0	0	0	0	0	20	0	0	0	0	0	0	0	0	0	0	0	0	0	0	0	0	0	0	0	0	0	0	0	0	0	0	0	0	20
		埋甕2		0	1	0	0	0	0	0	0	0	0	0	0	0	0	0	5	0	0	0	0	0	0	0	0	0	0	0	0	0	0	0	0	0	0	0	0	0	0	0	0	0	0	0	0	6
		埋甕内		0	0	0	0	0	0	0	0	0	0	0	0	0	0	0	11	0	0	0	0	0	0	0	0	0	0	0	0	0	0	0	0	0	0	0	0	0	0	0	0	0	0	0	0	11
	SB5352	埋甕	EⅡ新	0	0	0	0	0	0	0	0	0	0	0	0	0	0	0	1	0	0	0	0	0	0	0	0	0	0	0	0	0	0	0	0	0	0	0	0	0	0	0	0	0	0	0	0	1
	SB5353	炉	EⅡ新～EⅢ古	0	0	0	0	0	0	0	0	0	0	0	0	0	0	0	0	0	0	0	0	0	0	0	0	0	0	0	1	0	0	0	0	0	0	0	0	0	0	0	0	0	0	0	0	1
	SB6701	炉3層		0	0	0	0	0	0	0	0	0	0	0	0	0	0	0	0	0	0	0	0	0	0	0	0	0	0	0	0	0	0	0	0	0	0	0	0	0	0	0	0	0	0	0	0	0
	SB9001	埋甕1		0	0	0	0	0	0	0	0	0	0	0	0	0	0	0	0	0	0	0	0	0	0	0	0	0	0	0	0	0	0	0	0	0	0	1	0	0	0	0	0	0	0	0	0	1
掘立柱建物跡	ST5101	1層(SX)	EⅢ古	0	1	0	0	0	0	4	0	0	0	0	2	0	0	0	25	0	2	0	0	0	0	0	0	0	0	0	0	0	0	5	0	0	0	0	0	0	0	0	0	0	0	0	1	40
	ST5102	埋甕	EⅢ～Ⅳ	0	0	0	0	0	0	0	0	0	0	0	0	0	0	0	68	0	0	0	0	0	0	0	0	0	0	0	0	0	0	0	0	0	0	0	0	0	0	0	0	1	0	0	0	69
	ST5103a	1層(SF)	EⅢ新	0	339	0	0	0	38	0	0	0	0	0	0	0	0	2	36	0	0	0	0	0	0	0	0	0	0	0	0	0	0	1	0	0	0	0	0	0	0	0	0	0	0	0	0	416
		直上一括No.7		0	0	0	0	0	0	0	0	0	0	0	0	0	0	0	24	0	0	0	0	1	0	0	0	0	0	0	0	0	0	0	0	0	0	0	0	0	0	0	0	0	0	0	0	25
		上面(SK)		1	118	0	0	0	2	2	0	0	0	0	0	0	0	0	23	0	0	0	0	1	0	0	0	0	1	0	0	0	0	3	0	0	0	0	0	0	0	0	1	0	0	0	0	152
		1層(SK)		0	75	0	0	0	2	1	0	0	0	0	0	0	0	0	18	0	0	0	0	0	0	0	0	0	0	0	0	0	0	0	0	0	0	0	0	0	0	0	2	0	0	0	0	98
	ST5103b	付属P4	EⅡ～EⅢ	0	0	0	0	0	0	0	0	0	0	0	0	0	0	0	17	0	2	0	0	0	0	0	0	0	0	0	0	0	0	3	0	0	0	0	0	0	0	0	2	0	0	0	0	24
		1層(SX)		0	0	0	0	0	0	1	0	0	0	0	0	0	0	0	11	0	2	0	0	0	0	0	0	0	0	0	0	0	0	0	0	0	0	0	0	0	0	0	0	0	0	0	0	14
		3層(SX)		0	0	0	0	0	0	11	0	0	0	0	0	0	0	1	0	0	0	0	0	0	0	0	0	0	0	0	0	0	0	0	0	0	0	0	0	0	0	0	0	0	0	0	0	12
	ST5123	1層(P4)	EⅡ新～Ⅳ	0	0	0	0	0	0	0	0	0	0	0	0	0	0	0	1	0	0	0	0	0	0	0	0	0	0	0	0	0	0	0	0	0	0	0	0	0	0	0	0	0	0	0	0	1
		2層(P4)		0	0	0	0	0	0	0	0	0	0	0	0	0	0	0	3	0	0	0	0	0	0	0	0	0	0	0	0	0	0	0	0	0	0	0	0	0	0	0	1	0	0	0	0	4
	ST5124	1層(P1)	EⅢ古～新	0	0	0	0	0	0	0	0	0	0	0	0	0	0	0	5	0	1	3	0	0	0	0	0	0	0	0	0	0	0	0	0	0	0	0	0	0	0	0	0	0	0	0	0	9
		1層(P2)		0	4	0	1	0	0	0	0	0	0	0	0	0	0	0	42	2	3	0	0	0	0	0	0	2	0	0	0	0	0	1	0	0	0	0	0	0	0	0	0	0	0	0	0	55
		1層(P3)		0	0	0	0	0	0	0	0	0	0	0	0	0	0	0	1	0	0	0	0	0	0	0	0	0	0	0	0	0	0	0	0	0	0	0	0	0	0	0	0	0	0	0	0	1
		3層(P3)		0	0	0	0	0	0	0	0	0	0	0	0	0	0	0	8	0	0	0	0	0	0	0	0	0	0	0	0	0	0	0	0	0	0	0	0	0	0	0	0	0	0	0	0	8
土坑	SK5506	底		0	2	0	0	0	0	0	0	0	0	0	0	0	0	0	6	0	0	0	0	0	0	0	0	0	0	0	0	0	0	1	0	0	0	0	0	0	0	0	0	0	0	0	0	9
	SK5561	骨集中	中期後葉	0	0	0	0	0	0	2	0	0	0	0	0	0	0	0	10	0	0	0	0	0	0	0	0	0	0	0	0	0	0	2	0	0	0	0	0	0	0	0	0	0	0	0	0	14
火床	SF5112		EⅢ	0	5	0	0	0	0	0	0	0	0	0	0	0	0	0	20	0	0	0	0	0	0	0	0	0	0	0	0	0	0	1	0	0	0	0	0	0	0	0	0	0	0	0	0	26
	SF5113		－	0	0	0	0	0	0	0	0	0	0	0	0	0	0	0	5	0	0	0	0	1	0	0	0	0	0	0	0	0	0	0	0	0	0	0	0	0	0	0	0	0	0	0	0	6
屋外埋甕	SQ5529	埋甕内	EⅢ新～Ⅳ	0	0	0	0	0	0	0	0	0	0	0	0	0	0	0	1	0	0	0	0	0	0	0	0	1	0	0	0	0	0	0	0	0	0	0	1	0	0	0	0	0	0	0	1	4
	SQ5531	埋甕内		0	0	0	0	0	1	0	0	0	0	0	0	0	0	0	0	0	0	0	0	0	0	0	0	0	0	0	0	0	0	0	0	0	0	0	0	0	0	0	0	0	0	0	0	1
	SQ5532	埋甕内		0	0	0	0	0	0	0	0	0	0	0	0	0	0	0	4	0	0	0	0	0	0	1	0	1	0	0	0	0	0	1	0	0	0	0	0	0	0	0	0	0	0	0	0	7
	SQ5542	埋甕内		0	0	0	0	0	0	0	0	0	0	0	0	0	0	0	1	0	0	0	0	0	0	0	0	0	0	0	0	0	0	0	0	0	0	0	0	0	0	0	0	0	0	0	0	1
	SQ5551	埋甕内		0	0	0	0	0	1	0	0	0	0	0	0	0	0	0	1	0	0	0	0	0	0	0	0	0	0	0	0	0	0	0	0	0	0	0	0	0	0	0	0	0	0	0	1	3
性格不明	SX5501		(Ⅲ新～Ⅳ)	0	0	0	0	0	0	0	0	0	0	0	0	0	0	0	1	0	0	0	0	0	0	0	0	0	0	1	0	0	0	0	0	0	0	0	0	0	0	0	0	0	0	0	0	2
	SX5502		EⅢ新	0	0	0	0	0	0	0	0	0	0	0	0	0	0	0	1	0	0	0	0	0	0	0	0	0	0	0	0	0	0	0	0	0	0	0	0	0	0	0	0	0	0	0	0	1

遺構種別	遺構名	層名	報告書掲載時期	動物遺存体と点数														
				ハゼ科	サケ・マス類	エイ・サメ類	コイ科	ドジョウ科	魚類科属不明	イノシシ	ニホンジカ	嚙歯目	リス科	イヌ科	哺乳類科属不明	カモ科	ムクドリ?	鳥類科属不明
包含層	N23J22		中期後葉	0	5	0	0	0	0	1	0	0	0	0	0	1	0	0
包含層	S7J22		中期後葉	0	0	0	0	0	0	0	0	0	0	0	0	0	0	0
土坑	SK7664	2層	中期中葉	0	0	0	0	0	0	0	0	0	0	0	0	0	0	0
火床	SF9021		中期中葉	0	0	0	0	0	1	0	0	1	0	0	0	0	0	0
竪穴住居跡	SB9012		五領ケ台Ⅱ	0	1	0	0	0	0	0	0	0	0	0	0	0	0	0
遺物集中	SQ7001		五領ケ台Ⅱ	0	0	0	0	0	0	0	0	0	0	0	0	0	0	0
遺物集中	SQ7003		五領ケ台Ⅱ	0	0	0	0	1	0	0	0	0	0	0	0	0	0	0
合計点数				1	575	1	20	2	81	36	1	9	1	1	8	1	1	16

遺構種別	遺構名	層名	植物遺体と点数																													合計点数
			オニグルミ	クリ	トチノキ	キハダ	ミズキ	ササゲ属	マメ科A・B・C	ヒシ	ブドウ属	ニワトコ属	アカザ属	カラムシ属	シソ科	コムギ属	キビ	イネ科	ギシギシ属	タデ属A・B	サナエタデ近似種	スベリヒユ近似種	スミレ属	チョウジタデ近似種	カヤツリグサ科	ナデシコ科	アブラナ科	アカネ科	鱗球	モモ?	不明種実	
包含層	N23J22		143	0	0	0	0	0	0	0	0	0	0	0	0	0	0	5	0	0	0	0	0	0	0	1	1	0	0	1	1	159
包含層	S7J22		84	0	1	0	0	0	0	0	0	0	0	0	0	0	0	0	0	0	0	0	0	0	0	0	0	0	0	0	0	85
土坑	SK7664	2層	0	0	0	0	0	0	0	0	0	1	0	0	0	0	0	0	0	0	0	0	0	0	0	0	0	0	0	0	0	1
火床	SF9021		0	0	0	0	0	0	0	0	0	0	0	0	0	0	0	0	0	0	0	0	0	0	0	0	0	0	1	0	0	3
竪穴住居跡	SB9012		0	0	0	0	0	0	0	0	0	0	0	0	0	0	0	0	0	0	0	0	0	0	0	0	0	0	0	0	0	1
遺物集中	SQ7001		9	0	0	0	0	0	0	0	0	0	0	0	0	0	0	0	0	0	0	0	0	0	0	0	0	0	0	0	0	9
遺物集中	SQ7003		1	0	0	0	0	0	1	0	0	0	0	0	0	0	0	0	0	1	0	0	0	0	0	0	0	0	0	0	1	5
合計点数			2933	6	20	6	1	4	8	3	1	9	4	4	1	1	1	29	1	2	1	1	2	1	1	1	9	1	1	1	15	3822

通して出土したが、他の内容は少しずつ異なる。特に２層からは 11 種類の炭化した木本・草本が出土している。2000 年に１点ずつ報告され注目された炭化したコムギ属とキビ属の胚乳(6)は、その後の調査では検出されなかった。４層からは更にドジョウ科・コイ科の椎骨とサケ科の歯が出土している。

SB5341 は炉や埋甕、５層が加曽利ＥⅡ式新段階、1・２層が加曽利ＥⅡ新～ＥⅢ古段階の住居跡で、炉２層出土炭化材の AMS 測定の結果「較正暦年代 1σ　2905-2875 calBC」が測定されている（寺内 2000 b）。炭化物を多く含み、１層との層理面に焼土が集中していた２層からは 1,656 破片という大量のオニグルミ核、ササゲ属子葉、トチノキ種子、ニワトコ属種子、ヒシ果実、エイ・サメ類とコイ科の椎骨、４層からはサケ・マス類とコイ科椎骨が出土した。両住居跡ともに廃絶後に動植物各種食物残滓の廃棄場として多様に活用されたことが判明した。

この他埋土の集中的採取以外ではいくつかの住居跡を選んで炉の灰層や焼土層を採取した。その結果 SB5353 炉灰中からシソ科果実、屋外火床 SF5113（ＸⅡ-2 層上面検出）からササゲ属子葉が検出された。これらは SB5311 他で出土したニワトコ属種子や SB5324 埋甕中のブドウ属種子とともに副次的な食料である。シソ科のエゴマ・シソは県内でも荒神山遺跡・大石遺跡・曽利遺跡などで、炉石の側から固形の状態で確認されている（松谷 1983）。SB5353 では炉灰中からの検出であることを考慮すれば、本来類似した形状であった可能性もあろう。また、ニワトコ属やブドウ属は酒の原料とも考えられる。オニグルミ核は遺構を問わず全体的に出土している。屋代遺跡群では中期後葉の住居の建築部材薪材の 95％がクリであることから（高橋敦 2000）、周辺植生としてクリが欠落しているとは考え難い。それにも拘わらず各遺構を通じてオニグルミ核が圧倒的に多いことは、残り易さとともにこれらが選択的に利用されていた可能性（辻・住田・辻 2000）を裏付けている。また、中野市栗林遺跡では多量に貯蔵されたオニグルミが交換財と考えられており（関 1989）、その利用方法は、多方面から検討すべきものであろう。

また草本類としては「人間の攪乱によってできる荒れ地あるいは日当たりの良い環境に繁茂する」ことで特徴づけられる植物群が報告されている（辻 2000）。

③ 埋甕出土植物遺体

住居内外の埋甕内の土壌を採取したが、時間的な制約から各サンプル 200cc 程度の分析に止まり、検出できた種別が比較的少ない。住居跡内外を問わず全体的に出土したオニグルミ核の他にSB5316埋甕1のカラムシ属、同3のマメ科B1、トチノキ、SB5319のマメ科C1、のような有用植物やSB5336のアカザ属、SB5338のチョウジタデ近似種、SB9001のスベリヒユのような近隣の植生を反映するものまで様々な植物が確認されている。

（2）魚骨からみた千曲川での漁撈活動

① サケ漁の可能性

平安時代の法典である『延喜式』には信濃国からの中男作物として鮭楚割·氷頭·背腸·鮭子が、『神鳳鈔』には麻績御厨から伊勢神宮へ鮭と鮭子の貢進が、中世の『市河文書』には鮭の贈答に関する記載がある（小林1966）。長野県町村誌のサケ漁や民俗例をも概観すると、1936年の飯山市西大滝ダム完成までは通時的に千曲川や犀川でサケ・マス漁が盛んであったことが解る。信濃国の実際の漁獲高は、西大滝ダムの漁業補償額としてのサケ18,500貫、マス14,700貫が現実的な値と推測されている（市川1977）。さて、栗岩英司は石器時代の信濃はオホーツク海に匹敵する鮭の大漁場であったと明記し（栗岩1937）、山内清男もアイヌや北米北西海岸の保存事例とともに「信濃のサケの貢物」を根拠として、「サケ・マス論」唱えた（山内1964）。更に松井章は世界的な視野からサケ・マス論の優位性を論ずるとともに、遺跡毎の遺存体の比率を検討し、遺跡の立地や機能差をより実証的に指摘している（松井1985・2008）。全国的にも篩を用いた水洗選別方法を採用する機関の広がりと共に、椎骨を含むサケ科の遺存体の報告例もかなり増えてきた。しかしながら千曲川本流での魚骨の回収は難しく、長野県内の縄文時代の魚骨の出土は、縄文早期の栃原岩陰のサケ科魚類の椎骨数十点（西沢1982）や湯倉洞窟のサケ·マス類椎骨（草創期2点、前期1点、後期1点他）（金子2001）に限られ、遺跡数との比較からも小規模漁撈が推測されるにすぎず（桐原1988）、その痕跡としても飯山市山の神遺跡出土縄文晩期の魚形線刻画などにサケの可能性があるに止まっていた[(7)]。そのため屋代遺跡群の調査で、産卵のために千曲川を遡上したと推測されるサケ・マス類の遺存体が575点報告された点は、千曲川本流での淡水漁撈の直接的な証拠となり、非常に重要な発見となった。

② 屋代遺跡群におけるサケ・マス類の保存

屋代遺跡出土サケ・マス類のうち、椎骨破片の93％にあたる515点と歯の71％にあたる17点の合計532点は1間×1間の掘立柱建物跡であるST5103aに集中して出土していた（図15・18）。具体的には建物の中央に位置する2.7m×0.6m、厚さ3cmの堅く焼けた被熱部内から339点、その直上の窪みとそこに並べられていた土器周辺やその上面から193点が出土し、オニグルミ101点、アカザ属1点、ササゲ属2点、アブラナ科3点が伴っていた。掘立柱建物跡の規模と特徴的な火床面に加え、このようなサケ·マス類の集中出土から、私は北米北西海岸や極東地域、続縄文文化の事例を参考に、この施設をサケ・マス類の燻蒸に使われた保存処理施設である可能性が高いと考えた（松井他2011、水沢2012）。また、この掘立柱建物跡群の周辺や西側で検出された直径20～40cm径の多数の小ピットの機能として「ニブヒやウィルタなどの干し棚」を可能性の一つと指摘した（水沢2000）。かつて松井章はサケの加工に関して、「内陸部の遺跡では日干し乾燥、あるいは薫製を併用して効率よく保存処理するために、現地で頭部を切り離し」、消費遺跡に搬出したという解釈（松井2000）を行っていて、遊離歯と椎骨が両方出土し、かつ内陸に位置する屋代遺跡群での成果と矛盾しない。

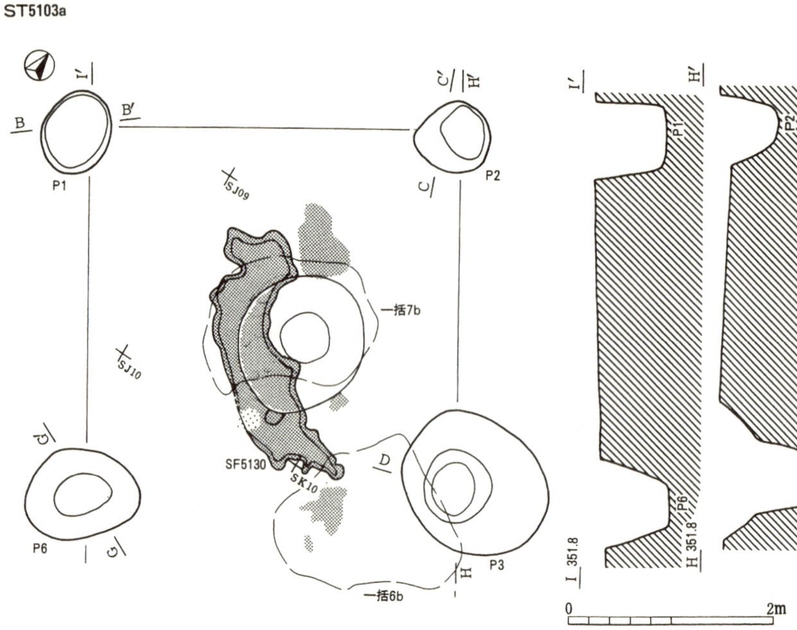

図18　屋代遺跡群ST5103a掘立柱建物跡（上：水沢2000aより）と生業スケジュール（下：同2012より）

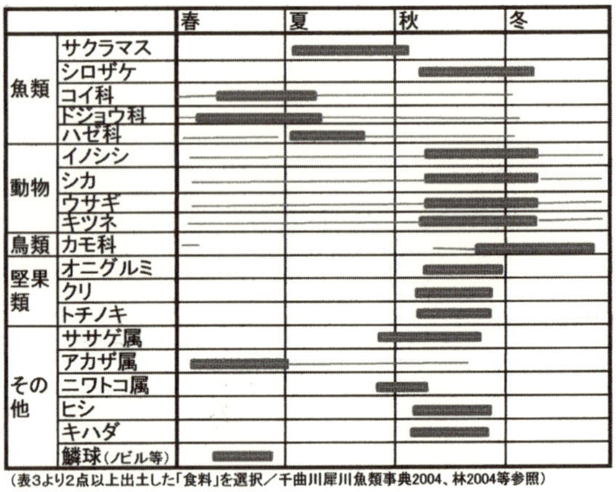

（表3より2点以上出土した「食料」を選択／千曲川犀川魚類事典2004、林2004等参照）

中期後葉面の調査（手掘り）ではこの他にイノシシ・シカを中心とした動物遺存体も多数報告されているため、狩猟と採集に加えて貯蔵食料としてのサケ・マス資源の確保によってメジャーフードの安定度が更に強化されたことになる（図18）。五領ヶ台Ⅱ式のSB9012住居でもサケ・マス類の椎骨が出土していることから、寒暖の差による多寡があったとしても、中期の早い段階から食料の中にサケ・マスが組み込まれていた可能性がある。

(3) 屋代縄文人の生業

集落人口を恒常的に維持し、更に増加させるためには、安定した食料確保が不可欠であり、特に大きな課題は資源の枯渇時期をどう乗り切るかであったろう。そのためには食料資源が多岐にわたり、かつ効率よい大量捕獲と貯蔵が可能な資源が多いほど、有利である。屋代遺跡群の人々が千曲川の豊富なサケ・マス資源に加え、大量のオニグルミやササゲ属を含む雑穀類、シソ科果実、ニワトコ属種子、ブドウ属種子などを採集もしくは管理栽培しながらメジャーフードとして利用できたことは、集落人口の安定化の上で大変重要である。

かつて中央高地を舞台として提唱された、「縄文農耕」を発端とする縄文人の植物利用状況の研究は、鳥浜貝塚、臼尻Ｂ遺跡、粟津湖底遺跡、三内丸山遺跡を始めとする微細遺物を含む動・植物遺体の検出などの成果から、今日、格段に進展してきた。屋代遺跡群の1993年のサンプリングと2000年の報告書の成果は、たとえ内陸部の遺跡であろうとも水洗選別方法の導入によって、縄文農耕の発信地である中央高地から再びこの問題に迫れる可能性を示した最初のものといえよう。中期後葉にあって、千曲川水系屈指の拠点集落を維持できた背景にはこれらの安定的な生業が存在したことは十分に理解されよう。

第4節　小　結

以上2章では屋代遺跡群を中心に千曲川水系を含む諸遺跡の分析を行った。本節ではそれらの中から特に注目すべき成果についてまとめる。

(1) 集落の立地

千曲川水系の縄文中期集落は前葉から中葉、もしくは後葉から末葉への継続性が高いが4時期を含む集落が地域毎に少数存在する。立地としては八ヶ岳山麓と同様に東信火山列や自然堤防を含む千曲川の河岸に立地する場合が認められる。

(2) 住居跡の形態から

千曲川水系の屋代遺跡群では、中期後葉の加曽利EⅢ式段階に柄鏡形敷石住居が成立した過程を追うことができる。ここには五角形系列と円形・方形系列の2系列の平面形が加曽利EⅡ式新段階から併存している。五角形系列は元々八ヶ岳山麓や諏訪盆地で主体を占める形態で、加曽利EⅢ式古段階に上中越の形態と共通する有段構造が加わり、五角形の頂部から柄部が伸長する。これらの住居の埋甕には中信地域との関連から期待される曽利式・唐草文系土器はみられない反面、大木式系は全ての住居に共通する。また圧痕隆帯文土器や加曽利E式も組成している。このことから、集落全体の移動ではないものの、大木式土器の故地である上中越地域方面から、住居形態を左右するような住居建築に係わる人々の移動が考えられる。また、円形・方形系列に現れる平石の敷設は、加曽利EⅡ式期の埋甕上や炉縁の石に発し、EⅢ式古段階には中信から千曲川水系にかけて平石と小石からなる敷石住居へと発展する。

(3) 中期後葉の生業の予察

かつて藤森栄一が縄文時代中期の考古資料と集落の形態等から「原始焼畑陸耕」を行う初期農耕段階に入っていたとする説を提示してから既に半世紀になる。当時は実際の植物遺体の発見が課題と指摘されたが、現在ようやく縄文早期から列島各地で栽培種を含む植物遺体が発見されるようになり(8)、更にコラーゲン分析によるドングリ・クルミ・コメ・ムギなどのC3植物とアワ・ヒエ・キビ・トウモロコシなどのC4植物の認定や、クリの遺伝子解析なども含めてその情報量は各段に増加した。1993年の屋代遺跡群の調査でも水洗選別法を導入することで、少量ではあるが栽培の可能性のある植物や周辺の植生が報告できた。また、それと同時にサケ・マス類の骨や歯が多量に同定され、出土遺構の検討も含め、千曲川での漁撈活動と食料の涸渇時期を見越しての保存の可能性が指摘できたことは大きな成果であった。このような河川漁撈とその保存加工作業は、当地域の縄文人が大河の沿岸へ居住した理由の一つと結論づけたい。

註

【第1節】

（1）林謙作氏は鈴木保彦氏による施設の提示とそれに対応する検出遺構（鈴木保彦 1984「集落の構成」『季刊考古学』7 pp.27-33）をもとに再整理している。

（2）長野県埋蔵文化財センターが調査した千曲市屋代遺跡群の正式報告書は刊行年代別に下記の6冊であり、これが全てである。縄文時代に関しては④と⑥に詳述した。

①水沢教子編 1996『上信越自動車道埋蔵文化財発掘調査報告書 23—更埴市内その2—長野県屋代遺跡群出土木簡』㈶長野県埋蔵文化財センター他

②寺内隆夫編 1998『上信越自動車道埋蔵文化財発掘調査報告書 25—更埴市内その4—更埴条里遺跡・屋代遺跡群—弥生・古墳編—』㈶長野県埋蔵文化財センター他

③寺内隆夫編 1999『上信越自動車道埋蔵文化財発掘調査報告書 26—更埴市内その5—更埴条里遺跡・屋代遺跡群—古代1編—』長野県埋蔵文化財センター他

④水沢教子編 2000『上信越自動車道埋蔵文化財発掘調査報告書 24—更埴市内その3—更埴条里遺跡・屋代遺跡群—縄文時代編—』長野県埋蔵文化財センター他

⑤宮島義和編 2000『上信越自動車道埋蔵文化財発掘調査報告書 27—更埴市内その6—更埴条里遺跡・屋代遺跡群—古代2・中世・近世編—』長野県埋蔵文化財センター他

⑥寺内隆夫編 2000『上信越自動車道埋蔵文化財発掘調査報告書 28—更埴市内その7—更埴条里遺跡・屋代遺跡群—総論編—』長野県埋蔵文化財センター他

【第2節】

（1）水沢教子 2000a「埋甕の埋設方法」『更埴条里遺跡·屋代遺跡群—縄文時代編—』本文 p.76 参照。

（2）同上「第5章第2節1（2）D①SB5316」の図24参照。

（3）同上　遺構図版　図版69の9層注記参照。

（4）SB5319も、元来連結部西側の多孔石、東側の平石が主体部に含まれていたと仮定すると、五角形の主体部が推測される。

（5）その併行関係は暫定的に、加曽利EⅠ式／大木8a～8b式／曽利Ⅰ式／唐草文系Ⅰ段階（以下段階を略）、加曽利EⅡ古／大木8b式／曽利Ⅱ式／唐草文系Ⅱ古、加曽利EⅡ新式／大木8b式新～「9」／曽利Ⅲ式／唐草文系Ⅱ古～新、EⅢ式古／大木9a式／曽利Ⅳ式／唐草文系Ⅱ新、加曽利EⅢ式新／大木9b式／曽利Ⅳ～Ⅴ式／唐草文系Ⅲ、加曽利EⅣ式／大木10式古／曽利Ⅴ式／唐草文系Ⅲとした。

（6）千野浩氏よりご教示をいただいた。

（7）註（1）に同じ。

（8）本住居は円形住居跡とされているが、北東側の石組み部分が一体化していたとすれば、本来は柄鏡形敷石住居であった可能性がある。

（9）本橋恵美子氏は、壁柱穴、対ピット、張出部を柄鏡形敷石住居の構成要素とし、その成立には「潮見台型」、「石の平らな面をそろえ敷いた敷石住居」、「埋甕を伴う配石遺構」が相互に係わるとされた。また、潮見台型の定義を「隅丸方形の住居址で、壁が突出した部分に埋甕をもつ」とされ（本橋恵美子 1988）、その中にホームベース形の五角形のプランを有するもの、奥壁に立石、石柱が見られるものが含まれる。また、中部地方曽利式分布圏の住居跡形態の可能性が高いとされている点も注目される（本橋 1988・1990・1995）。

（10）高見俊樹氏のご教示による。

（11）秋田かな子氏は、王子ノ台J-11号住居跡などの詳細な分析から、入口である柄部と主体部が遮蔽施設で区画され、柄部を含めた主体部全体に屋根が架けられる（笹森 1977）など、柄鏡形住居跡の上屋構造を具体的に導き出された（秋田 1991・1995）。また竪穴住居の一角に集中する特徴から、潜在的に柄鏡形住居の柄部と同等の機能が付与される場合もある。また、石井寛氏は、敷石住居成立後の敷石がなされる位置は、入口部分・炉周辺・周壁部など多彩であり、それは加曽利ＥⅢ式古段階以前の中部高地の部分的な敷石と関連すること、小張出部付き住居に円形プラン五本主柱穴の住居を介在させることで柄鏡形住居へ展開していくなどの重要な指摘を行っている（石井 1998）。

(12) ただし、主柱穴内側の放射状基準線上に補助柱穴を持つ点、炉が比較的中央寄りにあるなど細部の違いも認められる。前者は千曲川水系の前段階の様相を踏襲したものと考えられる。

(13) ただし対ピットの位置は SB5345・SB5346・SB5336・SB5325 が住居外壁に接するのに対し、小張出部付き住居の対ピットや SB5321・SB5338 のものはそれよりかなり内側に位置する。前者にはより関東的な要素が認められるとのご教示を百瀬忠幸氏からいただいた。

(14) 中期中葉の住居には、例えば御代田町川原田遺跡 J-15 住、茅野市棚畑遺跡 111 号住のように壁際を巡る周溝と、その内側に主柱穴を結ぶ多角形の周溝が共存する例がある。また有段構造も例えば茅野和田東 17 号住など中葉後半の例が知られる。また、犀川水系や八ヶ岳西南麓には２重の周溝を有する五角形住居があり、これは拡張との捉え方が通例であるが（新谷他 1991）、仮に拡張後に両者が機能していたものも存在したと考えると、２重の壁体を推測することができ、同様に２重の壁体が推測される有段住居との関連が推測される。

(15) 佐藤雅一氏は、沖ノ原１号住のような卵形プランの内部にも柄鏡形を呈する柱穴配置が内在しているとの重要な指摘をされ（佐藤 1997）、その構造が広く詳細に分析された（阿部 1998）。

(16) Ｅ類のみならずＣ類の中にも規則性の無い小石の散在がみられる。小礫の中には意図的に敷かれたとは考えられないものも多く、今後調査時の詳細な観察が求められる。伊藤友久氏のご教示によると、屋根骨材として小石が入れられ、屋根の崩落と一緒に散在した可能性がある。また、幅田遺跡などでみられる敷石住居跡埋土中の礫も屋根材と関連して考えられようか。

　また、山本暉久氏は敷石の起源を中部地方の部分敷石も含めた「石壇・石柱」（山本 1976）に、柄部の起源を屋内埋甕を中心にわずかに壁を突出させた形態に求めて、その実態を解明すべく初現期の形態を追究し（山本 1994）、全国の柄鏡形（敷石）住居跡を精力的に集成された（山本 1995）。そこでは「柄鏡形（敷石）住居はまず南西関東から関東山地よりの地域及び中部山地において成立した後、その他の地域へ波及していった」とし、特に群馬県から長野県東・北信地域の確実な事例から、それらの祖源地帯となる可能性をも示唆しておられる。

(17) ただし、棚畑遺跡では、炉縁石自体の全体もしくは焚き口部分の石を立てずに平たく寝かせて敷く方法が、中期中葉末～後葉の住居でみられる（鵜飼・守矢他 1990）。これはあくまでも炉縁石であるため直接的な関係を推測することは難しいが、炉の機能と平石を合わせて考える素材であり、このような炉の使用法を探る必要はあろう。そして、もし先に述べた住居形態との絡みで視野を広げることが許されるとすれば、炉の燃焼部の脇に石を組むという行為が最も顕著に行われるのは、魚沼地方から会津にかけての大木 9a 式に伴う複式炉である。特に燃焼部である石組部には扁平な板状平石が斜めに設置され、第１燃焼部である土器埋設石組部よりは必ず入口寄りに位置付く。更に従来奥壁寄りに設置されていた炉の位置が、柄鏡形敷石住居の成立とともに入口寄りに移動する背景や、奥壁部を頂点とする炉の形態などは、原遺跡・沖ノ原遺跡などの複式炉を有する住居とも対比される。千曲川上流域の資料が少ない現段階では想像の域を出るものではなく、今後双方の各部位の使用痕の観察も不可欠ではあるが、同じ大木 9a 式を媒介とする両者の関係は積極的に追究すべき課題としたい。

(18) 本来は石が敷かれていない住居が主体であるという点は石井寛氏も強調されている（石井 1998）。

(19) 水沢 2000a「屋代遺跡群の縄文中期後葉面発見」『更埴条里遺跡・屋代遺跡群―縄文時代編―』p.20

に詳述しているが、千曲川のような大河川による沖積地には、現代の我々の生活と係わりの無いような地表下深くに屋代遺跡群の環状集落のような遺跡が、まだかなりの数埋もれていると予想される。

(20) 同上「第10章第２節３　中期後葉の集落」『更埴条里遺跡・屋代遺跡群―縄文時代編―』pp.335-348で述べている。

【第３節】

(１) 渡辺仁氏はアイヌ民族例や北米北西海岸先住民を例として縄文時代が階層化社会であったと説くが（渡辺1990）、縄文時代が栽培の有無を問わず植物質食料に依存した社会であったこと、またそれら両者に欠落している土器づくりを行い、それが極度に発達していたなど、社会の根幹になっている部分での相異が大きい。また、階層化が起きる場合、それが現れるはずの墓や住居、住居毎の所持品などに顕著な差異は無い。もし集落の家族毎に生業差とそれに伴う階層差が生じているとすれば、例えば住居跡中もしくは貝層毎に、大型動物、魚類、小型動物などの動物遺存体の偏りと、それに伴う遠隔地石材による玉類や石斧の存在などの威信財の偏在も予想されるが、今のところそのような事例は確認されていない。

(２) サンプル量とその詳細は、『長野県埋蔵文化財センター研究紀要』９（水沢2002ｂ）の表１に掲載している。まず発掘現場で採集した量を「一次サンプル量」として、重量もしくは、採集単位とした土嚢袋数を記載した。屋代遺跡群の埋土はシルト質土壌であったため、乾燥した場合の固化と遺物の破損を回避する目的等で、土嚢袋を更に大形のビニール袋に入れて密閉し、４年間倉庫に保管した。その後整理期間の制約から全てのサンプルに優先順位を付けて、二次的なサンプリングを行い、水洗篩い作業を実施した。まず「種別」①は註（3）の工程Ａ・Ｂの方法を基本セットとして実施できた試料である。また、「種別」②は、時間的な制約から工程Ａのみで止めたか、部分的に工程Ｂを採用し、一部工程Ａの残渣を1㎜＃で篩う「工程Ｂ'」を追加したものである。作業に入る際、土壌は乾燥させていない。土壌の水洗と低倍率の実体顕微鏡下での分類には６名の作業員と調査研究員があたり、国立歴史民俗博物館辻誠一郎氏、福田美和氏、住田雅和氏、流通科学大学南木睦彦氏からの実践的な作業上の指導を受けた。

(３) 篩い分けの工程は下記のとおりである。

工程Ａ：各土嚢袋から2,000cc採取する→そのうちの200ccについてウォーターフローテーションを行う（浮いたものは「サンプルＡ」）→0.5㎜＃の篩で水洗選別する（残ったものは「サンプルＢ」）→0.25㎜＃の篩で水洗選別する（残ったものは「サンプルＣ」）。

工程Ｂ：工程Ａの残りの1,800ccをウォーターフローテーションする（浮いたものは「サンプルＡ」）→1㎜＃の篩で水洗選別する（残ったものは「サンプルＤ」）→0.5㎜＃の篩で水洗選別する（残ったものは「サンプルＢ」）。

SB5311・5341埋土試料の場合、同一地点で土嚢袋が複数ある場合は、それぞれの土嚢袋から工程Ａ・Ｂを１セットずつ行ったため「二次サンプル量」に2,000ccよりも多い量が記載されている。その場合は、「選別方法」の欄に「Ａ」（工程Ａで篩い分けたもの）、「Ｂ」（工程Ｂで行ったもの）、がいくつのサンプル分行われたか（例えば「×７」はそれを７袋分行ったことを示す）を示した。また埋甕は、工程Ａの残りを全て1㎜＃の篩まで行う「工程Ｂ'」を追加した。ただしそれらの場合は重量（g）のみで作業量を表示した（水沢2002b）。

(４) （補註）水洗選別ができなかった土壌サンプルの一部は他の土器・石器等とともに2001年に長野県立歴史館へ移管され、その後2005年になって一部の水洗選別が行われた。2007年度には奈良文化財研究所の松井章埋蔵文化財センター長により残されたサンプルの水洗選別と全ての試料の同定作業が行われた。その結果報告書刊行時には水洗が未着手であった遺構も含めて多数の動植物遺体の追加報告が実現した（水沢2009、松井他2011、水沢2012）。よって本書第２章

第3節3以下は、その後の成果（松井他2011、水沢2012）を盛り込んだ形に改め、記述することとする。

（5）この他に未炭化植物遺体10分類群が検出され、2000年の報告では何らかのコンタミネーションが指摘され、今後に課題を残した。

（6）植物遺体群のうち「コムギ属」・「キビ」・「イネ科」のような穀類・雑穀類の「炭化胚乳」がまず注目される。これらは全て種別①によるSB5311の2層・4層堆積物に限定され、他の遺構での出土は皆無である。特にコムギ属とキビ胚乳が出土した2層は、未炭化植物遺体の混入すらみられないことから、これらが実際に中期後葉の食物残滓の廃棄層中に存在した可能性が極めて高いと考えてきたが、出土から20年近くを経た今なお日本列島における中期後半の確実な事例が見あたらない。今後の資料の蓄積に期待したい。

（7）幼生がサケ科のエラに寄生して成長するカワシンジュガイは、小諸市石神遺跡、真田町唐沢岩陰遺跡などでも出土しており、サケの存在の傍証になる（宮下健司1997「考古学からみた日本の鮭」『長野県立歴史館セミナー2』発表資料）。

（8）（補註）中国内蒙古の興隆溝遺跡ではアワ・キビが8000年前に栽培され、ロシア沿海州地方や韓国南部では紀元前約3000年にアワとキビが一緒に栽培されているとされる（小畑2011）。

年代測定事例としては興隆溝遺跡出土キビが6770 ± 50 ^{14}C BP（MTC-08556:5740 ～ 5570calBC）（宮田2009)、韓国東三洞貝塚新石器時代中期の1号住居床面焼土出土アワ（4590 ± 100BP）・上村里遺跡1地区新石器時代後期住居跡からアワ（4060 ± 140BP）・キビ（4030 ± 100BP）（中沢2006・2009）があげられている。沿海州の南西内陸部のクロウノフカ1遺跡では4640 ± 40BP（未較正）、4790 ± 40BP（未較正）、4671 ± 31（未較正）の炭素年代が得られた4号住居跡からキビ、イヌビエ、アワ（？）等が出土した。遺跡の年代が3979 ± 31BP（未較正）、4010 ± 44BP（未較正）のザイサノフカ1遺跡では住居跡の埋土から20個以上のキビ族穎果が出土していて「半栽培型」のイヌビエの可能性がある（小畑2011）。

また本稿の初出となる屋代遺跡群の種実を報告した2002年前後からレプリカ法による植物圧痕の研究が丑野毅氏、中沢道彦氏、山崎純男氏、小畑弘己氏、中山誠二氏らによって進められ、世界的な視野での研究に発展している。更に佐々木由香氏は植物遺体を全国的視野で検討し、その生態学的な特色や栽培化の研究に意欲的に取り組んでいる（以上、長野県考古学会縄文中期部会編2012他）。また、西本豊弘氏、今村峯雄氏、小林謙一氏、坂本稔氏らによって進められた高精度編年体系の構築を目指した炭素年代測定の進展によって植物のより精密な年代根拠に基づく位置づけも可能となった（小林2004、小林・坂本・工藤編2009他）。詳細は諸氏の報告を参照されたい。

第3章　中央高地の土器からみた人々の交流

今から5000年前から4000年前にかけての時代は、世界的に文明の転換期にあたる。エジプトではメネスが上下エジプトを統一し、古王国の第一王朝が興る。メソポタミア地方では先行して彩文土器や文字をもつ都市国家が発達していたが、この時期にアッカド王サルゴン1世による統一国家が築かれた。インドでは城壁に囲まれた都市を中心に青銅製の武器と象形文字を使うインダス文明が成立し、中国の黄河流域でも4000年前には王朝が成立したとされる。彼らの文化は約1万年前に既に始まっていた農耕を生産基盤とする長い定住社会の中で醸成されてきたものであり、それが都市国家の形成や王制による国家形成へと展開していった。

一方この時代、日本列島で花開いた縄文文化も、その始まりから少しずつ加わってきた様々な方面の技術を、ゆっくりと洗練させて、その基盤の上に展開したものである。特に、日常食器の枠を越え、特殊な精神世界を象徴するためか世界的にも稀である多彩な造形が付与された縄文中期の土器は、その文化の質の高さを語るのに十分であろう。そして、この文化とそれを育んだ社会が、既述のような同時代の主要な海外文明やそれ以降の日本列島の諸文化と大きく異なる点をあげるとすれば、第一に大規模かつ組織的な争いによる破壊を受けることが無かったこと、第二に武力的に卓越した一握りの人間のために他の多くの人々の生命や文化的な活動が意図的に制限されるような構造を持たなかったと推測されることである。縄文社会の存在により、私たちは農耕が各地で一律に導入されたものではなく、生活環境に即して選択されるものであったことを確認し、人口増加によって促進された人々の接触は、常に争いと緊張を生み出すわけではないことをも認識できる。その結果、縄文文化は1万年を超える長い時間継続性を保ち続けられたし、その文化を代表する土器は、先史文化史の中でもずば抜けた発展を遂げることができたのであろう。

さて、この時代の日本列島を細かく見ると、列島北部には円筒上層式、南には勝坂式が非常に個性の強い独自の文化を醸成していた。勝坂式と、それと対峙する緩衝地帯の曲隆線文土器群の一連の生成衰微の様態は、この時期の日本列島に於ける土器製作技術の核を担った人々の動向を反映する可能性を秘めており、他の土器群とは一律に語り得ない特殊性を認識すべきと考える。時同じくして、東北南部には、蕨手文様や渦巻文様が器面全体に巡る、典型的な「渦巻文土器群期」の所産である大木8a・8b式が成立する。この時期、岩手県西田遺跡・御所野遺跡、山形県西海淵遺跡、宮城県小梁川遺跡、福島県法正尻遺跡など環状構成をとる基幹的大集落が各地に割拠する。その一方、4・5軒の住居からなる小集落が河川や沼地、海岸部に点在する。大集落を起点に広域ネットワークを組みながらも、各地の山海からの豊富な資源に適応した分散居住という二重構造。これこそが、大木式文化がその後列島東半分に影響を及ぼしていく基盤になったと考えたい。大木式圏の南の端かつ曲隆線文土器と境を接する越後では、それらに触発されるように規格性の高い火焔型土器・王冠型土器が成立し、大木8a・8b式と共伴する。

やがて大木式の情報は東北南部から関東地方や東北北部へと拡散していく。特に関東地方では勝坂式の故地に、加曽利E式(1)が大木8a式の要素を入れ込む形で成立し、8b式古段階になると大木式と加曽利Ｅ式の類似度は頂点に達する。一方中央高地では勝坂式（井戸尻式）の系譜を引く梨久保Ｂ式（唐草文系Ⅰ期）に後続する唐草文系Ⅱ期の土器群に大木 8b 式の要素が色濃く反映されるようになる。これは火焔型土器に後続する形で、大木 8b 式の文様構成を踏襲して新潟県域で成立した栃倉式へと空間的に連続する。更に円筒上層式もその末期には文様が沈線化し、やがて大木 8b 式の変容した型式である榎林式へと変化した。このように東日本各地に生起していた個性の強い諸型式が、渦巻文という共通の特徴を有する型式に収束していったのである。

将来的に列島規模の変化様態の詳述を念頭に置きつつ、本章では特に中期中葉と中期後葉に焦点をあて、中央高地の土器様相を人々の交流という視点から考えてみたい。

第１節　縄文時代中期前・中葉の様相

1　中期前葉の概観

縄文中期初頭の長野県の代表的な土器は五領ヶ台式・梨久保式である。これらは大きくⅠ・Ⅱ式に大別されているが全時期を通じて縄文系土器と半截竹管を多用する沈線文系土器とがあり、地域的、時期的にその比率に違いがあるものの、両者が併存し、組み合わさる形で全体を構成する。これらに加え、東北信地域では東信系土器（寺内 2000a）、新潟県南部にかけての北信地域では飯山市深沢遺跡出土土器を基準とする「深沢タイプ」（深沢式土器）[2]が分布する。

深沢タイプは３類に大別され（図 19）、これはほぼ時期差に相当する。１類・２類が五領ヶ台Ⅱｂ～Ⅱｃ式期、３類がⅡｃ～五領ヶ台式直後に併行する。特に２類は胴部が膨らむ器形と直線的に外傾する器形に大別され、地文に縄文が施される。口縁部文様帯は水平方向の隆帯や半截竹管による平行沈線で区切られ、その間にＵ字文や縦位の短沈線、水平方向の交互刺突などが施文される。胴部は通常４単位の縦方向の隆帯による継手文[3]が垂下する。その隆帯の脇に半截竹管による半隆起平行沈線が沿い、更に縦位装飾の間にＵ字状・Ｃ字状・コの字状の平行沈線文が描かれるものもある。３類は体部の縄文が消失し、交互刺突から発展した水平方向の蛇行隆帯の部分化、体部の垂下隆帯文間を埋める沈線文部分の拡大化に特徴づけられ、３単位が多くなるとされる（西沢 1982・黒岩 1993）。深沢タイプの主要分布圏は北信から新潟県の頸南地域、他型式と拮抗する副次的な分布圏は千曲市屋代遺跡群（五領ヶ台Ⅱ式期の集落では、五領ヶ台式や東信系土器とともに主体を占める）を含む長野盆地南部、搬入品や模倣品の可能性がある土器が出土する領域は利根川や千曲川の上流域や魚沼地方、八ヶ岳山麓などとされ、核となる地域の中にも長野盆地と斑尾山麓、新潟県の２～３の地域で製作者集団が分かれる可能性も指摘されている（寺内前掲）。例えば御代田町滝沢遺跡には中心分布圏の深沢タイプに類似した搬入品と推測される個体とともに、口縁部が大きく開くキャリパー形を呈し、口唇部の突起から二本の隆帯が垂下し、継手状のモチーフを有する個体（図 22）が出土している。体部には深沢タイプと同様な二本隆帯の脇に、半截竹管による半隆起平行沈線が沿う。ここで注目されることは、第一に頸部から上が強く外反し口縁部にかけて緩やかに内弯する器形が深沢３類により近いこと、第二に胴部上半に深沢タイプの本来のモチーフから逸脱した連弧状の構成とそこから垂下する隆帯の存在、第三にそれらが二本一対で描かれている点である。この２本隆帯は３類に連続する後出の要素（寺内 1997）とされ、

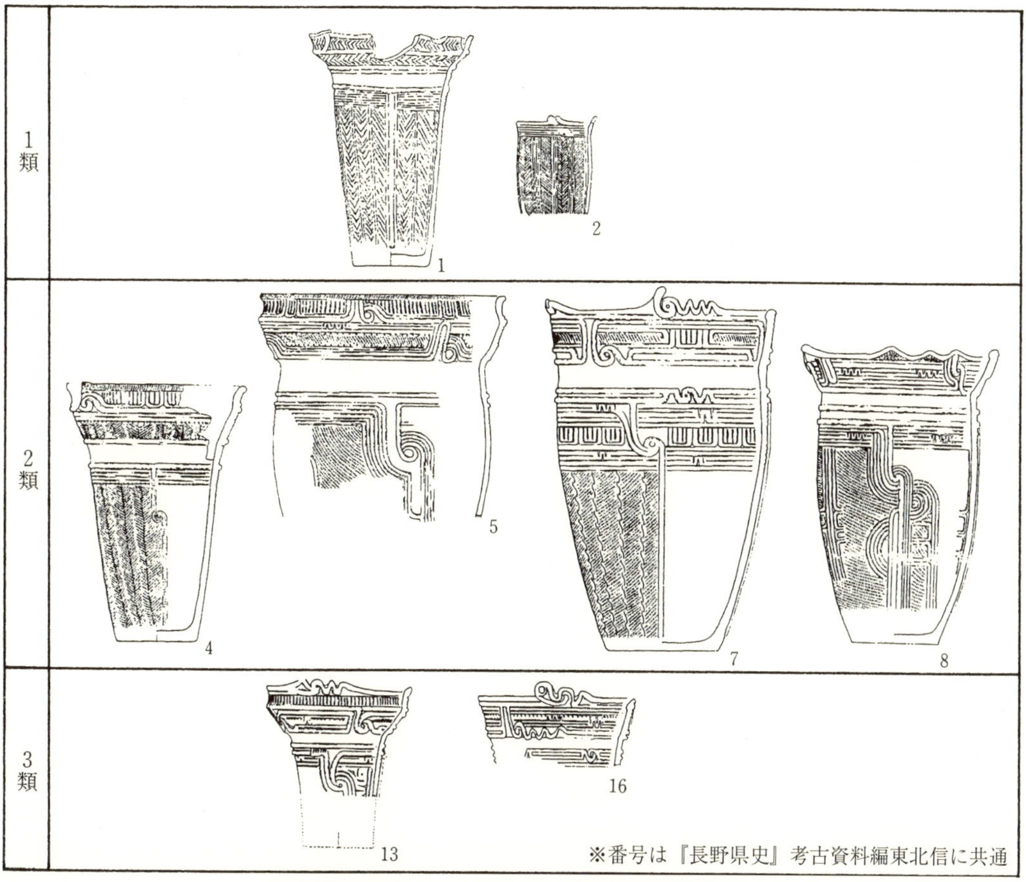

図19　深沢タイプの３類（西沢1982を編集）　[s=1/12]

実際に明神原遺跡出土例でも深沢３類とみられる深鉢に用いられている。また、連弧状、すなわち継手文の横流れ傾向は千曲川上流域方面へ向けての変容の特徴とされる（寺内2006）。滝沢遺跡にはこの他に、大木7a式が群馬県などの中間的な要素を取り入れながら変化したとも推測される土器や末期の五領ヶ台式、前段階の深沢タイプの一部を取り入れて在地化した土器などがみられる。このように核地域での系統的な変遷に対し、千曲川上流域など周辺地域では搬入品らしい土器と、中心分布域と細部で異なる土器が出土する背景は、運ばれてきた土器を通じて模倣が行われている可能性を示唆するものである。

この深沢タイプに特徴的な継手文の祖型となると推測される隆帯装飾は、深沢タイプに先行する新潟県和泉Ａ遺跡（荒川1999）や松原遺跡（上田1998、上田・三上1995）から出土した格子目沈線や縦位もしくは斜位の集合沈線地文を有する土器群の、口縁部から垂下する蕨手状の文様等にみられる。やがてこの特徴的な装飾は、斜行沈線文土器や焼町土器に引き継がれて、曲隆展開し、中期中葉のこの地域を含めて北陸・新潟・東北信に展開する曲隆線文土器（山口1996・寺内2008）の一大特徴へと発展していった。それらが最も発展した形が佐久地方を中心として成立した焼町土器と位置づけられよう。

さて、前期以来東北南部大木式と関東の土器群との類似性は常に高く、粗密はあれ、時期によっては同一歩調での変化がみられた。また、大木7a式と五領ヶ台式も土器型式間の類似性がかなり高く、個々の文様要素・モチーフに共有する部分が多い。そして双方ともその内部に、緩やかな小地域差が存在する。ただし個々の土器を比較してもうりふたつといえるような個体は少なく、規格化が進んでいない。おそらくこれは、土器づくりを担った人々が、より小単位毎に分立し、相互の交流を深める中で土器情報を交換する様相を示すものと考えられるが、今後その証明が必要であろう。このような土器型式を越えた緩やかな文様の共有関係を破って出現するのが、曲隆線文土器であり、比較的小地域にまとまり、かつ個性を発揮する。ただ搬入や模倣によって、大型式と接触を繰り返す。この方向性は地域毎に差異が顕在化し、逆に個々の土器間に斉一性が生まれる次の中期中葉のあり方へと繋がっていく。

2　中期中葉の様相

(1) 焼町土器以前

縄文中期の中葉になるとそれ以前には地域差をもちながらも同一歩調で変化を遂げてきた各地域の土器群は、それぞれ独自の方向へ動き出し、等質度の高い土器型式圏を生み出す。大きくは、五領ヶ台式から勝坂式の系列と、それと対峙する前述の曲隆線系列、曲隆線を緩衝地帯として北に展開する大木式の系列である。

この時期特に注目されるのは、東北信から中信地方に主に分布する独自の土器群で東信系土器の系列に繋がる後沖式（斜行沈線文土器）（寺内 1996）である。器形は（図20）胴部が直線的なキャリパー形、口縁部がやや外反もしくは直立するラッパ形もしくは筒形のもの、口縁部が外反

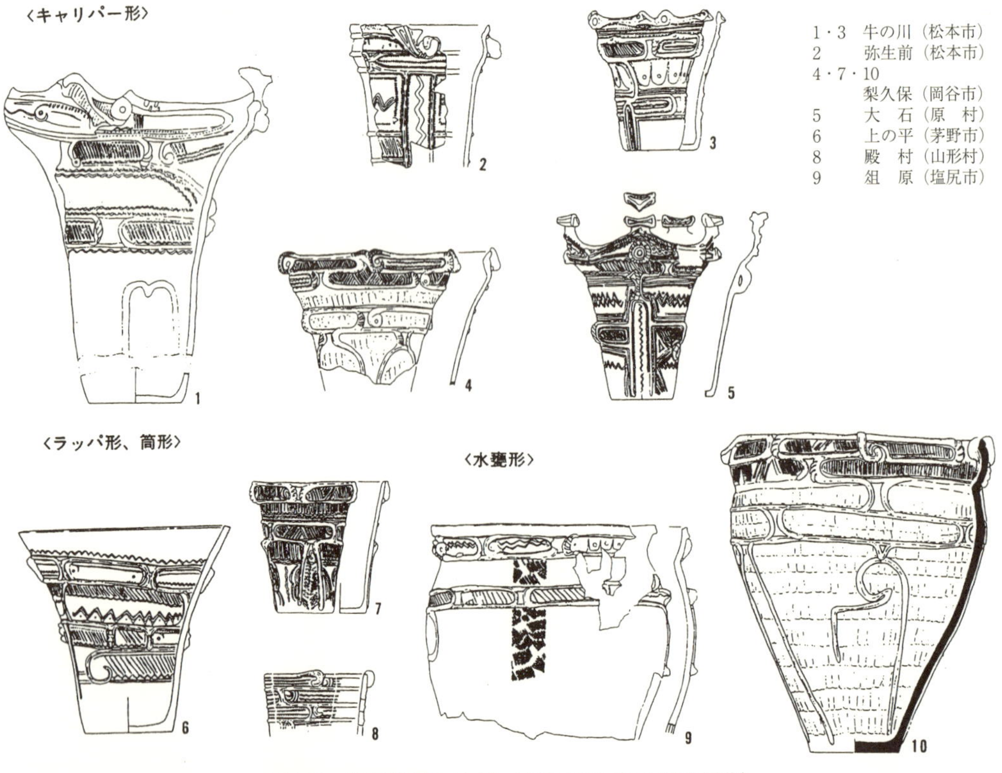

図20　斜行沈線文土器（寺内 1996 第31図を編集）

もしくは内弯し、頸部に括れを持ち、胴部最大径がやや上にある水甕形の３形態が主体である。文様構成は先ず口縁部文様帯を横方向に二分割して区画文を配し、胴部は区画せずにあけておくことでその独自性を発揮している。区画部分における主要な文様要素は、勝坂式よりも幅が狭く細長い隆線楕円区画とそれを充填する、半截竹管の背の部分を用いた斜行する沈線文、沈線脇もしくは沈線内の連続刻み目文で、その手法は五領ヶ台・梨久保式期から多用されていた。胴部における主な要素は、隆帯による逆U字や左右対称を含む様々な形の懸垂文、波状沈線文、指頭圧痕文などで、阿玉台式と共通する要素が多い。これら斜行沈線文土器は勝坂式Ⅰ式からⅡ式の前半に併行し、勝坂式Ⅰ式段階には阿玉台式の要素が多く入り込むものの、その後勝坂式との関連が強くなっていく。例えば沈線を施文してからその中に刺突を施すなど勝坂式の押し引き文にわざと似せたような文様施文技法さえ出現する（寺内同上）。このように、これらの土器群は在地の土器の装飾を選択的に受け継ぎつつも、隣接する他の土器型式の文様構成や要素も取り入れながら変遷していったのである。

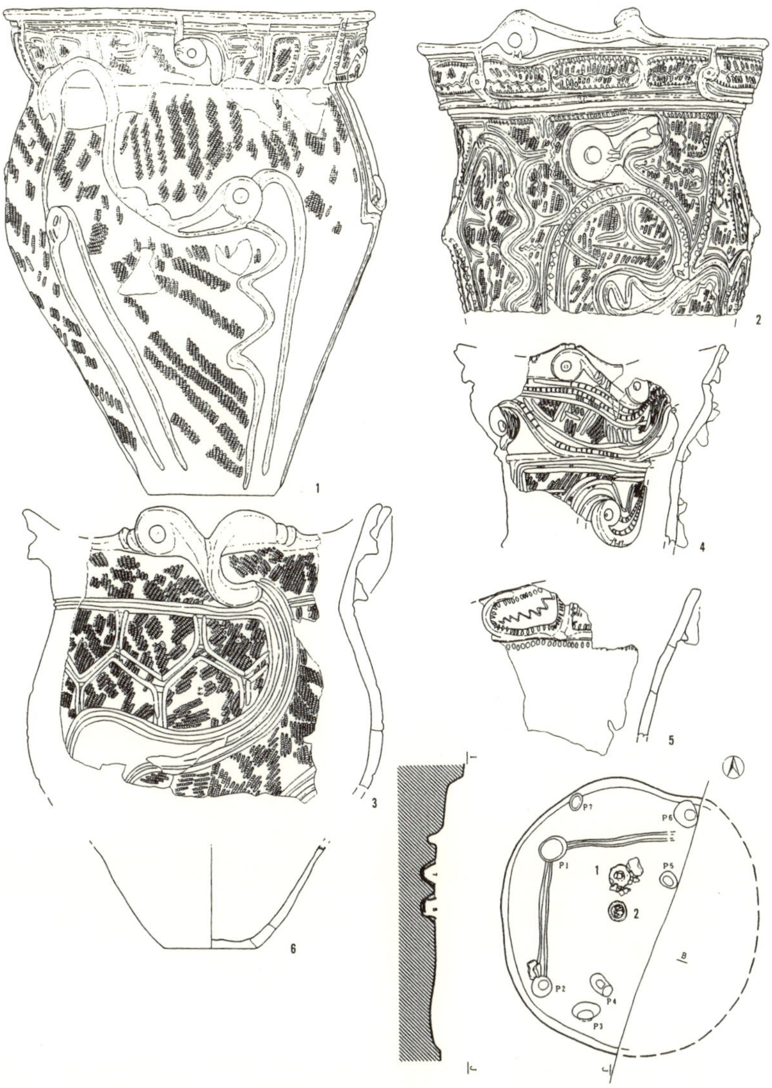

図21　川原田遺跡 J-51 住出土土器（堤編 1997 より）［住居跡：s=3/400、土器：s=1/8］

後沖式（斜行沈線文土器）の沈線系の装飾要素の多くと、それに先行する深沢タイプの隆帯脇に沈線を多重に沿わせる手法は次の焼町土器古段階（「新巻類型」）に引き継がれた（図21）。焼町土器分布圏の東側である群馬県では、その直前の土器群として新巻遺跡・房谷戸遺跡出土資料を中心に1980年代に阿玉台式の系統に属し、直接的な影響を受け発展したとされる「新巻類型」が設定された（山口 1988・1989）。川原田遺跡でも６軒の住居跡から「新巻類型」が出土し、阿玉

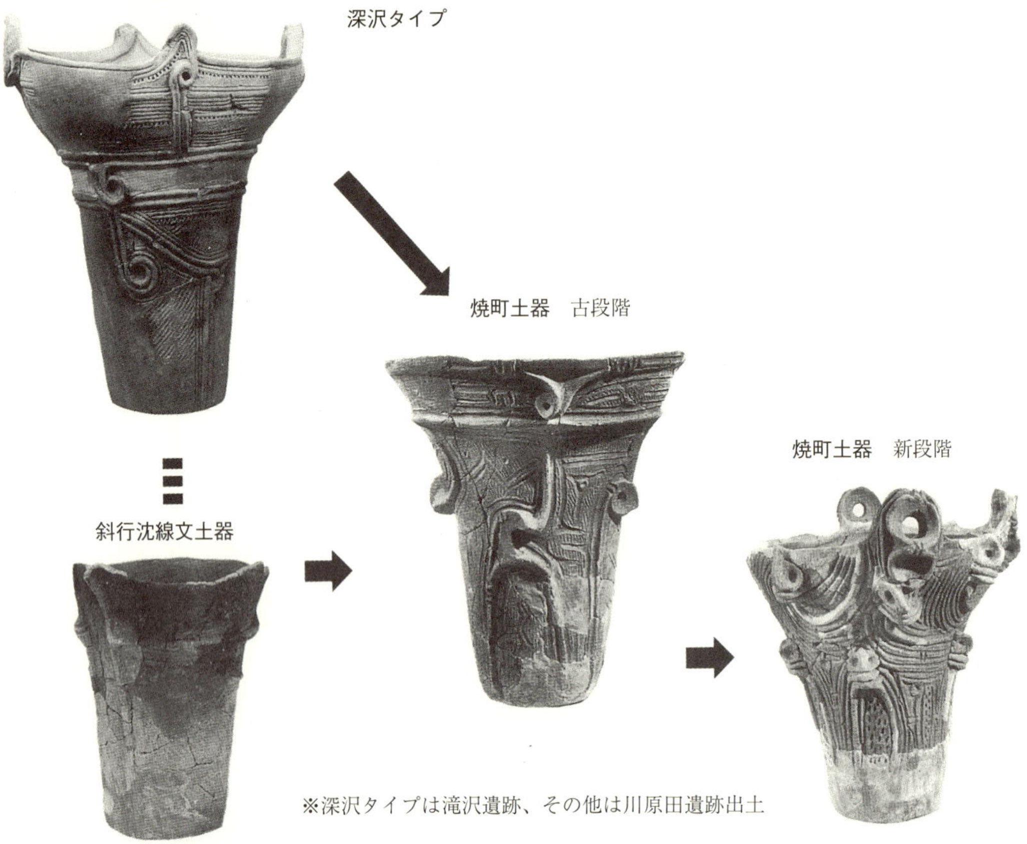

図22　焼町土器誕生［御代田町教育委員会蔵］（水沢1998より）

台Ⅱ式・勝坂Ⅱ・Ⅲ式との共伴が確認された。川原田J－51住には「新巻類型」の一括資料があり（図21）、このうち1は埋設土器、2は炉体土器である。1は口縁部と胴部に継手状の隆帯を持ち、結節部には環状突起が貼付されている。2は口縁部文様帯と体部文様帯が隆帯によりしっかりと区画され、口縁部文様帯に、横長の沈線区画を持つ。やはり体部には曲隆線が展開し、隆帯の脇に沈線が沿う。4は口縁部文様区画内のモチーフが横方向に曲流展開し、焼町土器へ繋がる要素となる。地文は何れも縄文である。埋土の中央やや上部出土の5は、阿玉台Ⅲ式そのものである。

さて群馬の「新巻類型」は大波状口縁のものが多く、1遺跡に数個体程度みられる程度であるが、川原田遺跡では勝坂Ⅱ式（新道式）からⅢ式の古い段階（藤内Ⅰ式）には主体を占める土器群である。その器形は前段階の斜行沈線文土器の基本3器形を踏襲し、縦横方向に流動する曲隆線とその結節部分の貼付文、隆帯に沿った沈線は次の勝坂Ⅲ式新段階（藤内Ⅱ式）からⅣ式（井戸尻Ⅰ式）にかけて主体となる「焼町土器」[4]に継承されていく（図23）。このことから、長野県の「新巻類型」は東信地域の土器の系統上に位置づけられ、かつ「焼町土器」の祖型になるものであろう。川原田遺跡出土土器の分析では、これらが主体になる段階をもって、「焼町土器古段階」（寺内1997）が設定されている。また、類似した土器群は新潟県五丁歩遺跡でも出土し（高橋1992）、更に文様構成は類似しつつ地文に縄文が施されない土器群も、新潟県五丁歩遺跡・芋川原遺跡、長野県東御市久保在家遺跡などでみられる。

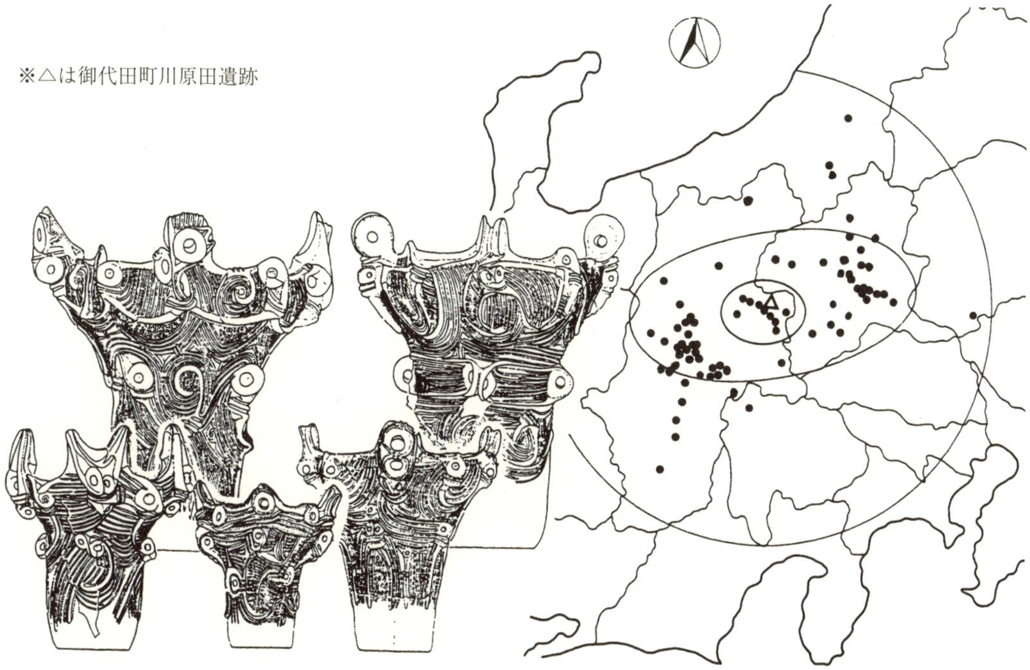

図23　焼町土器の広がり（水沢1998より）

（2）焼町土器の時代

① 焼町土器と火焔型土器

焼町土器とは塩尻市焼町遺跡第１号住出土土器を標式資料として付けられた名称であり（野村1984）型式学的な検討から、その類例をも含めて焼町土器と呼ばれている。最近までの調査では御代田町川原田遺跡を中心とした浅間山を取り巻く地域を主要分布域として、東西は中南信から群馬県全域、北は飯山から千曲川・信濃川中流域に分布することが分かってきた。

先述したようにこの地域では遡る中期前葉から中葉にかけて曲隆線に象徴される土器群が成立しており、頸城地方をも含む広域的なネットワークを形成していた。五丁歩隆Ｉｂ系列や「新巻類型」、「久保在家式」など多彩な土器群を含む。その後信濃川中流域周辺では、このような曲隆線の素地に、再び波及してきた北陸の新崎式の要素を急速に取り込むことで、火焔型土器（「火焔土器」とその類例）が生み出され、やや遅れてそれらを異常なまでに定型化させていった。火焔型土器は土器組成全体の中で１割程度を占めるハレの土器といわれ、日常の調理具で主体を占めるのは大木8a・8b式や類似した在地土器である。また、火焔型土器の口縁部や胴部の文様が、火焔型土器を伴わない地域も含む大木8a式に取り込まれている。中期中葉の大木式は、曲隆線文土器群の分布域を緩衝地帯として南の勝坂式と対峙しているが、その境界祭祀を担ったのが、まさにこの火焔型土器と想像することも可能かもしれない。

さてやや感覚的ではあるが、素地の白さと含有鉱物の少なさから雪国の情熱を示した土器といえる火焔型土器に対し、赤色の胎土が特徴的な焼町土器は、火の国の躍動を表した土器とも表現される。様々な地域の要素を取り入れながら客体的な変化を遂げてきた佐久地方において、焼町土器は在地の伝統に立脚しつつもそれを独自に進化させた極めて特殊な土器と位置づけられる。

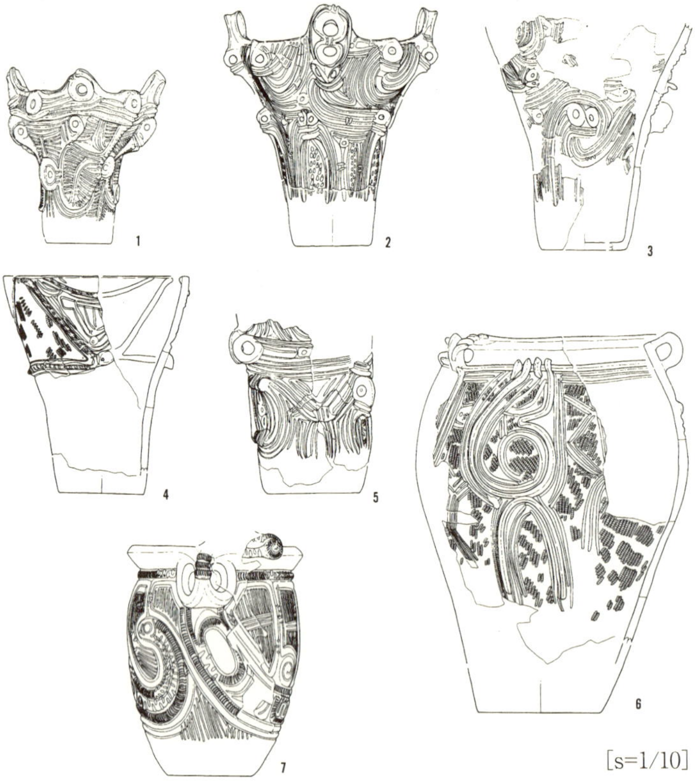

図24　川原田遺跡 J-11 住出土土器（堤編 1997 より）

焼町土器の分布中心である東信地方では、それらは土器組成の５〜７割を構成し、勝坂式や阿玉台式は客体にすぎない。最盛期の焼町土器と共伴する勝坂式は既に区画文が器面全体に展開する勝坂Ⅲ・Ⅳ式（藤内Ⅱ〜井戸尻Ⅰ式）段階になっており、曲隆線系との格差は非常に大きい。

②最盛期の焼町土器

最盛期の焼町土器は、口縁部を飾る大環状突起、縦横に伸びる曲隆線と眼鏡状の隆帯、それらに沿って重層する沈線に象徴され、勝坂Ⅳ式期（井戸尻Ⅰ式）にあたる。

川原田遺跡で焼町土器と勝坂式との良好な共伴関係がみられる住居跡はＪ-2・Ｊ-4・Ｊ-5・Ｊ-11・Ｊ-12 住である。特にＪ-11（図 24）では勝坂Ⅳ式古段階（藤内Ⅱ〜井戸尻Ⅰ式）(7)、Ｊ-12（図 25）では勝坂Ⅳ式新段階（井戸尻Ⅰ式）の土器がそれぞれ焼町土器と共伴しており、それらの時期比定が可能となった（堤編 1997）。川原田遺跡の焼町土器には大きく開く口縁部が緩く内弯し､胴部過半の膨らみが皆無（図 24-1･2）か､ごく弱い（同 5）キャリパー器形Ⅰと、樽形の器形Ⅱ（図 24-6）の二種類があり、前者が圧倒的に多い。器形Ⅰの土器を器面の分割の仕方から分類すると、頸部の括れ部に区画線があって、口縁部文様帯と胴部文様帯が区切られるもの（図 24-5・図 25-2）と口縁部に区画線がありやや幅の広い口縁部文様帯を持つもの（図 24-1・図 25-1）、口唇部無文帯以外の分割線が無いもの（図 24-2・図 25-4）に分けられる。図 25-3 は胴部の区画線[5]が頸部まで上昇し、口縁部の突起がみられない点で特異である。器形Ⅰでは口縁部に通常４単位の大環状突起が貼付されるが、その方向は口縁に直行する場合と併行する場合がある。主要文様要素は縦横に延びる曲隆線で、眼鏡状の突起を結節点にしてＵ字、Ｃ字、Ｖ字や逆Ｃ字が描かれ、主文様に沿って幾重にも沈線が重走する。隆帯に沿う沈線は焼町古段階から新段階へと数を増し、描く技法も古段階は半截竹管の背の部分で浅く引いているが、徐々に細く深くなり、やがて半截竹管のハラの部分で鋭い沈線を引くようになる。

Ｄ-77 の 228（図 62-51）は平縁で口縁部文様帯が狭く、以下の胴部文様帯が縦に切れ目の無い構成を持つ。隆帯上部に刻みは施されず、眼鏡状把手が付され、新潟県五丁部遺跡の隆Ⅰｂ系列との強い関係が予想される。

川原田遺跡の焼町土器の最終段階は勝坂Ⅴ式（井戸尻Ⅲ式）併行期にあたる。この時期になる

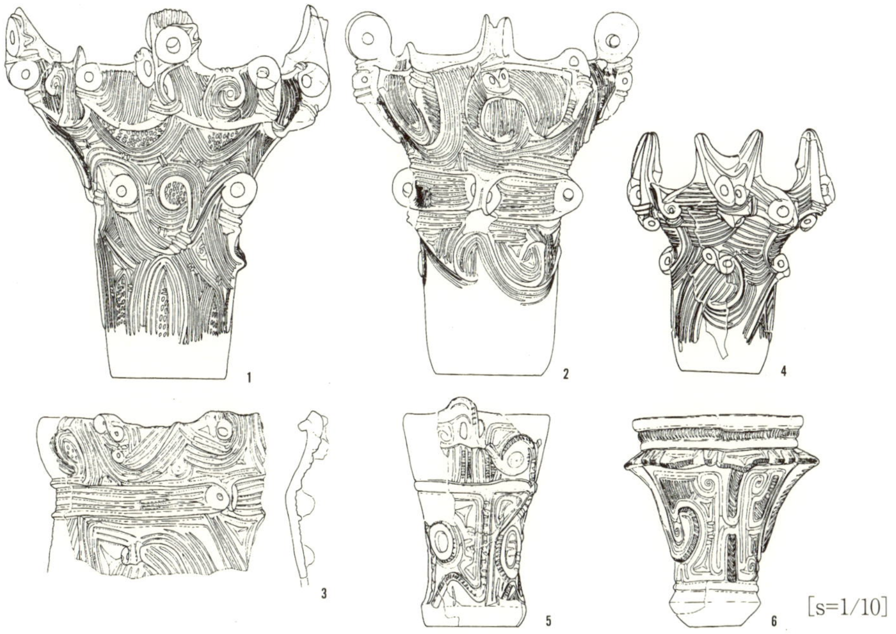

図25　川原田遺跡 J-12 住出土土器（堤編 1997 より）

と大形の土器は少なくなり、把手も退化し、地文に縄文が復活する。次の段階には加曽利Ｅ式や曽利式土器が流入し始め、独自性を誇った焼町土器にとって代わる。再び佐久地方は大型式の中に取り込まれていった。

第２節　縄文時代中期後葉の様相

１　中央高地の中期後葉概観

長野県の中期後葉は加曽利Ｅ式・大木式と、曽利式、唐草文系土器が複雑に絡み合う。加曽利Ｅ式は 1924 年（大正 13）に小金井良清、八幡一郎、山内清男らによって調査された千葉県千葉市加曽利貝塚Ｅ地点出土の土器を標式資料として命名された。同年、山内は仙台へ居を移し、1933 年（昭和 8）まで東北地方の土器編年の基準となる諸遺跡の調査を進めた。特に 1927 年（昭和 2）からは松島湾に面する宮城県七ヶ浜町大木囲貝塚を調査し、そこでの７地点（早瀬他 2006）の層位別、地点別の共伴関係から大木１式から 10 式を設定した。山内の「縄紋土器型式の細別と大別」（山内 1937）に先立つ 1929 年の縄文土器編年表（伊東 1977）によると、「加曽利Ｅ２式」と「大木８式」との併行関係が編年の基軸として点線で明確に記載され、他の型式の説明の際にも「加曽利Ｅ式に併行する型式まで少なくとも四型式が知られて居る」（山内 1929）というように指標とされている。つまりその類似性から両者は遠隔地における土器間の併行関係を推定する基準となっていたことが解る。この事実自体が、東北地方と関東地方という遠隔地における密接な交流を予想させるものである。

さて、東北の中期大木式は 7a 式から 10 式まで型式学的にほぼ連続している。これに対し、関東の勝坂式はその後、器形も文様構成も異質な、加曽利ＥⅠ式にとって代わられ、中央高地では逆に型式学的な連続性のある曽利式へと繋がる。その結果関東地方から中央高地にかけて分布する加曽利Ｅ式土器、秋田市から岩手県の宮古市を結ぶラインを北限に、南は千曲川・信濃川中流域から北関東まで分布する大木式土器という、類縁関係の深い土器型式圏が形成される。仮に加曽利Ｅ式の成立を大木式と関連づけられるとすれば、中期中葉に形成された小型式圏がこの大木8a・8b式の南下によって消滅し、やがて大木・加曽利Ｅ式大型式圏が成立するのである。少し遅れて大木8b式は東北北部の円筒土器文化圏まで北上し、その分布圏は更に拡大する。

中央高地における勝坂式の後続型式はその伝統を踏襲した曽利式である。八ヶ岳西南麓の長野県富士見町の井戸尻遺跡群曽利遺跡で検出された住居跡の切り合い関係から曽利Ⅰ式から曽利Ⅴ式が設定されたが、主要分布圏は山梨県から神奈川県方面の関東西部である。この時期、八ヶ岳西南麓から諏訪湖盆、伊那谷、木曽谷などでは唐草文系土器が主体となる。唐草文系土器は成立当初は勝坂式の系統下にあるため曽利式と類似しているが、その直後に器形・文様構成ともに間接的に大木8b式の影響を受け、唐草文系土器Ⅱ期以降は曽利式と乖離して独自の様相を呈し、遺跡数も激増する。一方信濃川流域で大木8a・8b式に組成する極めて定型的な類型に前項の火焔型土器と王冠型土器があり、大木式土器の文様構成を持ちながらこれらを踏襲した把手が貼付される馬高式塔ヶ崎類型、その後地文が矢羽根状の細沈線に変化した栃倉式土器群が成立し、特に後者は唐草文系土器Ⅱ期と極めて類似した土器型式内容を呈する。

このように東日本各地に生起していた個性の強い諸型式が、「渦巻文様」を特徴とした土器型式に変化し「渦巻文土器群期」（林 1976）が到来する。あたかも勝坂式の過剰ともいえる記号的装飾を誇る神話的世界から、渦巻文を指標とする抽象的世界への精神構造の転換のようでさえある。そして土器に現れた広域変化の背景には、日本列島の土器づくりシステムの画期も潜んでいる可能性がある。

小地域性が崩壊する中期中葉から後葉にかけての移行期にあたって、千曲川上流域の佐久地方では、曽利式は山梨県側から、加曽利Ｅ式は関東地方から、大木式は浅間山の北麓および千曲・信濃川を遡るルートで流入した可能性がある。後葉の中頃になると大木式に近い唐草文系土器が一部加曽利Ｅ式と折衷した様相を持つ鱗状短沈線文土器が浅間山の北麓の群馬県を含め独自の様相を展開する。千曲川中流域では、中期後葉になって加曽利Ｅ式（系）、大木式系とともに北陸系土器も確認されている。次項では、東北地方から長野県にかけての大木９式に焦点をあて、土器型式の接触について考える。

２　大木９式併行期の様相

（1）東北地方の大木8b式から大木９式土器概観

拡散を続けた大木8b式土器は前時期に比べて器形と文様の定型化が顕著で、太平洋沿岸部の貝塚では精製土器ともいえる小形で非常に精巧なものが現れるという点も含め、東北地方の土器型式上の画期とも考えられる。山内清男の大木囲貝塚発掘によって出土した大木8b式資料のうち内面に層位が朱書きされている資料は、何れも新段階の大木8b式であったが、５点がＢ地点から出土しており、8a式に伴う１点を除いては、全て６層にまとまっていた。同じＢ地点の６層からは４点の大木９式土器も出土している。

このような貝塚の層位に反映された廃棄時期の同時性に加え、型式学的にも大木8b式新段階から大木9式への変化は非常に漸移的である（図26）。その画期指標のうち最も有効である第1点目は文様表出技法で、粘土紐の太さ・高さの不定化であろう。大木8b式の、頂部が広く断面が台形の隆帯が大木9式になると隆帯の頂部から裾へかけて幅の広い沈線でなぞられることにより頂部の平坦部が狭い隅丸三角形になる。そして沈線が幅広くなったことで掻き出された粘土を寄せて器面を隆帯状に盛り上げたようなものや、ヒレ状に異常に高く隆起させた隆帯が登場する（水沢2003）。指標の第2点目は文様帯の変化である、大木7式から続いてきた、横区画による2から3文様帯構成の原則が崩れ、底部から口縁部もしくは口唇部の文様帯の直下まで文様が展開する土器（図26-7・12・15）が現れる。これが縦方向に器面を分割する方向への大転換となる。3点目は文様表現方法の変化である。この時期、隆線・沈線・隆沈線などで表現したい文様を直接的に描いたり貼付する方法、つまり縄文前期以来続くいわば直接的な手法が、区画によって中抜き文字のように図像を表現するいわば間接的な手法へ変化する。ここで言う間接的な手法は、区画の周辺を磨り消して区画内だけに縄文を残す、区画内部を磨り消す、区画内部だけに縄文を充填するなど方法は様々であるが、縄文後期を経て晩期へと連続していく。そして直接的な手法と間接的な手法の両者が併存を始めるのが、大木8b式新段階（図26-6・7・9）で、その契機は曲流する渦巻文が連結を強めるため、本来の線描による渦巻（蕨手）文と連結によって生じた区画文が併存する点にある。大木9aから9b式への変化の過程で前者が欠落し、後者へと変化していくのである。

このように、大きな画期を含む大木8b式から9式への過渡期、長野県の千曲川水系でも、中心分布圏の様相に類似した大木9式が出土した。次にこれらの土器に焦点をあて、そこから派生する問題を考える。

(2) 千曲市屋代遺跡群の大木9式土器概観とその代表例

① 屋代遺跡群2b期

千曲市屋代遺跡群は大木囲貝塚から直線距離で約340km離れた千曲川中流域に位置するが、地表下4mの縄文中期後葉の集落からは多くの大木9式(1)に類似した土器が出土した。同遺跡から出土した中期後葉土器は、住居跡の切り合いと層位的な出土状況による前後関係の確認、そして遺構間接合による廃棄の同時性の検証により、4期に区分される（図27）。土器全体の組成としては在地の圧痕隆帯文土器や渦巻多連文土器に大木式系土器、加曽利E式（系）土器（図28）を中心に串田新式（系）土器等が伴う。屋代遺跡群2期にあたるSB5350号住居跡の土器型式が分かる口縁部資料に基づく土器組成（土器型式の組成）を見ると、圧痕隆帯文土器22%、加曽利E式（系）土器20%、大木式系土器17%、曽利・唐草文系土器2%、その他・不明39%である。大木式系の比率は2b期と3b期が比較的高いが、東北地方の大木式との型式学的な類似度は2b期が最も強い。ただ、本来大木式にあるべき5つの類型の組成（図26）のうち、底部から口縁部まで文様が連続するキャリパー形のA類（図27 SK9071-1・9）が圧倒的に多いことは特筆すべきであろう。後葉3a・b期は加曽利EⅢ式古段階、後葉3c期は加曽利EⅢ式新段階と併行関係にあるとみられる。この間が大木9式併行期であるが、SB9001-11（図27）の胴部文様の技法と区画、SB5338-6（図27）の胴部文様などから、大木9a式から9b式への時間差に伴った変化が見て取れる。

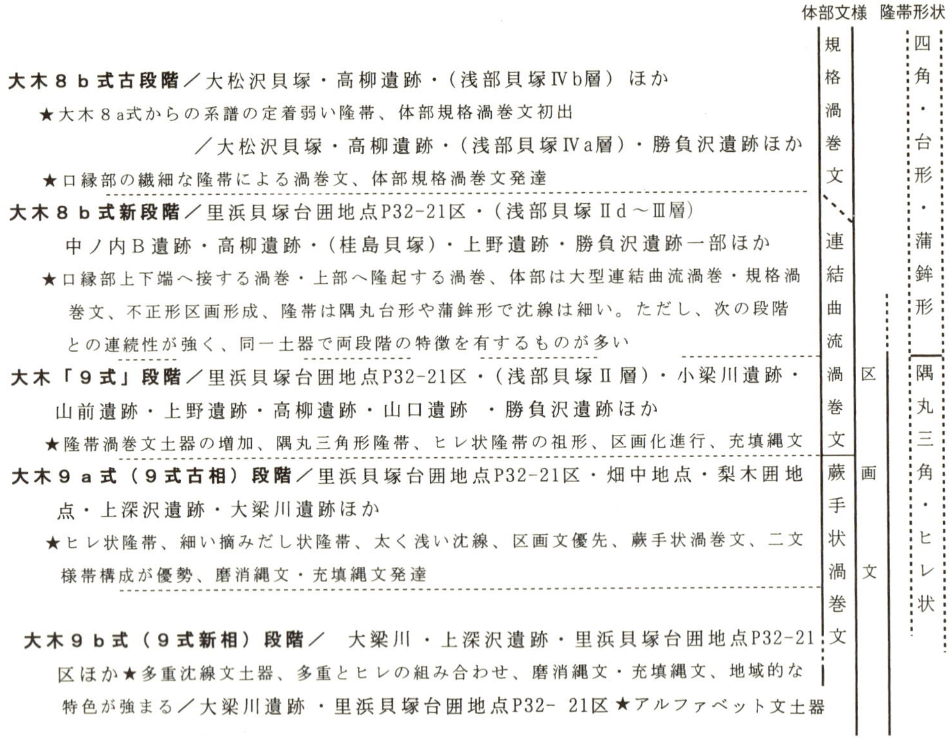
体部文様　隆帯形状
大木８ｂ式古段階／大松沢貝塚・高柳遺跡・（浅部貝塚Ⅳb層）ほか
★大木８a式からの系譜の定着弱い隆帯、体部規格渦巻文初出
／大松沢貝塚・高柳遺跡・（浅部貝塚Ⅳa層）・勝負沢遺跡ほか
★口縁部の繊細な隆帯による渦巻文、体部規格渦巻文発達
大木８ｂ式新段階／里浜貝塚台囲地点P32-21区・（浅部貝塚Ⅱd～Ⅲ層）
中ノ内Ｂ遺跡・高柳遺跡・（桂島貝塚）・上野遺跡・勝負沢遺跡一部ほか
★口縁部上下端へ接する渦巻・上部へ隆起する渦巻、体部は大型連結曲流渦巻・規格渦巻文、不正形区画形成、隆帯は隅丸台形や蒲鉾形で沈線は細い。ただし、次の段階との連続性が強く、同一土器で両段階の特徴を有するものが多い
大木「９式」段階／里浜貝塚台囲地点P32-21区・（浅部貝塚Ⅱ層）・小梁川遺跡・山前遺跡・上野遺跡・高柳遺跡・山口遺跡・勝負沢遺跡ほか
★隆帯渦巻文土器の増加、隅丸三角形隆帯、ヒレ状隆帯の祖形、区画化進行、充填縄文
大木９ａ式（９式古相）段階／里浜貝塚台囲地点P32-21区・畑中地点・梨木囲地点・上深沢遺跡・大梁川遺跡ほか
★ヒレ状隆帯、細い摘みだし状隆帯、太く浅い沈線、区画文優先、蕨手状渦巻文、二文様帯構成が優勢、磨消縄文・充填縄文発達
大木９ｂ式（９式新相）段階／　大梁川・上深沢遺跡・里浜貝塚台囲地点P32-21区ほか★多重沈線文土器、多重とヒレの組み合わせ、磨消縄文・充填縄文、地域的な特色が強まる／大梁川遺跡・里浜貝塚台囲地点P32- 21区★アルファベット文土器
規格渦巻文
連結曲流渦巻文
蕨手状渦巻文
区画文
四角・台形・蒲鉾形
隅丸三角・ヒレ状

図26　大木8b式から９式への変化の

しかしながら、屋代遺跡群の大木式系ではＡ類型でかつ４単位の把手付突起を有する定型的な土器が主体になり、2b 期の文様構成を 3b 期まで踏襲する。

次に 2b 期の代表的な土器について解説する。

・SK9071-1 とその出土状況

SK9071 は後葉 2b 期の集落域の北側で単独で検出された深さ 40㎝たらずの浅い土坑である。埋土３層から大木式系土器の SK9071-1（図 27 上段左１〈SK9071 3L〉）、7（図 27 上段７〈SK9071 3L〉）と渦巻多連文土器がそれぞれ胴部下半や底のみを欠損した状態で一括投げ込まれたように出土した。SK9071-1 の器形は、口縁部がかるく内弯するいわゆるキャリパー形であり、口唇部には沈線が一周する。また波頂部には４単位の把手付突起(2)を持ち、うち一つは欠損している。把手付突起の２つの基部は中に蕨手文が陰刻されるヒレ状の隆帯による貼り付けで、突起と突起の間の空間にもヒレ状隆帯による円形区画があり､その脇には沈線による渦巻文が描かれている。突起の基部のやや下方から主文様としてのＪ字状に曲流する渦巻文が始まり、その先端は胴部最大径のあたりでヒレ状に隆起する。主文様の間は、中に縄文を充填した複数の楕円区画によって埋められている。

・SB5350-9 とその出土状況

SB5350-9（図 27 上段９〈SB5350 床下〉、図 28-3）は 2b 期の SB5350 号住居跡を切る土坑墓に屈葬されていた人骨の記録を終えた後ウレタン樹脂で人骨を取り上げるための深掘中に、土坑墓脇の住居跡床下レベルから出土した。把手を欠き、あたかも埋甕のように胴部下半を割られた状態

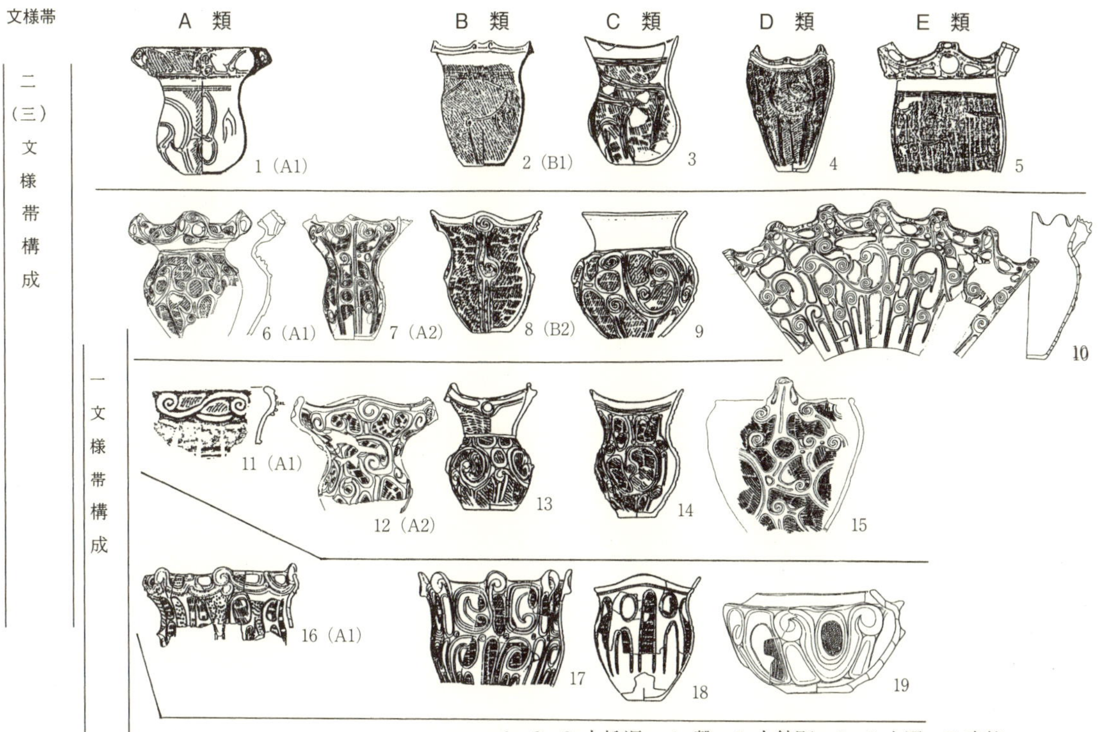

メルクマール（水沢2007bより）

1・2・3 大松沢　4 繋　5 大館町　6・9 上野　7 高柳　8 中ノ内B　10 台ノ上　11・14 山前　12 月崎A　13 幡谷　15 博毛　16・19 上深沢　17・18 大深川　※縮尺不同

であった。更にこのSB5350の床面検出ピット（貯蔵穴の可能性ある）からはこの土器の把手付突起のみが出土した。SB5350-9の破片はSB5341の5層、SF5191の3層、SB5332の床下などからも分散して出土している。さて、本土器の器形は口縁部がかるく内弯するキャリパー形である。把手付突起は1単位しか残存していないが、本来波頂部に4単位あったと考えられる。分帯線は無く、括れ部より上に渦巻文と楕円区画の組み合わせである「渦巻楕円文」や楕円区画が配置され、括れ部より下には主文様としてのJ字状に曲流する渦巻文が4単位巡り、その先端はヒレ状に隆起する。この主文様の内側も縄文を充填した楕円区画によって埋められている。

②3期の様相

3期のうち比較的資料が充実した3b期になると器形・文様帯構成は変わらないが、隆帯が低くなだらかで部分的に摘み出し状になったもの（SB5345-21図27）、沈線による区画と蕨手文のみになったもの（SB5345-29図27）がみられる。また屋代遺跡群出土土器の多くは突起の有無に拘わらず波状口縁が多いが、東信地方から群馬・埼玉県方面では、平縁で頸部に無文帯、胴部に隆帯による渦巻文が展開する大木式系土器がみられる。把手を持つ大木式系土器とは異なるルートでかつ異なる変容過程を経たものと考えられる（水沢・岡村2005）。その他の土器も含め、大木式系土器が関東地方や千曲川水系にもたらされた背景には様々な過程が推測される。

（3）屋代遺跡群の大木式系土器と南東北の大木式土器との比較

本項ではSK9071-1とSB5350-9を、宮城・福島・山形県から出土している大木9式土器と比較する。比較の視点は器形、文様帯、文様と文様表出技法（水沢1990a）とする。

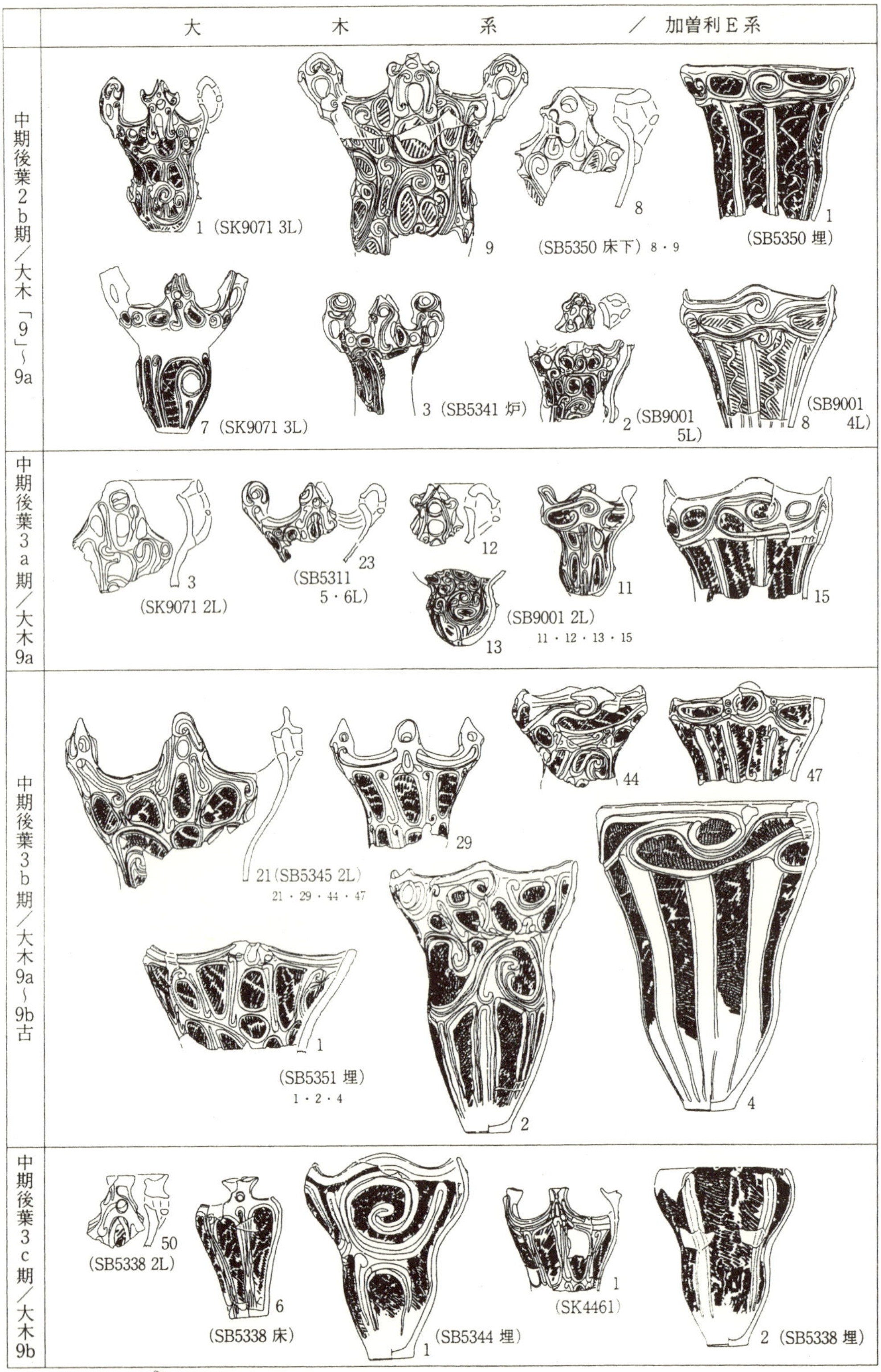

図27　屋代遺跡群出土大木式土器の変遷（水沢2007より）　［s=1/12］

※数字は報告書における報告番号に同じ。（　）内のLは出土層位、埋は埋甕、同一層の場合はまとめて記載。本文中に引用する場合は、例えば1（SK9071 3L）をSK9071-1と表現する。

① 器形

ⅰ 大木式の器形

大木8b式～9式の深鉢形土器の器形は大きくは口縁部がやや膨らんで口唇部がすぼまるいわゆる「キャリパー形」、胴部が膨らみ、頸部で括れ口唇部が外反ないしは外傾する「外反形」、胴部から頸部へかけて膨らみ、口縁部ですぼまるいわゆる「樽形」の3タイプに分けられる。胴部最大径の位置は大木8b式段階には胴部下半のものが多いが（図26-1）、新段階から9式になると括れ直下（図26-6）のものも増える。また、「外反形」の器形は胴部が大きく膨らみ、壺形を呈するものもみられる（図26-9・13）。

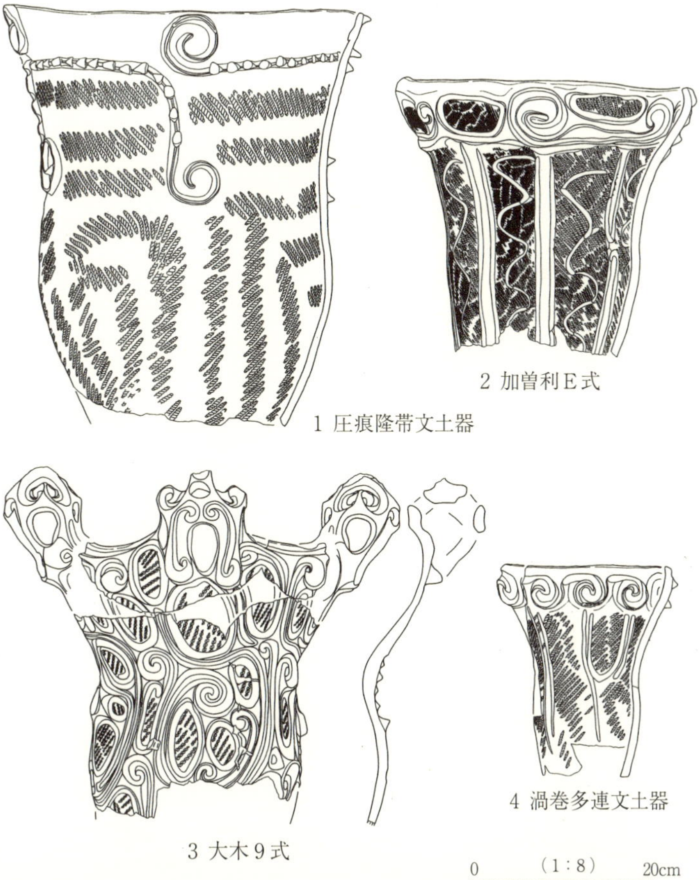

図28　屋代遺跡群出土中期後葉主要土器（水沢2000aより）

ⅱ 屋代遺跡群大木式系の器形

屋代遺跡群のSK9071-1・SB5350-9はともに「キャリパー形」に属する。

② 文様帯と類型

ⅰ 大木式の類型

器形と文様帯構成から、大木8b式～9式は大きくA・B・C・D・Eの5つの類型に分類される（図26）。このうち、

「キャリパー形」の土器は、

A類：平口縁もしくはかるい波状口縁で、横方向に展開する口縁部文様帯と括れ部以下の胴部文様帯を有する。頸部に無文帯があるものと消失したものを含む。

「外反形」の土器は、

B類：口唇部が肥厚外反し、多くは頸部に括れがあり、括れ部以下にA類と共通する胴部文様帯を有するもの。口唇部の肥厚部には中央に溝を陰刻、中心に渦巻もしくは円形刺突が貼付され、口唇部文様帯を形成する。頸部の無文帯は、時期が下るにつれて消失する。A類に類似した類型を含む土器型式に関東の加曽利E式があるのに対しB類は大木式独自の類型で、大木式を特徴づけるものである。

C類：口縁部が無文で胴部のみに文様が展開するもの。

E類：網の目状に隆起した隆帯装飾が口縁部を一周し、そこから4単位の把手が隆起し、口縁部文様帯を形成する。通常無文帯を挟んで括れ部以下に胴部文様が展開する。

「樽形」の土器は、

D類：口唇部に肥厚部や沈線を持つ他は文様が口縁部から胴部まで連続するもの。

このうちA・B類については頸部無文帯を持つ3文様帯構成のものをそれぞれA1類（図26-1・6・11・16）、B1類（図26-2・8）とし、口唇部に区画線がみられるのみで胴部から口縁部まで連続的に文様が展開するものをそれぞれA2類（図26-7・12）、B2類（図26-8）とする。これらには波状口縁で把手が無いものと、平縁で3ないし4単位の把手が付くものがみられる。A2・B2類は大木8b式新から「9」式に盛行し、9a式へと引き継がれる。

ii　屋代遺跡群大木式系の類型

屋代遺跡群のSK9071-1、SB5350-9は、ともに既述の大木式の類型のうちA類のA2類に属する。後続する2b期から3c期の大木式系土器も、波状口縁で口唇部に4単位の把手状突起を持つA2類が変容したものが主体を占め、その変化を捉えることができる。このような土器は既に「屋代類型」（綿田2003）と命名されている。また、キャリパー形でも把手を持たず、口縁部文様帯と体部文様体が分かれ、胴部に隆帯による渦巻文が展開する大木式系に類似する土器（SB5345-44図27）は、極めて少数に止まる。

③ 文様と文様表出技法

本項では文様と文様表出技法を論ずるが、論点を整理するために部位を分けて記述する。まず突起部分、次に胴部文様帯を取り上げる。

・突起

屋代遺跡群出土の大木式系土器の最大の特徴は、基部に把手を有する突起（「把手付突起」）である。そこでここでは前項とは逆に、まず屋代遺跡群の突起を分類し（図29）、次に本場の大木式と比較するといった手順で論を進める。

i　屋代遺跡群大木式系の突起

屋代遺跡群の大木式系土器全体を概観すると、把手付突起の形態は大きく4つに分類される（図29）。SK9071-1やSB5350-9に代表される突起は中空で、基部にボタン状の貼り付けを有する2本の橋状隆帯で口縁部に取り付けられている。把手の先端の突起状の装飾は、中央が尖り、その下の孔は突起前方から突起の伸長方向と垂直に貫通している。断面図を描くと、貫通孔の上側が逆V字形に尖って表現される。正面から突起を観察すると、孔の両側は左右対象に上に跳ね上がっている。この特徴から、類似した突起を「双翼状突起（そうよくじょうとっき）」（図29-1～7）と命名した（水沢2000a）。SK9071-1は左右の跳ね上がり部分（双翼部）の先端は鋭く尖っているが、SB5350-9の先端は丸い（図27上段左-1・9）。ただ、どちらも双翼方向に深い沈線による蕨手文が陰刻されている。特にSK9071-1は頂部から左側にノの字を描くように深い沈線が陰刻され、その先端は上巻の蕨手文となる。右側の蕨手文は途中から発し、先端はやはり上巻となる。SB5350-9も両側の蕨手文は何れも上巻だが、尾の先は突起の端を伝って口唇部を一周する沈線へと繋がる。

その他の突起には「平突起」（図29-14～20）、「嘴状突起」（図29-9～13）、「盃状突起」（図29-21～24）がある。「平突起」も「双翼状突起」と同様に通常2本の隆帯で口縁部に取り付け

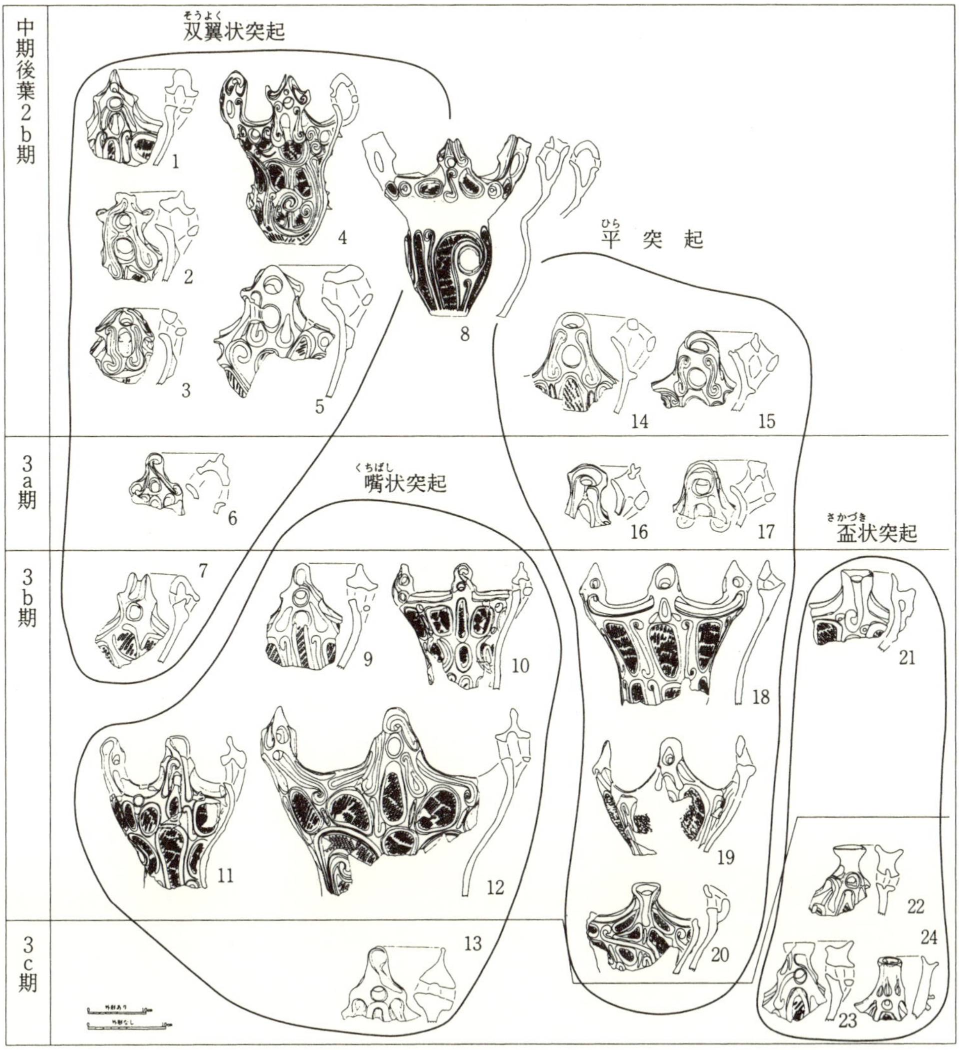

図29　屋代遺跡群出土土器の把手付突起の分類（水沢2007bより）

られている。頂部やや前方と頂部やや内側は平らで、前者の中心が中空になっている。この中空部分が平面を呈するため、「平突起」と命名した。断面図を描くと、「双翼状突起」の頂部が逆Ｖ字状もしくはなだらかな逆Ｕ字状になるのに対し、「平突起」の頂部は、外側の中空部分と内側の中空部分を繋ぐ四角形もしくは菱形のブリッジに表現される。平面を呈する部分は、渦巻装飾と融合したもの（図29-15・16）と平易なドーナッツ状のもの（図29-14・18～20）とがみられる。「平突起」は2b期から3c期に該当し、同一の土器に「双翼状突起」（図29-8の正面）と「平突起」（図29-8の向かって右側）が併用されている例もある。３つ以上の突起が残存する例がこれ以外に殆ど無いため推測の域を出ないが、４つの把手付突起の中に異なる形態のものが含まれていた例はこの他にもあったのかもしれない。これに対して「嘴状突起」は3b期から3c期に集中する。盃状に頂部が窪む「盃状」突起もこれに併行する。前者は形態上「双翼状突起」が押しつぶされた形、後者は「平突起」の孔がふさがった形にも見て取れることから、これらの退化形態と推測される。当初の「双翼状突起」と「平突起」は千曲川水系に根付き、やがて次の「嘴状突起」や「盃

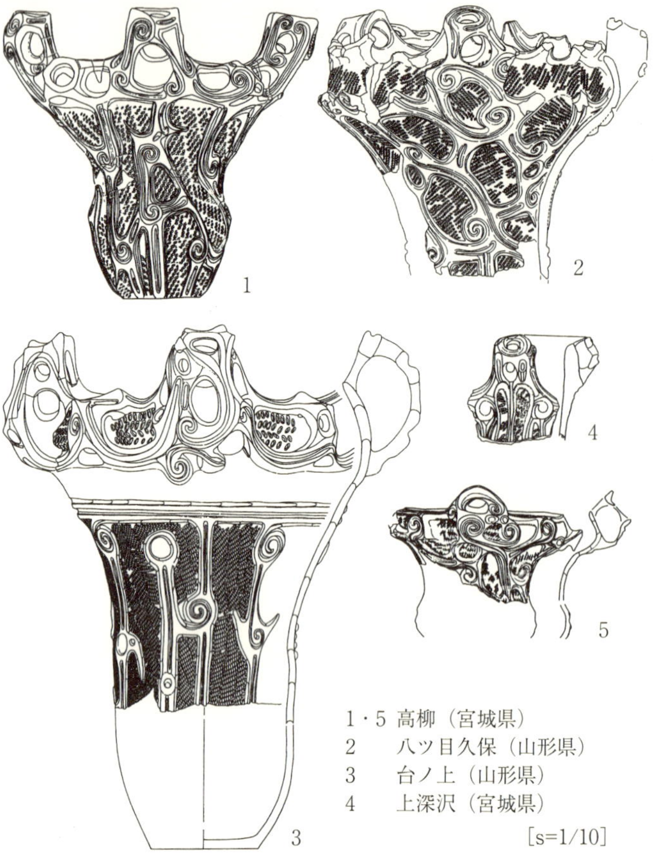

図30　平突起を有する大木式土器（各報告書より）

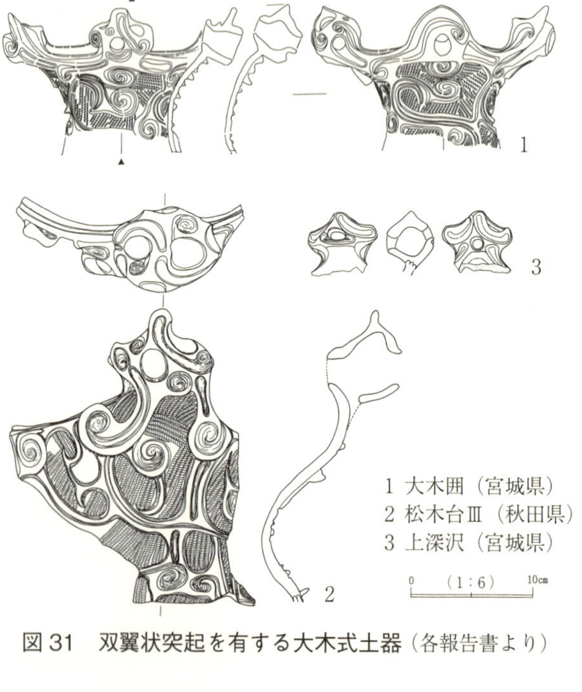

図31　双翼状突起を有する大木式土器（各報告書より）

状突起」を生み出していったのであろう。

ⅱ　大木式の突起

次に東北地方南部の大木式土器の突起を概観する。

東北地方南部では、大木8a式期に大形の把手付突起が盛行するが、8b式古段階になると小形化し、A1類に添付されたり(3)、もしくはE類の口縁部に付く網目状の装飾の頂部に添付されたものが確認される。大木8b式新段階になると各遺跡で少数ながら4単位の把手付突起を有する土器がみられ、大木「9」式へと連続する。これらの形態の一つに屋代遺跡群の「平突起」に類似した把手付突起がある。平坦な頂部には円形の貫通孔やコイル状の貫通孔が付く。大木8b式新段階の例としては宮城県仙台市高柳遺跡（図30-1）（佐藤1995）、山形県朝日町八ツ目久保遺跡（図30-2）（佐竹他1999）・米沢市台ノ上遺跡（図30-3）（菊地1997）例などがあげられる。大木「9」式になると宮城県東松島市里浜貝塚台囲地点（図32-1）（会田1999）や高柳遺跡（図30-5）のように頂部がヒレ状に隆起したものがみえる。前者は3単位である。更に大木9a式にあたる里浜貝塚畑中地点（図32-3）例では、頂部は前二者に類似するが、把手付突起の基部が2本の橋状把手で口縁部に付着し、屋代遺跡

図32　宮城県里浜貝塚出土土器［奥松島縄文村歴史資料館蔵／長野県立歴史館写真提供］

群例に繋がるボタン状のヒレ状渦巻を有する。この畑中地点出土土器の把手付突起の頂部形態に酷似している例に屋代遺跡群 SB5313b-16（図 29-16）がある。

これに対し、頂部が尖り左右に張り出しがみられる「双翼状突起」の類例は極めて少ない。その中で特に注目されるのが、大木囲貝塚出土土器である（図 31-1）。本土器は山内資料として東北大学に保管されている大木 9 式土器（須藤 2006）の優品である。精緻な白色の胎土で黒雲母を含み、焼きしまりは良好である。器形は「外反形」で、口縁部から胴部まで連続的に文様が展開する B2 類に相当する。特に 4 単位の把手が全て残存している点では極めて貴重である。更に驚くべきことは、3 つの把手付突起（図 31-1 右）が先述の里浜貝塚台囲地点等に類似した頂部が丸い「平突起」的な形態であるのに対し、一つだけが「双翼状突起」に類似した別形態なのである。この 4 つ目の把手付突起（図 31-1 左）は頂部が尖り、左右に張り出しがみられ、前面に貫通孔を有する。特に向かって右側は、上側に跳ね上がっている。陰刻された沈線は頂部に発し、逆ノの字を描き、その先端の蕨手文は突起の跳ね上がりに伴い、上側に巻いている。対して左側に陰刻された渦巻は下方から発して左側面を上昇し下側に渦を巻く。そのため、突起の双翼部の跳ね上がりも右側より弱い。この左側の陰刻渦巻の形態は、高柳遺跡出土土器（図 30-5）の「平突起」的な突起の向かって左側に小さく陰刻された渦巻の形態にも共通している。屋代遺跡群 SB9071-1 は把手付突起の貫通孔の下から直接双基部が延びていたが、こちらは貫通孔の下に横方向の緩い U 字状の沈線があり、その下から単基部が延びる。また、屋代例では貫通孔の上に小形円形の刺突を有するが、こちらも貫通孔の左上に存在する。つまり完全な相似形とはいえないまでも、その文脈がかなり正確に共有されている土器といえる。非常に良く似た把手付突起に秋田県秋田市松木台Ⅲ遺跡（大野他 1986）の遺構外出土土器（図 31-2）がある。本土器はむしろ屋代例に近い「キャリパー形」の A2 類にあたる。やはり突起頂部は突出するものの、双翼部はあまり尖らず、頂部から逆ノの字状の沈線が陰刻され、右側の先端は上巻の蕨手文である。大木囲例が単基部であったのに対し、こちらは双基部であり、屋代例に近い。口唇部の沈線や隆帯の形状は大木囲貝塚例に類似する。

大木 9a 式期の例としては把手付突起のみではあるが、宮城県大衡村上深沢遺跡例（図 31-3）（宮城県教育委員会 1978）があげられる。これは左右対称に跳ね上がる形態で「双翼状突起」の範疇で捉えられる。以上、大木式全体で把手付突起を有するものの割合が低い上に、「平突起」的な形状のものが多いため、双翼状の形態は極少数といって良いだろう。

・胴部文様とその表出技法

i　大木式の胴部文様とその表出技法

山内清男がカード化して知人に配布し（興野 1996）、一部型式名が添付されて発表された（小岩 1961）大木式土器の標式資料の多くは破片資料であったため、層位と地点で裏付けられる土器型式区分のメルクマールは、主に胴部文様と文様表出技法の差によって抽出記載されたものと想像される。写真のまとまりから、山内は大木9式を大きく三段階に分かれると認識していたと推測する。文様表出技法からみて古い段階の大木9式土器は（興野前掲図版 104 上）、先述したように渦巻文様が連結しながら曲流展開する大木 8b 式新段階（図 26-6・7）の文様構成を主体的にとりながらも、大木 8b 式から踏襲される頂部が広く断面が台形状を呈する隆帯が、頂部から裾へかけて幅の広い沈線でなぞられることにより、頂部の平坦部が狭い隅丸三角形への変化を遂げつつあるものを指す。また、部分的に大木 8b 式新段階には無かったヒレ状に隆起した隆帯が主に渦巻部分に採用され始めると同時に、掻き出された粘土を寄せた隆帯状部分が生じる。山内の言葉を借りると（興野前掲）、大木9式は、「粘土紐の太さ・高さが不定となる。それを囲む沈線が丸みを帯びて来る。」類似した特徴の土器は大木 8b 式新相もしくは大木 8b ～ 9 式（丹羽 1989）として括られることもある。非常に漸移的な大木 8b 式から9式への画期は型式区分全体の問題として今後も検討していく必要があろう。大木9式の中段階の土器群には（興野前掲写真 104 下・105 上）、脇の入念ななぞりによって更に細くなった隆帯とヒレ状に隆起した隆帯による巻の弱い渦巻文様や、幅の広い沈線で区画文様やその間の蕨手状渦巻文が描かれる。楕円形区画のみが描かれるもの（興野前掲写真 105 下）は更に新しい段階に比定されよう。

このような点を踏まえて、大木 8b 式から大木9式期土器の諸属性を広域に比較する視点として以下文様表出技法としてａ～ｄの隆沈線形状、文様の構成としてｅ～ｈを抽出する。ただ、前者は同一個体の部位によって異なる場合がある点、後者は完形に近いものでなけれが判別できない場合がある点に問題を残す。

A.　隆沈線および沈線の形状

a　断面台形隆沈線：隆帯の頂部が平らな、幅の広い隆帯。

b　断面三角形隆沈線：隆帯の頂部から裾へかけて幅の広い沈線でなぞられることにより、頂部の平坦部が狭くなる隅丸三角形の隆沈線。個体差が大きく、平坦部が狭いもの→尖るものという変遷も予想されるが、同一個体に両方が使われている場合もあるので、敢えて分けない。

c　ヒレ状隆帯：断面三角形でヒレのように隆起する隆帯。

d　調整沈線：幅の広い沈線で、粘土を寄せたために沈線間がやや盛り上がり、そこを磨いて調整している場合もあるもの。

B.　文様の構成

文様は通常、沈線のみの場合は三本ないし二本、隆帯の場合は二本、稀に一本で描かれ、それぞれの両脇に沈線が沿う。破片が大きい場合、主文様の展開の構成を下記のとおり読みとることができる。

e　Cの字構成

f　Jの字構成

g　Sの字構成

h　直線的構成

上記主文様の間を埋める文様には区画文と蕨手文があり、前者の形態は、楕円形・正円形・U字形他に分類される。里浜貝塚P-32区での細かな分層発掘調査によって抽出された廃棄の前後関係（会田1999）から、提示した文様表出技法と文様構成の時間的な変遷を推測してみたい。まず151層以下は、Aの範疇の隆沈線や沈線を含まない段階である。つまり、この層位から出土した資料は、間が無調整の平行沈線および断面が四角形で頂部が広い隆沈線によって文様が描かれる大木8b式にあたる。ところが、150層(4)から134層の土器には、大木8b式にプラスして「隆沈線および沈線の形状」におけるa・b・cの三要素が現れる。つまり大木「9」式の特徴を大きく含む段階にあたる。134層の突起を有する個体（図32-1）は、口縁部突起の部分にだけcが使われ、胴部はbで、「文様の構成」は「e　Cの字構成」をとる。同一層位からは口縁部の渦巻文のみc、胴部はbで、文様は「f　Jの字構成」の個体（図32-2）が出土している。図31-1も口縁部の突起と突起下の向かい合う渦巻にのみcが使われ、胴部文様はbで描かれていて、これらに併行する段階とみられる。曲流展開する渦巻の先端のみcで描く手法は幡谷貝塚の壺形土器（図26-13）にも共通する。これに対し、132層より上層111層あたりまでは、渦の巻方が弱まり、cとdが併用されて直線的な文様構成になる個体や、沈線のみで楕円区画や多重文様が描かれる個体が目立つようになる。図32-3の畑中地点例は、この段階に相当するとみられるが、bの中でも極めて先の尖った隆帯と著しく隆起したcが使われている。梨木囲地点とも共通する要素が多く、大木9a式段階と考えられる。

豊富な大木8b式土器が出土した高柳遺跡では、大木8a式の沈線文で描かれる文様の中に既に「Jの字構成」や「Sの字構成」があり、大木8b式新段階には隆帯によるそれらとともに「Sの字構成」や「直線的構成」が増える傾向がみられる。また、文様同士の連結が強まったことで発生する区画は大木8b式新段階には不正形であるが、大木「9」式になると正方形や円形に整っていき、その結果胴部最上部に区画が一周する幡谷例のような構成（図26-13）が出現する。

ii　屋代遺跡群大木式系の文様構成と文様表出技法

次にこのような大木式土器の文様構成と文様表出技法を屋代遺跡群出土土器と比較する。

SK9071-1の文様は、主文様の「Jの字構成」や把手付突起基部直下を巡るU字状の区画（図26-13）は大木「9」式に共通する。ただ、主文様が三本隆帯（脇に沿う沈線は四本）で描かれている点、区画の間に横方向の沈線蕨手文が入る点、大木式では沈線化すべき部分の一部が隆帯に置き換わっている点など、本来の大木8b～「9」式を逸脱した様相も無いわけではない。因みに三本隆帯は、四本隆帯とともに新潟県域の大木8b式にしばしば使われる要素であることは注目されよう。SK9071-1の文様表出技法は、口縁部直下（突起間）の円形区画、把手付突起の基部、胴部文様先端の渦巻部分に大木式に共通するcが用いられている。特に突起の基部のcは、大木9a式の里浜貝塚畑中地区出土土器に共通する用いられ方をしている。ただし文様を描く隆沈線は大木式本来のａ・ｂより器面への接地部が細く、かつ高さも無いため、部分的にはむしろｄに近い形態を呈する。更に底部付近になると隆帯、つまり沈線間の盛り上がりが殆どなくなってしまう。

SB5350-9は主文様も「Ｊの字構成」も、大木「9」式に共通する。ただ二本隆帯（脇の沈線は三本）で描かれる部分と三本隆帯（脇の沈線は四本）、一本隆帯（脇の沈線は二本）の部分が入り乱れて出現する。また、渦巻部分の脇や、その先の隆沈線のみが曲流する柄の部分の途中にも、余計な渦巻が付く。これらも本来の大木式を逸脱した文様構成上のゆらぎである。SB5350-9の文様表出技法のうち「Ｊの字構成」の渦巻文様の頂部、口縁部直下の渦巻文、ならびに把手状突起の基部は大木式土器のｃの範疇で捉えられる。ただその他の部分はSK9071-1よりも更にｄに近く先の尖った断面三角形隆沈線によって描かれている。

④ 小　結

以上の分析から屋代遺跡群出土の２点の土器は、器形と文様帯構成、そしてそれらから設定された類型上は南東北地方の大木8b式新段階～「9」式に含まれる。ただ文様構成の面では基本的には一致するものの、隆帯の本数や文様要素の配置に若干の逸脱がある。文様表出技法も大木「9」式～大木9a式の特徴と、そこから外れた部分を併せ持つと考えられる。一方把手の形態は、大木「9」式～大木9a式の様相が見えるものの、直接比較できる資料が少ない。縄文時代中期において把手が最も盛行したのは中葉で、屋代遺跡群周辺の地域では、火焔型土器とその後続類型や、勝坂式から曽利Ｉ式にかけての土器群などがあげられる。とりわけ、火焔型土器の主要分布圏は大木式文化圏の南端に重なるため、大木式土器、火焔型土器・王冠型土器と越後の在地系土器が共伴（寺崎1991、小田1991）する新潟県域の土器事情は重要であり、次にこの地域を概観する。

(4) 信濃川流域の大木式土器

福島県西会津地方や山形県など東北南部から新潟県の信濃川流域では大木式土器に把手を備えたものが特に目立つ。この傾向は火焔型土器が盛行する大木8a式期から、屋代遺跡群の双翼状突起の祖型とみられる形態の時期へと継続していく。特に大木8a式新段階には２～４つの貫通孔を持ち、正面から見ると頂部が緩く尖った台形状を呈する把手付突起が新潟県津南町道尻手遺跡（図33-1）（佐藤2005）・沖ノ原遺跡（渡辺・江坂1977）や、南魚沼市上ノ台Ⅱ遺跡、湯沢町川久保遺跡（佐藤1986）、見附市羽黒遺跡（金子・寺崎1982）など信濃川上～中流域を中心に発達する。

大木8b式段階になると、胴部文様は縄文地文に沈線で規格渦巻文（水沢1996a）が描かれるいわゆる馬高式塔ヶ崎類型にあたる大木8b式（図33-2・3・5）と、矢羽根状沈線の地文に隆帯で規格渦巻文が描かれる栃倉式（図33-4）の双方に４単位を主体とする把手付突起が付く場合が多い。それらの中に頂部が尖って双翼状的に左右が張り出し、下から上に巻上がる渦巻が陰刻される形態（図33-4）や、頂部が尖り左右に双翼状の張り出しを持つ形態（図34-1・35-1）が出現する。また、把手付突起の基部はＸ字状になるもの（図33-3・5）とＸの交差部分がやや離れ、結果として左右対象の橋状になる例（図33-2・4）がある。これらは長岡市栃倉遺跡（藤田他1961）・馬高遺跡（中村1958）・岩野原遺跡（寺崎他1981）など信濃川中流域と、十日町市森上遺跡（金子他1974）、津南町沖ノ原遺跡、南魚沼市万條寺林遺跡（池田・荒木他1988）など上流域、海岸部の柏崎市岩野遺跡・糸魚川市中山Ａ遺跡（山岸2005）や関川流域の上越市山屋敷Ｉ遺跡（寺崎他2003）・前原遺跡（小田2004）、妙高市大貝遺跡などと広範囲に分布する。更にこの形態は長野県

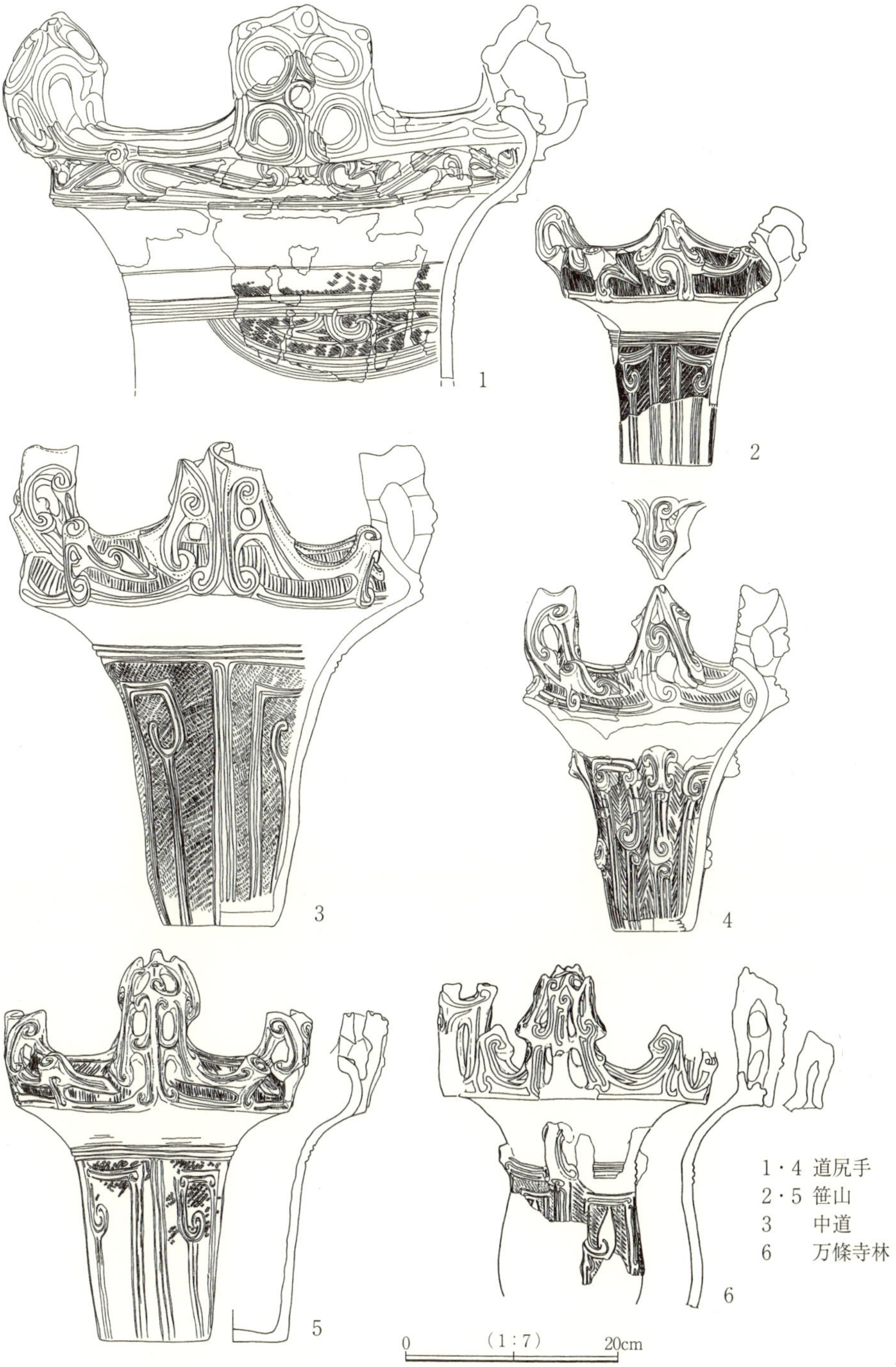

図33　新潟県の信濃川水系の大木式土器（各報告書より）

域の唐草文系土器の第Ⅱ期に共通する(5)。大町市大崎遺跡、長野市（元豊野町）明神前遺跡（図37-1、笹沢2001）、安曇野市ほうろく屋敷遺跡（大沢他1991）出土土器など北信から中信にかけての数多くの遺跡で同様の形態の、突起が4単位付随する例がみられる。

さて、万條寺林遺跡や幅上遺跡、沖ノ原遺跡からは口縁部文様帯の下端部が大きく張り出すと

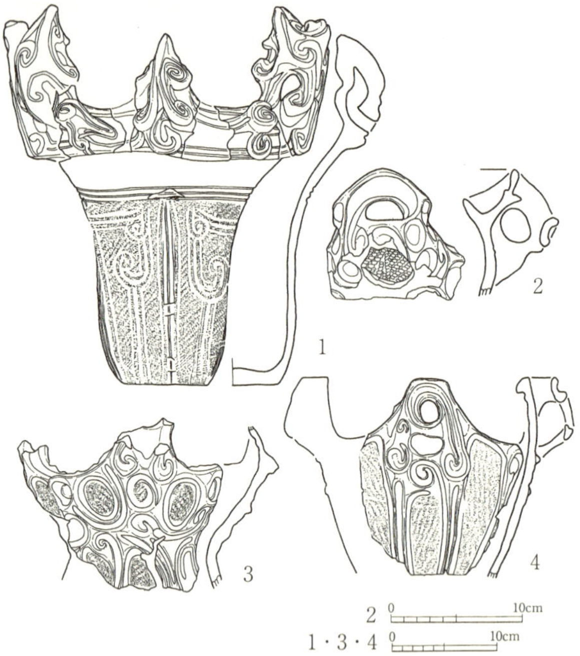

図34　新潟県山屋敷Ⅰ遺跡出土土器
（寺崎他 2003 より）

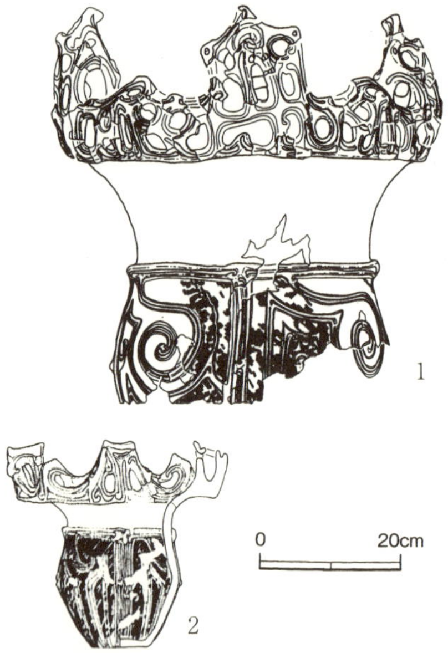

図35　新潟県幅上遺跡出土土器
（宮内 2007 より）

ともに内側に強く屈曲し、非常に大形の把手付突起を持つ A1 類型の変化形が出土している。これらは4単位の大形の把手付突起とその間を埋める小突起を有する。万條寺林遺跡出土土器（図33-6）の把手付突起は頂部に複数の突起を持ち、正面には沈線による蕨手文様が陰刻されている。渦巻の方向は、両外側は上から下へ巻下がり、中央は下から上へ巻上がる。また幅上遺跡例では、「平突起」同様に頂部が平坦な箱状を呈し、外周がヒレ状にやや隆起し（図35-2）、沖ノ原遺跡例では同様な箱状部分の頂部から更に3つの突起が延びている（渡辺・江坂ほか 1977 図版 41-1）。これら上方向へ延びる突起は双翼状突起の双翼の跳ね上がりに繋がる要素とも考えられる。また、三角形で頂部が尖る大形突起間の小突起は、沈線の陰刻による渦巻が下から双翼方向に巻き上がる（図33-6）。これらの把手付突起の形態は大木 8b 式新段階土器に共通する（図30-1）こと、幅上遺跡 SI1 の共伴事例から、時期的には SK9071-1 などには先行すると考えられる。

このように信濃川中流域や上越地域の大木 8b 式段階には、双翼状突起に繋がる要素を持つ突起が多いことが指摘できる。また、大木「9」式段階としては、上越市山屋敷Ⅰ遺跡（寺崎他 2003）から、把手付突起は残存していないものの双基部が痕跡的に残る大木「9」式土器（図34-3）が出土しており、基部の状態は屋代遺跡群 SK9071-1 と一致する。平突起（図34-2）は里浜貝塚例（図32-3）と屋代遺跡群例（図29-16）を繋ぐ要素を持つ。沖ノ原遺跡では大木「9」式併行期（図36）に複式炉が完成された形となり、その南限とみられる。

3　把手付突起の添付の意義と大木式土器情報の移動と模倣

屋代遺跡群出土 SK9071-1 と SB5350-9 は、器形や文様帯構成という点では大木9式の中心分布地域の流儀を受け継ぎ、文様や技法も大木式の様相を踏襲しているが、細部にそこから逸脱した要素が認められることが指摘できた。更に宮城県大木囲貝塚という大木９式の中心地と、長野県屋代遺跡群という大木式の南限を越えた場所、そして秋田県松木台Ⅲ遺跡といったやはり北限を越えた場所に「双翼状突起」の類例が散発的に出土することも確認できた。類例が少なく、論を展開できる段階には無いものの、その背景として縄文時代史上特異な豪華さと均衡、そして斉一性と分布の偏在性を兼ね備えた火焔型土器やその後続型式と大木式土器を併せ持っていた人々の文化の理解が鍵になるように想像する。つまり、太平洋側と日本海側を繋ぐルート、そして日本海沿岸を伝っての交流が予測される。大木 8a ～ 8b 式期に南東北地方と火焔型土器分布圏との情報の交流によって大木式の要素を有する越後在地系土器が製作されたように、火焔型土器文化圏から西会津を経由して南東北地方への把手情報の拡散が予想される。

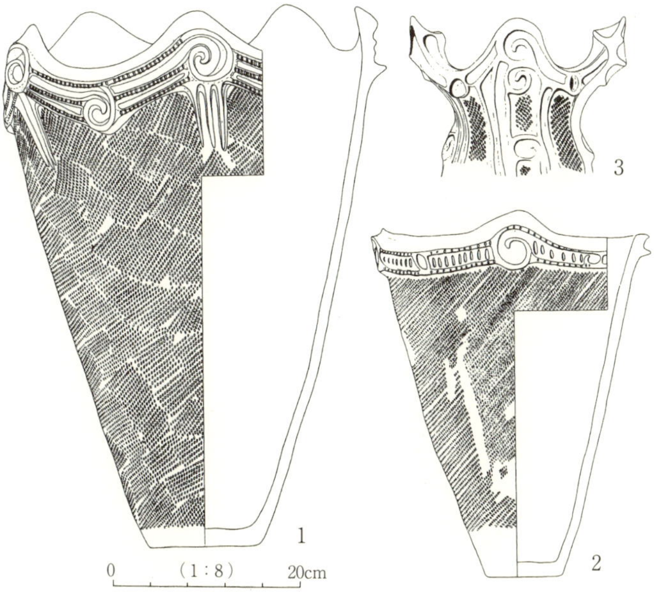

図 36　新潟県沖ノ原遺跡出土土器（渡辺・江坂 1977 より）

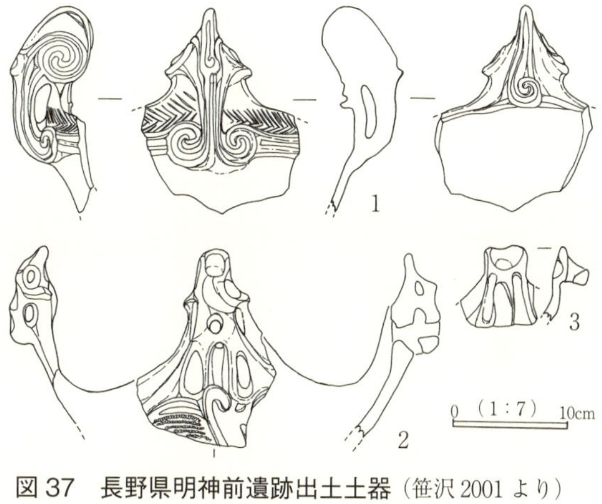

図 37　長野県明神前遺跡出土土器（笹沢 2001 より）

大木囲貝塚からは曽利式系の折衷土器が出土し（須藤 2006）、宮城県塩竃市桂島貝塚や山形県西川町山居遺跡（氏家・志田 1998）には、大木 8b 式Ｂ類型の中に新潟県から長野県域で流行する矢羽根状沈線地文が施文された個体が存在する。このことから、新潟県から中央高地と東北地方間の土器情報の流れは決して一方向ではなく、双方向に作用してきたと推測される。この事実を踏まえて情報の伝達の問題、つまり土器の移動、土器を作る人の移動、そして土器情報のみの移動等の動態に迫る必要があろう。

それでは屋代遺跡群に視点を定めた場合、今回検討してきた２つの土器を通じて屋代遺跡群にもたらされたものが何であったかを予想できるのだろうか。先述したように器形や文様帯構成という土器の骨格が大木式分布圏の土器に通じる点、文様構成や文様表出技法の大枠が大木式土器を踏襲している点からは、仙台湾などの中心分布域からではないとしても、これらを熟知した人の作った土器の移動か土器製作者の移動が考えられよう。仮に信濃川流域から上越地域の大木

8b式系の把手付突起が発展して「双翼状突起」が成立するといった様相や、大木9式土器の胴部文様の細部の変容がこの地域の出土土器から追証されれば(6)、この地域から千曲川流域への土器の搬入、もしくはこの地域からの土器を作る人の移動が可能性の一つとなろう。

註

【第1節】

（1）山内清男氏は1929年の編年表と1937年の「縄紋土器型式の細別と大別」附表で、大木式と加曽利E式の併行関係を示した（伊東1977）。前者では「加曽利E2式」と「大木8」とは波線で繋がれ、「加曽利E3」と「大木9」も並列で記載されている。後者では「大木8ab」式が「加曽利E」に、「大木9・10」も別枠の「加曽利E」に併行とされているにすぎないものの、山内監修による『日本原始美術』1所収の1964年の編年表には加曽利E1式が大木8a式と、同E2式が8b式と、E3式が9式と併行して記述されているため、1929年時点の併行関係が有効であることが理解される。また1940年の『日本先史土器図譜』第一部・関東地方・Ⅸ集の「加曽利E式」解説では「磨消縄紋を伴わない古い部分（大木8a式および8b式）とこれを伴う新しき部分（大木9式および10式）に分かれることを知った」とされている。加曽利E式の東北編年との対比を重視する始点からは、この学史の原点である「加曽利E2式」と「大木8式」、「加曽利E3式」と「大木9式」が併行し、かつ後者から磨消縄文が開始されるという観点で表記方法もこれに倣うことが望ましい。ただ、加曽利E式にはその後、山内編年の読み解き方の違いや新出資料の増加によって様々な区分の仕方が提示されている。特に主に磨消縄文をを伴わない古い部分を「EⅠ」とし、新しい部分を「EⅡ」とする分け方は、前述の古い部分を1、2式、新しい方を3、4式とする分け方と併存しており、研究者によって更に微妙な細部の違いがある。特に長野県の土器は隣接する北関東地域との比較の必要性から、同地域で一般的な埼玉編年（谷井・宮崎他1982）を基本として検討されることが多い。そこで、本論でも加曽利E式の細分にはⅠ・Ⅱ・Ⅲ・Ⅳの細分を用いるが、前述の学史を踏まえると、これはむしろ暫定的なものとし、今後更に検討を深める余地があると考える。

（2）飯山高校地歴部による飯山市深沢遺跡の継続的な調査によって1966年に報告されたこれらの土器は、西沢隆治氏によって1982年に3類の細別が紹介され（西沢1982）、1989年に仮称「深沢式」が提唱された（高橋1989）。その後「深沢タイプ」、「仮称深沢式」、「深沢土器」などが使用されてきたが、2006年に寺内隆夫氏が型式内容、変遷、分布を詳細に検討し「深沢式土器」として再設定を行った。筆者は、基本的に氏に賛同する。ただし本書では便宜的に各章の初出時の名称であった「深沢タイプ」を踏襲した。

（3）寺内隆夫氏は、深沢タイプの基準装飾である継手文は、直前の和泉A遺跡下層土器に発し、その後、後沖式を経て焼町土器などの曲隆線文へと発展し、更に唐草文系統の土器にも引き継がれていく可能性があるとしている（寺内2006）。

（4）これらは、川原田遺跡の報告書では編集者の堤隆氏によって型式に昇華させるべき機は熟したとして「焼町式土器」（堤1997）が提唱された。寺内隆夫氏も2004年度の2つの論考の註で「焼町式」として型式設定したいとの考えを表明し（寺内2004a・b）、その後「焼町式」を用いているが（寺内2008）、本書では便宜的に本項の初出時の名称であった「焼町土器」を踏襲した。

（5）頸部の括れ部に区画線のある周辺地域の土器のうち、口唇部文様帯がやや広く横方向の沈線や把手などが付く一群が五丁部遺跡の隆Ⅱa系列の土器で、これが発展したものが火焔型土器と考えられる。

【第２節】

（１）本稿では、「山内清男先生供与の大木式土器写真セット」（興野 1996）で、「大木９式土器」とキャプションが付せられた、極めて大木8b式新段階に近い過渡期の土器群（興野1996の図版104上段）を大木９式の範疇と理解し、“大木「9」”式と表現する。大木９式土器の細分は、地点別資料や層位に基づいた先行研究を踏まえ、大木「9」式（大木9a式古層）、大木9a式（大木9a式新相）、大木9b式の３段階区分を2003年に発表した（水沢2003a）。大木「9」式と大木9a式の名称の問題は据え置いたままだが今回はこれに従う。なお、大木「9」式は林謙作氏の「大木90(きゅうぜろ)」段階にあたる。その後、林氏からは、屋代遺跡群SB5350-9も「大木90」式と考えられる、とのご教示もいただいた。また本稿で「大木９式」と表現する場合は大木「9」式～9b式全体を指す。

（２）把手付突起とは、グリップが付き、かつ口縁部から上方向へ延びた突起のことを指す。通常「把手」とか「突起」と呼ばれている。東北地方の大木式土器には３単位と４単位のものがある。火焔型土器やその系統下にあるといわれる新潟県の縄文中期中葉～後葉土器群の場合は４単位である。屋代遺跡群の場合も確認できた全てが４単位となっている。

（３）宮城県石巻市田代島所在の仁斗田貝塚出土土器のうち、Ａ類型の大木8b式古段階にあたるもの（林謙作氏が1965年に「縄紋文化の発展と地域性―東北―」『日本の考古学』Ⅱのp77 図24-2で「田代島」土器として図示したもの）は、把手付突起を持ち、先端が尖っていて「双翼状突起」的な張り出しを有する、とのご教示を丹羽茂氏よりいただいた。

（４）ただし140・141層の直上に広がる127・128層の土器の沈み込みが予想されるため、この２層は除いて考える。

（５）新潟県で確認される矢羽根状沈線を地文に持つ土器と長野県の「唐草文系土器」Ⅱ期の把手付突起を有する土器の共通性は非常に高い。各要素を個別に比較すると、別土器型式内の類型の類似度を越えた共通性が見て取れる。何らかの型式上の枠組み、もしくは説明の枠組みを整備する必要があろう。綿田弘実氏のご教示によると、最近中野市千田遺跡でこれらがまとまって出土しており、両地域の土器群の関係性の解明が期待される。
（補註）千田遺跡（綿田編 2013）によって大木8b式と栃倉類型、ならびに北信の大木９式系土器の繋がりが明らかになった。特に千田遺跡の栃倉式にあたる土器群の突起のバリエーションはかなり豊富であり、その中には上中越地域以上に屋代遺跡群の大木９式系との関係が推測される形態も存在している。これらの土器の分析を踏まえて、今後、総合的な検討を行いたい。

（６）（補註）千田遺跡の報告（綿田編 2013）に掲載された栃倉式にあたる矢羽根状沈線や半隆起線地文の土器の口縁部の突起の中に、屋代遺跡群大木９式の双翼状突起や平突起の形態の祖型となる可能性のあるものが、確認されている（水沢2013）。今後上中越の事例も精査し、これらの関係を再検討したい。

第4章　胎土分析の方法とその展望

第1節　ミドルレンジ研究としての胎土分析の位置づけ

1　人やものの動きを捉える視点

先史時代の人やものの動きを捉えるために、第2章では集落の諸施設の変遷とその系統の検討、第3章では土器の型式学的な分析を試みた。それぞれ結果の解釈の形で人や土器の移動の可能性を示唆したが、考古学的な事象の集積という性格上、その解釈には自ずと限界があった。先史考古学は過去の検証・実見不可能な領域を対象としているため、全てではないにしろ、複雑な社会現象を対象にする折りには特に、研究者がそれまでに保有したきた知見の度合いが帰納的推論に影響を与える可能性が無いとはいえない。これは演繹的な方法でも同様である。例えば上野佳也の情報伝達の仮説がある（上野 1986）。これは土器型式分布圏の生成と拡大の実態を示したものであるが、これを土器および人の動きに読み替えれば、個々の遺跡から出土している土器にも適応されるとみられる。仮にこの検証を意図した場合、例えば「A：土器自体を人が持っていって渡して伝える」といった過去の動態に対応する、土器の属性はどのように設定できるのであろうか。そしてそれは結果への収束願望に左右されずに得ることができるのであろうか。属性分析は個々の遺物の比較検討のために必要であるが、無数にある考古資料としての土器の特徴のうち、適切と判断するものが抽出されるという性格から、その抽出の段階で既に目的に応じた重み付けと選択がなされている。よって設定した属性のみを拠り所としてその蓄積から動態的解釈を導くには、蓋然性の点に問題が生ずる恐れがある。

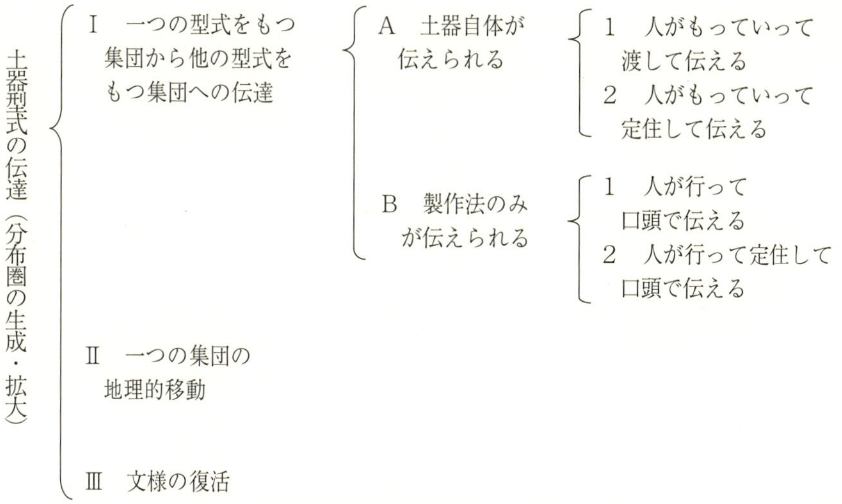

図38　土器型式伝達の形態（上野 1986 より）

2　ミドルレンジセオリー

そのため私は、原因と考古学的な結果の両方を概観することが可能な分野、つまりミドルレンジセオリーに基づいて進められるミドルレンジ研究を介在させることの必要性を説いてきた（水沢1992）。ミドルレンジセオリーは、本来は社会学の分野でフィールド調査のデータと高度に抽象的な社会理論を媒介する中間的領域の理論（安斎2004）であり、ルイス・ビンフォードがこれを考古学に応用し、阿子島香が日本考古学へ導入した（阿子島1983）。

ミドルレンジセオリーとは、例えば既述の「A：土器自体を人がもっていって渡して伝える」という仮説（動態）を、ある考古資料（静止したパターン）によって検証する場合、両者を繋ぐ信頼の置ける変換理論であり、「経験と一般理論とを中継する機能をもつ理論」を総称する。そして「システムの動的な状態とそれから派生した考古学的結果との両者を観察することが可能な場においてのみ理論化され」、その検証は「検証されるべき理論からは独立した方法によってなされなければならない。」とされる。過去の人々の動態が実見不可能である以上、私たちが考古資料から認識できるものは文化システムの長期的な結果として表れるパターンであり、過去のある事象を証明するためにはそのパターンを分析しそこから引き出すデータが多いほど推論が支持されることになる。ただ、その推論の検証も考古資料から行うため、妥当性の判断が難しくなる場合がある。一方、その検証が検証されるべき枠組みから独立した方法によってなされ、さらにその枠組みが科学的に追証が可能であれば、その推論の信頼度はより高まると考えられる。そしてそれが、このような変換理論が必要とされる理由である。

さて、過去の動的な状態とそれから派生した結果、つまり歴史における物事の因果関係が解る最も直接的な事例は、文献史料による記述であろう。史料批判は当然前提となるが、文献史料は日本列島の場合、弥生時代から断片的に存在する。弥生時代の文献史料による因果関係の記述を拾い、考古資料（静態）の意味づけを行った上で、考古資料の型式学的特徴から同種に分類され得る弥生時代以前の時代の資料にその成果を応用するといった作業は、ある種のミドルレンジ的な作業といえよう。更に阿子島はミドルレンジセオリーの理論化において、システムの動的な状態と考古学的結果の両者の観察可能な場として「現在の諸民族のシステムの動態と、その結果の観察、いわゆる民族考古学」をあげ、更に「実験研究や他の自然科学的関連分野の研究も、資料への意味づけという性格を有する部分は、広義のミドルレンジセオリー理論に含まれてよいであろう」（阿子島前掲）とした。つまり、考古資料にみられる「痕跡現象」（阿子島1985）がどのような行動の結果起こったかをパターン化し、その因果関係を予め記述しておくことができる分野、つまり原因と結果の両者が観察可能な分野には、民族考古学に加えて自然科学的な実験研究が該当するのである。例えば前者は諸民族の道具を用いたある行動がどのような痕跡を残すのか、後者は条件を自らが設定したある科学的実験がどのような痕跡を残すのか、といった因果関係である。近年小林正史が精力的に進める土器の機能研究は、この分野を日本の研究事情に応じて深めたものと理解している（小林2006他）。このようにミドルレンジセオリーの枠組みにおいて、「両者を観察可能な場」として民族考古学上の調査例を用いたとしても、それは考古資料を直接的に民族例を根拠に解釈するようなものとは異なり、考古学が直接的に証明することが難しい過去の

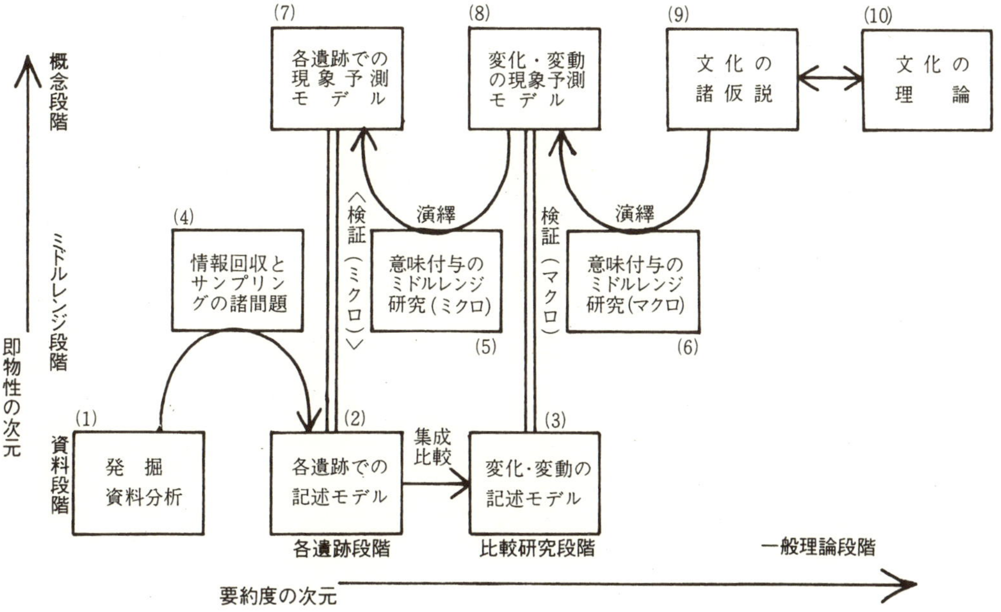

図39　仮説検証、帰納的方法とミドルレンジ研究（阿子島 1985 より）

動態を、考古資料をもとに解釈するために駆使する解釈のものさし（カタログ）中に取り入れられているにすぎないことをもう一度確認しておきたい。この解釈のものさしが、考古資料と過去の動態の関係の 理論的な筋道を明確に説明するための装置と言い換えられるのである。そして地質構造という独立した研究分野による成果に依拠し、既存の条件下に生成した土器にどのような胎土が観察されるのか、このパターンがカタログとして整備されること。これがミドルレンジ研究を土器胎土分析に応用する第一歩であると私は考える。例えば考古資料のパターンとして土器胎土のある組成が記述される。これが実際にはどのような人間活動によって生じたのかが予め把握できていれば、解釈の一般法則が生まれる。産地αから粘土を採取し、非調合のまま土器を製作した結果、土器の胎土組成はAとなる。あるいは更に素地土の調合実験を行い、産地αに産地βの粘土を加えて調合した結果、胎土組成はBとなる。このような一般法則を駆使して解釈を提示する場合、産地αと胎土組成Aを繋ぐ根拠となるのが河川砂・火山灰・表層地質それぞれの調査結果であり、これは考古資料とは独立した地質学上の体系に属する。もし許容されるのであればさらに胎土の解釈においてその課題を克服する方法もミドルレンジ研究の範疇と捉えたい。

このようにある胎土が土器中に生じた背景がミドルレンジ研究によってより蓋然性の高い形で把握されたとすると、胎土分析の次の段階には、土器の胎土とその分布という考古学的な結果を、土器の移動・模倣・人の動きという動態にどのように結びつけるのかが命題とされる。後述するように、ミドルレンジ研究としてのTCモデルを介在させることによって推論の過程はより明示的に整理されよう。

第2節　胎土分析の課題

1　混和材の理解とその課題

(1) 土器含有物の地質学的な由来

遺跡から出土した土器の胎土分析を進めると、たいてい土器の胎土は複数の類型に分類できることが多い。まずこの分類された類型が一体どのような背景で分類し得るのかを説明する必要があろう。その前提として縄文土器の胎土の生因を考えなければならない（図40）。

一般に土器内に含まれている砂粒は混和材であるか、自然状態で粘土の中に存在している砂粒がそのまま土器の中に散見しているか、粘土採取の折りに一緒に採られた周囲の砂粒であった等の場合が考えられる。そのうち混和材である場合、粘土や砂の採集（採集地の選択）とそれらの混合（技法）という二つのファクターが介在しているのに対して、後二者は、粘土採集地の選択という一つのファクターが介在する。このことから、混和材と粘土の採取地には最低でも5つのパターンがモデル化される。まず第一は、製作地の在地内に混和材と粘土の採取地があり、それぞれ別々に採取され、製作地へもたらされるものである（①）。また、砂粒（鉱物・岩石）が元々含まれている粘土を在地内で採取して土器を製作できるような場合もある（②）。注意しなければならないのは粘土は在地内から採取し、混和材は在地外からの搬入品である場合（③）や逆に混和材が在地内採取で粘土が在地外からの搬入である場合（④）である。また、砂粒が元々含ま

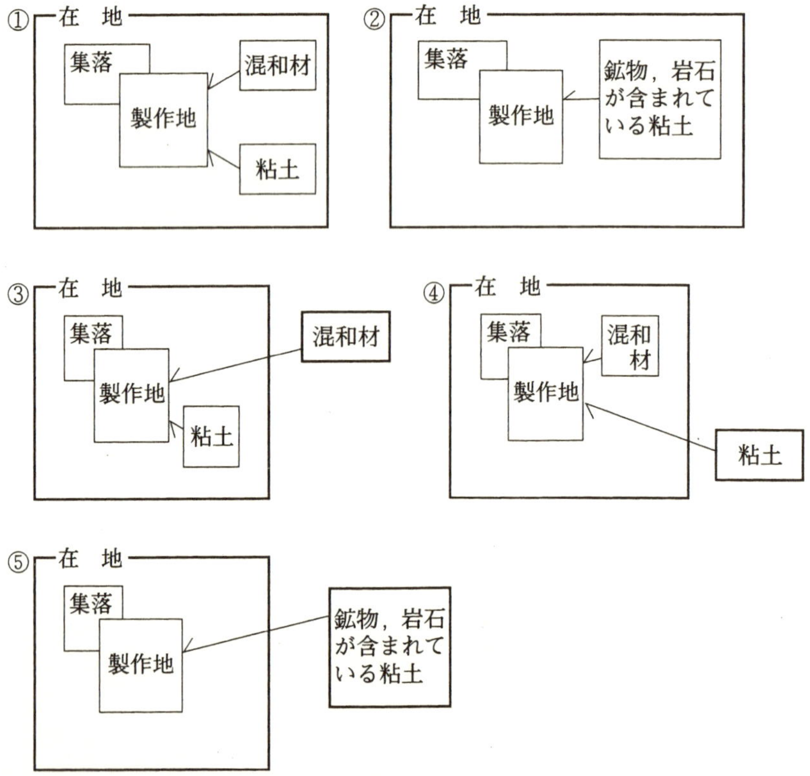

図40　素地土の採取地概念図（水沢1992より）

れている粘土を在地外から搬入するような場合もあり得る(⑤)。佐原真が指摘しているように(佐原 1971a・b)、混和材は砂や土器片の他、植物から馬糞まで多岐にわたることを考慮に入れると、③はあまり現実的でないが、風化が進んだ黒雲母のような装飾性の高い特徴的な鉱物に限ってその可能性も考えていく必要があろう。

このような可能性を度外視し、土器片全体を対象にして分析結果を出した場合、テクノロジーの解釈と土器の製作地の解釈の双方で問題が生じることになる。前者としては、粘土・岩石・鉱物の混入比、すなわち技法差を、粘土採取地の差と取り違える危険性である。この判断は胎土分析の前提として重要であり、現時点での検証方法を次項で述べるが、実際は、非常に難しい側面を持つ。後者としては、例えば③の過程で製作された土器に対して混和材しか分析しなかった場合、本来在地製作であるにも拘わらずそれを搬入品と取り違える危険性である。④で粘土のみを分析した場合も同様である。ただ③で混和材だけが、また④で粘土だけが移入されたとしても、土器製作者が在地出身者であれば在地集団の技術伝統で在地の型式が表出されている筈なので、第3節で述べるTCモデルを使用することによって事前に修正することは可能である。
ただその範疇から外れるパターンが生じた場合、図40に立ち返る必要がある。そして、そのような曖昧な状況を放置しないためにも、砂と粘土を別々に分析する必要があろう。

(2) 砂が混和材かどうかを調査する視点

次に、胎土中に観察される砂が、採取時に既に入っていたものか混和材かについて検討するための3つの視点をあげる。まず第一は土器胎土中の砂と発掘調査によって得られた粘土塊や天然の粘土と粒径の比較であり、第二は時間を越えた在地土器の粒度の一貫性、そして第三には結晶片岩（建石 1996）や花崗岩、黒雲母などの在地には無い特殊な岩石・鉱物の有無である。

第一の点については、堆積粘土の性格上、細粒な砂ほど粘土に元々含まれてることが多いことから、逆にきめの細かな粘土に大形の砂が入るなどかけ離れた粒度のものが混入しているほどその砂が混和材である可能性が高まると考えられる。この仮説に立脚すると、土器胎土内の砂の粒径を区分し、その比率を抽出することは、混和材の認定という意味で大変重要であることに気づく。次項で述べるように上條朝宏は篩い分けによって粒度別の胎土分析を行い、平賀章三はポイントカウンターで粒度を測定し、土器に含まれる極粗粒砂から粘土までを8段階に区分し（平賀 1978)、粘土／砂の相対頻度の高さによって水簸の指摘も行った。また河西らは、遺跡周辺で採集した粘土について砂と粘土素地部分の比率を調べ、土器中の砂と粘土の比率と比較検討した。その結果、採集粘土の中の粘土部分の割合が土器の場合よりも高いことから、もしもその粘土を土器の原材料として使った場合、混和材が必要になるであろうことを指摘した（河西他 1989)。

第二に、ある遺跡で粘土採取地が固定化されていた場合、時間を異にした複数の土器型式間で粒度の一貫性が保たれるならそれは手が加わらない天然の砂の組成であり、砂の量に不統一や土器型式毎のまとまり等がみられれば、それは粘土に砂を混和したことに起因する人為的な組成とも考えられる。そこで河西は、時期の異なる土器群に対し、砂含有率の頻度分布を調査した。その結果、縄文早期の野島式は15～25％、同じく早期の古屋敷Ⅳ群土器は35～40％、中期の加曽利E式・堀之内式・曽利式は20～25％、縄文晩期の製塩土器は10～20％と時期や型式による規則性を見いだした。よってその背景を、砂が一定量入った自然状態の粘土を選択して精製したというよりも、人為的に調合した結果であることを示唆すると結論づけている。また、甲府盆地周辺の13遺跡における9～29点の土器の胎土分析の結果、安山岩と花崗岩類を在地とする地域の数遺跡で、それぞれ、在地土器と搬入品とその中間組成の土器の3種類が存在したことから、中間組成の土器の解釈として、異なる地質条件を持つ複数の産地の堆積物を意図的に混合調整して製作された物と位置づけた。更に岩石・鉱物の粒径分布や円磨度など組織情報への注意や、結果を常に実際の地質構成物と比較してその妥当性を確認することの重要性をも指摘している（河西1999a）。また、清水芳裕は自然界に連続的な粒径で存在する砂に関し、「粒径の大きな砂に限ると、意図して加えたものであることの可能性が高まる」とし、「0.3㎜以上」が混和材という目安を置いた（清水1992）。これは粒径区分（第5章表13参照）の「中」（0.25～0.5㎜）・「大」（0.5～0.75㎜）にあたる。

さて、屋代遺跡群では多くの焼粘土塊が出土しているが、このうち縄文時代中期後葉のSB5345住居跡から出土した焼粘土（図42）と古墳時代のSB6048住居跡から出土した焼粘土には何れも0.05㎜未満の鉱物のみがみられ、それ以上の大きさのものは見あたらなかった。この粘土が、仮に土器を作るのに足る腰の強い良質なものであったとしたら、鉱物が少なく0.05㎜未満の砂を主体とするV-2類として分類（第5章第3節）した土器（図41）の素地土となると考えられる。逆にこの粘土からV群以外の試料の素地土を作成するためには、「小」（0.25㎜未満）・「中」・「大」の各レベルの、しかもかなり多量の砂を混ぜる必要がある。この点からは、少なくとも「中」（0.25～0.5㎜）・「大」（0.5～0.75㎜）レベルの砂は混和材として素地土の調合に伴って添加された可能性がある。しかし、これは、本粘土を基準にした場合であり、実際に佐久地方の土器づくりが可能な粘土調査では採取時に肉眼で「中」レベル以上とみられる粒子を含んでいるものも存在した（水沢2004）ため、周辺の粘土調査が課題であった。そこで東・北信採取粘土の薄片観察結果（水沢2011）を以下に追記する。佐久市観音寺採取粘土に含まれる砂（図43）では、石英・

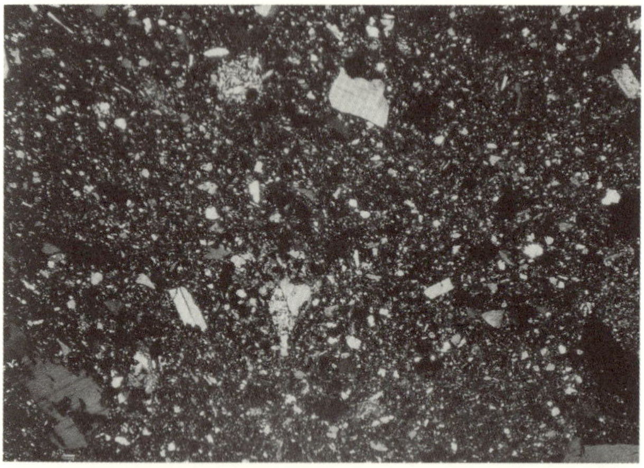

図41　細粒な土器胎土（水沢2008より）

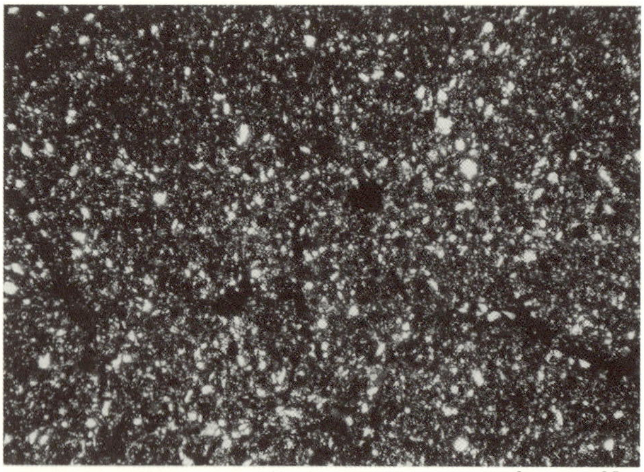

図42　縄文中期焼粘土（水沢2008より）

直交ニコル　0　0.5mm

図43　佐久市（旧望月町）観音寺採取粘土（水沢2011より）

斜長石0.25～1.25㎜、黒雲母0.25㎜、角閃石0.25～0.5㎜、千曲市生萱の焼物用粘土では石英0.75㎜～1㎝、黒雲母0.05～0.75㎜が平均的な数値で、いずれも混和材を必要としない状態で、土器薄片と類似した岩石・鉱物粒径が確認された。このことから在地には無い特殊な岩石・鉱物の存在等の特殊な事例を除いては、土器中に含まれる一定以上の大きさの岩石・鉱物が混和材であるとして、その前提で解釈を進めることはまだ不可能と判断し、粘土と混和材を含む形で「素地土」の用語を用いて、土器の原料土採取に関する論を進めたい(1)。

2　顕微鏡観察と理化学的分析

（1）顕微鏡観察と理化学的分析の関係

① 胎土分析における対象と2つの方法

前項では素地土の採取地概念をもとに、砂と粘土を別々に分析することの必要性を指摘した。これは従来行われてきた胎土分析の以下の2つの方法と対応する。

A．土器に含まれた砂（岩石・鉱物）の種類から産地エリアを推定する方法

　a　光学顕微鏡で砂の種類を鑑定する方法

　　㋐　偏光顕微鏡による砂＝岩石・鉱物（1/16㎜～2㎜程度）の同定と定量

　　　・岩石・鉱物の全てを対象にする方法

　　　・鉱物のうち重鉱物のみを対象にする方法

　　㋑　実体顕微鏡による砂＝岩石・鉱物（同上）の同定

　　　・肉眼で判断可能なものに限り、対象にする方法

　b　SEM-EDSやEPMAで鉱物毎に元素組成を調べ、その鉱物の起源を推測する方法

　c　X線回折装置を用いた粘土鉱物や鉱物の種類の同定と定量

B．土器を形作る粘土部分を中心にその元素組成から産地を推測する方法

　蛍光X線を用いて一部砂部分を含む粘土の化学組成の定性・定量分析を行う方法

　a　蛍光X線分析装置による粘土部分の化学組成の定性・定量分析

　b　SEM-EDSによる粘土部分の化学組成の定性・定量分析

地質学では一般に砂（岩石・鉱物）は2㎜から1/16㎜までの粒径に区分される（表3）。出土した縄文土器を見ると表面に多くの砂（岩石・鉱物）が浮き上がっているが、通時的に概観した場合、縄文時代から弥生・古墳そして古代に向けて、そのサイズは小形化していく傾向がある。砂は一般に粘土の可塑性を高めるためとか、乾燥や焼成の際に粘土の収縮から生ずるひび割れを防止す

火山砕屑物		粒径(mm)	砕屑物		
火山岩塊 (Volcanic block)			巨礫	礫	
		256	大礫		
		64	中礫		
火山礫 (Lapilli)		32			
		4	細礫		
火山灰 (Ash)	粗粒	2	極粗粒砂	砂	
		1	粗粒砂		
		1/2	中粒砂		
	細粒	1/4	細粒砂		
		1/8	微粒砂		
		1/16	粗粒シルト	シルト	泥
		1/32	中粒シルト		
		1/64	細粒シルト		
		1/128	微粒シルト		
		1/256	粘土		

表3　砂・シルト・粘土の粒径区分
（野尻湖地質グループ 1990 より）

る緩衝剤として人為的に入れる混和材といわれている。その場合、民族例からは第1章第3節4で示したような場合があり、採掘した石を砕いて入れる場合は岩石・鉱物が砕けて割れ口がみられる、川砂や海砂を集めて入れる場合は円磨されているなどの特徴が予想される。しかしながら前項で示したように実際に露頭に粘土を採集に行くと粘土層の上下に砂や礫層があり、同時に採取される場合がある。また粘土の中に降下テフラや後の地滑り堆積物などが混入しているケースもある。これを人為的に篩い分ければ砂の入らないきめの細かい胎土の土器ができるが、その工程を省略すれば砂が多く入る土器になることは容易に想像できる。一方粘土は、地質学の分野では1/256㎜以下の粒径に区分されるが、日本農学会では0.01㎜未満、国際土壌学会では0.002㎜未満の粒径の粒子を指す。

さて、岩石は機械的風化と化学的風化によってより細粒な土壌へと変化する。特に化学的風化には加水分解、水和、微生物の影響によるものなどがあり、岩石から粘土になる間の成分の変動をも引き起こす。岩石が風化して粘土に変化していく過程で二次的にできる結晶性の鉱物を粘土鉱物と呼び、これが陶芸材料としての粘土の性質を左右することになる。粘土鉱物には大きく分けると珪酸塩鉱物と、鉄・アルミニウムなどの酸化物の2者がある。前者は珪素四面体とアルミニウム八面体が層状の結晶格子をつくり重なりあっている（図44）。これが単位となって結合して結晶の単位層を作り粘土鉱物として組織されたものにカオリナイト（図45）、ディッカイト、ハロイサイトなどがある。また、後者には結晶質と非結晶質があり、粘土鉱物としてはギブサイト、ヘマタイト、リモナイトがある。更に酸化アルミニウムと珪酸を主成分とする粘土鉱物にア

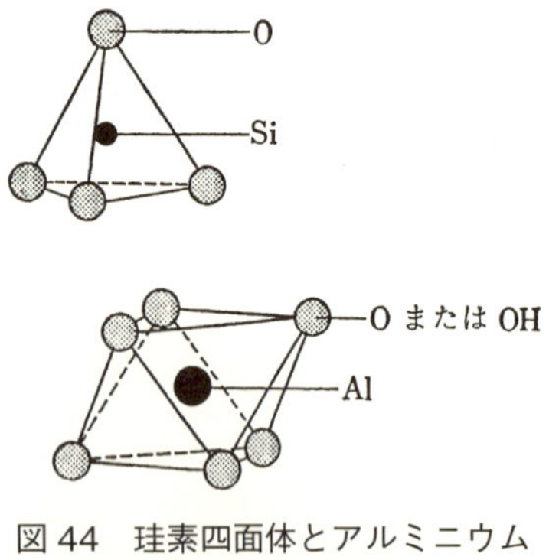

図44　珪素四面体とアルミニウム八面体（大政 1986 より）

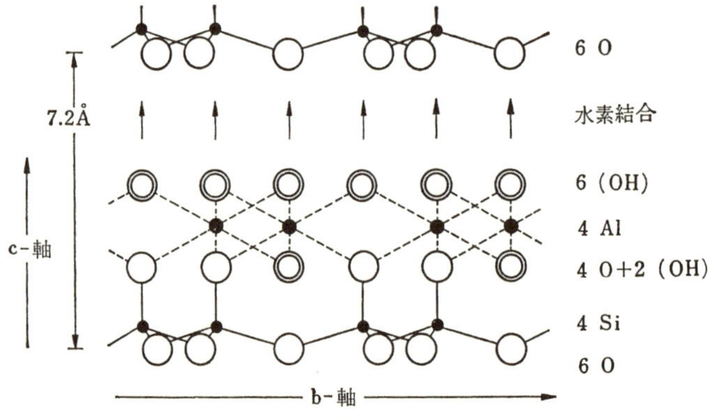

図45 カオリナイトの結晶構造（大政 1986 より）

ロフェンがある（大政 1986）。含有される粘土鉱物の量に応じて粘土は粘土の命ともいえる可塑性を筆頭に様々な性質を呈する。このように粘土は複雑な自然の作用によって精製され、どこにでも存在するわけではないが、産地を探しあてれば、ある程度長期に採掘が可能な資源であったことは疑いない。中世から明治中頃までの焼き物の窯の立地する地域はフォッサマグナ以西の中部地方から瀬戸内海沿岸、北九州方面へ至るベルト地帯を成すものの、実際は中央高地・東北北陸から全国各地に広がり（図 46）、その基盤は花崗岩・流紋岩であることが多いとされる（芳村 1988）。日本の陶芸家の粘土調達法は様々だが、天然の粘土を掘り出した後に適量の水で練り、そのまま作陶してきた場合が多いといわれ、現在もそのように土にこだわり、質感や仕上がりの違いを求めて粘土を使い分ける陶芸家もみられる（阿部 2000）。

図 46　窯の立地する基盤岩石の分布（芳村 1988 より）

② 砂部分の分析

土器中の砂が粘土採取時に既に入っていれば、その砂の岩石・鉱物組成は粘土の産地情報と関係し、それが混和材であれば混和材の産地情報を示す。何れにしても砂の種類を最も直接的に同定するために適した方法は前述した①Ａａの偏光顕微鏡による観察である（図 47）。

砂のサイズが大きく、その情報量が多い縄文土器の場合はとりわけ岩石の種類と、種類毎の岩

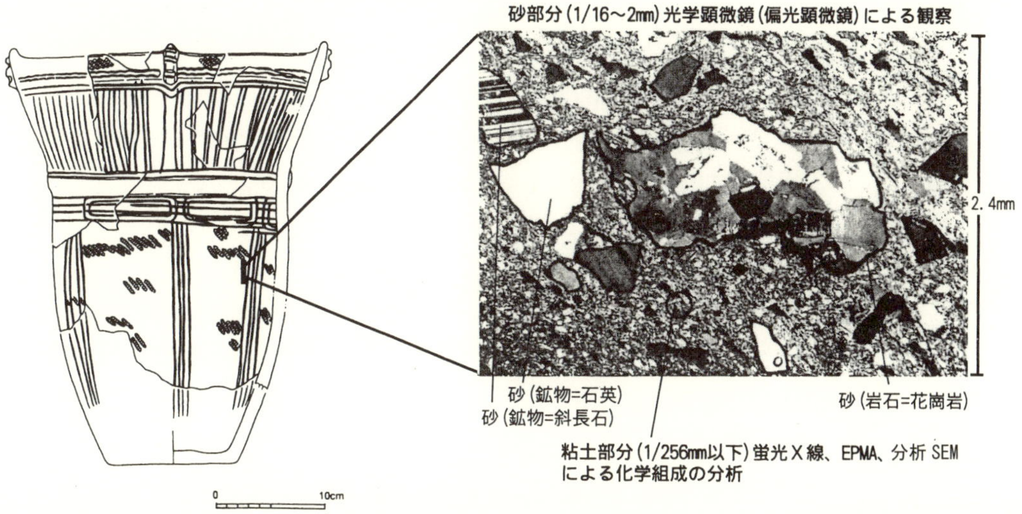

図 47　分析部分（水沢 2006a より）

石・鉱物の数量の比較が有効と考える。偏光顕微鏡で観察すると、岩石・鉱物の種類は肉眼よりも格段に信頼度の高い情報として弁別される上に、光学的な性質からそれらの由来が推定できる場合がある。また岩石の場合はより直接的に産地情報へと繋がる。ただ、分析結果を解釈に導くための大きな弱点は、「産地」はあくまでも一連の岩帯であり、須恵器の窯や黒曜岩（石）の原産地よりはその候補のエリアは格段に広く、漠然としていることである。そのため分析の枠組みをしっかりと規定し、後述する「在地胎土」の概念を導入することによって、推論の過程を明示することが必要である。

③ 粘土部分の分析

これに対し、カオリナイト、モンモリロナイトなどの粘土鉱物の種類は光学顕微鏡では判別できない。土器毎の粘土の違いを最も良く識別する方法は、粘土鉱物を更に細分して化学組成のレベルで比較できるX線を用いた分析である。この場合、照射径の大きいX線分析装置を用いると、微細な粘土部分だけではなく、砂も分析範囲に入ってしまい、砂の数値が結果に影響を及ぼすことになる。そこで砂を除外して、数ミクロンの範囲を分析できるようなEPMA装置や走査型電子顕微鏡にX線分析装置を搭載した機器（分析SEM）（図47）、あるいはマスキングによる砂の回避（建石2004）等による元素分析がより有効と考えられる。ただ、同じ土器の同じ部分を分析した場合も照射面の凹凸や不均一性によってX線・電子線の散乱状況がその都度変わり、分析結果が大きくばらつく場合がある。このような土器の特性に考慮し、同じ機器を使う場合でも金属製品や石造物の分析を行う場合に比べ、より測定値のばらつきに配慮した方法が求められよう。屋代遺跡群出土土器の分析では、各個体毎に測定位置を変えて5回ずつ測定が行われ、全測定値を用いてクラスター分析がなされ、5回の測定結果が同一のクラスターを形成する場合に限り、その平均値を主成分元素組成として採用するという処理がなされている（建石2000）。

縄文土器の粘土部分の分析結果を解釈に導く際の問題は、須恵器の窯のように比較すべき母集団が無いため、評価の基準をどこに置くかという点にある。長野県全体の土器胎土内の粘土や露頭粘土の化学組成の調査が進み、各地域・遺跡の土器毎にSiO_2・Al_2O_3値などがどのような割合を示すのか等のデータが蓄積されれば、解釈の精度はより高くなると考えられる。それが実行できていない現時点では、まず砂の分析によって胎土が似通っているグループを抽出し、更に粘土の化学組成の分析によって粘土のグループを抽出し、これらが一致するかどうかを検討するという方法が有効と考える。砂のグループと粘土グループが一致すれば、砂と粘土は一緒に採集した可能性は高く、砂の中の岩石・鉱物の種類からある程度産地を推測することが可能であろう。

（2）顕微鏡分析と化学組成分析の課題

① 顕微鏡分析の手法上の課題

胎土分析のうち光学顕微鏡を用いた分析の手法上の課題としては、1点の土器を代表させるべき薄片をどの部位から採取すべきか、また、1点の土器を1点の薄片で代表させて良いのかという点がある。また、1薄片のモード測定を行う際に、その点数を何点にするのかあるいは人別の測定誤差はどのくらいに見積もるべきなのか、等の問題もある。

岩石学的な手法による土器の胎土分析には、鉱物の組成のみを議論の対象にする場合と、岩石・鉱物を全て対象にする場合がある。このうち鉱物組成によって縄文土器の移動や技術の変化を論じてきた上條朝宏は、まず土器を一律に10g採取粉砕し、細砂（0.21～0.13㎜）、極細砂（0.13～0.046㎜）を抽出し、プレパラート化し、「メカニカルステージを用いてプレパラート全面を鑑定」して200～300粒程度の鉱物粒子（主に重鉱物）の組成を表示するという一貫した方法をとってきた（上條1971・1983・1987）。メカニカルステージは通常岩石中の鉱物の量比（モードmodal Composition）を求めるために用いる。薄片上に仮想の方眼をかけて、その交点の真下の鉱物の種類を鑑定し、その点数の割合で鉱物の面積比を求め、岩石の種類を決定する。そのため、メッシュの大きさは岩石の粒度によって変える必要がある。粗粒な岩石ではメッシュの大きさを粗くし、細粒の場合は鉱物を網羅的に捉えるためにメッシュを密にする。岩石の石基の部分を土器胎土内の粘土（マトリックス）部分に、鉱物部分を土器胎土の岩石･鉱物部分に置き換えて応用したのが、土器胎土のモード測定である。古城泰は「石英」、「長石」、「岩石」の三要素の比率を計測するために2～5㎠で1000～3000ポイントの測定（古城1981a）を行い、清水芳裕は0.3㎜以上の「砂」がどの程度土器に含まれているかを測定するために1000ポイントを選んでいる（清水1992）。また、河西学は一連の胎土分析研究で岩石・鉱物および動植物遺体全体を対象に長軸方向に0.33㎜、短軸方向に0.4㎜、全体で2000ポイントの計測を貫徹している（河西他1989）。薄片の情報をより正確に捉えるためには、ポイント数をできるだけ多くすることが重要であるが、土器の中の岩石･鉱物の量比を問題にする場合、計測ポイント数の差はどの程度結果に影響を与えるのだろうか。岩石内の鉱物の大きさと粘土内の岩石・鉱物の大きさを比較した場合、後者の方がより大形だと

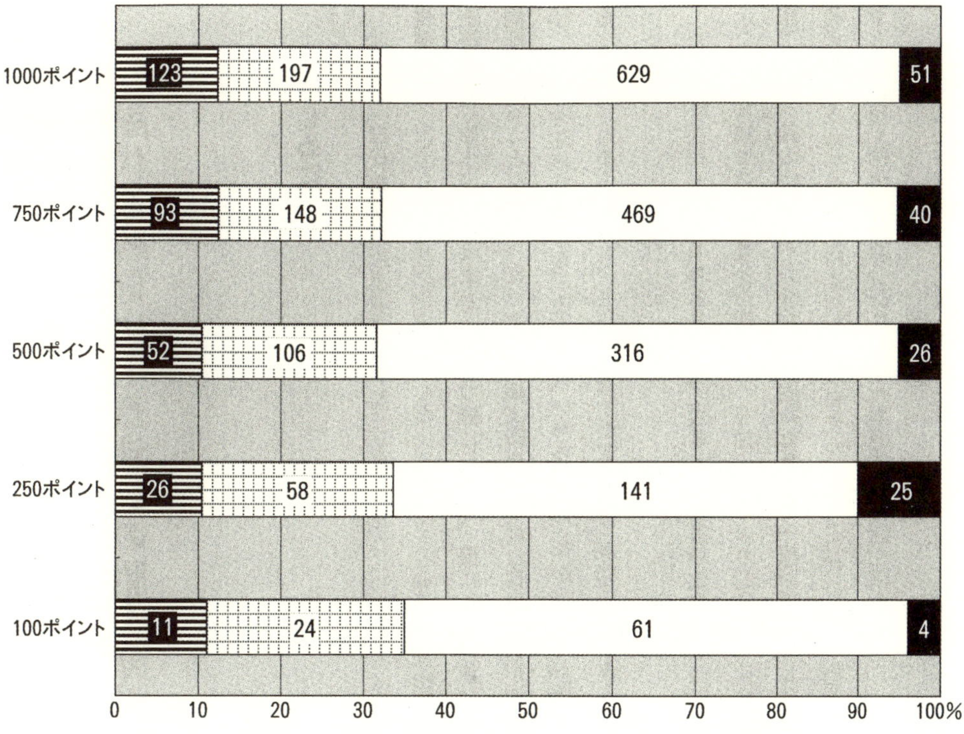

図48　モード測定結果（水沢2008より）

すれば、もし同じ数のポイントを選択した場合、結果は異なる可能性もある。第5章では、胎土中の砂の大きさについては0.25㎜未満を「小」、0.25～0.5㎜を「中」、0.5～0.75㎜を「大」、0.75㎜以上を「巨大」とした。この場合0.25㎜未満の鉱物はコノスコープ像が観察しずらく、鉱物種の特定が難しかったため、「不明」に分類したものが多く、また砂粒の大きさの傾向は古代より縄文時代の土器の方が大形であった。そこで、分析に先立って1枚の薄片を選び、計測ポイント100（測定間隔：長軸0.5㎜、短軸1.4㎜）、250（測定間隔：長軸0.5㎜、短軸0.6㎜）、500（測定間隔：長軸0.5㎜、短軸0.3㎜）、750（測定間隔：長軸0.5㎜、短軸0.3㎜）、1000（測定間隔：長軸0.5㎜、短軸0.3㎜）の5種類の測定を実行(2)し、岩石・鉱物・粘土、その他の量比を算出した（図48）。この場合、砂の粒径が0.25㎜以上のものをカウントし、それより小さいものは「不明」として分類した。岩石は10～12%、鉱物は20～24%、マトリックスが50～60%という範囲に収束し、計測ポイント数による比率の割合の極端な差異はみられなかった。そこで効率よく全体の傾向を捉えるためにはピッチをやや大きくとれると判断し、今回は便宜的に250ポイントを採用した。ただ横軸方向のピッチを固定したことから、縦軸方向のポイント数を上げれば上げるだけ、広い面積を観察でき、岩石・鉱物を網羅的に記載できることも事実である。今後計測ポイントの差異による岩石・鉱物種の変動まで踏み込んだ検討を行うべきであろう。そのためには、岩石の種類や鉱物の種類別に同様の調査を行い比較検討するような作業が必要となる。そして、多数の資料を対象として、効率的かつ胎土の違いの実状を適切に反映するようなデータ収集の方法を整備していく必要があろう。

② 機器分析の長所と短所

機器分析の長所としては、非破壊でも分析が可能であることや、装置が自動的に元素の比率などを計算してくれるため、短時間に大量の試料を分析できるという点があげられる。ただ、その反面短所としては、機器毎の特性が異なるため、データを単純に比較できない点、試料調整を行った場合と行わない場合の信頼度の差をどのくらいに見積もるかなど難しい点が多い。また、機器分析手法に関する課題としては、機器分析を中心とする化学的・物理的な胎土分析の方法は、考古学研究の一環というよりは自然科学的な文化財研究として発展してきた経緯から、実際の分析と考古学的課題との隙間が埋まりにくい場合があったこと（松田・建石1999）が第一にあげられよう。様々な社会的制約の中で、分析装置を使用できる環境に至るには、研究者の積極性と問題意識だけで解決できない側面があり、非常に難しい課題である。

3　在地胎土の要件

胎土分析の解釈を大きく左右すると思われる問題として「在地」をどの範囲とするか、があげられる。混和材と粘土採取地の問題を考える場合も、搬入搬出を考える場合も、定義によって解釈に開きが出来得る。なぜなら胎土分析ではまず何らかの手法で分析を行った後、その結果を受けてものや人の動きの解釈を行う、という二つの段階を踏むわけだが、そのうちの解釈は、通常次のように進められるからである。

・分析した土器がその遺跡が所属する土器型式圏の「在地」型式で、その胎土が「在地胎土」に合致すればその土器は「在地製作」。

・分析した土器がその遺跡が所属する土器型式圏外の「在地外」型式で、その胎土が「在地胎土」に合致しなければ「搬入品」。

両者ともに、解釈の根拠が「在地胎土」にあるため、「在地胎土」の基準がいかに明確化されるかが、分析の質とその結果を大きく左右することになる。

胎土分析における「在地」という用語はおおむね遺跡周辺を指すが、厳密にはいろいろな考え方がある。一つ目は河西学による「土器の出土した遺跡を固定点として、遺跡が属する地質単位の分布範囲を在地の基準にする。」という枠組みとしては極めて明確なものである。ただし「表層地質の分布から在地の基準となる地質単位を設定する場合、遺跡が多く立地する更新世〜完新世の堆積物などでは、地質・地形上の特徴から区分が可能であるものの、河川流路の頻繁な変遷や風成堆積物の広域な分布などのため、隣接する地質単位とは境界の不明瞭な場合がありうる。」（河西 1999a）とされるように、遺跡の立地によっては、境界部分が相対的で曖昧な概念となるし、沖積地の遺跡では、多様な粒径や種類の河川堆積物を指すことになるため、土器胎土との比較と解釈が難しい場合が生じる。二つ目はある集落を起点として、そこの住人が日常活動に用いる範囲を「在地」とする場合である。つまりここまでなら縄文人が粘土採取に行き得ると考えられるエリアを指す。第1章第2節で示したように縄文集落間の距離や農耕民の活動領域からはおよそ半径5㎞、狩猟採集民の行動圏の場合にはおよそ半径10㎞程度が想定される。ただしこれは日本列島の一部で行われた分析や海外の民族例から導き出された数字を、機械的にこれから分析しようとする遺跡に適用しているにすぎないという点を考慮する必要がある。また、粘土採取は特殊な活動であるために核領域を越えることもあり得る、と考えれば、距離の設定自体が更に難しくなる。三つ目は胎土分析の解釈のための枠組みとしての複合的基準による「在地胎土」である。そこで私は、従来の胎土分析で「在地胎土」（ここでは砂、つまり岩石・鉱物の組成を指す）の定義にあたって提示されてきた、以上の2つの要件に加えて三つ目の要件をあげ、3つの複合的な基準で、より搬入搬出の基準となり得る在地胎土を以下に提唱する。

要件1：遺跡の基盤層とその周辺の地質構成物由来の素地土で土器を作った場合に矛盾しない胎土（岩石・鉱物組成）。土器づくり集落での粘土採取活動は、その集落の遺跡テリトリー（核領域）に含まれることを前提として距離を仮に設定し、その範囲に含まれる地質構成物で土器を作ったと仮定した場合に矛盾しない土器胎土であること。この判別のためには表層地質図や各市町村誌等における地質調査結果、その地域に詳しい地質学の専門家からの情報が必要である。前提として粘土を採取する際に混じる砂は周辺の地質を反映し、仮に混和材としてそれらが入れられるとしてもそれは周辺の露頭から採取した岩石を砕いたものであれば周辺の地質を反映することがある。

要件2：遺跡周辺の川砂や遺跡周辺に飛来した火山灰の組成と矛盾しない胎土。遺跡の立地する場所が沖積地である場合は、地質図だけでは組成の把握が不可能であるため、実際の堆積物の採取・鑑定による補足が必要となる。また、混和材として川砂が用いられた場合、それは周辺地質だけでなく上流の地質を反映することになるだろうし、地質図には表記されないものの、比較的取り扱いが容易な火山灰などが混ぜられる場合もある。第1章第3節3で述べたように河西学や増島淳は河川砂の詳細な分析を行って、遺跡周辺の河川砂と類似した岩石鉱物組成を持つ土器を遺跡の在地土器とし、実際に遺跡の河川砂の組成が遺跡で主体を占める土器胎土と一致することを証明している。以上から、要件1に加えて要件2が必要になる。

ただし、これら両者ともに遺跡の立地や周辺の地質といった外的な要因によって推測される「在地胎土」であるため、一方では次の様な場合の問題が無いわけではない。遺跡の帰属する地質単位の母岩が花崗岩であって、土器の中に主体的に花崗岩が入っていれば、その胎土は在地胎土の可能性が高い。ただ、例えばその遺跡で100点の土器の胎土分析を行ったものの花崗岩が入った土器はたった1点で、その他の90点が流紋岩、10点が変成岩であったとする。であれば、その遺跡周辺（在地）には土器を作るに足る粘土が無く、流紋岩が入った粘土を遺跡の属する地質単位（花崗岩）外の別の地域に採りに行ったか、土器を全て別の地域から搬入したと推測をせざえるを得ない。当時の人々の日常行動圏の中には、遺跡が属する（乗る）地質単位の他にその他の複数の地質単位が内包される可能性が高いだろうから、日常的に採取する粘土が遺跡が属する地質単位以外に由来する可能性もあるだろう。その点を検証するためには、その他90点の土器胎土の構成要素である流紋岩が「在地」ではないにしろ、遺跡の近隣に存在することの証明が必要である。周辺に実際に流紋岩の地質単位があれば、この推論は更に確かなものになろう。一方10点の変成岩を含む土器については、その地域に変成岩の地質単位が無ければ、これらは量的にも搬入品と推測されよう。ただしこの場合、花崗岩の入った、たった1点の土器はどこで作られたとするのが妥当であろうか。確かに在地に花崗岩があるが、もし在地に豊富な粘土があるとすれば、遺跡出土土器の主体は流紋岩ではなく花崗岩胎土の土器が占めることであろう。そこで、このような場合、花崗岩の1点の土器は在地製作とほぼ同等の確率で搬入品の可能性を疑うべきであろう。ただ、このケースから導き出される一つの結論がある。それは、「在地胎土」の判定には、その胎土が地質学的な「在地」に矛盾しないことがまず第一であるが、第二にその遺跡で主体を占める土器の胎土となっていることも要件に加えるのが望ましいという点である。また、それが型式学的に在地製作と予測される土器の胎土の主体を占めることも重視する必要があろう。少数でかつ型式学的にその地域では作られない土器の胎土がその遺跡が属する地質単位の構成要素に似ている場合、それは、「在地胎土」というより、在地外の地質学的背景が似て非なる地域からの搬入品という可能性を、必ず疑ってみることが必要であろう。日本全国に類似した地質構成物は各地にあるからである。このように、ある地域で土器が作り続けられるとした場合、時代を越えて存在し、普遍的な胎土の一部にその地域の「在地胎土」があると推測される。そこで、第5章では屋代遺跡群の通時的な「在地胎土」の把握を目的として、交易などで動くことが最も少なく、かつ破損度が高いために多量に生産されることが推測される器種を分析対象として選択し、通時的な胎土分析を試みる。

以上の検討から導き出した三つ目の要件は次のようにまとめられる。

要件3：対象となる遺跡から出土した土器の通時的な胎土分析の結果、そこで主体をなし、時期を越えて頻繁に登場する組成の胎土で、かつその地域の地質構造と矛盾しないもの。

要件中、「遺跡周辺」、「その地域」などの用語は曖昧な面を持つ。これは地質構造に基づく第一の定義や、機械的に距離を限って円弧を描くような決め方より曖昧であることは明らかである。実際にこれは、屋代遺跡群の場合のように個々の遺跡の分析の結果定義されるべきものであろう。

ただ、実際にはどこの遺跡も、一律に多数の土器を一度に分析することは困難である。そこで本稿では核領域やアーノルドの研究、民族例をも参考に「遺跡周辺」を仮に５㎞圏とし、10㎞圏をも視野に入れつつ、仮に定義を行う。また、数の多さのみで「在地」を決定した場合、分析項目を変えた時に、在地であったものが非在地になってしまうような危険性を持つことも念頭に置き、第一、第二、第三の要件の複合的な基準をもって「在地胎土」を定義したい。

さて、もし日本全国の土器の胎土分析が進み、各地域・各遺跡で主体を占める在地製作の土器の胎土の状況の把握が実現できれば、未知の土器１点の胎土を見ただけでその製作エリアをある程度推測することが容易になろう。土器型式編年網ができていれば、表採土器１点の文様を見るだけである程度時期が解るのと同様である。そこで私はこれを土器型式編年網に対比させられる概念として「土器在地胎土網」と命名している（水沢2000ａ）。これを完成させるためには、各地の土器の胎土分析が同一の方法で実行され、データが蓄積されることが必要である。「土器在地胎土網」の整備こそが胎土分析研究の精度を高める道である。

4　母集団からの資料選択の問題

さて、方法によっては部分的な遺物破壊を伴う胎土分析の性格上、分類された全ての資料を分析に供することは不可能である。しかしながら、資料数の少なさは分析結果の散逸を招くし、母集団に対する偏った資料選択は解釈に至った段階でその確実さを減ずることになる。そこで資料をどのように選択するかが重要になる。例えば土器型式と胎土との関連を追究するために、遺跡において在地から外れるとみられる型式のみを選択的に分析するだけでなく、それ以外の一般的な資料に関しても、その遺跡の在地胎土を確実に捉えることが保証できる量を分析する必要がある。また、一遺跡内、一集落内にどのくらい搬入土器があるか、あるいは土器型式内の一地域での搬入土器

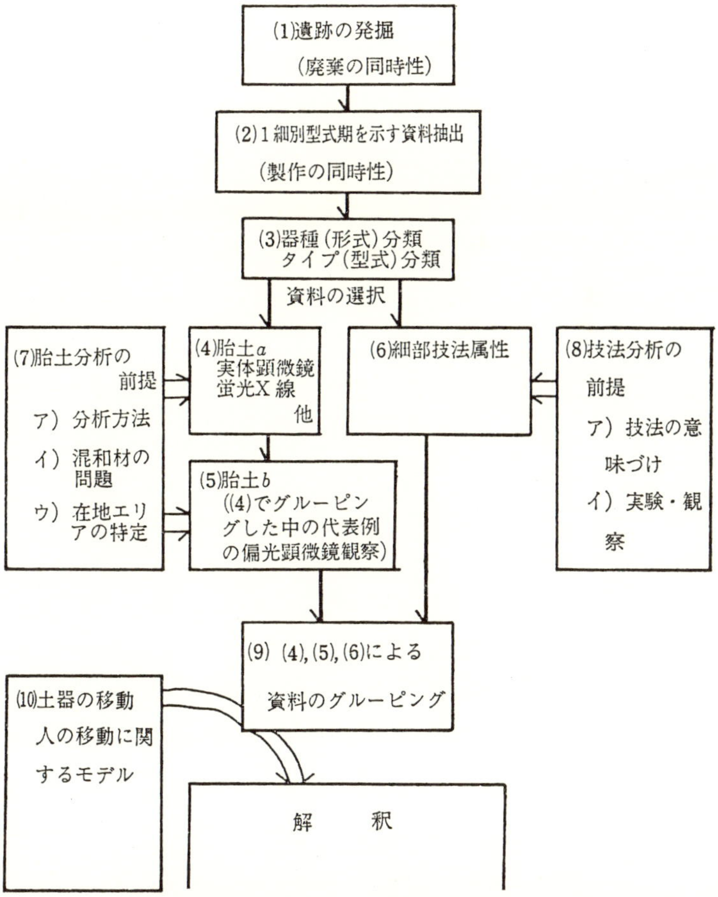

図49　資料操作の流れと問題点（水沢1992より）

の比率を問題にするような場合は、更に多くの個体の分析が望まれる。

一つの方向性としてある一括資料全ての土器を対象に実体顕微鏡あるいはルーペを用いて可能な範囲で鉱物を同定し、予め土器の分類を行い、分類されたものの中の代表的な破片のみを更に詳細な破壊分析に供するような2段階の方法が考えられる（図49）。ただ、肉眼観察による分類だけでは、岩石・鉱物の詳細まで踏み込むことができない。規格性が高い古代・中世以降の土器であれば可能な場合もあろうが、少なくとも縄文土器を対象にした場合、偏光顕微鏡を多用して分類することが望ましい。

第3節　TCモデルの提唱

在地胎土の要件や分析の長所短所を踏まえた上で、本節では、実際の資料と過去の人々の行動を繋ぐモデルの提唱を行う。

1　TCモデル

(1) TCモデルとその意義

胎土分析のみを根拠にした過去の動態の解釈は一見科学的な高次のもののように錯覚されがちであるが、実際はその決定根拠の説明が不足していることもしばしばある。そこで縄文時代の土器を素材とした人の動き・ものの動きを明示的に説明し、その解釈の蓋然性を高めるために、胎土と土器型式を車の両輪のように組み合わせた「TCモデル」を提唱し（水沢1992）、その枠組みでの応用を重ねてきた（水沢2004）。

TCモデルとは、胎土と土器型式情報という考古学的な属性を縄文時代の人々の行動へと繋ぎ、変換するための装置（カタログ）である。

Tは土器型式= type の略で、「T」は分析対象遺跡が含まれる地域の在地の土器型式を示す。「$\overline{T}$」は同じく、在地外の土器型式を示す。Cは粘土 = clay の略で、「C」は分析対象遺跡が含まれる地域の在地の素地土を用いて作られた土器の胎土を指す。また「$\overline{C}$」は同じく、在地外の素地土を用いて作られた土器の胎土である。TとCの組み合わせからは以下の4とおりのパターンが導き出せる。

・TC：在地型式で在地胎土の土器
・$\overline{TC}$：在地外型式で在地外胎土の土器
・$\overline{T}C$：在地外型式で在地胎土の土器
・$T\overline{C}$：在地型式で在地外胎土の土器

(2) TtCモデル

例えば、清水芳裕による滋賀県大津市滋賀里遺跡の事例をTCモデルで解釈すると、胎土が在地と異なる北陸系土器 $\overline{TC}$ が在地の滋賀里式TCや在地製作の大洞系土器 $\overline{T}C$ と共伴したことが確認された（清水1973b）。類例はまだ少ないものの、もし在地外胎土の大洞系土器 $\overline{TC}$ が在地胎土の大洞系土器 $\overline{T}C$ に伴ったとしたら、搬入品（前者）を真似て模倣（後者）した可能性に言及できると考えられる。ただ、この場合は $\overline{TC}$ と $\overline{T}C$ の詳細な技法差の比較が必要になってくる。

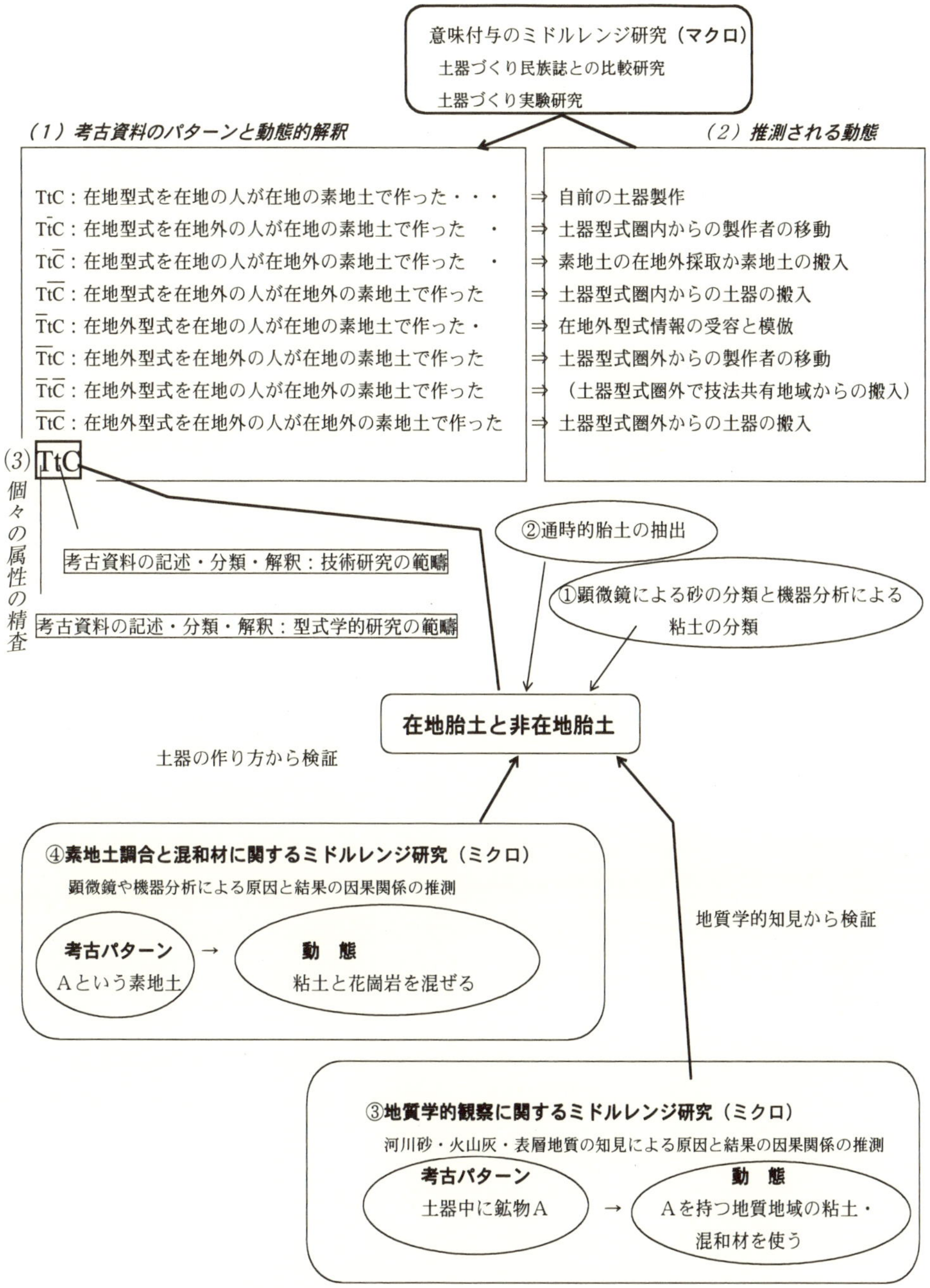

意味付与のミドルレンジ研究（マクロ）
土器づくり民族誌との比較研究
土器づくり実験研究
（1）考古資料のパターンと動態的解釈
（2）推測される動態
TtC：在地型式を在地の人が在地の素地土で作った・・・
⇒ 自前の土器製作
$T\overline{t}C$：在地型式を在地外の人が在地の素地土で作った　・
⇒ 土器型式圏内からの製作者の移動
$Tt\overline{C}$：在地型式を在地の人が在地外の素地土で作った　・
⇒ 素地土の在地外採取か素地土の搬入
$T\overline{t}\overline{C}$：在地型式を在地外の人が在地外の素地土で作った
⇒ 土器型式圏内からの土器の搬入
$\overline{T}tC$：在地外型式を在地の人が在地の素地土で作った・
⇒ 在地外型式情報の受容と模倣
$\overline{T}\overline{t}C$：在地外型式を在地外の人が在地の素地土で作った
⇒ 土器型式圏外からの製作者の移動
$\overline{T}t\overline{C}$：在地外型式を在地の人が在地外の素地土で作った
⇒（土器型式圏外で技法共有地域からの搬入）
$\overline{T}\overline{t}\overline{C}$：在地外型式を在地外の人が在地外の素地土で作った
⇒ 土器型式圏外からの土器の搬入
(3) TtC
個々の属性の精査
考古資料の記述・分類・解釈：技術研究の範疇
考古資料の記述・分類・解釈：型式学的研究の範疇
②通時的胎土の抽出
①顕微鏡による砂の分類と機器分析による粘土の分類
在地胎土と非在地胎土
土器の作り方から検証
地質学的知見から検証
④素地土調合と混和材に関するミドルレンジ研究（ミクロ）
顕微鏡や機器分析による原因と結果の因果関係の推測
考古パターン
Aという素地土
→
動　態
粘土と花崗岩を混ぜる
③地質学的観察に関するミドルレンジ研究（ミクロ）
河川砂・火山灰・表層地質の知見による原因と結果の因果関係の推測
考古パターン
土器中に鉱物A
→
動　態
Aを持つ地質地域の粘土・混和材を使う

図50　TtCモデルとミドルレンジモデル

というのは、前者は$\overline{\mathrm{C}}$によって、在地製作でないことは確実だとしても果たして後者を製作する際のモデルになったかどうかは、これだけでは確かではない。それは大洞系という範疇で同一型式だとしても、大洞系の分布域が広範囲に及び、多数の製作地と製作者が予想されるためである。つまり、土器型式T（滋賀里遺跡の$\overline{\mathrm{T}}$）という極めて大きな括りの分類のみでは、何を模倣したのか記述することが難しい。土器型式は広範囲で斉一性が認められることから、かなり大きな集団が共有していた技術を基盤としていることが予想されるのに対し、内在する小変異は集落毎あるいは領域毎などの小さな括り（「小さな集団」）の技術の中でまとまりを持つ可能性が高い。後者に対応する属性は器形の細部、文様帯構成・文様構成やその施文手法、器面調整など「施文原理」（第1章第1節2）の「胎土」を除いた属性の細部に相当し、小地域あるいは集落毎の閉じた系の中での親密な対面関係での技術の継承等によって身に付くものと予想される。これらが実際に小さな集団を反映し得るのかどうかは、やはりそれ自体を分析の前提となる課題として捉え、予め地域、時期毎に検証しておかなければならないだろうが、先述したように研究者の視点によってはこれらに相当する属性の抽出が可能となる。このように土器製作技法の細部や微妙な文様表出技法など、製作工人集団もしくは集団群を反映すると予想される更に細かな属性を t ＝ technique と記述し、在地の人による在地の技法を「t」、在地外の技法を「$\bar{t}$」とする。つまりある遺跡から出土する同じ土器型式の土器に t と $\bar{t}$ が存在することになる。

以上、t を加えたTC モデルを再提示すると次の8通りのパターンが導き出せ、それぞれに対応した行動が推測される。以下に、「考古学的な結果」（痕跡現象）……「システムの動的な状態」（行動現象）の対応関係を示す。

・TtC：在地型式で在地技法かつ在地胎土の土器……在地型式を在地の人が在地の素地土で作った。自前の土器製作。

・$T\bar{t}C$：在地型式で在地外技法かつ在地胎土の土器……在地型式を在地外の人が在地の素地土で作ったもの。土器型式圏内からの製作者の移動。

・$Tt\overline{C}$：在地型式で在地技法であるが在地外胎土の土器……在地型式を在地の人が在地外の素地土で作ったもの。素地土の在地外採取か素地土の搬入。

・$T\overline{tC}$：在地型式で在地外技法かつ在地外胎土の土器……在地型式を在地外の人が在地外の素地土で作った。土器型式圏内かつ素地土の在地外からの土器の搬入。

・$\overline{T}tC$：在地外型式で在地技法かつ在地胎土の土器……在地外型式を在地の人が在地の素地土で作った。土器型式圏外から到来した在地外型式情報が受容され、模倣による土器製作が行われた。

・$\overline{Tt}C$：在地外型式で在地外技法かつ在地胎土の土器……在地外型式を在地外の人が在地の素地土で作った。土器型式圏外からの製作者の移動。

・$\overline{T}t\overline{C}$：在地外型式で在地技法であるが在地外胎土の土器……在地外型式を在地の人が在地外の素地土で作ったもので対応が難しい。土器型式圏外ではあるが、在地と技法を共有している（差が抽出できない）地域からの土器の搬入か。ただし、t の精査の必要性が特に高い。

・$\overline{TtC}$：在地外型式かつ在地外技法かつ在地外胎土の土器……在地外の型式を在地外の人が在地外の素地土で作ったもの。土器型式圏外からの土器の搬入。

このようにTC モデルに土器づくりの技術的属性を加えたものがTtC モデルである（図50・表4）。ただ、縄文土器は時代や地域による変異幅がかなり大きいため、土器づくりに関する技術的属性は、全ての土器型式に対して抽出できるとは限らない。この認定のためには一定量の土器の集成と基礎的な観察、そしてその技法がなぜ成り立ち得るのかの解釈が必要である。

表4　TC（TtC）モデルと行動

T	TC	TtC	動態的解釈	過去の動態	行動の意味づけの可能性
T	TC	TtC	在地型式を在地の人が在地の素地土で作った	自前の土器製作	自給
		$T\overline{t}C$	在地型式を在地外の人が在地の素地土で作った	土器型式圏内からの製作者移動と故地の土器製作	土器製作者の移動は単独移動もしくは土器型式圏内の集落移動
	$T\overline{C}$	$Tt\overline{C}$	在地型式を在地の人が在地外の素地土で作った	在地外へ素地土を採取に行き、土器を作ったか、素地土の搬入	素地土の遠方への選択採取
		$T\overline{tC}$	在地型式を在地外の人が在地外の素地土で作った	土器型式圏内かつ素地土の在地外から土器が搬入された	土器型式圏内の土器の流通、土器づくりの集落間の分業
$\overline{T}$	$\overline{T}C$	$\overline{T}tC$	在地外型式を在地の人が在地の素地土で作った	土器型式圏外から到来した情報に基づいて土器が模倣された	他地域の土器情報の受容と模倣
		$\overline{Tt}C$	在地外型式を在地外の人が在地の素地土で作った	土器型式圏外から製作者が移動し、故地の土器を製作した	土器製作者の移動は単独もしくは土器型式圏外からの集落移動
	$\overline{TC}$	$\overline{T}t\overline{C}$	在地外型式を在地の人が在地外の素地土で作った	（土器型式圏外で技法を共有する地域からの土器の搬入）	
		$\overline{TtC}$	在地外型式を在地外の人が在地外の素地土で作った	土器型式圏外かつ素地土の在地外から土器が搬入された	土器型式圏を越えた土器の流通

※ｔの判別の可否によって「TtC」モデルは「TC」モデルに止まる場合がある。よって説明表記上の「TC」モデルは「TtC」モデルを含むものとする。

2　TCモデル実現の基礎となるミドルレンジ研究

(1) TCモデルとマクロレベルのミドルレンジ研究

TtCモデルは(1)「考古資料のパターン」がどのような(2)「推測される動態」に対応するかを明示的に示すことを目的としている（図50上段）。まず「行動現象」としての推測される動態の痕跡として、実際に「痕跡現象」としての考古資料パターンが対応するかどうかは、例えば土器づくり民族誌との比較研究や土器づくり実験的研究などの意味付与のためのマクロレベルのミドルレンジ研究によってその精度が高められていくことが期待され、これは将来的な課題として認識している。一方TtCモデルによる推論の過程をより明確化するためには、T･t･Cの(3)「個々の属性の精査」が必要である。このうちまずTは通常の型式学的分類の成果から記述される。そこで本書第5章で提示するTの判別については、基本的に各報告書の編年研究の成果に基づいて記載し、一つ一つの詳述を省いた。またｔはTほどではないが、やはりより細かな集団の判別を示唆する技術研究（「施文原理」）蓄積の学史が存在する（第1章第1節2）。これらについては第5章では、各報告書の記述に準拠した。ただし、屋代遺跡群の大木式系土器に関しては第3章第2節での観察結果を第5章に反映させた。Cについては第1節2で述べたように、考古学から独立した研究分野による成果に依拠していることで客観性が保たれ、土器と胎土のパターンがカタログとして整備されることがまず重要であるが、いくつかの課題もある。この課題を克服する鍵としてミクロレベルでのミドルレンジ研究が必要である。

(2) TCモデルとミクロレベルのミドルレンジ研究

例えばTCモデルの「TtC」パターンは「在地型式を在地の人が在地の素地土で作った」であり、「C」が「在地の素地土」を示す。対象になっている土器の胎土を「C」と認定できるのは、第一に顕微鏡による砂の分類と機器分析による粘土の分類が在地として一致し（①）、かつ砂の由来が地質学的な在地の構造（要件1地質構成物、要件2川砂·火山灰）と矛盾しない場合（③）で、更にはその胎土が遺跡で主体を占め、通時的に使われている場合（②）である。①と②の認定には、考古資料の分析（①）や、観察（②）による事実関係の集積が必要となる。一方、③は、「土器中に鉱物Aが入っている」という考古資料のパターンが「Aを有する地質地域の粘土や混和材を用いて土器を製作する」という当時の人々の行動に対応するという関係を予め検証しておくことの必要性を示しているわけだが、この対応関係を規定しているのは地質構造という、考古学事象とは全く独立した体系（第4章第1節2）である。そのため、表層地質の調査・河川砂・火山灰や粘土そのものの調査とその履歴の研究は、大枠でCの解釈のための基礎的な研究であり、ミクロレベルのミドルレンジ研究と位置づけられよう。また、混和や除去もしくは何もしないといった素地土調整の技術の関与範囲を把握することもCを決める重要な要因である（④）。例えば「土器中に鉱物Aと鉱物Bと鉱物Cが入り、粘土の化学組成はαである」という考古資料のパターンは自然界のそのような素地土を採取して土器を製作したという動態のみならず、「鉱物Aと鉱物Bと鉱物Cを粘土の化学組成αの素地土に混和して土器を作る」という動態を念頭に置く必要がある。この対応関係を規定するのは先述の地質構造に加え、混和という人間活動であるが、鉱物の粒度分布や組み合わせの特異性など地質学的知見の収集やそれに係わる検証をくり返すことによってそのような胎土の背景となった活動を推測することは可能であり、それは同様にミクロレベルのミドルレンジ研究としても捉えられる。第2節1（2）でもふれたように、この問題は、今回踏み込むことが難しかったが、将来的に検討が必要な重要な課題と考える。

3　TCモデルを用いた研究の実践

土器型式が複数存在しない地域で、遺跡内の土器群の分析を実施した場合、在地型式を在地胎土・在地技法で作ったTtCが高い割合を示すことが予想される。また、同一土器型式圏内でも、$\overline{tC}$が認められれば、それは土器の動きを示すのに対し、$\bar{t}C$は 人の動きを、$t\bar{C}$は素地土の動きを示す。一方、土器型式圏外$\bar{T}$の場合は、それぞれ土器型式圏外からの土器・製作者・素地土の動きを示し、$\bar{T}tC$は土器型式圏外からの情報の動きを示す（図51）。土器型式は作業概念であるが、現実にその接触地域が存在し、変容した土器が確認される背景には、これらの要素が複雑に絡み合う動態が推測される。TCモデルはそのような動態をより明示的に説明する手段である。

例えば$\overline{TtC}$は、土器型式圏外からの土器の動き、つまり搬入品である可能性が最も高い土器を示すし、$T\overline{tC}$は土器型式圏内の土器の動き、つまり土器型式圏内からの搬入品を示す。土器型式圏内を土器が移動するという事例は既に山梨県の甲府盆地（第1章第3節3）をはじめ、報告例は少なくない。

次に、$\overline{Tt}C$と$T\bar{t}C$は人の移動を示唆する。前者は「在地外の型式を在地外の人が在地の素地土で作った」、つまり在地外からの人の移動を示唆する。これに対し、後者$T\bar{t}C$は「在地型式を在地外の人が在地の素地土で作った」であり、tの解釈が正確だとすれば、土器型式内にいくつかの技法があり、土器型式圏内からの人の移動があったことを意味する。ただ、現実に土器型式が在地にも拘わらず技法を在地外と判別するには、かなり細かな土器観察と地域的な諸属性の類型化が予め必要であり、その判別には土器の技術研究に精通した研究者の観察を必要とする。一

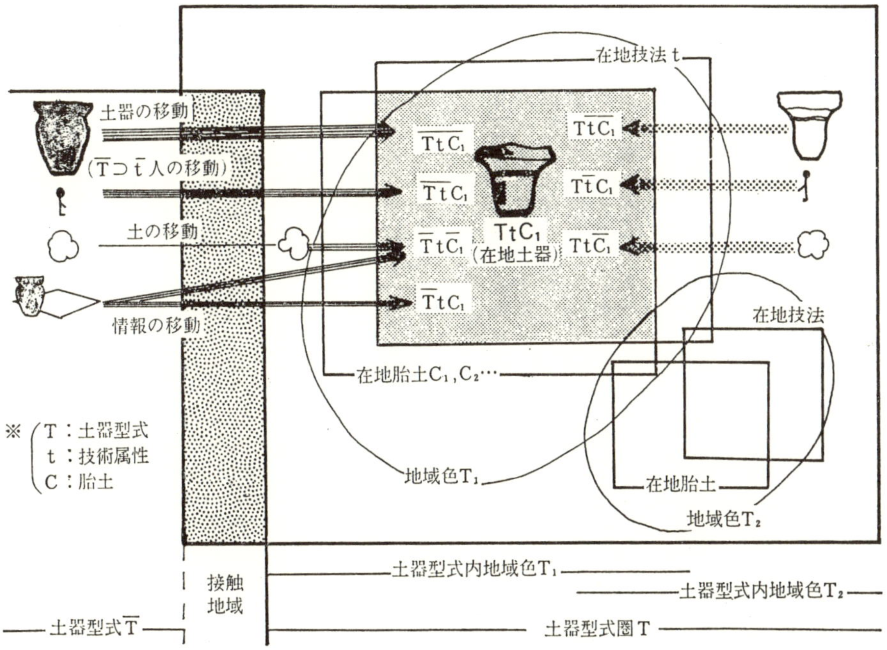

図51　ＴＣモデルの概念図（水沢1992を改変）

方、在地外の人が作った在地外の型式の土器（$\overline{TtC}$）が、在地外の人の出身地の土器であったとすれば、これはその土器づくりに精通した人の移動を意味する。第1章1節の前提から土器製作者を女性と仮定すれば、これは女性が移動し、故郷の土器を作ったとの解釈ができ得る。もしこのような土器が発見された場合、婚入の可能性をまず考えるべきではあろうが、Cが実際に在地胎土なのかどうかをまず胎土分析の技術上の問題としてしっかりと吟味して解釈する必要があろう。また、そのような土器の量によっては製作者が集団で移動した場合、つまり世帯毎や集落毎の移動も無視できないだろう。

さて、在地技法の範囲は、その遺跡を含み、技法を共有するエリアを指し、在地胎土は同様に当該遺跡を含む、ある胎土を共有するエリアである。もしも両者が一致するとすれば、土器づくり集団に係わる非常に重要な情報として捉えられるが、元来別の原理で定義されている両者は部分的に重なるものの一致する可能性は極めて低い。そこで、図51では在地胎土と在地技法のエリアの違いを示すべく枠を多少ずらすことで表現した（水沢1992）。また、同図のスクリーントーン部分は土器型式の接触地域である。傾向として土器型式の接触地域に近づくほど$\overline{T}$が多いが、複数の土器型式相互の全くの接触地点に遺跡が存在した場合、その遺跡におけるTと$\overline{T}$をどのように区別して表現するか苦慮する場合もあろう。どの型式も全て在地胎土で製作されている場合、これらは相互に表面的には異型式であるにも拘わらず全てT、すなわち在地の土器となることがあるかもしれない。これではTCモデルによって過去の動態が推測されるのとは逆に、胎土分析の結果の解釈の形でTと$\overline{T}$が決まるという状態に陥る。また、Tに連動してtと$\overline{t}$も一概に決まらない。このことから、土器型式の接触地帯では、予めTと$\overline{T}$を決定せず、まずは土器型式の差異毎にT_1、T_2、T_3……として表示するような応用も必要だろう。これに対し胎土は、どのような地域でも同様な基準でCと$\overline{C}$を決定できるため、土器型式等よりも曖昧な点が少ない。

ただ、本来遺跡が存在する面と同一な地質地域に由来する「在地胎土」に、第2節2 (1) で述べた「在地胎土」の3つの要件を加味した場合、その概念はやや広域で、実際には日常行動半径を越える場合も予想される。この場合、「在地胎土」とはいえ、いくつかの地質学的単位に分かれることになる。これを明示するための分類としてC_2、C_3……を一部の事例に導入し、TCモデルの発展系として扱いたい。また、TCモデルを、より蓋然性の高いものにするためには、同一時期の他の遺跡出土土器の同様なデータの蓄積も必要である。

4　土器型式の接触地域の解釈へ

長野県は縄文時代前期から関東や東北、北陸の影響を様々な形で受け、時代によっては複数の土器型式の接点となる地域であり、文化の十字路であった。土器型式の接触地域の場合、土器の移動や模倣に関する解釈は、かなり複雑化することが予想される。例えば一つの遺跡に$\overline{T_1t_1}C_1$、$\overline{T_2t_2}C_1$、$\overline{T_3t_3}C_1$が共存している場合は、T_1、T_2、T_3というそれぞれの土器型式を故地とする各地から、人がそれぞれ移動してきたことによって1種類の在地胎土で土器が作られたことになる。このことから、移動してきた人々は粘土の採取地を共有するほどに慣れ親しんだことになろう。ただし、$\overline{T_1}t_1C_1$、$\overline{T_2}t_1C_1$、$\overline{T_3}t_1C_1$であれば、在地の人が、T_1、T_2、T_3という在地外のそれぞれの土器型式を模倣して土器を製作したことになる。

また、$\overline{T_1t_1C_1}$、$\overline{T_2t_2C_2}$、$\overline{T_3t_3C_3}$は、それぞれの型式をそれぞれの型式の製作者がそれぞれの素地土で作ったものであるため、当然3点とも搬入品であるとともに、仮に在地内の複数の集落でこれらの土器が共通して見つかれば、T_1という土器はC_1という胎土、T_2という土器はC_2という胎土というように土器型式と胎土の相関関係が掴め、土器型式毎の土器づくりの分業が示唆されることになろう。つまり集落毎に作る土器型式が固定化され、集中的に作られた土器が、これらの土器が出土した集落へ搬入されたということになる。このような土器型式と技法・胎土の広域的な類型が提示され、TtCモデルによってそれらが集成された時にようやく、より縄文時代の実態を反映した土器の製作単位やその動きが議論できるようになるのである。その場合、例えば第1章で検討したように交易に携わるのが男性だとすれば、土器型式圏外からの土器の移動は男性の動きを示唆するものとなろうし、土器の集中的製作があるとすれば土器づくりの専業化も検討の対象としなければならないであろう。TCモデルを用いた胎土分析は究極的にはこのような具体的な過去の動態と、それが持つ社会的背景に迫れる可能性を持つ研究分野であることを最後にもう一度確認して本章の結びとする。

註

【第2節】

（1）本来土器づくりの過程は、まず粘土を採取し、篩い分けや混和材の添加といった粘土精製作業によって「素地土」を作り、ねかせるなどの工程を経て成形・調整・施文・乾燥の後に焼成して、土器「胎土」が完成する。そこでその材料の調達という行動や調達地を表現する場合、厳密には「粘土の採取（地）」、「砂の採取（地）」、「粘土と砂の採取（地）」と表現すべきである。

　ただ、今まで見てきたように素地土の製作の際の、「粘土を採取した」、「砂を採取した」、「粘土と砂を採取した」という3つの行動を区別することが難しい。そこで、本書では「素地土になる粘土、もしくは砂、もしくは粘土と砂を採取した」という表現を簡略化して便宜的に「素地土を採取した」と表現する。

また、実際に胎土中の鉱物の正確な由来をトレースするためには第1章第3節註（1）で示したような鉱物結晶そのものを対象として元素分析を実施する必要があろう。

（2）計測には複式メカニカルステージを用いている。短時間に長軸方向に等距離ずつ移動させるために、目測で最も正確な移動の可能な0.5㎜に固定した。

第５章　胎土分析の実践

第１節　中央高地における縄文時代中期中葉熊久保遺跡出土土器の胎土分析

１　熊久保遺跡出土土器と分析の目的

熊久保遺跡は鎖川左岸の河岸段丘上、標高815ｍの、長野県朝日村大字古見に所在する。東西約500ｍ、南北約100ｍ、50,000㎡に及び、昭和37年の第１次から平成12年の第10次まで順次調査が行われてきた。住居跡は100軒を超えているが、美術館建設に伴う第10次には31軒が調査され、うち６軒が中期中葉、７軒が中期後葉唐草文系Ⅰ期（梨久保Ｂ式）、16軒が同唐草文系Ⅱ期（熊久保式）、不明が２軒であった（樋口編2003）。中期中葉は狢沢式古段階３軒、井戸尻式段階３軒である。熊久保遺跡では中期中葉・後葉ともに他系統の土器が単一住居跡から出土する傾向がある。特に２号住は中期初頭から中葉の移行期にあたるため、型式・技法と胎土の関係が複雑化することが予想された。そこで、報告書作成時に２号住出土土器のうち９点の岩石学的手法による胎土分析を実施した（水沢2003）。本節ではそれらを対象に、TCモデルを用いての解釈を行う。

２号住は調査区西側に存在し、切り合いは無い。形状は4.2ｍ×3.8ｍで、やや縦長の円形である。覆土は３層に分かれ、特にⅠ層中からは10～50㎝の礫と多数の土器片が出土した。出土土器は次のように分類された（小口2003）。

１類：平行沈線を多用し「平出第三類Ａ土器」（以下平出Ⅲ類Ａ土器）に比定されるもの。

　→五領ヶ台式を構成する沈線文土器からの変遷が明らかにされている。

２類：Ｂ字文・パネル状文様など半截竹管状工具によってモチーフが描かれるもの。

　→新崎式もしくはその影響を受けたもの。

３類：指頭圧痕文を有する一群。

　→狢沢式と大石式を含む。

４類：横帯区画文が多段化し、区画内に波状沈線や斜行沈線、刺突文が施文されるもの。

　→佐久地方にみられる斜行沈線文土器との繋がりを類推させる。

５類：口縁部が肥厚し、縄文が施文された一群。

　→東海、西日本に類例。

今回胎土分析の対象とした土器（図52）は、№１～４が１類、№５･６が２類、№７･８が３類、９が５類に該当する。

次にこれらが「在地型式」に該当するかどうかの検討を行う。

平出Ⅲ類Ａ土器のうち№１～３は地文を有するもの、№４は地文を持たないものである。平出Ⅲ類Ａ土器は中期初頭から連続する「平行した沈線文」が頸部に充填される独特の型式で（三上1987）、中期中葉を通じて少しずつ形を変えながら、変遷する（鵜飼1977）。土器型式間の装飾の差異が特に顕在化した時期にあたり、とりわけ、非常に強い規制によって器形、装飾構造、製作技法が固持された型式の一つである（寺内 1989）。その分布は中期初頭に伊那谷北部、更に伊那谷南部から松本平、木曽谷、諏訪湖盆、八ヶ岳山麓に広がり、狢沢・新道式期にはそれらの地域で更に増加し、藤内式期から井戸尻式期にかけては再び伊那谷に偏在する、といった推移が報告されている（鵜飼同上、林 1985）。このことから林は、平出Ⅲ類Ａ土器が伊那谷で集中生産され、各地へ搬出された可能性を指摘した。朝日村は本来の分布圏からかなり北に偏っている印象があるが、近年の発掘調査では、諏訪盆地や八ヶ岳山麓はもちろんのこと、松本盆地でも北部の松本市矢作遺跡や、東山山麓の松本市一ツ家遺跡、塩尻市堂の前遺跡・俎原遺跡、西山山麓の山形村殿村遺跡など類例が増えている（小口 2003）。特に狢沢式期の塩尻市堂の前遺跡では平出Ⅲ類Ａ

表５　分析試料の属性（水沢 2003c より）

試料№	出土位置・注記	型式学的分類	肉眼胎土分類	部　位	備　考	光学顕微鏡分類
1	2住№２	Ⅰ群１類ａ種（平出ⅢA）	a	胴上半	平行沈線	1類
2	2住№12	Ⅰ群１類ａ種（平出ⅢA）	a	胴下半	縄文	1類
3	2住№15	Ⅰ群１類ａ種（平出ⅢA）	a	口縁部	波状文	1類
4	2住№４	Ⅰ群１類ｂ種（平出ⅢA）	a	胴上半	斜格子目文	1類
5	2住ESPIT	Ⅰ群２類ａ種（北陸系）	a	胴上半	炉体土器・B字文	3類
6	2住SWⅠ	Ⅰ群２類ａ種（北陸系）	a	胴上半	パネル状文（B字文）	1類
7	2住SEI	Ⅰ群３類ｂ種（指頭圧痕）	b	口縁部	T字文	4類
8	2住覆土	Ⅰ群３類ａ種 （角押文・指頭圧痕）	b	胴上半	クランク文	2類
9	2住覆土	Ⅰ群５類（西日本系）	a	口縁部	円形刺突文	1類

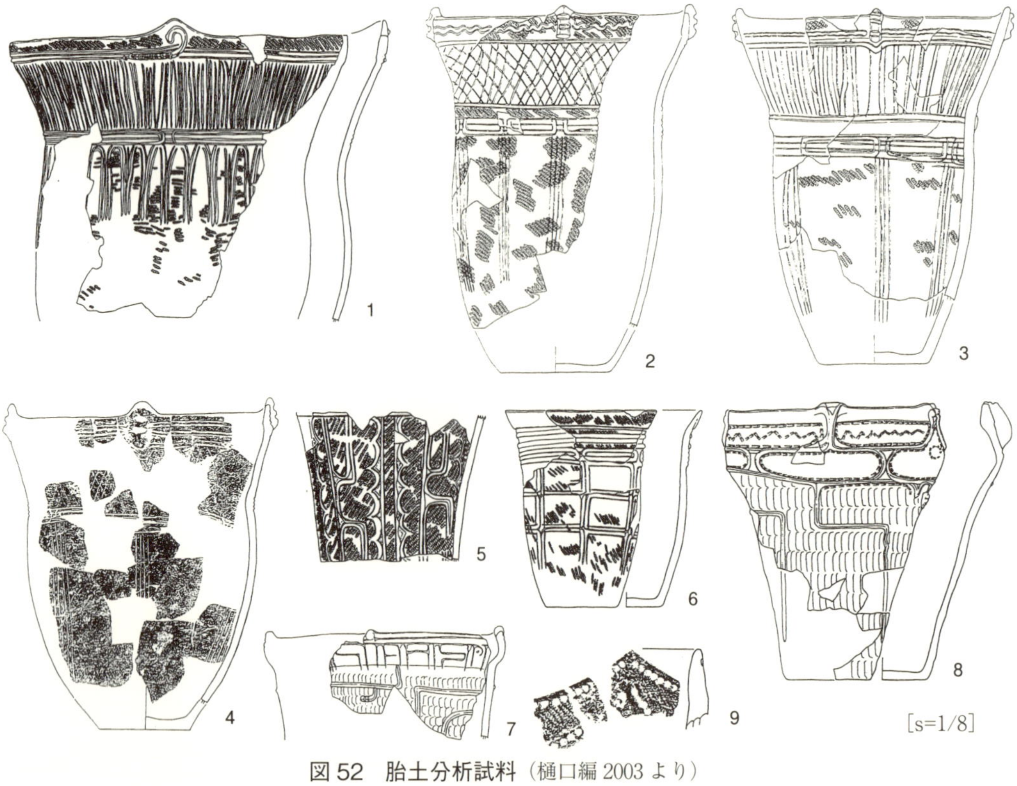

図52　胎土分析試料（樋口編 2003 より）

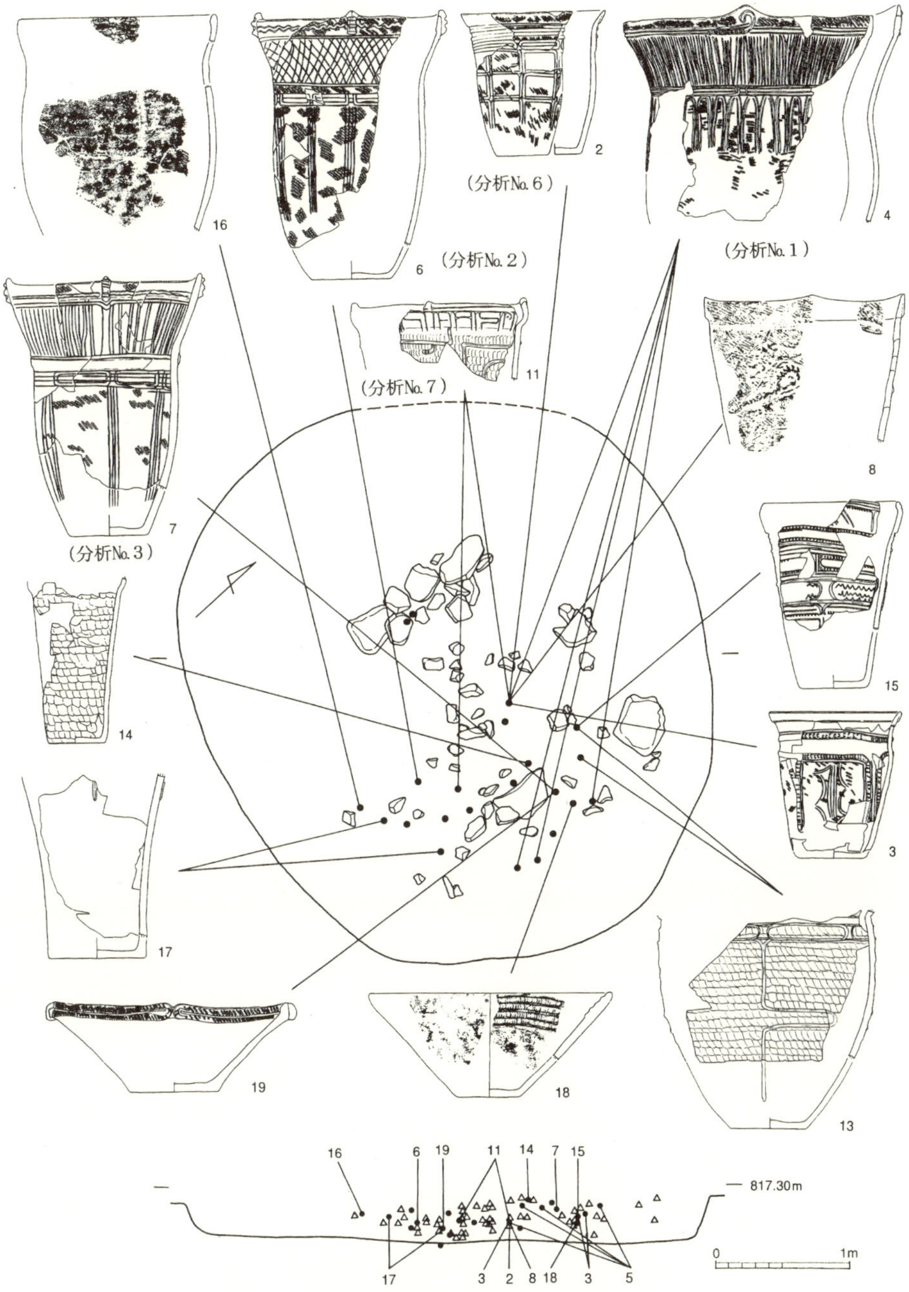

図53　第2号住居跡遺物出土図（小口 2003 より）

表6　中期前葉編年案の対比表（小口 2003 より）

本　　稿			2　号　住	
			古段階	新段階
小　林（1995）	CM	CS	CZ	
	Ⅰ　Ⅱ	Ⅰa　Ⅰb　Ⅰc　Ⅱa　Ⅱb	Ⅰa　Ⅰb	Ⅱa　Ⅱb
三　上（1987）	梨久保Ⅰ段階	梨久保Ⅱ段階		狢　沢
		Ⅱa　Ⅱb　Ⅱc		
今　村（1985）	五領ヶ台Ⅰ式	五領ヶ台Ⅱ式	神谷原 大　石	狢　沢
	Ⅰa　Ⅰb	Ⅱa　Ⅱb　Ⅱc		

土器が土器組成の半数を占め、新道式期の松本市内田雨堀遺跡や牛の川遺跡では２割を占める（林同上）。また、狢沢式期前後にあたる熊久保遺跡２号住出土の図示された器形の分かる土器19点の内訳は、平出Ⅲ類Ａ土器：４点、新崎式系：３点、狢沢式を含む指頭圧痕文系土器：６点、西日本系：１点、斜行沈線文土器：１点、浅鉢形土器：２点、その他：２点で、実際の住居跡出土土器の組成ではないものの、全体の約２割にあたり、主要土器型式を構成する。このように熊久保遺跡に於ける平出Ⅲ類Ａ土器は、周辺遺跡一帯を網羅する面的な出土例があることや連続的に組成することから、周辺的な様相ではあるものの、「在地型式」と考えて差し支えないものと判断する。よって№１～４を「T_1t」と位置づける。

次に新崎式は富山・石川・新潟県を中心に分布するため、熊久保遺跡では「在地外型式」であるが、諏訪湖周辺などの周辺遺跡でも少数出土する傾向にある。うち№５は新崎式そのもの、№６は肥厚口縁、楕円区画文は平出Ⅲ類Ａ土器に近いが、器形や文様帯構成、頸部の半隆起線や胴部のパネル状文の構成は新崎式の影響下にあるとされることから、№５を「$\overline{T}_1\overline{t}$」、№６を「$\overline{T}_1t$」とする。一方、指頭圧痕文は五領ヶ台式期に遡る下総・常陸地域の装飾手法で、やがて勝坂Ⅰ式ａ段階に中央高地での採用が進んだものとされていて（寺内1987）、その分布は八ヶ岳から甲府盆地にかけて主体的になる（小口同上）とされる。今回分析対象とした№８は指頭圧痕文の地文と角押文を有する一群で典型的な狢沢式（勝坂Ⅰ式）である。№７[1]はそれより古手とされ、指頭圧痕文、Ｙ字状文やヘラ沈線によるモチーフがみられる大石式に分類されるが、文様細部に東信地域的な様相がみられる。指頭圧痕文を有する土器は松本盆地、諏訪盆地でも確認されるため「在地型式」と位置づけた上で、東信地域的要素を「$\overline{t}$」と記載し、№７を「$T_2\overline{t}$」、№８を「T_2t」として以下の論を進める。また、№９は角押文によって構成されるべき肥厚した口縁部下が西日本の船元Ⅰ式の特徴である円形刺突文で表現されているため、「$\overline{T}_2t$」としている。施文技法の違いからも模倣・変容の過程が考えられている。

２　胎土分析の方法

各土器を口縁に垂直方向に２～５㎜程度の厚さに切断し、全体をエポキシ樹脂に埋め込んで３㎝×土器の厚さ×２～５㎜程度のチップを作る。このチップの片面を研磨剤で研磨した後に、スライドガラスに貼り付ける。更に反対側の面を二次的に薄く切断する。研磨剤を段階的に変えながら平滑に研磨し、厚さ0.02㎜程度の薄片を作成する。充填や各種貼り付けに用いた樹脂は何れもペトロポキシ154である。なお薄片作成は㈲岩本鉱産物商会に依頼し、各薄片には土器の内面・外面・口縁部方向・底部方向の情報を記載した。これらをオリンパス製の偏光顕微鏡BH2で観察した。観察方法は基本的にオルソスコープで、無色鉱物の認定の際にコノスコープを用いた。また、鉱物種決定の根拠は、単ニコル観察では多色性、劈開の状況、ベッケ線を用いた屈折率の推定等で、直交ニコルでは干渉色、双晶、累帯構造、消光角、伸長の正負等とした。

３　胎土分析の結果

（1）全体の特徴

各試料の組成を把握するために薄片を鏡下に置き、メカニカルステージを用いて短軸方向に

0.7㎜、長軸方向に0.5㎜ずつ動かしながらモード測定を行った。この場合各薄片ともに鉱物が抜け落ちた部分を除いて合計250モード測定した。次にもう一度試料を隅々まで観察し、カウントから外れた鉱物名の欄に＋印を記入した。この作業によって試料全体の表面積に比して、カウントの幅が幾分大きいために生ずる遺漏を緩和できる。カウント結果を表7に示し、更にこの一部をグラフ化して図54～図56を追加した。まず、岩石・鉱物とマトリックスの量比をみると、№7がマトリックスの少なさで分離される。また、№5・7は同定できた岩石が鉱物に比べてかなり少ない（図54）。次に岩石組成では、深成岩類主体の№1～4・6・9と火山岩類が卓越する№5・7・8に明確に2分される（図55）。最後に鉱物の組成はかなりばらつくが、どちらかといえば岩石からみた組成に類似する（図56）。

表7　カウント基礎データ（水沢2003cより）

岩石・鉱物名	試料番号	No.1	No.2	No.3	No.4	No.5	No.6	No.7	No.8	No.9
石英		12	16	25	10	2	11	19	0	7
斜長石		19	12	18	13	24	24	29	41	16
アルカリ長石		11	22	18	12	10	9	11	2	26
黒雲母		11	20	17	32	9	17	45	＋	38
白雲母		5	2	4	＋	0	3	0	0	15
角閃石		7	0	＋	0	10	0	＋	6	＋
酸化角閃石		0	0	0	0	0	0	0	＋	0
単斜輝石		0	0	0	0	2	0	1	7	0
斜方輝石		0	0	0	＋	1	0	0	＋	0
緑簾石		＋	1	＋	＋	0	＋	0	0	＋
ジルコン		1	0	0	＋	＋	0	＋	0	＋
電気石		0	0	0	0	0	0	0	1	0
直閃石		0	0	0	0	0	0	＋	0	0
黒色不透明鉱物		0	＋	＋	＋	4	＋	＋	2	1
火山岩類	安山岩	0	0	0	0	0	0	0	25	0
	火山ガラス類	0	1	1	＋	0	1	31	4	0
	凝灰岩	2	0	0	1	0	0	0	1	0
	酸化火山岩	0	0	0	0	2	0	0	0	0
	その他	＋	0	0	0	0	0	0	24	0
深成岩類	花崗岩	22	16	26	40	0	26	1	0	18
変成岩類	石英片岩	1	2	＋	1	2	＋	0	0	＋
	その他	1	0	0	0	0	0	0	0	0
堆積岩類		＋	0	1	3	1	0	4	＋	0
チャート・石英多結晶		2	0	＋	1	＋	0	0	0	1
粘土鉱物・変質鉱物		3	3	0	4	45	1	4	2	2
燈色鉱物		7	8	2	2	4	6	14	6	0
不明		14	39	22	19	10	27	17	7	34
マトリックス		132	108	116	112	124	125	74	122	92
合計		250	250	250	250	250	250	250	250	250

（2）個別試料の状況

次に、岩石・鉱物種同定の根拠と個別試料の偏光顕微鏡観察結果の概要を略述する。

№1～4

鉱物　無色鉱物の分類は以下の特徴に基づいて行った。灰色の干渉色を示し、一軸性正号が認定できるものを石英とした。波動消光を示すものが多い。小形でコノスコープ像が見えにくいものは「不明」に分類した。アルバイト式双晶や累帯構造がみられ、しばしば内部に絹雲母がみられる長石を斜長石とした。二軸性が認定され、表面が汚染されていて、しばしばパーサイト構造や微斜長石構造がみられ、屈折率が接着剤（屈折率1.54）以下であるものをアルカリ長石とした。以上の根拠により無色鉱物の主体を占める石英、斜長石、アルカリ長石を同定した。また、有色鉱物では、小形の黒雲母がマトリクス全体に散乱し、白雲母も少数認められる。№1は大形の角閃石を含む。

変質鉱物　変質した鉱物については、本来の形がわかるものは、既存の鉱物名に沿って記載し、

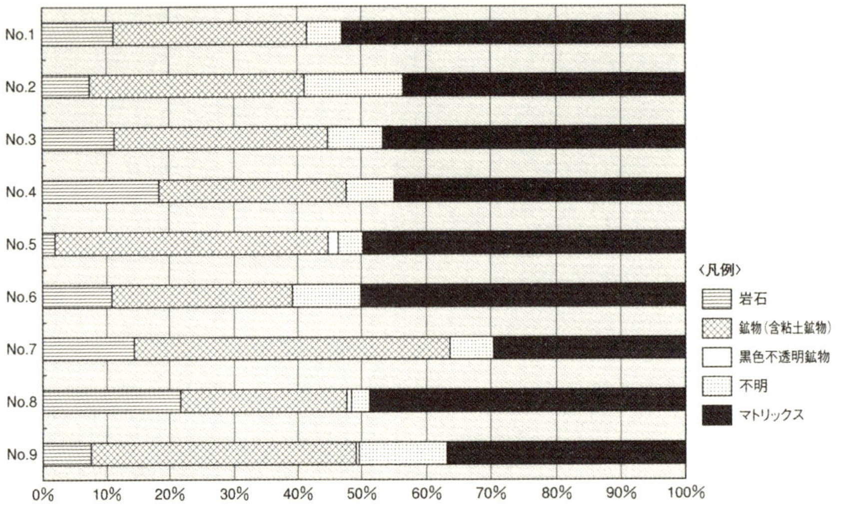

図 54　全体組成（水沢 2003c より）

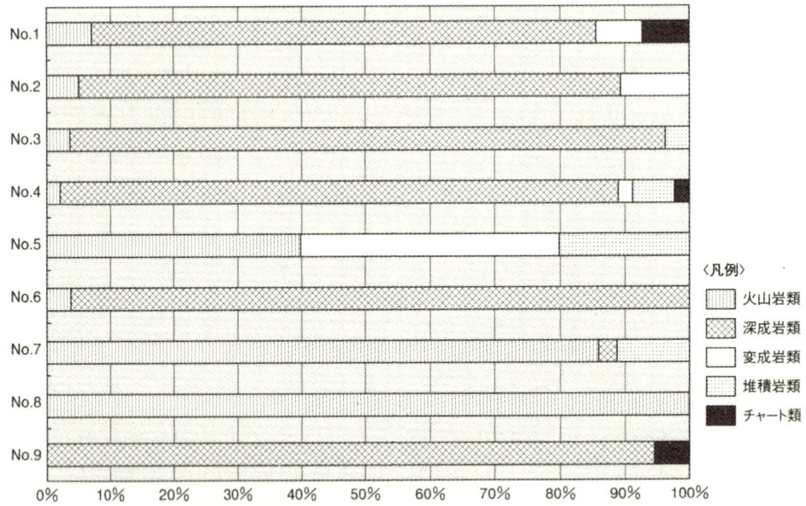

図 55　岩石組成（水沢 2003c より）

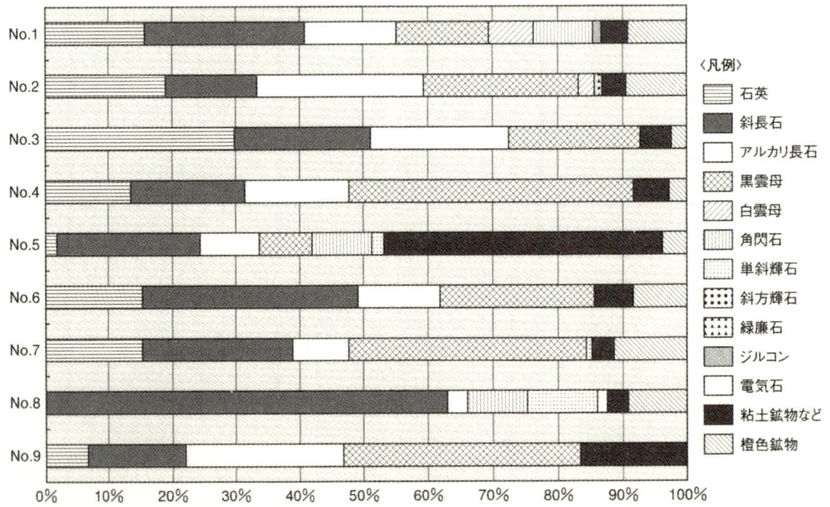

図 56　鉱物組成（水沢 2003c より）

変質が進んだものは「変質鉱物」としてひとくくりにした。この中にいわゆる粘土鉱物も含める。以下の試料も同様である。

岩石　大形の岩石の多くは花崗岩質岩である。上記の鉱物単体とほぼ同じ特徴のアルカリ長石・斜長石と石英から成り、No.1はりん灰石を、No.3では黒雲母や白雲母を含むものがある。その他少数の石英片岩、堆積岩類、チャートなどが認められる。

No.5

鉱物　火山ガラスが変質したと推測される小形の鉱物が大量にかつまんべんなく含まれる点で際立って特異である。また磁鉄鉱も他の薄片に比べてかなり多い。石英は非常に少なく、顕著な波動消光を示すものがあり、著しい融食形を呈するものが目立つ。斜長石にはアルバイト式双晶・累帯構造が明確であるものが多い。単斜輝石・斜方輝石、角閃石ともに少数みられる。

岩石　石英片岩や チャートなど、石英をモザイク状に含む岩片が目立つ。酸化火山岩とみられる岩片はあるが、明確な火山岩は含まない。

No.6

鉱物　無色鉱物の特色と認定基準はNo.1～4に同じである。ただし斜長石には明確なアルバイト式双晶のものが目立つ。また変質した黒雲母が多い。

岩石　花崗岩が多く、微斜長石を含む。ややCaに富むとみられる斜長石を含む花崗岩片もある。微細な鉱物が少なく、粒子が比較的揃っている。

No.7

鉱物　真珠岩構造を示す流紋岩質ピッチストーンが小形～中形までかなり多い。また、発泡した火山ガラスやガラス質の石基を持った火山岩のガラス部分が脱ハリ化したものが目立つ。また長石は双晶を有するものが少ないため、屈折率で斜長石とアルカリ長石の区別を行った結果、斜長石がアルカリ長石よりかなり多い。黒雲母は小から中の比較的大きなものまでまんべんなく入り、弯曲したものも多い。岩石片は総じて少ない。

No.8

鉱物　石英はコノスコープ像で確認可能な大きさのものの中には無い。斜長石の殆どにアルバイト式双晶がみられ、多くに火山岩の起源の特徴である累帯構造がある。アルカリ長石も少量含まれる。

岩石　石基と斑晶の区別が明確で、斑晶鉱物が斜長石を主体とし、単斜輝石・斜方輝石などの組み合わせから成る岩片で石基の鉱物の形が棒状や角形のものを安山岩とし、石基部分だけのものなどを火山岩とした。安山岩にはこの他に黒雲母、緑泥石、角閃石、玄武角閃石(2)、ルチルなどが含まれる。斑晶の斜方輝石には赤褐色の反応縁がみられるものがある。火山岩の中には全体が赤色に酸化されているいわゆる酸化火山岩も含めた。

No.9

鉱物　無色鉱物の種類と認定方法はNo.1～4に同じ。アルカリ長石にはセリーサイトが生じていたり表面が汚れているものが多い。黒雲母は大形のものが多くみられ、No.1～4よりも多く含まれる白雲母には細長いものの他、板状のものもある。

岩石　鉱物と同様の特色の斜長石やアルカリ長石から成る深成岩が多く、黒雲母を含むものもある。両雲母花崗岩の細粒が1点同定された。

4　胎土のグルーピング

(1) 岩石・鉱物差によるグルーピング

前項での検討の結果9点の土器の胎土には大きく深成岩の特徴を有するものと火山岩の特徴を有するものがあり、それらの特徴から以下の4つのグループに分類できる。次にその特徴を記載する。

1類：No.1・2・3・4・6・9が該当する。斜長石、アルカリ長石、石英、黒雲母が主体で、やや少ない白雲母を含む。岩石片は花崗岩（質岩）が中心で、主に斜長石・アルカリ長石・石英から成るが、黒雲母や白雲母が含まれるものもある。その他少量の石英片岩やチャートなどを含む。ただしこのうちNo.1・6は1類の中では0.25mm以上の微細な鉱物が少ないため、マトリックスの比率が高くなっている（図54）。また黒雲母は全体に散っておらず、まとまっている。これに対しNo.2・No.3・No.4は全体にまんべんなく0.25mm未満の無色鉱物や黒雲母が散在している。また石英片岩が含まれる。更にNo.9は白雲母を特に多く含み、黒雲母の比率もかなり高く、これらの起源と考えられる細粒の複雲母花崗岩が単独で含まれている。このように1類の中には若干傾向を異にする3つのグループが存在する。

2類　No.8が該当する。安山岩を中心にした火山岩を多く含み、斜長石も火山岩起源の特徴を示す。

3類：No.5が該当する。岩石片が少なく、火山ガラスが変質したと推測される小形の鉱物が大量に含まれる。また単斜輝石・斜方輝石含む。

4類：No.7が該当する。岩石片が少なく、流紋岩質のピッチストーンや火山ガラス、細かな黒雲母を多量に含む。

(2) 岩石・鉱物の由来

このように純粋な岩石・鉱物の種類差から、対象試料は4つの類に分類された。次に各要素の由来となる周辺の地質状況を確認しながらその由来を推測していくことにする。

① 熊久保遺跡の在地

熊久保遺跡は鎖川の形成する第四紀の段丘堆積層上に立地する。これは松本・塩尻方面へと広がる鎖川、奈良井川、田川が形成する盆地の西側の最奥部に相当する。周辺の山地は針尾層（チャート・珪質粘板岩および粘土岩）・味噌川層（粘板岩および砂岩）など、美濃帯に属する古生代後期の各層から成る（片田・礒見1964）。特に岩相・構造・年代などの対比からこの味噌川層一帯は味噌川コンプレックスとされ、遺跡の北側から対岸一帯のユニットBは、泥岩を中心とし、チャートと珪質泥岩、珪質粘土岩・砂岩・玄武岩を伴うとされている。またその南側の樫又沢・中俣沢から高遠山に至る地域はユニットCとされ、主に砂岩・泥岩によって構成され、一部に少量の形質泥岩やチャート・礫岩を伴う。このうち礫岩には直径5mm程度のチャート・花崗岩類・塩基性火山岩などの亜円礫と泥岩クラストを含み、様々な粒度の粒子によって構成されている（岩木・大塚2001）。よってここでは、以上のような砂を含む素地土をベースにした土器胎土を「在地胎土」（C）として論を進める。

② 花崗岩に由来する鉱物と岩石

１類は花崗岩と花崗岩に由来する鉱物で特徴づけられ、堆積岩は少ない。先に述べたように遺跡周辺にはユニットＣに由来する花崗岩の礫が存在する可能性があるが、砂岩や泥岩が殆ど入らない薄片内の砂の組成は味噌川コンプレックスと合致するとはいい難い[3]。周辺の地質を概観すると、一番近いものは遺跡西方 11㎞の鉢盛山西麓を中心に広がる奈川花崗岩である。また東方 13.6㎞には松本盆地東側の中新世内村層に貫入した松本岩体に黒雲母花崗閃緑岩がみられる（周藤・山岸 1988）。奈川花崗岩は、美濃帯堆積岩コンプレックスに貫入した白亜紀末のもので、境峠断層を挟んで幅広い分布を示し、約 38㎢の露出面積を示す岩帯である（原山・足立 1995）。このうち遺跡に比較的近い、小鉢盛山以北に分布するのが、ａ：中－細粒等粒状白雲母黒雲母花崗岩と、ｂ：斑状黒雲母花崗岩、その南に分布するのが、ｃ：角閃石黒雲母花崗岩－花崗閃緑岩である。このうちａの白雲母黒雲母花崗岩は、主成分鉱物：カリ長石≧斜長石＞石英＞＞白雲母＞黒雲母で、副成分鉱物：イルメナイト・燐灰石・ジルコン・モナズ石・蛍石とされる。また、ｂは斑状結晶：斜長石＞石英＞黒雲母で、基質構成鉱物：カリ長石≧石英＞斜長石＞＞黒雲母で、副成分鉱物としてイルメナイト・褐れん石・燐灰石・ジルコンが確認されている。またこれらの周縁部には熱変成によって花状の組織を示す菫青石ホルンフェルスが生じている。このような花崗岩の造岩鉱物のモードと１類中の鉱物の割合を比較すると、細部の違いがあるものの、試料№1・2・3・4・6はｂの組成に近く、かつａの主体である白雲母を含む。ただし１と３に含まれる角閃石や４の多量の黒雲母はこれとやや異なる。むしろ風化により容易にマサ化する性質のあるｃ角閃石黒雲母花崗岩に対比される。更に奈川花崗岩中の白雲母は二次的に生じたものが多く、試料１～４に含まれる少数で小形の白雲母はこれらに相当する可能性がある[4]。 このように試料№１・２・３・４・６の胎土は、遺跡を含み同一の地質構成物に起因する在地胎土要件１とは異なるが、分析試料中在地型式の主体をなす胎土であるという第３の要件を満たす。また奈川花崗岩は遺跡の 11㎞圏に分布するものの、遺跡北方約 9㎞を流れる梓川によって掘削されており、その流域でも入手できる。また、遺跡の 500ｍ圏を流れる鎖川は直接的には奈川花崗岩帯へ到達していないが、その上流のツヨ沢では堆積岩中に岩脈状に貫入した花崗岩が確認されており（田中他 1989）、河川で運搬される可能性もゼロとはいえない。このようなことから、要件２に該当する可能性を念頭に置き、Ｃに準拠するものとして「Ｃ′」と表現する。

さて、白雲母を含む花崗岩は中南信地域では、この他に領家帯の中に多く産することが知られている。その北限は高遠を中心に分布する高遠花崗岩で熊久保遺跡からは最短で 24㎞の地点にある。また駒ヶ根市東部の落合花崗岩や伊那市、宮田村、駒ヶ根市以南の駒ヶ岳東麓、天竜川右岸を中心に局地的に分布する太田切花崗岩など、これらよりも更に遠隔地に分布するものもある。特に№９の両雲母花崗岩や多数の白雲母は、その形態から奈川花崗岩よりもどちらかというと遺跡から直線で 38㎞南の太田切花崗岩に由来すると推測される[5]。試料№９の由来が太田切花崗岩としても高遠花崗岩としても、これらは遺跡から 20㎞を越えるため「$\overline{C_1}$」とするのが妥当であろう。

③ 火山岩に由来する鉱物と岩石

２～４類は火山岩に由来する鉱物や岩石を主体的に含む。

２類№８は中でも安山岩を多く含み、安山岩地帯に由来すると考えられる。斑晶鉱物の組み合わせから、輝石安山岩と角閃石安山岩が推測され、特に後者は玄武角閃石を有する。遺跡周辺では鎖川対岸約１㎞の朝日村針尾南方の尾根を覆って露出する安山岩の小岩体に斑晶鉱物として斜長石・紫蘇輝石・鉄鉱および少量の普通輝石が確認され、紫蘇輝石には普通角閃石や黒雲母などの小型結晶を包有しているものがみられる（片田・礒見1964）。これは土器で観察された安山岩の斑晶に矛盾しないが、量比からは完全に一致するとはいえない。一方遺跡西方17.5㎞以西には乗鞍岳を起源とする様々な溶岩がみられ、大野川を経て遺跡から９㎞圏の梓川に流下する可能性があるとすれば（かんらん石含有）紫蘇輝石普通輝石安山岩溶岩（中野1995）で、胎土とは完全には一致しない。これに対し、松本盆地の南東部には塩尻峠付近を模式地とする先第四系の塩嶺累層とその相当層が広がり、特に遺跡の南東約12㎞の善知鳥峠付近には斜長石・紫蘇輝石・普通輝石および鉄鉱を斑晶に持つ普通輝石紫蘇輝石安山岩（片田・礒見同）、更に遺跡東方約14㎞の諏訪湖西岸地域塩尻峠下部は角閃石を含む複輝石安山岩溶岩から成る（熊井1988）。遺跡南東最短約９㎞の田川では安山岩礫が採取可能であり（上條2006）、この付近から流下したものとみられ、角閃石を含む熊久保遺跡出土土器胎土との関係が予想される。磨石・石皿・石錘などの大形礫石器も田川流域などへ採取に赴いたか、産地を控えた近隣集落との交換が指摘されている（上條同）。このことから、本土器の胎土が塩嶺累層に由来すると考える場合、遺跡の９㎞圏が射程に入るため、要件２を視野に入れることができる。ただし要件１には合致せず、分析点数の制約から要件３は不明である。

３類№５は、火山岩自体は少ないが火山ガラスが変質した褐色の鉱物を多量に含む。この鉱物は胎土全体に均質に含まれていて、かなりの密度を占めるため、粘土に元々混在していた可能性がある。ただしこのような粘土が遺跡周辺に存在するか否かは現状では判断できない。そのため本試料が在地で作成されたものかどうかは保留せざるを得ない。

４類№７は新鮮な火山ガラス類、ピッチストーンを多く含むことから、火山灰と粘土を混ぜたか、降下した火山灰ごと粘土を採取したものと考えられる。おそらく多数含まれている黒雲母もこの火山灰に含まれていたのではないだろうか。問題は「在地」の中に部分的にこのような火山灰を挟む地層があるのか、全く別の地域に由来するのかである。実際この地域には乗鞍岳や御岳、焼岳からの火山灰が厚く堆積しているといわれる。このような黒雲母を含む火山灰としては、梨ノ木ローム層に相当する可能性があり[6]、今後対比を進める必要があろう。梨ノ木ローム層の模式地の塩尻市洗馬は遺跡から６㎞の距離にあり、ここから採取されたとすれば在地の要件２には合致する。ただピッチストーンの存在が別途注目される。流紋岩質マグマが急冷されて、殆ど鉱物を晶出しないままに固結した天然ガラスのうち、黒色でH_2Oが少ないものが黒曜岩（石）、樹脂状光沢を持ちH_2Oを多量に含むものがピッチストーンと呼ばれる。「在地」に流紋岩系の要素が無いため「在地外」由来であるが、更にピッチストーンの存在から和田峠周辺の黒曜岩（石）原産地を含む地域との関係も注目される。和田峠周辺に由来するとすればこれは「在地外胎土」となり、既出の「$\overline{C_1}$」と区別して「$\overline{C_2}$」と表記する。

5　TCモデルからみた中期中葉土器の動態

(1) 花崗岩を含む土器

① TCモデルと平出Ⅲ類Ａ土器が作られた場所

１類のうち「在地」型式（平出Ⅲ類Ａ土器）にして準「在地」胎土（奈川花崗岩由来）と推測された№１～４を、在地で製作された土器「T_1tC'」と認定する。ただ、遺跡付近の鎖川の堆積物を利用したのか約11㎞西方の鉢盛山付近に採取に赴いたか、粘土は遺跡付近の湿地などで調達し、混和材のみ採取したか、9㎞北の梓川や犀川本流へ調達に赴いたかは、本分析の範囲では定かではない。ただC′が在地胎土であれば、同じ胎土の１類に含まれ、「$\overline{T}_1tC'$」と表せる№６（北陸系土器）は在地で模倣製作された土器である可能性がより補強されるといえよう。また、№９（関西系土器）は、「$\overline{T}_2t\overline{C}_1$」で、本場以外からの搬入品であると理解するが、「$\overline{C}_1$」と判断される胎土の起源の問題が残る。

② 周辺遺跡出土土器の胎土

精緻複雑な文様を持ち広域に類似した類型が分布する勝坂式系の土器群に対し、土器が大形で文様の簡素な平出Ⅲ類Ａ土器は、量産が求められる煮沸具としての機能が推定される。そうであれば、各地域固有の胎土が通常のはずだが、報告書を概観すると大粒の白色粒子や雲母を含むといった記載が目立つ。塩尻市域では伊那谷的な大粒の「混和材」が入っているものとそうでないものの二種に分かれるとされる（寺内1989）。

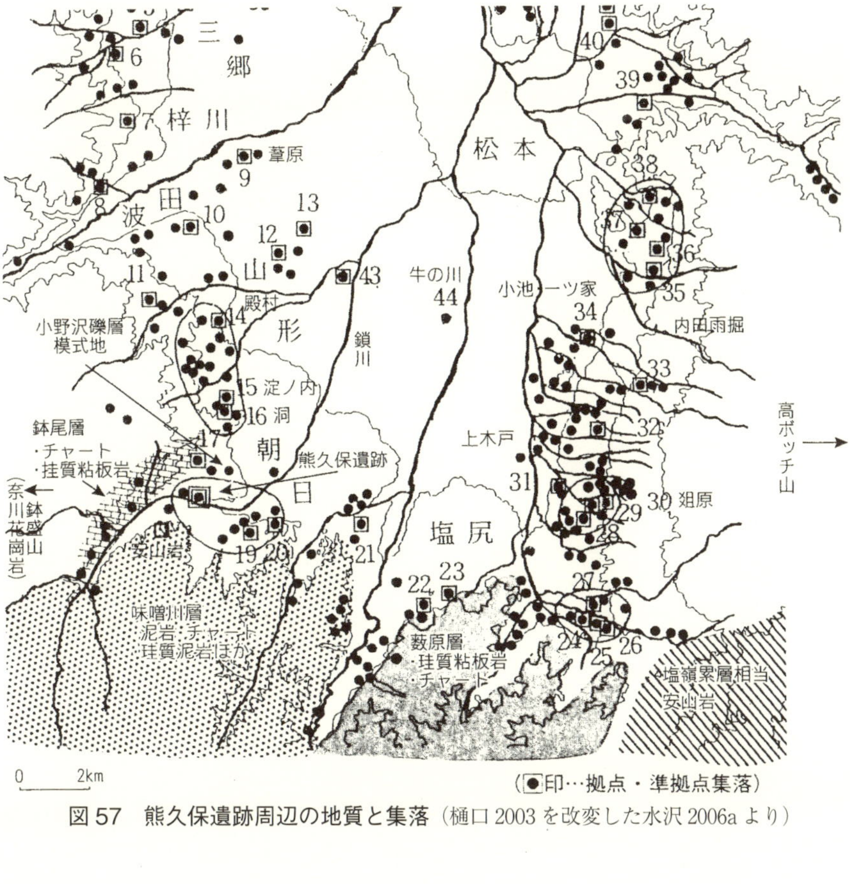

図57　熊久保遺跡周辺の地質と集落（樋口2003を改変した水沢2006aより）

山梨県北杜市酒呑場遺跡出土の平出Ⅲ類Ａ土器２点、同石原田北遺跡１点の分析でも、花崗岩および花崗岩起源の黒雲母、白雲母、角閃石が認められ、熊久保遺跡と類似した胎土が確認された。しかし、そのうち酒呑場遺跡１点と石原田北遺跡１点では、三波川変成帯と関連が想定される片岩や中央構造線地域との関連が想定されるマイロナイトが確認された（河西 2005）。このことから、長野県内からこの地域への平出Ⅲ類Ａ土器の搬出は確実であるものの、それは奈川花崗岩を起源とするのではなく、三波川帯に沿った伊那地域の領家帯の花崗岩を起源とする胎土の土器ということになる。ただし酒呑場遺跡出土のもう１点は花崗岩地域ではあるが更に別の原料産地が推定されている。

このような点から、平出Ⅲ類Ａ土器の素地土の共通するベースに花崗岩があり、素地土採取域に伊那地域が含まれることが類推される。ただそれは決して一局集中的なものではなく、熊久保遺跡を含む西山地域などを含めたいくつかの地域に土器製作の核があったものと考えたい。この点をより深く検証するためには、松本盆地を含めた熊久保遺跡の「在地胎土」の確認とともに、平出Ⅲ類Ａ土器製作の中心と考えられる伊那地域出土土器の胎土分析を今後進める必要があろう。

(2) 安山岩等を含む土器

安山岩等を含む２類試料No.８において、安山岩が遺跡から９km圏で採取できるとすれば「T_2tC_2'」、対岸１kmで採取できる場合、「T_2tC」に分類される。また、その両者のどちらでもない場合、指頭圧痕文を持つ土器の分布域から考えて、胎土の由来は乗鞍岳方面というよりは、善知鳥峠周辺以東が妥当であろう。その場合「$T_2t\overline{C}$」となり、素地土の遠方への調達が予想される。

３類試料No.５も胎土の由来が更に不明瞭であるため製作場所の特定は現時点では不能である。

４類試料No.７は、「在地」では捉えられない流紋岩質のピッチストーンの存在から、黒曜岩（石）原産地を含む「在地外」由来と仮定すると「$T_2\overline{tC_2}$」と標記される。「$Tt\overline{C}$」は通常素地土の搬入と捉えるが、「$T\overline{tC}$」は技法が在地外であるため、土器型式内での土器の移動、つまり搬入と捉えられる。

(3) まとめ

以上、本分析における TC モデルは次のとおりである。

No.１～４の平出Ⅲ類Ａ土器：T_1tC'：在地製作の在地土器

No.５の北陸系土器は　　　：$\overline{T_1}\overline{t}$ であるがＣの理解が不能

No.６の北陸系土器は　　　：$\overline{T_1}tC'$：在地製作の模倣品

No.７の指頭圧痕文土器は　：$T_2\overline{tC_2}$：土器型式圏内での土器の移動

No.８の指頭圧痕文土器は　：T_2t であるがＣが広域に及ぶため保留

No.９の関西系土器は　　　：$\overline{T_2}t\overline{C_1}$：勝坂式の技法を共有する圏内でかつ在地胎土外で模倣製作された土器の搬入

本分析では、理解の難しいNo.５とNo.８を除くと、平出Ⅲ類Ａ土器の在地製作、北陸の土器の模倣製作、和田峠付近で作られて搬入された指頭圧痕文系土器、在地外で模倣製作された関西系土器の搬入という４つの土器製作のカテゴリーが指摘できた。

熊久保遺跡という拠点的集落において平出Ⅲ類Ａ土器が一つの核として存在し、そこに比較

1. 1類　No.1（平出Ⅲ類A土器）
花崗岩　直交ニコル× 23

2. 1類　No.4（平出Ⅲ類A土器）
微斜長石　直交ニコル× 23

3. 1類　No.3（平出Ⅲ類A土器）
石英片岩　直交ニコル× 62.5

4. 1類　No.3（平出Ⅲ類A土器）
花崗岩　直交ニコル× 23

5. 1類　No.4（平出Ⅲ類A土器）
変質岩片を含む深成岩　直交ニコル× 62.5

6. 1類　No.6（北陸系土器）
花崗岩　直交ニコル× 23

図58　熊久保遺跡出土土器偏光顕微鏡写真（1）（水沢2003cより）

7.　1類　№9（西日本系土器）
両雲母花崗岩　直交ニコル× 62.5

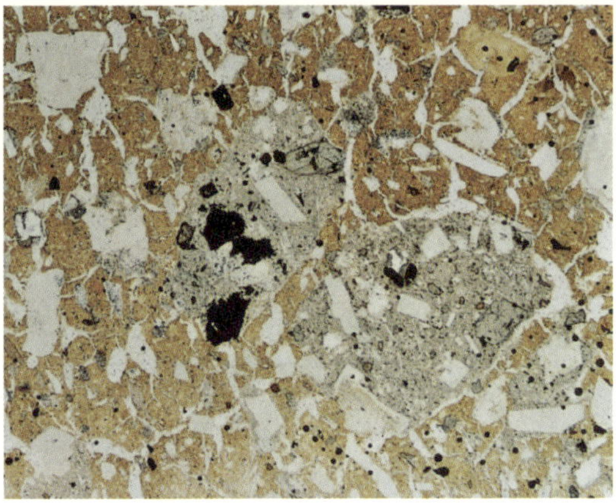

8.　2類　№8（角押文・指頭圧痕の狢沢式）
輝石安山岩　単ニコル× 23

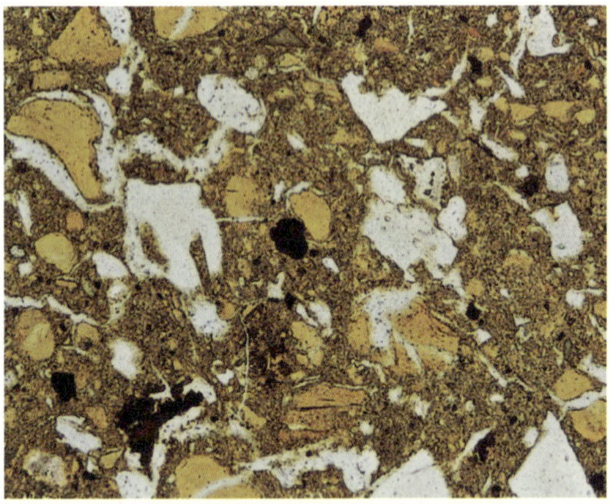

9.　3類　№5（北陸系土器）
変質したガラスを多数含む胎土　単ニコル× 62.5

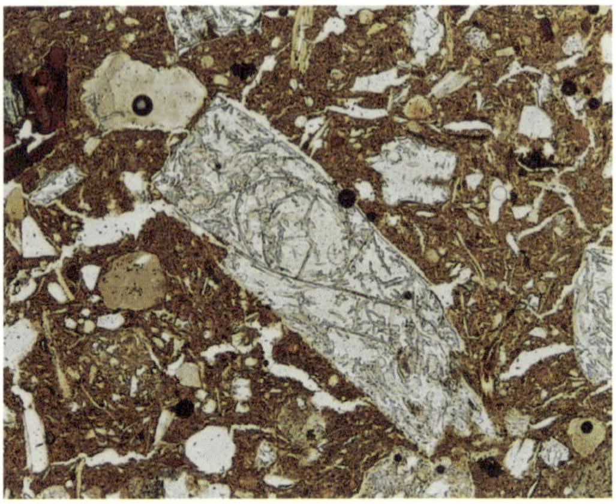

10.　4類　№7（指頭圧痕を残す狢沢式）
流紋岩質ピッチストーン　単ニコル× 62.5

11.　4類　№7（指頭圧痕を残す狢沢式）
流紋岩質ピッチストーン　直交ニコル× 23

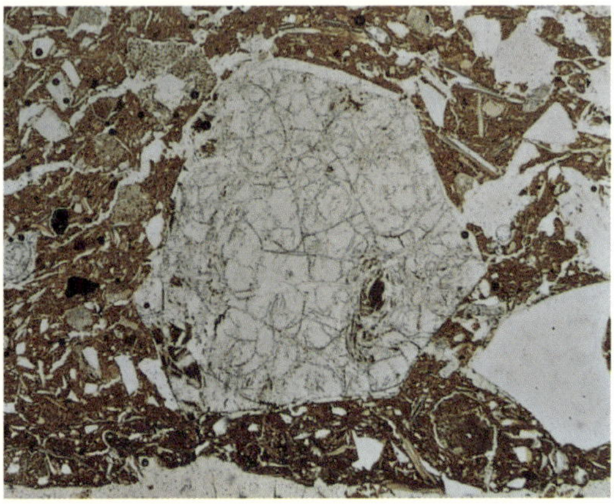

12.　同左　単ニコル× 23

図59　熊久保遺跡出土土器偏光顕微鏡写真（2）（水沢2003cより）

的近い別の地域から指頭圧痕文土器が搬入される。また、北陸や関西といった遠隔地の土器をも受け入れた結果模倣が起こり、新たに北陸系土器が生まれたことが推測された。在地製作が卓越しつつある中期後葉に比べて中期中葉は土器の一局集中製作とそれらの流通がより盛んであるため、型式毎に胎土が集中するような現象が起こるのではないか。

今後、土器の中の砂の胎土分析を漠然と行うのではなく、地域・時期を限って、更にある型式だけを面的に追跡し分析することによってこの課題を検証していく必要がある。本資料に限らず、この時期の土器胎土の顕微鏡レベルでの類型差は非常に大きく顕著である。その解釈のためにも、粘土部分の分析を将来の課題としたい。

第２節　中央高地における縄文時代中期中葉川原田遺跡出土土器の胎土分析

１　川原田遺跡出土土器と分析の目的

川原田遺跡は標高 872 ～ 882 ｍの高原、浅間火山南麓の御代田町塩野に所在する。水田経営の合理化を目的とした県営土地改良総合整備事業に伴い約 8,800㎡が調査され、平成２年に縄文時

表８　中期中葉の編年（寺内 2008 に追加）

主な中期の時期区分				北　陸	新潟県上越市南部〜長野県北信	長野県東信		関東西部〜長野県中信南部	東　北	
寺内	北陸・東北	中部	関東	並行関係概観	荒川1999（和泉A） 寺内2005〜2006他（上記以外）	寺内1996・2001他		今村1985（五領ヶ台） 下総1985（勝坂）	並行関係概観	
中期前葉	中期初頭	中期初頭	中期初頭	新保式	和泉A遺跡下層１期	東信系１期		五領ヶ台Ⅰ式	大木７a式	
					和泉A遺跡下層２期	東信系２期		五領ヶ台Ⅱa式		
					和泉A遺跡下層３期					
					深沢式１期	東信系３期		五領ヶ台Ⅱb式		← 屋代遺跡群 SQ7003
					深沢式２a期	東信系４期		五領ヶ台Ⅱc式		
					深沢式２b期					
	中期前葉			新崎式	深沢式３期	東信系５期		五領ヶ台式直後型式群	大木７b式	← 熊久保遺跡２号住
中期中葉		中期前葉	中期前半		（北信変容型）後沖式	後沖式		勝坂Ⅰ式		
					未命名　在地曲隆線文土器	焼町式古段階		勝坂Ⅱ式		← 川原田遺跡 J-24
	中期中葉	中期中葉		上山田式		焼町式新段階	a	勝坂Ⅲ式		← 川原田遺跡 J-11
							b	勝坂Ⅳ式		← 川原田遺跡 J-12
							c			
						（焼町式後続型式ほか）		勝坂Ⅴ式	大木８a式	
						（井戸尻Ⅲの一部）				
中期後葉		中期後葉	中期後半			加曽利E１・曽利Ⅰ式		曽利Ⅰ式		

※型式区分と時期区分が混在している。〜期とあるものは研究が型式区分に達していない。
※本文で使用する中期前葉・中葉・後葉の区分は寺内独自の区分を使っている。
※直接的な言及が少ない北陸・東北の編年については細分を表示していない。

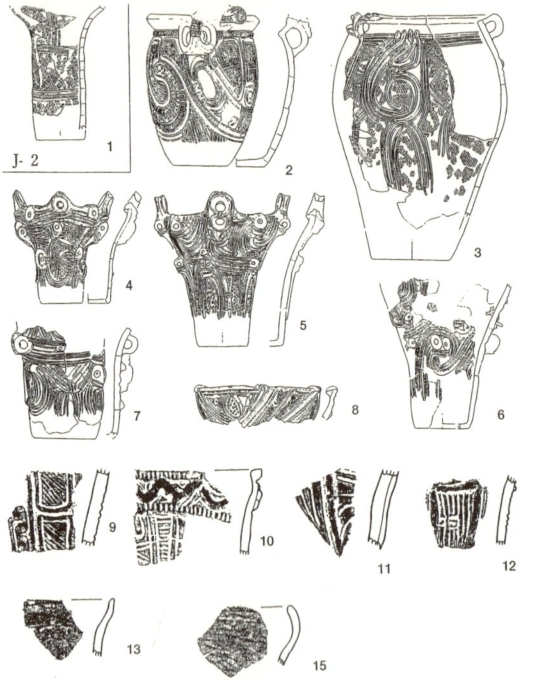

図 60 川原田遺跡胎土分析試料（J-11）

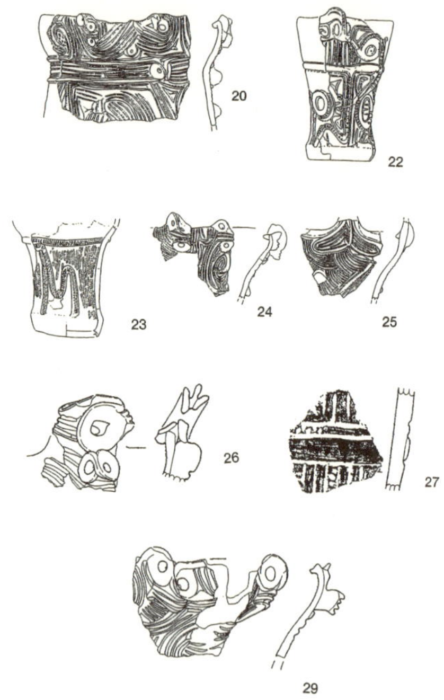

図 61 川原田遺跡胎土分析試料（J-12）

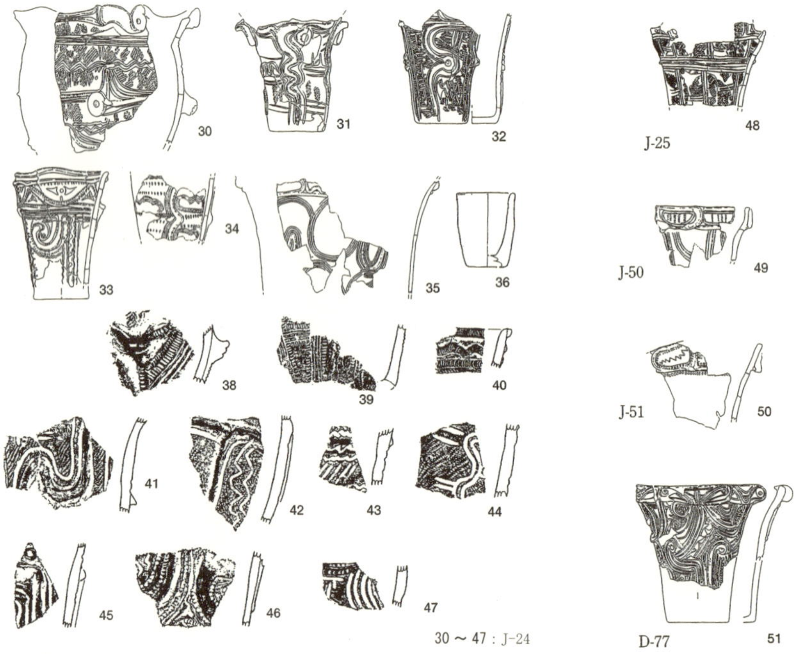

図 62　川原田遺跡胎土分析試料（J-24・J-25・J-50・J-51・D-77）

図 60 ～ 62（堤編 1997 より）［実測図 s=1/16、拓本 s=1/8］

代前期の竪穴住居跡6軒、土坑2基、縄文時代中期の竪穴住居跡46軒、土坑18基、掘立柱建物跡1棟などが検出された（堤編1997）。特に中期中葉の住居跡では主体となる焼町土器に阿玉台式や勝坂式が共伴する傾向が一般的であり、更に後者は文様細部や技法の検討によって在地から群馬県方面で製作されたものと搬入品が推定された（寺内1997）。その後、他遺跡とともに主要な竪穴住居跡の一括資料に基づく土器組成が検討され、勝坂Ⅱ式（新道式）～Ⅲ式（藤内Ⅰ式）に併行するⅡ期から、焼町土器の最盛期にあたるⅢ期（勝坂Ⅲ式・藤内式）とⅣ期（勝坂Ⅳ式・井戸尻Ⅰ式）を経て、その終末にあたるⅤ期（勝坂Ⅴ式・井戸尻Ⅲ式を含む）まで、4期に区分された（寺内2004 a）。本稿では、その年代観に準拠し、異系統土器の出自をより明らかにすべく、胎土分析ならびにTtCモデルを用いた解釈を実践する。

対象とした土器は43点で、焼町土器古段階ではⅡ期にあたるJ-24住の一括資料、焼町土器新段階ではⅢ期（勝坂Ⅲ式·藤内Ⅱ式）にあたるJ-11住（3章第1節2）とⅣ期（勝坂Ⅳ式·井戸尻Ⅰ式）にあたるJ-12住の一括資料を中心に据え、Ⅱ期のJ-50、J-51の阿玉台式、Ⅲ期のD-77土坑の越後系土器等を加えた（図60～62・表9）。

2　胎土分析の方法

本研究は国立歴史民俗博物館の共同研究である「歴史資料の多角化と総合化」の中で分担したものである（西本他2004）。薄片は国立歴史民俗博物館によって、ほぼ本章第1節2に準じて作製され、オリンパス製偏光顕微鏡BH2を用いて同様の基準で観察した。

3　胎土分析の結果

(1) 全体の特徴

偏光顕微鏡で観察した43点は主に鉱物組成の特徴によって3群に分類された。またそれらの量比や含まれる岩石片の種類などによって更に下位の分類を行った。

以下、順に含有されている岩石・鉱物の特徴と、それらの起源についての推測を述べる。文中大きさは長径0.75㎜以上を「大」、長径0.25㎜～0.75㎜を「中」、長径0.25㎜未満を「小」とし、( )内に示した。また量比は相対的に「多」、「中」、「少」として文章化した。また、代表的なものの顕微鏡写真を図72・73に掲載した。

(2) 分析の結果

①1　群：斜長石・輝石が多く、火山岩を含むもの

斜長石・輝石が主体で、火山岩片を含むものを1群とした。更に単独の鉱物結晶と火山岩の斑晶鉱物の大きさや量比から1類・2類を細分し、変質鉱物が目立つものを3類とした。以下単独の数字は表9の「胎土分析番号」を示す。

該当試料：1・3・7・8・9・10・11・13・15・20・22・25・(27)・30・31・32・36・39・40・42・44・47・49・50・51

含有鉱物とその特徴　石英：融食形・破片状、斜長石：累帯構造を示すものが多く、融食形を呈するものも含まれる、黒雲母：少ない、単斜輝石：常に入っている、斜方輝石：常に入っている、角閃石：個体毎に量に差がある。

表９　川原田遺跡出土土器の属性と分析結果（水沢2004 を修正）

胎土分類	C記号	胎土分析番号	本稿図番号	遺構名	報告書図版土器番号	時期	土器型式ほか	型式細部評価	T記号	t 記号	T t C記号
1 群 1 類-1	C_{111}	3	図60	J-11	25	Ⅲ	焼町	−	T	t	TtC_{111}
1 群 1 類-1	C_{111}	7	図60	J-11	29	Ⅲ	焼町	−	T	t	TtC_{111}
1 群 1 類-1	C_{111}	8	図60	J-11	33	Ⅲ	焼町	−	T	t	TtC_{111}
1 群 1 類-1	C_{111}	10	図60	J-11	61	Ⅲ～Ⅳ？	非本場勝坂	勝坂式の本場製作ではない	$\overline{T}_1$	t'	$\overline{T}_1t'C_{111}$
1 群 1 類-1	C_{111}	13	図60	J-11	114		無文浅鉢				
1 群 1 類-1	C_{111}	15	図60	J-11	116		無文浅鉢				
1 群 1 類-1	C_{111}	20	図61	J-12	42	Ⅲ	焼町	−	T	t	TtC_{111}
1 群 1 類-1	C_{111}	25	図61	J-12	49	Ⅳ	焼町	−	T	t	TtC_{111}
1 群 1 類-1	C_{111}	31	図62	J-24	48	Ⅱ	焼町古段階	−	T	t	TtC_{111}
1 群 1 類-1	C_{111}	36	図62	J-24	58		コップ型ミニチュア				
1 群 1 類-1	C_{111}	44	図62	J-24	130	Ⅱ	焼町古段階	−	T	t	TtC_{111}
1 群 1 類-1	C_{111}	47	図62	J-24	157	Ⅱ	（勝坂）	−	T	t'	$\overline{T}_1t'C_{111}$
（1 群 1 類-1）	−	27	図61	J-12	84	Ⅴ	勝坂	東信地方ではない可能性をもつ	$\overline{T}_1$		
1 群 1 類-2	C_{112}	1	図60	J-2	12	Ⅲ	北関東系	「北関東地域からの搬入品の可能性が高い」	$\overline{T}_3$	$\overline{t}$	$\overline{T}_3\overline{t}C_{112}$
1 群 1 類-2	C_{112}	22	図61	J-12	44	Ⅳ	非本場勝坂	粗雑な作りから本場製作ではない	$\overline{T}_1$	t'	$\overline{T}_1t'C_{112}$
1 群 1 類-2	C_{112}	39	図62	J-24	83	Ⅱ	非本場勝坂	群馬で製作された可能性あり	$\overline{T}_1$	t'	$\overline{T}_1t'C_{112}$
1 群 1 類-2	C_{112}	50	図62	J-51	11	Ⅱ	非本場阿玉台	「阿玉台的な装飾要素を有しながらも変容した部分があり、在地製作の可能性も考慮」	$\overline{T}_2$	t'	$\overline{T}_2t'C_{112}$
1 群 2 類-1	C_{121}	11	図60	J-11	100	Ⅴ	焼町か勝坂	他と比べて新しい			
1 群 2 類-1	C_{121}	30	図62	J-24	47	Ⅱ	焼町古段階	−	T	t	TtC_{121}
1 群 2 類-1	C_{121}	32	図62	J-24	49	Ⅱ	焼町古段階	−	T	t	TtC_{121}
1 群 2 類-1	C_{121}	42	図62	J-24	125	Ⅱ？	焼町古段階	−	T	t	TtC_{121}
1 群 2 類-2	$\overline{C}_{122}$	9	図60	J-11	49	Ⅲ	非本場勝坂	−	$\overline{T}_1$	t'	$\overline{T}_1t'\overline{C}_{122}$
1 群 2 類-3	$\overline{C}_{123}$	40	図62	J-24	89	Ⅱ	勝坂	勝坂式の本場で製作された可能性が高い	$\overline{T}_1$	$\overline{t}$	$\overline{T}_1\overline{t}\overline{C}_{123}$
1 群 3 類	C_{13}	49	図62	J-50	21	Ⅱ	非本場阿玉台	「阿玉台的な装飾要素を有しながらも変容した部分があり、在地製作の可能性も考慮」	$\overline{T}_2$	t'	$\overline{T}_2t'C_{13}$
1 群 3 類	C_{13}	51	図62	D-77	228	Ⅲ	越後系焼町	「越後地域の土器に類似する」	$\overline{T}_4$	$\overline{t}$	$\overline{T}_4\overline{t}C_{13}$
2 群 1 類	${}^{\wedge}C_{21}$	5	図60	J-11	27	Ⅲ	焼町	−	T	t	$Tt{}^{\wedge}C_{21}$
2 群 1 類	${}^{\wedge}C_{21}$	12	図60	J-11	101	Ⅴ	勝坂？	他と比べて新しい			
2 群 1 類	${}^{\wedge}C_{21}$	23	図61	J-12	47	Ⅳ	非本場勝坂	粗雑な作りから本場製作ではない	$\overline{T}_1$	t'	$\overline{T}_1t'{}^{\wedge}C_{21}$
2 群 1 類	${}^{\wedge}C_{21}$	26	図61	J-12	58	Ⅳ	焼町	−	T	t	$Tt{}^{\wedge}C_{21}$
2 群 1 類	${}^{\wedge}C_{21}$	29	図61	J-12	161	Ⅳ	焼町	−	T	t	$Tt{}^{\wedge}C_{21}$
2 群 1 類	${}^{\wedge}C_{21}$	41	図62	J-24	122	Ⅱ	焼町古段階	−	T	t	$Tt{}^{\wedge}C_{21}$
2 群 1 類	${}^{\wedge}C_{21}$	43	図62	J-24	128	Ⅱ～Ⅲ	後沖？（在地）	−	T	t	$Tt{}^{\wedge}C_{21}$
2 群 1 類	${}^{\wedge}C_{21}$	45	図62	J-24	145	Ⅱ～Ⅲ	焼町	−	T	t	$Tt{}^{\wedge}C_{21}$
2 群 1 類	${}^{\wedge}C_{21}$	46	図62	J-24	152	Ⅱ～Ⅲ	（勝坂）	千曲川流域から群馬のどこで作ったとしてもよい	T_1	t'	$\overline{T}_1t'{}^{\wedge}C_{21}$
2 群 2 類	${}^{\wedge}C_{22}$	4	図60	J-11	26	Ⅲ	焼町	−	T	t	$Tt{}^{\wedge}C_{22}$
2 群 2 類	${}^{\wedge}C_{22}$	6	図60	J-11	28	Ⅲ	焼町	−	T	t	$Tt{}^{\wedge}C_{22}$
2 群 2 類	${}^{\wedge}C_{22}$	24	図61	J-12	48	Ⅳ	焼町	−	T	t	$Tt{}^{\wedge}C_{22}$
2 群 3 類	$\overline{C}_{23}$	34	図62	J-24	54	Ⅱ	阿玉台	「規範に則った」土器。群馬を含む関東	$\overline{T}_2$	$\overline{t}$	$\overline{T}_2\overline{t}\overline{C}_{28}$
2 群 3 類	$\overline{C}_{23}$	35	図62	J-24	55	Ⅱ	阿玉台	関東地方で製作された可能性あり	$\overline{T}_2$	$\overline{t}$	$\overline{T}_2\overline{t}\overline{C}_{23}$
3 群 1 類	$\overline{C}_{31}$	38	図62	J-24	73	Ⅱ	非本場勝坂	群馬で製作された可能性あり	$\overline{T}_1$	t'	$\overline{T}_1t'\overline{C}_{31}$
3 群 2 類	C_{32}	33	図62	J-24	52	Ⅱ	東信か群馬の勝坂	本場の製作でなく「確証はないが在地製作かもしれない」	$\overline{T}_1$	t'	$\overline{T}_1t'C_{32}$
3 群 2 類	C_{32}	48	図62	J-25	6	Ⅱ	北関東系	「在地の系譜にはなく北関東の土器と見られる」	$\overline{T}_3$	$\overline{t}$	$\overline{T}_3\overline{t}C_{32}$
3 群 3 類	$\overline{C}_{33}$	2	図60	J-11	24	Ⅲ	勝坂	「勝坂系統の土器」	$\overline{T}_1$	$\overline{t}$	$\overline{T}_1\overline{t}\overline{C}_{33}$

1．時期は、寺内2004を用いていて、基本的にⅡ期（勝坂Ⅱ～Ⅲ式の古い段階・新道～藤内Ⅰ式）、Ⅲ期（勝坂Ⅲ式・藤内式）、Ⅳ期（勝坂Ⅳ式・井戸尻Ⅰ式）、Ⅴ期（勝坂Ⅴ式・井戸尻Ⅲ式）である。
2．「型式細部評価」で、「 」で括ったものは寺内2004 からの引用、それ以外は寺内氏のコメントを文章化した。

表10　川原田遺跡出土土器の胎土分析の結果（水沢2004より）　＊うち3.22.30.5.34は第63図参照

群	類	細別	特徴	該当資料	産地の可能性／起源
1群			斜長石・輝石主体で、火山岩を含む		
	1類		斜長石・輝石の鉱物結晶を主体とし、それらは少数含まれる火山岩の斑晶より大きい		
		1	斜長石が小～大を含んで特に多い	3.8.13.25.31.36.47/7.10.15.20.44.27	千曲川右岸か／結晶質火山灰か軽石流
		2	斜長石がより小さくて少なく、輝石の比率が高い	1.22.39.50	千曲川右岸か／結晶質火山灰か軽石流
	2類		大形の斜長石の鉱物結晶が少なく、大形の斑晶と石基の明確な火山岩の割合が高い		
		1	特に両輝石安山岩を多く含む。鉱物結晶の大きさは岩石の斑晶鉱物と同じもしくはやや小さい	11.30.32.42	千曲川右岸か／軽石流・溶岩片の二次堆積
		2	輝石安山岩・玄武岩質安山岩・酸化火山岩が多く、岩石数が鉱物数を上回る。鉱物結晶の大きさは岩石斑晶の大きさとほぼ同じ	9	東信以外か／火山岩
		3	玄武角閃石を含み、安山岩が多く含まれるもの	40	東信以外か／火山岩
	3類		斜長石が多く、その一部が曹長石化しているものが目立つ	49.51	不明
2群			黒雲母が特に多いもの		
	1類		黒雲母と石英が多いもの	5.12.23.26.29.41.43.45.46.	千曲川左岸中心／結晶質火山灰か軽石流
	2類		黒雲母がやや少ないが、大形の石英を多く含むもの	4.6.24	千曲川左岸中心／結晶質火山灰か軽石流
	3類		黒雲母と石英が多く、さらに大形の花崗岩を含むもの	34.35	東信以外か／深成岩
3群			1・2類に含まれないものを便宜的にまとめた		
	1類		珪化岩を多量に含むもの	38	不明
	2類		ガラス質の岩石を多数含むもの	33.48	不明
	3類		深成岩・変成岩を含むもの	2	東信以外か

1　類

斜長石・輝石（単斜輝石・斜方輝石）の鉱物結晶を主体とするものを1類とする。大枠で、少数存在する岩石内の斑晶鉱物より大きい。1類の中でも、火山岩の割合がより高く、斜長石が小～大を含んで多いものを1類－1とし、火山岩の割合がより低く、斜長石がより少なくて輝石の比率の高いものを1類－2とした。前者から3、後者から22のモード測定を行った（図63）。

1類－1　該当試料：3・8・13・25・31・36・47／7・10・15・20／44、(27)

このうち、3・8（図72-写真1）・13（同写真3）・25・31・36・47は、斜長石（小～中＞大）多＞石英（小）少もしくは無し、カリ長石（中）少、{単斜輝石（小～中）・斜方輝石（小～中）} 中≧角閃石（小～中）中、赤色鉱物（小～中）多＞黒色不透明鉱物（小）中。黒雲母（小～中）微量。岩石は、安山岩片（小～中）少（同写真4）、火山岩片（小）少。酸化火山岩片（中）中。砂岩片（中）少。岩片は少なく、鉱物が圧倒的に多い。また火山岩の斑晶は斜長石と斜方輝石・単斜輝石が主体である。8は熱水変質を受けた深成岩、緑簾石片岩、変質砂岩などを含む。また、13は八風山型とみられる安山岩（溶岩）を含む(1)。

一方、7・10・15・20／44は、斜長石（小≦中）多＞石英（小～中）少もしくは無し。{単斜輝石（小）＞斜方輝石（小）} 多＞角閃石（小～中）中～多、赤色鉱物（小）少≦黒色不透明鉱物（小）多。黒雲母（小）微量。安山岩片（小）少。ガラス片、変質火山岩片（中～大）中。といった特徴を持つ。特に7と20は深成岩を含む。

1類－2　該当試料：1・22・39・50

1は斜長石（小＞中）中＞石英（小～中）少。{単斜輝石（小～中）＜斜方輝石（小～中）} 多。角閃石を殆ど含まない。22は斜長石（小＞中）中＞石英（小）少、カリ長石（中）少、{単斜輝石（小～中）＞斜方輝石（小～中）} 中＞角閃石（小～大）中、黒雲母（小）少で、大形の砂岩・凝灰岩やその一部が変質したもの、酸化火山岩（火山岩が酸化して赤色・黒色化したとみられるもの）を多く含み特異である上、少数の深成岩を含む。39は小形の鉱物が少ない。含まれる輝石の多くがガラス化作用（vitrification）を受けている様子、つまりマグマの中で融けて生じた泡状のガラス化部分が観察される(2)。

2　類

1類より大形の斜長石が少なく、大形の斑晶を有する火山岩の割合が高い（「鉱物結晶の大きさ≦岩石内の斑晶の大きさ」）ものを2類とした。2類－1を基準として、組成の差から2類－2・2類－3を分離して扱った。そのうち30のモード測定結果を示す（図63）。

2類－1　該当試料：11・30・32・42

斜長石（小～中）中＞石英（小）少もしくは無し、{単斜輝石（小～中）・斜方輝石（小～中）} やや多＞角閃石（小）少。赤色鉱物（小～中）・黒色不透明鉱物（小）含む。主体を占める火山岩では、両輝石安山岩（小～大）が多くみられる。また、酸化火山岩（小～中）中。砂岩片など堆積岩少。岩片は全体に丸みを帯びたものが多い。また、鉱物の大きさは、岩片の斑晶の大きさと同じ、もしくはやや小さいものが多い。

2類－2　該当試料：9

鉱物は、斜長石（小＜中）多＞石英（小）少、カリ長石（中）少、{単斜輝石（中）多≧斜方輝石（中）} ＞角閃石（中）少、玄武角閃石（中）少。磁鉄鉱（小）多。岩石は丸みを帯びた輝石安山岩・玄武岩質安山岩・酸化火山岩（中～大）が多く、大形の斜長石や輝石の斑晶を持つ（図72－写真5･6）。

2類－3　該当試料：40

鉱物は、斜長石（小＞中）多＞石英（小～中）少、{単斜輝石（小）＞斜方輝石（小）} 中＜角閃石（小～中）多、玄武角閃石（小～中）中、かんらん石（小）少、ジルコン。赤鉄鉱＜磁鉄鉱。岩石では、安山岩（小～大）多。安山岩の斑晶には、斜長石の他、単斜輝石、斜方輝石、玄武角閃石などがある。石基には斜長石の細長い自形結晶のものがみられ、より玄武岩に近い。

本試料の最大の特徴は、玄武角閃石を含むことである。玄武角閃石は土器の焼成時に生ずる可能性があるが、本試料では普通角閃石と玄武角閃石がモザイク状に共存することから焼成時に生じたものではないと判断した。本類では、安山岩の斑晶であり、2類－2の9は単体の鉱物として確認されているが、玄武角閃石の由来の候補としては八ヶ岳が有力である（河内1995）(3)。

3　類　該当試料：49・51

49は斜長石（小～大）が多い。石英は微量。単斜輝石（小～中）多＞斜方輝石（小～中）多。黒雲母や角閃石を含まない。岩片は安山岩（小～大）が目立つ。軽石もしくは軽石質凝灰岩（小）中。このうち、斜長石は、一部が曹長石化したものが多く、屈折率の低い部分が生じている。また、斜方輝石や斜長石の一部の中にはガラス化作用が起こってブラウンガラスが生じたものが目立つ。51は少量ではあるが同様な傾向がみられるため、本類に仮分類した。この他例えば1類、2類に属する30、3、13、15、20、39、50にもガラス化作用が確認できる斜長石や輝石が含まれる。

岩石・鉱物名＼試料番号		No.3	No.5	No.22	No.30	No.34
石英		2	26	5	0	5
斜長石		51	66	23	27	22
アルカリ長石		0	1	0	0	6
黒雲母		7	47	1	0	45
白雲母		0	2	1	0	1
角閃石		3	7	6	0	0
酸化角閃石		0	3	0	0	0
単斜輝石		8	3	17	8	0
斜方輝石		4	1	5	10	0
緑簾石		0	1	0	1	0
ジルコン		1	0	0	0	0
黒色不透明鉱物		10	2	5	11	0
火山岩類	安山岩	10	0	6	24	0
	火山ガラス類	3	0	5	4	0
	酸化火山岩	5	0	0	4	0
	凝灰岩	0	0	4	0	0
	その他	7	0	9	21	0
深成岩	花崗岩	0	0	3	0	44
堆積岩類		0	1	1	0	2
チャート・石英多結晶		0	0	0	0	2
粘土鉱物・変質鉱物		13	2	2	14	5
赤色鉱物		15	11	16	1	2
その他		0	0	9	12	7
不明		18	18	13	14	19
マトリックス		93	59	119	99	90
合計		250	250	250	250	250

※ポイントから外れた部分に含まれる岩石・鉱物の有無は非表示。

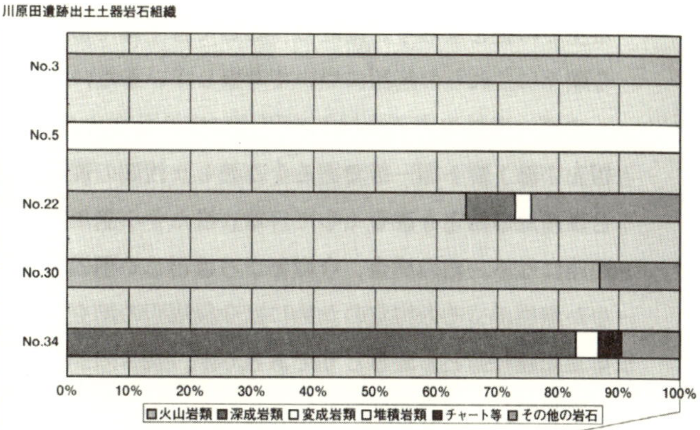

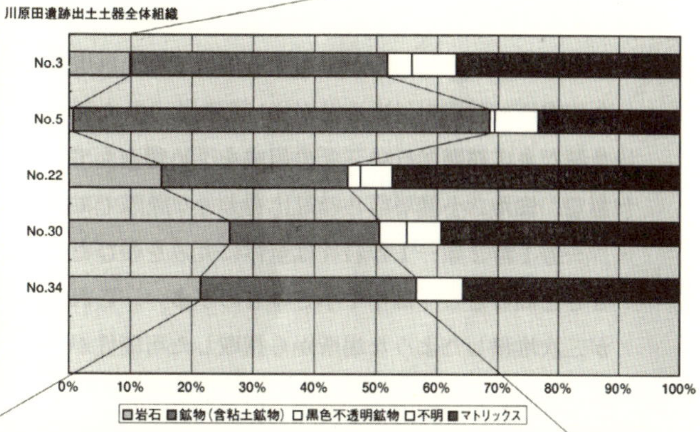

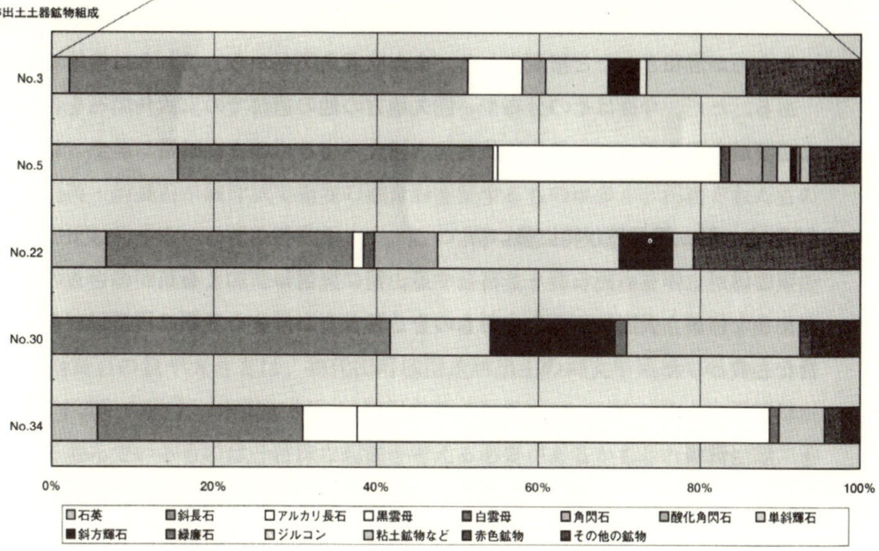

※中段が胎土の全体組成。そのうち岩石の詳細と示したのが上段の「岩石組成」，鉱物の詳細を示したのが下段の「鉱物組成」。

註：「赤色鉱物」は所謂赤褐色粒子ことで、赤鉄鉱、磁鉄鉱等に相当するとみられる。
「その他」は、表記の主要な岩石・鉱物に含まれず、数が少ないもの。

図63　川原田遺跡出土土器代表例の胎土詳細（水沢 2004 より）

②2　群：黒雲母が特に多い群

黒雲母が主体を占めるものを2群とする。特に黒雲母に加え石英が多いものを1類とし、黒雲母がやや少ないが、大形の石英を含むものを2類とした。また3類は黒雲母が多い上に大形の花崗岩を含むものとした。

該当試料：4・5・6・12・23・24・26・29・34・35・41・43・45・46

含有鉱物とその特徴　石英：破片状のものが多く一部融食形。斜長石・黒雲母：大きさに偏りあるが多数含まれる。単斜輝石：少量。斜方輝石：稀に含まれる。角閃石：少～多まで含有量は一定しない。

1　類　該当試料：5（図73-写真7）・12・23・26・29・41・43・45・46

石英（小≦中・大）多、斜長石（小≦中・大）多、カリ長石少、黒雲母（小～大、幅の広いもの多い）多、角閃石（小～中）中、単斜輝石（小）少。斜方輝石（小）少もしくは無し。黒色不透明鉱物少。赤色鉱物（小）中～多。火山岩はごく少ないもしくは無し。ただし12・23・26・46は円磨された酸化火山岩・砂岩片や一部珪化した凝灰岩などを含む。うち26は安山岩片（中～大）を一定間隔でやや多く含み、角閃石・輝石が極めて少ない。12（図73-写真8）と26は黒雲母が平行に規則正しく並ぶ様相などが、次の2群3類に類似する。29は石英・斜長石がやや小さいものが多い。うち5のモード測定結果を図63に示した。

2　類　該当試料：4・6／24

石英（小≧中・大あり）多＞斜長石（少～中）中、黒雲母（小＞中）中、単斜輝石（小～中）少、角閃石（小）少～中。赤鉄鉱（小）多。酸化火山岩（小～中）中。石英、斜長石ともに融食形多い。鉱物の多くは融食形であるのに対し、酸化火山岩は円磨されている。24は石英が多いものの、黒雲母が少なく輝石安山岩を含むことから、1群との中間に位置づけられる。

3　類　該当試料：34（図73-写真9・10）・35

石英（小）少＞斜長石（小～大）中、黒雲母（中～大）多で、大形の花崗岩を多数含む。34に含まれる黒雲母花崗岩（同写真10）は石英・曹長石・黒雲母などを含む。モード測定結果を図63に示した。

③3　群：その他の特徴を持つもの

3群は、大きくこれら1群、2群に含まれない、ごく少数の試料のみの3つの類を統合したものなので、群としてのまとまりは無い。将来的にそれぞれの類に属する試料が増加した場合、これらを独立した群に昇格させることが望ましい。

該当試料：2・33・38・48

1　類　該当試料：38

珪化岩と黒雲母を多量に含むものを1類とする。珪化岩[4]は原岩が温度のかなり高い熱変質を受けて黒雲母ホルンフェルスとなり、更に熱水変質の一種の珪化作用を受けて、斜長石などの鉱物が石英の集合体に置き換わったものと考えられる。石英がモザイク状に組み合い（図73-写真12）、その中に黒雲母や白雲母が含まれている様子が観察される。珪化岩は結晶片岩に類似するが、試料中の多くの黒雲母の状態から別種のものと判断される。ただ、本試料では、ごく一部に片状を呈するものもみられる。この他1群・2群の中にも珪化を受けたとみられるものが少数ある。

２ 類　該当試料：33・48

ガラス質の岩石などを多数含むものを２類とした。石英（中）中＞斜長石（小）でフレイク状を呈する。両者とも黒雲母（小～中）を中量含む。角閃石は33のみで48には殆ど含まれない。33は単斜輝石やジルコンを含む。両者の特徴として特筆される点はガラス（質岩石）片（小～大）（図73写真11）が非常に多いことである。ガラス片には真珠岩構造のものもある。この他、多孔質のガラスの中に斜長石などの斑晶のみられる軽石質の凝灰岩（小～中）が多く、安山岩を含む。これらには形が斜長石などに近いものがあるため、捕獲岩の生成過程で元の岩石が融けてガラス化したものとも考えられる(5)。

３ 類　該当試料：2

火山岩・深成岩もしくは変成岩の特徴を併せ持ち、上記の何れの群にも含まれないものを３類とした。鉱物は石英・カリ長石（図72-写真2）・斜長石・単斜輝石・斜方輝石・黒雲母・角閃石・ザクロ石などを含み、岩石は安山岩・花崗岩・変成岩（石英片岩）・粘板岩などがみられる。基盤層からの影響の可能性も否定はできないものの、やや大形の花崗岩や一定量の石英片岩が含まれることから、他の試料とは異質である。

４　由来の解釈と岩石・鉱物の産地

（1）１群について

１群１類は岩石片が少なく、鉱物が主体でその形態は破片状態で殆ど円磨されていない。特に石英は融食形やフレイク状のものを含む比較的フレッシュなものが多い。このことからこれらの起源は川砂のようなものではなく、結晶質火山灰や軽石流堆積物などを採取して混和した、もしくはこれらと重層していたりこれらが巻き込まれている粘土を土器の素地土としたと推測される。ただし、深成岩・変成岩・堆積岩を少数含むものもあることから、粘土を採取した付近に露出する基盤層からの影響も否定できない。これらは、土器の胎土全体としては副次的なものとはいえ、その採取地を推測する上での鍵となろう。ただし、今回は主体である大形の岩石・鉱物に主眼を置き、遺跡周辺から順々にこれらの起源について考察していきたい。

まず、１群１類－１と１群１類－２の由来の第一の候補は、遺跡の直下をはじめ周辺に広く分布する小諸第２軽石である。ただし、浅間の軽石流には本来含まれないとされる石英が少数存在する。また、小諸第２軽石流を素材とした場合、混和材としては問題ないが、粘土の採取地が特定できない。そこで、もし小諸第２軽石流が素材である場合はどこか別の場所で採取した粘土に混ぜて使用したと考えたい。

第二の候補としては小諸層群が有力である。中でも瓜生坂累層は泥・砂・礫・火山円礫層・珪藻土層から成り、火山角礫岩・赤褐色スコリア・軽石を挟むとされる（河内・荒巻 1979）。また、同層下部を構成する「観音寺泥流」は北御牧村では塩基性黒色安山岩・複輝石安山岩・大きめの斜長石が目立つガラス質安山岩・チャート・ホルンフェルス・流紋岩・花崗岩などの円～角礫を含むと同時に、黒雲母を含む軽石層を巻き込んでいるとされる（渡辺 1999）。佐久平北部を覆う小諸第２軽石流から瓜生坂累層が露出している場所に小諸市松井と小諸市糠塚山周辺があり、良質な粘土が採取できる。前者は最近まで瓦粘土の採掘が行われ、後者も周辺の学校の子供たちが焼き物用の粘土を採取している場所として知られている。前者は川原田遺跡から4.5km、後者は6kmと粘土・混和材採取地としては妥当である。

第三の候補は浅間火山の基盤層へと延びる佐久山地の第三紀層である。１類－１は個体差があるものの、一部緑色角閃石や「八風山型（ガラス質）安山岩」[6]を含む。前者は志賀溶結凝灰岩に、後者は水落観音溶岩に含まれる要素であり、群馬県境に広がる佐久の第三紀層との関係も見逃せない。また緑簾石や緑簾石を含む火山岩（水沢1994）、酸化火山岩や曹長石化した長石の存在は、香坂層などの緑色凝灰岩[7]と関連づけられるかもしれない。これらが分布する地域でかつ粘土採取候補地は、推測で南軽井沢湖成層が分布する一帯や佐久市安原周辺などがあげられよう。もしこの方面とすれば、川原田遺跡から10km程度の距離が想定される。

一方１群２類－１の岩片は全体に丸みを帯びたものが多く、鉱物の大きさは、岩石の斑晶の大きさと同じもしくはやや小さいものが多い。これらの点から、火山岩を含む軽石流・溶岩片などが二次堆積したような場所から採取した可能性がある。また１群２類－２と１群２類－３は岩片の比率の高さや、岩石内の斑晶鉱物の大きさと単独鉱物の大きさの比較から、風化した火山岩自体に起源を持つと推測される。この場合、岩石が自然状態で砕けたのか、人為的に砕いたのかが問題になるが、岩石・鉱物の淘汰の状態からは自然状態で砕けて風化を受けたものが混和されたと推測される。これらの特徴としては玄武角閃石と火山岩の塩基性よりの斑晶があげられ、浅間起源の堆積物とは異なる。八ヶ岳由来もしくはそれが千曲川によって流下した堆積物由来の可能

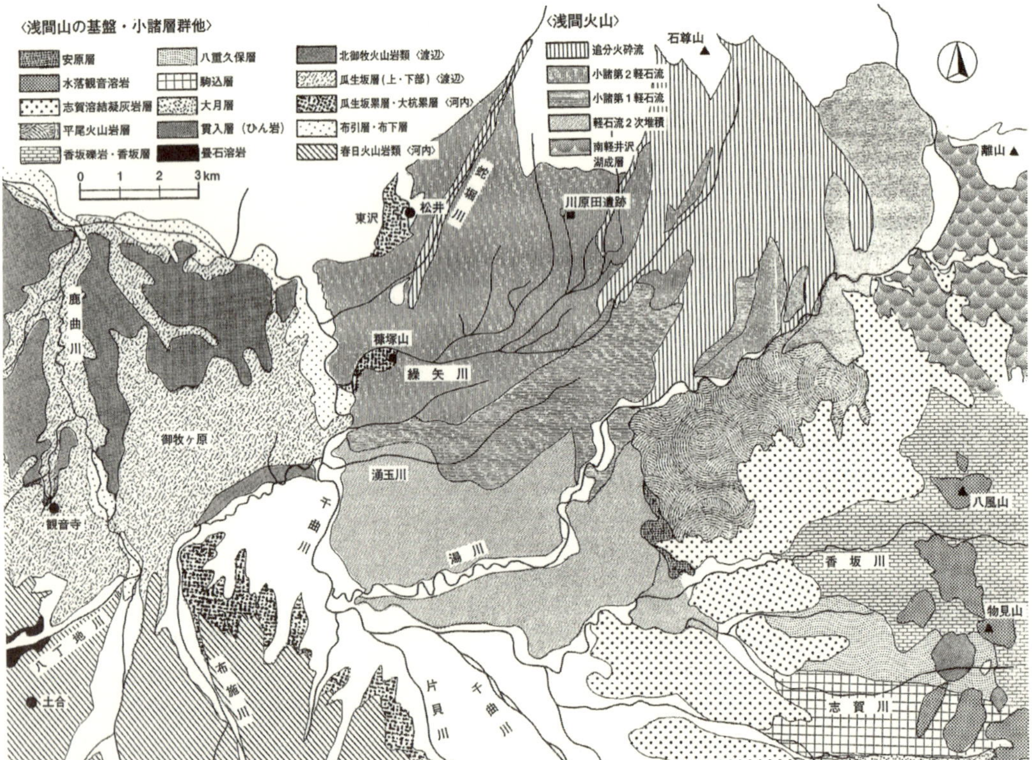

図64　川原田遺跡周辺の地質概略
（荒巻1993、河内・荒巻1979、小坂他1991、小林1995、渡辺1999を合成し、細部を省略している）

性がある。ただしその正確な分布は佐久地方の他の遺跡での事例蓄積が必要である。

（2）2群について

2群には、全体に微細なものから小～大形の黒雲母が多量にかつ殆ど偏り無く含まれる。特に1類は、石英・斜長石が破片状で極度の融食形を呈するものが多く、円磨されたものがみられない、岩片が比較的少ないなどの特徴を持つ。このような点からは、この起源は岩片を砕いたり川砂を混和したものではなく、流紋岩質の火山灰や軽石流・火砕流などの堆積物の可能性が高く、状況によってはこれらが元々多量に含有されている粘土である可能性も検討する必要がある。また石英・斜長石の量や大きさは、御代田町塚田遺跡出土の縄文早期後半の尖底土器（塚田遺跡早期第Ⅲ群土器）の胎土（水沢1994）に類似する。ただし12・26のように黒雲母が同一方向に規則正しく並んでいるものは、特殊な起源を考える必要があるかもしれない(8)。本類を特徴づける黒雲母が遺跡周辺の小諸第2軽石流を起源とする可能性は極めて低い。浅間火山起源の堆積物としては、離山火砕流、雲場火砕流などが黒雲母を含むとされていて、一部塩野にも分布している可能性があるが観察される黒雲母の量が非常に多い上、石英も一定量含むことから、これらとは異なる起源が考えられる(9)。一方千曲川の左岸以西には、小諸層群(10)中に大杭累層の「数枚の厚い軽石層（黒雲母を含む）」や、瓜生坂累層に巻き込まれた黒雲母を含むローム層などが分布する。そのうち、望月町観音寺のローム層は、石英・長石・黒雲母の他に角閃石や斜方輝石を含み、本群の土器内の組成と部分的には対応する。本層の粘土は非常に腰が強く、混和材を全く用いることなく、大形の土器製作が可能であるが、この層に到達するには千曲川をわたる必要がある上、川原田遺跡からの直線距離は14㎞とやや遠い。また同じ瓜生坂累層でも小諸市松井や糠塚山で採取した粘土には黒雲母は顕著ではなかった。

これに対し湯川の対岸ではあるが、遺跡の南東11.3㎞で、本来香坂層の分布する佐久市香坂には大町APmテフラ群（クリスタルアッシュ）の可能性が高い黒雲母を多量に含む粘土層が存在する（水沢2006b）。『火山灰アトラス』によると、これは黒雲母を多く含む結晶質の数層のテフラで、当初「黒雲母浮石B_1、B_2、B_3」あるいは「クリスタルアッシュC_1、C_2、C_3」、または「大町A_1Pm、A_2Pm、A_3Pm」と記載され、その後より上位にある数層のテフラを含めて「大町APmテフラ群」と呼ばれている。その供給源は槍ヶ岳北西4㎞にある水鉛谷の花崗岩に貫入した岩頸があげられ、噴出の時期には諸説があるが、35万年前(まえ)前後という数値が出されている。主な鉱物は黒雲母、角閃石、斜方輝石、石英である（町田・新井2003）。山辺邦彦は、これを曙ローム層と同一のものとし、東御市の八重原グラウンド、御牧ヶ原の中平、布下、立科町の外倉、望月町（現佐久市）観音寺、小諸市氷などでも観察されるとした（山辺1999）。この香坂のテフラをサンプリングし、モード測定を実施したところ、黒雲母が最も多く、斜長石・角閃石・石英がそれに続き、角閃石は緑色を呈することが判明した。これを焼町土器の黒雲母が多量に入っている2群1類の№5と比べると、石英、斜長石といった無色鉱物がやや多いが、黒雲母や角閃石が多い点で両者は似通っている（図65）。特に佐久市香坂は八風山の西側にあたり、石器原料のガラス質安山岩の採取経路にあたる。川原田遺跡でもガラス質安山岩は石器石材の7%を占める。そのため私は現在縄文人が行った石材採取活動との関係から、粘土採取地として香坂が有力ではないかと考えている。ただ、この黒雲母を多量に含むテフラが北アルプス方面から飛来したとすれば、

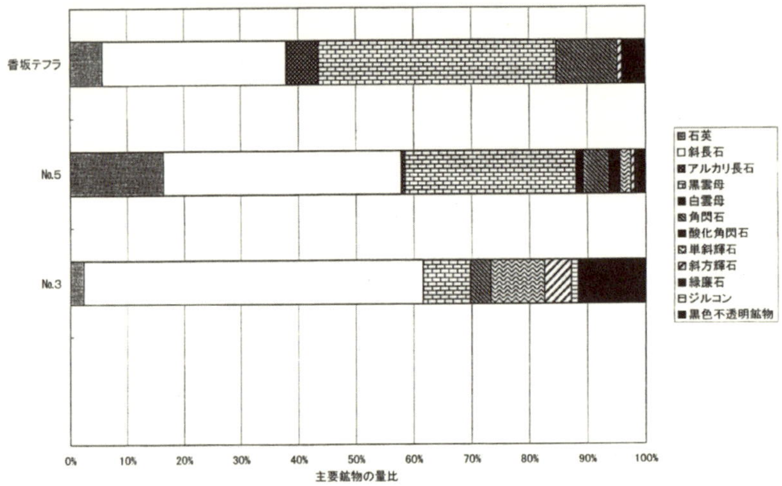

集計表

資料番号		香坂テフラ
石英		7
斜長石		40
アルカリ長石		7
黒雲母		51
白雲母		0
角閃石		13
酸化角閃石		0
単斜輝石		0
斜方輝石		1
緑簾石		0
ジルコン		0
黒色不透明鉱物		5
火山岩類	安山岩	0
	火山ガラス類	1
	酸化火山岩	0
	流紋岩	1
	その他	0
深成岩	花崗岩	0
堆積岩類		1
チャート・石英多結晶		1
粘土鉱物・変質鉱物		3
赤色鉱物		5
その他		0
不明		2
マトリックス		112
合計		250

図65　焼町土器と香坂テフラの組成比較（水沢2006bより）

同様に御代田町域にもその堆積物があるのかもしれない。後世になって浅間の軽石流がこれを覆ったとしても、それが及んでいない御代田町豊昇などにはまだ探索の余地はあるだろう。また、２群２類は、土器内の場所によって鉱物の大きさに偏りがみられる(11)ものの、石英が多いことからやはり１類に近似した由来が窺える。これに対し３類は黒雲母花崗岩自体を含むことや、石英を多量に含むことなどから、佐久地方以外に由来する可能性を考えたい(12)。

（3）３群について

１類は珪化岩によって特徴づけられる。新第三紀中新世の駒込層（川原田遺跡から15㎞圏）にはひん岩の貫入によって珪化した部分がみられる（小坂他1991）。ただ、試料中には他に片状を呈するものがあることから三波川帯・秩父帯との関係も推測される。仮に駒込層由来である場合、志賀川・千曲川を経由して川原田遺跡から至近距離で約7㎞の千曲川河畔の堆積物に含まれる可能性も無いわけではないが、仮に採取できたとしても、他の堆積物と混在してその数が減少することが予想され、本試料のように多量に含まれる可能性は低いと考えられる。

２類を特徴づける流紋岩質ガラスの由来の候補としてはデイサイト・流紋岩質溶岩を含む浅間火山の他、榛名山、赤城火山、足尾流紋岩類、八ヶ岳や和田峠などもあげられる（中野他1998）。

３類に含まれる在地の安山岩以外の花崗岩や石英片岩は、基盤層に含まれていて矛盾は無いが、比較的大きく、含まれる量が多いことから、そのようなものが紛れ込んだというよりは、在地外の変成岩・花崗岩地域、中央構造線以西の素地土等との比較が必要であろう。

5　川原田遺跡出土土器の胎土分析から推測される中期中葉土器の動態

（1）胎土分析の総括

①川原田遺跡出土土器の岩石・鉱物組成から

まず斜長石・輝石で特徴づけられる１群１類－１・2、１群２類－１は試料全体の約半数を占め、その起源は遺跡周辺から4.5～6㎞、遠くても10㎞圏内の千曲川右岸に収まる可能性が高い。これに対し、黒雲母と石英で特徴づけられる２群１類と２群２類は全体の28％と１類に続いて安定した割合を占め、縄文早期にも類似した素地土が選択されているなど在地の色彩が濃く、その起源も遺跡周辺から11㎞圏の千曲川右岸に収まる可能性が高い。

これら主体になる2つの群・類と一部特徴を同じくしながら、そこから外れるものを1群2類－2・3、1群3類、2群3類とする。これらは特徴的な岩石や鉱物を含むため、在地の岩石・鉱物の調査を詳細に行わなければその起源を確定することが難しい。特に1群2類－2・3の玄武角閃石、2群3類の石英質の花崗岩は浅間山麓以外の堆積物の可能性を窺わせるものである。

更にこれらから外れるものを3群として括り、特徴の顕著な順に1類、2類、3類とした。

② 分析上の課題

長野県と群馬県のように類似した地質学的環境下で製作された可能性が高い土器の素地土上の違いを、地質学的な解釈の上で導き出すことは比較的難しい。この場合は今回のようにまとまった資料を分析し、主体となる群から外れるものを抽出しておくことが必要である。例えば3群などは、群馬県の遺跡でこれらが主体になることがあれば、将来的にはこの地域の由来が確実になるかもしれない。

③ 粘土部分の元素分析との比較

第4章で述べたように、素地土の調整の過程を厳密に検討するためには、粘土部分と砂部分を別々に分析する必要がある。国立歴史民俗博物館の共同研究では、光学顕微鏡分析に供した個体について、粘土部分を分析対象として蛍光X線分析（エネルギー分散型）が実施された（建石2004）。分析を担当した建石徹は、蛍光X線分析装置の照射径（分析部位の直径）を最大3㎜とし、φ3㎜では混和材に由来する可能性のある大粒粒子の影響を強く受けると判断した試料については、φ1㎜までマスキングすることで照射径を絞っている。更に胎土の不均一性を考慮し、個体毎に測定位置を変えて5回ずつ測定し、5回の測定結果が同一クラスターを形成した個体について、5回の平均値を算出し、化学組成としている。胎土の成り立ち、ならびに資料保存に配慮した上でのデータ操作とその提示である（図66）。比較的溶脱の影響が少なく母岩の状況をある程度反映すると考えられる SiO_2 を横軸・Fe_2O_3 を縦軸に設定した結果、36のミニチュア土器（砂の分析では1群1類－1）と46の勝坂式土器（2群1類）について極端に塩基性寄りの傾向が指摘された（建石同上）。今回、参考として、塩基性の火成岩中により多く含まれる TiO_2 と Fe_2O_3 に

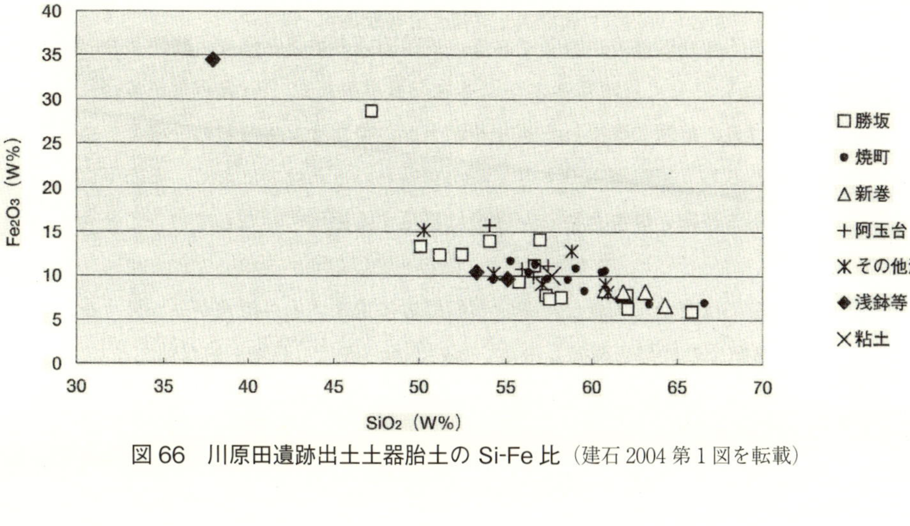

図66　川原田遺跡出土土器胎土の Si-Fe 比（建石2004第1図を転載）

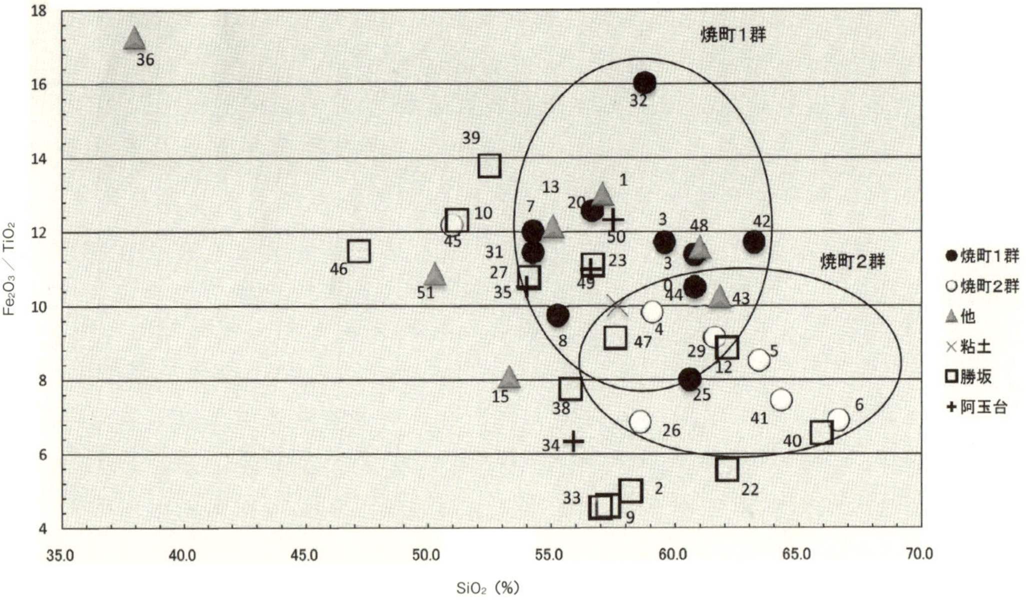

図67　川原田遺跡出土土器 の Si と Fe ／ Ti 比（建石2004第1表の数値より作成）

注目し、建石の分析データ（建石2004第1表）を用いて、横軸にSiO_2のwt%、縦軸に鉄／チタン比を設定し、表示した（図67）。マグマの化学組成の変化に従って晶出する鉱物の種類や化学組成は変化する。マグマが安山岩質から流紋岩質に変化するに従って有色鉱物が減少するとともに無色鉱物が増加し、平均化学組成でも、ケイ素、カリウム、ナトリウムの酸化物が増加するのに対し、全鉄（Fe_2O_3 + FeO）、マグネシウム、チタンの酸化物は減少する（久城・都城1975）。また、それに伴って、全鉄／マグネシウム（酸化物）比は増加、全鉄／チタン比は減少する（同上1975表16・1）。図67を見ると、焼町2群は1群よりもケイ酸分（SiO_2）のwt%が高く、鉄／チタンが低い傾向があることから、グループを形成した。粘土部分の化学組成が砂の影響を受けていない前提では、これは、2群の方がより酸性岩由来の粘土であることを意味するが、実際に両者の鉄／チタンの差は、焼町1群粘土に鉄分が多く、焼町2群胎土は鉄よりもチタンの減少の割合が小さいことに由来し、特にチタンが多く含まれる黒雲母が粘土の母材に含まれ、粘土化が進んだ結果の可能性が考えられる[13]。別途、黒雲母に含まれるカリウムに着目し、SiO_2 ／ K_2O のwt%比を検討した場合も、2群は1類よりも低い値にまとまり、両者は分離されている。また、それらよりも鉄／チタンが少ない、もしくは鉄／チタンは多いもののケイ酸分が少ない領域に勝坂式が散在している。

そこで、砂の偏光顕微鏡観察で、主要な群類から外れるため、その由来が課題となっていた土器について概観する。まず勝坂式土器では1群2類－2の9、3群1類の38、3群2類の33、3群3類の2、越後系の1群3類の51などが焼町1・2群のグループから括り出された。一方斜長石の曹長石化が顕著な1群3類の阿玉台式の49は焼町1群領域に止まる。また、砂で2群とされた焼町土器の中に粘土をやや異にするもの（図67-45）がある点、同じく花崗岩で共通する阿玉台式土器の鉄／チタン比に大きな開きがあること、逆に砂の組成では1群1類－1に含まれるコップ型ミニチュア土器（同36）や無文浅鉢（同15）の粘土が、他の砂の同群の土器とは大きく

表11　川原田遺跡出土土器のTCモデル

種別／時期	Ⅱ期				Ⅲ期			Ⅳ期	
	焼町	勝坂	阿玉台	その他	焼町	勝坂	その他	焼町	勝坂
在地製作 製作者移動 情報移動(模倣)	TtC_{111}:2 TtC_{121}:3 $Tt^\wedge C_{21}$:2	$\overline{T_1}t'C_{111}$:1 (47) $\overline{T_1}t'C_{112}$:1 (39) $\overline{T_1}t'^\wedge C_{21}$:1 (46) $\overline{T_1}t'C_{32}$:1 (33)	$\overline{T_2}t'C_{13}$:1 (49) $\overline{T_2}t'C_{112}$:1 (50)	後沖 $Tt^\wedge C_{21}$:1 (43) 北関東系 $\overline{T_3t}C_{32}$:1 (48)	TtC_{111}:4 $Tt^\wedge C_{21}$:1、 $Tt^\wedge C_{22}$:2		越後系 $\overline{T_4t}C_{13}$:1 (51) 北関東系 $\overline{T_3t}C_{112}$:1 (1)	TtC_{111} : 1 $Tt^\wedge C_{21}$: 2 $Tt^\wedge C_{22}$: 1	$\overline{T_1}t'C_{111}$:1 (10) $\overline{T_1}t'C_{112}$:1 (22) $\overline{T_1}t'^\wedge C_{21}$:1 (23)
搬入品			$\overline{T_2tC_{23}}$:2 (34・35)			$\overline{T_1t'C_{33}}$:1 (2)			
搬入品（胎土由来に課題あり）		$\overline{T_1}t'\overline{C_{31}}$:1 (38) $\overline{T_1tC_{123}}$:1 (40)				$\overline{T_1}t'\overline{C}_{122}$:1 (9)			

※TC記号に続く数字は、各分類に該当する資料の個体数。焼町土器以外の（）内は胎土分析番号。
時期が複数にまたがるときは古い方へ含めた。

異なる点など大きな課題もあり、砂と粘土の双方の分析の必要性を示す事例となっている。

(2) TCモデルを用いた川原田遺跡の事例の検討

砂部分の偏光顕微鏡観察結果を中心として、さらに粘土部分の化学組成比を参考に、胎土の由来を推測してTCモデルを提示する（表11）。

まずTを古段階・新段階の焼町土器とし、$\overline{T_1}$を勝坂式、$\overline{T_2}$を阿玉台式、$\overline{T_3}$を北関東系、$\overline{T_4}$を越後系と表現する。ここにtを組み合わせると、焼町土器はTtと表現されるのに対し、勝坂式土器は原則的には$\overline{T_1}\overline{t}$（本場製作）と$\overline{T_1}t$（在地製作）がみられる。ところが実際には、勝坂式の中の「在地製作」といわれるものが、神奈川・東京から山梨・八ヶ岳山麓、諏訪盆地などの勝坂式の本場でつくられたものとは明らかに異質であるものの、東信地方や群馬県を含む周辺地域一帯のどこで作られたかを特定することは現時点では容易ではない。すなわちこれらは「川原田遺跡の在地を含むどこか」、という曖昧な「在地」をその産地とすることになる。これは本来のtとは異なるが、明らかに$\overline{t}$とは区別されるべきものである。そこで表9にはこれらを指す語彙として「非本場勝坂」という表現を使い、記号は便宜的に在地に準ずるものという意味を込めて「t'」を用いることにした。この他阿玉台式にも、$\overline{T_2}\overline{t}$と$\overline{T_2}t'$が存在し、「非本場阿玉台」を用いる。

胎土については、要件1の川原田遺跡周辺の小諸第2軽石流を含み、かつ要件3の遺跡の主体をなす焼町土器で通時的に使われている1群胎土を、まず在地胎土とする。一方2群胎土は、要件2の火山灰を含み、同じく要件3を満たしてはいるが、現時点での採取可能地点は遺跡から10㎞を越えるため、要件1を満たさない。ただ、テフラの性格から、実際には遺跡近隣で採取できたことも予想される。そこで、2群1類と2群2類については、在地胎土に準ずるものとして「^C」を充てる。

以上により、「在地胎土」は順に、1群1類−1（C_{111}）・1類−2（C_{112}）・1群2類−1（C_{121}）・1群3類（C_{13}）、準在地胎土は2群1類（$^\wedge C_{21}$）・2群2類（$^\wedge C_{22}$）とする。また、砂から判断される「在地外胎土」は2群3類（34・35）の$\overline{C}_{23}$、3群3類（2）の$\overline{C}_{33}$である。また、3群1類は、岩石の評価等に課題を残すが、これが河川の堆積物採取でなく由来が仮に駒込層としても、川原田遺跡から15㎞以上の採取距離が予想されることから暫定的に$\overline{C}_{31}$とする。また、1群2類−2(9)、1群2類−3（40）は、仮に八ヶ岳方面に由来するとしてそれらが千曲川に流下したものと解釈すれば遺跡から約7㎞圏で採取可能である。ただ、やはり岩片の量の多さからは河川堆積物に限定できない。そこでここでは暫定的に前者を$\overline{C}_{122}$、後者を$\overline{C}_{123}$と解釈する。一方、3群2類（33・48）特に33は1・2群とは明らかに粘土組成が異なる。ただ、火山岩に由来する要素は浅間火山起源としても矛盾が無いことから、在地外の可能性を含み置くものの、本書では(14)暫定的にC_{32}と解釈する。

次に焼町土器・勝坂式・阿玉台式・北関東系土器・越後系土器合計37点についてTCモデルとそこから導き出される縄文人の行動について考えていく。

まず焼町土器18点は、その100％がTtCとなり、在地の人が在地の素地土でこれらの土器を作ったと推測される。ただこの中にはTtC_{111}とTtC_{121}が10点、$Tt^{\wedge}C_{21}$と$Tt^{\wedge}C_{22}$が8点あり、大きく2系統4タイプの胎土がみられる。そして前者は半数以上が焼町古段階に属するが、後者では1/4に止まり、新段階のⅢ期・Ⅳ期に増える。また焼町土器に先行するとされる在地の土器である後沖式の可能性のある43は、$Tt^{\wedge}C_{21}$である。このようにC_{1X}とC_{2X}（1群と2群）の差は一概に時期的な素地土採集地の差とは言い切れず、両者の間のtにおける顕著な差も積極的には認められないため、今のところ川原田遺跡の土器製作者が連続的に比較的近隣の異なる2つの地域（地層）から素地土を採集したと考えたい。先に述べたように、川原田遺跡の近くの塚田遺跡の早期の土器に、2群類似の胎土があることは、このような素地土が川原田遺跡周辺でコンスタントに採取できた可能性を裏付けよう。さて、川原田遺跡では千曲川右岸地域のガラス質黒色安山岩やチャートと左岸の黒曜岩（石）が石器石材として利用されており、その調達距離は半径10km～35kmに及ぶ（図68）。現在確認できる粘土層分布地で仮に素地土が獲得されたとすれば、ガラス質黒色安山岩や黒曜岩（石）採取の折りに粘土を選定・採取する等、資源獲得活動の総体の中に組み込まれた粘土採取活動を予測したい。ただ、これらを直接採取と決定する前に、両胎土

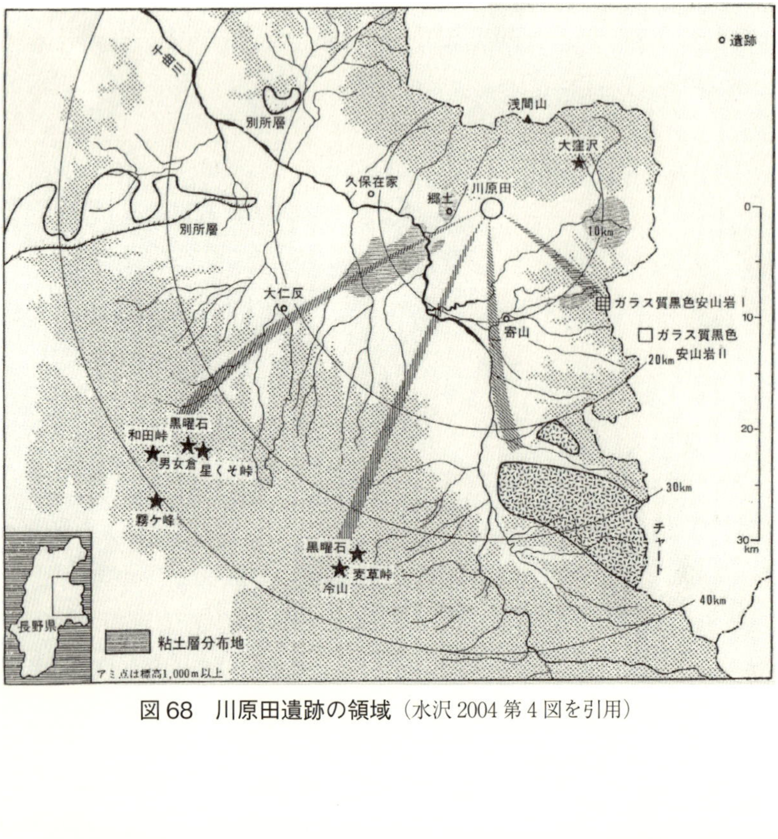

図68　川原田遺跡の領域（水沢2004第4図を引用）

の土器の技法の細部の比較や、周辺の他遺跡出土の焼町土器の胎土との比較を行い、これら2種類の胎土がなぜ使い分けられたか、後者が千曲川左岸（大枠での在地内に属する）からの搬入品である可能性が無いのかどうか等も検討していく必要があろう。

勝坂式で $\overline{T}t'C$ すなわち、モデル上在地外の型式情報の移動によって模倣製作されたと考えられるもの（非本場勝坂）には $\overline{T}_1t'C_{111}$（10·47）、$\overline{T}_1t'C_{112}$（22·39）、$\overline{T}_1t'{}^{\wedge}C_{21}$（23·46）、$\overline{T}_1t'{}^{\wedge}C_{32}$（33）がみられる。ところが、先に述べたようにこの場合の t' は川原田遺跡の在地から群馬県域までのかなり広い範囲に共通した技法であるため、ここでは便宜的に在地製作とされた焼町土器の胎土情報を解釈の参考にする。焼町土器の胎土には C_{111}、C_{121}、${}^{\wedge}C_{21}$、${}^{\wedge}C_{22}$ がみられ、それぞれ地質学的に在地胎土として矛盾しない。また川原田遺跡が焼町土器分布圏の中央に位置するため、これらは在地製作と仮定されてきた。このことから、これら4種類の胎土は川原田遺跡の在地胎土である可能性が高い。そしてそれらと共通する胎土が勝坂式に使われている場合、それは在地胎土として矛盾しないことになろう。その結果勝坂式 $\overline{T}_1t'C_{111}$（10・47）と $\overline{T}_1t'{}^{\wedge}C_{21}$（23・46）も在地製作として矛盾しない。また、$C_{112}$（1群1類－2）は C_{111}（1群1類－1）と岩石・鉱物の量比に違いがあるものの組成が共通する。このことから $\overline{T}_1t'C_{112}$（22·39）も在地製作の可能性が高く、これらは前者より確実性は劣るものの、勝坂式の模倣品と捉えられる。ただ、問題は C_{32} の胎土である。この胎土は、特異性から3群として括り出したものの、火山岩由来の要素から在地胎土に含めたのであるが、何れも在地製作と考えられる焼町土器の胎土を構成せず、一見搬入品とみられる北関東系土器48と東信か群馬の勝坂式33に限定される。後者は蛍光X線分析の結果が、搬入品とした9や2と近似する点にも着目すると、C_{32} 胎土が実際は群馬県域西部の類似した地質学的環境に由来する可能性も浮上する。仮にそうであれば、33は本場の勝坂式の情報がいったん群馬県域などに入り、そこで土器が作られ、更に川原田遺跡に搬入された搬入品と解釈される。ただ、今回の分析の範囲内ではこれらを在地胎土以上の解釈に発展させる情報が不十分と理解した。結果的に33は勝坂式の模倣品（$\overline{T}_1t'C_{32}$）であり、後述する48は北関東からの製作者の移動によって製作された土器と解釈した。

勝坂式で搬入品もしくはその可能性のあるものは、$\overline{T_1tC_{33}}$（2）、$\overline{T_1tC_{123}}$（40）と $\overline{T}_1t'\overline{C}_{31}$（38）、$\overline{T}_1t'\overline{C}_{122}$（9）の4点である。

以上の結果から、川原田遺跡には、搬入品そのものと在地外型式情報の移動を背景とした模倣によって製作された勝坂式とが併存する(15)。

阿玉台式には $\overline{T_2tC_{23}}$（34・35）、$\overline{T}_2t'C_{13}$（49）、$\overline{T}_2t'C_{112}$（50）があり、勝坂式と同様に搬入品そのもの（34・35）と在地外型式情報の移動による模倣製作（49・50）による土器がみられる。ただし後者は勝坂式の $\overline{T}_2t'C_{112}$ と同様に、C_{112} の胎土評価に課題がある。さて、ここで注目されることは、在地胎土の中で黒雲母が多い2群の胎土が模倣製作された可能性を持つ阿玉台式にみられないことである。このことは模倣製作の折りの土器づくりの属性に黒雲母が必ずしも入っていたわけではないことを示すことになろう。

北関東系土器には $\overline{T_3tC_{112}}$（1）と $\overline{T_3tC_{32}}$（48）があり、砂では何れも勝坂式とグループをつくり、粘土では焼町土器1群の領域に含まれる。そこで前者は C_{112} を、後者も C_{32} を在地胎土と評価すれば、在地外の型式を在地外の人が在地の素地土で作ったことになり、土器製作者の移動と捉え

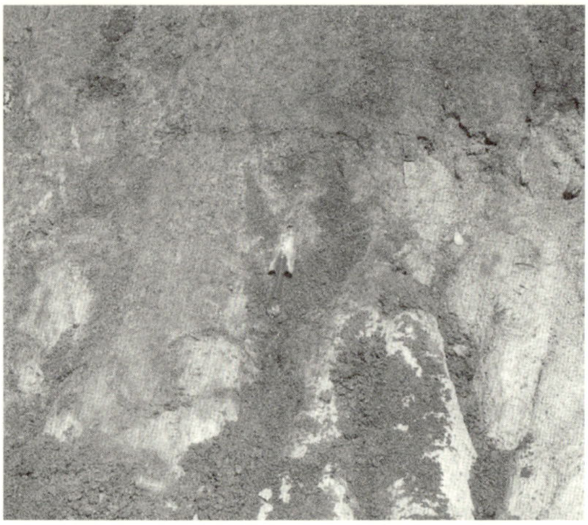

図 69　佐久市（旧望月町）観音寺の露頭

図 70　佐久市（旧望月町）観音寺の粘土

図 71　佐久市（旧望月町）土合の露頭

（図 69 ～ 71：水沢 2004 より）

られる。また、越後系 $\overline{T_4t}C_{13}$（51）の胎土は阿玉台式 $\overline{T}_2t'C_{13}$（49）に共通し、主要胎土からは外れ、C_{13} の由来に検討の余地が多いが、これも、同様に製作者の移動の可能性があろう。

(3) 小　結

本論の要点を以下にまとめる。まず、焼町土器の胎土には大きく２種類、細別４タイプの岩石・鉱物組成がみられる。焼町土器の場合、川原田遺跡はその分布圏のほぼ中心に位置し、土器組成上も集落の主体を占めることから、「在地型式を在地の人が在地の素地土で作った通常の土器づくり」が予測される。それにも拘わらず、新道式期（第Ⅱ期）から井戸尻Ⅰ式期（Ⅳ期）にかけて、若干の数量的な偏りはあるものの、近隣ではありながら産地（層位）が異なる可能性の高い２種類の素地土を使い分けるという特殊な行動が明らかになった。これに対し、勝坂式には少なくとも、「在地外の型式を在地の人が在地の素地土で作った模倣製作」によるものと、「在地外の型式を在地外の人が在地外の素地土で作った土器の搬入」の結果遺跡内へもたらされたものがあることが解った。また、阿玉台式にも同様に搬入品と模倣品が存在する。以上、焼町土器、勝坂式、阿玉台式からは、土器の搬入や模倣製作と一遺跡内での素地土の使い分けの実態が浮き彫りとなった。これに対し、北関東系と越後系の３点は、胎土の評価に課題があるものの、製作者の移動を示す可能性が指摘された。

1.　8の胎土　直交ニコル　0　0.5mm

2.　2の胎土　直交ニコル　0　0.5mm

3.　13の角閃石　単ニコル　0　0.5mm

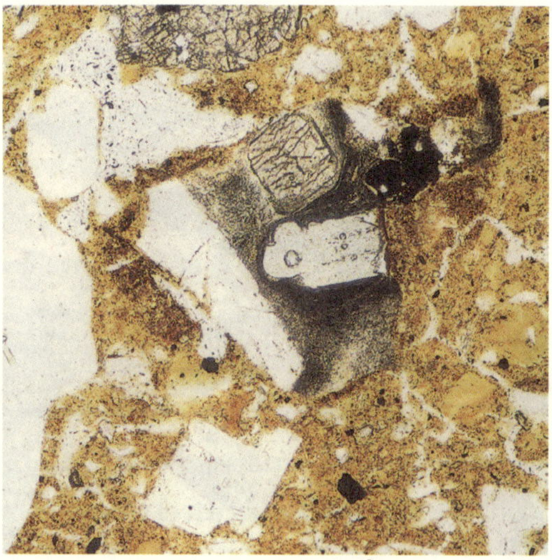

4.　13の安山岩　単ニコル　0　0.5mm

5.　9の安山岩を含む粘土　直交ニコル　0　0.5mm

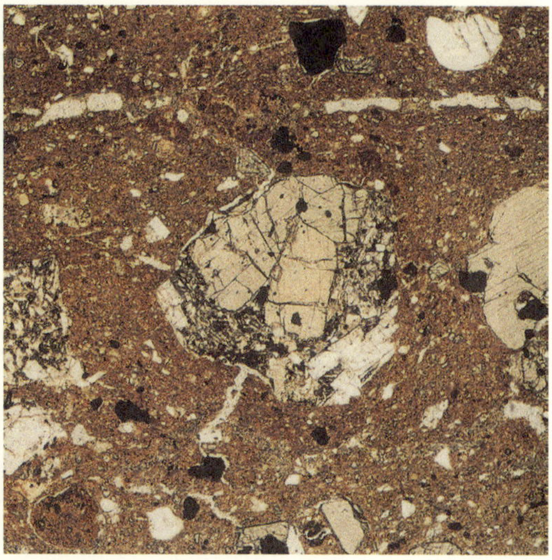

6.　9の安山岩を含む胎土　単ニコル　0　0.5mm

図72　川原田遺跡出土土器偏光顕微鏡写真（1）（水沢2004より）

7.　5の胎土　直交ニコル　0　0.5mm

8.　12の黒雲母　直交ニコル　0　0.5mm

9.　34の黒雲母　単ニコル　0　0.5mm

10.　34の花崗岩　直交ニコル　0　0.5mm

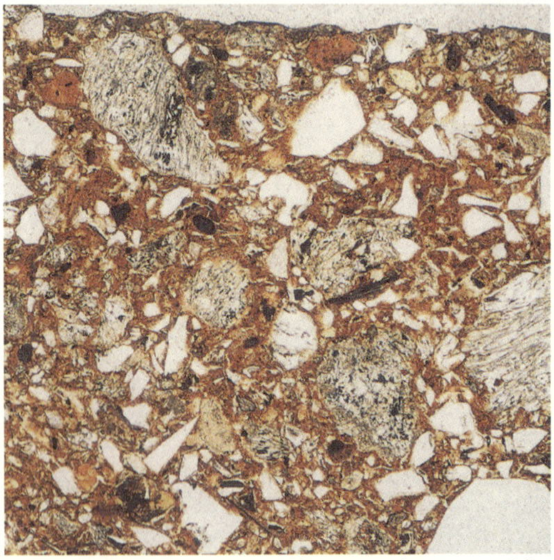

11.　33の火山ガラス　単ニコル　0　0.5mm

12.　38の珪化岩　直交ニコル　0　0.5mm

図73　川原田遺跡出土土器偏光顕微鏡写真（2）（水沢2004より）

第３節　縄文時代中期前葉から古代までの屋代遺跡群出土土器の通時的な胎土分析

１　屋代遺跡群出土土器と分析の目的

(1) 屋代遺跡群出土土器の分析の目的

屋代遺跡群は、千曲川中流域の千曲市（旧更埴市）屋代に所在する。標高は古代から弥生面で354.8ｍ、縄文時代中期後葉面で352ｍ、中期前葉面で350ｍを計る（第２章第１節２参照）。縄文時代中期には前葉と後葉に、弥生時代後期以降は中世まで、集落が営まれた。また住居跡が検出されていない時期にも焼土跡や遺物集中、水田や畠などがみられ、縄文時代以降連綿と人々に利用されてきたことが明らかになっている[1]。

本節では、同遺跡で出土した土器のうち、煮沸具を通時的に選択し、主に岩石学的手法で行った胎土分析の結果を示す[2]。

通時的に胎土分析を行う目的は第４章第２節３で述べた「在地胎土」の要件３の検証である。これはとりもなおさず粘土採集地の文化的連続性の検証へと繋がる。縄文時代から弥生・古墳時代にかけて、中国南部や朝鮮半島などから多くの人々が渡来した可能性が指摘され、それに伴う汎列島的なレベルでの移動や移住、文化の変化が予想されている。これは縄文時代晩期の西日本での人口減少と弥生時代の爆発的増加、形質人類学やＤＮＡ研究等から追証されているが、めまぐるしく変化する文化の基盤となる技術には継続性もみられる。特に、比較的多く遺される無機

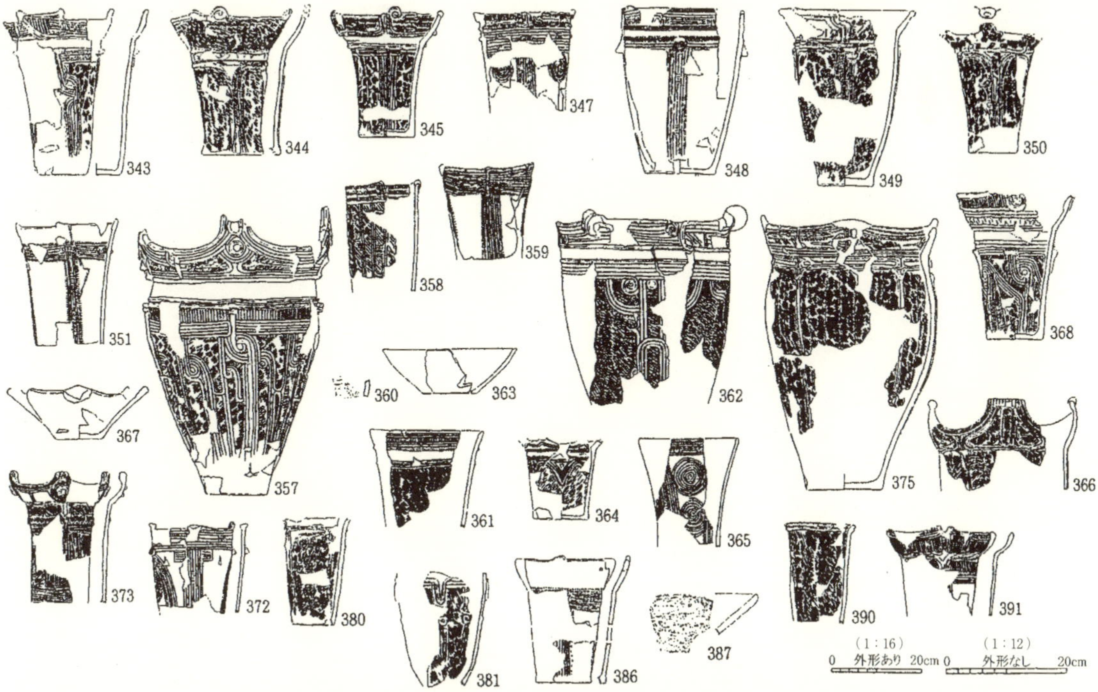

図74　縄文時代中期前葉土器胎土分析試料（水沢 2007a より）

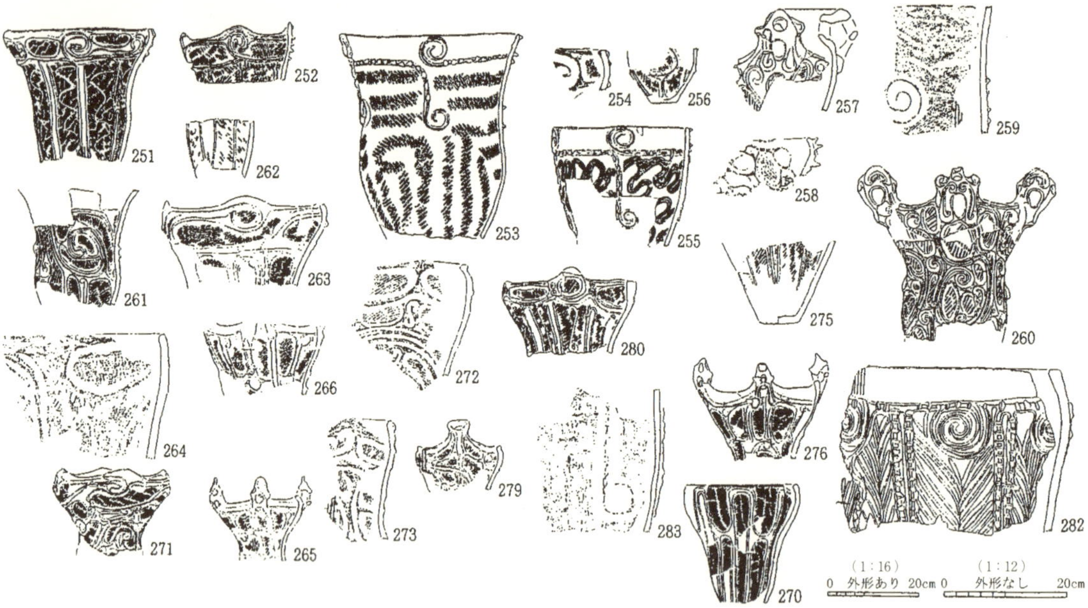

図 75-1　縄文時代中期後葉土器胎土分析試料（1）（水沢 2007a より）

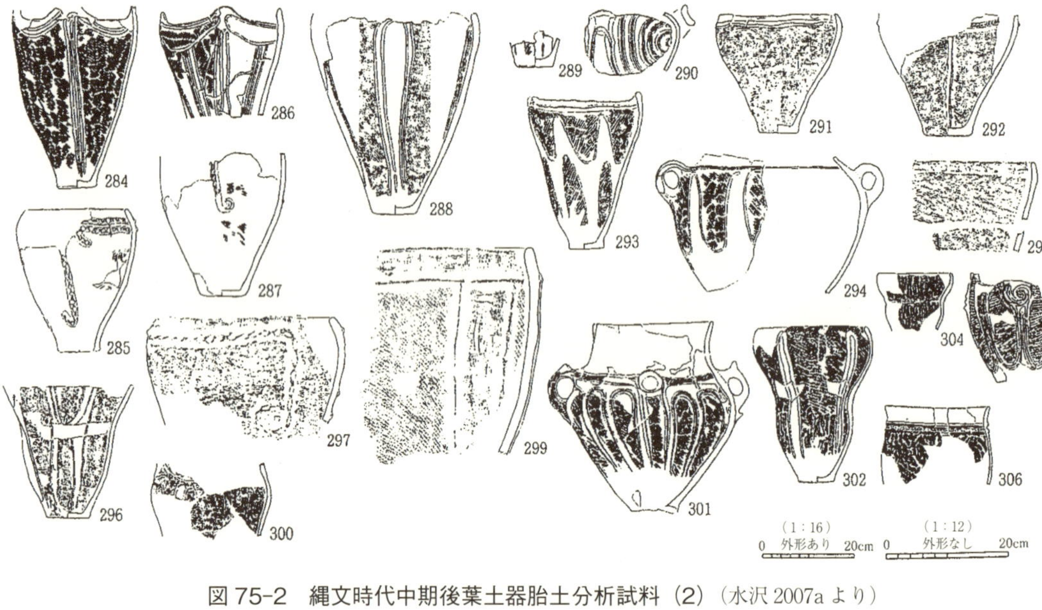

図 75-2　縄文時代中期後葉土器胎土分析試料（2）（水沢 2007a より）

物を素材とする工芸技術の細部は、潜在的な継続性を探る手がかりになる。土器づくりに関しては、素地土の採掘場所、調合、成形・調整方法、文様施文の道具や焼成方法といった情報の質が直接的に仕上がりに影響を与えるため、世代を超えて大切に伝えられていったことだろう。とりわけ粘土を採掘・採取するという最初の工程は、縄文土器、弥生土器、土師器と外観は変化しても通時的に共通で、かつ出来上がりの善し悪しを大きく分ける鍵となる。つまり粘土採取地は、その地域に根ざした最も根本的情報ともいえよう。であればこそ、ある一つの遺跡から出土する

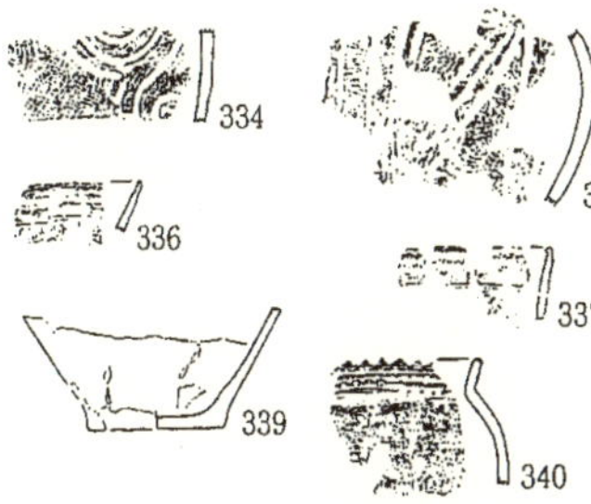

図 76　縄文時代後・晩期
土器胎土分析試料
（水沢 2007a より）

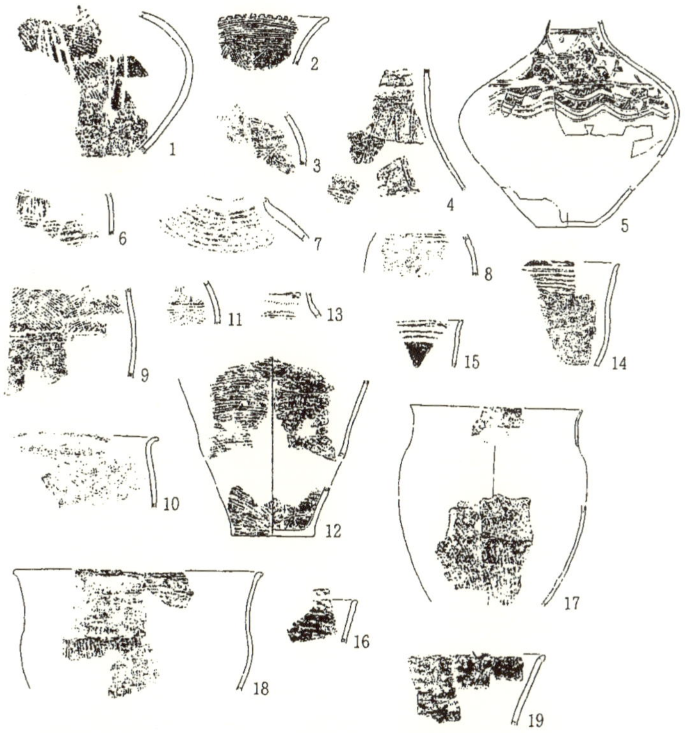

図 77　弥生土器胎土
分析試料
（水沢 2007a より）

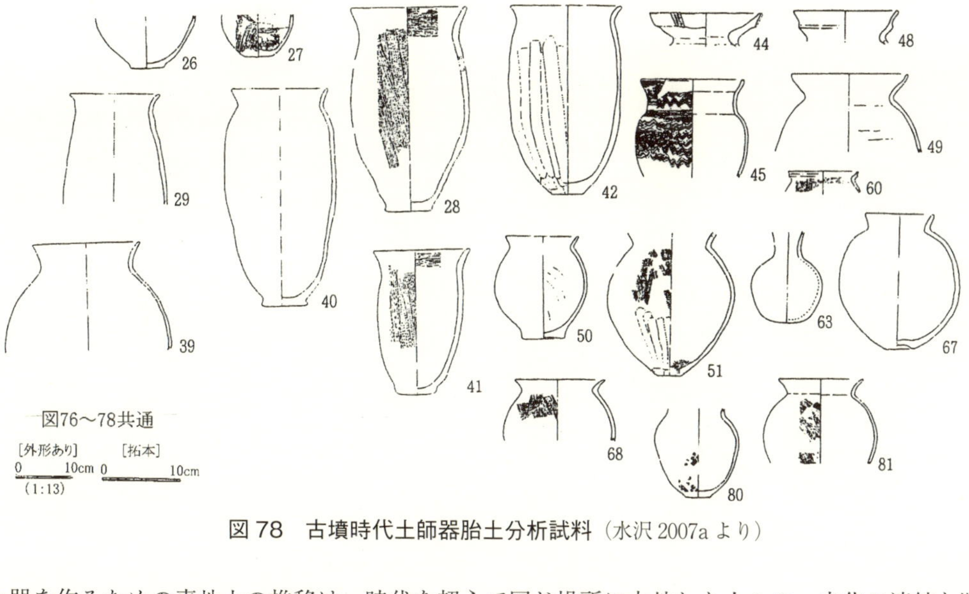

図 78　古墳時代土師器胎土分析試料（水沢 2007a より）

土器を作るための素地土の推移は、時代を超えて同じ場所に占地した人々の、文化の連続と断絶の実態を探る手段になるとも推測される。

（2）分析試料

今回対象とした土器は 166 点で、縄文時代中期前葉から平安時代までの煮沸具を中心に選択した。煮沸具を選択した理由は、それらが最も通時的に普遍的な食物調理に直接的に係わる道具であり、加熱による頻繁な破損から大量製作・消費が予想され、より在地に根ざす傾向が強いため

表12　屋代遺跡群出土土器胎土分析試料一覧とTCモデル（水沢2007a表2・3と水沢2008表14より作成）

胎土分類※3	C記号※4	本稿図番号	胎土分析No.	岩石・鉱物定性量比　註：b黒雲母、m白雲母、h普通角閃石、o酸化角閃石、a単斜輝石、or斜方輝石、An安山岩、Rh流紋岩、Gr花崗岩　多3・中2・少1は相対量比								カウント個体	時期	土器型式等	T記号	t記号（縄文中期のみ）※6	T(t)Cモデル※7	土器掲載屋代遺跡群報告書編名	報告書図版番号	出土遺構名	報告書図版掲載番号
				特記事項	雲母	角閃石	輝石	安山岩	流紋岩	花崗岩類	変成岩										
Ⅰ群1a類	C11a	図75-1	252		b1	h1	a1	1	-	-	-	●	縄中後	加曽利E	T	t	TtC	縄文	322	SB5350	7
Ⅰ群1a類	C11a	図75-1	255		b1	h1o1	-	-	-	1	-	●	縄中後	圧痕隆帯	T	t	TtC	縄文	323	SB5350	23
Ⅰ群1a類	C11a	図75-1	259		b1	h1	or1	-	1	1	-	●	縄中後	圧痕隆帯	T	t	TtC	縄文	323	SB5350	22
Ⅰ群1a類	C11a	図75-1	263		b1	h2o1	-	-	2	-	-		縄中後	加曽利E	T	t	TtC	縄文	310	SB5345	8
Ⅰ群1a類	C11a	図75-2	293	割れ目石英多い	b1	h1	-	1	1	-	-		縄中後	加曽利E	T	t	TtC	縄文	286	SB5337	12
Ⅰ群1a類	C11a	図75-2	296		b1m1	h1	or1	-	3	-	-		縄中後	加曽利E	T	t	TtC	縄文	260	SB5319	4
Ⅰ群1a類	C11a	図75-2	297		b1	h2	or1	3	1	-	1		縄中後	圧痕隆帯	T	t	TtC	縄文	261	SB5319	13
Ⅰ群1a類	C11a	図79	226	割れ目石英	b3	o3	or1	-	1	-	-		9世紀	甕Ⅰ	T		TC	古代1	283	SB6002	6
（Ⅰ群1a類）	C11a	図79	232		b3m1	h3	a1	-	-	1	1		9世紀	甕Ⅰ	T		TC′	古代1	249	SB54	20
Ⅰ群1b類	C11b	図74	368		b1	h1	-	-	2	-	-		縄中前	深沢	T	t	TtC	縄文	217	SQ7003	258
Ⅰ群1b類	C11b	図75-1	253		b1	h1	-	-	-	-	-	●	縄中後	圧痕隆帯	T	t	TtC	縄文	322	SB5350	6
（Ⅰ群1b類）	C11b	図75-1	257	黒曜岩含む	b1	h1	-	1	-	-	-	●	縄中後	大木	^T	t	^TtC′	縄文	322	SB5350	8
Ⅰ群1b類	C11b	図75-1	283		b1	h1o1	-	-	3	1	-		縄中後	圧痕隆帯	T	t	TtC	縄文	318	SB5345	77
Ⅰ群2a類	C12a	図74	357		-	h3	a1or1	-	2	-	-		縄中前	深沢	T	t	TC	縄文	217	SQ7003	252
Ⅰ群2a類	C12a	図75-2	289		-	h1	-	-	-	1	1		縄中後	加曽利E	T	t	TtC	縄文	256	SB5316	4
Ⅰ群2a類	C12a	図75-2	291	黒曜岩	b1	h1	or1	2	3	-	1		縄中後	加曽利E	T	t	TtC	縄文	287	SB5337	14
Ⅰ群2a類	C12a	図75-2	292	真珠岩	b1	h1	-	1	2	1	-		縄中後	圧痕隆帯	T	t	TtC	縄文	287	SB5337	13
Ⅰ群2a類	C12a	図75-2	294		b1	h1	a1or1	2	3	1	1	●	縄中後	加曽利E	T	t	TtC	縄文	287	SB5337	15
Ⅰ群2a類	C12a	図77	14	大形石英多い	b2	h1	a1or1	2	-	-	1		弥前1期	浮線文	T		TC	弥生古墳	28	③a区4b層	191
Ⅰ群2a類	C12a	図77	16	流紋岩質凝灰岩	b2	-	a1or1	-	2	-	1	●	弥前1期	浮線文	T		TC	弥生古墳	28	③a区4b層	212
Ⅰ群2a類	C12a	図77	2		b1	h2	a1	1	-	-	-		弥中3期	栗林古	T		TC	弥生古墳	24	SD2284	51
Ⅰ群2a類	C12a	図77	3		b1	h1	a1	1	-	-	-		弥中3期	栗林古	T		TC	弥生古墳	24	SD2285	52
Ⅰ群2a類	C12a	図77	6	大形石英	b1	h1	a1	1	2	-	-		弥中2期	庄ノ畑	T̄		T̄C	弥生古墳	25	SK154	76
Ⅰ群2a類	C12a	図78	60		-	h2	a1	2	2	1	-		古墳前1期	S字甕	T̄		T̄C	弥生古墳	99	SB5145	266
（Ⅰ群2a類～Ⅱ群）	C12a′	図78	28	黒雲母・白雲母	b2m1	-	-	-	-	-	1	●	古墳後7期	甕B	T		TC′	弥生古墳	92	SB5042	110
Ⅰ群2a類	C12a	図79	201	酸化角閃石	b1	o3	or2	2	2	-	-	●	7世紀	甕H	T		TC	古代1	285	SB6027	5
Ⅰ群2a類	C12a	図79	205		b2	h1	a1	-	-	-	1		7世紀	甕H	T		TC	古代1	325	SD7056	6
Ⅰ群2a類	C11a	図79	207	石英多い	b1	h1	or1	1	2	-	-	●	7末8前	甕H	T		TC	古代1	270	SB4521	3
Ⅰ群2a類	C12a	図79	211		m1	h1o1	a1	1	-	-	-		8世紀	甕H	T		TC	古代1	291	SB6099	7
Ⅰ群2a類	C12a	図79	212	カミングトン閃石	b1m1	o3	-	1	-	-	-		8末9初	甕Ⅰ	T		TC	古代1	292	SB6104	12
Ⅰ群2a類	C12a	図79	213	カミングトン閃石	-	o3	or1	-	-	-	-		8末9初	甕Ⅰ	T		TC	古代1	292	SB6104	13
〈Ⅰ群2a類〉	(C12a)′	図79	218	発泡流紋岩質凝灰岩	b1	h2o1	-	1	1	-	1	●	9世紀	甕Ⅰ	T		TC′	古代1	242	SB9081	8
Ⅰ群2a類	C12a	図79	225		-	h3o1	a1	-	-	-	-		9世紀	甕Ⅰ	T		TtC	古代1	293	SB6118	10
Ⅰ群2b類	-	図74	351		b2	-	-	-	-	-	-		縄中前	東信系筒形	T̄	t	-	縄文	211	SQ7003	166
Ⅰ群2b類	-	図74	380	ピッチストーン	b2	-	-	-	3	-	-		縄中前	五領ヶ台Ⅱ	^T	t	-	縄文	208	SQ7003	87
Ⅰ群2b類	-	図75-2	288		b1	h2	a1	1	-	-	1		縄中後	加曽利E	T	t	-	縄文	257	SB5316	7
〈Ⅰ群2b類〉	(-)	図75-2	295		b1	h2	a2or2	1	1	1	1	●	縄中後	加曽利E	T	t	-	縄文	287	SB5337	16
Ⅰ群2b類	-	図77	13		b1	h2	a2or2	2	-	-	-		弥前1期	浮線文／氷Ⅰ浅鉢	T		-	弥生古墳	28	③a区4b層	186
Ⅰ群2b類	-	図78	80		b1	h1	a1or1	2	1	1	-		古墳前3期	甕B	T		-	弥生古墳	114	SK6005	662
Ⅰ群2b類	-	図79	220	火山岩石基	b1	-	a1or1	3	-	-	-		9世紀	甕Ⅰ	T		-	古代1	255	SB126	2
（Ⅰ群2b類）	-	図79	230	ホルンフェルス多い	b1m1	h1o1	a1	1	-	1	2	●	9世紀	甕Ⅰ	T		-	古代1	250	SB57	5
Ⅰ群2b類	-	図79	237	火山岩石基	b2	-	a2	1	-	-	-		10世紀	甕Ⅰ	T		-	古代2	114	SB810	6
Ⅰ群3a類	^C13a	図74	360		-	-	a1or1	2	-	-	1		縄中前	-	-		-	縄文	−	SQ7003	−
Ⅰ群3a類	^C13a	図75-1	261	閃緑岩か？	b1	h2	a2or1	2	1	1	1	●	縄中後	大木（9系）	^T	t̄	^Tt̄^C	縄文	310	SB5345	2
Ⅰ群3a類	^C13a	図75-1	275		b1	h2	a1or1	1	-	-	-		縄中後	加曽利E	T	t	Tt^C	縄文	318	SB5345	79
Ⅰ群3a類	^C13a	図75-1	276		-	h2o1	a1	1	1	-	1		縄中後	大木（9系）	T	t	^Tt^C	縄文	311	SB5345	13
Ⅰ群3a類	^C13a	図75-2	286	玄武岩 質	b2	h3	-	3	-	-	1		縄中後	加曽利E	T	t	Tt^C	縄文	256	SB5316	5
Ⅰ群3a類	^C13a	図75-2	300	玄武岩質	b2	h2	a1or2	1	2	-	1		縄中後	加曽利E	T	t	Tt^C	縄文	262	SB5319	17
Ⅰ群3a類	^C13a	図75-2	304	黒曜岩	b1	h1	a1or3	3	2	1	1	●	縄中後	曽利	T̄	t̄	T̄t^C	縄文	354	SK9071	11
Ⅰ群3a類	^C13a	図76	334		-	h2	a1or1	1	1	-	-		縄後前	堀之内1	T		T^C	縄文	401	XⅡ 1a層	12
Ⅰ群3a類	^C13a	図76	336	緑簾石斑晶の玄武岩	b1	h1	or1a1	1	-	1	1	●	縄後前	堀之内2	T		T^C	縄文	402	X層	24
Ⅰ群3a類	^C13a	図76	339		b1	h3	or2	1	-	-	-		縄晩	無文	-		-	縄文	406	更埴J区	100
Ⅰ群3a類	^C13a	図76	340		b1	h3	or1	1	-	-	-		縄晩	大洞系	T̄	t	T̄t^C	縄文	407	SD7046	117
Ⅰ群3a類	^C13a	図77	17	緑簾石	b1m1	h2o1	or1	1	1	-	1	●	弥前1期	浮線文	T		T^C	弥生古墳	29	③a区4b層	214
Ⅰ群3a類	^C13a	図77	18		-	h3	or1	-	2	-	-		弥前1期	浮線文	T		T^C	弥生古墳	29	③a区4b層	215
Ⅰ群3a類	^C13a	図79	228		b1	h3	a1or1	2	1	-	1		9世紀	甕C	T̄		T̄^C	古代1	269	SB4514	3
Ⅰ群3a類	^C13a	図79	247		b1	h1o1	a1	-	-	-	1		11世紀	羽釜	T		T^C	古代2	136	SB23	5
【Ⅰ群3b類】	^C13b	図75-1	254		b1	h2	a1or1	3	2	-	-	●	縄中後	加曽利E	T	t	Tt^C′	縄文	321	SB5350	2
Ⅰ群3b類	^C13b	図75-1	256		-	h1	a2or2	3	-	-	-	●	縄中後	大木（9系）	^T	t	^Tt^C	縄文	325	SB5350	39
【〈Ⅰ群3b類〉】	(C13b)′	図75-1	258	火山岩多量	-	h1or1	a2or2	3	-	-	-	●	縄中後	大木9	^T	t̄	^Tt̄C′	縄文	324	SB5350	31
（Ⅰ群3b類）	^C13b′	図75-1	260	ホルンフェルス・堆積岩が多い	m1	-	or1	2	1	1	2	●	縄中後	大木9	^T	t̄	^Tt̄C′	縄文	322	SB5350	9
Ⅰ群3b類	^C13b	図75-1	265		b1	-	a1or3	2	1	1	2	●	縄中後	大木（9系）	^T	t	^Tt^C	縄文	310	SB5345	5

胎土分類※3	C記号※4	本稿図番号	胎土分析No.	岩石・鉱物定性量比　註：b黒雲母、m白雲母、h普通角閃石、o酸化角閃石、a単斜輝石、or斜方輝石、An安山岩、Rh流紋岩、Gr花崗岩　多3・中2・少1は相対量比								カウント個体	時期	土器型式等	T記号	t記号（縄文中期のみ）※6	T(t)Cモデル※7	土器掲載屋代遺跡群報告書編名	報告書図版番号	出土遺構名	報告書図版掲載番号
				特記事項	雲母	角閃石	輝石	安山岩	流紋岩	花崗岩類	変成岩										
Ⅰ群3b類	^C13b	図75-1	266		-	h2	a3	2	1	-	2		縄中後	大木（9系）	^T	t	^Tt^C	縄文	310	SB5345	6
Ⅰ群3b類	^C13b	図75-1	272	ホルンフェルス多い	-	-	or3	2	2	1	2		縄中後	大木（9系）	^T	t	^Tt^C	縄文	313	SB5345	38
Ⅰ群3b類	^C13b	図75-1	273		-	h1	a2or1	2	-	-	1		縄中後	大木（9系）	^T	t	^Tt^C	縄文	313	SB5345	35
〈Ⅰ群3b類〉	(C13b)′	図75-1	280		-	h1	a2	2	-	1	1	●	縄中後	加曽利E	T	t	TtC′	縄文	314	SB5345	47
Ⅰ群3b類	^C13b	図75-1	282		b1	h2	a2or1	3	2	1	-		縄中後	唐草圧痕	^T	t̄	^Tt̄^C	縄文	316	SB5345	65
Ⅰ群3b類	^C13b	図75-2	287	玄武岩	b1	h2	a2or1	2	3	-	1		縄中後	圧痕隆帯	T	t	Tt^C	縄文	256	SB5316	6
Ⅰ群3b類	^C13b	図76	335		-	h2	a1or1	2	3	-	-		縄後前	堀之内1	T		T^C	縄文	401	SF7005	2
〈Ⅰ群3b類〉	(C13b)′	図79	231		-	h1o2	a3or1	3	-	1	1	●	9世紀	甕Ⅰ	T		TC′	古代1	248	SB52	12
Ⅰ群4類	-	図75-1	279		b1	h2	a2or1	1	1	-	-	●	縄中後	大木（9系）	^T	t	-	縄文	312	SB5345	28
Ⅰ群4類	-	図77	15		b1	h3	or1	1	-	-	1		弥前1期	浮線文	T		-	弥生古墳	28	③a区4b層	201
Ⅰ群4類	-	図78	49		b2	h2o1	or1	1	-	1	1		古墳中5期	甕F	T		-	弥生古墳	97	SB5136	241
Ⅰ群4類	-	図79	214		-	o3	a1	-	-	-	-		9世紀	甕Ⅰ	T		-	古代1	276	SB5037	10
Ⅰ群4類	-	図79	241		b2m3	h1o2	or1	-	-	-	-		10世紀	甕Ⅰ	T		-	古代2	129	SB9035	9
Ⅰ群4類	-	図79	242	火山ガラス多い	b1	h1o1	or1	-	-	-	-	●	10世紀	甕Ⅰ	T		-	古代2	129	SB9033	5
Ⅱ群1a類	C21a	図74	361		b2	-	-	-	-	-	1		縄中前	深沢	T	t	TtC	縄文	215	SQ7003	237
〈Ⅱ群1a類〉	(C21a)	図74	362	黒曜岩、火山ガラス	b2	h2	-	-	3	-	-	●	縄中前	深沢類似	T	t̄	Tt̄C′	縄文	215	SQ7003	232
Ⅱ群1a類	C21a	図74	390		b2	-	-	-	1	-	1		縄中前	深沢	T	t	TtC	縄文	216	SQ7003	251
Ⅱ群1a類	C21a	図75-1	264		b2	h2o1	a1	-	-	-	1		縄中後	加曽利E	T	t	TtC	縄文	311	SB5345	19
Ⅱ群1a類	C21a	図75-2	299		b3	h1	-	-	1	-	-		縄中後	加曽利E	T	t	TtC	縄文	261	SB5319	12
Ⅱ群1b類	^C21b	図74	343	※1	b3	h1	-	-	-	-	-		縄中前	北信・越後（継ぎ手文）	T̄	t̄	T̄t̄^C	縄文	215	SQ7003	235
Ⅱ群1b類	^C21b	図74	348	※1	b1	h1	-	-	-	-	-		縄中前	五領ヶ台（北陸折衷）	T̄	t̄	T̄t̄^C	縄文	213	SQ7003	213
Ⅱ群1b類	^C21b	図74	358	※1	b2	h2	-	-	2	-	-		縄中前	北陸	T̄	t	T̄t^C	縄文	240	SQ7003	216
Ⅱ群1b類	^C21b	図74	366	※1	b1	h2	a1	-	-	-	1		縄中前	東北（大木7a）	T̄	t̄	T̄t̄^C	縄文	223	SQ7003	355
Ⅱ群1b類	^C21b	図74	387	※1	b3m1	h1	-	-	-	1	-	●	縄中前	浅鉢	-		-	縄文	−	SQ7003	−
Ⅱ群1b類	^C21b	図75-2	305	※1	b3	h1	-	-	-	-	-	●	縄中後	唐草文	^T	t̄	^Tt̄^C	縄文	354	SK9071	12
Ⅱ群1ｂ類	^C21b	図77	7	※1	b3	h1	-	-	-	-	-	●	弥前1期	遠賀川／壺	T̄		T̄^C	弥生古墳	25	ⅣａⅤ層	100
Ⅱ群1ｂ類	^C21b	図78	68	※1	b3	h1	a1or1	-	-	-	-		古墳中4期	甕B	T		T^C	弥生古墳	109	SB6057	534
Ⅱ群1ｂ類	^C21b	図78	40	※1	b2	-	a1or1	1	1	-	-		古墳後8期	甕A	T		T^C	弥生古墳	95	SB5097	177
Ⅱ群1ｂ類	^C21b	図79	202	※1	b3	h2o1	a1or1	1	1	-	-	●	7世紀	甕H	T		T^C	古代1	294	SB6119	4
Ⅱ群1ｂ類	^C21b	図79	203	※1	b3	h 1	a1or1	-	-	-	-		7世紀	甕A	T		T^C	古代1	294	SB6119	3
Ⅱ群1ｂ類	^C21b	図79	204	※1	b3	h 1	a1or1	1	-	-	-		7世紀	甕H	T		T^C	古代1	283	SB5177	6
Ⅱ群2類	^C22	図74	344		b3	h1	-	-	-	-	-	●	縄中前	五領ヶ台Ⅱ	^T	t	^Tt^C	縄文	223	SQ7003	347
Ⅱ群2類	^C22	図74	345		b3	h1	-	-	-	-	-		縄中前	五領ヶ台Ⅱ	^T		^T^C	縄文	223	SQ7003	353
Ⅱ群2類	^C22	図74	349		b3	h1	a1	-	-	-	-		縄中前	五領ヶ台Ⅱ	^T		^T^C	縄文	192	SQ7003	41
Ⅱ群2類	^C22	図74	350		b3	h1	-	-	-	-	-		縄中前	五領ヶ台Ⅱ	^T	t̄	^Tt̄^C	縄文	219	SQ7003	296
Ⅱ群2類	^C22	図74	365		b3	h2	-	1	-	-	-		縄中前	東信系筒形	T̄	t̄	T̄t̄^C	縄文	224	SQ7003	364
Ⅱ群2類	^C22	図74	372		b3	h2	-	-	-	-	-		縄中前	東信系筒形	T̄	(t̄)	T̄t̄^C	縄文	213	SQ7003	220
Ⅱ群2類	^C22	図74	373		b3	-	-	-	-	-			縄中前	東信系	T̄	t̄	T̄t̄^C	縄文	216	SQ7003	247
Ⅱ群2類	^C22	図74	375		b3	h1	-	-	-	-	-		縄中前	五領ヶ台Ⅱ	^T	t	^Tt^C	縄文	224	SQ7003	363
Ⅱ群2類	^C22	図74	391		b3	h1	a1	-	-	-	-		縄中前	東信系	T̄	t̄	T̄t̄^C	縄文	221	SQ7003	315
Ⅱ群2類	^C22	図78	29		b3	h2	-	-	-	-	-		古墳後7期	甕A	T		T^C	弥生古墳	92	SB5042	111
Ⅱ群2類	^C22	図78	41		b3	h2	-	-	-	-	-		古墳後8期	甕B	T		T^C	弥生古墳	95	SB5097	178
Ⅱ群2類	^C22	図79	245	黒雲母が変質し細かく粘土と一体化	b3	h1	a1	-	-	-	-	●	10末11	羽釜	T		T^C	古代2	140	SB3022	10
〈Ⅱ群3類〉	(C23)	図74	347		b2	h2	a1or2	-	-	2	-	●	縄中前	東信系筒形	T̄	t̄	T̄t̄^C′	縄文	230	SQ7003	230
Ⅱ群3類	^C23	図74	359		b2	h2	a1or1	-	1	-	-		縄中前	東信系筒形	T̄	t̄	T̄t̄^C	縄文	246	SQ7003	216
Ⅱ群3類	^C23	図74	386		b2	h3	a2	-	-	-	-		縄中前	五領ヶ台Ⅱ	^T	t̄	^Tt̄^C	縄文	214	SQ7003	231
Ⅱ群3類	^C23	図79	248		b2	h1	a1or2	1	-	1	1		11世紀	羽釜	T		T^C	古代2	138	SB105	5
Ⅲ群1類	^C31	図77	19	※2	b1	h1	a1or2	-	-	R2	1	●	弥前1期	浮線文	T		T^C	弥生古墳	29	③a区4b層	230
Ⅲ群1類	^C31	図77	1	※2	b1	h2	a1	1	-	R3	1		弥中3期	栗林／壺	T		T^C	弥生古墳	23	SD2278	36
Ⅲ群1類	^C31	図77	4	※2	b1	-	-	-	-	R3	-		弥中4期	栗林式／壺	T		T^C	弥生古墳	24	SD2397	56
Ⅲ群1類	^C31	図77	5	※2	b2	h1	-	1	1	R3	-		弥中4期	栗林直前／壺	T		T^C	弥生古墳	24	SD3088	69
Ⅲ群1類	^C31	図77	9	※2	b2	h1o1	or1	1	-	R3	-		弥中4期	栗林式	T		T^C	弥生古墳	26	BKS ⅣⅤ層	124
Ⅲ群1類	^C31	図78	45	※2	b2	h1	a1	1	-	R3	1	●	弥生後期末	櫛描甕	T		T^C	弥生古墳	96	SB5113	199
Ⅲ群1類	^C31	図78	63	※2	b1	h1	or1	-	-	R2	2		古前1～2期	壺	T		T^C	弥生古墳	100	SB5160	295

胎土分類 ※3	C記号 ※4	本稿図番号	胎土分析No.	岩石・鉱物定性量比　註：b黒雲母、m白雲母、h普通角閃石、o酸化角閃石、a単斜輝石、or斜方輝石、An安山岩、Rh流紋岩、Gr花崗岩　多3・中2・少1は相対量比								カウント個体	時期	土器型式等	T記号	t記号（縄文中期のみ）※6	T(t)Cモデル ※7	土器掲載屋代遺跡群報告書編名	報告書図版番号	出土遺構名	報告書図版掲載番号
				特記事項	雲母	角閃石	輝石	安山岩	流紋岩	花崗岩類	変成岩										
Ⅲ群１類	^C31	図78	26	※2	b2	h1	a1	-	-	R2	1		古墳前３期	甕A	T		T^C	弥生古墳	90	SK9512	73
Ⅲ群１類	^C31	図78	27	※2	b1	h1	-	-	-	R2	-		古墳前３期	甕B	T		T^C	弥生古墳	90	SK9512	75
Ⅲ群１類	^C31	図78	67	※2	b1	h1	a1or2	-	-	R2	-		古墳中４期	甕F	T		T^C	弥生古墳	109	SB6057	533
Ⅲ群１類	^C31	図69	48	※2	b1	h1	a1	1	-	R2	1		古墳中５期	有段口縁壺	$\overline{T}$		$\overline{T}$^C	弥生古墳	97	SB5136	239
Ⅲ群１類	^C31	図78	50	※2	b1	h1	or1	-	-	R3	2		古墳中５期	甕A	T		T^C	弥生古墳	97	SB5136	242
Ⅲ群１類	^C31	図78	51	※2	b1	h1	or1	-	-	R2	-		古墳中５期	甕B	T		T^C	弥生古墳	98	SB5136	243
（Ⅲ群１類）	C′31	図78	42	※2石英多くⅠ群に近い	b2	h1	-	-	2	R1	1	●	古墳後８期	甕H	T		TC′	弥生古墳	95	SB5097	182
Ⅲ群１類	^C31	図79	209	※2	b1	h1	a1	-	-	R3	-		8世紀	甕H	T		T^C	古代1	278	SB5079	5
Ⅲ群１類	^C31	図79	210	※2	b1	h1	or1	-	-	R3	-		8世紀	甕H	T		T^C	古代1	285	SB6036	4
（Ⅲ群１類）	C′31	図79	240	※2岩片が無く、単体	b1	h1o1	or1	-	-	-	-		10世紀	甕I	T		TC′	古代2	132	SB9054	5
Ⅲ群２類	$\overline{C}$32	図74	364	白雲母斑晶の花崗岩	b3m1	-	or1	-	-	3	-	●	縄中前	五領ヶ台Ⅱ	^T	$\bar{t}$	^$T\bar{t}\overline{C}$	縄文	220	SQ7003	303
Ⅲ群２類	$\overline{C}$32	図74	367		b2	h3	-	-	1	2	1		縄中前	五領ヶ台浅鉢	^T		^$T\overline{C}$	縄文	216	SQ7003	248
Ⅲ群２類	$\overline{C}$32	図75-2	290	玄武岩	-	h2	a3or1	1	-	2	1		縄中後	加曽利E	T	$\bar{t}$	$T\bar{t}\overline{C}$	縄文	257	SB5316	18
Ⅳ群１類	$\overline{C}$41	図74	363	片岩	-	-	a1	-	-	1	3		縄中前	五領ヶ台浅鉢	^T		^$T\overline{C}$	縄文	222	SQ7003	339
Ⅳ群１類	$\overline{C}$41	図75-1	262	閃緑岩、片岩	b1m2	h1o2	-	2	1	-	2		縄中後	加曽利E	T	t	$Tt\overline{C}$	縄文	310	SB5345	2
Ⅳ群１類	$\overline{C}$41	図77	8	黒雲母多い	b2m2	h1	or1	-	-	1	2	●	弥前１期	変形工字文／壺or鉢	$\overline{T}$	$\bar{t}$	$\overline{TtC}$	弥生古墳	26	SD6057	120
Ⅳ群2a類	$\overline{C}$42a	図79	215		b1	h1	a1or1	3	1	1	2	●	8末9初	甕C	$\overline{T}$		$\overline{TC}$	古代1	232	SB9011	5
Ⅳ群2a類	$\overline{C}$42a	図79	216		b1	h1	a1or1	1	-	-	2		8末9初	甕C	$\overline{T}$		$\overline{TC}$	古代1	232	SB9011	2
Ⅳ群2a類	$\overline{C}$42a	図79	217		-	-	-	3	-	-	-		8末9初	甕C	$\overline{T}$		$\overline{TC}$	古代1	232	SB9011	4
Ⅳ群2a類	$\overline{C}$42a	図79	221	かんらん石	b1	h2	a1or1	3	2	?	1		9世紀	甕C	$\overline{T}$		$\overline{TC}$	古代1	233	SB9012	4
Ⅳ群2a類	$\overline{C}$42a	図79	222		-	h1	a3	2	1	-	1		9世紀	甕C	$\overline{T}$		$\overline{TC}$	古代1	276	SB5044	7
Ⅳ群2a類	$\overline{C}$42a	図79	223		-	h1	a3	2	1	-	1		9世紀	甕C	$\overline{T}$		$\overline{TC}$	古代1	261	SB3034	12
Ⅳ群2a類	$\overline{C}$42a	図79	233		b1m2	h1o1	a1or1	2	-	1	2	●	9世紀	甕C	$\overline{T}$		$\overline{TC}$	古代1	248	SB53	11
Ⅳ群2a類	$\overline{C}$42a	図79	238		b2	-	a1or2	2	-	-	2		10世紀	甕I	T		$T\overline{C}$	古代2	118	SB843	13
Ⅳ群2b類	$\overline{C}$42b	図79	224		b1m1	h3	a1	1	-	-	-		9世紀	甕I	T		$T\overline{C}$	古代1	293	SB6118	9
Ⅳ群2b類	$\overline{C}$42b	図79	227		b1	h1	a1or2	1	1	-	2		9世紀	甕C	$\overline{T}$		$\overline{TC}$	古代1	257	SB3013	7
Ⅳ群2b類	$\overline{C}$42b	図79	229	結晶片岩	b1	h1	a1or2	1	1	-	2		9世紀	甕C	$\overline{T}$		$\overline{TC}$	古代1	293	SB6118	8
Ⅳ群2b類	$\overline{C}$42b	図79	234		b3m2	h1	a3or1	2	-	1	1	●	9世紀	甕C	$\overline{T}$		$\overline{TC}$	古代1	246	SB44	11
Ⅳ群2b類	$\overline{C}$42b	図79	235		b3m2	o1	or1	2	-	2	1		9世紀	甕C	$\overline{T}$		$\overline{TC}$	古代1	264	SB4030	11
Ⅳ群３類	$\overline{C}$43	図74	381	変成岩・プラントオパール	b1	h1	or1	-	1	1	1		縄中前	深沢か北信在地	T		$T\overline{C}$	縄文	204	SQ7003	12
Ⅳ群３類	$\overline{C}$43	図75-1	251	ホルンフェルス・黒曜岩	b1m1	-	a1	1	1	-	2		縄中後	加曽利E	T	$\bar{t}$	$T\bar{t}\overline{C}$	縄文	321	SB5350	1
Ⅳ群３類	$\overline{C}$43	図75-1	271	片岩	b1	h1o1	a1or1	2	-	2	2		縄中後	大木（9系）	^T	t	^$Tt\overline{C}$	縄文	314	SB5345	44
Ⅳ群３類	$\overline{C}$43	図75-2	285	ホルンフェルス多い	b1	h1	a1or1	-	-	1	2		縄中後	圧痕隆帯	T	$\bar{t}$	$T\bar{t}\overline{C}$	縄文	256	SB5316	3
Ⅴ群1a類	$\overline{C}$51a	図75-2	301		b1	-	a1or1	1	1	1	1	●	縄中後	加曽利E	T	t	$Tt\overline{C}$	縄文	288	SB5338	1
Ⅴ群1a類	$\overline{C}$51a	図75-2	302		b1	h1	a1or1	1	1	1	1		縄中後	加曽利E	T	t	$Tt\overline{C}$	縄文	288	SB5338	2
Ⅴ群1a類	$\overline{C}$51a	図75-2	306	緑色片岩？	b1m1	-	a2or2	2	1	2	2		縄中後	串田新	$\overline{T}$	$\bar{t}$	$\overline{TtC}$	縄文	372	包含層	13
Ⅴ群1a類	$\overline{C}$51a	図76	337	かんらん石	b1	h1o1	a2or2	3	-	2	-		縄後前	堀之内2	T		$T\overline{C}$	縄文	402	X-1層上面	23
Ⅴ群1b類	$\overline{C}$51b	図75-1	270	※2玄武岩	b1	h2o1	a1or2	2	-	1	1		縄中後	加曽利E	T	t	$Tt\overline{C}$	縄文	314	SB5345	49
Ⅴ群1b類	$\overline{C}$51b	図75-2	284		b1	h1	a2or3	2	-	-	1		縄中後	加曽利E	T	t	$Tt\overline{C}$	縄文	256	SB5316	1
Ⅴ群1b類	$\overline{C}$51b	図77	11		b2	h2	a1or1	1	1	1	1		弥前１期	条痕文（岩滑式系）	$\overline{T}$	$\bar{t}$	$\overline{TtC}$	弥生古墳	27	①区Ⅳb層	140
Ⅴ群1b類	$\overline{C}$51b	図77	10		b1	h1	a1or1	3	1	1	3	●	弥中４期	栗林式	T		$T\overline{C}$	弥生古墳	26	包含層	128
Ⅴ群1b類	$\overline{C}$51b	図78	44	花崗岩に白雲母	m2	h1	a2or2	3	-	2	-		古墳前１期	有段口縁壺	$\overline{T}$		$\overline{TC}$	弥生古墳	96	SB5113	197
Ⅴ群1b類	$\overline{C}$51b	図79	206		-	-	a1or1	1	-	-	2		7世紀	甕H	T		$T\overline{C}$	古代1	281	SB5109	10
Ⅴ群1c類	-	図77	12		-	-	a1or1	2	-	1	-	●	弥前１期	条痕文（在地的）	$\overline{T}$	$\bar{t}$	-	弥生古墳	27	②区4b層	171
Ⅴ群2a類	-	図78	39		b2	h1	-	-	-	1	1	●	古墳後８期	壺（甕）F	T		-	弥生古墳	95	SB5097	176
Ⅴ群2b類	-	図79	208		m1	h1o1	a1	-	-	-	-	●	7末8前	甕H	T		-	古代1	287	SB6053	7
Ⅴ群2c類	-	図78	81		b1	b1o1	a1or1	-	-	1	1	●	古墳中５期	甕B	T		-	弥生古墳	114	SK6005	663
Ⅴ群2c類	-	図79	219	玄武岩	-	h1o1	or1	1	-	-	-		9世紀	甕I	T		-	古代1	253	SB73	5
Ⅴ群2c類	-	図79	236		b2	o3	a1or1	1	-	-	-		10世紀	甕I（その他）	T		-	古代2	116	SB827	14
Ⅴ群2c類	-	図79	239		-	h1o2	-	-	-	-	-		10世紀	小甕D	T		-	古代2	113	SB806	24

※1：アルカリ長石を多く含むために、生萱粘土では無い

※2：緑簾石が鉱物の20%、緑簾石岩や深成岩が岩石の40～80%を占める。母岩は花崗岩と推測される。

※3：（　）は顕微鏡分析の結果特徴をやや異にするもの、【　】はその群の個性をより強く反映しているもの

※4：〈　〉は化学組成分析によって群外に括り出されたもの

※5：各土器型式とその解釈は中期前葉土器：寺内隆夫2000「第10章第1節中期前葉の土器」ならびに氏からのご教示。縄文後晩期土器：百瀬長秀2000「第6章第2節2土器」「第8章第3節2（1）土器」いずれも『屋代遺跡群縄文時代編』。それ以降の土器は：鳥羽英継1998「第3章第5節1土器・土製品」『屋代遺跡群弥生・古墳編』・同1999「第5章第1節土器」『屋代遺跡群古代編』・同「第3章古代2の遺物」『屋代遺跡群古代2・中世・近世編』を参照して記入した。

※6：t記号は縄文時代中期のうち、判別可能個体に限定した。

※7：C記号右下の胎土分類は文字の大きさの都合上省略しているが、本文中では、例えば胎土分析No.252は「T(t)Cモデル」の「TtC」に「C記号」の「C_{11a}」を組み合わせた形（「TtC_{11a}」）を用いている。

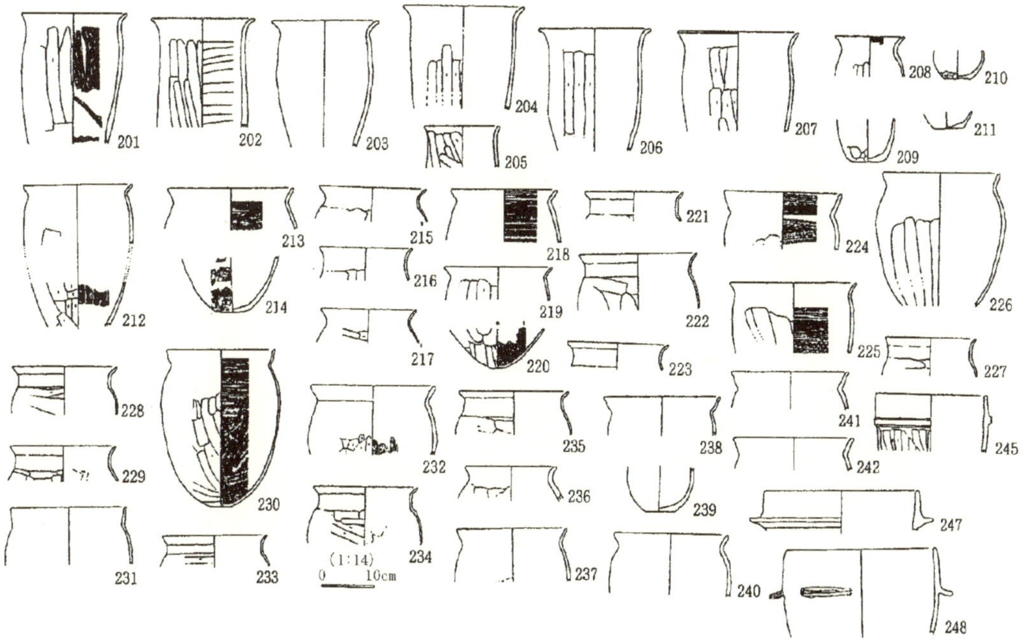

図79　古代土師器胎土分析試料（水沢2007aより）

である。そこで縄文土器では深鉢形土器、弥生土器・土師器では甕形土器を分析対象に選び、それぞれの時期の良好な試料が入手できなかった場合に限り、壺形土器を加え、各土器図版に胎土分析№を付記し（図74～図79）、胎土情報とともに示した（表12）。

2　分析の方法

本章第1節2に準じて薄片を製作し、オリンパス製の偏光顕微鏡BH2とBX51で、同様の基準で観察した（表12・13、図80～85）。

3　岩石学的手法による胎土分析の結果

（1）全体の組成

同定された岩石と鉱物の組み合わせと量比、大きさの傾向から分類を行った（表13）。その結果、今回抽出した屋代遺跡群出土土器の胎土はⅠ・Ⅱ・Ⅲ・Ⅳ・Ⅴの5群に大別され、更にそれは23とおりに仮細分された。各群の概略は本項（2）のとおりであり、その各群類毎に数点ずつを選択して、合計49点のモード測定を行った。複式メカニカルステージの長軸方向に0.5㎜、短軸方向に0.6㎜ずつ動かして250ポイントを同定し、カウント結果を表14に、それをグラフ化したものを図80～85に示した。

全体的な傾向としては、岩石・鉱物他に対するマトリックス（粘土部分）の比率の傾向はⅠ群とⅣ群ではおおむね50％を超えるのに対し、Ⅱ群・Ⅲ群は30％後半から40％台に止まる。Ⅱ群・Ⅲ群のうち362・45・19は岩石の比率が、その他は黒雲母に代表される鉱物の比率が高いため、粘土部分の比率が相対的に低くなっている。またⅤ群のマトリックス比率は60％を超えるが、これは本群が、0.25㎜以上に粒径が揃っていて、0.05㎜未満の細かい破片が少ない1類と、0.05

表13　屋代遺跡群出土煮沸具の

特徴	群	類	岩石／鉱物量比（中以上）	鉱物の概要（代表的な薄片の概要）＊小：0.25㎜未満、中：0.25 ～ 0.5㎜程度、大：0.5 ～ 0.75㎜未満程度、巨大：0.75㎜以上	岩石の概要（代表的な薄片の概要）	縄文時代の各時期　82点						
						中期前葉（29点）	中期後葉（47点）			後期（4点）	晩期（2点）	
						五領ヶ台Ⅱ	2期	3期	4期	前葉／堀之内	前半／佐野	後半／佐野
石英が多く岩石では流紋岩主体	Ⅰ	1 a	鉱物＞岩石	巨大な石英多く水冷割れ目が顕著。発泡した流紋岩質凝灰岩あり。斜長石、角閃石多い。輝石が殆ど無い。	流紋岩・凝灰岩・堆積岩		252加、255圧、259圧	263加	293加、296加、297圧			
	Ⅰ	1 b	鉱物＞岩石	巨大な石英多く水冷割れ目もつ点で1aと同様だが、微細サイズ少ないことで分類。アルカリ長石、黒雲母を少量含むが輝石は殆ど無い。	流紋岩・凝灰岩・(花崗岩283のみ少数)	368深	253圧、(257大)	283圧				
石英が多いものと斜長石が多いものの中間的様相	Ⅰ	2a	鉱物＞岩石	石英がやや多いが、割れ目が少なく、サイズも小さく中程度。角閃石多いが輝石は殆どないものと、少量輝石を含むものがある。パーサイトの見られるアルカリ長石を含むものもある。更に細分される。（ただし14は巨大石英多く、28とともに黒雲母多く含む。）	流紋岩、凝灰岩が多く、発泡した部分も目立つ。安山岩、チャート、ホルンフェルス、石英脈、黒曜岩、各種堆積岩等の有無や量によって細分される。	357深		289加	291加、292圧、294加			
	Ⅰ	2b	鉱物＞岩石	石英,斜長石が多く、角閃石、輝石、黒雲母、粘土鉱物等を含む。輝石の種類等により細分される。	赤色の鉄鉱類が多数含まれる点で特徴的。火山岩片、ホルンフェルス、石英脈を含む。（237・220は火山岩石基、380はピッチストーン含む。）	351東、380		288加	295加			
斜長石多く、岩石では安山岩主体	Ⅰ	3a	鉱物＞岩石	石英より斜長石が多く、角閃石・輝石もやや多い。黒雲母、粘土鉱物の量で、更に細分可能。	安山岩・流紋岩・凝灰岩・堆積岩等	360	304曽	261大、275加、276大、286加	300加	334堀1、336堀2	339無文	340大洞系
	Ⅰ	3b	鉱物≒岩石	石英より斜長石が多く、やや輝石が多い。発泡した流紋岩質凝灰岩少量。沸石・方解石など特殊鉱物により細分可能。	安山岩（かんらん石斑晶あり、黒色ガラス）・流紋岩・変成岩・石英多結晶・ホルンフェルス（271・272・273に特に多い）、チャート、変質火山岩含む。3aは鉱物主体であるのに対し本類が岩石が多い。安山岩の大きさと斑晶鉱物の種類から更に細分可能。		254加、256大、258大、(260大)	265大、266大、272大、273大、280加、282唐圧、287圧		335堀1		
火山ガラス	Ⅰ	4	鉱物＞岩石	石英、斜長石、パーサイトカリ長石多い、酸化角閃石、粘土鉱物等目立つ。全体に微細。	火山ガラスが多い。流紋岩、安山岩、発泡した流紋岩質凝灰岩も多い。			279大				
黒雲母が多い	Ⅱ	1a	鉱物＞岩石	幅0.05㎜未満の黒雲母、巨大な石英が多く、斜長石とともに顕著な水冷割れ目をもつ。パーサイトカリ長石含むが、輝石はほとんど無し。	流紋岩・凝灰岩（ただし14と28は割れ目少なく輝石を含む）	361深、362深類、390深		264加	299加			
	Ⅱ	1 b	鉱物＞岩石	幅0.05㎜未満の黒雲母、中形の石英が多いが割れ目は少なく、爆砕形。燈色小形の粘土鉱物あり。輝石含まれるがその量差により細分可能。	安山岩少	343北・越、348五折、358北、366東北、387浅	305唐					
	Ⅱ	2	鉱物＞岩石	黒雲母をまんべんなく大量に含み、幅が0.25㎜以上（1類の倍以上）の大形のものが多い。また、大形の石英・斜長石を多数含み、角閃石を含む。(245は黒雲母が細かく粘土と一体化している)	堆積岩少	344五、345五、349五、350五、365東、372東、373東、375五、391東						
	Ⅱ	3	鉱物＞岩石	黒雲母は0.025㎜未満が中心。石英より斜長石が多く、無色鉱物が全体に多い。斜長石は累帯構造が顕著。角閃石、輝石やや多い。	火山岩少	347東、359東、386五						
深成岩を含む	Ⅲ	1	鉱物＜岩石	緑簾石、緑簾石化した斜長石、斜長石、角閃石、輝石、黒雲母を含む。	緑簾石斑晶の「緑簾石岩」多量。母岩には花崗岩、石英脈があると推測される。量比によって細分される。							
	Ⅲ	2	鉱物≒岩石	石英、斜長石、アルカリ長石を含む。黒雲母によって細分可能。	花崗岩類を含むものを一括した。斑晶鉱物や火山岩の有無や量比によって細分可能。	364五、367五浅鉢		290加				
変成岩的特徴がみられる	Ⅳ	1	鉱物＜岩石	黒雲母、白雲母、輝石が多い。斜長石は石英より多い。	大～巨大の片理の明確な石英片岩、ホルンフェルスを多く含む。共伴する深成岩、火山岩の量によって細分可。	363五浅鉢		262加				
	Ⅳ	2a	鉱物＜岩石	石英、斜長石多く、後者は一部変質。アルカリ長石、角閃石・輝石・黒雲母・白雲母は少量。全体に砂の大きさ揃い、角が丸い。	0.3㎜程度に大きさの揃ったホルンフェルスを多く含み、片理のある石英片岩も少数。火山岩も多い。							
	Ⅳ	2b	鉱物＞岩石	白雲母・黒雲母が多量にまんべんなく含まれる。斜長石、角閃石、輝石、緑簾石あり。鉱物は最大でも0.3㎜未満でⅣ 2aより細かい。	ホルンフェルスがやや多く、変成の程度が弱い。チャート、堆積岩を含む。							
	Ⅳ	3	鉱物≒岩石	岩石と同サイズの石英、斜長石、パーサイトのアルカリ長石、少数の角閃石・輝石を含む。	中程度のホルンフェルスが多く角が丸いが、片理が1ほど明確なものはない。深成岩、火山岩の量比で細分可能。	381深	251加、	271大、285圧				
鉱物の粒径が揃っているもの	Ⅴ	1a	鉱物＞岩石	石英、斜長石、アルカリ長石、黒雲母を少量含むが鉱物は少ない。0.025㎜程度の微細な軽鉱物が少なく、中以上でやや揃っている。	大以上の安山岩多く（輝石斑晶、黒色ガラス目立つ）、深成岩、ホルンフェルスも含む。		306串	301加、302加		337堀2		
	Ⅴ	1 b	鉱物≒岩石	岩石と同サイズの石英、斜長石、輝石、パーサイトのアルカリ長石を含む。微細鉱物、小サイズとも殆どなし。	0.3㎜程度に大きさの揃った石英片岩、ホルンフェルス、チャートが多い。火山岩、深成岩を少数含む。			270加、284加、				
	Ⅴ	1 c	鉱物＜岩石	石英・斜長石などの鉱物を殆ど含まない。土器片を割って混ぜたような異質箇所あり。殆どがガラス、プラントオパール含む粘土部分。かんらん石あり。	大サイズの輝石安山岩多数あり。							
含有されている岩石鉱物が特に微細	Ⅴ	2a	鉱物＜岩石	0.5 ～ 1㎜程度の石英・斜長石、黒雲母、角閃石が少数。その他は0.05㎜未満の微細鉱物のみ。	巨大赤褐色岩片多くⅠ 2bに類似するが、火山岩は含まない。							
	Ⅴ	2b	鉱物＞岩石	斜長石小片多く、白雲母、角閃石を少数含む以外は有色鉱物なし	大形変質火山岩を1つ含むのみ。							
	Ⅴ	2c	鉱物＞岩石	斜長石多く、玄武角閃石やや多い。角閃石、輝石を含むが、有色鉱物少ない。	安山岩少数							

胎土分析結果定性表（水沢2007aより）

弥生時代の各時期　20点					古墳時代の各時期　19点						古代～中世の各時期　45点　＊注のないものは全て甕							
前期	中期			後期	前期		中期		後期		7世紀	7末～8前	8世紀	8末～9初	9世紀	10世紀	10末～11	11世紀
1期／氷	2期	3期/栗林古	4期/栗林新	5期/箱清水～終末期	1期～2期	3期	4期	5期	7期	8期	0～1期	2期	3・4期	5期	6・7・8期	9～12期	13期	14・15期
															226 I、（232 I）			
14浮、16浮	6庄	2栗古、3栗古			60甕				28甕B		201H、205H	207H	211H	212 I、213 I	218 I、225 I			
13氷 I浅						80甕B									220 I、〈230 I〉	237I		
17浮、18浮															228C			247羽釜
															231 I			
15浮								49甕F						214 I		241 I、242 I		
7遠賀川壺							68甕B			40甕A	202H、203A、204H							
									29甕A	41甕B							245羽釜	
																		248羽釜
19浮		5栗直前壺、1栗壺	4栗壺、9栗	45櫛描文甕	63壺	26甕A、27甕B	67甕F	48有段口縁壺、50甕A、51甕B		〈42甕H〉		209H	210H			（240 I）		
8変形工字文																		
														215C、216C、217C	221C、222C、223C、233C	238I		
															224 I、227C、229C、234C、235C			
11条痕文			10栗		44東海有段壺						206H							
12在地的な条痕文																		
										39壺（甕）F								
												208H						
								81甕B							219 I	236 I、239小甕D		

表 14　屋代遺跡群出土煮沸具の

胎土分類	I -1a	I -1a	I -1a	I -1b	I -1b	I -2a	I -2a	I -2a	I -2a	I -2a	I -2a	I -2b	I -2b	I -3a	I -3a	I -3a	I -3a	I -3b	I -3b	I-3b	I -3b	I -
胎土分析番号	252	255	259	253	257	294	16	28	201	207	218	295	230	304	261	336	17	254	256	258	260	26
火山岩類	2	0	4	4	4	10	4	4	7	25	8	15	1	15	15	13	5	38	17	35	15	2
火山ガラス・軽石	7	4	7	2	7	3	4	3	7	0	2	0	1	13	5	3	9	4	0	4	10	4
凝灰岩	3	1	6	0	10	0	0	0	0	0	0	1	0	1	0	0	1	3	2	1	4	1
発泡した流紋岩質凝灰岩	0	10	28	29	0	0	18	0	1	15	20	1	0	0	0	0	0	0	0	0	0	0
変質・酸化火山岩	1	0	0	0	2	3	1	2	0	0	0	0	2	4	6	0	0	4	2	0	1	4
黒曜石・ピッチストン	0	0	0	5	4	1	9	0	1	8	0	0	0	0	0	0	0	0	0	0	0	0
深成岩類	0	1	1	0	0	5	0	0	0	0	0	2	0	0	1	1	0	0	0	0	1	4
緑簾石岩	0	0	0	0	0	0	0	0	0	0	0	0	0	0	0	0	0	0	0	0	0	0
半深成岩	0	0	0	0	0	0	0	0	0	0	0	0	0	0	0	0	0	0	2	0	0	0
変成岩類	0	0	0	0	0	0	1	1	0	0	1	2	15	1	0	0	2	0	0	0	13	0
変質岩	4	3	0	2	0	0	0	0	0	0	0	0	0	0	1	0	1	1	2	0	1	0
堆積岩類	6	0	0	1	2	8	0	5	0	0	0	10	3	2	1	4	1	0	2	0	15	9
チャート・石英多結晶・石英脈	1	2	0	0	2	13	0	0	1	1	0	4	3	0	0	2	0	0	2	0	9	4
石英	19	17	10	18	6	24	36	48	25	19	23	7	25	13	8	7	9	4	1	5	17	1
石英（割れ目あり）	9	5	8	1	0	0	0	2	0	9	0	0	0	0	0	0	0	0	0	0	4	0
斜長石	36	34	29	37	17	20	15	5	35	25	12	12	10	28	62	12	25	47	25	14	19	2
アルカリ長石	1	2	7	3	0	16	24	2	0	3	10	0	0	0	0	7	10	0	4	0	2	8
黒雲母	3	4	3	2	1	0	2	21	0	2	1	1	3	3	3	1	3	1	0	0	0	0
白雲母	0	0	0	0	0	0	0	12	0	0	0	0	5	0	0	0	1	0	0	0	1	0
角閃石	2	5	2	3	5	1	0	0	1	0	7	8	0	2	5	5	1	8	4	1	0	0
酸化角閃石	0	1	0	0	0	0	0	0	11	0	2	0	0	0	0	0	3	0	0	0	0	0
単斜輝石	2	0	0	0	0	2	0	0	1	0	3	9	0	4	3	1	2	6	6	10	0	[illegible]
斜方輝石	0	0	1	0	0	0	2	0	3	0	0	0	0	5	4	3	0	1	9	10	2	2
緑簾石	0	0	0	0	0	1	0	0	0	0	0	2	0	4	0	2	2	0	0	0	0	2
黒色不透明鉱物	2	1	2	2	2	0	0	0	1	0	1	4	0	3	0	5	5	1	9	4	1	0
赤褐色粒子	0	1	1	0	9	4	8	12	18	2	5	13	21	2	1	4	7	0	4	5	2	1
粘土鉱物	3	0	1	1	0	0	5	1	1	4	12	9	0	9	0	8	9	0	0	0	0	[illegible]
その他の鉱物	2	1	1	0	0	4	2	1	8	0	1	0	1	3	2	1	0	1	0	0	1	2
マトリックス	139	143	131	126	161	116	99	123	113	124	124	138	138	123	118	152	139	129	150	149	114	12
不明	8	15	8	14	18	19	19	8	16	13	18	12	21	14	15	17	12	2	9	12	18	3
その他（有機質）	0	0	0	0	0	0	1	0	0	0	0	0	1	1	0	2	3	0	0	0	0	0
合計	250	250	250	250	250	250	250	250	250	250	250	250	250	250	250	250	250	250	250	250	250	25
備考	0・1・0・1	0・0・0・0	4・0・0・0	0・0・0・4	0・0・0・4	7・0・0・3	1・0・0・3	0・0・0・4	3・2・1・1	2・20・0・3	7・0・0・1	5・4・0・6	0・0・0・1	3・5・0・7	3・7・0・5	0・0・2・11	0・1・0・4	4・26・0・8	0・11・0・6	0・19・1・15	1・4・1・9	0・18
							クリストバル石1、カミングトン閃石1、ブラントオパール1	絹雲母1	玉髄7、褐簾石1		ルチル1、ホルンフェルス1、マトリックス異質部分3		ホルンフェルス14、片岩1、ブラントオパール1	緑泥石2、沸石1、ホルンフェルス1、ブラントオパール1	燐灰石1、緑泥石1							燐灰

※掲載順は胎土の群・類順とし、同一群類の場合は時代順。所定の方法のカウントの結果漏れたが実際には含まれている岩石鉱物を記載するために表 12 には主要鉱物 3 種類と岩石 4 種類の有無を表記。
※備考上段は火山岩のうち順に流紋岩・デイサイト、安山岩、玄武岩、その他（不明）の実数を表示した。

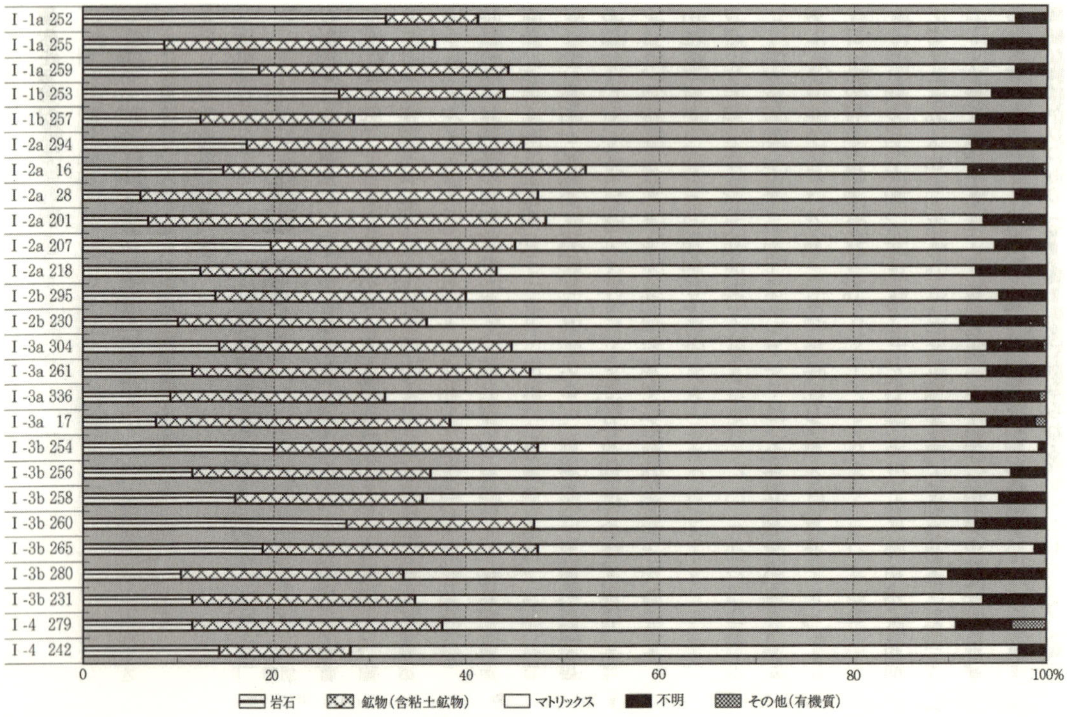

図 80　I 群全体組成（水沢 2008 より）

ード測定結果一覧表（水沢 2008 より）

3b	Ⅰ-3b	Ⅰ-4	Ⅰ-4	Ⅱ-1a	Ⅱ-1b	Ⅱ-1b	Ⅱ-1b	Ⅱ-1b	Ⅱ-2	Ⅱ-2	Ⅱ-3	Ⅲ-1	Ⅲ-1	Ⅲ-1	Ⅲ-2	Ⅳ-1	Ⅳ-2a	Ⅳ-2a	Ⅳ-2b	Ⅴ-1a	Ⅴ-1a	Ⅴ-1c	Ⅴ-1b	Ⅴ-2a	Ⅴ-2c	Ⅴ-2b
0	231	279	242	362	387	305	7	202	344	245	347	19	45	42	364	8	215	233	234	306	301	12	10	39	81	208
	16	10	0	22	0	3	0	3	1	0	0	0	1	0	0	1	22	9	2	10	9	35	24	1	3	2
	1	7	33	24	3	3	0	1	4	0	3	2	0	0	3	1	2	5	0	1	0	4	2	1	3	10
	0	0	0	0	0	0	0	0	0	0	0	0	0	0	0	0	0	0	0	0	0	0	0	0	0	0
	0	6	3	13	0	0	0	0	0	0	0	0	0	0	0	0	0	0	0	0	0	0	0	0	0	0
	1	0	0	0	14	0	0	0	0	0	1	0	0	2	1	0	3	4	4	0	2	1	14	0	0	9
	0	0	0	8	0	0	0	0	0	0	0	0	0	0	0	0	0	0	0	0	0	0	0	0	0	0
	5	0	0	0	3	0	0	0	1	0	6	17	30	6	13	5	4	2	1	1	3	0	0	1	4	1
	0	0	0	0	0	0	0	0	0	0	0	33	15	0	0	0	0	0	0	0	0	0	0	0	0	0
	0	0	0	0	0	0	0	0	0	0	0	0	2	0	0	0	0	0	0	0	0	0	0	0	0	0
	0	0	0	0	0	0	0	0	0	0	0	0	2	0	0	10	23	13	14	4	2	0	7	6	3	0
	0	0	0	0	0	0	0	0	0	0	0	0	0	1	0	23	0	0	0	0	0	0	0	0	0	0
	2	2	0	1	0	0	0	5	0	2	1	0	0	4	1	7	2	3	0	0	3	0	4	1	0	2
	4	4	0	0	1	1	0	1	0	0	1	4	2	0	2	2	6	2	1	1	14	0	4	4	6	0
	4	11	0	22	29	14	30	30	18	43	4	14	23	31	37	21	11	8	3	9	10	4	9	3	18	6
	0	0	0	6	0	0	0	0	10	0	0	0	18	0	6	0	0	0	0	0	0	0	0	0	0	0
3	29	12	6	14	21	28	26	26	21	65	58	25	0	19	17	6	13	19	10	12	4	4	15	8	13	11
	3	14	7	4	2	9	22	18	30	6	12	1	0	6	5	1	2	0	5	0	0	0	5	2	4	7
	0	0	4	4	45	12	24	54	49	19	8	0	17	13	41	17	2	3	19	3	0	0	2	3	1	0
	0	1	0	0	1	0	0	0	0	0	0	0	0	0	3	6	0	1	6	2	1	0	0	0	0	1
	3	0	4	4	2	5	4	7	6	7	13	4	0	6	0	1	2	1	3	0	0	0	2	1	5	1
	0	0	1	0	0	0	0	0	0	0	0	0	0	0	0	0	0	1	0	0	0	0	0	0	3	0
	5	1	0	0	0	0	0	0	0	1	3	0	0	0	0	0	7	2	2	4	1	1	2	0	1	1
	4	0	0	0	0	0	0	0	0	0	6	1	0	0	1	2	10	12	1	0	1	0	3	0	2	0
	0	0	0	0	1	0	0	1	1	1	2	23	26	17	0	4	0	0	2	0	2	0	1	1	1	0
	2	1	0	1	4	4	2	4	1	1	8	2	3	1	6	0	0	0	0	3	1	0	0	2	5	3
	8	1	9	3	26	22	26	6	7	3	4	12	1	7	6	2	6	4	6	2	12	4	8	26	17	6
	0	24	1	5	11	10	10	1	2	2	2	1	7	9	4	1	4	6	3	11	6	10	5	14	1	1
	0	0	2	0	0	1	1	0	0	0	0	0	0	0	0	1	2	0	3	0	0	1	3	0	2	2
1	147	133	173	112	83	123	88	76	92	94	111	99	88	115	97	129	125	142	153	182	166	180	130	170	141	178
5	16	14	7	7	4	9	9	17	6	6	7	12	15	12	7	10	3	12	12	4	13	0	10	6	17	8
	0	9	0	0	0	6	8	0	1	0	0	0	0	1	0	0	1	1	0	1	0	6	0	0	0	1
0	250	250	250	250	250	250	250	250	250	250	250	250	250	250	250	250	250	250	250	250	250	250	250	250	250	250
0·7	0·8·1·7	1·8·1·0	0·0·0·0	22·0·0·0	0·0·0·0	0·0·0·3	0·0·0·0	0·1·0·2	0·0·0·1	0·0·0·0	0·0·0·0	0·0·0·0	1·0·0·0	0·0·0·0	0·0·0·0	0·0·0·1	3·12·0·7	0·0·0·9	0·0·0·2	0·4·3·3	1·6·0·2	0·20·1·14	0·10·0·14	0·0·0·1	0·0·0·3	0·0·0·2
		動物化石3、植物繊維6	絹雲母1、ジルコン1	火山岩は全て流紋岩									花崗岩30、ホルンフェルス1、片岩1				絹雲母1、紅柱石1、ホルンフェルス23、ケイソウ1	プラントオパール1、ホルンフェルス13	絹雲母1、燐灰石1、アクチノ閃石1、ホルンフェルス11、片岩3			カンラン石1、ケイソウ8	ざくろ石、沸石、スピネル各1		直閃石1、コランダム1	

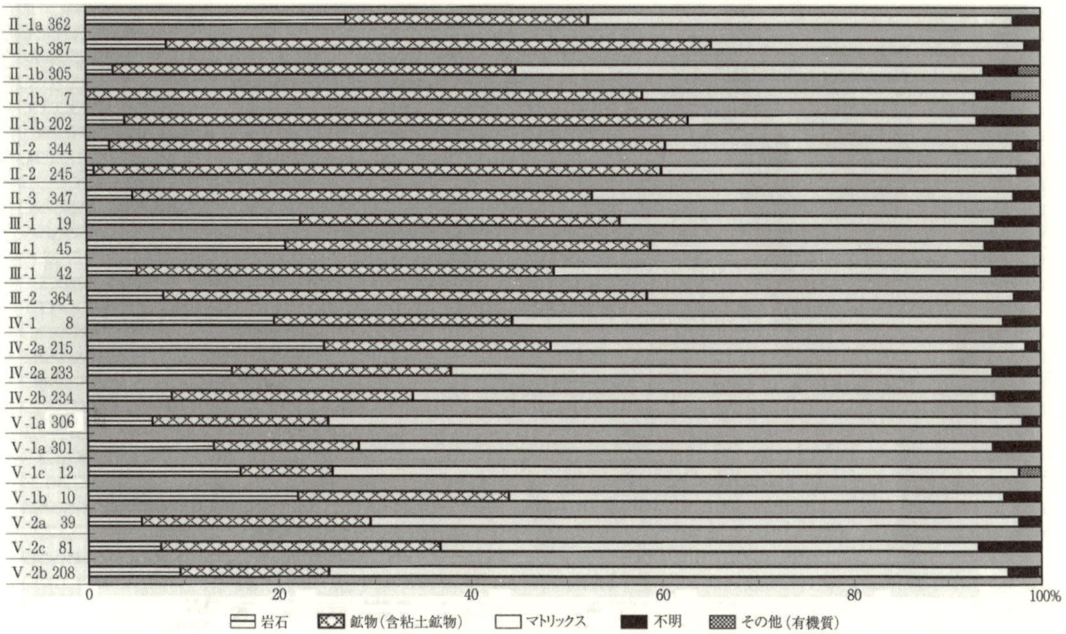

図 81　Ⅱ～Ⅴ群全体組成（水沢 2008 より）

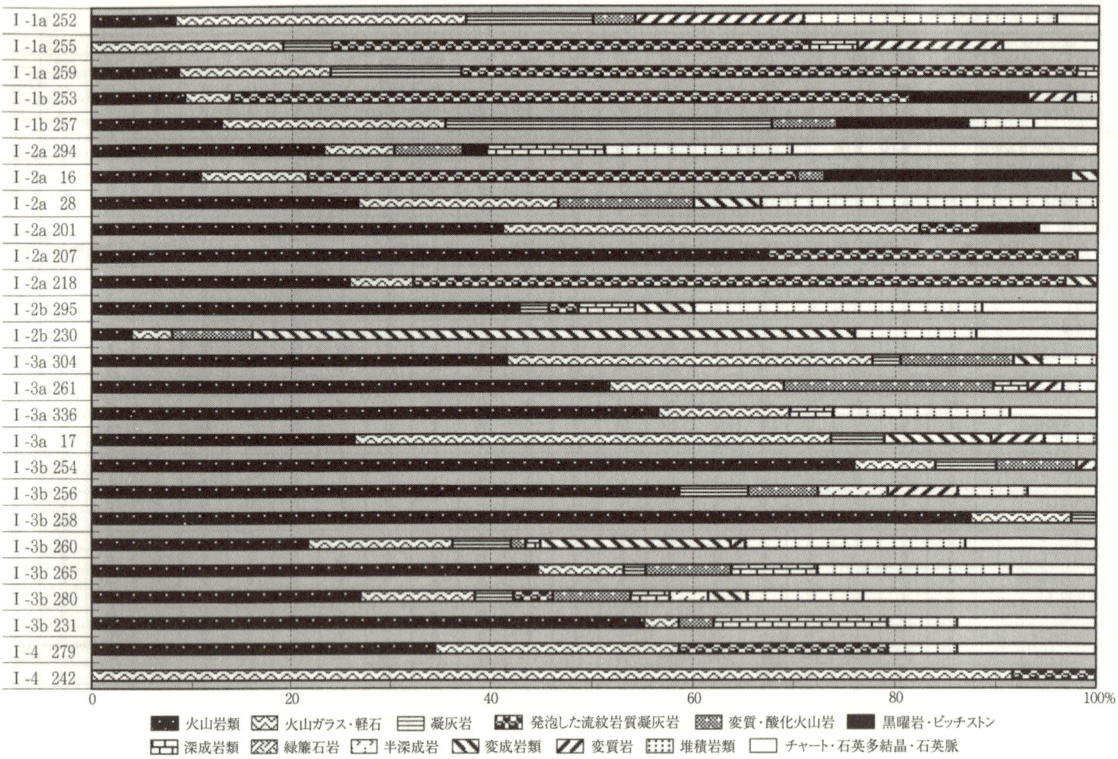

図82　I群岩石組成（水沢2008より）

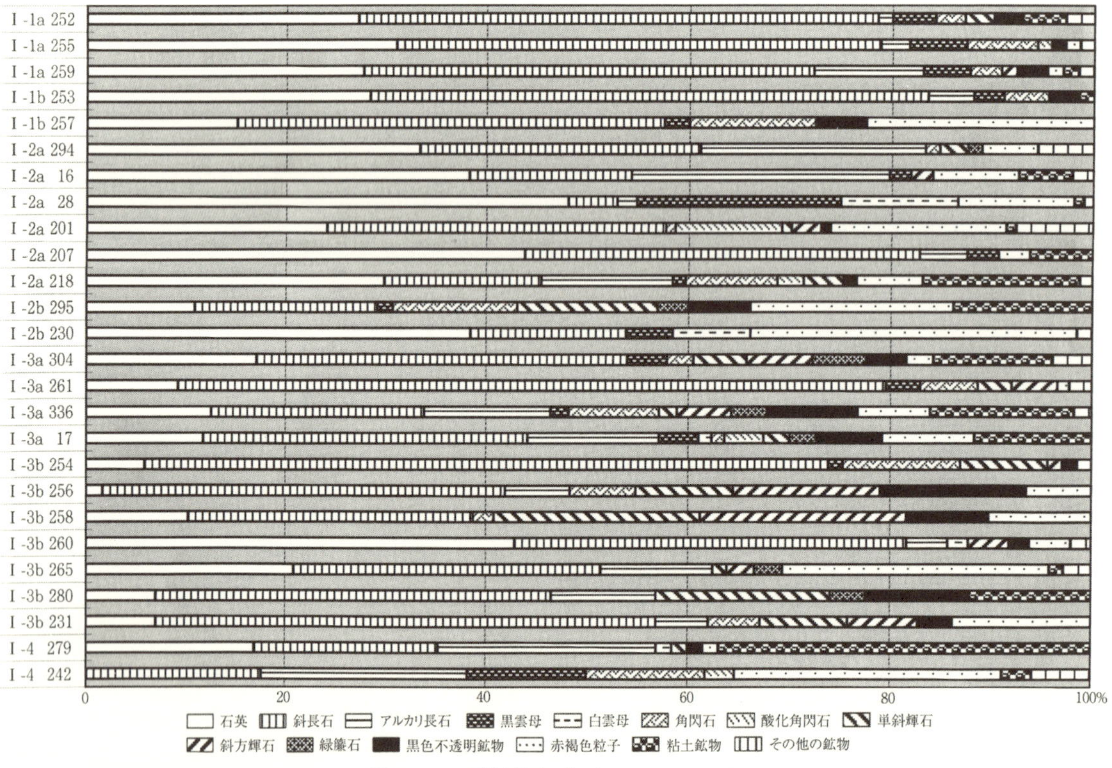

図83　I群鉱物組成（水沢2008より）

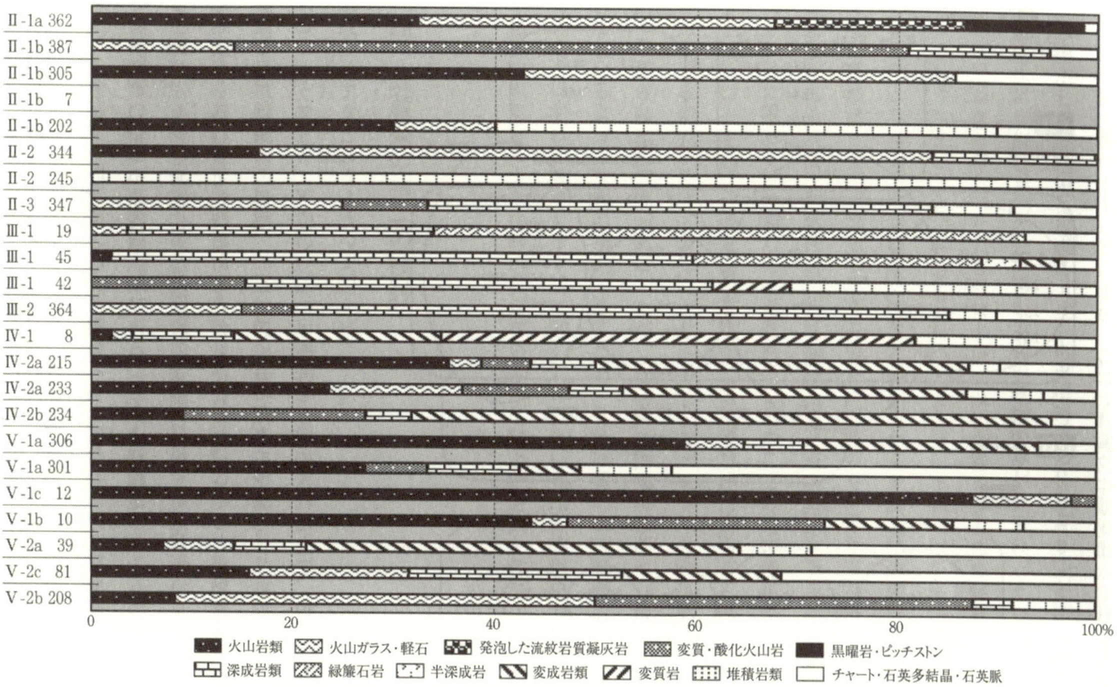

図84　Ⅱ～Ⅴ群岩石組成（水沢2008より）

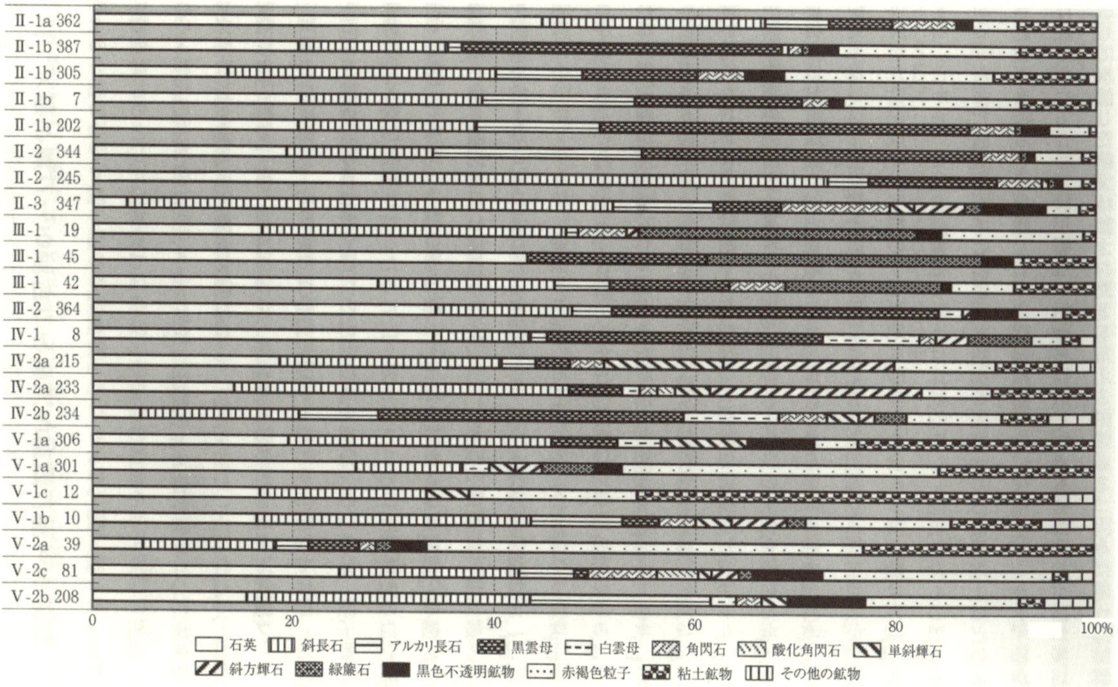

図85　Ⅱ～Ⅴ群鉱物組成（水沢2008より）

mm未満の微細なものが主体の２類から成っているためである。

（2）Ⅰ群の胎土

① 胎土の定性的特徴

石英、斜長石が主体を占めるものを大きくⅠ群とした。このうち、長径1mmを超えるものを含み、割れ目を持つ石英が多数みられかつ流紋岩が主体であるものを１類、同じく石英が卓越するものの長径0.5mm未満が主体を占め、斜長石も一定量含まれ、流紋岩・安山岩が主体であるものを２類、斜長石が石英より圧倒的に多く輝石も多く含み安山岩が主体であるものを３類、火山ガラスが多数含まれるものを４類とした。さらにそれぞれの類を細部の差異（表13）に応じて、1a・1b、2a・2b、3a・3bに暫定的に細分した。このうち石英の割れ目は、1a・1b類に顕著で、2a類にもみられる。その他2a類には発泡した流紋岩質凝灰岩や黒曜岩（石）、カミングトン閃石を含むものもある。2b類は赤褐色粒子（磁鉄鉱か赤鉄鉱）が多く認められる。また３類のうち、3a類は鉱物単体が多いもの、3b類は岩石が多いものとした。岩石は流紋岩よりも斑晶鉱物に輝石を含む安山岩が目立ち、一部玄武岩を含む。ただ、3a類の中にも玄武岩を含んだり逆に黒曜岩（石）を含むものがあり、組成に幅がみられる。

② Ⅰ群のモード測定による定量結果

1a・1b類：鉱物組成では、20％を超える石英（257はやや少ない）、40％を超える斜長石と少量のアルカリ長石・黒雲母によって252・253・255・259は近似する。岩石組成では発泡した流紋岩質凝灰岩により253・255・259が共通する。257は黒曜岩（石）を含み1b類の起源と矛盾しないが比較的石英が少なく角閃石が多い点で様相が異なる。

2a・2b類：石英と斜長石の肉眼的な量比で１類と３類の中間的な様相を示す。250ポイント測定した結果では、１類より有色鉱物が多い。火山岩類はいずれも流紋岩が多く、16・218は発泡した流紋岩質凝灰岩を多く含むが、207はそれと同時に安山岩を多く含み特徴的である。2a類とした28は黒雲母・白雲母が多い点はⅡ群に近いが、石英が卓越する点は他のⅡ群とは異なる。また230はホルンフェルスの量でⅣ群に近い。このように本類は付随する岩石の種類によって細分の余地がある。

3a・3b類：斜長石が石英の倍以上を占め、岩石では火山岩・火山ガラスが主体である。3a類のうち、336には斑晶に緑簾石が入る玄武岩が含まれる。3b類は特に鉱物に対する岩石の比率が高く、多くは安山岩であるが、254と258で特に顕著である。また260は石英の割合が高いものの更にホルンフェルスや堆積岩を多く含むことで特異である。

４類：242は特に火山ガラスを主体にし、発泡したものが多い。279は火山ガラスの他、動植物化石が目立つものの、モード測定ではⅠ群1a～2aに類似した傾向である。

③ Ⅰ群に該当する土器と産地

1a・1b類の石英・斜長石に入った割れ目は、裾花凝灰岩（裾花水冷破砕岩）の成因に伴う水冷割れ目(3)、多数含まれる発泡した流紋岩質凝灰岩も裾花凝灰岩起源と考えられる。2a類も石英の割れ目こそ少ないが、その組成は表15(4)の裾花凝灰岩の構成要素に矛盾しない。裾花凝灰岩は地点毎に石英や斜長石、黒雲母の量が異なるが、何れも輝石の記述が無いこと、流紋岩質であること等の特徴がみられる。長野市篠ノ井小松原の中尾山温泉裏の露頭から採取した裾花凝灰岩片にも水冷割れ目の顕著な石英が多数観察されたものの（図88）、輝石はみられなかった。

裾花凝灰岩の特徴が特に顕著なⅠ群1a・1b類と2a類に該当する試料は縄文時代中期前葉の深沢タイプや後葉の圧痕隆帯文土器などが中心で、その後7世紀末以降再び甕HとⅠの胎土となる。一方輝石を多く含み、これを斑晶に持つ安山岩で特徴づけられるⅠ群3類のうち特に岩石が多い3b類に該当する試料は、中期後葉・後期を含む12点で、そのうち半数以上が中期後葉の大木式系土器であったことは注目される。また9世紀の甕Ⅰに本類に類似した胎土のものがある。千曲川右岸の河東山地には奇妙山火山岩（奇妙山火山岩、柴石火山岩、尼厳山火山岩、東条火山岩、清滝火山岩）や皆神山火山岩、千曲川左岸にも裾花凝灰岩を不整合に覆う桑原火山岩、更にこれを不整合に覆う聖山安山岩が分布している。このことから3類は、裾花凝灰岩起源からは外れ、これらの何れかの地域の安山岩に由来するものとして矛盾は無い(5)。本類の特徴を概観すると、斜方輝石が単斜輝石の量を上まわり、258と280はひん岩を含む。また殆どの試料にはかんらん石が含まれない。一方左岸桑原火山岩は主に斜長石と普通輝石から成り（加藤・赤羽1986）、聖山安山岩の岩相は下部が玄武岩質の安山岩、上部が輝石安山岩で、名知不池北でも主に斜長石と普通輝石から成り、紫蘇輝石とかんらん石を含む。これに対し右岸では、屋代遺跡群に最も近い皆神山火山岩（溶岩）の斑晶は「斜長石＞斜方輝石＞単斜輝石＞（玄武）角閃石＞石英」（河内2000）、奇妙山火山岩のうち尼飾山南麓の清滝火山岩（溶岩）の安山岩の斑晶は「多い順に斜長石・紫蘇輝石・普通輝石・磁鉄鉱・かんらん石」（加藤・赤羽1986）、「斜長石＞単斜輝石＞斜方輝石」（河内2000）とされ、他に尼飾山火山岩、東条火山岩、柴石火山岩なども斜方輝石が多く認められる。また、河東山地には中新世貫入岩としてのひん岩が各所に分布する。このような点から、Ⅰ群3類の安山岩の由来は、左岸の西山地域に由来するというよりも、現段階では右岸の河東山地と調和的と判断される。ただ、黒曜岩（石）を含む304については記載のある裾花凝灰岩や浅間山麓、和田峠周辺など別個の由来を考慮する必要があろう。

（3）Ⅱ群の胎土

① 胎土の定性的特徴

黒雲母が主体となり、岩石片が少ないものをⅡ群とした。そのうち黒雲母が幅0.05㎜未満のものを1類、幅0.25㎜以上で大量に含むものを2類、0.025㎜未満が中心の場合を3類とする。1類を更に2分し、1a類は水冷割れ目を持つ石英や発泡した軽石質凝灰岩が多く輝石を殆ど含まないもの、1b類は輝石や爆砕形の石英を含むものとした。2類は黒雲母が大きく量も著しく多く、輝石・角閃石を含む。2類の黒雲母は1類の倍以上の大きさ（図95-4）、3類は逆にその1/2未満である。

② Ⅱ群のモード測定による定量結果

1a類を除くⅡ群の岩石は何れも全体の10％にも満たない。逆に鉱物は40～60％と多い。鉱物の中でも黒雲母が特に多く、石英・斜長石・アルカリ長石がそれに次ぐ。角閃石は全体に含まれるが、輝石は245と347のみでカウントされた。これに対しⅡ群1a類は、石英や発泡した流紋岩質凝灰岩の量を中心にその組成はⅠ群に近く、特に362では裾花凝灰岩に含まれる黒曜岩（石）が確認された。2類の245は黒雲母が変質して粘土化しているため、見かけ上のポイント数が低いが実質的には黒雲母を多量に含む。3類の347では斜方輝石と単斜輝石がカウントされ

表15　裾花凝灰岩の特徴（水沢2007aより）

<table>
<tr><th>著　　者</th><th>年度</th><th>岩　石　名</th><th></th><th>構　　成</th></tr>
<tr><td>河内晋平</td><td>2000</td><td>黒雲母流紋岩</td><td></td><td>斑晶：斜長石＞黒雲母＞（サニディン・角閃石）石基：ガラス。下部層は凝灰岩の構成粒子の大半が破片状。黒曜岩、パーライトを伴う。上部層には発泡した凝灰岩が卓越する。</td></tr>
<tr><td rowspan="9">加藤碩一・赤羽貞幸</td><td rowspan="9">1986</td><td rowspan="9">流紋岩デイサイト質の凝灰岩（軽石凝灰岩やガラス質凝灰岩）を主とし、火山礫凝灰岩・凝灰角礫岩・火山角礫岩を一部挟む溶岩の岩質は全てガラス質流紋岩の黒曜岩・真珠岩・松脂岩などからなる。</td><td rowspan="8">下部層模式地の岩相</td><td>小市デイサイト凝灰岩層：デイサイト質凝灰岩・火山礫凝灰岩で、黒雲母をまれに含む。</td></tr>
<tr><td>小松原層状凝灰岩層：全体に黒雲母を含む。黒曜岩、松脂岩、真珠岩含む。</td></tr>
<tr><td>犀沢軽石凝灰岩層：軽石凝灰岩・ガラス質凝灰岩で多量に黒雲母を含む。</td></tr>
<tr><td>中尾山流紋岩溶岩：真珠岩、松脂岩、黒曜岩溶岩。黒雲母を含まないがまれに角閃石を含む。</td></tr>
<tr><td>滝沢デイサイト質凝灰岩層：流紋岩、軽石質流紋岩を含む凝灰岩。まれに黒雲母。</td></tr>
<tr><td>新橋軽石凝灰岩：黄色の軽石凝灰岩。軽石・黒雲母を含む。</td></tr>
<tr><td>花上凝灰角礫岩：下部はガラス質流紋岩を挟む凝灰角礫岩、火山角礫岩からなる。全体に黒雲母を含む。</td></tr>
<tr><td>梨久保砂岩礫岩層：塊状砂岩・礫岩・シルト岩からなり、基底付近には小礫～中礫の流紋岩・ひん岩・石英閃緑岩・安山岩・玄武岩・チャート・粘板岩から構成される礫層。</td></tr>
<tr><td>茶臼山以南の様相</td><td>篠ノ井石川周辺～四野宮、長谷寺：下位に真珠岩溶岩、層状の細粒凝灰岩、中部に凝灰岩、真珠岩溶岩、黒雲母を多く含む軽石凝灰岩。稲荷山西部の小坂山周辺：黒雲母と石英の目立つ流紋岩溶岩。稲荷山小学校西～姨捨地域：黒雲母を殆ど含まない石英の目立つ流紋岩。旧更埴市小坂の西・郡・大雲寺池南：有色鉱物を含まない流紋岩。</td></tr>
<tr><td>飯島南海夫・斎藤豊</td><td>1968</td><td>流紋岩質凝灰岩・流紋岩質凝灰角礫岩・流紋岩溶岩</td><td></td><td>斑晶：石英・斜長石・黒雲母、ときに角閃石。石基：流状構造、緻密な真珠岩、松脂岩。上部には斜長石の斑晶が比較的多い。角閃石も多く、石英安山岩質となる。最上部は砂質凝灰岩。</td></tr>
</table>

ている。

③ Ⅱ群に該当する土器と産地

1a類の水冷割れ目を持つ石英や発泡した軽石質凝灰岩は裾花凝灰岩の場所による変異の範疇として捉えられる（表15）。一方、1b類は輝石を含み、石英が爆砕形であることから、降下テフラを起源とする可能性を考える必要がある。2類は黒雲母が大きく量も著しく多く、輝石・角閃石を含む。これらも黒雲母の量から降下テフラを起源とする可能性が高い。黒雲母を含む胎土は全時期を通じて在地土器の胎土としてしばしば現れる。最も大量に黒雲母を含む2類や3類は縄文時代中期前葉に特に多用され、五領ヶ台Ⅱ式土器の胎土や10世紀～11世紀の羽釜の胎土となっている。

さて、多量の黒雲母を含むテフラとして千曲市の曙峠を模式地とする曙ローム(6)が知られている。これは層厚1.3 mの千曲市の曙峠から命名され、前節で焼町土器の一部の素材の可能性を指摘した大町APmテフラ群（以下本論では「APmテフラ（群）」と表記）に相当すると解釈され、黒雲母の他に、角閃石・紫蘇輝石（斜方輝石）・鉄鉱類、石英・長石を含むとされている。ただ、Ⅱ群1b類やⅡ群3類の一部は、黒雲母が卓越する上に単斜輝石と斜方輝石の両方と角閃石を含んでおり（表12）、斜方輝石（紫蘇輝石）しか含まない類は厳密には存在しない。しかしながら、曙峠や冠着山の北側など現在この類のローム層が確認される付近には、桑原火山岩や聖山安山岩など普通輝石を含む安山岩が分布している。もしこの辺りからローム層入りの粘土を採取したとすれば、周辺の単斜輝石（普通輝石）が入ることも十分に考えられるため、これらの群は曙ロームの分布域周辺からの採取と考えても矛盾は無い。

これに対し、Ⅱ群2類は輝石自体を含まないか、ごく一部が単斜輝石のみ含む（表12・14）。

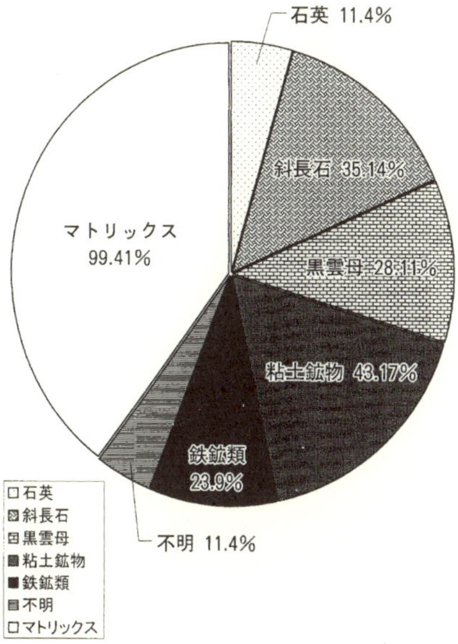

図 86　千曲市生萱地区の粘土の組成

図 87　生萱地区粘土の偏光顕微鏡写真 直交ニコル 0　0.5mm

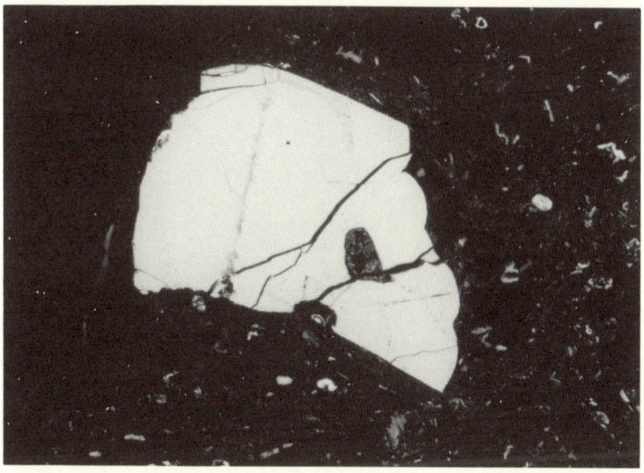

図 88　裾花凝灰岩の中の石英の偏光顕微鏡写真
直交ニコル 0　0.5mm

遺跡の近隣でこの組成に類似する粘土層には、千曲川右岸の生萱地域の露頭があげられる（図86･87）。その組成は上田市伊勢山を模式地とする伊勢山ロームに近く、石英･斜長石･黒雲母であった。

以上より、Ⅱ群 1a 類は裾花水冷破砕岩、1b 類と３類は基本的に曙ロームを含むテフラに由来し、２類は生萱地区を含めて今後の課題としたい。ただ同様なテフラ層は遠くは関東圏まで広域に広がることが予想されるため、注意を要する。

（4）Ⅲ群の胎土

① 胎土の定性的特徴

深成岩を含む試料を一括してⅢ群とした。うち１類は深成岩中の斑晶鉱物として、あるいは単体で、緑簾石が多量に含まれるもの、２類は花崗岩類を含むものとした。

１類には斜長石が緑簾石に変質する際の中間的な形状もみられる。その他に花崗岩（質岩）類も含まれるが、緑簾石を多数含む深成岩が本群の特徴となっている。緑簾石は緑色片岩、緑簾石角閃岩、藍閃石片岩などの変成岩に広く産出し[(7)]、斜長石の熱水変質の生成物としても産出する。ただ１類の場合、岩片として角閃石と緑簾石が組み合わさることが少ないため、緑簾石角閃岩とは積極的にはいえない。また岩片がかなり細かく砕けていて片理の発達が確認できないため緑色片岩とも記載できない。そこでここでは、緑簾石が大量に含まれるという特徴をもって「緑簾石岩」と表記した[8]。他に斜長石・石英・黒雲母・沸石などを含む。角閃石は同一薄片には入っているが、単体で存在している。

2類の花崗岩類の構成鉱物には石英・斜長石・白雲母・アルカリ長石等がみられる。

② Ⅲ群のモード測定による定量結果

1類は、斜長石からの変質途中のものも含め緑簾石が鉱物の20％内外を占める。また、「緑簾石岩」（図95-5）や深成岩類も岩石全体の40 ～ 80％に上る。19以外は黒雲母がやや多い。2類364は角閃石を含まず黒雲母を30％以上含み、その母岩と推定される花崗岩類が岩石の60％以上を占める。

③ Ⅲ群に該当する土器と産地

Ⅲ群1類の出現は弥生時代前期の浮線文土器で、古代まで継続する。在地製作とされてきた弥生時代中期の栗林式は殆どこの群に含まれている。

Ⅲ群1類の深成岩の由来については、新第三紀後期中新世～鮮新世の貫入岩類の可能性が考えられる。これらは屋代遺跡群から最も近い場所で、東方1.5㎞の千曲市土口や倉科地区にみられ、さらに後述する豊栄部層を含む河東山地の北側に点在する。また緑簾石の記載は、屋代遺跡群近隣の熱水変質を受けた第三紀層にある。その一つは松代町豊栄～赤柴付近に分布する豊栄部層の変質火山岩類で、同層を掘削して流れる蛭川に緑簾石が採取されたとの報告がある[9]。特に長野市東寺尾の北平1号墳[10]やその北方約2㎞の村東山手遺跡[11]出土土器には実際に緑簾石が含まれている。記載の二つ目は保科玄武岩類中の変質輝緑岩である。ここには初生鉱物として斜長石や単斜輝石、二次鉱物としてアクチノ閃石や緑泥石とともに緑簾石が含まれている（町田2000）。この保科玄武岩層と豊栄部層の接するあたりの蛭川の上流には、かつて松代焼に使われた良質な粘土の産地である「立石」があるといわれている[12]ため、この方面の粘土との比較を行う必要がある。そしてもしこの胎土が豊栄部層周辺に由来するとすれば、同層は屋代遺跡群の北東山越えの直線距離でほぼ7㎞程度、保科玄武岩で11㎞となる。

一方Ⅲ群2類の花崗岩類は屋代遺跡群周辺から河東山地以北に分布する新第三紀の深成岩の一員である石英閃緑岩から外れる可能性がある。なぜなら通常閃緑岩は花崗岩よりもアルカリ長石に乏しく斜長石に富むが、2類の364はアルカリ長石、斜長石、黒雲母、白雲母や白雲母斑晶の花崗岩を含み、同じく黒雲母に富む367と290はともに変成岩を含む。このことから、2類は、3点とも由来が異なる可能性があるものの、何れも屋代遺跡群の在地以外の花崗岩地帯に由来すると考えられる。在地外の花崗岩類としては新潟県塩沢町東方から新潟・群馬県境付近や山梨県域の八ヶ岳南麓の新生代新第三紀中新世の花崗岩類、三波川変成帯の北側で領家帯に相当する（武井1986）下仁田－滑川帯の花崗岩、足尾山地や越後山脈には古第三紀以前の花崗岩類があげられる。そしてこれらの一部を貫く河川流域が北関東の加曽利E式分布圏とも重なることは、胎土の由来を考える上で重要である。

（5） Ⅳ群の胎土

① 胎土の定性的特徴

ホルンフェルスや石英片岩を主体的に含むものをⅣ群とする。ホルンフェルスが大形のものを1類、小形のものを3類、小サイズで石英や他の岩片の粒径が揃い、混和材を研磨したかのように角が丸く特徴的なもの[13]を2類とした。このうち、鉱物単体で雲母類（黒雲母・白雲母）が少ないものを2a類、多いものを2b類に分けた。また、石英がモザイク状に組み合うもので片理が認められるものは石英片岩と記載している。

② Ⅳ群のモード測定による定量結果

1類は変成岩類（石英片岩とホルンフェルス）と変質岩類で65%を超えるのに対し、2類はホルンフェルス（図95-6）だけでも30%を超える。2a類は単斜輝石・斜方輝石が多く、黒雲母・角閃石も少量含む。

③ Ⅳ群に該当する土器と産地

中央高地を貫く広域変成帯として三波川帯と領家帯があり、前者には結晶片岩中の石英片岩、後者には黒雲母白雲母片岩等が知られる。そのうち中央高地の三波川帯は茅野市の南から大鹿村地蔵峠付近まで、東側の延長部分は群馬県の下仁田町南部から埼玉県中南部の越生町周辺にあたる。また、中央高地の領家帯の変成岩類は三波川帯の西側にあり諏訪湖南方の守谷山以南の伊那山地や木曽山脈に分布し、東方への延長部分は三波川帯の北側にあたる群馬県の下仁田－滑川帯と関東山地北縁から筑波山地南部へのびる。

さて、古代の土師器では、煮沸具には食器以上の地域性が認められるとされている。屋代遺跡群の古代の甕[14]は外面が縦削り調整の長胴甕で古墳時代以来の伝統的器種である甕H、ロクロ整形で体部下半を中心にケズリ調整する甕で北陸地方に系譜が辿れ砲弾甕と呼ばれるタイプである甕I、そしてケズリ調整は甕Hと同様だが、甕Hに比べて器壁が薄く古墳時代からの長胴甕消滅後甕Iとともに煮沸具の主流になる甕Cからなる。このうち甕Iは須恵器の影響下で北陸の工人との交流によって成立し、やがて在地の伝統的な器種である甕Hに代わり主流になるとされる[15]。胎土分析の結果では、甕H・Iに縄文時代から連続する裾花凝灰岩の特徴を有するI群1a・2a類胎土の範疇で捉えられるものがあるという点から、在地でつくられた可能性が高い。

一方甕Cは古代8世紀末～10世紀に製作されたもので「武蔵甕」と呼ばれる。特に8世紀中葉に生産体制の大きな画期があり、器壁が薄くなるなどの技術革新とともに定型化の度合いを増すといわれている。その分布域は北武蔵・上野から信濃の東信地域等とかなり広く、規格化した製品の流通からこの時期に村落より広いまとまりを持つ専業的な生産体制が整っていったとも捉えられ[16]ている。そしてⅣ群の2a・2b類胎土の殆どはこの甕C（武蔵甕）に合致する。これらが変成岩を多く含みしかも砂の粒径が揃っている点は、縄文時代以来の屋代遺跡群の在地土器胎土の伝統から大きく外れる上、甕Cが例外なく全てこの胎土を有することは、これらが定型化された搬入品という推測を補強するものであろう。もしこれらが群馬県、埼玉県域を中心とした生産地でつくられたとしたら、三波川帯もしくは領家帯のうち東側の北関東地域の由来とすることで、胎土分析の結果と矛盾しない。今後屋代遺跡群以東の小県・南北佐久郡内の甕の胎土分析を行い、広域的に比較していく必要があろう。

（6） Ⅴ群の胎土

① 胎土の定性的特徴

含有されている岩石・鉱物の粒径が揃っていたり、大形と小形の粒径差が顕著であるため、砂分に乏しい粘土の採取や、人為的な篩い分けが予想されるものを一括してⅤ群とした。

1類は鉱物の粒径が揃っているもので、まず微細な鉱物が少なく、0.25㎜以上に粒径が揃っているものを1a類とした。1a類の中には緑色片岩など変成岩を一定量含む306、単斜輝石・斜方輝石ともやや多くかんらん石を含む337など在地の地質とは異なる可能性のあるものが含まれる。次にやはり微細な鉱物が少なく、岩石と同サイズの石英、斜長石、輝石、アルカリ長石などを含むものを1b類とした。白雲母を造岩鉱物とする花崗岩を含む44、変成岩の多い10と206など、やはり在地外の可能性のある砂が含まれる。また、土器を割って再利用したような異質な部分がパッチ状に観察される12（図96-7）を括り出して1c類とした。2類は岩石・鉱物が0.05㎜未満と特に微細なものである。中形の鉱物が極めて少なく、微細な鉱物ばかりのもの（図96-9）がみられる。特徴毎に2a・2b・2cの3細分を行った。

② Ⅴ群に該当する土器と産地

微細な軽鉱物が少なく、中（0.25～0.5㎜程度）以上の粒径から成る1a・1b類は主に縄文時代、逆に粒径が小さい2類は古墳時代以降の土器が主に該当する。1類は純度の高い粘土に篩い分けた砂を混ぜた可能性、2類は砂が元々含まれている粘土から大形の砂のみを水簸した可能性がある。前者が縄文時代、後者が弥生時代以降であるので、土器の製作技術とも関係しよう。

4　岩石学的手法による各群類胎土の由来の解釈と岩石・鉱物の産地

(1) 胎土の連続性と在地胎土

本節の分析試料では、縄文時代から古代まで全く途切れることのない連続性をもった群・類は特に存在しなかった。ただ、裾花凝灰岩の特徴を有するという点では一つに括られるⅠ群1類（水冷割れ目を有する鉱物を含む）と2a類（流紋岩・凝灰岩を含む）を合わせた場合、これらはほぼ通時的に出現していることが解った。該当する土器は、縄文時代では深沢タイプ、圧痕隆帯文土器と加曽利E式（系）が多く、7世紀以降は在地甕のHやIであり、これらが「在地胎土」であることを補強する。また、Ⅱ群胎土は、黒雲母を多く含むという点で全体を一つに括ると断続的ではあるが通時的に存在する。

これに対してⅠ群3類は縄文時代が中心で弥生時代中期以降は殆どみられない。逆

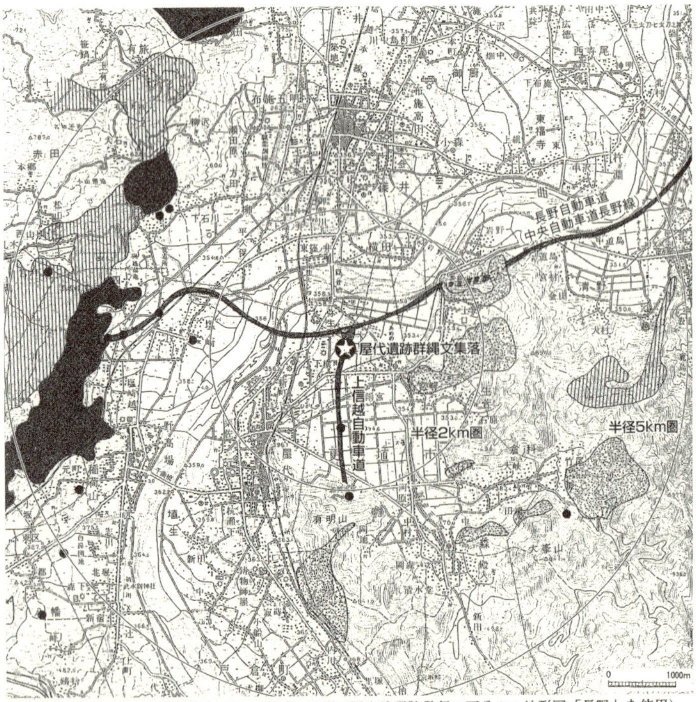

（加藤・赤羽 1986、河内 2000をもとに作成。地図は国土地理院発行5万分の1地形図「長野」を使用）
● 縄文中期の集落・遺物出土地　▨ 石英閃緑岩　■ 裾花凝灰岩（裾花水冷破砕岩）　▥ 各種安山岩

図89　裾花凝灰岩の分布と屋代遺跡群（水沢 2006cより）

加藤碩一・赤羽貞幸　1986『1：50000地質図幅長野』太田良平・片田正人他1955『1：50000地質図幅須坂』
加藤碩一　1975『1：50000地質図幅坂城』中野俊他　1998『1：200000地質図幅長野』
何れも地質調査所より作成

図90　東北信の地質（水沢2009より）

にⅢ群は主に弥生時代以降に出現し、古代8世紀まで継続し、Ⅳ群2類はほぼ8世紀末から9世紀に限定される。

このように大きな括りの上では通時的に存在する胎土が抽出される反面、縄文時代、弥生時代～8世紀、9世紀以降というように短期的にみられる胎土も確認された。

(2) 千曲川両岸の素地土産地

屋代遺跡群の基盤層は砂と礫から成る自然堤防堆積物で、2㎞圏には北に千曲川の湿地堆積物、後背湿地堆積物、南と東に黒色頁岩から成る砕屑岩相を主体とした別所層や、黒雲母を含むデイサイト凝灰岩の森部層、別所層に貫入した深成岩（石英閃緑岩類）、黒雲母を多量に含む粘土が発見された生萱が含まれる。かつて瓦用の粘土が採取された水田域はこの後背湿地に属する。ここには千曲川支流の沢山川などが上流から運んだ地質構成物とともに、後述する千曲川両岸に広がる新第三紀層の堆積物が含まれる可能性がある。

5㎞圏には千曲川左岸の裾花凝灰岩、聖山安山岩、桑原火山岩などの火山岩が含まれる。江戸時代の松代焼の粘土の産地を現地名と照合できるとすれば長野市柳沢、有旅、岡田が入る。右岸では別所層の輝石安山岩質の溶岩や凝灰岩が含まれるが変質が著しい（加藤・赤羽1986）。

10㎞圏になると右岸の奇妙山火山岩、皆神山火山岩が含まれる。また別所層に貫入した深成岩－半深成岩（石英閃緑岩－ひん岩）や森部層、保科玄武岩の一部、また松代焼の窯や須恵器の窯が営まれた天王山（松代町東条）・寺尾（松代町東寺尾）がこの圏内に含まれる。左岸では、前述の安山岩や裾花凝灰岩の他、曙峠周辺の黒雲母を含むテフラ類が含まれる。

厳密には砂と粘土の供給地は完全に一致しないとしても、今回分析を行った土器のⅠ群とⅡ群の胎土の一部は5㎞圏内で採取した素地土を使ってつくられたとして矛盾は無い。ただⅠ群3類の安山岩は右岸8㎞の皆神山、奇妙山火山岩の可能性が高いがその北方の高社火山・毛無火山など県北まで、南も浅間山に至る東信火山列、千曲川左岸西山以北では南から飯縄火山・斑尾火山・黒姫火山、妙高火山および焼山火山と新潟県新井市域の北部まで由来の可能性のある地層が連続する上、飯山地域の関田山脈も安山岩溶岩から成る。Ⅱ群の黒雲母を含むテフラも、長野盆地南部だけでなく、上田盆地・佐久平でも分布が確認されている。このようにその由来が広域に及ぶ胎土は、近隣の地質に矛盾しないことをもって俄に「産地」とはいい難い状況もある。

また、5㎞圏とはいっても左岸へ粘土採取に赴いた場合、千曲川をどのように越えたかが問題になるが、松代焼の場合は、左岸の粘土は千曲川を渡し舟でわたり、右岸の松代地域の工房や窯へと供給されていることから、一見障壁に見える千曲川がむしろ運搬手段になったとも考えられる。古代の行政区分では屋代遺跡群を含む千曲川右岸地域は埴科郡に属する。埴科の埴（ハニ）は赤い土、もしくは土師（ハジ）で良質な土、の意味といわれ、古来良好な土を産出したことに繋がるとも考えられている。今回の胎土分析の結果や須恵器窯、松代焼の粘土の傾向からは、埴科郡だけではなく更級郡にもかなり良好な粘土があり、これが求められていることが分かる。屋代遺跡群の人々が埴科郡内だけではなく、更級郡域へも粘土を採りに行ったという今回の結果は、千曲川を運搬手段として利用した粘土採取のあり方を推測させる。

5　粘土部分の元素分析からの視点

（1）分析結果の表示

第4章で述べたように胎土分析によって過去の人々の土器使用の動態を厳密に知るには、粘土部分と砂部分を別々に分析する必要がある。モード測定を行った土器のうち36点は建石徹によって蛍光X線分析が行われ、その結果が公表されている（建石2000）。そこで氏の計測データと、周辺の岩石サンプルの計測値を示し（図91）、前節の川原田遺跡の事例に倣い、横軸にケイ酸分のwt%、縦軸に全鉄／チタン比をとって散布図化を行った(17)。その結果、ケイ酸分のwt%は、高い方からⅠ群1・2類、Ⅰ群3・4類に分かれ、更にⅡ群がほぼ一定の範囲に集中した。まず、Ⅰ群1・2類はケイ酸が70%内外で酸性の流紋岩質の裾花凝灰岩起源の組成を表しているものとみられる。実際の裾花凝灰岩の岩石サンプルを分析した場合のケイ酸分のwt%数値（河内2000）は、これよりもやや高い。これに対しⅠ群3・4類のケイ酸値は65.0～70%に集中し、前者よりも塩基性傾向となっている。岩石サンプルでは右岸安山岩のうち皆神山の試料が領域を同じくする（河内同上）。それぞれ分析機器が異なるため、評価と確定は難しいが、ここで示し得た範囲のみからは、Ⅰ群３類の安山岩は左岸の聖山安山岩（加藤・赤羽 1986）より右岸のものに調和的である。この他、Ⅲ群が由来する可能性のある保科玄武岩については、長野市榎田遺跡裏山採取試料でケイ酸分が 52.2％（町田 2000）という数値が出されている。変成岩地域との関係が予測されたⅣ群は、ケイ酸は少なく塩基性に傾いているものの、全鉄／チタン比は低い。また、Ⅴ群はⅠ・Ⅱ群の主要領域に含まれている。

(2) 粘土部分の分析によって岩石学的分析結果のグループから外れるもの

一方各々の群類の領域から外れるものは次頁のとおりである。

屋代遺跡群出土土器の組成

土器群類	分析No.	SiO_2	Fe_2O_3	TiO_2	土器群類	分析No.	SiO_2	Fe_2O_3	TiO_2
Ⅰ群 1a 類	252	70.2	6.4	0.6	Ⅰ群 3b 類	260	67.0	7.2	0.6
	255	69.8	6.0	0.6		265	64.7	7.2	0.7
	259	70.1	6.0	0.5		280	62.5	8.6	0.7
Ⅰ群 1b 類	253	70.0	5.8	0.5		282	68.0	4.8	0.6
	257	68.7	5.6	0.6	Ⅰ群 4 類	242	65.1	4.8	0.7
Ⅰ群 2a 類	201	70.6	5.3	0.5		279	69.6	4.4	0.5
	207	68.2	5.2	0.5	Ⅱ群 1a 類	362	71.8	3.2	0.2
	218	67.7	6.1	0.4	Ⅱ群 1b 類	202	66.1	6.5	0.7
	294	73.6	3.5	0.5		305	66.0	5.1	0.7
Ⅰ群 2b 類	230	70.3	4.7	0.6		387	65.9	8.0	0.8
	295	62.5	7.7	0.8	Ⅱ群 2 類	245	66.0	6.4	0.7
Ⅰ群 3a 類	261	69.1	5.9	0.6		344	64.8	7.0	0.7
	304	66.4	5.2	0.6	Ⅱ群 3 類	347	60.7	7.7	0.7
	336	66.5	5.3	0.8	Ⅲ群 2 類	364	65.0	7.1	0.7
Ⅰ群 3b 類	231	62.7	9.2	1.7	Ⅳ群 2a 類	215	66.3	6.7	1.1
	254	68.0	5.9	0.5		234	62.6	8.4	1.0
	256	68.6	5.1	0.7	Ⅴ群 1a 類	301	68.4	7.0	0.7
	258	59.1	6.2	0.6		306	64.0	5.8	0.7
					Ⅴ群 2b 類	208	71.5	3.1	0.0

建石 2000「第 10 章第１節３(3) 粘土の蛍光Ｘ線分析による在地胎土と異質胎土」の表 106「蛍光Ｘ線分析結果」の wt％より転載。

火山岩類の化学組成

	SiO_2	TiO_2	Al_2O_3	Fe_2O_3	FeO	MnO	MgO	CaO	Na_2O_3	K_2O	P_2O_4
2 裾花凝灰岩	76.30	0.02	13.10	0.26	0.67	0.03	0.26	0.27	3.49	3.59	0.06
3 裾花凝灰岩	76.37	0.11	13.41	0.21	0.39	0.08	0.35	0.93	3.54	4.60	0.01
4 裾花凝灰岩	72.43	0.33	14.68	0.93	1.68	0.04	0.38	2.87	3.80	2.80	0.06
11 奇妙山火山岩	59.80	0.78	15.90	2.83	5.10	0.13	3.58	7.30	2.39	2.02	0.17
12 奇妙山火山岩	61.67	0.70	15.79	2.59	4.66	0.13	3.06	6.59	2.61	2.06	0.14
18 皆神山火山岩	63.74	0.53	16.45	2.57	2.78	0.12	2.24	5.76	3.38	1.15	0.24
19 皆神山火山岩	66.05	0.47	16.70	1.65	2.96	0.10	1.95	5.33	3.50	1.15	0.14
聖山安山岩 1	57.25	0.84	16.84	4.61	3.47	0.14	3.25	6.94	2.56	2.21	0.18
聖山安山岩 2	59.29	0.70	16.87	4.69	2.51	0.13	2.64	6.13	3.04	2.32	0.16

「聖山安山岩」：加藤・赤羽 1986『長野地域の地質』の第７表、その他は河内 2000「３長野市内の主要火山岩のみどころ」表 1-7a の wt％より転載。ただし、2・12・18 と聖山安山岩 1・2 は湿式分析のため、この他に H_2O^+・H_2O^- を含む。

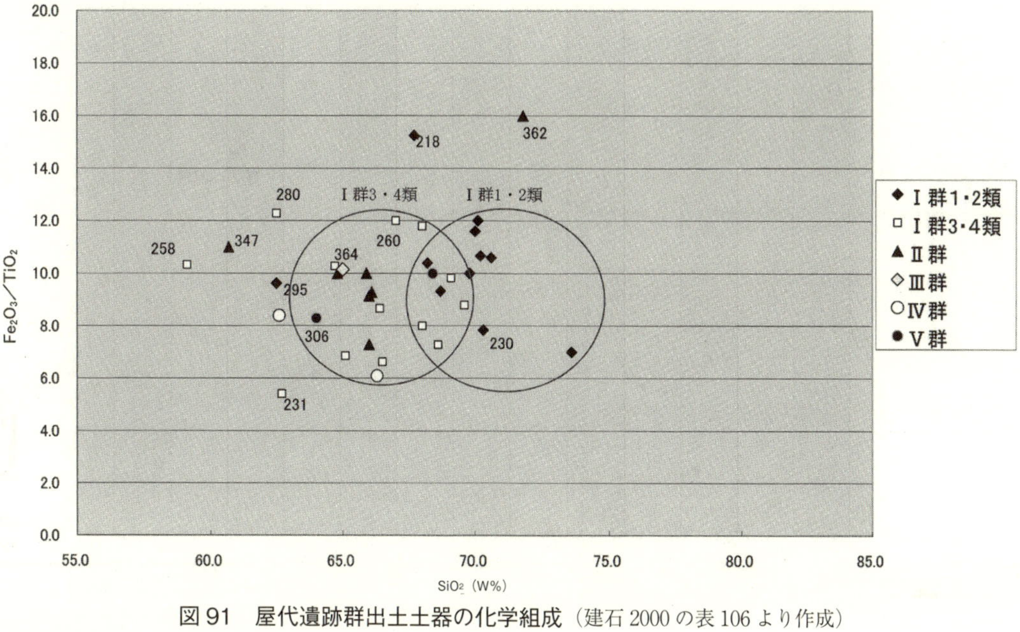

図 91　屋代遺跡群出土土器の化学組成（建石 2000 の表 106 より作成）

① Ⅰ群内の変異

Ⅰ群2a類の218（古代Ⅰ期甕Ⅰ）は発泡した流紋岩質凝灰岩の存在から裾花凝灰岩起源を推測した。TiO_2が少ないため、全鉄／チタン比が14以上と高く、他の試料と異質である。また、Ⅰ群2b類295（中期後葉4期加曽利EⅣ式）は、標準的なⅠ群よりも塩基性に傾く。Ⅰ群3b類の231（古代Ⅰ期甕Ⅰ）、と258（中期後葉２期大木９式）の砂は、安山岩の量が際立って多く、玄武岩を含む（表14）。これは粘土の組成と調和的である。3b類の280（中期後葉３期加曽利EⅢ式）は火山岩の種類が特定できなかったが、粘土はこれらに準ずる。

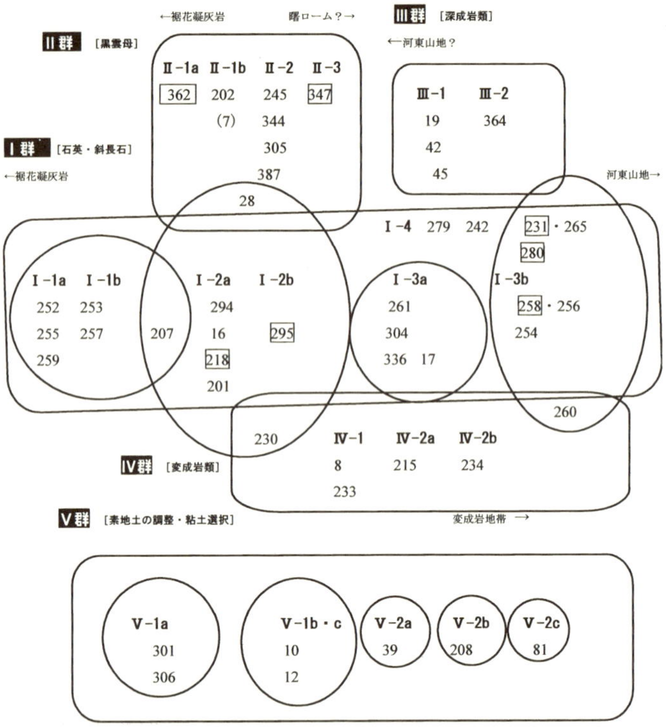

※全49点を模式的に分類した。７は岩石が含まれていない点で特異
※□は元素分析の結果、特異性が認められたもの

図92　屋代遺跡群胎土群類関係模式図（水沢2008より）

② Ⅱ群内の変異

Ⅱ群1a類の362（五領ヶ台Ⅱ式期深沢タイプ類似）は黒曜岩（石）の存在や割れ目のある石英などから、裾花凝灰岩由来を予想したものであるが、全鉄／チタン比が特に大きい。Ⅱ群３類の347（五領ヶ台Ⅱ式期筒形土器）は黒雲母の他、斜方輝石・単斜輝石も多く、由来が課題となる。逆に、本節３⑵②で岩石・鉱物の組成からその特異性を指摘したⅠ群２ｂ類230（9世紀の甕Ⅰ）はⅠ群1･2類領域の縁辺に収まる。また、大木９式の260もⅠ群3･4類の範疇に収まっている。

(3) 胎土の群類関係の提示

これらを踏まえた形でのモード測定を実施した土器の岩石学的手法と化学組成分析による胎土の群類関係模式図を示し、まとめとする（図92）。

6　屋代遺跡群出土土器の胎土から推測される動態

(1) 岩石・鉱物ならびに粘土からみた胎土分析の総括

屋代遺跡群出土土器の主要な胎土を産地との関連で捉えると、Ⅰ群1a・1b・2a類、Ⅱ群1a類は、千曲川左岸5㎞圏（最短で4㎞）の裾花凝灰岩層をその由来のベースとする。ただしSiO_2の含有量や構成鉱物の組成差などにより、うち１割程度は由来を異にする可能性がある。2b類は裾花凝灰岩起源の可能性もあるものの、まだ可能性の域に止まる。Ⅰ群3a・3b類は、千曲川右岸8㎞以北の奇妙山火山岩（奇妙山火山岩・柴石火山岩・尼厳山火山岩・東条火山岩・清滝火山岩）や皆神山溶岩の安山岩を由来の第一候補とし、その可能性は更に北の東信火山列から上越地方、

表 16　遺跡からの距離別地質環境と帰属胎土（加藤・赤羽 1986 に基づいて作成）

距離（km）	地　質　図	踏査	八田家文書	民族例	帰属胎土
1	自然堤防堆積物（砂及び礫）、後背湿地堆積物（泥）				
2	別所層（砕屑岩相／黒色頁岩・凝灰岩・凝灰質砂岩・砂岩）、中新世貫入岩類（石英閃緑岩・閃緑ひん岩及びひん岩）、青木層（一重山部層／砂岩・礫岩及び砂質泥岩）	生萱に黒雲母含有粘土層	–	粘土採取地 60/110	(C_{22})
5	右岸:内村層（森部層／砕屑岩層:黒色頁岩・頁岩砂岩互層・凝灰岩質砂岩及び緑色凝灰岩）、別所層（火山岩層／輝石安山岩質溶岩）、左岩：**小川層（裾花凝灰岩部層下部層／流紋岩溶岩・凝灰岩及び凝灰角礫岩**）、小川層（論地泥岩部層／泥岩・砂岩及び互層）、聖山火山岩（聖山安山岩／安山岩溶岩及び火山角礫岩）、桑原火山岩（安山岩溶岩及び火山角礫岩）、赤田層（礫岩・砂岩及びシルト岩）、湿地堆積物、扇状地堆積物（礫及び砂）、古期崩積堆積物（柳沢土石流堆積物／安山岩角礫・砂及び粘土）	–	岡田村山土、郡村土、柳沢村土、有旅村土	粘土採取地 23/110、定住民の核領域	C_{11a}・C_{11b}・C_{12a}・(C_{13a}・C_{13b})・C_{21a}
10	右岸：内村層（横尾部層／緑色凝灰岩・同角礫岩・黒色頁岩及び凝灰質砂岩）、豊栄部層の火山岩層（凝灰角礫岩および安山岩質溶岩）、豊栄部層の砕屑岩層（頁岩及び砂質泥岩）、保科玄武岩類（斑糲岩／変質斑糲岩または変質閃緑岩、玄武岩／変質玄武岩・凝灰角礫岩・凝灰岩及び頁岩）、プロピライト、皆神山火山岩（角閃石含有普通輝石紫蘇輝石安山岩溶岩）、保基谷岳火山岩（かんらん石玄武岩）、奇妙山火山岩（奇妙火山岩：角閃石含有ガラス質安山岩及び凝灰角礫岩、柴石火山岩：石英含有安山岩溶岩及び凝灰角礫岩、尼厳山火山岩：安山岩溶岩及び凝灰角礫岩、東条火山岩：安山岩溶岩及び凝灰角礫岩、清滝火山岩：かんらん石含有安山岩溶岩・凝灰角礫岩及び火山角礫岩）、左岸：小川層（裾花凝灰岩層上部層：流紋岩火山角礫岩・凝灰角礫岩・凝灰岩）、柵層（城下砂岩礫岩部層：砂岩及び礫岩、久米路火砕岩部層：安山岩火山角礫岩及び凝灰角礫岩、大久保砂岩泥岩部層：泥岩・砂岩及び互層）、篠山火山岩（安山岩溶岩及び凝灰角礫岩）、古期崩積堆積物（大岡土石流堆積物:安山岩角礫・火山灰及び泥）、高野層（礫及び泥）、灰原層（礫岩・砂岩・泥岩及び凝灰岩）, 大町テフラ層（火山灰）		立石山土、芳窪村土、小松原村土	粘土採取地 15/110、狩猟採集民の核領域	C_{21b}・C_{23}・C_{31}・C_{13a}・C_{13b}

※「地質図」項目の内容は加藤・赤羽（1986）に基づく

表 17　在地胎土・在地外胎土の枠組み

	記号	胎土分類	由来推測	備考
在地胎土	C_{11a}	Ⅰ群 1a 類	裾花凝灰岩	㊤在地
	C_{11b}	Ⅰ群 1b 類	裾花凝灰岩	㊤在地
	C_{12a}	Ⅰ群 2a 類	裾花凝灰岩？	㊤在地
	–	Ⅰ群 2b 類	–	–
	–	Ⅰ群 4 類	–	–
	C_{21a}	Ⅱ群 1a 類	裾花凝灰岩	㊤在地
7km以遠の近在地外と、在地外の可能性も含む	$^{\wedge}C_{13a}$	Ⅰ群 3a 類	右岸安山岩？	㊦在地
	$^{\wedge}C_{13b}$	Ⅰ群 3b 類	右岸安山岩・玄武岩？	㊦在地
	$^{\wedge}C_{21b}$	Ⅱ群 1b 類	曙ローム？	㊦在地
	$^{\wedge}C_{22}$	Ⅱ群 2 類	伊勢山ローム？	㊦在地
	$^{\wedge}C_{23}$	Ⅱ群 3 類	曙ローム？	㊦在地
	$^{\wedge}C_{31}$	Ⅲ群 1 類	新第三紀貫入岩類・豊栄部層他	㊦在地

	記号	胎土分類	由来推測
在地外胎土	$\overline{C}_{32}$	Ⅲ群 2 類	花崗岩・変成岩地帯
	$\overline{C}_{41}$	Ⅳ群 1 類	変成岩地帯
	$\overline{C}_{42a}$	Ⅳ群 2a 類	変成岩地帯
	$\overline{C}_{42b}$	Ⅳ群 2b 類	変成岩地帯
	$\overline{C}_{43}$	Ⅳ群 3 類	変成岩地帯
個々に在地・在地外の可能性あり	$\overline{C}_{51a}$	Ⅴ群 1a 類	–
	$\overline{C}_{51b}$	Ⅴ群 1b 類	–
	–	Ⅴ群 1c 類	–
	–	Ⅴ群 2a 類	–
	–	Ⅴ群 2b 類	–
	–	Ⅴ群 2c 類	–

飯山地方へと拡大し、うち 14％程度は由来を異にすると考えられる。

Ⅱ群 1b・3 類は広域に分布する曙ローム、2 類は伊勢山ロームの可能性を含みつつ、含有鉱物の差から確定は保留する。

Ⅲ群 1 類は千曲川右岸の新第三紀後期中新世～鮮新世の貫入岩類、豊栄部層、保科玄武岩等の起源が推測される。同 2 類は、群馬県以東の花崗岩体等が由来の候補となる。

Ⅳ群 2a 類、2b 類は主体を占める石英片岩・ホルンフェルスや土器の型式から、領家帯・三波川帯など変成岩地帯からの搬入の可能性を認める。

Ⅴ群は篩い分け等の技術で粒径を揃えた可能性があるが、岩石・鉱物はそれぞれ特徴を異にしていて、今後集中的に検討する必要がある。

表 16 には、屋代遺跡群出土土器の胎土類型毎に由来の可能性のある地質学的な層位を、遺跡からの距離別に示した。また、表 17 には、3 つの要件を踏まえて設定した、屋代遺跡群の在地胎土と在地外胎土等の枠組みを示した。ただⅠ群 3a・3b、Ⅱ群 1b・2・3 類は 3 つの要件の一部を満たしてはいるが、その産地が、屋代遺跡群の在地や在地外の中間地域を含む広大な領域にわたる可能性があること、Ⅲ群 1 類は実際に緑簾石が組み合わさる深成岩を特定できていないこと

等から、TC標記の際は「^C」と仮標記する。

(2) TCモデルを用いた屋代遺跡群出土土器の検討

砂部分の偏光顕微鏡観察と粘土部分の化学組成比を組み合わせた胎土の由来情報をもとにTC標記を行う。

① 在地型式と在地外型式の問題

千曲川水系の縄文時代中期後葉は、圧痕隆帯文土器、加曽利E式（系）、大木式系、曽利式、唐草文系、串田新式（系）などが併存し、時期的に比率を変えながら組成する。栃倉式と一部が極めて類似する唐草文系土器は、加曽利EⅠ～Ⅱ式古段階併行期には、小川村筏遺跡や千曲市円光房遺跡でみられるようにこの地域の主体となっていた。だが、加曽利E式（系）が増加する加曽利EⅡ式新段階になって逆に減少し、屋代遺跡群の最盛期の加曽利EⅢ式段階には組成の数%を構成しているにすぎなくなる。また、曽利式や串田新式（系）は当初から少数伴うのみである。一方大木式系は越後で一時変容を遂げ（水沢1996）、栃倉式（唐草文系）として存在していたが、加曽利EⅡ式新段階になると大木9式最古段階相当の土器が屋代遺跡群で組成の17%を構成するまでに至る（第3章2節2 (2)）。ただ、大木式本来の組成のうち4単位の把手付突起を持つ類型に特化する傾向があり、更に加曽利EⅢ～Ⅳ式になると、大木9式最古相を模倣して作り続けるという状況が看取され、東北地方で主体をなす本来の大木9a・9b式の様相とは明らかに異なる。また、屋代遺跡群から東へ直線距離で40㎞ながら、浅間山を含む東信火山列の南麓にあたる小諸市郷土遺跡では、それらとは大きく異なる土器群が展開することは注目される。郷土遺跡では加曽利EⅡ式段階から、鱗状短沈線文（川崎2001）などを地文とする「郷土式」（綿田2008）が主体であり、これが独自の変遷を遂げていく。曽利式や唐草文系、加曽利E式（系）は少量伴うものの、大木式系土器は殆どみられない。このように屋代遺跡群と郷土遺跡に代表される、千曲川水系の2大土器組成形態があり（綿田2003）、その境界は上田市付近とみられ、上田市八千原遺跡や四日市遺跡では「郷土式」と加曽利E式（系）が伯仲する。

このように時間とともに様相がめまぐるしく変化する状況にあって、屋代遺跡群の分析を起点とする場合、どの土器型式までを在地土器Tにするのかが問題となる。「在地土器型式＝T」の定義は分析対象遺跡が含まれる地域の在地の土器型式であり（第4章第3節1）、その地域で主体となり、継続性が高い系統を対象とする。その前提に従うと、縄文時代中期前葉のTは深沢式、中期後葉の圧痕隆帯文土器、加曽利E式（系）、後期の堀之内式土器、晩期～弥生時代前期の浮線文土器、中期の栗林式土器、後期以降の櫛描文土器、古墳～古代の甕A・B・H・F・I、小甕D、羽釜が該当する。また、$\overline{\mathrm{T}}$としては、縄文時代中期前葉の北信・越後系、東信系、筒形土器（東信系）、北陸系、東北系（大木7a式）、中期後葉の曽利式、串田新式（系）、晩期の大洞系、弥生時代前期の遠賀川系、条痕文土器、変形工字文系（緒立式）、弥生時代中期の庄ノ畑式、古墳時代前･中期の有段口縁壺、S字甕、古代の甕C（武蔵甕）の各土器がみられる（表19）。ただ、異系統土器が到来した当初は在地外としても世代を重ねるうちに在地化したものもあり、特に、唐草文系土器、大木式系、五領ヶ台式の位置づけは問題となる。そこで、ここでは若干視点を変えて、下記α・β・γの仮定のもとに在地製作、在地外製作を検討する。

α：胎土において、在地に由来すると考えると矛盾の生ずる胎土（「$\overline{\mathrm{C}}$」）を抽出する。広域に広がる土器型式で、「C̄」が土器群の主体をなす土器型式があれば、その土器型式は「T」から除外される可能性が高い。

β：地質学的に積極的な根拠をもって在地胎土「C」と認定される胎土を「㊤在地」として抽出し、そのような胎土を有する土器群が土器型式としてまとまれば、その土器型式はより在地製作「T」の可能性が高くなる。

γ：在地周辺から在地外まで由来が広域的な可能性のある胎土を「㊦在地」として抽出し、そのような胎土を有する土器群が土器型式としてまとまれば、その土器型式は在地製作に準ずると考えられる。

δ：β→γの順に確からしさの順位を付け、在地製作の土器の型式学的な検討の参考とする。

屋代遺跡群出土土器の胎土組成を概観すると（表18・図94）、まず、上記αの、在地に由来すると考えると矛盾の生ずる胎土にはⅢ群2類、Ⅳ群1類・2a・2b・3類が該当する。この5種類の胎土を有する土器型式のうち各群類の合計点数が分析土器型式全体点数に占める割合は、五領ヶ台式3/11（27.3%）(18)、深沢タイプ1/6（16.7%）、圧痕隆帯文土器1/8（12.5%）、加曽利E式（系）3/23（13.0%）、大木式系1/12（8.3%）、変形工字文系1/1（100.0%）、甕Ⅰ 2/17（11.8%）、甕C11/12（91.7%）である。それぞれの土器型式には分析点数上の差異があるが、分析個体の半数以上を占めて主体をなすものとしては、まず甕Cの91.7%が該当し、続いて変形工字文系が100.0%である。後者は母数が1点であるため課題を残すものの、この結果は、両者が型式学的にも在地外型式であることと矛盾しない。

次に上記β、つまり裾花凝灰岩という在地特有の岩帯を起源とする要素を含むために積極的な根拠をもって在地胎土「C」と認定される胎土には、Ⅰ群1a・1b・2a類とⅡ群1a類があり、このような胎土を有する土器は、33点確認された。この33点を100%とした場合の各土器型式の比率は（図93左上）、加曽利E式（系）が9/33（27.2%）と最も多く、圧痕隆帯文、深沢タイプがそれに続き、合計9型式が該当する。そして土器型式毎にこれらの胎土が出現する比率は、縄文時代中期前葉の深沢タイプで4/6（66.7%）、中期後葉の圧痕隆帯文土器で6/8（75.0%）・加曽利E式（系）で9/23（39.1%）、古墳から古代では甕Hが4/11（36.4%）・甕Ⅰが4/17（23.5%）で他の胎土類型よりも卓越している。また縄文晩期の浮線文土器で2/7（28.6%）、栗林式2/7（28.6%）でもそれぞれ2点みられるが、前者はⅠ群3a・bと同数、後者はⅢ群1類により多くの土器が該当していた。また、弥生時代中期の庄ノ畑式1/1（100.0%）、S字甕1/1（100.0%）も確認されたが、分析点数が少ないため、傾向に止まる。よって、本群類が主体をなす、つまり50%を超えるものに限定すれば、深沢タイプと圧痕隆帯文土器が最も在地製作の可能性が高い土器となり、更に甕Hと甕Ⅰがこれに続く。そしてこれらは土器型式上も在地で主体をなすと考えられてきたものに合致する。

γの、在地周辺から在地外まで由来が広域に広がる可能性のある「㊦在地」の胎土には、Ⅰ群3a・b類、Ⅱ群1b・3類、Ⅱ群2類、Ⅲ群1類が該当する。まず安山岩で括られるⅠ群3a・3b類の24点（図93右上）は一見、遺跡から8㎞圏の安山岩に由来するように見えるものの、現状ではそれが屋代遺跡群よりも千曲川の下流域の広域に広がる安山岩地帯のどこかを特定することができていない。その内訳は、大木式系が7/24（29.2%）と最も多く、続いて加曽利E式（系）

が4/24（16.7%）、堀之内式が3/24（12.5%）、浮線文が2/24（8.3%）である。また、唐草文系や、曽利式系・大洞系など土器型式の上では非在地的なものが含まれ、「㊤在地」の一群とは対応する土器型式の傾向が明らかに異なる。また、それぞれの土器型式の分析総点数に対してⅠ群3a・b類の占める割合は（図94）、堀之内式3/4（75%）、大木式系7/12（58.3%）がまとまっていると判断され、浮線文系2/7（28.6%）、加曽利Ｅ式（系）4/23（17.4%）が続く。唐草文系1/2（50%）、曽利式1/1（100%）、大洞系1/1（100%）は母集団が少数ではあるが、高い値を示している。次にⅡ群の胎土はローム層に由来すると考えられるが、そのうち1b・3類の採取候補として曙ローム、2類は伊勢山ロームを推測した。Ⅱ群1b・3類15点の内訳（図93）は主体を占める特定の型式が無く、11型式が1～2点の範囲内に含まれる。五領ヶ台式と甕Ａ、甕Ｈがそれぞれ各2点含まれる他は全て各1点ずつである。このうち筒形土器は、千曲川上流域に比較的多くみられる東信系であり、その他も在地製作でない可能性の高いもので占められる。これらが仮に遺跡から10㎞圏内の曙ローム層由来の粘土で作られたとすれば、土器型式上在地としては捉えにくい土器、つまり模倣品の可能性の高い土器ばかりがなぜⅡ群1b・3類の素地土で構成されている

表18　胎土別土器組成基礎データ

土器型式＼胎土群類	Ⅰ群1a（㊤在地）	Ⅰ群1b（㊤在地）	Ⅰ群2a（㊤在地）	Ⅰ群2b	Ⅰ群3a（㊦在地）	Ⅰ群3b（㊦在地）	Ⅰ群4	Ⅰ群特異	Ⅱ群1a（㊤在地）	Ⅱ群1b（㊦在地）	Ⅱ群2（㊦在地）	Ⅱ群3（㊦在地）	Ⅱ群特異	Ⅲ群1（㊦在地）	Ⅲ群2	Ⅲ群特異	Ⅳ群1	Ⅳ群2a	Ⅳ群2b	Ⅳ群3	Ⅴ群1a	Ⅴ群1b	Ⅴ群1c	Ⅴ群2a	Ⅴ群2b	Ⅴ群2c	合計点数	Ⅱ群1a、Ⅰ群1a・1b・2a（㊤在地）	Ⅰ群3a・b（㊦在地）	Ⅱ群1b・3（㊦在地）	Ⅳ群	Ⅴ群
五領ケ台	0	0	0	1	0	0	0	0	0	1	5	1	0	0	2	0	1	0	0	0	0	0	0	0	0	0	11	0	0	2	1	0
深沢（含類似土器）	0	1	1	0	0	0	0	0	2	0	0	0	1	0	0	0	0	0	0	1	0	0	0	0	0	0	6	4	0	0	1	0
北陸系	0	0	0	0	0	0	0	0	0	1	0	0	0	0	0	0	0	0	0	0	0	0	0	0	0	0	1	0	0	1	0	0
北信・越後系	0	0	0	0	0	0	0	0	0	1	0	0	0	0	0	0	0	0	0	0	0	0	0	0	0	0	1	0	0	1	0	0
東北系（7a式）	0	0	0	0	0	0	0	0	0	1	0	0	0	0	0	0	0	0	0	0	0	0	0	0	0	0	1	0	0	1	0	0
東信系	0	0	0	0	0	0	0	0	0	0	2	0	0	0	0	0	0	0	0	0	0	0	0	0	0	0	2	0	0	0	0	0
（東信系）筒形土器	0	0	0	1	0	0	0	0	0	0	2	1	1	0	0	0	0	0	0	0	0	0	0	0	0	0	5	0	0	1	0	0
圧痕隆帯文	3	2	1	0	0	1	0	0	0	0	0	0	0	0	0	0	0	0	0	1	0	0	0	0	0	0	8	6	1	0	1	0
加曽利E	4	0	3	1	3	1	0	2	2	0	0	0	0	0	1	0	1	0	0	1	2	2	0	0	0	0	23	9	4	0	2	4
大木（9式系）	0	0	0	0	2	5	1	3	0	0	0	0	0	0	0	0	0	0	0	1	0	0	0	0	0	0	12	0	7	0	1	0
唐草文系（含圧痕）	0	0	0	0	0	1	0	0	0	1	0	0	0	0	0	0	0	0	0	0	0	0	0	0	0	0	2	0	1	1	0	0
曽利	0	0	0	0	1	0	0	0	0	0	0	0	0	0	0	0	0	0	0	0	0	0	0	0	0	0	1	0	1	0	0	0
串田新	0	0	0	0	0	0	0	0	0	0	0	0	0	0	0	0	0	0	0	0	1	0	0	0	0	0	1	0	0	0	0	1
堀之内	0	0	0	0	2	1	0	0	0	0	0	0	0	0	0	0	0	0	0	0	1	0	0	0	0	0	4	0	3	0	0	1
大洞系	0	0	0	0	1	0	0	0	0	0	0	0	0	0	0	0	0	0	0	0	0	0	0	0	0	0	1	0	1	0	0	0
浮線文	0	0	2	1	2	0	1	0	0	0	0	0	0	1	0	0	0	0	0	0	0	0	0	0	0	0	7	2	2	0	0	0
遠賀川	0	0	0	0	0	0	0	0	0	1	0	0	0	0	0	0	0	0	0	0	0	0	0	0	0	0	1	0	0	1	0	0
条痕文土器※	0	0	0	0	0	0	0	0	0	0	0	0	0	0	0	0	0	0	0	0	0	1	1	0	0	0	2	0	0	0	0	2
変形工字文系	0	0	0	0	0	0	0	0	0	0	0	0	0	0	0	0	1	0	0	0	0	0	0	0	0	0	1	0	0	0	1	0
庄ノ畑	0	0	1	0	0	0	0	0	0	0	0	0	0	0	0	0	0	0	0	0	0	0	0	0	0	0	1	1	0	0	0	0
栗林	0	0	2	0	0	0	0	0	0	0	0	0	0	4	0	0	0	0	0	0	0	1	0	0	0	0	7	2	0	0	0	1
櫛描文系	0	0	0	0	0	0	0	0	0	0	0	0	0	1	0	0	0	0	0	0	0	0	0	0	0	0	1	0	0	0	0	0
有段口縁壺	0	0	0	0	0	0	0	0	0	0	0	0	0	1	0	0	0	0	0	0	0	1	0	0	0	0	2	0	0	0	0	1
甕A	0	0	0	0	0	0	0	0	0	2	1	0	0	2	0	0	0	0	0	0	0	0	0	0	0	0	5	0	0	2	0	0
甕B	0	0	0	1	0	0	0	1	0	1	1	0	0	2	0	0	0	0	0	0	0	0	0	0	0	1	7	0	0	1	0	1
S字甕	0	0	1	0	0	0	0	0	0	0	0	0	0	0	0	0	0	0	0	0	0	0	0	0	0	0	1	1	0	0	0	0
甕F	0	0	0	0	0	0	1	0	0	0	0	0	0	1	0	0	0	0	0	0	0	0	0	1	0	0	3	0	0	0	0	1
甕H	1	0	4	0	0	0	0	0	0	2	0	0	0	2	0	1	0	0	0	0	0	1	0	0	1	0	12	5	0	2	0	2
甕I	0	0	3	2	0	0	3	4	0	0	0	0	0	0	0	1	0	1	1	0	0	0	0	0	0	1	16	3	0	0	2	1
甕C	0	0	0	0	1	0	0	0	0	0	0	0	0	0	0	0	0	7	4	0	0	0	0	0	0	0	12	0	1	0	11	0
小甕D	0	0	0	0	0	0	0	0	0	0	0	0	0	0	0	0	0	0	0	0	0	0	0	0	0	1	1	0	0	0	0	1
羽釜	0	0	0	0	1	0	0	0	0	0	1	1	0	0	0	0	0	0	0	0	0	0	0	0	0	0	3	0	1	1	0	0
その他	0	0	0	0	2	0	0	0	0	1	0	0	0	1	0	0	0	0	0	0	0	0	0	0	0	1	5	0	2	1	0	1
合計点数	8	3	18	7	15	9	6	10	4	12	12	3	2	15	3	2	3	8	5	4	4	6	1	1	1	4	166	33	24	15	20	17

※岩滑式系条痕と在地系条痕を含む

のかが問題となる。このような土器型式の多様性こそが、本胎土の由来となる素地土が遺跡近隣の一箇所で採取されたのではない、という意味での広域性を示しているとも考えられる。また、Ⅱ群２類12点の内訳（図93中中）は、五領ヶ台式が5/12（41.7%）、筒形土器と東信系がともに2/12（16.7%）を占め、その他は甕Ａ・Ｂと羽釜で、中期後葉の土器は含まれなかった。本類に属する五領ヶ台式が、分析した五領ヶ台式土器全体に占める割合は5/11（45.5%）（図94）、筒形土器では2/5（40%）、東信系は2/2（100%）（表18）と多く、まとまっているとみなしたい。この胎土は、黒雲母を含むAPmテフラ起源のローム層由来と推測した御代田町川原田遺跡の焼町土器の胎土にも類似している。このテフラ自体が関東方面まで広域に分布することや、五領ヶ台式やその前後の土器の胎土に黒雲母が好んで混和される点などから、たとえローム層由来と解っても具体的な産地を絞り込むことは難しいが、このことからは逆に東信地域の素地土としても矛盾しないこととなろう。最後にⅢ群１類の胎土には特異な緑簾石（岩）が含まれるが、縄文時代には用いられず、全15点の内訳は（図93右中）弥生時代中期の栗林式4/15（26.7%）を主体とし、弥生時代終末〜古墳時代の櫛描文系1/15（6.7%）、古墳時代の甕Ａ・Ｂと古墳後期から古代の甕Ｈが各2/15（13.3%）、甕Ｆと有段口縁壺が1/15（6.7%）と在地土器を中心とした構成となっている。特に栗林式の土器型式全体における本類の胎土は4/7（57%）、櫛描文土器1/1（100%）、甕Ａ 2/5（40%）、甕Ｂ 2/7（29%）、甕Ｆ1/3（33%）、甕Ｈ 2/11（18%）である。特に栗林式期には主要胎土ではあるものの、古墳・古代になると甕の胎土の類型が多様になるため、結果として客体に見えるが、弥生時代以降土器群の中で一定量を占めていることが解る（表18、図94）。

以上の検討から、大木式系は唐草文系土器とともに、αの在地胎土「C」には含まれないものの、γのうち、Ｉ群3a･b類にまとまり、五領ヶ台式もⅡ群２類にまとまり、同様の傾向にある。このことは在地胎土に準ずる別種の素地土を調達して作られたか、全て搬入品の可能性を示唆するものであり、型式学的な評価とともに、通常の在地型式とは異なる位置づけをする必要がある。また、逆に弥生時代以降の主要な在地型式であることが確実な栗林式、櫛描文土器や甕Ａ等は、αで認定した在地胎土「C」よりもむしろⅢ群１類の胎土を有する比率が高く、この胎土が弥生時代以降の在地胎土として使われていた可能性がある。そこでこれらのTCモデルの提示の際、「T」に準じた扱いとして「^T」と仮標記し、最終的なTC判別へと論を進める。

② 屋代遺跡群における縄文土器のTC判別

前項までの検討を踏まえて個々の土器のTC判別を標記する。ただし６（1）で設定した「^C」（Ⅲ群１類・Ｉ群3a・b類・Ⅱ群1b・2・3類）ならびに、Ｉ群からⅤ群までの分類に対して岩石・鉱物組成や化学組成上の特異性が認められた「C′」を全て「C̄」と同等に扱い、更に①で設定した「^T」（大木式系・唐草文系・五領ヶ台式）を「T̄」と同等に扱うという前提の下に行ったTC判別の結果を表21に示した。つまり表21は、在地外胎土、在地外型式を多く見積もった場合の結果である。これに対し、「C′」は「C̄」とするが、「^C」は「C」として扱い、「^T」を「T」として扱って標記した結果を表22に参考として示した。

次に、この表に基づいて、時期毎の土器群の動態を推測する。

縄文時代中期前葉の様相　屋代遺跡群における中期前葉五領ヶ台Ⅱ式併行期の土器には、五領ヶ台式土器、深沢タイプ、北陸・越後系土器、東信系土器、東北系土器（大木7a式新）、東

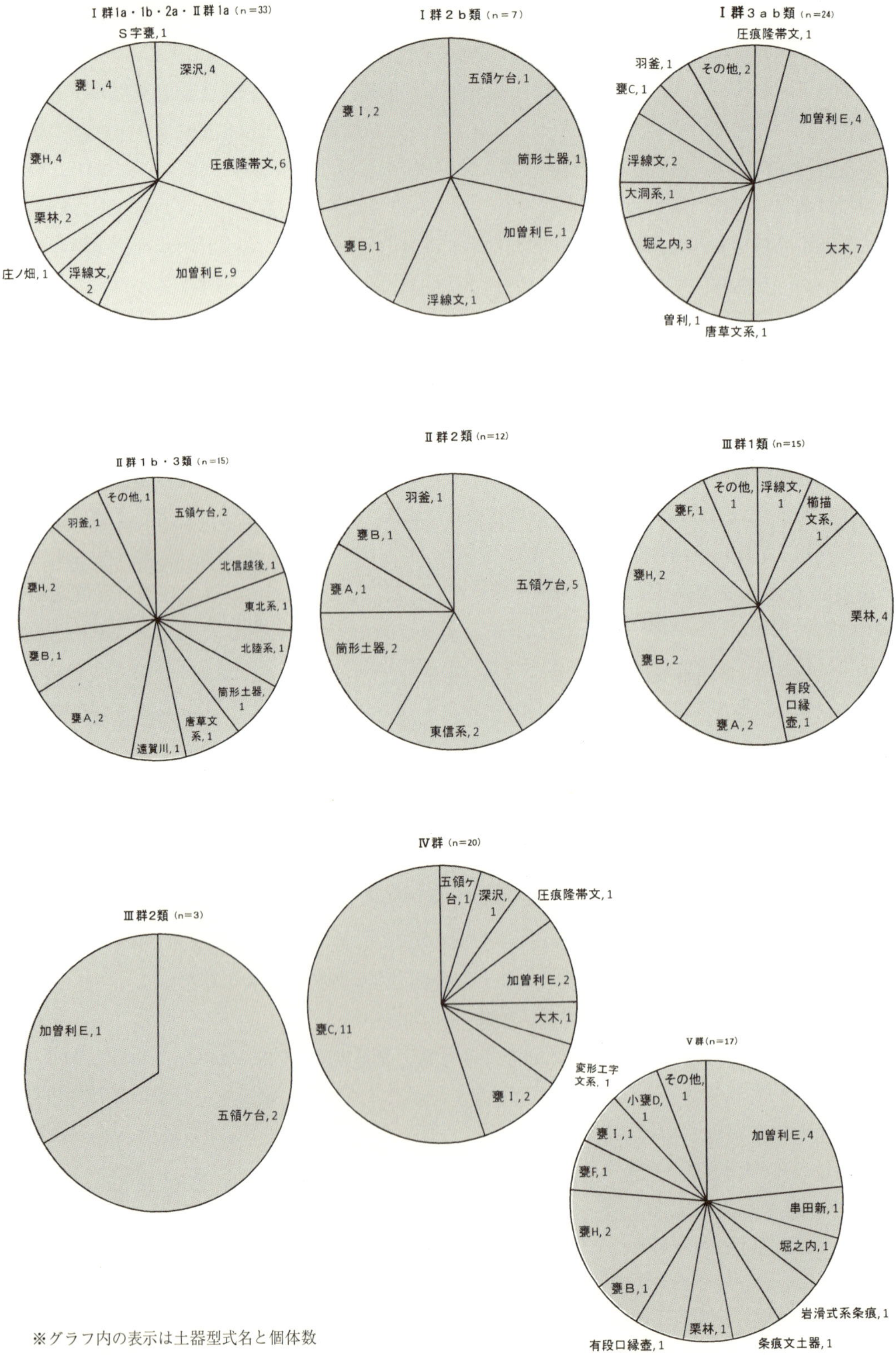

※グラフ内の表示は土器型式名と個体数

図93　屋代遺跡群出土土器胎土群類別構成土器型式比率

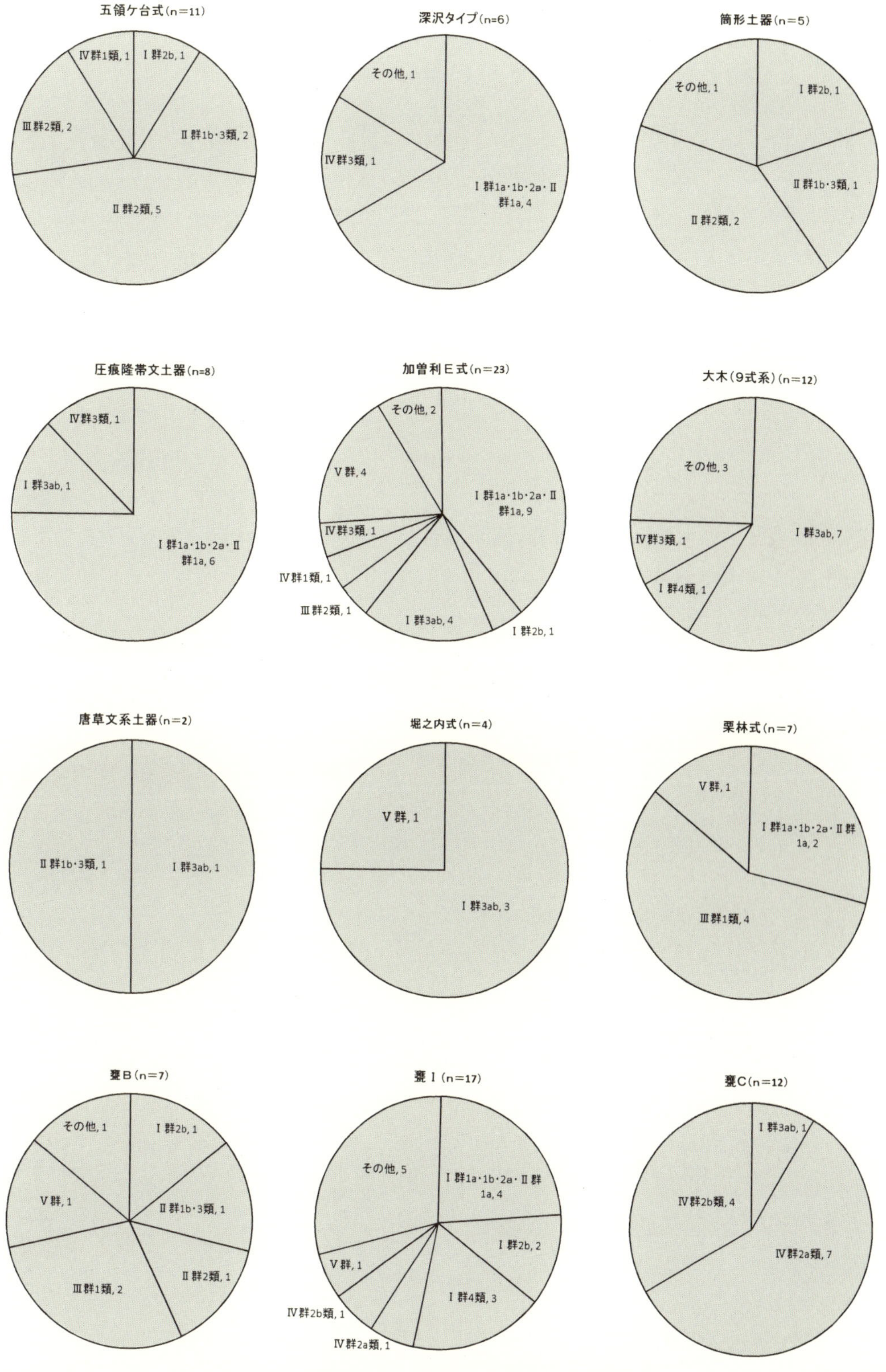

図94　　屋代遺跡群出土土器型式別構成胎土群類比率

表19　在地型式・在地外型式の枠組み

	記号	土器型式(等)	時期		記号	土器型式(等)	時期
在地型式	T	深沢	縄中前	在地外型式	$\overline{T}$	北陸系	縄中前
	T	圧痕隆帯文	縄中後		$\overline{T}$	北信・越後系	縄中前
	T	加曽利E	縄中後		$\overline{T}$	東北系(大木7a)	縄中前
	T	堀之内	縄後		$\overline{T}$	東信系	縄中前
	T	浮線文	弥前		$\overline{T}$	筒形	縄中前
	T	栗林	弥中		$\overline{T}$	曽利	縄中後
	T	櫛描文土器	弥後末		$\overline{T}$	串田新	縄中後
	T	甕A	古墳・古代		$\overline{T}$	大洞系	縄晩
	T	甕B	古墳		$\overline{T}$	遠賀川系	弥前
	T	甕F	古墳		$\overline{T}$	条痕文※	弥前
	T	甕H	古墳・古代		$\overline{T}$	変形工字文系	弥前
	T	甕I	古代		$\overline{T}$	庄ノ畑	弥中
	T	小甕D	古代		$\overline{T}$	有段口縁壺	古墳
	T	羽釜	古代		$\overline{T}$	S字甕	古墳
中間様相	$^{\wedge}T$	五領ヶ台	縄中前		$\overline{T}$	甕C	古代
	$^{\wedge}T$	大木(9系)	縄中後				
	$^{\wedge}T$	唐草文系	縄中後				

※岩滑式系条痕と在地系条痕を含む
(寺内2000、百瀬1998・2000、鳥羽1999・2000)

信系等の筒形土器がみられた。表21の前提では、TC双方が判明した土器のうち、「TC」は深沢タイプの4点、約16％に止まった。これに対し「$\overline{TC}$」は北陸系、北信・越後系・東信系・東北系〈大木7a新〉・筒形土器の全てと五領ヶ台式全点にあたる19点で約76％を占める。これらは本前提の範囲では、搬入と考えられる。ただ本来はここへt情報を付加してTtCモデルとするべきであろう。実際、五領ヶ台式の中では技法上在地で製作された模倣品(寺内2000a)と判断された344($^{\wedge}Tt^{\wedge}C_{22}$)・375、本来の五領ヶ台式の350($^{\wedge}T\overline{t}^{\wedge}C_{22}$)、そして東信系筒形土器のうちの2点365($\overline{Tt}$

表20　屋代遺跡群縄文時代主要土器のTCモデル

※表21に準拠し、前葉は五領ヶ台・深沢、後葉は圧痕隆帯文・加曽利E・大木、後期堀之内の諸型式に限る。記号の後の文字は左記土器型式の頭文字を指す。(　)内の数字は胎土分析№を示す。また、時期が複数にまたがる場合は古い方へ含める。

種別／時期	縄文中期前葉	縄文中期後葉(加曽利EⅡ～Ⅳ式期)			縄文後期
	五領ヶ台Ⅱ式期	2期	3期	4期	後期
TC	TtC_{11b}：深(368) TtC_{12a}：深(357) TtC_{21a}：深(361・390)	TtC_{11a}：加(252) TtC_{11a}：圧(255・259) TtC_{11b}：圧(253)	TtC_{11a}：加(263) TtC_{11b}：圧(283) TtC_{12a}：加(289) TtC_{21a}：加(264)	TtC_{11a}：加(293・296) ・圧(297) TtC_{12a}：加(291・294) ・圧(292) TtC_{21a}：加(299)	
$\overline{TC}$	$^{\wedge}Tt^{\wedge}C_{22}$：五(344・375) $^{\wedge}T^{\wedge}C_{22}$：五(345・349) $^{\wedge}T\overline{t}^{\wedge}C_{21b}$：五(348) $^{\wedge}T\overline{t}^{\wedge}C_{22}$：五(350) $^{\wedge}T\overline{t}^{\wedge}C_{23}$：五(386) $^{\wedge}T\overline{tC_{32}}$：五(364) $^{\wedge}T\overline{C_{32}}$：五(367) $^{\wedge}T\overline{C_{41}}$：五(363)	$^{\wedge}TtC'_{11b}$：大(257)、 $^{\wedge}T\overline{t}C'_{13b}$：大(258・260) $^{\wedge}Tt^{\wedge}C_{13b}$：大(256)	$^{\wedge}Tt^{\wedge}C_{13a}$：大(276) $^{\wedge}T\overline{t}^{\wedge}C_{13a}$：大(261) $^{\wedge}Tt^{\wedge}C_{13b}$：大(265・266・272・273) $^{\wedge}Tt\overline{C_{43}}$：大(271)		
$T\overline{C}$	$T\overline{C_{43}}$：深(381) $T\overline{t}C'_{21a}$：深(362)	$Tt^{\wedge}C_{13b}$：加(254) $T\overline{tC_{43}}$：加(251)	$Tt^{\wedge}C_{13b}$：圧(287) $T\overline{tC_{43}}$：圧(285) $Tt^{\wedge}C_{13a}$：加(275・286) $Tt^{\wedge}C'_{13b}$：加(280) $T\overline{tC_{32}}$：加(290) $Tt\overline{C_{41}}$：加(262) $Tt\overline{C_{51a}}$：加(301・302) $Tt\overline{C_{51b}}$：加(270・284)	$Tt^{\wedge}C_{13a}$：加(300)	$T^{\wedge}C_{13a}$：堀(334・336) $T^{\wedge}C_{13b}$：堀(335) $T\overline{C}_{51a}$：堀(337)
$\overline{T}C$					

$^{\wedge}C_{22}$）・372（$\overline{Tt}{}^{\wedge}C_{22}$）と東信系土器の373・391（$\overline{Tt}{}^{\wedge}C_{22}$）が揃って胎土では同じⅡ群２類に属し、留意される。技法の異なる五領ヶ台式や東信系土器が実際に異なる地域で作られていたとしたなら、Ⅱ群２類に由来する素地土は本節第３項（3）③でも述べたように黒雲母を含む広域テフラに由来するため、東信地域も含む各地でそれを利用することが可能であり、それぞれ別個にそこからの屋代遺跡群への搬入を示唆するものとも考えられる。

一方、北陸系（358）、五領ヶ台式と北陸の折衷（348）、北信・越後系（343）と東北系〈大木7a式新〉（366）の土器胎土は何れもⅡ群1b類であった。これらは小形の黒雲母が多くかつ中形の石英が目立つことでは共通し、曙ロームを候補の一つと推測したが、輝石の量差や含有される岩石の種類により細分も可能である。分析の結果、五領ヶ台式や東信系とは別の胎土類型に分かれたことから、実際にこのような素地土が該当する型式の故地を含む北方に由来するかどうか検討を要する。

情報の移動による模倣製作か製作者の移動に伴う製作が予想される $\overline{T}C$ は該当する土器が無く、逆に素地土のやや遠方への調達か在地内からの搬入にあたる $T\overline{C}$ には、ともに深沢タイプの381（$T\overline{C}_{43}$）と362（$T\bar{t}C'_{21a}$）が該当した。後者は SiO_2 の含有量では裾花凝灰岩範囲にあたるため、飯山市周辺など深沢タイプの本場の北方からの搬入というよりも、旧豊野町から上山田町にかけての裾花凝灰岩の分布範囲の別地域で製作され、搬入された可能性がある。以上、表21の前提に立つと屋代遺跡群に中期前葉の土器型式が８系統存在した理由には、土器の移動そのものが大きく作用していることになる。つまり北アルプス起源のローム層の分布地域で製作された土器群が存在し、各所からそれらが屋代遺跡群に搬入されたことになる。

表22の前提に立つと、搬入土器は筒形土器１点のみで、北陸系、北信・越後系、東信系、東北系〈大木7a新〉と筒形土器３点は、主に人、一部情報が移動してきて在地で製作されたことになる。ただ、同じ在地製作となる五領ヶ台式や深沢タイプとの胎土の相異や、土器型式と胎土類型の相関関係など、解釈上の課題が多い。

複数の他系統の土器が同一胎土類型に属する場合、その胎土類型が在地胎土と確定できれば解釈は容易であった。ただ、今回は広域に分布するテフラに由来する可能性が高い胎土が主体を占めたことでその解釈は複雑化した。最終的な確定は今後、北信地域で複数の遺跡を選択し、今回と比較するための胎土分析まで先送りしなければならないだろう。ただ、同じ五領ヶ台式でも364の深鉢と367の浅鉢のように、地元には存在しない深成岩を含むもの、363の浅鉢のように変成岩を含むものもあり、これらは本来の五領ヶ台式分布圏である関東地方などとの関係も予想される。

縄文時代中期後葉の様相　縄文時代中期後葉大木９式・加曽利ＥⅡ式新～ＥⅢ式併行期の土器には、圧痕隆帯文土器、加曽利Ｅ式（系）、大木式系〈大木９式系〉、唐草文系、曽利式、串田新式（系）土器がみられ、それぞれのｔを抽出してTCモデルに加えた。

表21では、TC双方が判明した土器44点のうち、まず第１に在地製作のTtCには圧痕隆帯文土器６点、加曽利Ｅ式（系）９点が該当し、全体の34％を占める。第２に搬入品（$\overline{TtC}$ にあたるもの）の範疇に分類されるものは、大木式系３点（$^{\wedge}T\bar{t}{}^{\wedge}C$ が１点、$^{\wedge}T\bar{t}C'$ が２点）、唐草文系２点、曽利式１点、串田新式（系）１点の合計７点で全体の20％である。また、外来の土器を在地外の

素地土で製作したとされる $\overline{T}t\overline{C}$ は大木式系土器で８点（^TtC′が１点･^Tt^C が６点･^Tt$\overline{C}$ が１点）みられ、これも含めると $\overline{TC}$ は全体の 34％で TC と同率に上る。ただ通常「t」は在地の人の製作技法を意味するが、この場合は、第２節の川原田遺跡出土の勝坂式と同様に、「屋代遺跡群の在地を含み上中越に至るまでのどこか」という広域の在地を指す。もしも東北地方で一般的な大木式土器の製作技術が屋代遺跡群で認められた場合は、逆に「$\overline{t}$」となり、t からは外れる。中期前葉の五領ヶ台式には、遠隔地からの搬入品と近隣地域からの搬入品もしくは在地製作があることが予想されたが、この前提に立つ場合大木式系も、大木式の本場と目される遠隔地からの搬入（$\overline{TtC}$）と、安山岩地帯でかつ大木式本場よりは長野寄りで屋代遺跡群を含む何れかの地域での製作とそこからの搬入（$\overline{T}t\overline{C}$）の双方が確認されたことになろう。第３に T$\overline{C}$ には加曽利Ｅ式（系）の 12 点と圧痕隆帯文土器２点が該当した。特に加曽利Ｅ式（系）12 点の胎土は８種類に分かれていて、ここには^C が２種類、^C′が１種類、$\overline{C}$ が５種類含まれている。加曽利Ｅ式が関東から甲信越に幅広く広がるものの、千曲川水系の中期後葉では主体となるため在地土器「T」として取り扱ってきたが、実際はその製作地は屋代遺跡群を含んで多岐にわたっていることが予想される。そのうち土器型式内搬入にあたる T$\overline{tC}$ は、Ⅲ群２類、Ⅳ群３類に１点ずつ存在する。前者 290 は壺形もしくはひょうたん形土器で、在地の技法から外れる上、花崗岩類と玄武岩、変成岩をも含む。3（4）であげた由来候補地域のうち深成岩と変成岩等を含む点では群馬県下仁田町以西、埼玉県にかけての三波川帯周辺は注目されよう。また、後者の 251 は、関東的な特徴の特に濃い加曽利ＥⅡ式段階のキャリパー器形の土器で、やはり地元ではみられない変成岩を黒曜岩（石）とともに含んでいた。変成岩を含む土器としてはⅣ群２類の甕Ｃに領家もしくは三波川変成帯の可能性のあるホルンフェルスや石英片岩が含まれていたことともに留意されよう。

一方加曽利Ｅ式（系）の中で、在地内の素地土採取地の変異を示す Tt$\overline{C}$ にあたるものは 10 点で、その内訳は Tt^C がⅠ群 3a 類胎土に３点、Ⅰ群 3b 類胎土（以下略）に１点、TtC′が同じくⅠ群 3b 類に１点、Tt$\overline{C}$ がⅣ群１類に１点･Ⅴ群 1a 類に２点･Ⅴ群 1b 類に２点である。これらのうち、まずⅠ群 3a 類の 275 は３本沈線の底部付近の破片で 286・300 とともに「t」と判断される。ただⅠ群 3b 類の 254 は口縁部の小破片であるが大木式系土器と共通する可能性もある。同 3b 類 TtC′の 280 は体部の文様は逆Ｕ字の磨り消し部分の間にＳ字状の沈線が入り、大木式系との関係が深いが加曽利Ｅ式の範疇の「t」と認定した。加曽利Ｅ式（系）は大木式系とともに北信地域から信濃川中流域や上越地域にも分布するため、より大木式系化した加曽利Ｅ式（系）の胎土が大木式系と共通する安山岩地帯の素地土に由来するという可能性は高い。これらは技法的には今のところ屋代遺跡群の在地としているが、今後加曽利Ｅ式（系）の広域分布圏の中での技法的な小地域差の抽出が進み、$\overline{t}$ に細分されれば、T$\overline{tC}$ の在地内搬入に分類されよう。今のところは、加曽利Ｅ式（系）の中に大木式と共通する素地土で製作されたものが存在することのみに注目しておきたい。また、片岩を含むⅣ群１類（Tt$\overline{C}$）262 は、埋甕であり、胴中央部のみの残存であったため、t と捉えた。さて、T$\overline{C}$ の圧痕隆帯文土器２点は、型式内搬入の T$\overline{tC}$（Ⅳ群３類（285））、素地土選択的採取の Tt^C（Ⅰ群 3b 類（287））であり、ともに３期に属する。技法について前者は通常１本である口縁部の圧痕隆帯が２本あり、胴部に垂下する隆帯渦巻も通常逆Ｊ字を描くのに対し本資料はＪ字を描く構成になっている点は特異である等から、「t」とした。このように表

表21　屋代遺跡群出土土器の TC 判別（1）

※ ^T・^C を $\overline{\mathrm{T}}$・$\overline{\mathrm{C}}$ として扱った場合の TC モデル
※ 記号の後の数字は資料数

土器記号 型式	TC	T$\overline{\mathrm{C}}$	$\overline{\mathrm{T}}$C	$\overline{\mathrm{TC}}$	全個体数	TC 判明個体数
五領ヶ台				^Tt^C2、 ^T$\overline{\mathrm{t}}$^C3、 ^T^C2、 ^T$\overline{\mathrm{C}}$2、 ^T$\overline{\mathrm{tC}}$1	11	10
深沢	TC4	T$\overline{\mathrm{C}}$1、 T$\overline{\mathrm{t}}$C′1			6	6
北陸系				$\overline{\mathrm{T}}$tC1	1	1
北信・ 越後系				$\overline{\mathrm{Tt}}$^C1	1	1
東北系				$\overline{\mathrm{Tt}}$^C1	1	1
東信系				$\overline{\mathrm{Tt}}$^C2	2	2
筒形土器				$\overline{\mathrm{Tt}}$^C3、 $\overline{\mathrm{Tt}}$C′1	5	4
圧痕 隆帯文	TtC6	Tt^C1、 T$\overline{\mathrm{tC}}$1			8	8
加曽利E	TtC9	Tt^C4、 TtC′1、 T$\overline{\mathrm{tC}}$2、 Tt$\overline{\mathrm{C}}$5			23	21
大木				^TtC′1、 ^T$\overline{\mathrm{t}}$^C1、 ^Tt^C6、 ^T$\overline{\mathrm{t}}$C′2、 ^Tt$\overline{\mathrm{C}}$1	12	11
唐草文系				^T$\overline{\mathrm{t}}$^C2	2	2
曽利				$\overline{\mathrm{Tt}}$^C1	1	1
串田新				$\overline{\mathrm{TtC}}$1	1	1
堀之内		T$\overline{\mathrm{C}}$1、 T^C3			4	4
大洞系				$\overline{\mathrm{T}}$t^C1	1	1
浮線文	TC2	T^C3			7	5
遠賀川				$\overline{\mathrm{T}}$^C1	1	1
条痕文 土器				$\overline{\mathrm{TtC}}$1	2	1
変形 工字文系				$\overline{\mathrm{TtC}}$1、	1	1
庄ノ畑			$\overline{\mathrm{T}}$C1		1	1
栗林	TC2	T$\overline{\mathrm{C}}$1、 T^C4			7	7
櫛描文系		T^C1			1	1
有段 口縁壺				$\overline{\mathrm{TC}}$1、 $\overline{\mathrm{T}}$^C1	2	2
甕A		T^C5			5	5
甕B		T^C4、 TC′1			7	5
S字甕			$\overline{\mathrm{T}}$C1		1	1
甕F		T^C1			3	1
甕H	TC4	T$\overline{\mathrm{C}}$1、 TC′1、 T^C4			11	10
甕I	TC4	T$\overline{\mathrm{C}}$2、 TC′3、 T^C′1			17	10
甕C				$\overline{\mathrm{TC}}$11、 $\overline{\mathrm{T}}$^C1	12	12
小甕D					1	0
羽釜		T^C3			3	3
その他		T^C1			5	1
合計数	31	56	2	52	166	141

表22　屋代遺跡群出土土器の TC 判別（2）

※ ^T・^C を T・C として扱った場合の TC モデル
※ 記号の後の数字は資料数

土器記号 型式	TC	T$\overline{\mathrm{C}}$	$\overline{\mathrm{T}}$C	$\overline{\mathrm{TC}}$	全個体数	TC 判明個体数
五領ヶ台	^Tt^C2、 ^T$\overline{\mathrm{t}}$^C3、 ^T^C2	^T$\overline{\mathrm{C}}$2、 ^T$\overline{\mathrm{tC}}$1			11	10
深沢	TC4	T$\overline{\mathrm{C}}$1、 T$\overline{\mathrm{tC}}$′1			6	6
北陸系			$\overline{\mathrm{T}}$tC1		1	1
北信・ 越後系			$\overline{\mathrm{Tt}}$^C1		1	1
東北系			$\overline{\mathrm{Tt}}$^C1		1	1
東信系			$\overline{\mathrm{Tt}}$^C2		2	2
筒形土器			$\overline{\mathrm{T}}$t^C3	$\overline{\mathrm{Tt}}$C′1	5	4
圧痕 隆帯文	TtC6、 Tt^C1	T$\overline{\mathrm{tC}}$1			8	8
加曽利E	TtC9、 Tt^C4	TtC′1、 T$\overline{\mathrm{tC}}$2、 Tt$\overline{\mathrm{C}}$5			23	21
大木	^T$\overline{\mathrm{t}}$^C1、 ^Tt^C6	^TtC′1、 ^T$\overline{\mathrm{t}}$C′2、 ^Tt$\overline{\mathrm{C}}$1			12	11
唐草文系	^T$\overline{\mathrm{t}}$^C2				2	2
曽利			$\overline{\mathrm{Tt}}$^C1		1	1
串田新				$\overline{\mathrm{TtC}}$1	1	1
堀之内	T^C3	T$\overline{\mathrm{C}}$1			4	4
大洞系			$\overline{\mathrm{T}}$t^C1		1	1
浮線文	TC2、 T^C3				7	5
遠賀川			$\overline{\mathrm{T}}$^C1		1	1
条痕文 土器				$\overline{\mathrm{TtC}}$1	2	1
変形 工字文系				$\overline{\mathrm{TtC}}$1	1	1
庄ノ畑			$\overline{\mathrm{T}}$C1		1	1
栗林	TC2、 T^C4	T$\overline{\mathrm{C}}$1			7	7
櫛描文系	T^C1				1	1
有段 口縁壺			$\overline{\mathrm{T}}$^C1	$\overline{\mathrm{TC}}$1	2	2
甕A	T^C5				5	5
甕B	T^C4	TC′1			7	5
S字甕			$\overline{\mathrm{T}}$C1		1	1
甕F	T^C1				3	1
甕H	TC4、 T^C4	T$\overline{\mathrm{C}}$1、 TC′1、			11	10
甕I	TC4	T$\overline{\mathrm{C}}$2、 TC′3、 T^C′1			17	10
甕C			$\overline{\mathrm{T}}$^C1	$\overline{\mathrm{TC}}$11	12	12
小甕D					1	0
羽釜	T^C3				3	3
その他	T^C1				5	1
合計数	81	29	15	16	166	141

21の前提の下で、まず$\overline{TC}$の$\overline{TtC}$7点、$\overline{T}t\overline{C}$8点を搬入と捉えた。次にT$\overline{C}$のうち、加曽利E式(系)の12点は、tの判別を今後の課題とした上で全て型式内搬入、圧痕隆帯文土器の2点はT$\overline{tC}$の1点のみを型式内搬入とすると、土型式内外全ての搬入の合計は28点となり、全体の63.6%に増加する。時期的な傾向をみると（表21）在地型式の加曽利E式と圧痕隆帯文土器は2・3・4期ともに一定量を占める。これに対し、土器型式圏内の搬入品として多様な胎土がみられるのは3期の加曽利E式（系）である。特にこの時期加曽利E式が広域に動いている可能性がある。

一方表22では、TCは圧痕隆帯文で7点、加曽利E式（系）で13点、大木式系で7点、唐草文系で2点で、全体では29点となり、縄文時代中期後葉でTC判別のできた土器総数の65.9%を占める。型式外からの搬入品である$\overline{TC}$は串田新式（系）の1点のみであった。またT$\overline{C}$は本来型式内の搬入もしくは素地土を別地域へ調達に赴いたかどちらかに起因するが、表22では素地土を調達できる程度の近隣のCは^CとしてCに含めているため、ここでの$\overline{C}$は搬入を前提にできる程度に遠方に由来する。よって型式内搬入が予想されるものは圧痕隆帯文土器の1点、加曽利E式（系）の8点と大木式系の4点の合計13点で中期後葉土器全体の29.5%にあたる。ここに型式外搬入の1点を加えて14点にすると、その比率は31%となる。土器型式と胎土類型は完全に1対1、対応するわけでもないものの、傾向としては圧痕隆帯文土器は裾花凝灰岩起源のグループ、大木式系は安山岩を含むグループを主とし、加曽利E式（系）はその両者を含めて多様である。そのため、もし表22の前提を優先した場合、なぜ屋代遺跡群の土器製作者は素地土をわざわざ変えて大木式系と圧痕隆帯文を作り分け、加曽利E式（系）は両者の胎土を用いたのか、大きな問題になろう。胎土は文様などと同様に土器属性の一つともいえるため、土器型式毎に胎土を変えるようなこともあったのかもしれないが、実際には一つの土器型式には複数の胎土（図94）が該当していて、その点が徹底しているわけでもない。そのため、総合的な見地からは、胎土の違いを搬入品の故地の素地土の違いとして把握できる表21の前提が、より説明に適すると考えられる。ただ、その確定のためには、周辺の別の遺跡における胎土のあり方を調べ、大木式系と安山岩の胎土がどの程度相関するのかを確認する必要がある。その他の型式については、表21で搬入・表22で素地土の選択か型式内搬入とされたものは無かったが、表22で製作者の移動と解釈されたものに曽利式があった。

縄文晩期以降の様相　千曲川水系の土器型式が再び東北地方との関係で捉えられる時期が縄文時代晩期から弥生時代前期である。大洞B・BC・C1・C2式と関係する佐野式、大洞A・A′式と関係する氷式やその類似資料が在地系土器に混じって登場する。表21では、大洞系340は$\overline{T}$t^Cで大木式系・堀之内式などと共通する安山岩を少数含む胎土であり、技法は在地的であるが、大木式系土器と同様の理由で型式内の搬入の可能性もある。また、緒立式にあたるとみられる（百瀬1998）変形工字文を有する弥生時代前期の8は、$\overline{TtC}$で胎土はⅣ群1類である。胎土中の深成岩の由来が不明だが、技法・型式ともに在地外の搬入と推測される。更に元来搬入が予想された遠賀川系、条痕文土器（岩滑式系）、甕C（武蔵甕）に加え、有段口縁壺と羽釜の一部に搬入品の可能性がある一方で、浮線文、櫛描文系、栗林式、甕A・B・F・H・Iといった在地的な土器は実際にTCで在地製作であることが判明した。表22の範囲では、大洞系や遠賀川系、甕Cが$\overline{T}$Cに移行しているなどの変化があるが、その枠組みに共通している。

7 小　結

以上、第4章で提示した胎土と土器型式情報と縄文時代の人々の行動を繋ぎ、属性を行動へと変換する装置としてのTCモデルについて、屋代遺跡群の土器での実践を試みてきた。そこでここではその結果判明した、屋代遺跡群の縄文時代中期の土器の履歴にかかるまとめを行う。

屋代遺跡群の縄文時代中期前葉集落は五領ヶ台Ⅱ式に限定的に存在し、該期の土器29点の胎土は黒雲母を含むⅡ群が20点と偏る傾向を示す。ただ細かく見ると、五領ヶ台式の土器胎土は5類型、深沢タイプは4類型に分かれ、東北系〈大木7a新〉、北信・越後系、北陸系はこれらと異なる一連の胎土、東信系は一部の五領ヶ台式系と共通する胎土であった。五領ヶ台式が複数の胎土に分かれる背景には、遠隔地からの搬入とそれより近距離からの搬入もしくは、在地製作が推測された。

一方深沢タイプの主な胎土変異は、裾花凝灰岩の在地起源の範疇で捉えられる。このように、在地での土器づくりのための在地の素地土の利用と並んで、遠隔地からの搬入と、胎土選択がなされたことは事実であり、このことから土器づくりは不規則で偶発的なものではなく、かなり局地的な製作と何らかの規則に則った流通が背景にあるのではないかとの予想ができよう。

屋代遺跡群の縄文時代中期後葉集落は加曽利EⅡ式新段階～Ⅲ式古段階の2期、EⅢ式古段階の3期、同新段階の4期にわたって継続する。そのうち、圧痕隆帯文土器は3時期を通じて裾花凝灰岩起源の在地胎土の主流をなす。その在地胎土に共通するのは加曽利E式（系）の一部のみで大木式系は殆ど含まれない。そして加曽利E式（系）の胎土は在地胎土を含む8種類に分かれ、多彩である。その範囲は大木式系に共通する安山岩を多く含む胎土から、深成岩を含む胎土、変成岩を含む胎土、鉱物の粒径が揃っている胎土と、複数の類型に及び、遠距離からの搬入品を含む可能性が高い。これは加曽利E式（系）がその広域分布圏の中に生産地が多く存在するのと同時に、五領ヶ台式や焼町土器のように、どのような胎土で土器を作るのかといった規制が緩いことを意味していよう。つまり、加曽利E式（系）は分布圏が巨大である反面、胎土上の制約に乏しい。最後に大木式系は、安山岩を中心とした火山岩を多く含むことでかなり画一化されている。このことから、一定の地域で生産されたため、結果的に火山岩が含まれたという可能性を考え、今後の広域の胎土比較に繋げたい。例えば砂の中でも黒雲母は、それを混和することによって装飾効果を高めるなどの利点があろうが、安山岩にそのような効果が期待できるとは俄には考え難い。そうであれば、屋代遺跡群の人々が素地土を圧痕隆帯文などとは異なる場所へ採取に赴いたとするよりも、土器自体が安山岩が豊富な地域で作られ、搬入されたと考える方が合理的ではないのか。ただ、その中には近隣からの搬入品^Tt^Cと遠方からの搬入が予想される^Tt̄C′があり、その背景はより複雑であろう。今後は、信濃川下流域や関川流域から上越地域の土器の胎土分析を実施して、屋代遺跡群の土器との対比を行うべきと考える。

今回搬入品を最大限に見積もった表21の前提に立つと在地製作は全体の34%、土器型式圏外からの搬入品も34%、同一土器型式内の搬入品を加えると全体の63%にあたることが判明した。また土器型式圏内外からの搬入品は、表22の前提で、より少なく見積もっても31%を占め、通時的に概観する範囲では土器が動く頻度は決して低率ではないことが判明したといえる。

1.　Ⅰ群（Ⅰ-1a　252）　　直交ニコル

2.　Ⅰ群（Ⅰ-2a　218）　　単ニコル

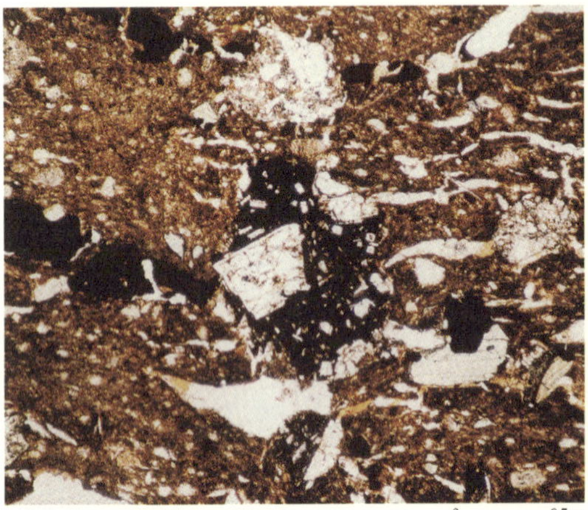

3.　Ⅰ群（Ⅰ-3b　258）　　単ニコル

4.　Ⅱ群（Ⅱ-2　344）　　直交ニコル

5.　Ⅲ群（Ⅲ-1　45）　　直交ニコル

6.　Ⅳ群（Ⅳ-2b　215）　　直交ニコル

図95　屋代遺跡群出土土器の偏光顕微鏡写真（1）（水沢2008より）

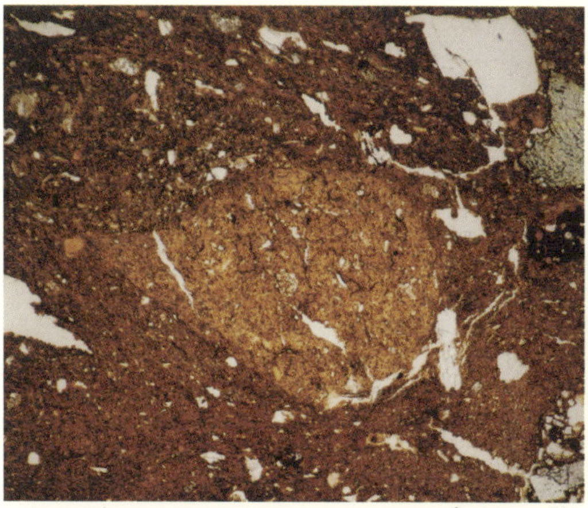

7.　Ⅴ群（Ⅴ-1c　12）　　単ニコル　0　0.5mm

8.　Ⅴ群（Ⅴ-2a　39）　　直交ニコル　0　0.5mm

9.　Ⅴ群（Ⅴ-2c　81）　　直交ニコル　0　0.5mm

10.　縄文中期の焼け粘土　直交ニコル　0　0.5mm

（9：図41のカラー、10：図42のカラー）

図96　屋代遺跡群出土土器の偏光顕微鏡写真（2）（水沢2008写真１を引用）

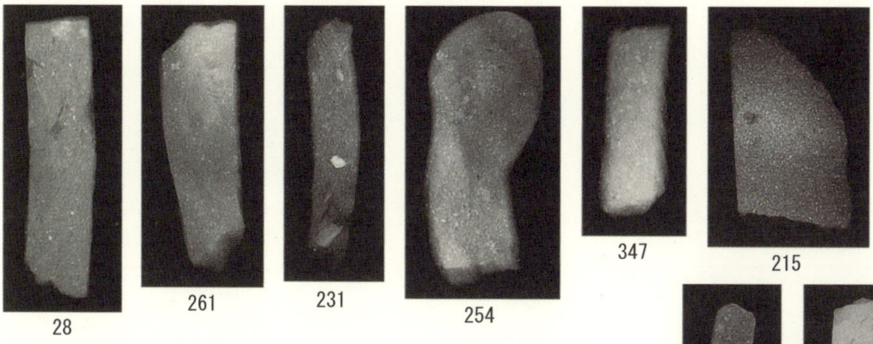

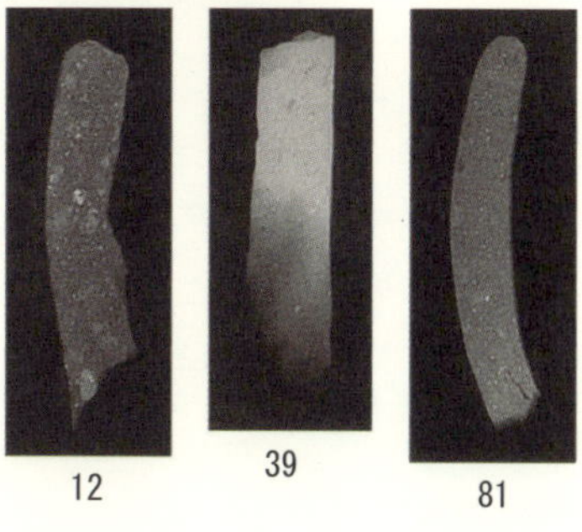

※全てほぼ等倍

図97　屋代遺跡群出土土器のＸ線透過写真（水沢2008より）

第4節　東北地方南部における縄文時代中期中後葉浅部貝塚出土土器の胎土分析

1　浅部貝塚出土土器と分析の目的

浅部貝塚は北上川によって刻まれた北上山地の西側の独立丘陵上の標高35～45ｍの地点に立地し、宮城県登米市中田町（旧上沼村）浅水浅部に所在する。昭和41年、丘陵地帯の開田工事に伴い、28㎡の調査が行われ（林1970）、Ⅰa層からⅣb層までの21層が確認された。Ⅳ層～Ⅲ層は主に大木8b式、Ⅱ層は大木8b式新段階～「9」式主体、Ⅰn・o層は大木9a式、Ⅰa・b・k・m層は大木9b式を含む時期に相当する。かつて筆者はこのうちG・H・Ⅰ地区のⅣa・b、Ⅱa・b・c・d、Ⅰk・m・n・o層出土の縄文時代中期中・後葉土器を中心に303点の胎土分析を行った（水沢1990a）。その際、肉眼観察と薄片による偏光顕微鏡観察を併用する方法で分析を進めた結果、それらは大きく4つの胎土とその他の変種に分かれた。今回はこのうち、図化した155点を対象にTCモデルを提示し、浅部貝塚を営んだ内陸部縄文人の土器づくりを更に具体的に考察したい。

浅部貝塚と周辺遺跡

浅部貝塚（×）の位置（林1971より）

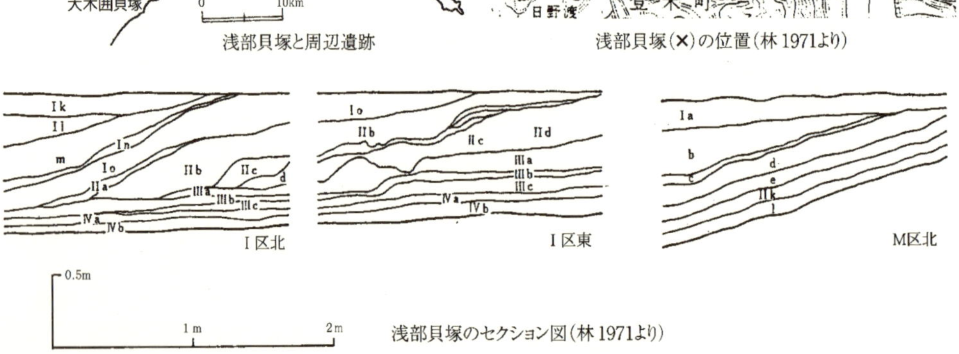

浅部貝塚のセクション図（林1971より）

図98　浅部貝塚の位置と層位概要

2　分析の方法

浅部貝塚出土土器155点を対象に、土器の型式学的記述とともに肉眼による胎土の分類を行った。分類の際の項目は、石英・黒雲母・斜長石・砂岩・チャート・赤色岩片・石英脈・頁岩・角閃石・骨針の有無と、およその大きさである（表23の「肉眼胎土類型変換」）。その結果、4群20グループを抽出し、分類された各類から代表的な土器31点を選択し、薄片を作製した。その薄片を偏光顕微鏡観察し、肉眼よりもより確実な岩石・鉱物の特徴から、類別を行い（表23の「切断胎土類型」）、その特徴を記載した（同表「切断胎土類型毎の特徴」）。得られた岩石・鉱物組成を浅部貝塚周辺の地質環境と照合し、各類の地質学的背景を検討した。分析対象土器155点を1/8スケールで図99～101として提示し、併せてTCモデルの検討を進める。

3　分析の結果

（1）Ttの判別

浅部貝塚のある仙北湖沼地帯は南東北の中期大木式分布圏の中でも加曽利E式や曽利式・唐草文系土器の影響が及ぶ会津、松島湾ラインと、円筒土器の影響が及ぶ一関以北の地域との中間に位置し、大木式以外の土器型式の混在や影響の極めて少ない地域である。ただ、出土土器の多くは破片資料であったため、土器型式の確定が難しい。そこで、型式が確定し易い大破片以外は、次に示す文様表出技法のメルクマールをもとに土器型式を検討した上で、2型式併記の形とした。

（文様表出技法のメルクマール）

・沈線間が全く無調整のもの：大木8a式・8b式古
・沈線間を調整しているが縄文の痕跡が残っているもの：大木8b式新
・沈線間を完全に磨いているもの：大木8b式新・大木「9」式
・沈線間が広く、良く磨かれているもの：大木9a式
・沈線間（通常の広さ）がほんの少し高まっているもの：大木「9」式
・脇が無調整の蒲鉾状の隆帯：大木8a式
・沈線と一体化した断面（隅丸）台形状の隆帯：大木8b式
・脇に急角度の調整が加えられ、断面三角形の隆帯：大木「9」式
・ヒレ状に張り出す隆帯：大木「9」式・大木9a式
・つまみ出し状の微隆起線：大木9a式

（層毎の土器型式内容）

浅部貝塚各層における主要土器型式は、下記のとおりである。また、基本的に異系統土器の共伴は無いため、全て「T」と標記する。大木式の編年は第3章第2節2（1）と図26に従う。

Ⅳb層：（大木8a式）・大木8b式
Ⅳa層：大木8b式古
Ⅲ　層：大木8b式古～新
Ⅱd層：大木8b式新～大木「9」式
Ⅱc層：大木「9」式

Ⅱb層：大木「9」式

Ⅱa層：大木「9」式～大木9a式

Ⅰo層：大木9a式

Ⅰn層：大木9a式

Ⅰm層：大木9a～9b式

Ⅰk層：大木9a～9b式

Ⅰb層：大木9a～9b式

このように大木式の場合、文様表出技法は土器型式と密接に関連するため「T」の範疇で捉えられる。そのため小集団を表すことが期待される「t」の抽出が難しいが、縄文の種類や内面調整手法、施文順序の差異がその候補となろう。

浅部貝塚の場合、まず胴部の縄文は単節縦回転が最も多い。内面調整は、磨きを原体・方向・密接度の3つの観点から観察すると、まず原体の幅のみ見えるもの、原体の幅は見えず中に条痕が見えるもの（2種類）、方向は基本的に横方向だが細かくランダムに走るもの、一定方向に平行に延びるもの（2種類）、密接度は調整痕の間に開きがあるもの、開きが無く密着しているもの（2種類）があり、これらの組み合わせから10種類のパターンが抽出できる。そしてこれらの何れかに該当するものを「t」とする。施文手順は大木8b式期には、a：縄文を転がす→隆帯を貼る→沈線を引く、という順序であるのに対し、大木「9」式以降はb：隆帯を貼る→縄文を転がす→隆帯脇の沈線を引く→沈線内をナデ調整する、c：隆帯を貼る→脇の沈線を引く→縄文を転がす→沈線内をナデ調整する、などの手法が加わる。bもcも、縄文回転より、隆帯貼付が先行するため、aよりは縄文の方向がまちまちである上、沈線内のナデ調整が縄文を切っていることで共通する。更に大木「9」式以降には沈線内のナデよりも後に縄文を転がす完全な充填縄文が登場する。以上、縄文が単節縦回転で、上述の何れかの内面調整法、かつ施文手順がb・cであるものを浅部貝塚の「典型例」、つまり在地技法「t」と捉えた。

これに対し「$\bar{t}$」としたものは、内面調整手法やナデ調整の特異性から括り出した大木8b新から9b式にあたる5点で、322（図101-55）、123（図101-64）、466（図101-49）、429（図101-54）、234（図101-67）である。

(2) Cの判別とその由来(1)

浅部貝塚出土土器の胎土は大きくA・B・C・Dの4群に分かれる。何れも岩石・鉱物組成の若干の違いにより更に細別された。それらの特徴と由来の推測は次のとおり、各群に該当する資料は表23のとおりである。

① A群

火山岩、特に安山岩を含むもの。

1類：安山岩、石英斑岩、堆積岩、頁岩、赤色岩片、石英脈がみられ、鉱物に石英、斜長石、黒雲母、角閃石等を含む。少数の玄武岩や輝石、軽石の多寡で細別の余地がある。

2類：玄武岩・安山岩・頁岩を特に多く含み、石英斑岩、堆積岩を含む。鉱物は石英、斜長石、黒雲母、角閃石で、岩石・鉱物ともに微細なものが含まれない。

3類：安山岩、軽石、石英斑岩、頁岩を含み1類に類似した組成だが、角閃石がやや多く、赤色岩片を含まない点で異なる。

４類：安山岩、軽石、石英斑岩、石英脈を含み１類に類似した組成だが、堆積岩・頁岩が特に多く、更に黒曜岩（石）を含む点で異なる。

５類：安山岩、石英斑岩、頁岩や黒雲母を少数含み１類に類似した組成だが、赤色岩片が多く、角閃石・輝石と堆積岩を含まない点で異なる。

６類：安山岩・変成堆積岩・赤色岩片、角閃石・輝石を含む(2)。

７類：安山岩・石英斑岩、頁岩、石英脈を含み１類に類似するが、火山ガラスに加え普通輝石と紫蘇輝石の両方を含む点で異なる。

８類：安山岩、石英斑岩、堆積岩、頁岩とともに花崗岩を含む。429はひん岩、微斜長石を含み、全体に鉱物が大きく細粒を含まない上、粘土の色も白い。

（９類）：石英斑岩、ひん岩、石英脈を含み、輝石ならびに角閃石がやや多い。細かい石英は含まない点で８類429と類似しているため、Ａ群に含める。

Ａ群を特徴づける安山岩は軽石や火山ガラスとともに奥羽山脈の那須火山帯に属する火山の噴出物である可能性が高く、北上山地側の丘陵の西端に位置する本遺跡からは最短距離でも約25㎞を測る。２類等にみられる玄武岩も気仙沼周辺のものではなく、やはり奥羽山脈系と予想され、赤色岩片や珪化した堆積岩も同様の起源として矛盾はない。これらの堆積物が流下するとみられる迫川に素地土を採取に行ったとしても８㎞以西に赴く必要があることに加え、Ａ群は浅部貝塚出土土器の主体とはならない。つまり在地胎土要件の１と３を、ともに満たさないことになるため、Ａ群を、「C̄」と認定する。ただ８類は花崗岩を含む。これらは迫川上流の基盤岩として先第三紀のものが存在するが、浅部貝塚東方を含む北上山地、北上川上流域に主に由来する（後述）。このことから８類は、奥羽山脈起源が有力であるものの、北上山地系の要素が混じることから、要件１に合致する可能性を視野に、便宜的に「^C」と標記し、９類もこれに準ずる。

②　Ｂ群

火山岩を含まないが、軽石、輝石等火山岩系の岩石・鉱物を含むものをＢ群とする。

１類：花崗斑岩、ひん岩、堆積岩、頁岩、軽石を含む。

２類：堆積岩に泥岩のホルンフェルス、石英斑岩、頁岩、軽石を含むが赤色岩片は含まない。

３類：石英斑岩、頁岩、赤色岩片を含み、鉱物は輝石が多く角閃石を含む。

Ｂ群は火山岩を含まないものの奥羽山脈に起源を持つと推測される火山岩系の要素である輝石・軽石を含む。ただ、花崗斑岩やひん岩など半深成岩は北上山地などでも普遍的に岩脈として入り、後述するように遺跡基盤層にも認められる。また輝石や角閃石はひん岩に含まれる鉱物でもある。このような点からＢ群は奥羽山脈系と遺跡の基盤層の両方の要素が入り交じっている可能性とともに、遺跡の比較的近隣で入手できる可能性も考えられる。このことから便宜的に「C」に扱う。

③　Ｃ群

堆積岩、頁岩が主体で、火山岩・輝石、軽石を含まないものをＣ群とする。

１類：頁岩が多く、堆積岩、石英斑岩、石英脈・チャートを含む。角閃石 、黒雲母の有無と赤色鉱物の量によって細分も可能である。

2類：石英斑岩が多く大形の頁岩・堆積岩と軽石を含み、角閃石・輝石は含まない。軽石を含むが微量であること、頁岩が大形であることから本類に含めた。

3類：頁岩が多く、火山ガラスと角閃石を含む。

浅部貝塚の立地する浅水付近は、頁岩、黒色粘板岩、砂岩等を含む古生代ペルム紀の登米層等が広がり、右岸を中心に登米層の下位に砂岩・頁岩の他花崗岩・チャート・ひん岩・砂岩・頁岩の円礫を含む山崎礫岩がみられる（永広 1989）。そのため、C群の堆積岩・頁岩・石英脈・チャートは浅部貝塚周辺およびその周辺の北上山地側の基本的な地質構造に矛盾しないと考えられる。以上の点から、C群を浅部貝塚の「C」と認定する。

④ D群

火山岩を含まず、花崗岩・アルカリ長石（微斜長石）を含むものをD群とした。このうち黒雲母を含まない628をD1、黒雲母を含む234をD2類とした。土器中には花崗岩の斑晶と鉱物単体の両者にアルカリ長石（微斜長石）がみられ、角閃石も多く認められ、他の土器のものとは異なる。花崗岩質岩石の分類上、アルカリ長石が多いものに花崗岩、斜長石が多いものに閃緑岩があり（久城他 1989）、角閃石は一般的に閃緑岩の方が多いが花崗岩の有色鉱物としても存在する。さて、北上山地の白亜紀深成岩類は鉱物組成や化学組成によって大きくⅠ～Ⅵ帯に分帯されている（片田・蟹澤 1989）。そのうちⅥ帯は「塊状でカリ長石の多いものが多い。TiO_2が多くAl_2O_3に乏しい黒雲母と、Al_2O_3に乏しいホルンブレンドをもつ」（文献同上）と定義され、地図上で浅部貝塚が包括されるⅥb帯は「花崗岩、花崗閃緑岩、石英モンゾニ岩、モンゾ斑糲岩、斑糲岩などから成る」。浅部貝塚の東方20㎞圏に複数の小貫入岩体が点在し、最も近いところで南東約12.9㎞を測るが、その主体は北東方向へ約24㎞以北の折壁岩体や北上川右岸の東稲岩体である。一方Ⅴ帯は「主に石英閃緑岩、トーナル岩、花崗閃緑岩」から成り、浅部貝塚の上流約17～25㎞で北上川に注ぐ支流、黄海川や、千厩川・砂鉄川の上流部にあたる北上山地一帯に比較的大きな岩体がある。そのため、この地域の岩片ないしは造岩鉱物が北上川へ流下したとすれば、浅部貝塚東方約1.3㎞の北上河畔の堆積物として採取できた可能性も考えられ、また浅部貝塚東方12㎞圏の田束山南西に小岩体もみられる。ただ、D群をこのような周辺地質と対比した場合、アルカリ長石をより多く含むことやアルカリ長石を含む花崗岩そのものが含まれることから、Ⅴ帯というよりは、むしろⅥ帯に由来する可能性が高いと考え「$\overline{C}$」に分類した。

⑤ E群

上記に含まれないものを一括した。

1類（黒雲母タイプ）：風化して銀色になった黒雲母を多く含み、その他の鉱物は肉眼では少量しか認められない良好な胎土である。黒雲母は大形で一部緑泥石化したものも目立ち、ホルンフェルスも多い。風化の様相から北上川によって流下したⅤ帯の花崗閃緑岩が起源となる可能性も考えられるが、Ⅵb帯の花崗岩起源の可能性と、時期的に限定され主体とならないことから要件3を満たさない現状を考慮し、「$\overline{C}$」とした。

2類：表面に細かな骨針がみられるもの。骨針は動物珪酸体に分類される海綿骨針で、近隣に由来する可能性があるが、便宜的に「$\overline{C}$」とした。

3類：角閃石を多く含み、黒色不透明鉱物の大破片を含む。

4類：黒雲母および赤色岩片を多量に含む。

(3) TCモデルの提示

① 時期別胎土の変遷

今回の分析資料の図版No.、土器No.（個別の土器に付けられている管理上の番号）、層位と土器型式、T、t、Cの記号、ならびにTCモデルを表23に示した(3)。更に「切断胎土類型」·「肉眼胎土類型」の決定手順は本節2項に既に記載した。また、これらに基づくC記号の決定根拠は本節3項（2）のとおりである。以上の前提に立ってTtCモデルを設定した。

土器型式毎の胎土群類の変遷を概観すると（表24・図102）、大木8b式期には黒雲母を含むE1や骨針を含むE2と在地胎土であるC群の比率が高いのに対し、大木9式期になると在地と非在地の可能性のあるA1やA9ならびに在地のB群が増加する。また、非在地的なA2・A3・A4とD群胎土も大木9式土器に属する。このように大木9式期になると大木8b式期に比べて胎土が多様化し、かつ在地外の可能性のある胎土が増える傾向が把握される。

② TCモデル

分析総個体数155点のうち、TCが判別できたものは151点であった（表25）。B群とC群を在地胎土とする前提のもとで、TC（在地製作）は95点に上り、その内訳は大木8b式を含む時期が36点、それより後で大木「9」式を含む時期が25点、大木9a式以降には34点が該当する（表25）。3つの略時期それぞれにおける土器型式全体に対する在地製作の比率は、古い方から順に61.0%、64.1%、66.7%で、何れも各時期の主体を占める。TCには本来TtCと$T\overline{t}C$が存在するが、浅部貝塚の場合、後者は認められなかったので、全てTtCとして差し支えない。

$T\overline{C}$は合計54点で、大木8b式を含む時期に23点、それより後で大木「9」式を含む時期14点、大木9a式以降で17点であった。$T\overline{C}$には、本来浅部貝塚の人々が素地土採取地を変えて土器づくりをした$Tt\overline{C}$と、型式圏内搬入$T\overline{tC}$が存在するが、後者は5点のみで、その他は全て前者であった。$Tt\overline{C}$とTt^Cが型式全体に対する割合は大木8b式を含む時期が37.3%、以降大木「9」式を含む時期が30.8%、大木9a式以降が29.4%である。A群の安山岩に代表される素地土を採取するためには奥羽山脈に源流を有する迫川流域もしくはそれ以西に赴く必要があったことが予想され、慶長9年以前の河川図を参考とすると浅部貝塚から最も近くても8km以上となる。またD群の花崗岩は浅部貝塚の東方約20km圏、最近で約12.9kmにある。一方型式内搬入の$T\overline{tC}$は、大木8b新～「9」式に1点、大木「9」～9aに2点、大木9a～9bに2点の5点でその時期それぞれの5～10%にあたり、内訳は胎土D2の234（図101-67）、胎土A2の322（図101-55）、胎土A4の123（図101-64）、胎土A5の466（図101-49）、胎土A8の429（図101-54）である。このうち特にA4の123には、第三紀の珪化した流紋岩、軽石、黒曜岩（石）が安山岩とともに含まれていた。井上真理子氏の分析によると（井上1989）宮城県北地域の黒曜岩（石）産地には、七ヶ浜町要害、塩竈市塩竈漁港、岩出山町天王寺、隣接地域では岩手県花泉町日形中通がある。黒曜岩（石）露頭が存在する七ヶ浜町要害付近は浅部貝塚から約46kmの距離にあり新第三紀の角礫凝灰岩・浮石質凝灰岩の松島凝灰岩層、塩竈漁港付近は凝灰岩・礫岩等からなる網尻層から成る。また、岩出山町天王寺付近は浅部貝塚の西35kmの距離にあり、新第三系の北川石英質安山岩質溶結凝灰岩等が分布し黒曜岩（石）を包有する礫層には各種火山岩・砂・有色鉱物・軽石・

表23　浅部貝塚出土土器とTCモデル

図版	土器No.	資料No.	層位（算用数字代用）	部位	修正土器型式	類型	T記号	t記号	切断胎土類型	肉眼胎土類型変換	切断胎土類型毎の特徴	C記号	T（t）Cモデル
99	1	118	G-4b	口縁	大木8a～8b	A	T	t		A1		$\overline{C}$	Tt$\overline{C}$
99	2	32	G-4b	口縁	大木8b	A	T	t		C1		C	TtC
99	3	30	G-4b	口縁	大木8b	A	T	t		C1		C	TtC
99	4	119	G-4b	口縁	大木8b	A	T	t		E1	大形の黒雲母を多数含む。	$\overline{C}$	Tt$\overline{C}$
99	5	37	H-4b	口縁	大木8a～8b	A	T	t		E1?	大形の黒雲母を多数含む。	$\overline{C}$	Tt$\overline{C}$
99	6	40	H-4b	口縁	大木8b	A	T	t		E1	大形の黒雲母を多数含む。	$\overline{C}$	Tt$\overline{C}$
99	7	31	G-4b	口縁	大木8b	A	T	t		(C1)		C	TtC
99	8	88'125	G-4b	口縁	大木8b	A	T	t		C1		C	TtC
99	9	130	G-4b	口縁	大木8b	A	T	t		A5		$\overline{C}$	Tt$\overline{C}$
99	10	33	H-4b	口縁	大木8b	A	T	t		A5		$\overline{C}$	Tt$\overline{C}$
99	11	38	H-4b	口縁	大木8b	A	T	t		A8		^C	Tt^C
99	12	202	H-4a	口縁	大木8b	A	T	t		B3		C	TtC
99	13	132	G-4b	口縁	大木8b	A	T	t		A1		$\overline{C}$	Tt$\overline{C}$
99	14	35	H-4b	口縁	大木8b	A	T	t		C1		C	TtC
99	15	203	H-4a	口縁	大木8b	A	T	t		A8		^C	Tt^C
99	16	207	H-4a	口縁	大木8b	A	T	t		C1		C	TtC
99	17	172	G-4b	口縁	大木8b	B	T	t		E1	大形の黒雲母を多数含む。	$\overline{C}$	Tt$\overline{C}$
99	18	140	G-4b	口縁	大木8b	B	T	t		E1	大形の黒雲母を多数含む。	$\overline{C}$	Tt$\overline{C}$
99	19	139	G-4b	口縁	大木8b	B	T	t		E2	細かな骨針が目立つもの。	$\overline{C}$	Tt$\overline{C}$
99	20	150	G-4b	口縁	大木8b	B	T	t		E2	細かな骨針が目立つもの。	$\overline{C}$	Tt$\overline{C}$
99	21	158	G-4b	口縁	大木8b	B	T	t		B3		C	TtC
99	22	175	G-4b	口縁	大木8b	B	T	t		C1		C	TtC
99	23	45	H-4b	口縁	大木8b	B	T	t		C1		C	TtC
99	24	43	H-4b	口縁	大木8b	B	T	t		不明	－	－	－
99	25	176	G-4b	口縁	大木8b	B	T	t		(C1)		C	TtC
99	26	44	H-4b	口縁	大木8b	B	T	t		C1		C	TtC
99	27	177	G-4b	口縁	大木8b	B	T	t		C1		C	TtC
99	28	180	G-4b	口縁	大木8b	B	T	t		C1		C	TtC
99	29	292	H-3a	口縁	大木8b	B	T	t		C1		C	TtC
99	30	167	G-4b	口縁	大木8b	B	T	t		E2	細かな骨針が目立つもの。	$\overline{C}$	Tt$\overline{C}$
99	31	137	G-4b	口縁	大木8b	C	T	t		C1		C	TtC
99	32	134	G-4b	口縁	大木8b	C	T	t		C1		C	TtC
99	33	174	G-4b	口縁	大木8b	B	T	t		E2	細かな骨針が目立つもの。	$\overline{C}$	Tt$\overline{C}$
99	34	138	G-4b	口縁	大木8b	B	T	t		E2	細かな骨針が目立つもの。	$\overline{C}$	Tt$\overline{C}$
100	1	468	I-2m	口縁	8b新～「9」	B	T	t		B3		C	TtC
100	2	420	H-2d	口縁	8b新	A	T	t		C		C	TtC
100	3	429'	G-2d	口縁	8b新～「9」	A	T	t		(C1)		C	TtC
100	4	424・423	H-2d	口縁	8b新～「9」	A	T	t		(C)		C	TtC
100	5	425	H-2d	口縁	8b新～「9」	AC外	T	t		A9		^C	Tt^C
100	6	501-1	H-2d・a	口縁	「9」	B	T	t		C1		C	TtC
100	7	406	H-2d・a	口縁	8b新	B	T	t		C1		C	TtC
100	8	414-2	H-2d	口縁	8b新～「9」	AC	T	t		(C1)		C	TtC
100	9	520	H-2c・I-1n	口縁	「9」	A	T	t		C1		C	TtC
100	10	518	I -2c	口縁	大木8b新	A	T	t		C		C	TtC
100	11	519	I -2c	口縁	8b新～「9」	A	T	t		(C1)		C	TtC
100	12	526	H-2c	口縁	大木8b新～「9」	AC	T	t		B3		C	TtC
100	13	531	I-2b	口縁	「9」	AC	T	t		B3		C	TtC
100	14	535	I-2b	口縁	「9」	B	T	t		C1		C	TtC
100	15	569	H-2b	口縁	「9」	B	T	t		C1		C	TtC
100	16	536	I-2b	口縁	「9」	B	T	t		C3		C	TtC
100	17	529	I-2b	体部	「9」	B	T	t		C3		C	TtC
100	18	530	I-2b	体部	「9」	B	T	t		A4		$\overline{C}$	Tt$\overline{C}$
100	19	544	I-2b	口縁	「9」	B	T	t		A7	図100の19-1、19-2は同一個体	$\overline{C}$	Tt$\overline{C}$
100	20	521	I-2c	口縁	「9」	AC	T	t		(C1)		C	TtC
100	21	523	I-2c	口縁	大木「9」	C	T	t		A9		^C	Tt^C
100	22	A-1	I-2a	口縁	「9」～9a	A	T	t		(C1)		C	TtC
100	23	478	I-2a	口縁	「9」～9a	A	T	t		B3		C	TtC
100	24	502	H-2a	口縁	「9」～9a	AC	T	t		C1		C	TtC
100	25	471	I-2a	口縁	「9」～9a	B	T	t		C1		C	TtC
100	26	626	I-2a	口縁	「9」～9a	AC	T	t		(C1)		C	TtC
100	27	469	I-2a	口縁	「9」～9a	B	T	t		C1		C	TtC
100	28	470	I-2a	(口縁)	「9」～9a	B	T	t		C1		C	TtC
100	29	476	I-2a	口縁	「9」	AC鉢	T	t		(A9)		^C	Tt^C
100	30	－	I-2b・1b	口縁	「9」	A浅鉢	T	t		(C1)		C	TtC
100	31	565	I-2a2b・I-1b	口縁	「9」	A浅鉢	T	t		A1		$\overline{C}$	Tt$\overline{C}$
100	32	－	H-2	口縁	「9」	A	T	t		－			
100	33	356	H-1o	口縁	9a	A	T	t		E3		^C	Tt^C

図版	土器No.	資料No.	層位（算用数字代用）	部位	修正土器型式	類型	T記号	t記号	切断胎土類型	肉眼胎土類型変換	切断胎土類型毎の特徴	C記号	T（t）Cモデル
100	34	508	G-1o	口縁	9a	A	T	t		（C1）		C	TtC
100	35	353	H-1o	口縁	9a	A	T	t		C1		C	TtC
100	36	309	I-1o	口縁	「9」～9a	A	T	t		E4		^C	Tt^C
100	37	354	H-1o	口縁	9a	AC	T	t		C1		C	TtC
100	38	537-2	I-1o	口縁	9a	A	T	t		（A1）		$\overline{C}$	Tt$\overline{C}$
100	39	350	H-1o	口縁	9a	A	T	t		C1		C	TtC
100	40	–	J-1no	口縁	9a	C鉢	T	t		–		–	–
100	41	307	I-1o	口縁	9a	B	T	t		B3		C	TtC
100	42	311-1	H-1o	口縁	9a	C	T	t		B3		C	TtC
100	43	348	H-1o	口縁	9a	B	T	t		C1		C	TtC
100	44	311-2	H-1o	口縁	9a	C	T	t		B3		C	TtC
100	45	347	H-1o	口縁	9a	B	T	t		A1		$\overline{C}$	Tt$\overline{C}$
100	46	346	H-1o	口縁	9a	B	T	t		A1		$\overline{C}$	Tt$\overline{C}$
100	47	291	G-1n	口縁	9a	A	T	t		B3		C	TtC
100	48	256	I-1n	口縁	9a	C	T	t		A9		^C	Tt^C
100	49	260	H-1n	口縁	9a	B	T	t		C1		C	TtC
100	50	198	I-1n	口縁	9a	C	T	t		C1		C	TtC
101	1	143	I-1m	口縁	9a～9b	A	T	t		C1		C	TtC
101	2	124	I-1m	口縁	9a～9b	B	T	t		C3		C	TtC
101	3	125	I-1m	口縁	9a～9b	B	T	t		B3		C	TtC
101	4	129	I-1m	口縁	9a～9b	B	T	t		B		C	TtC
101	5	131	I-1m	口縁	9a～9b	B	T	t		C1		C	TtC
101	6	68	I-1k	体部	9a～9b	AC	T	t		A1		$\overline{C}$	Tt$\overline{C}$
101	7-1	624-1	I-1n・k	体部	9a	B	T	t		C3	7-1、7-2は同一個体	C	TtC
101	7-2	624-2	I-1n・k	体部	9a	B	T	t		（C3）		C	TtC
101	8	67	I-1k	口縁	9a～9b	B	T	t		B		C	TtC
101	9	423	I-1k	口縁	9a～9b	B	T	t		（C1）		C	TtC
101	10	61	I-1k	口縁	9a～9b	B	T	t		C1		C	TtC
101	11	60	I-1k	口縁	9a～9b	B	T	t		A1		$\overline{C}$	Tt$\overline{C}$
101	12	69	I-1k	口縁	9a～9b	B	T	t		C3		C	TtC
101	13	62	I-1k	口縁	9a～9b	B	T	t		C1		C	TtC
101	14	65	I-1k	口縁	9a～9b	B	T	t		B3		C	TtC
101	15	A-2	I-1b	口縁	8b新～「9」	A	T	t		（C1）		C	TtC
101	16	11	I-1b	口縁	9a～9b	A	T	t		（C3）		C	TtC
101	17	5	I-1b	体部	8b新～「9」	B	T	t		A9		^C	Tt^C
101	18	1	I-1b	口縁	9a～9b	B	T	t		B3		C	TtC
101	19	627	I-1b	口縁	「9」～9a	C	T	t		（C1）		C	TtC
101	20	487	H-2d	体部	8b新	隆帯体部	T	t		C3		C	TtC
101	21	454	H-2d	体部	8b新～「9」	隆帯体部	T	t		（C3）		C	TtC
101	22	455	H-2d	体部	大木「9」	隆帯体部	T	t		（C1）		C	TtC
101	23	500	G-2d	体部	8b新～「9」	沈線体部	T	t		（C）		C	TtC
101	24	446	H-2d	体部	大木「9」	B	T	t		C3		C	TtC
101	25	499	H-2d・G-2d	体部	8b新	沈線体部	T	t		C		C	TtC
101	26	435	H-2d	体部	8b新～「9」	沈線体部	T	t	–	（C1）	–	C	TtC
101	27	8'544	H-2c	体部	大木8b新～「9」	隆帯体部	T	t		A8		^C	Tt^C
101	28	545-2	I-2c	体部	8b新～「9」	沈線体部	T	t		–		–	–
101	29	574	H-2b	体部	「9」	沈線体部	T	t		–		–	–
101	30	474	I-2a	体部	「9」～9a	沈線体部	T	t		（C）		C	TtC
101	31	421	H-1o	体部	9a	隆帯体部	T	t		C3		C	TtC
101	32	318	I-1o	体部	9a	沈線体部	T	t		（A）		^C	Tt^C
101	33	295	G-1n	体部	9a	沈線体部	T	t		（B3）		C	TtC
101	34	261	H-1n	体部	9a	隆帯体部	T	t		（C3）		C	TtC
101	35	202	I-1n	体部	9a	沈線体部	T	t		（A1）		$\overline{C}$	Tt$\overline{C}$
101	36	136	I-1m	体部	9a～9b		T	t		（A1）		$\overline{C}$	Tt$\overline{C}$
101	37	142	I-1m	体部	9a～9b	隆帯体部	T	t		A		^C	Tt^C

図版	土器No.	資料No.	層位（算用数字代用）	部位	修正土器型式	類型	T 記号	t 記号	切断胎土類型	肉眼胎土類型変換	切断胎土類型毎の特徴	C 記号	T（t）C モデル
101	38	20	I-1b	体部	「9」～ 9a	隆帯体部	T	t		(C)		C	TtC
101	39	232	H-1k	体部	9a ～ 9b		T	t		(A1)		$\overline{C}$	Tt$\overline{C}$
101	40	141	I-1m	体部	9a ～ 9b	沈線体部	T	t		C1		C	TtC
101	41	545-1	I-2b・H-2d/H-2b	体部	8b 新～「9」	隆帯体部	T	t	C3	－	角閃石・頁岩・火山ガラスを含む。	C	TtC
101	42	593	H-2d	体部	8b 新～「9」	隆帯体部	T	t	B1	－	花崗斑岩・軽石・ひん岩を含む。	C	TtC
101	43	501-2	G-2d	体部	8b 新～「9」	沈線体部	T	t	A8	－	安山岩・玄武岩	^C	Tt^C
101	44	8'441	H-2d	体部	8b 新～「9」	沈線体部	T	t	C1	－	火山岩を含まず堆積岩・頁岩・半深成岩からなる。	C	TtC
101	45	439（499）	H-2d・G-2d	体部	8b 新～「9」	沈線体部	T	t	C2	－	角閃石・輝石を含まず石英斑岩が多いが軽石を含む。当初Ｂにしたが、輝石を含まないことからＣに含めた。	C	TtC
101	46	552	H-2c	体部	「9」	隆帯体部	T	t	A1	－	安山岩・玄武岩	$\overline{C}$	Tt$\overline{C}$
101	47	8'539	I-2c	体部	8b 新	沈線体部	T	t	A7	－	安山岩・普通輝石・紫蘇輝石・石英脈および火山ガラスを含む。	$\overline{C}$	Tt$\overline{C}$
101	48	8'547	I-2c	体部	「9」	隆帯体部	T	t	A1	－	安山岩・非輝石	$\overline{C}$	Tt$\overline{C}$
101	49	466	H-2d	体部	8b 新～「9」	沈線体部	T	$\overline{t}$	A5	－	安山岩を含むが、角閃石・輝石を含まず、黒雲母を含む上、赤色岩片が目立つもの。	$\overline{C}$	T$\overline{t}\overline{C}$
101	50	477	I-2a	体部	「9」～ 9a	沈線体部	T	t	A3	－	安山岩・角閃石・輝石・軽石を含むが、赤色岩片・変成堆積岩を含まない。	$\overline{C}$	Tt$\overline{C}$
101	52	622	H-2a	体部	「9」～ 9a	沈線体部	T	t	A1	－	安山岩・非輝石	$\overline{C}$	Tt$\overline{C}$
101	51	628	I-2a	体部	「9」～ 9a	沈線体部	T	t	D1	－	変成岩が多く、花崗岩、微斜長石を含む。赤色鉱物類、変成岩を含む。	$\overline{C}$	Tt$\overline{C}$
101	53	432	G-1o	体部	9a	隆帯体部	T	t	C1	－	火山岩を含まず堆積岩・頁岩・半深成岩からなる。	C	TtC
101	54	429	G-1o	体部	「9」～ 9a	隆帯体部	T	$\overline{t}$	A8	－	安山岩・花崗岩・微斜長石・ひん岩を含み、鉱物が大きく、細かい粒を含まない・胎土の色全体が白い。	^C	T$\overline{t}$^C
101	55	322	I-1o	体部	「9」～ 9a	隆帯体部	T	$\overline{t}$	A2	－	安山岩・玄武岩・堆積岩含み、頁岩多量。小破片なし。	$\overline{C}$	T$\overline{t}\overline{C}$
101	56	414	H-1o	体部	「9」～ 9a	沈線体部	T	t′	C1	－	火山岩を含まず堆積岩・頁岩・半深成岩からなる。	C	TtC
101	57	324	I-1o	体部	9a	隆帯体部	T	t	A1	－	安山岩・非輝石	$\overline{C}$	Tt$\overline{C}$
101	58	306	G-1n	体部	8b 新～「9」	沈線体部	T	t	(A9)	－	角閃石・輝石、ひん岩を含む。細かな石英を含まない点で 429 と類似。	^C	Tt^C
101	59	200	I-1n	体部	9a	隆帯体部	T	t	A1	－	安山岩・非輝石	$\overline{C}$	Tt$\overline{C}$
101	60	262	H-1n	体部	9a	隆帯体部	T	?	B3	－	火山岩を含まず堆積岩・頁岩・半深成岩からなる。	C	－
101	61	147	I-1n	体部	9a	沈線体部	T	t	B3	－	頁岩、石英斑岩、赤色岩片を含み、輝石、角閃石を含む。	C	TtC
101	62	144	I-1m	体部	9a ～ 9b	沈線体部	T	t	C1	－		C	TtC
101	63	229	H-1k	体部	大木 10	体部	T	t	A8	－	安山岩・花崗岩	^C	Tt^C
101	64	123	H-1k	体部	9a ～ 9b	隆帯体部	T	$\overline{t}$	A4	－	安山岩・堆積岩・頁岩の他に石英脈・黒曜石・軽石等火山岩系の岩石を含む。	$\overline{C}$	T$\overline{t}\overline{C}$
101	65	620	I-1k	体部	9a ～ 9b	隆帯体部	T	t	C1	－		C	TtC
101	66	84	I-1k	体部	大木 10	体部	T	t	B3	－	頁岩、石英斑岩、赤色岩片を含み、輝石、角閃石を含む。	C	TtC
101	67	234	H-1k	体部	9a ～ 9b	隆帯体部	T	$\overline{t}$	D2	－	変成岩が多く、花崗岩、微斜長石を含む。黒雲母は少数含むのみ。	$\overline{C}$	T$\overline{t}\overline{C}$
101	68	81	I-1k	体部	9a ～ 9b	沈線体部	T	t	A1	－	安山岩・花崗岩	$\overline{C}$	Tt$\overline{C}$
101	69	19	I-1b	体部	「9」～ 9a	隆帯体部	T	t	C1	－	火山岩を含まず堆積岩・頁岩・半深成岩からなる。	C	TtC
101	70	18	I-1b	体部	「9」～ 9a	沈線体部	T	t	C1	－	火山岩を含まず堆積岩・頁岩・半深成岩からなる。	C	TtC
101	71	629		体部	「9」～ 9a	沈線体部	T	t	B2	－	泥岩のホルンフェルスを含み、赤色鉱物を含まず、軽石を含む。	C	TtC

G・H-4b 層・H-4a 層

深鉢　A類型

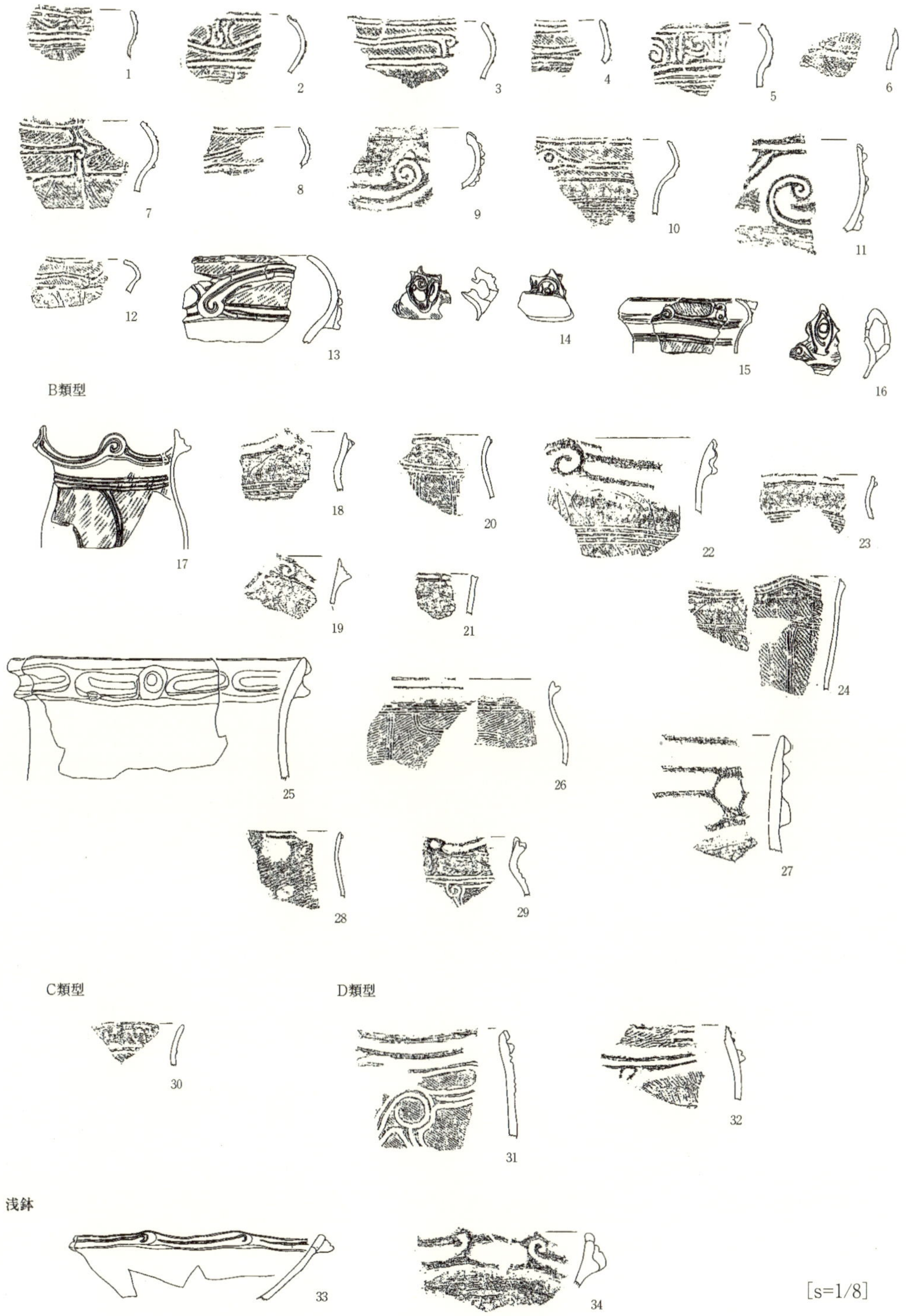

図 99　浅部貝塚出土土器（1）（大木 8b 式）（図 99 ～ 101：水沢 1989・1990 より）

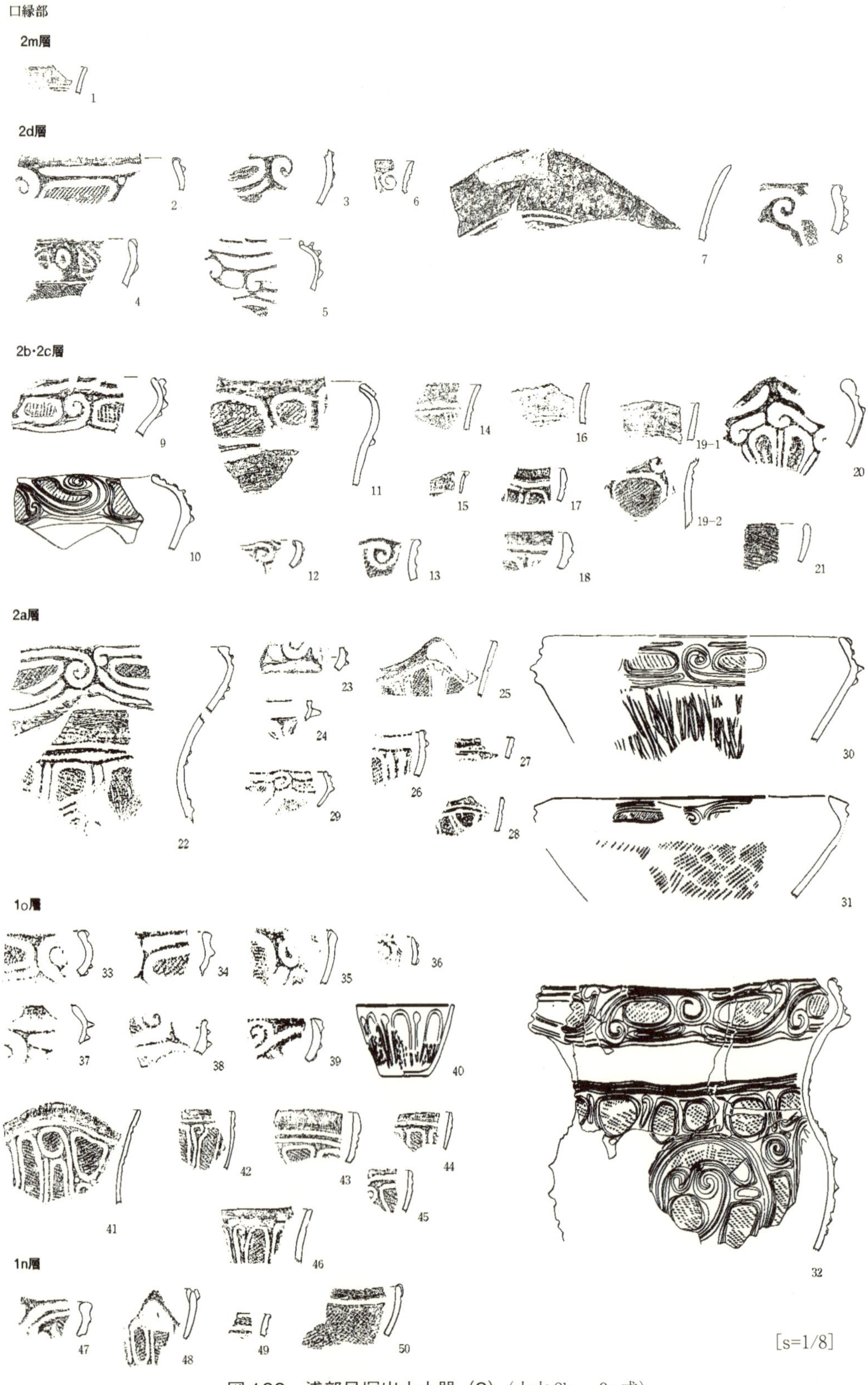

図100　浅部貝塚出土土器（2）（大木8b～9a式）

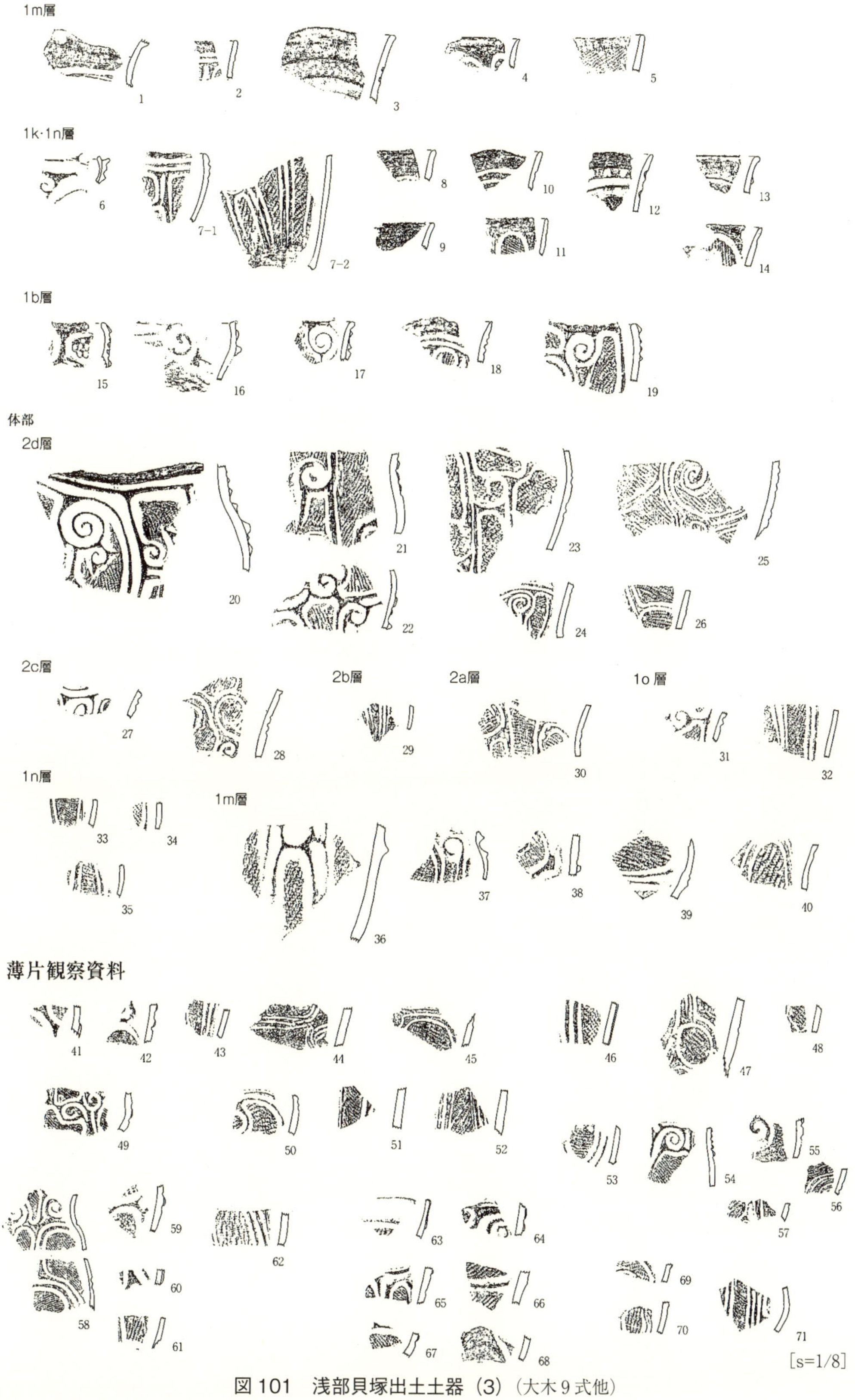

図 101　浅部貝塚出土土器（3）（大木９式他）

表24　浅部貝塚出土土器の胎土組成基礎データ

胎土記号	C̄	C̄	C̄	C̄	C̄	C̄	^C	^C	^C	C	C	C	C	C	C	C	C	C̄	C̄	C̄	C̄	^C	^C		
土器型式・胎土	A1	A2	A3	A4	A5	A7	A8	(A9)	A	B1	B2	B3	B	C1	C2	C3	C	D1	D2	E1	E2	E3	E4	不明	合計
大木8a～8b	1																			1					2
大木8b	1				2		2					2		15						4	5			1	32
大木8b新						1								1		1	3								6
8b新～「9」					1		2	3		1		2		6	1	2	3							1	22
大木「9」～9a	1	1	1				1				1	1		10			1	1					1		19
大木「9」	3			1		1		2				1		7		3								2	20
大木9a	6							1	1			7		8		3						1		1	28
大木9a～9b	5			1					1			3	2	8		3			1						24
大木10							1					1													2
合　計	17	1	1	2	3	2	6	6	2	1	1	17	2	55	1	12	7	1	1	5	5	1	1	5	155

土器型式	A合計	B合計	C合計	D合計	E合計	その他	合計
大木8a～8b	1	0	0	0	1	0	2
大木8b	5	2	15	0	9	1	32
大木8b新	1	0	5	0	0	0	6
8b新～「9」	6	3	12	0	0	1	22
大木「9」～9a	4	2	11	1	1	0	19
大木「9」	7	1	10	0	0	2	20
大木9a	8	7	11	0	1	1	28
大木9a～9b	7	5	11	1	0	0	24
大木10	1	1	0	0	0	0	2
合計	40	21	75	2	12	5	155
割合	25.8	13.5	48.3	1.2	7.7	2.6	

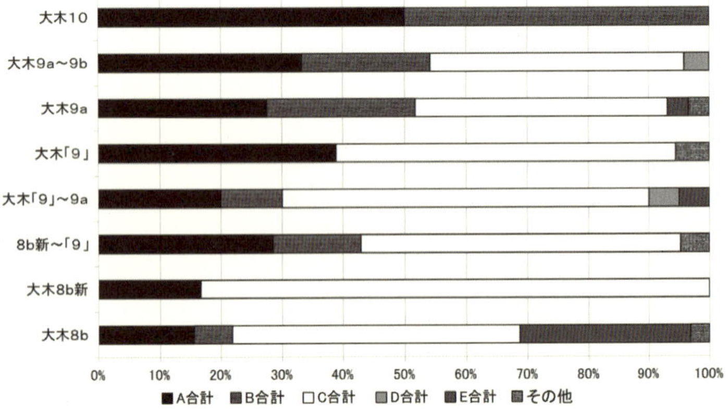

図102　浅部貝塚時期別胎土

表25　浅部貝塚出土土器の土器型式別TCモデル総括

TCモデル	TC	TC̄	T̄C	T̄C̄	全個体数	TC判明個体数
解　釈	在地製作	型式内搬入か素地土選択採取	模倣か製作者移動	型式外搬入		
大木8a～8b		TtC̄2			2	2
大木8b	TtC17	Tt^C2・TtC̄12			32	31
大木8b新	TtC5	TtC̄1			6	6
8b新～「9」	TtC14	Tt^C5・Tt̄C̄1			22	20
大木「9」～9a	TtC14	Tt^C1・TtC̄3・Tt̄C̄1・Tt̄^C1			19	20
大木「9」	TtC11	Tt^C3・TtC̄5			20	19
大木9a	TtC17	Tt^C2・TtC̄6			28	25
大木9a～9b	TtC16	Tt^C1・TtC̄5・Tt̄C̄2			24	24
大木10	TtC1	Tt^C1			2	2
合　計	95	54	0	0	155	149

※記号の後の数字は試料数

石英粒が含有されている。花泉町日形中通付近は浅部貝塚の北15.5㎞の北上川左岸で粘性に富む軟質凝灰岩層の中に黒曜岩（石）・石英粒等が含有されているとされる。このように黒曜岩（石）を含む素地土の調達地は在地外に複数考えられ、その地域からの搬入が推測される。

T̄CとT̄C̄は、本分析の範疇には認められなかった。

4　土器型式等質地域における縄文時代中期中後葉土器の動きと縄文人の領域

浅部貝塚出土土器155点の胎土分析の結果、大木8a～9b式を通じて、大きく5群、計20種類の胎土が判別された。そのうち6種類の胎土（B群とC群）を有する土器を、遺跡の比較的近隣の在地で調達される素地土から作られたものと認定した。これに対し、10種類の胎土（A1・A2・A3・A4・A5・A7、D1・D2、E1・E2）は在地外の要素を含むため、土器製作技法上の特異性が認められないものは、通常の在地土器とは異なる場所へ素地土を採取に行って作られた可能性の高い土器と解釈したが、逆に小破片の範疇でも技法上の特異性が認識されたものは、大木式の型式圏内の他地域から浅部貝塚への搬入の可能性を指摘した。また、この他に在地と在地外の両方の可能性を含む胎土（A8・A9、E3・E4）も確認された。胎土が特に多様になるのは大木「9」式以降で、安山岩を含む胎土にバリエーションが生じる。逆にこの時期になると大木8a式期からの伝統であった、黒雲母を含む胎土がみられなくなる。

表26　二月田・貝鳥・沼津・浅部のトリ・ケモノ編成
（林2004aより）

種名		遺跡名	二月田	貝鳥	沼津	浅部
鳥類	Ⅰ	ハクチョウ		1.0（5）	0.4（3）	5.0（10）
		ヒシクイ		9.5（48）	0.8（6）	4.0（8）
		マガン		3.8（19）	1.0（7）	2.0（4）
		カモ	45.2（33）	7.6（38）	16.5（120）	4.0（8）
	Ⅱ	ツル		0.6（3）		
		サギ		0.4（2）		
		オオバン		0.6（3）		
		カイツブリ	4.1（3）	0.4（2）	1.2（9）	
		ウ		4.0（20）	5.5（40）	1.5（3）
		アビ	4.1（3）		1.5（11）	
	Ⅲ	カモメ			0.1（1）	0.5（1）
		ウミスズメ			0.7（5）	
		オオハム	2.7（2）		0.7（5）	
		アホウドリ	1.4（1）	0.4（2）	0.7（5）	
		ミズナギドリ	4.1（3）		0.4（3）	
		トウゾクカモメ			0.1（1）	
	Ⅳ	カラス		0.6（3）	1.4（10）	
		キジ	1.4（1）	7.6（38）	1.5（11）	0.5（1）
		ワシ・タカ	1.4（1）	1.6（8）	1.2（9）	
	鳥類合計		64.4（47）	38.1（191）	33.7（246）	17.5（35）
哺乳類	Ⅰ	シカ	11.0（8）	22.3（112）	23.5（171）	44.0（88）
		イノシシ	9.6（7）	23.3（117）	22.1（161）	27.0（54）
	Ⅱ	イヌ	1.4（1）	5.4（27）	2.5（18）	4.0（8）
		タヌキ	1.4（1）	2.4（12）	2.2（17）	5.0（10）
		キツネ	1.4（1）	1.0（5）	1.7（12）	
		イタチ		0.4（2）		
		ウサギ	1.4（1）	3.2（16）	2.8（20）	
	Ⅲ	テン		0.4（2）	0.7（5）	
		アナグマ			0.6（4）	0.5（1）
		ムササビ	1.4（1）	0.4（2）	1.5（11）	
		ウマ			0.1（1）	
		オオカミ		1.0（5）		1.0（2）
		オオヤマネコ				0.5（1）
		サル			0.4（3）	
		カモシカ		0.6（3）	0.1（1）	
		ツキノワグマ		1.0（5）	0.1（1）	
	Ⅳ	カワウソ	2.7（2）	0.6（3）	0.6（4）	
		イルカ	1.4（1）		6.5（47）	
		サカマタ		0.2（1）		
		クジラ	1.4（1）		0.4（3）	0.5（1）
		アシカ	1.4（1）		0.3（2）	
		オットセイ	1.4（1）		0.1（1）	
	哺乳類合計		35.9（26）	62.2（312）	66.2（482）	82.5（165）
総計			100.3（73）	100.3（503）	99.9（728）	100.0（200）

林謙作はかつて浅部貝塚の動物遺存体の割合を算出し（林1970・1971）、他の遺跡との比較を試行した（林2004a）。それによると浅部貝塚では出土した鳥類・哺乳類全体を100％にした場合のシカ・イノシシの比率が71.0％と群を抜いて多く、沼津貝塚の45.6％や貝鳥貝塚の45.6％を圧倒していた（表26）。林は、浅部貝塚が北上川本流に面しているため、周辺にガン・カモ科の餌場になる湖沼・湿地があまり発達しておらず、シカ・イノシシに集中した可能性を指摘している。ただ、時期毎の狩猟対象は（表27）、大木8a・8b式期にはシカとイノシシが主体であったが、「プレ9」から鳥類が加わり、大木式「9古」にかけてオオハクチョウ・マガン・ヒシクイ・カモなど渡りを伴う鳥類が増える。浅部貝塚の西方6kmの伊豆沼には現在も11月になると鳥の渡りが始まり、2月その数はピークを迎え、3月末には殆どが姿を消す。浅部貝塚の住人が当時もこの地域を猟場としていた可能性は高い。土器づくりの素地土も、大木8b式期までは周辺地域や東方の北上山地起源が主体であったが、林の「プレ9」すなわち大木8b新段階から、「9」式以降になると、西方の奥羽山脈起源の要素が加わり、縄文人の粘土採取活動も迫川周辺へ広がる可能性が高まる傾向と一致している。もしこの傾向が周辺の遺跡でも証明できるとすれば、中

表27　浅部貝塚のシカ・イノシシ・ガンカモ科の層位別分布（林 2004a より）

層序	時期（大木式）	シカ	イノシシ	オオハクチョウ	マガン	ヒシクイ	カモ 中	カモ 小		備考
Ⅰ 1	9新	4	1		1	1			7	砂質
m	〃	6	2					1	9	粘土質シルト
n	〃	7	4	2					13	砂質（焼土粒を含む）
o	〃	11	4	1		2			18	粘土質シルト
Ⅱ a	9古	5	5	3	1	1	1	1	17	貝（ヤマトシジミ**・ヌマガイ）
b	〃	6	4	1		1	3	1	16	粘土質シルト
c	〃	7	5	1	1	1			15	貝（ヤマトシジミ**・マルタニシ）
d	プレ9	6	1	1					8	ローム*（木炭片を含む）
Ⅲ a	8b	7	1						8	貝（ヌマガイ**・カラスガイ？）
b	〃	5							5	ローム*
c	〃	1							1	破砕貝（ヤマトシジミ**・タニシ）
Ⅳ a	〃	3							3	粘土
b	8a，8b	3	4						7	砂
		71	31	9	3	6	4	3	127	

＊砂・シルト・粘土を同率に含む「土壌」　＊＊主流となる種
（註48 表Ⅰ・Ⅱを改変）

表28　浅部貝塚での捕獲活動の季節による変動
（林 2004a より）

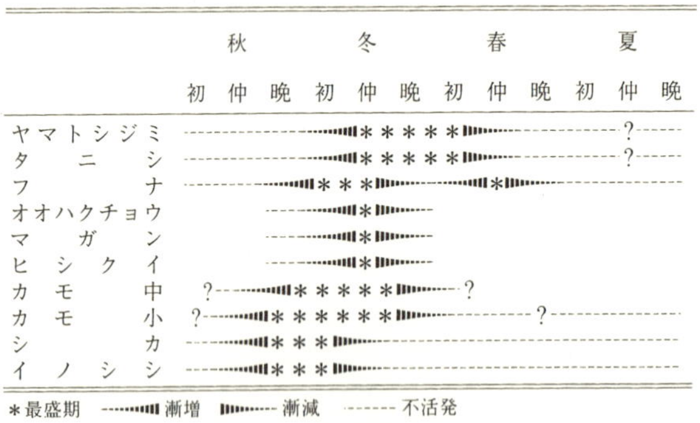

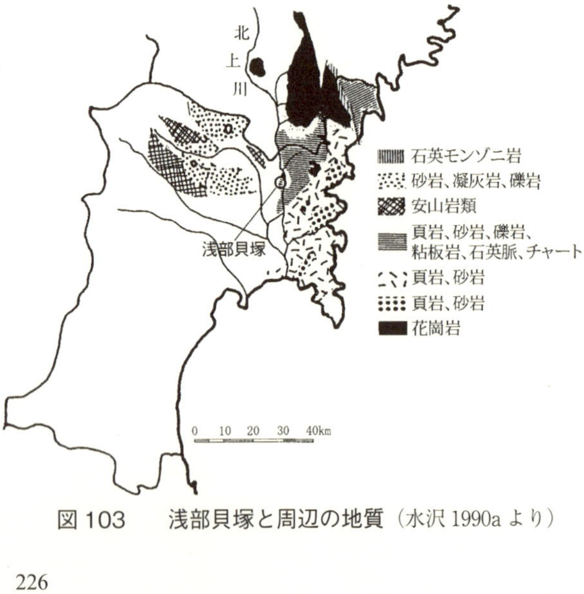

図103　浅部貝塚と周辺の地質（水沢 1990a より）

期中葉に陸獣に重きを置いていた生業活動から後葉になって水辺の資源へシフトし始めた中央高地の生業の様相とも連動する。また、逆にそのような傾向に伴って、縄文人の行動領域が変化し、粘土採取地が広がったとも考えられる。実際には発掘面積の制約や地点の偏り、層が形成された季節の違いが働いている可能性もあるため慎重な議論が必要ではあるが、素地土採取を生業を含めた縄文人の活動領域の問題として考えていく視座は常に必要であろう。

さて、一遺跡内の土器の胎土が複数に分かれ、その中のある胎土の土器が少数であればあるほど通常その土器を搬入品と考えることが多いだろう。しかしながら、搬入品とみられる土器の技法を観察し、更にこのような縄文人の生業を含む多様な観点をもって彼らの行動領域を見直し、それが素地土調達地の違いに由来するかどうか確認していく努力も必要である。また、大木

「9」式以降に火山岩を含む土器が増えるという浅部貝塚の現象を今後は周辺遺跡でも追っていく必要がある。前節で詳述したように長野県屋代遺跡群の大木「9」式にあたる大木式系土器にも安山岩を中心とする火山岩が含有されていたことにも注目したい。

更に林は、狩猟対象の減少する春夏は食料欠乏期にあたり、その時期をどのように乗り切るかが内陸縄文人の重要な問題であったとし（表28）、その解決方法として植物性食料の採集、春夏の食料不足を見越した備蓄と、他の地域からの食料の供給をあげている。浅部貝塚ではクジラも出土しており、海岸部との食料交換が推定される。先の黒曜岩（石）を含有する土器が七ヶ浜や塩竈方面の海辺の集落からの型式内搬入であるとすれば、このような遠隔地から搬入された資源の容器としてもたらされた可能性も考える必要があろう。今回型式内搬入品と認定された土器は5点に止まり、土器があまり動かないことが判明したが、これこそが大木式の中心分布圏ともいえる仙北湖沼地帯の実状を反映している結果と捉えたい。

註

【第1節】

（1）寺内隆夫氏のご教示によると、№7は東信を含む東方の要素が濃厚な土器であるのに対し、№8は典型的な勝坂式。

（2）普通角閃石を約800度に加熱すると玄武角閃石に変化する（黒田・諏訪1968）が、同土器の中には玄武角閃石と普通角閃石が共伴しているので、土器焼成時の変化に起因するものではないと考えられる。なお、玄武角閃石（basaltic hornblende）は普通角閃石に比べてFe^{3+}が多く、(OH)が少ないものを指し、酸化角閃石（oxyhornblende）とも呼ばれる。

（3）大塚勉氏（信州大学理学部）のご教示による。

（4）原山智氏（信州大学理学部）のご教示による。

（5）山口佳昭氏（信州大学理学部）のご教示による。

（6）原山智氏のご教示による。

【第2節】

（1）河内晋平氏のご教示によると、8の緑簾石片岩は浅間山基盤層のゼノリス（捕獲岩）の可能性がある。また13は形態から八風山型とみられる。

（2）山岸猪久馬氏のご教示による。ただ蟹澤聰史氏は単斜輝石の内部の融解について慎重な検討の必要性を指摘されている。

（3）河内晋平氏は1994年、千曲市屋代遺跡群の「仁和の洪水砂」と推測されていた砂層中から玄武角閃石を抽出された。その際、その産地について「玄武角閃石は、千曲川上流の火山岩では、八ヶ岳以外には浅間山をはじめとしてどこにも産しない」（河内1995 p.119）と書かれ、屋代遺跡群の洪水砂の中の同鉱物が、八ヶ岳の大月川岩屑なだれ発生に伴って崩落した天狗岳－稲子岳の溶岩類に含まれ、それらが千曲川に流れ込んで屋代まで運ばれたものであると認定された。このことから、玄武角閃石は八ヶ岳を源流とする大月川などによって千曲川へ流れ込み、下流で土器の原料として使われたと推測され、浅間火山起源の砂と区別される可能性がある。

（4）（補註）珪化岩の同定は山岸猪久馬氏のご指導による。珪化作用とは、熱水溶液との反応で岩石の SiO_2 が増加する変質作用である。結晶片岩であれば緑泥石なども入るはずであるが、本試料にはみられない、とのご教示も併せていただいている。薄片中には紅簾石を含むものもあり、三波川変成帯等変成岩との関係が今後の課題である。また、珪化岩の生成過程について、蟹澤聰史氏にご教示をいただいた。一方、清水芳裕氏は本薄片の黒雲母片岩に属する変成岩から、この地域の基盤を構成している変成岩に由来する風化物を選択して混和したか、製作地を異にする土器の可能性があるとされた（清水 2004）。今後調査を進める必要がある。

（５）山岸氏のご教示による。また、33 は他に溶結凝灰岩、黒雲母パミス、チャートを含む。

（６）国立歴史民俗博物館共同研究「歴史資料分析の多角化と総合化」の 1997 年度「縄文土器分科会」に際し、14 点のプレパラートを観察した折り、河内晋平氏から「八風山型」もしくはその可能性があるとしてご指摘いただいた試料は、8・10・13・15 の４点である。

（７）曹長石化と緑色凝灰岩の関係は山岸猪久馬氏のご教示による。

（８）清水芳裕氏はこのうち 12 と 34、35 について、黒雲母の含有率の上で他の土器と大きく異なっており、意図的に加えた可能性が高いとされている（清水 2004）。この国立歴史民俗博物館の第Ⅰ期 特定研究「生産と利用に関する歴史資料の多角的分析」（1996 ～ 1998 年）・第Ⅱ期 共同研究「生産と利用に関する歴史資料分析の集約」では、川原田遺跡の資料を多角的に見通す目的で清水芳裕氏・建石徹氏・水沢の三者が分析し『国立歴史民俗博物館研究報告』第 120 集（2004 年）で報告した。その結果、清水氏は、水沢の１群を１類、水沢の３群２・３類の一部を２類、水沢の２群を３類・４類・５類、水沢の３群１類を６類とし、１～４類は遺跡から近距離の間での堆積物の構成の差、つまり在地胎土の変異とし、１類が火山岩系、４類が深成岩系で、２・３類をその中間とされた。一方、５類・6 類は在地外胎土としている。清水氏の分類によるとＣは、12（勝坂？）・34（阿玉台式）・35（阿玉台式）・38（群馬県で製作された可能性のある勝坂）の４点に止まり、その他は在地製作となる。

（９）河内晋平氏にご教示いただいた。

（10）小諸層群は新第三紀鮮新世から第四紀更新世前期にあたり、「古小諸湖」が埋め立てられた過程でできた地層である。古い順に梨平累層・大杭累層・布引累層・瓜生坂累層と呼ばれ（飯島 1962）、御牧ヶ原台地一帯を中心に分布する。最も古い梨平累層は主に礫岩から成り、泥岩や凝灰質砂岩を挟む。礫岩層の礫は黒色の安山岩や玄武岩・内村層起源の緑色火山岩類・チャート・花崗岩・硬砂岩がみられ（渡辺 1999）、小諸市東沢にも分布する。大杭累層は小諸市東沢・松井や真楽寺湧水に源の一部を発する繰矢川沿いにも露出する。層の堆積状況は、礫岩・砂岩・泥岩の互層で、上田市（旧丸子町）深山では「黒雲母を特徴的に含む」数枚の厚い軽石層が鍵層として挟まれる。その上部には、繰矢川河口付近で多孔質の角閃石複輝石安山岩の岩片を含み、下部には上田市（旧丸子町）練合で、黒色ひん岩・緑色岩累・変質安山岩・チャート・ホルンフェルス・硬砂岩・流紋岩・黒色安山岩系などの礫を含む（塩川団体研究グループ 1988）。上田市深山では「青っぽい粘土を基部とする礫岩が特徴的である。」（渡辺 1999）とされる。布引累層は、小諸市松井（渡辺 1999）や小諸市糠塚山（小坂ほか 1988）にも分布する。主に凝灰質礫岩から成り、火山砂岩層・凝灰質砂岩層・泥岩層・軽石層を挟む。下部の軽石層には白色や角閃石の目立つ褐色のものがある。

最後に問題の瓜生坂累層は御牧ヶ原一帯を中心に分布し、右岸では糠塚山の東側（河内・荒巻 1979）や小諸市松井に分布する。同層の上部は礫岩・火山砂層・凝灰質の砂泥互層で、そのより下方には礫層・珪藻土層が分布する。同層の下部は泥流堆積物で、観音寺泥流の中には、塩基性の黒色安山岩・複輝石安山岩・ガラス質安山岩・チャート・ホルンフェルス・流紋岩・花崗岩などの他、風化した金色の黒雲母を含む軽石層が巻き込まれている（渡辺同上）とされている。2004 年の原著論文執筆の際に小諸層群の上の粘土化した火山灰層を採取し、組成から曙ローム（AP）（山辺 1999）と推測したが、曙ロームには単斜輝石が含まれない。一方川原田遺跡の土器内には少量ではあるが殆どの試料に単斜輝石が認められており、相異がある。

また、小諸層群を不整合に覆う地層は北御牧火山岩類や伴野層である。後者は川原田遺跡西方 4㎞以西の小諸市北部や同市岩尾付近に分布し、中部伴野層は松葉川泥流の一部を含み、火山灰質のシルト、複輝石安山岩・珪化岩・チャート・閃緑岩・花崗閃緑岩・頁岩・グリーンタフなどの円～亜円礫の泥流堆積物から成る。上部は珪藻土質のシルト層・砂層・泥層から成る湖成層で、シルト層は黒雲母・角閃石・斜長石を含む中粒火山灰層を挟む（小坂他 1988）。

(11) 土合の粘土に観音寺の火山灰を混ぜるなど別の堆積物同士の混和実験が必要であろう。

(12) 山岸猪久馬氏のご教示による。

(13)（補註）分析結果の解釈に際し、蟹澤聰史氏のご教示をいただいた。

(14)（補註）水沢 2004 では、$\overline{C}_{32}$ としている。

(15) 寺内隆夫氏のご教示によると、分析対象外の資料の中にも本場のものと考えられるⅣ期の勝坂式（J-12 43）がある。このことからも、勝坂式が搬入されていた可能性は、かなり高いものと思われる。

【第3節】

（1）第2章第1節註1参照。

（2）長野県埋蔵文化財センターでは屋代遺跡群の調査報告時に通時的な文化領域や「特に在地土器について、通史的に生産地や粘土・混和材の供給元」（寺内隆夫 2000b「第5章第9節 交易と交流関係資料」『更埴条里遺跡・屋代遺跡群―総論編―』pp.177-181）の追究を目的として、薄片を製作し、その概要の報告を行った（水沢教子 2000a「第10章第1節3（2）混和材の観察による在地胎土」pp.317-318、建石徹 2000「第10章第1節3（3）粘土の蛍光X線分析による在地胎土と異質胎土」pp.318-325『更埴条里遺跡・屋代遺跡群―縄文時代編―』）。本稿はその後の薄片観察による成果を基礎としている（水沢 2007・2008）。

（3）図104のような裾花凝灰岩の石英にみられる割れ目は、海底火山が噴火した折りにまわりの海水によって冷やされて生じたものとされる。割れが更に進むと石英自体が破片状に割れる。2000年に河内晋平氏はこのような特徴に加えて少数の黒雲母などを含む組成などから総合的に判断してⅠ群1類胎土が裾花凝灰岩起源にあたると認定された。

（4）加藤・赤羽 1986、飯島・斎藤 1968 を参照。

（5）水沢 2005 で、「火山岩を多く含む土器」としたものが該当する。

（6）山辺邦彦氏が命名したテフラ（山辺 1999）で、層厚 1.3 m、標式地である千曲市の曙峠に因んで名付けられた。東御市の八重原グラウンド、御牧ヶ原台地の中平、布下、立科町の外倉、佐久市（旧望月町）観音寺、小諸市氷などでも観察され、大町 APm テフラ群（クリスタルアッシュ）と同一のものと考えられる。同テフラの詳細については本論第5章第2節4（2）「2群について」を参照。

（7）緑簾石を含む変成岩の産地としては、三波川変成帯があげられる。三波川変成帯は中生代の付加帯の沈み込みに伴って形成された低温高圧の変成帯で、その後新第三紀のフィリピン海プレートの衝突によって屈曲した。そのため、フォッサマグナを境に、中央構造線に沿って伊那谷の東側から愛知・静岡県境、更に志摩半島から四国へと連なる部分と、群馬県南部から埼玉県中部を縦断する部分に分かれている。本試料の「緑簾石岩」は緑簾石の他には石英・斜長石が含まれているの

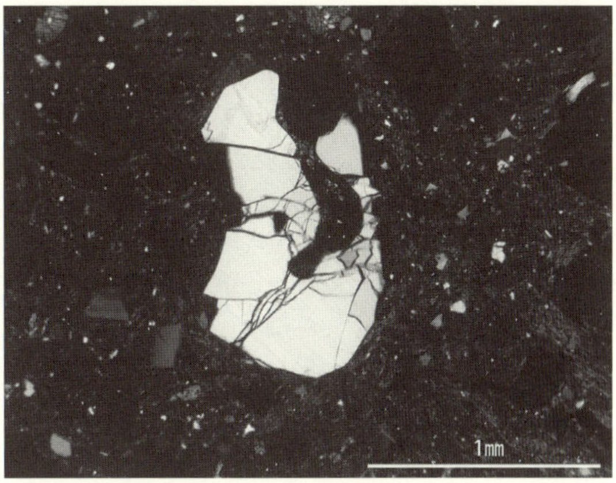

図104　Ⅰ群1類（259）の石英に入った水冷割れ目
（水沢 2000a　巻頭図版8より）

みで、三波川変成帯の角閃岩などとは異なると考えられる。この他飛騨変成帯にも緑簾石を含む「曹長石緑簾石ホルンブレンド片岩」（橋本1987）が存在するが、片理が更に強い。

（8）河西学氏のご教示による。

（9）パリノ・サーヴェイ2000による。また、宮下健司氏からは河東山地を構成する閃緑岩の変質、笹沢浩氏からも緑色凝灰岩の変質による緑簾石化の可能性の検討をご指摘いただいている。今後これらを調査していく必要があろう。

（10）長野市松代東寺尾の北平1号墳出土土器の重鉱物のみの胎土分析においては東海西部系ひさご壺に緑簾石が15点、在来系高杯の脚部には28点認められた（パリノ・サーヴェイ1996）。

（11）村東山手遺跡出土土器の場合、一薄片2,000ポイント中1～9点と、かなり少ない（河西1999）。これらは、緑簾石岩が主体を占める本試料とは異なるものと考えられる。

（12）北沢良子氏のご教示による。松代焼は江戸時代後期に松代藩の地域産業振興策の一環として製作が開始されたいわゆる施釉陶器である。現在の長野市松代東条を中心に多くの窯が営まれ、粘土や焼成方法が工夫されてきた。特に1,200度の高温に耐えるための良質な粘土や粘土同士の調合を必要とした。昭和になってから発見された「八田家文書」には松代藩の陶器方の記録に粘土についての記述がみられる。特に「文政五年七月三日竈焚諸調御書上帳」には千曲川右岸では松代東条地区の「立石山土」、左岸の「柳沢村土」、「有旅村土」、「岡田村山土」、「郡村土」、「小松原村土」がみられ、これらの地域から良質な粘土が産出したことが窺える。のちに松代焼を研究復興した古川元三郎氏も踏査によって松代地区に複数の粘土産地を発見したとされる。この他、千曲市雨宮など千曲川右岸地域にも松代焼の窯があったようだが、その粘土産地等の詳細は不明である。

（13）（補註）うちⅣ-2a類にあたる図95-6中央の岩片は、片状ホルンフェルスとのご教示を蟹澤聰史氏よりいただいた。また、Ⅳ-2b類のうち黒雲母の細長い結晶を含む石英質の片状ホルンフェルスはその組成から、領家帯を由来とする可能性がある。ただ、三波川帯と領家帯の区別を行うためには更なる資料の充実が必要であるとのご指摘もいただいている。

（14）桜岡正信氏は、武蔵甕の胎土は分布域で何れも近似し、焼成・色調にも均質性があり、各地域の在地甕とは胎土の共通性があるとは感じられないとし、特定地域における大量生産と広域流通を推測している（桜岡2003）。

（15）鳥羽1999による。

（16）山田1997による。

（17）図67と図91を比較すると、大枠としてApmテフラ群に由来すると推測した図67の川原田遺跡の焼町2群と図91の屋代遺跡群のⅡ群胎土が、ともにSiO_2が65％内外でかつ鉄／チタン比が6～10程度に収束し、類似した傾向を示すことは注目される。

化学組成分析に関しては国立歴史民俗博物館の共同研究の過程で、建石徹氏から様々なご教示をいただいた。また、分析結果の解釈に関しては、河西学氏にご教示いただいている。

（18）五領ヶ台式の分析試料総数11点中（表18）、胎土がⅢ群2類、Ⅳ群1・2a・2b・3類の5種類に該当する土器総数は3点。よって3/11 = 27.2727･･･であるため、3/11（27.3％）と表記している。その他の型式も同様な計算を行い、割り切れない場合は四捨五入で表記した。

（補註）本研究に際し、顕微鏡による岩石鉱物の確認とその解釈について報告書刊行時（2000年）には河内晋平氏、研究紀要執筆（2006･2007年）に際しては河西学氏、その後の調査研究（2011年）に際しては蟹澤聰史氏にご指導を仰いだ。

（追記）

建石徹氏による屋代遺跡群出土土器の蛍光X線分析結果（建石2000）（MgO・Al_2O_3。SiO_2・K_2O・CaO・TiO_2・Fe_2O_3のｗ％）を、岩石学的手法での分類（水沢2007・2008）と比較検討した成果を、2011年3月の長野県立歴史館紀要で公表した（水沢・建石2011)。その結果、①土器の型式学的分類と粘土（マトリックス）の蛍光X線分析値と砂の分類（第1群）が良く一致した事例として、圧痕隆帯文土器と深沢式、甕Ⅰ、甕Cが判明した。ただその一方で、砂の分類において黒雲母を多く含むことでⅡ群2類にまとまる傾向を示した中期前葉土器群が、マトリックスの分析では5群に分離された。つまり砂と粘土の両者を分析したことによってその齟齬が大きな意味を持つことが判明したことになる。粘土（マトリックス）が分かれた背景が産地の違いであれば、表22の前提による各地からの搬入が更に補強されたことになろう。胎土分析の技術的な面においては、顕微鏡レベルでは黒雲母が目立つことで非常に似通った胎土であるにも拘わらず、粘土の化学組成が5群に分かれた背景は、大形の鉱物をマスキングなどで回避し、粘土部分に照準を合わせるという建石氏の方法の有効性を検証する結果ともなっている。このように、水沢・建石2011によって、粘土部分と砂部分の胎土分析の併用の重要性が更に認識されたことを受けて、今後さらに研究を発展させていきたい。

【第4節】

(1)（補註）岩石・鉱物の鑑定ならびに由来の解釈に際し、1990年に東北大学教養部の蟹澤聰史先生にご指導いただいた。その後の加筆部分は生出・中川・蟹澤1989による。

(2)（補註）本書で分析対象とした土器には該当試料無し。

(3)（補註）本書で使用した土器図版は修士論文（水沢1990）執筆の際に採拓・実測の上、掲載したものであり、一部卒業論文（水沢1989）に掲載したものを含む。分析・研究に関しては、卒業論文ならびに修士論文の指導教官である須藤隆先生にご指導いただき、調査を担当された北海道大学の林謙作先生にご助言を仰いだ。ただし、その後の調査研究により、若干の改変を行っている。また、考古学の研究方法を模索していた1987年当時、藤沢敦氏（現東北大学特任准教授）に埴輪薄片の偏光顕微鏡像を実見させていただき、縄文土器の移動に関しての方向性をもご教示いただいたことが、本研究の嚆矢となった。

2013年現在、浅部貝塚の報告書は未刊であるが、菅原哲文2007「東北地方中期縄文文化における地域性の研究」『考古学談叢』六一書房、水沢教子2013「仙台湾周辺における大木8b式土器の様相」『第26回縄文セミナー「縄文中期中葉土器研究の現状と課題」』縄文セミナーの会で、その一部を公表している。また、本節の未報告部分を含む図版の掲載に際しては阿子島香先生のご高配をいただいた。

第6章　胎土分析による先史・古代社会の復元とその可能性

第1節　土器づくりの流儀と単位

1　土器づくりの流儀

(1) 土器づくりにおける素地土調達

前章では、1遺跡出土の同一土器型式が多様な胎土から成る実態が浮き彫りにされた。特にそれが在地型式の場合は、その背景に土器型式圏内からの土器の搬入（「$T\overline{tC}$」）や、素地土そのものの搬入か素地土の在地外からの調達（採取）（「$Tt\overline{C}$」）が推測された（表29）。また、在地胎土の中にも変異があり（表30）、複数の異なる砂の調合割合の差、素地土の調達場所の微妙な違いなど、複雑な背景が予想される。

縄文時代中期は全国的に遺跡が増える時期である。そして遺跡数の増減は細別時期と地域毎に顕著な特色があり、その研究は昨今更にきめの細かさを増している。例えば宮城県の場合、大木7a式：93、大木7b式：94、大木8a式：187、大木8b式：237、大木9式：238、大木10式：218、南境式：174、と緩やかな増減（『宮城県遺跡地図』登録で細別型式の明らかな遺跡）が提示されている（相原2005・2007）。一方、発掘調査報告が行われていて時期比定が可能な北上川流域、

表29　遺跡別TCモデル

	TC		$T\overline{C}$		$\overline{T}C$		$\overline{TC}$		合計	分析合計	備考
	TtC	$T\overline{t}C$	$Tt\overline{C}$	$T\overline{tC}$	$\overline{T}tC$	$\overline{Tt}C$	$\overline{T}t\overline{C}$	$\overline{TtC}$			
解釈	在地製作	型式内製作者移動	素地土の搬入もしくは調達	土器型式圏内からの搬入	情報の移動と模倣	製作者移動	(技法を共有する地域からの搬入)	型式圏外からの搬入			
熊久保遺跡	4	0	0	1	1	0	1	0	7	9	C′をCとする。
川原田遺跡	19	0	0	0	9	3	2	4	37	43	t′をtとする。^CはCとする。
	10	0	9	0	7	3	4	4	37	43	t′をtとする。^Cは$\overline{C}$とする。
屋代遺跡群(縄文中期)	15	0	11	4	0	0	10	14	54	76	表21に準拠。TtCが判明したものに限る。
	28	6	7	8	1	2	0	2	54	76	表22に準拠。TtCが判明したものに限る。
浅部貝塚	95	0	49	5	0	0	0	0	149	155	

表30 在地胎土の変異

在地胎土 集計 / 遺跡名	Cの種類	左記Cの該当個体総数	左記CのTtC総数(判別不能は除く)	^Cの種類	左記^Cの該当個体総数	左記^C Tt^C総数	分析総数
熊久保遺跡	C′	5	4	−	−	−	9
川原田遺跡	$C_{111}C_{112}C_{121}C_{13}$	18	10	$^C_{21}$ $^C_{22}$	11	9	43
屋代遺跡群	$C_{11a}C_{11b}C_{12a}C_{21a}$	19	19	$^C_{13a}$ $^C_{13b}$ $^C_{21b}$ $^C_{22}$ $^C_{23}$ $^C_{31}$	32	4	76
浅部貝塚	$C_{C1}C_{C2}C_{C3}C_{B1}C_{B2}C_{B3}$	87	87	$^C_{A8}$ $^C_{A9}$ $^C_{E3}$ $^C_{E4}$	14	13	155

※浅部貝塚胎土記号B、Cは分類を「C」に組み合わせて表示。屋代は縄文中期に限る。

仙台湾地域、阿武隈川流域、三陸海岸地域の遺跡数の解析では（菅野2005）、中期中葉：59、中期後葉：107、中期末葉：144、後期前葉：68と、中期後葉から末葉への増加と後期前葉の激減が読みとれる。この傾向はどの地域にも共通し、特に阿武隈川流域の中期中葉：15、中期後葉：41、中期末葉：63、後期前葉：26と仙台湾の中期中葉：5、中期後葉：8、中期末葉：16、後期前葉：2にその傾向が顕著である。更に住居跡数も北上川流域を中心に中期末葉に向けて増加する。遺跡が増加した背景は、集落が全体に小規模化して分裂したからではなく、狭い地域に固まっていた傾向から広い地域へと拡散し、かつそれぞれの中心となる拠点集落も分散併存する状況へと変化していくからである。これに対し、加曽利Ｅ式の中心的分布圏の大宮台地では（金子2006）、加曽利ＥⅠ式からＥⅡ式新段階（Ⅰ～Ⅳ期）までの遺跡数は17～23の範囲だが、ＥⅢ式古段階（Ⅴ期）になって49遺跡と倍増し、ＥⅢ新段階には67遺跡（Ⅵ期）とピーク、ＥⅣ式（Ⅶ期）には59遺跡、称名寺式古段階に32遺跡と減少していく。ＥⅢ式古段階は大木9a式に併行するので、この増加傾向は東北地方と軌を一にしている。加曽利ＥⅢ式古・新段階を大木9式併行として中期後葉とした場合は合計116遺跡、ＥⅣ式と称名寺式古段階を大木10式併行として中期末葉とするとその合計は91遺跡となり、中期後葉は中期中葉よりは多いものの、末葉になって若干減少するという点は宮城県の集落と類似した様相と捉えられる。一方、既に紹介したように八ヶ岳西南麓192遺跡中142を占める縄文時代中期遺跡の時期別推移をみると、東北地方でいう中期中葉（中央高地の狢沢～井戸尻Ⅲ～曽利Ⅱ式）より後葉（曽利Ⅲ・Ⅳ式）は減少し、末葉（曽利Ⅴ式～称名寺式の一部）に至って更に減少する上、後期初頭でも低迷する（勅使河原1992a）。遺跡数のピークは大木9式に併行する曽利Ⅲ式であるが住居跡数はこの時期既に大木8b式併行の曽利Ⅱ式よりも減少している。

後期における激減という状況は類似するとしても大木式や加曽利Ｅ式の分布圏の遺跡数は中期中葉から後葉・末葉へと増加するが、八ヶ岳山麓では中期中葉を頂点として、後葉・末葉に向かって減少するという点が注目される。金子直行は加曽利ＥⅢ新～ＥⅣ式期の遺跡数の増加を分村と移動の繰り返しによるものとしていて、遺跡が過密になるほど1遺跡の核領域は狭まるとしている。勅使河原彰は同一尾根上に複数の集落が併存する場合厳密な規制の下に2㎞の間隔が開けられ、曽利Ⅱ式期には空白であった場所にも集落が作られ過密状態になることを指摘した。それによって採集活動を行うための集落の核領域は狭くなるが、逆に対象獣の行動領域に左右される狩猟活動などにおいては核領域を越えた集落間の協業や入会地の設定が必要になると推測している。

このような集落の増減とともに素地土の採取領域も変化していったであろうことが推測される。そこで土器型式と胎土から確認されたパターンが、実際にはどのような行動系と結びつく可能性が高いのか、今までの分析事例から、1土器型式の分布地域と複数土器型式の接触地域を比較し、かつ後者は縄文時代の時代区分毎に概観してみたい。

(2) 1土器型式内の複数胎土

宮城県浅部貝塚では中期中葉から後葉の在地胎土として、頁岩、堆積岩、石英斑岩、石英脈、チャート等を含む登米層由来とみられる要素を含む胎土（C1・C2・C3類／「C」）、奥羽山脈起源とみられる火山岩、特に安山岩を含む胎土（A1・A2・A3・A4・A5・A7類／「$\overline{C}$」）、北上山地起

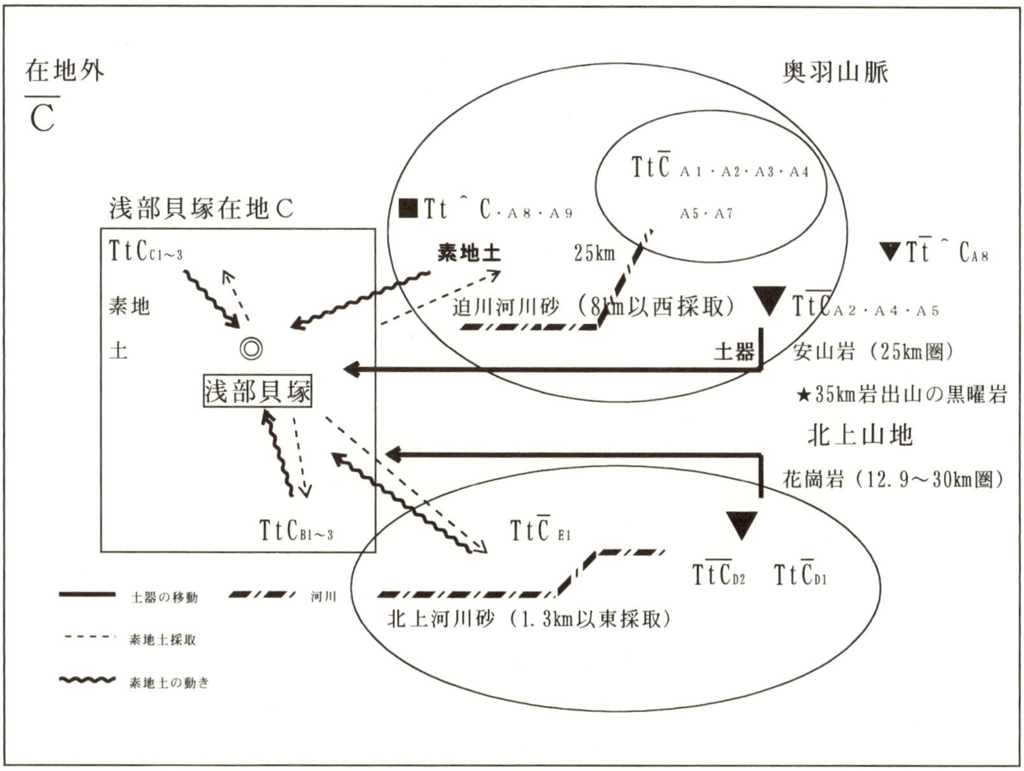

図105　浅部貝塚での素地土調達・型式内搬入と土器づくり

源とみられる花崗岩・アルカリ長石を含む胎土（D1・D2類／「$\overline{C}$」）、奥羽山脈起源の安山岩に一部北上山地起源の可能性のある花崗岩やひん岩が入る胎土（A8/「$^\wedge C$」）とこれに準ずるA9、火山岩そのものは含まないが火山岩系の岩石・鉱物を含み、基盤層もしくは一部北上山地系の要素を含む胎土（B1・B2・B3類／「C」）、その他に北上山地起源（直接採取か北上山地からの河川砂）の黒雲母を含有する胎土（E1類／「$\overline{C}$」）等が確認された。

このうち在地胎土として最も典型的なC類の出現状況は、C1類は大木8b式から9b式を通じて通時的にみられるが、C2類は8b式新～「9」式期、C3類は8b式新段階～9b式期に限定される等、時期的な変異がある。

一方在地外の安山岩を含むA類胎土内の細別数は大木「9」式以降に増加する。これらの素地土が奥羽山脈から流下する河川沿いもしくは奥羽山脈一帯で調達されたとすると、$Tt\overline{C}$の場合は遺跡の8km以西からの素地土の搬入もしくは8km以西へ調達（採取）に赴く必要があるし、$T\overline{tC}$の場合は遺跡から8km以西の大木式圏内から搬入されたと解釈される。実際には$T\overline{tC}$は、今回の分析試料では5点みられ、その胎土はA2・A4・A5・A8が各1点、D2が1点であった。そして文字通り技法差と胎土差の両者があることから、A群は奥羽山脈に近い集落から、D群は北上山地側からの型式内搬入と推測される。ただ、A2・A4・A5は$T\overline{tC}$の他に$Tt\overline{C}$でも、A8は$T\overline{t}^\wedge C$の他に$Tt^\wedge C$でも確認されている点は留意される。今回認識された技法差が製作者の違いを示すと仮定すれば、浅部貝塚の8km以西のどこかにA2・A4・A5・A8の素地土産地があり、浅部貝塚の土器製作者がそこから素地土を採集して作った土器（$Tt\overline{C}$・$Tt^\wedge C$）と、浅部貝塚以外の集落の土器製作者が同じくA2・A4・A5・A8の素地土を採取して作った土器（$\mathrm{T\overline{tC}}$・$\mathrm{T\bar{t}{}^{\wedge}C}$）があり、後者もやがて浅部貝塚へ型式内搬入されたという解釈ができる。このことから8km以西という微妙な距離について、直接採取$\mathrm{Tt\bar{C}}$と搬入$\mathrm{T\overline{tC}}$の両方の可能性を視野に入れて、分析を進める必要がある。今回は$\mathrm{Tt\bar{C}}$についてはそのまま解釈し、浅部貝塚の住人が在地胎土を継続させつつ、奥羽山脈起源の胎土をも選択していったと考え、その理由として、第5章4節で生業研究を援用して縄文人の活動領域が山地から湖沼地帯へと拡大することに起因する可能性を指摘した。労働の男女別分業（図1）によると「4狩猟」と「7採鉱・採石」はともに男性の優位指数が90を超えるため、生業活動領域が粘土採取地の拡大に影響を与える可能性は無いとはいえない。粘土採取活動を縄文人の領域という視点から捉えることの重要性が認識されよう。

(3) 土器型式の接触地帯の複数胎土

長野県・山梨県といった中央高地は縄文時代の中期前葉・中葉・後葉ともに、著しく複数の土器型式が接触して交錯する地域である。次にこのような土器型式の接触地帯における1つの土器型式内に複数の素地土調達地がみられる場合の胎土の由来をまとめる。

① 中期前葉

長野県屋代遺跡群の中期前葉集落において、在地型式の深沢タイプ6点のうち4点は在地胎土で、Ⅰ群1b類（「C」）1点、Ⅰ群2a類（「C」）1点、黒雲母を含むⅡ群1a類（「C」）が2点ある。これらの胎土は第5章第3節で述べたように何れも裾花凝灰岩を起源とする可能性が高い。裾花凝灰岩の下部層は長野市豊野から千曲市上山田付近の千曲川の西側に南北に延び、屋代遺跡群の周辺では遺跡から半径5km圏の円弧から南北へ数kmにわたって連続する。そしてその組成は地点によって異なるため、裾花凝灰岩を起源とする胎土の組成も、採取地点によって少しずつ異なることが予想される。深沢タイプの胎土の微妙な違いは採取地点の違いやそれらからの素地土生成に起因する可能性がある。

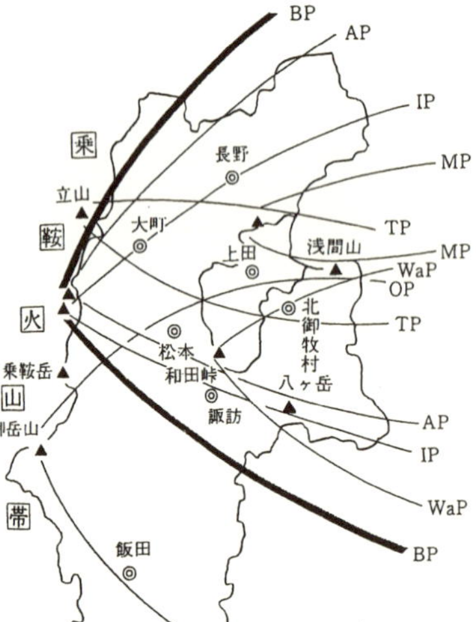

OP　御岳第1軽石層　TP　立山軽石層
MP　窓岩第4軽石層　BP　第2黒雲母軽石層
WaP　和田軽石層　AP　曙軽石層
IP　伊勢山軽石層

※筆者註　BP、AP、IPともに
大町APmテフラ群

図106　大町APmテフラ群の分布域
（山辺1999より）

これに対し、五領ヶ台式は、通時的な在地胎土とされる1群1a・1b・2a類を含まない。代わりに、伊勢山ローム等広域に広がるテフラが起源の可能性があるⅡ群2類（^C）に5点、曙ローム等が起源の可能性があるⅡ群1b類とⅡ群3類（^C）にそれぞれ1点、その他裾花凝灰岩起源の類型と安山岩主体の3類の中間的な要素を持つⅠ群2b類に1点がみられ、別の3点は在地外胎土であった。このうちⅠ群2b類は、黒雲母とともにピッチストーンを含むことから左岸由来の可能性があるが、多量に含まれる黒雲母の起源とされる大町APmテフラ群は図106のように北アルプスの東方に広域に広がるため、その由来も広く捉えられる。実際に五領ヶ台式は屋代遺跡群の在地の中で変遷を追うことができることから、在地製作と見なされた土器（344・375）と技法が在地外に相当するもの（350・386）が存在した。それらが同じⅡ群２類胎土から構成されており、みかけ上同類に属していても素地土採取地が大きく異なる可能性がある。そして表21の前提に準拠すると五領ヶ台式土器の殆どが搬入品に振り分けられる。

② 中期中葉最初頭

中信犀川水系に属する長野県熊久保遺跡の中期中葉最初頭にあたる２号住の一括資料では、在地型式の平出Ⅲ類Ａ土器のうち、分析した４点全てが花崗岩を含む類似した胎土（TtC′）から成ることが判明した。花崗岩は中南信の領家帯に多く産するが、近隣では奈川花崗岩がその有力候補となる。ただ、直接採取に赴いたか鎖川や梓川の河川砂を含む粘土（もしくは混和材）を用いたかは不明である。鎖川の場合、遺跡の500ｍ圏内で採取可能である。

③ 中期中葉

浅間山麓に位置する長野県川原田遺跡の中期中葉の例として焼町土器について検討する。同遺跡では土器型式・胎土・技法が判明したものは分析試料43点中37点で、そのうち18点が在地の焼町土器である。川原田遺跡のⅡ期において、勝坂Ⅱ式（新道式）併行期のJ-24・50住居跡、Ⅲ期の勝坂Ⅲ式新併行期のD-77土坑・勝坂Ⅳ式期古（藤内Ⅱ式）併行期のJ-11住居跡、Ⅳ期の勝坂Ⅳ式併行期（井戸尻Ⅰ式）のJ-12住居跡の焼町土器を対象とする。分析の結果、在地型式である焼町土器の胎土は、Ⅱ期でⅠ群１類－１（TtC_{111}）が２点、１群２類－１（TtC_{121}）が３点、２群１類（$Tt^{\wedge}C_{21}$）が２点、Ⅲ期でⅠ群１類－１（TtC_{111}）が４点、２群１類（$Tt^{\wedge}C_{21}$）が１点、２群２類（$Tt^{\wedge}C_{22}$）が２点、Ⅳ期ではⅠ群１類－１（TtC_{111}）が１点、２群１類（$Tt^{\wedge}C_{21}$）が２点、２群２類（$Tt^{\wedge}C_{22}$）が１点であり、通時的に連続した素地土を利用している。このうち斜長石・輝石等で特徴づけられる１群１類－１は遺跡から4.5㎞、遠くても10㎞圏内の千曲川右岸を起源とする可能性が高い。また浅間火山起源として矛盾の無い火山岩の割合の高い１群２類－１もこれに

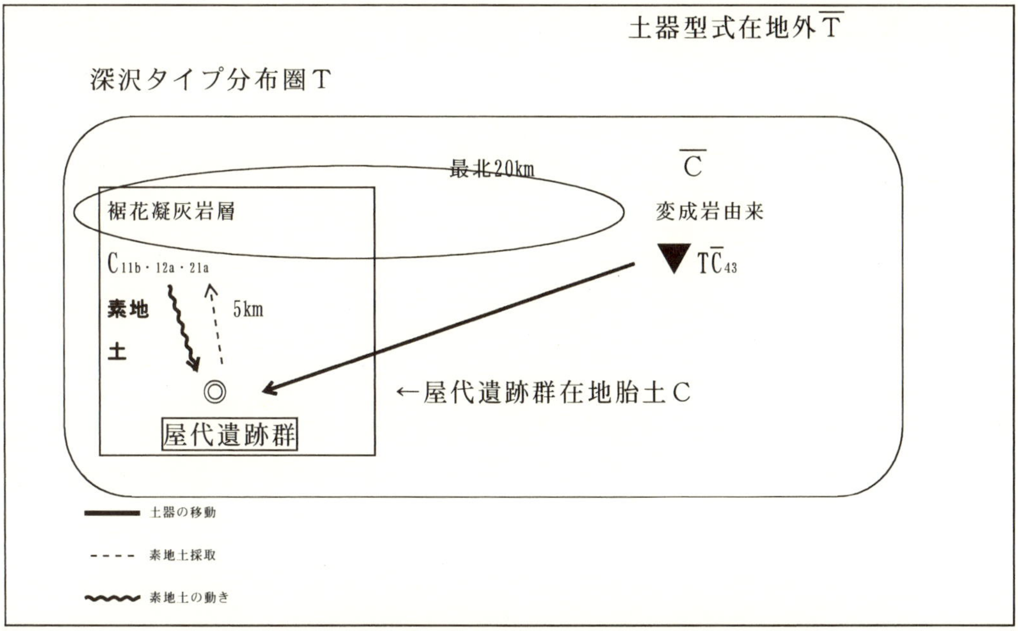

図107　屋代遺跡群中期前葉深沢タイプの素地土調達・型式内搬入

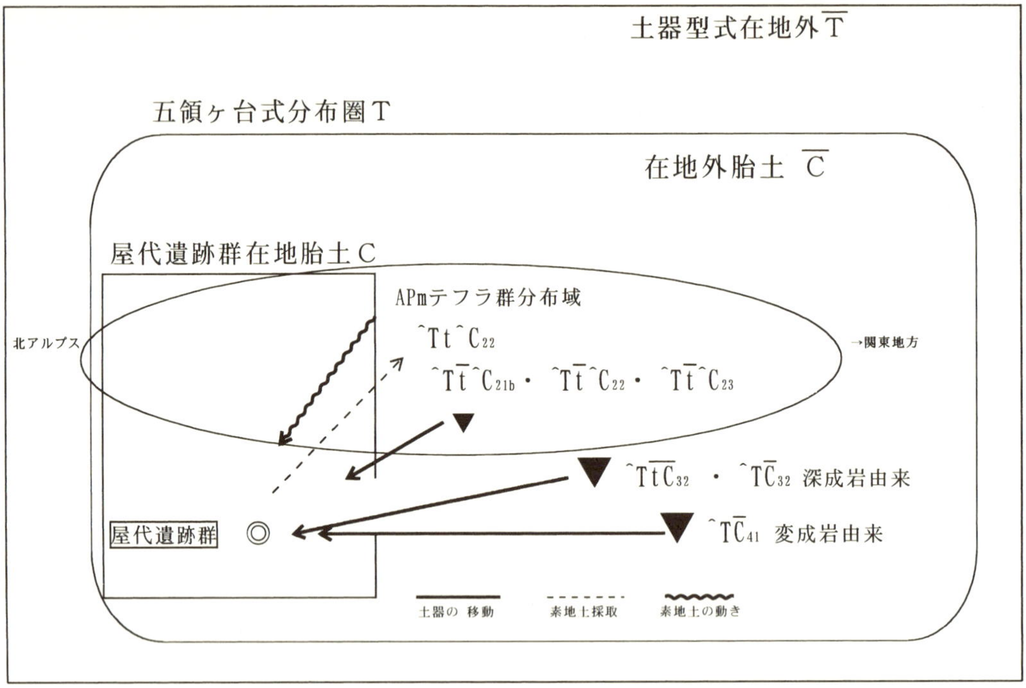

図108　屋代遺跡群中期前葉五領ヶ台式の素地土調達・型式内搬入

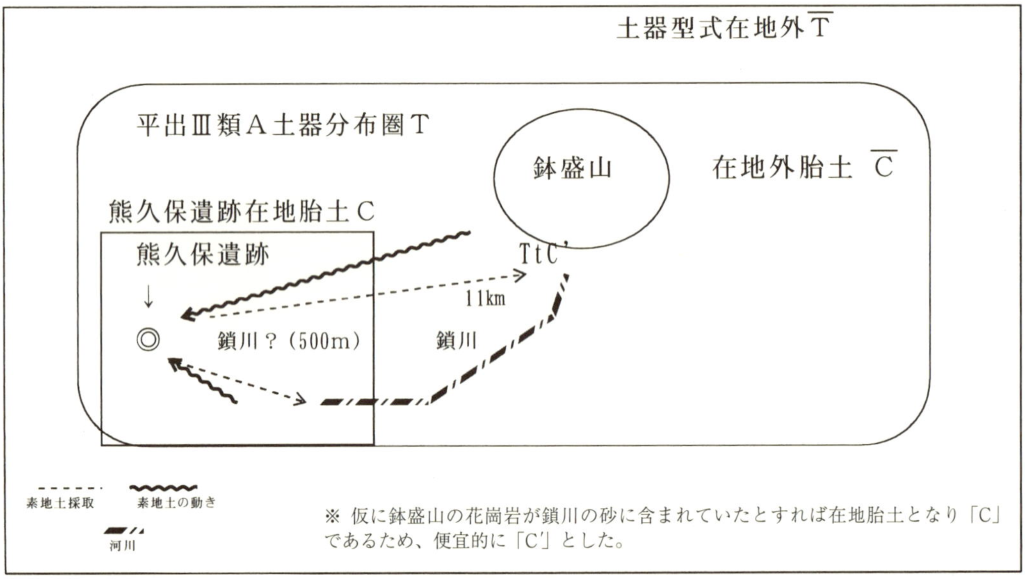

図109　熊久保遺跡平出Ⅲ類A土器の素地土調達

準ずる。一方、黒雲母と石英で特徴づけられる2群1類、黒雲母と大形の石英を含む2群2類は、大町APmテフラ群に由来するとみられ、屋代遺跡群のⅡ群のように産地が極めて広く捉えられる。当時は更に近隣に産地が存在した可能性も否めないが、現在付近で降灰が確認できた地点は、川原田遺跡から14㎞圏の千曲川左岸の丘陵や11㎞圏の千曲川右岸の佐久市香坂一帯である。これら2種類の胎土の視覚的な差は顕著であるため、両群の土器間にtの差が認められたとすれば、2群胎土の土器が搬入品である可能性が浮上する。しかしながら、特にそのようなtの

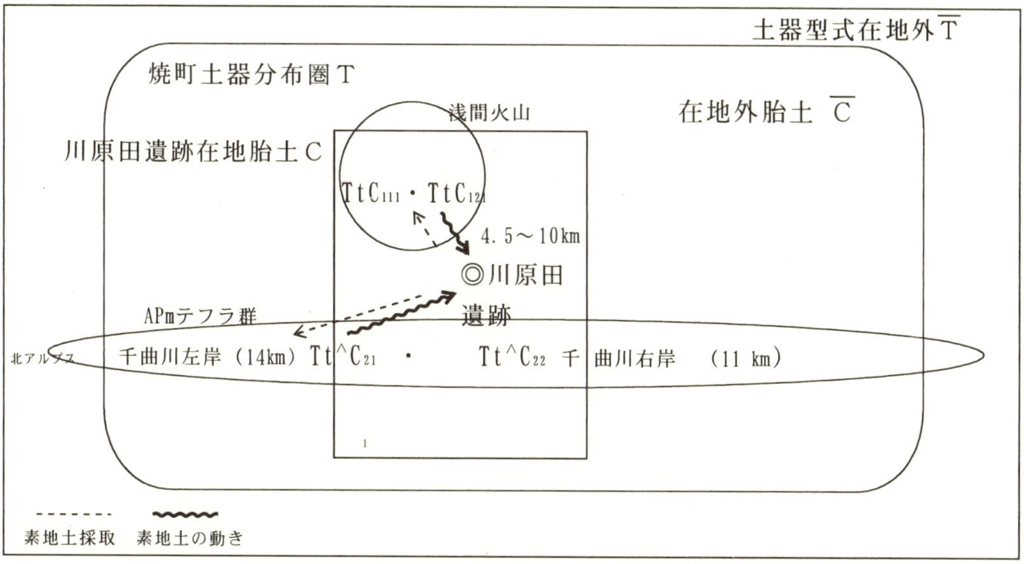

図110　御代田町川原田遺跡焼町土器の素地土調達

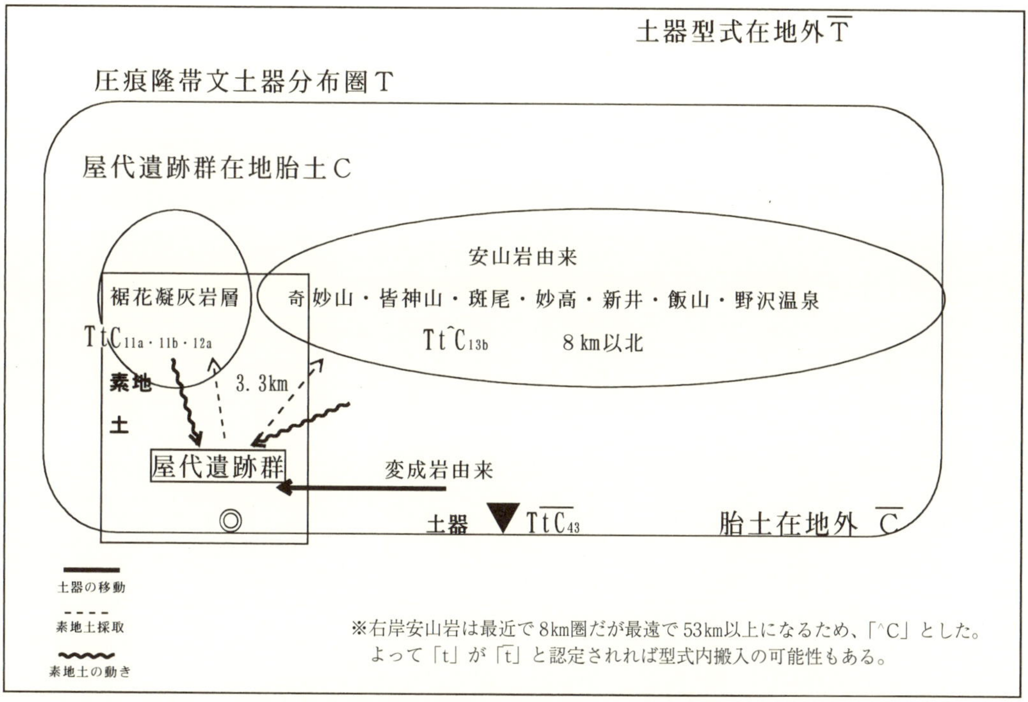

図111　屋代遺跡群中期後葉圧痕隆帯文土器の素地土調達・型式内搬入

差異が認められない現状では、TtC̄の解釈に従い、両者の違いは素地土の採取地の違いとみる。

④ 中期後葉

長野県屋代遺跡群の中期後葉の例として、圧痕隆帯文土器と加曽利E式（系）土器について検討する。分析を行った圧痕隆帯文土器8点は、千曲川左岸の凝灰岩に由来するとみられるⅠ群1a類（TtC）が3点、同1b類（TtC）が2点、同2a類（TtC）が1点で、千曲川右岸の安山岩に由来する可能性のあるⅠ群3b類（Tt^C）1点と在地外胎土1点を含むが、主体は千曲川左岸の

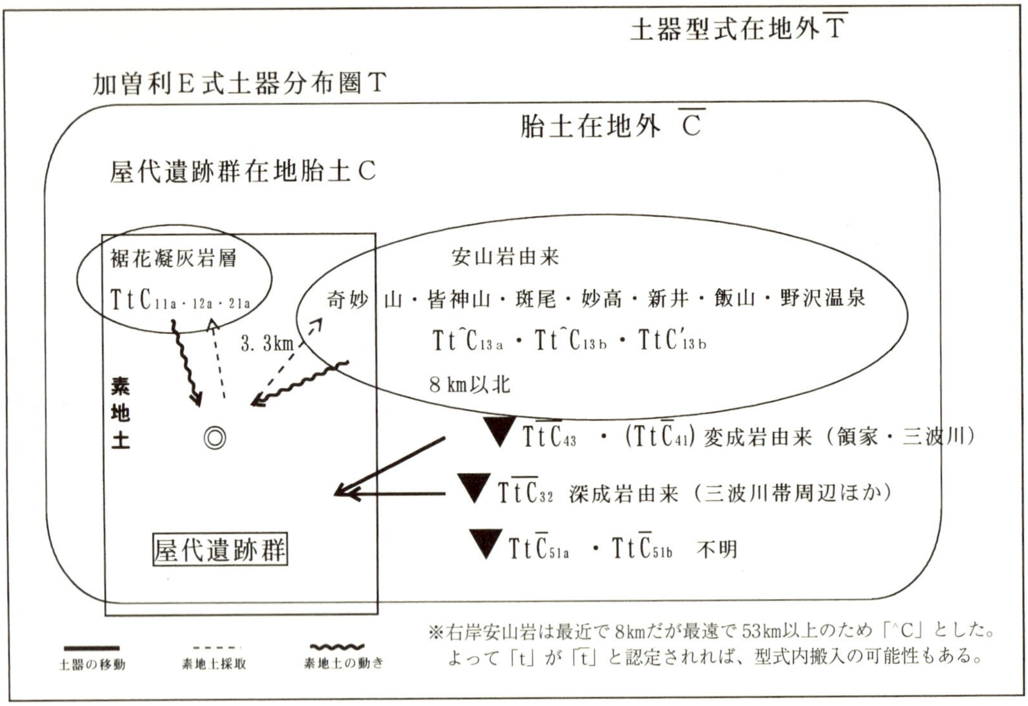

図112　屋代遺跡群中期後葉加曽利E式（系）の素地土調達・型式内搬入

裾花凝灰岩起源に統一されている。

これに対し、加曽利E式（系）23点のうち、裾花凝灰岩起源と推測されるものはⅠ群1a類（TtC）4点、Ⅰ群2a類（TtC）3点、Ⅱ群1a類（TtC）2点に止まる。その他には、右岸安山岩由来の可能性のあるⅠ群3a類（Tt^C）が3点、Ⅰ群3b類（Tt^C）が1点、Ⅰ群の中で特異なものが2点あり、更に在地外胎土としてⅢ群2類（TtC）が1点、Ⅳ群1類（TtC）が1点・3類（TtC）が1点、Ⅴ群1a類（TtC）が2点・1b類（TtC）が2点で、胎土の種類は在地内外合わせて12種類にもわたる。

このように深沢タイプと圧痕隆帯文土器は裾花凝灰岩起源の要素に傾斜する反面、加曽利E式はそれをベースにしつつ多彩であり、五領ヶ台式にはそれらが全く含まれないという差異が明らかになった。

2　在地胎土が複数存在する背景

(1) 一遺跡のある土器型式に主要胎土と副次的胎土がみられる状態

総体として今回分析の結果得られた情報の範囲からは、土器型式の単一地域でも複数土器型式の接触地域でも、一つの遺跡における在地土器型式と胎土の関係の多くは、無秩序バラバラではないものの厳密な1対1対応でもなく、少数の胎土のバリエーションがあり、それが1土器型式を構成するという実態が判明したといえる。そして実際に4遺跡7型式の縄文時代中期土器の分析から読みとれる傾向は土器型式別に以下のように集約されよう。

・在地に由来する主要胎土が7割程度を占める場合（屋代遺跡群の深沢タイプと圧痕隆帯文土器）。

・在地に由来する明確な主要胎土と、在地内外に由来する副次的胎土を有する場合（川原田遺跡の焼町土器、浅部貝塚の大木8b・9a式）。

・在地に由来する主要胎土があり、更に中距離、比較的遠方に由来する多数の胎土から成る場合（屋代遺跡群の加曽利Ｅ式（系））。

・在地に由来する主要胎土がみられず、広域テフラに由来する数種類の胎土に分かれる場合（屋代遺跡群の五領ヶ台式）。

・遺跡周辺（5㎞圏）に由来する主要胎土がみられない場合（屋代遺跡群の大木式系）。

更に素地土採取地の距離には下記の傾向が窺える。

・主体をなす胎土の素地土は最近でおおむね5㎞圏で採取される。

・副次的な胎土の素地土はおおむね10㎞内外に由来する。

・その他副次的胎土圏より更に遠方の素地土に由来する胎土がある。

また、時期的な傾向としては、

・おおむね中期前葉や後葉に比べ中期中葉は胎土のバリエーションが少ない。

・土器型式圏が広いものほど、バリエーションが多い。

（2）一遺跡の一つの土器型式に主要胎土と副次的胎土がみられる理由

① 近隣の土器づくり集落からの搬入の可能性

一遺跡の一つの土器型式に複数の地域に由来する胎土が一定量存在する理由はどのように考えられるのだろうか。本書における土器型式毎の胎土のバリエーションと主要胎土（約5㎞圏）、副次的胎土（10㎞圏）の出現状況を、岩石学的な手法で既に胎土分析がなされた結果と比較する（表31）。

中期中葉までは分析事例が少ないが、屋代遺跡群の北東約9.3㎞の千曲川右岸奇妙山北東麓に位置する中期後葉から後期の長野市村東山手遺跡でも、圧痕隆帯文土器と加曽利Ｅ式（系）を含む土器群の詳細な胎土分析が行われている（河西1999b）。加曽利ＥⅢ式期に相当する圧痕隆帯文土器1点と加曽利ＥⅢ式2点に左岸の裾花凝灰岩層起源の可能性のある胎土が確認されており、加曽利ＥⅣ式期の圧痕隆帯文土器3点には同遺跡付近の河東山地起源の可能性の高い安山岩等が含まれていた。因みに分析の主体であった堀之内2式15点の胎土の内訳は、河東山地の閃緑岩に由来するものが8点、上記同様右岸の安山岩に由来するものが3点、左岸の裾花凝灰岩の可能性があるものが1点とその他3点であった。屋

表31　長野県とその周辺における縄文中期土器の胎土分析結果

土器型式	県	遺跡	距離			該当個体数	出典
			5㎞	10㎞	10㎞より遠い		
深沢タイプ	長野	屋代遺跡群	◎	−	○	5	本書
焼町土器	長野	川原田	◎	◎	−	19	本書
平出Ⅲ類Ａ	山梨	酒呑場	−	−	○	1	Ｂ
平出Ⅲ類Ａ	長野	熊久保	−	◎	−	4	本書
圧痕隆帯文	長野	屋代遺跡群	◎	○	○	8	本書
圧痕隆帯文	長野	村東山手	◎	○	○	5	Ａ
加曽利ＥⅢⅣ	長野	屋代遺跡群	◎	◎	◎	20	本書
加曽利ＥⅢⅣ	長野	村東山手	−	◎	−	5	Ａ
加曽利ＥⅢ	山梨	姥神	○	○	−	5	Ａ
加曽利ＥⅣ	山梨	根古屋	◎	−	−	2	Ｃ
加曽利ＥⅣ	山梨	清水端	◎	−	○	3	Ｃ
曽利Ⅲ	長野	屋代遺跡群	−	−	○	1	本書
曽利ⅣⅤ	山梨	姥神	◎	○	○	24	Ｃ
曽利ⅣⅤ	山梨	根古屋	◎	−	○	18	Ｃ
曽利Ⅴ	山梨	清水端	◎	−	−	11	Ｃ
曽利Ⅴ	山梨	坂井南	◎	−	−	21	Ｃ
曽利Ⅴ	山梨	頭無	◎	−	○	24	Ｃ

※1　◎多い、○少ない、−無し

※2　胎土類型とその由来が判明したものに限る。実際にはこの他に産地候補が複数みられるものがある。

※3　出典Ａ（河西1999ｂ）、出典Ｂ（河西2005）、出典Ｃ（河西1989）

代遺跡群の堀之内式４点のうち３点が安山岩起源であることとの関係が留意される。村東山手遺跡の場合、圧痕隆帯文土器の主要胎土は右岸の安山岩であるが、加曽利Ｅ式、堀之内式ともに左岸の裾花凝灰岩は土器型式を超えた副次的胎土になっている。裾花凝灰岩は屋代遺跡群の北方20㎞まで延びるため、村東山手遺跡から一番近いところでその西方８㎞に分布し、屋代遺跡群から北方へ８㎞程度離れている奇妙山火山岩は村東山手遺跡の基盤に相当する。この結果から、村東山手遺跡での複数の胎土存在の動態的解釈における最も有力な可能性として、屋代遺跡群と同様、千曲川左岸の裾花凝灰岩地域での素地土採取を掲げたい。この前提は、圧痕隆帯文土器・加曽利Ｅ式（系）ともに、裾花凝灰岩を含む土器のｔが右岸安山岩を含む土器のｔと区別できない点にある。もし動態的解釈のその他の可能性として型式内搬入を掲げ、以下ａ・ｂの仮説を準備する場合は、右岸安山岩を含む土器がｔ、裾花凝灰岩を含む土器が$\overline{t}$として区別される必要があろう。

a. 千曲川左岸の裾花凝灰岩の基盤地域に圧痕隆帯文土器等を製作する集落があり、そこで作られた土器が屋代遺跡群と村東山手遺跡などへ搬出された。

b. 裾花凝灰岩が主要胎土でありかつその分布地域により近い屋代遺跡群で裾花凝灰岩を含む圧痕隆帯文土器や加曽利Ｅ式土器が作られ、村東山手遺跡へ搬出された。

ａの検証は、実際に先にあげた甲府盆地の例のように（河西2002)、将来的に千曲川左岸に裾花凝灰岩起源の胎土を主体とする集落の存在が明らかになった際のｔの要素の再検討に委ねたい。屋代遺跡群の対岸の千曲川左岸には、石川条里遺跡や篠ノ井遺跡群など、屋代遺跡群と類似した弥生時代以降通時的な遺跡が分布していて、縄文時代以前の集落面は前者で既に一部検出されているように千曲川の沖積層に覆われている可能性が高いためである。また、ｂの検証もｔの解釈に係わる問題がある。このようにTtCモデルでは、胎土の由来の違いがｔと一致する場合つまり$T\overline{tC}$の場合は型式内の土器の移動と解釈されるが、両者のｔに違いがみられない場合、つまり$Tt\overline{C}$の場合は素地土採取地の違いと解釈する。したがって、「t」としたものの中に実際には「$\overline{t}$」があるのかどうかは技法観察の基準の吟味の問題となり、今後の課題としたい。そこで次項以降は、複数の胎土がみられた背景として、実際に複数の地域から素地土が調達されたと仮定すれば、その理由は何か、土器の観察と胎土分析の結果から考えてみたい。

② 行動領域の変化による素地土調達地の拡大

素地土の調達地が拡大した理由の一つには、今回浅部貝塚の事例が語るように時期的な縄文人の行動領域の変化が考えられる。川原田遺跡の焼町土器も１群胎土：２群胎土の比率が、Ⅱ期（新道段階）６：２、Ⅲ期（藤内段階古）４：３、Ⅳ期（藤内段階新）１：３という増減の傾向がある。２群胎土が行動領域の拡大を意味するとすれば､時期とともに２群へシフトしていったことになる。ただ屋代遺跡群では、中期前葉の深沢タイプは裾花凝灰岩由来の胎土のみであり、中期後葉の圧痕隆帯文土器でも3c期に一部安山岩由来の胎土が見えるが、基本的に裾花凝灰岩由来の胎土が主体である。

③ 器種と素地土調達地の関係

通常一つの土器型式は複数の類型（種、類等）から成る。深鉢主体で稀に浅鉢や注口が存在するのみの器種変異に乏しい縄文時代中期においては、類型差に機能の差異が予測される。例えば大木8b式の場合キャリパー形のA類と口縁が開くB類は煮焚き用の鍋であっても調理対象が異なる可能性があるし、C類の頸がすぼまり口縁が開く類型は液体の貯蔵、樽形のD類は更に多量の液体の貯蔵が推測される。使用方法の違いは耐久性の違いに繋がるため、素地土も使用方法に応じて工夫する必要がある。そこで粘土採取地を変える可能性がある。海外の実例をあげるとエジプトのダグラ・オアシスの土器工房では通常比較的近傍で採取される粘土に灰を混ぜ合わせて素地を作るが、ウッラと呼ばれる水壺には若干離れた場所から採取した粘土に粒子の細かい砂を混ぜて素地を作るとされる（齋藤2005）。

そこで、まず浅部貝塚の大木8b式を概観すると、在地胎土とした胎土C1類14点の内訳はキャリパー形のA類が5点、口縁部が肥厚外反するB類が7点、口縁部が内弯するC類が2点と分かれる（表23）。また、大木9a式でも、キャリパー形のA類の中に胎土のA1･B3･C1･E3類が、B類の中にA1･B3･C1･C3類が、口縁部が内弯するC類の中にA9･B3･C1類がみられる。このように器形と密接に係わる類型と、胎土の相関が期待されたものの、浅部貝塚では両者は特に相関しないことが判明した。

次に川原田遺跡出土の古段階を除く焼町土器の1群1類－1胎土には、胴部が直線的もしくは内弯気味に立ち上がり、口縁部が内弯し最大径を持つ基本器形の7・8（図60）・25（図61）、括れの無い樽形器形の3（図60）、頸部で括れ胴部に最大径を持つ20（図61）が対応し、同じ胎土類型でも器形は一定していない。ただし2群2類胎土には、何れも基本器形の4･6（図60）､24（図61）が対応する。まだ資料的な制約が大きく、結論は先送りせざるを得ないものの、胎土各群と器形は、完全に排他的に1対1対応するわけではないことは、十分予想される。

一方屋代遺跡群の加曽利E式（系）のうち器形が緩いキャリパー形と判明した252・263・264（図75-1）、293・296（図75-2）のうち252・263・293・296はI群1a類にまとまり、括れの殆ど無い264と樽形土器の299（図75-2）はII群1a類であった。ただ、同じキャリパー形土器でもI群3a類の280のようなものもあり、まだ一概に相関があると結論づけられる状況ではない。

以上の検討から、本書の分析結果では土器の器形と胎土が相関するとはまだ積極的にはいえない。今後他の遺跡でもこの点を検証する必要があるものの、もし土器の器形とそこから類推される機能と胎土が結びつかない実態が普遍的とすれば、粘土調達行為の意味自体は別の面から検討していく必要がある。

④ 粘土の分布と素地土調達地の関係

近世の例ではあるが、江戸時代後期に信州松代藩の地域産業振興策の一環として製作が開始されたいわゆる施釉陶器である松代焼の粘土には複数の調達先が知られている（唐木田1993）。松代焼は屋代遺跡群から北へ約8.7㎞の長野市松代東条を中心に多くの窯が営まれ、粘土や焼成方法を工夫しつつ一部は昭和初期まで存続してきた。そしてそれらは特に1,200度の高温に耐えるための良質な粘土や粘土同士の調合を必要とした。昭和になってから発見された「八田家文書」には、松代藩の陶器方の記録による粘土の供給地についての記述がみられる。「文政五年七月三日竈焚諸調御書上帳」の記述によると、

此入用　一　三百五拾文　岡田村山土　二表代　但一表ニ付　百七拾二文宛　一　六〆四百拾九文　郡村土　三拾表三〆匁代　但　一表ニ付百八拾七文宛　一　一〆三拾文　立石山土

拾表代　但一表ニ付　百六拾四文宛　一　五〆四百三拾六文　柳沢村土　五拾七表三〆五拾匁代　但一表ニ付九拾一文宛　一　六〆三百五文　有旅村土　五拾七表三〆百五拾匁代　但一表ニ付　百拾文宛　一　二百三拾二文　芳窪村石　一表代　一　六拾文　小松原村土　半表代　一　五拾文　樫木　一束代

というように粘土を長野盆地の主に千曲川左岸から買い付けていることが解る。最も多いのが今の長野市篠ノ井の茶臼山南側にあたる柳沢村土と有旅村土の57俵で、耐火度に優れた白土といわれ、屋代遺跡群出土土器の胎土分析でⅠ群とした裾花凝灰岩を起源とすることが推測される。次に多い立石山土は右岸の松代町東条の堀切山の付近が産地と考えられ、7月の竈焚きの際は10俵だが、11月の際は56俵との記録が残っている。また、千曲市郡の郡村土の30俵については、郡の地籍が地質区分では千曲川の左岸の旧氾濫原の沖積層に相当し、耐火粘土が採れるようである。ただ唐木田によると白色で粒子が細かいが粘りが無い。この主要4箇所の粘土の他、篠ノ井岡田の岡田山土を2俵、小松原土を半俵、芳窪村石（混和材か）を1俵使用している。これらはその量から主要粘土と混和して用いた可能性がある。このように7月3日の焼成ということで、作陶も近似した時期が予想される素地土がわざわざ4箇所の別の地籍から調達されたことは注目される。土と器種の関係などの記録は無いので、明瞭には分からないものの、松代焼の製作者が土の調合や精製を工夫する以外にも複数の産地の粘土を必要とする理由があったと考えられる。現代の陶工の作品や近世の松代焼はあくまでも商品として流通する品物であるため、直接の比較には問題があるが、粘土を採掘して作陶するという行為そのものを考えた場合、縄文時代に素地土採取地が複数存在する背景の一つには、より良い焼き物を作るための試行錯誤や粘土採取の嗜好性が働いた可能性が考えられる。このことを1土器型式で複数の胎土を有する背景の理由の一つ目としたい。また、松代焼で注目されるのは千曲川左岸の粘土が右岸の松代地域へ恒常的に運ばれていることである。これは縄文時代に在地の千曲川左岸のⅠ群胎土が右岸の屋代遺跡群へ運ばれた点と類似している。松代焼粘土の運搬には、当時新潟湊までの航路を目標に掘削が開始されたものの結局は西大滝周辺の千曲川の地形の事情により北信地域に止まった千曲川通船や渡し舟が使用されていたとされる。大量の粘土を運ぶには陸路を行くよりは都合が良い点もある。千曲川流域で最古の丸木舟は弥生時代後期の長野市春山Ｂ遺跡のトチ製のものが復元されているが、鳥浜貝塚等の事例から考えて、この地域にも当時丸木舟が粘土運搬用に使用されていた可能性も十分考えられる。つまり素地土採取地からの運搬の利便性も採取量を左右したのであろう。

また、粘土採取地は限定的に存在するという実態からは、複数の土器づくりグループが一つの採取地を共有していた可能性がある。黒曜岩（石）の採取に関連して議論されるように採掘権や採掘後の分配規制のようなものが働いていたとしたら、それが1土器型式という時間の中で素地土採取地を規定した要因となったのかもしれない。

以上、より良い焼き物を作ることを目指して行われた粘土の調達には、運搬手段の確保や複数の土器づくり集団間での素地土調達地での入会権の問題が副次的に絡んできたことが予想される。しかしながら、屋代遺跡群のⅠ群や川原田遺跡の1群など通時的に使われる素地土を放棄していないにも拘わらず、副次的な胎土が併行して採用されている背景は更に複雑であろう。

⑤ 呪術と素地土調達地の関係

そして次に述べる理由は、縄文時代の呪術的特異性に基づくものであり、私は検証不可能なこの可能性も、本項の命題の回答として加えても良いのではないかと考える。第1章第1節3で触れたようにレヴィ＝ストロースの神話の紹介によると（レヴィ＝ストロース，C.〔渡辺訳〕1990）、粘土の選択と採取には呪術的要素が付随する。アンデスのユルカレ族は「女達は、収穫の仕事の無い季節に、粘土を採りに、粛々と出発するのだった。雷への恐れと人目を避けるため、女たちは人里遠く身を隠して仮小屋を建て、儀礼をとり行った。いよいよ仕事となると、互いにいっさい声を立てず合図のみで意志（ママ）疎通した。ひとことでも発すれば、作った壺は焼成の時にひびがはいってしまう」と伝え、タカナ族は壺作りを教えた「粘土の太母」が逆に人々が粘土を採ることを妨げることがあるため粘土採取には必ず呪術師が同行し、掘りとった跡には必ず陶土の主を鎮めるためのコカの葉を投げ入れたと伝えている。また、シュアル族も良質な粘土を入手するためにはたゆまず土器づくり女神のご機嫌をとらなければならなかった。おそらく縄文人にとっても土器焼という当時としてはかなり高度な化学技術が成功するか否かは、その時の温湿度、土器の大きさやそれが保有する水分や砂の量など複雑な条件に左右されるため、予測が難しく、そのため、様々な呪術を設けたり呪術的な規制を行ったことが十分予想される。更にある産地で採取した粘土によって作った土器が焼成の際に壊れることが続いたため、呪術的な理由を設けて粘土採取地を一時期変えるなどの手だてを講ずることになったのではないか。

また、『日本書紀』の巻第三「神日本磐余彦天皇」の項（黒坂ほか 1966）には、「夢有天神訓之日、宜取天香山社中土、以造天平瓮八十枚。并造厳瓮、而敬祭天神地祇。亦為厳呪詛。如此、則虜自平伏。」と書かれ、神武が東征の中で、強力な八十梟帥と戦うために宇陀の高倉山の頂に着陣し、勝利を神に祈って寝たところ、天神が、天の香具山の社の土を採って、平らな「かわらけ」80枚と御神酒を入れる瓶をつくり祭祀を行えば、敵は自然に降伏すると言ったとされる。お告げのままにそれらの土器を作った結果、神武は紆余曲折の末に勝利を納め、天下を平定することができた。そして土を採った場所を「埴安」と呼んだとされる。ここでは粘土の採取活動が、戦いと呪術との際どい場面に登場している。この記事から窺えることは、やはり古代日本でも粘土の呪術的な側面が存在していた可能性である。そして縄文時代が同様に呪術的な時代だとすれば、同じ土器型式の存続範囲で同一集落で土器づくりを続けていた人々が、特定の用途の土器に限らず、呪術的な理由で粘土採取地を変えた可能性も推測される。ただしその証明は非常に難しい。

⑥ 社会集団と素地土調達地

九州の弥生時代中期の吉野ヶ里遺跡での胎土分析の事例でも、遺跡内の弥生時代中期の土器に複数の素地土調達地が存在すること明らかになった（鐘ヶ江 2007）。ただ、ここでは同じ吉野ヶ里遺跡でも地点が数百m異なっていて、地区と個々の土器の元素比傾向が対応することが判明している。つまりある地区の土器だけが異なる元素比のまとまりを示すのである。そのためこの現象の背景として、集落内部に複数の集団単位があり、単位集団毎に土器生産と消費が行われていた可能性が指摘された（鐘ヶ江同）。

縄文土器の場合、集落内のある遺構もしくはあるエリアに廃棄された土器のみが異なる胎土であるような事例は確認できるのだろうか。川原田遺跡では、Ⅲ期にあたるJ-11号住出土土器

表32　屋代遺跡群遺構別土器型式と胎土

時期	遺構	土器型式	胎土の種類			
2b	SB5350	大木	Ⅰ -1b	Ⅰ -3b		
		圧痕隆帯文	Ⅰ -1ab			
		加曽利E	Ⅰ -1a ※	Ⅰ -3b	Ⅳ -3	
3b	SB5345	大木	Ⅰ -3ab	Ⅳ -3		
		圧痕隆帯文	Ⅰ -1b			
		加曽利E	Ⅰ -1a	Ⅰ -3ab	Ⅳ -1	Ⅴ -1b
3c	SB5316	大木				
		圧痕隆帯文	Ⅰ -3b	Ⅳ -3		
		加曽利E	Ⅰ -2ab	Ⅰ -3a	Ⅴ -1b	
	SB5338	大木				
		圧痕隆帯文				
		加曽利E	Ⅴ -1a			
4	SB5319	大木				
		圧痕隆帯文	Ⅰ -1a			
		加曽利E	Ⅰ -1a	Ⅰ -3ab	Ⅱ -1a	
	SB5337	大木				
		圧痕隆帯文	Ⅰ -2ab			
		加曽利E	Ⅰ -1a	Ⅰ -2ab		

※加曽利E式と圧痕隆帯文土器の折衷
アンダーラインの土器は埋甕

（図60）は1群胎土のものが3・7・8、2群のものは4・5・6で丁度1：1の比率であり、Ⅳ期にあたるJ-12号住でも出土土器（図61）は1群胎土のものが20・25、2群のものが24・26・29で、やはり両者が併存する。つまり遺構毎に胎土の類型がまとまる傾向はみられない。

一方屋代遺跡群でも、まず、中期前葉期のSQ7003から出土した五領ヶ台Ⅱ式では、Ⅰ群2b類胎土が1点、Ⅱ群2類が5点、Ⅱ群3類胎土が1点等と分かれている。中期後葉の時期別住居毎の土器型式・胎土の関係は表32のとおりであり、全体の結果として出土遺構と胎土は1対1には対応しない。また、複数の土器型式が錯綜する千曲川水系の各遺跡において、遺構と土器型式も、同様に対応しない。このことから、縄文時代の場合、遺跡内のある特定の場所に居住する特別な単位集団が、通常の在地胎土とは異なる産地へ粘土採取に行ったというような可能性は低い。

⑦ 生活拠点の移動と素地土調達領域

以上のように、素地土が複数存在する理由を粘土調達地の違いという視点から検討してきたが、その結論に至るのは至難の業である。ただし、それらは土器を生産する集落が1地点に固定化され、土器製作者が一定の素地土産地まで赴くということを前提にしていた。ところが、逆に既に指摘されているように、時期的、季節的に集落が移動していたとしたら、Aという場所で作られ、使われていた土器が集落ごとBという地域に移動していくことになる。そして仮にA集落があった時はAから5㎞圏（例えばそれはCからは15㎞圏）、更にBに集落があった時にはBから5㎞圏（例えばそれはCからは10㎞圏）の素地土を採取して土器を作り、最終的にCという場所に帰着したとする。やがてCが発掘調査されたとすれば、調達距離を異にしたAとBとCの3つの胎土の土器が揃ってCの集落から出土するだろう。この場合、見かけ上素地土調達距離の差と考えられる胎土の差は、実は集落の移動を反映していたことになる（図113）。集落が移動するサイクルと土器の消費サイクルの関係が問題となるため、慎重な検討が必要であろうが、屋代遺跡群の場合、裾花凝灰岩は千曲川左岸に沿って屋代遺跡群の北20㎞、安山岩は更に広域に分布するため、もし千曲川沿いの上記の範囲で縄文集落が移動していて、移動先で土器を作りながら最終的には屋代遺跡群の地に回帰してきたとしても、素地土の組成は類似すると考えられる。

北海道中央の内陸部では、サケ漁のために河川に沿って集落が立地する傾向が縄文時代から擦文期にかけて顕著であり（瀬川1996）、アイヌは同一河川流域内の10㎞圏を頻繁に移動し、漁

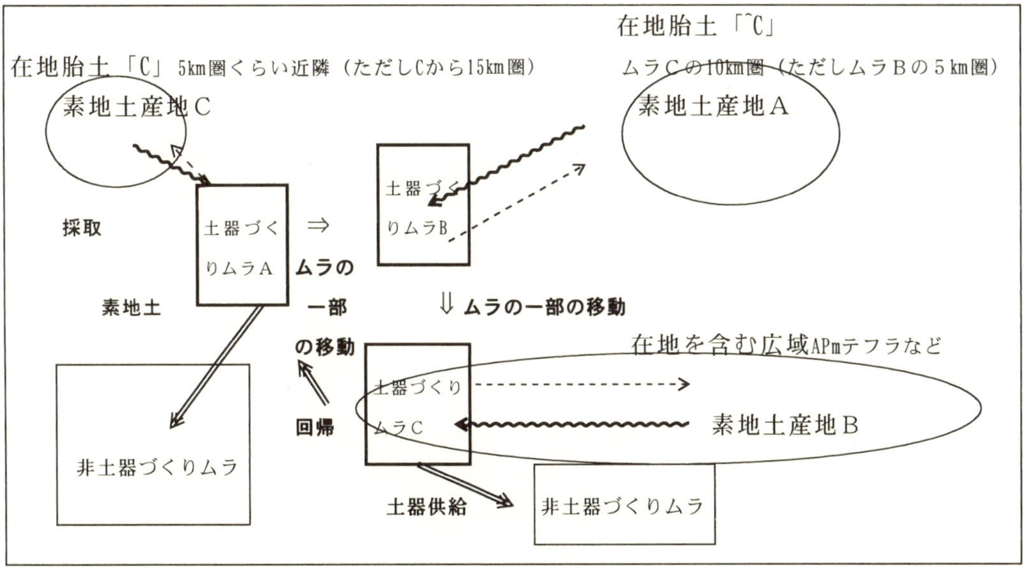

図113　集落の移動と素地土調達

業に携わるアフリカ中西部のボソ族はニジェール川流域を500km以上移動するとされる（瀬川1994）。また漁場をめぐっての和人集団との軋轢も無視できない要因ではあるが、三石地区の13コタン49戸が３年以内に地区内の別の場所へ移動するような背景にも、居住地点の移動を繰り返しながらも固有の領域を放棄しない狩猟採集民の特質が反映されていると考えられる（林1997）。屋代遺跡群も千曲川に近接して立地し、サケ科・コイ科などの歯や骨が出土しているため、漁撈を生業の一つに組み込んでいた可能性が高い。ただ、敷石住居や掘立柱建物、竪穴住居などの構築物を多数有する環状集落が、集落ごと短期に移動する場合のコストは非常に大きい。その場合、集落全体の移動というよりも、集落の形態はそのままに残し、主要な集落の構成員が移動するような形態が考えられよう。

先に②で示した行動領域の変化の背景も、生業活動が密接に係わる可能性がある。浅部貝塚における生業活動の変化に伴う山地から湖沼地帯への素地土採取地の拡大の際にも、第５章４節では移動距離の拡大を想定したが、日帰り走行に止まらずキャンプなどの一時的な滞在を伴い、その際に素地土を調達するような場合も考えられる。また、川原田遺跡における焼町土器の胎土が２種類に分かれる背景も、遺跡から５km圏の１群に対し、副次的な２群が黒曜岩（石）やガラス質安山岩の採取経路で採取できる（図68）点がこれらとの関連で捉えられよう。

⑧ 小　結

以上本節の結論として、一遺跡の在地の一つの土器型式内に複数の胎土がみられる背景には、生業や資源の獲得に伴い、集落の構成員の一部が通常の場合より遠方で調達した素地土を集落へ持ち帰り、土器が作られるケースが仮説として提示できよう。特にその場合、狩猟や資源の獲得を担う男性が調達を担当することになり、これは既述の「浄清所解」を連想させる。一方中期後葉における集落の拡散に伴い粘土採掘地を共有する集団間の軋轢を回避する、等の動機から一時的に粘土採取地を変えるような可能性や、何らかの呪術的な理由を伴う場合も想像される。ここ

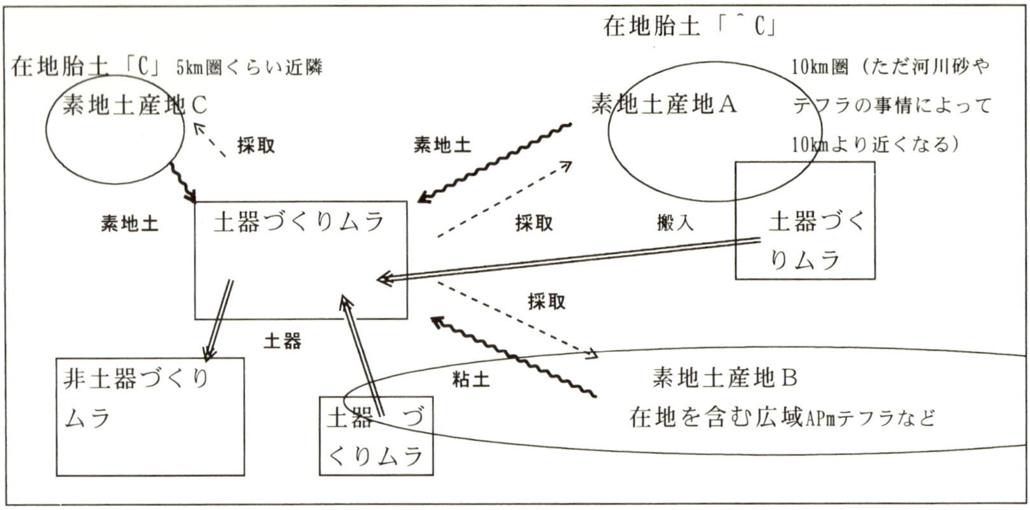

図114　縄文時代中期における素地土調達と土器づくりの可能性

ではそれらの可能性とともに、搬入品の受け入れの可能性を網羅した模式図（図114）をも同様に提示する。また、資源確保などの目的のために集落全体が移動するような場合、土器製作者も移動することとなり、⑦にあげたような移動先での土器づくりと回帰が推測される。ただその検証のためには実際に屋代遺跡群の集落の移動によって遺された遺跡があるかどうか、大木式系、加曽利E式（系）、圧痕隆帯文土器という組成を持つ中野市千田遺跡、長野市（旧豊野町）明神前遺跡などの北信の遺跡での胎土分析を進め、屋代遺跡群の結果との比較を行っていく必要がある。また、実際に集落の移動が指摘されている八ヶ岳西南麓の諸遺跡との比較も必要と考える。

第2節　土器の移動と土器情報の伝達過程

土器型式圏を越えて土器が移動する場合、それは土器の搬入現象として認識し易い。これは「$\overline{\mathrm{TC}}$」や「$\overline{\mathrm{TtC}}$」・「$\overline{\mathrm{T}}\mathrm{t}\overline{\mathrm{C}}$」と標記される。一方、土器型式内での土器の移動の場合は、$\mathrm{Tt}\overline{\mathrm{C}}$と標記されるが、実際には、その認定は難しい場合も多い。本節では土器の移動や土器情報の伝達過程について、今までのケースを再び検証しながら考察を行う。

1　胎土分析からみた土器の搬入

土器の搬出入が最も顕著に観察されるのは、土器型式の接触地帯であろう。土器型式は本来作業概念であるが、個体間の差異のメルクマールとしては極めて明示的であるため、胎土と照合して土器の動きを判定し易い。

（1）中期中葉の様相

熊久保遺跡では、土器型式・技法・胎土が判明した分析試料9点中7点のうち平出Ⅲ類A土器以外の3点（図52）について検討する。まず№6の北陸系土器は文様の一部が新崎式の影響が強いが文様細部は平出Ⅲ類A土器に共通し、更に胎土が平出Ⅲ類A土器に共通していたことから$\overline{\mathrm{T}}_1\mathrm{tC'}$とし、北陸系土器の情報が伝わり、熊久保遺跡で模倣品が作られたと判断した（図115

上段）。№.7については、指頭圧痕文土器自体は在地でも存在することからTとする一方、製作技法に東信地方の特色があるため在地外技法（$\overline{t}$）に分類し、胎土は在地外の流紋岩質ピッチストーンを含むことから在地外として（$\overline{C_2}$）、$T_2t\overline{C_2}$と標記し、和田峠周辺を含む在地外で作られ、熊久保遺跡へ搬入された個体と判断した（図115下段）。また、№.9の関西系土器は円形刺突が船元Ⅰ式の要素であるが、それを連続施文する技法が勝坂式の角押文と共通し、更に他の平出Ⅲ類A土器とは異なる花崗岩を含むことから$\overline{T_2}t\overline{C_1}$とした。船元Ⅰ式は近畿地方から中国・四国地方に分布するが、それらに重なる花崗岩類は高遠以南から紀伊半島を経て四国へと広がる領家帯古期・新期のもの、その北側に分布する山陽帯の花崗岩など極めて豊富である。ただ勝坂式の技法をも有することからは同じ花崗岩帯でも信州よりの地域で作られ、搬入されたと解釈した（図115中段）。一方土器型式も製作技法も新崎式そのものの特徴を持つ№.5は変質した火山ガラスの由来が不明のため、TCモデルが提示できなかったが、在地外であることが確定できれば、搬入品と認定可能である。以上の事例から、熊久保遺跡出土土器には、土器情報の移動と土器の移動が推測される。そして、人が移動してきて土器を作った$\overline{Tt}C$と判断できるものはみられない。

次に御代田町川原田遺跡において、土器型式・胎土・技法が判明したもののうち、先に紹介した在地の焼町土器とその他後沖式を除いた18点について検討する。

まず勝坂式11点のうち、第1番目のグループは在地の焼町土器と共通する胎土を有する模倣品$\overline{T_1}t'C_{111}$（10・47）・$\overline{T_1}t'^{\wedge}C_{21}$（23・46）と、これらとは異なるが在地の可能性が高い胎土を有する模倣品$\overline{T_1}t'C_{112}$（22・39）、在地を含む胎土を有する模倣品$\overline{T_1}t'C_{32}$（33）である。これら7点の製作技法は本場の勝坂式と異なり、「群馬県で製作された可能性あり」（39）、「勝坂式の本場製作でない」（10・22・23・47）、「千曲川流域から群馬県のどこで作ったとしてもよい」（46）、「在地製作かもしれない」（33）ため（表9）、①在地（群馬を含む）製作者による勝坂式の模倣、②群馬県域からの搬入品の2つの可能性があった。ただC_{111}とC_{21}の4点の胎土は焼町土器と共通し、

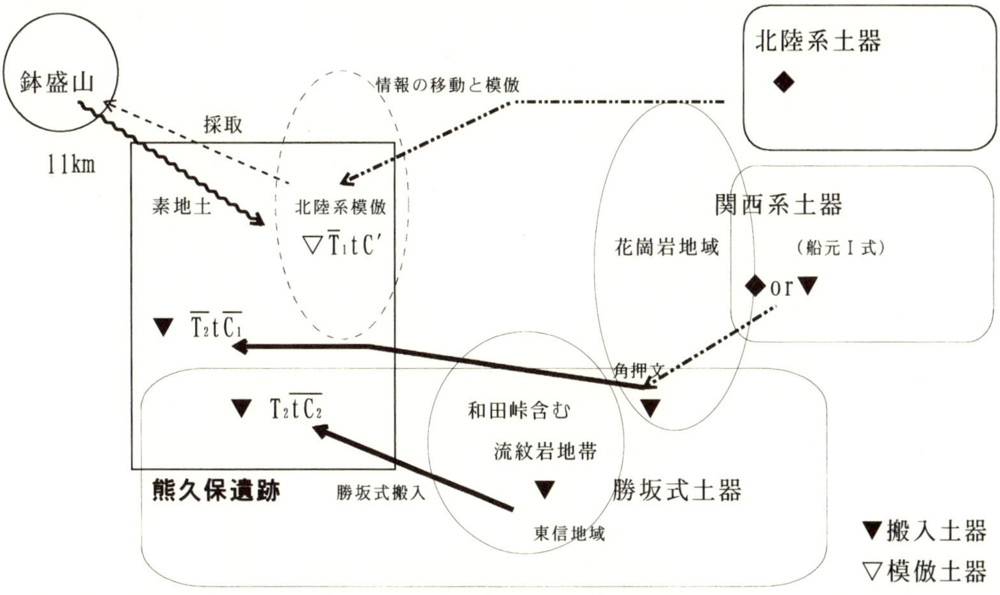

図115　熊久保遺跡における搬入と模倣

在地胎土の範疇に含まれ、39と22はC_{112}で焼町土器の胎土とは火山岩や輝石の量比で若干の違いがみられたが、地質学的に類似していた。このような点から、10・23・46・47は、川原田遺跡在地の製作者が勝坂式を模倣製作したもの、22と39は検討の余地を残すもののこれに準ずると考えた（第5章第2節5（2））。また、33に含まれる特異な流紋岩質ガラスの由来の候補としてはデイサイト・流紋岩質溶岩の浅間火山を第一として解釈したが、榛名山、赤城火山、足尾流紋岩類、八ヶ岳や和田峠などもあげられ（中野他1998）、粘土の化学組成と併せて、課題が残る。

勝坂式の2番目のグループは実際に東信地方から群馬にかけての地域で製作され、川原田遺跡へ搬入されたと推測されるもので、$\overline{T}_1t'\overline{C}_{31}$（38）・$\overline{T}_1t'\overline{C}_{122}$（9）がみられる。特に$\overline{T}_1t'\overline{C}_{31}$（38）の胎土には珪化岩が多数含まれ、試料中本胎土を有する土器はこの1点だけである。また$\overline{T}_1t'\overline{C}_{122}$の9は、製作技法が東信～群馬であるが、火山岩の割合が高く、玄武角閃石を含み、砂が丸みを帯びているものもある。仮にCに含め、技法を共有する在地外からの搬入品の可能性を検討するものである。

勝坂式3番目のグループは、勝坂式本場の製作技法を備えた搬入品で、$\overline{T_1tC_{123}}$（40）と$\overline{T_1tC_{33}}$（2）である。前者は玄武角閃石を比較的多く含むこと、後者は深成岩・変成岩を多く含む。

このように、勝坂式には本場からの搬入品と勝坂式の縁辺部（変容した地域）からの搬入品、在地製作の模倣品が同一の住居跡内に共存する。

阿玉台式は4点である。まず技法が群馬も含む関東地方に由来すると考えられる34・35は花崗岩起源の黒雲母と石英が多く在地外胎土の搬入品$\overline{T_2tC_{23}}$である。一方胎土が在地だが、技法

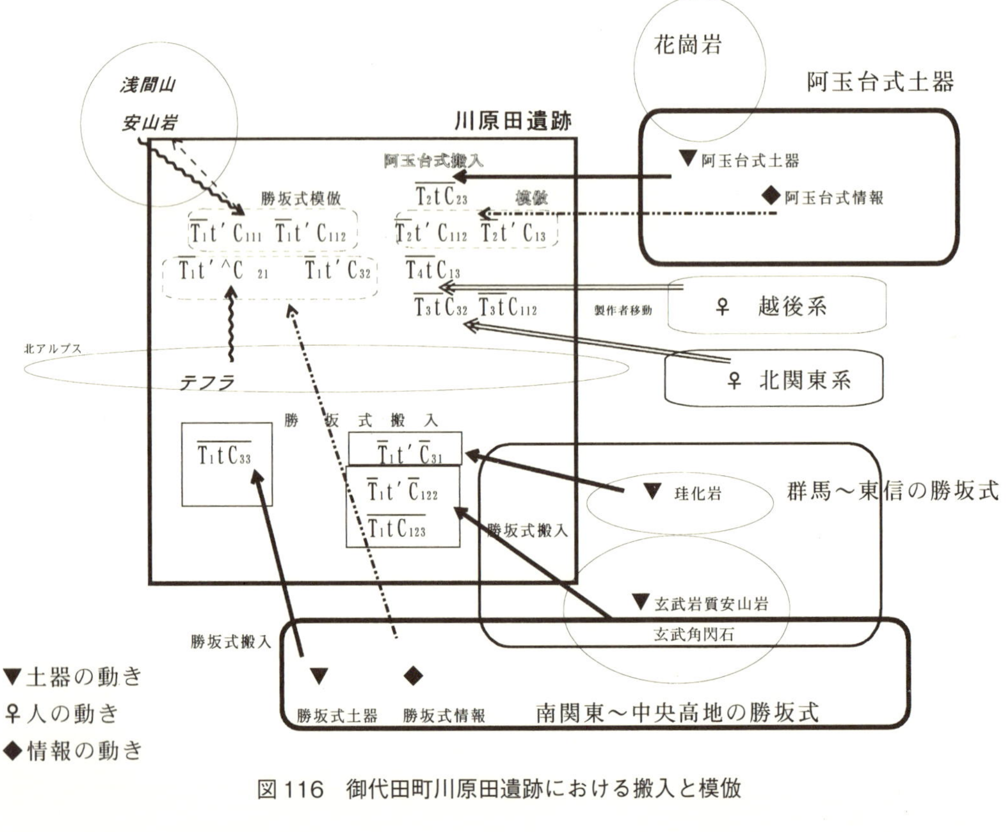

図116　御代田町川原田遺跡における搬入と模倣

が本場の阿玉台式ではなく、在地製作と考えられるものは$\overline{T}_{2}t'C_{112}$ (50)、$\overline{T}_{2}t'C_{13}$ (49) である。ただ前者の胎土の由来は勝坂式にも共通することから課題を残すものの遺跡周辺から10㎞圏に予想され、後者の胎土の由来は不明である。本場の阿玉台式に含まれる花崗岩としては、遺跡東方約145㎞の筑波山一帯の岩帯が最も大きい（広川他1969）が、周辺（図122）を含めて由来は今後の課題としたい。以上、阿玉台式も搬入・模倣品の併存では勝坂式と一致する。

北関東系土器2点のうち1は、在地製作の模倣品と推測した勝坂式・阿玉台式と同類の胎土から成るが、型式と技法は北関東に由来する$\overline{T_{3}t}C_{112}$ (1) ため、製作者の移動と解釈される。しかしながらC_{112}の解釈によっては群馬県域からの搬入の可能性も残る。その他の1点は先の勝坂式33と同類の流紋岩質のガラスを含む$\overline{T_{3}t}C_{32}$ (48) である。在地から北関東地域までその由来とされる地質が広域に分布するため、胎土の由来如何では搬入品となり得るが、現状ではやはり製作者の移動と解釈される。

越後系1点は、斜長石の曹長石化や斜方輝石や斜長石の一部のガラス化作用など、特異な胎土C_{13}に分類され、模倣製作された阿玉台式と同類である。$\overline{T_{4}t}C_{13}$とすれば、製作者の移動と解釈される。

以上のように中期中葉の土器のうち在地外型式の胎土分析では、実際の搬入と情報の移動による模倣が優勢で、胎土の由来の解釈に課題が残るものの、製作者の移動も判別された。

(2) 中期後葉の様相

① 大木式系について

大木式は北は青森県から石狩低地帯、南は北関東から新潟県南部まで、変容した類型は更に信州千曲川水系まで幅広く分布する。特に北東北でも東側は盛岡市付近、西側は山形県北部までは円筒上層式が南下し、一部重複して分布する。一方浅部貝塚の位置する仙北湖沼地帯は北の円筒土器も南の加曽利E式土器もみられない地域であり、大木式の分布圏の中心的位置にあたるが、その南西約80㎞の中ノ内B遺跡には加曽利E式の影響と類推される連弧文様が、南東50㎞の大木囲貝塚には曽利式の影響を受けた破片（須藤2006）が伴出しており、他型式の土器情報は宮城県中・南部まで伝わっていることが解る。今回分析した浅部貝塚出土土器では、$\bar{t}$としたものでかつ特異な胎土のものは5個体存在し、$\overline{T}$と認識された個体は存在しなかった。

長野県千曲市屋代遺跡群中期後葉土器の分析試料で、土器型式・技法・胎土が判明したものは分析試料のうち44点で、そのうち8点は在地の圧痕隆帯文土器、23点は加曽利E式（系）であり前節で検討した。よってここではその他の13点のうちまず大木式系11点について考察する。

分析では、屋代遺跡群を含む信州の大木式系（屋代類型）で用いられる技法を「t」とした。そして東北地方の大木式で用いられる本来の技法を、屋代遺跡群の在地とは異なるという意味で「$\bar{t}$」と標記した。屋代遺跡群以北、大木式圏の上越・魚沼地方までの間で、「t」を有する大木式系土器が出土した遺跡は、管見の限りでは千曲川右岸では長野市村東山手遺跡（鶴田1999）、高山村八幡添遺跡（関・綿田1984）、野沢温泉村平林遺跡、栄村十王峯遺跡（水沢・岡村2005）、左岸では長野市明神前遺跡、飯綱町小玉遺跡（笹沢2008）を経て上越市前原遺跡・山屋敷遺跡へと連なり、千曲川支流の犀川流域では中条村宮遺跡（森嶋1993）、その支流麻績川流域の筑北村東畑遺跡（柳沢編2005）や安曇野市ほうろく屋敷遺跡・北村遺跡などがあるが、各地の表採品などを念頭に置くと、今後も増加する可能性が高い。屋代遺跡群以南でも千曲市円光房遺跡、上田市

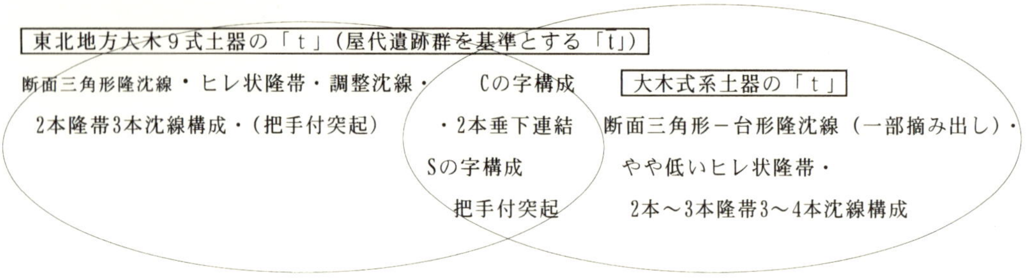

図117　大木9a式土器における「t」の定義

四日市遺跡、長和町大仁反遺跡（斎藤他1987）など広がりを見せ、佐久地方までの間は、点在する。第5章第3節で述べたように屋代遺跡群出土土器の胎土由来は8㎞圏の奇妙山・皆神山付近として矛盾は無いが、ほぼ連続して妙高山の噴出物の北限のおよその距離である53㎞圏まで安山岩が分布するため、便宜的に「^C」と標記している。ただ最近でも8㎞という距離や大木式系を構成する安山岩を有する胎土が後世まで連続的に使われなかったことなどから判断すると、これらが直接採取でない可能性もかなり高いといえる。

TCモデルによる分析の結果としては、まず第一に大木式本場か大木式の技法を有する地域でかつ安山岩地帯からの搬入品^T$\bar{t}$^C_{13a} 1点（261）と^T$\bar{t}$^C'_{13b} 2点（258・260）を判別した。大木式本場か大木式の技法を有する地域に分布する安山岩の由来については、宮城県北の栗駒山から、船形山・蔵王山・吾妻山・磐梯山・安達太良山から那須岳・釈迦ヶ岳へと続く奥羽山脈、守門岳など越後山脈の一部と魚野川西岸の魚沼丘陵、弥彦山・米山など越後海岸部、そして苗場山など三国山脈、妙高山や関田山脈など信越県境の山々の多くが含まれる（平山他1960、福田他1958、竹内他1994）。また、大木式系土器の分布域の安山岩には奥羽山脈から続く女峰山・皇海山・赤城山方面と草津白根山・四阿山・浅間山へ至る三国山脈、そして信越県境の妙高山から南の黒姫山・飯縄山を経た長野盆地千曲川左岸の西山の山地の一部、そして岩菅山・高社山から河東山地の一部へと連続し、屋代遺跡群の8㎞圏まで至る（図122）。大木式土器が大木式系土器へ連続するのと同様に安山岩地帯も東北地方から屋代遺跡群付近まで連続している。よって屋代遺跡群の大木式土器の搬入品とみられる3点は、東北地方から信越県境に至る何れかの安山岩に由来する可能性がある。ただ第3章第2節2で述べたように、これらの土器は隆帯の本数や文様の極細部の様相が仙台湾など本来の分布域の大木式とは異なり、かつ新潟県以南の大木式を窺わせる要素がある。このことからこれらは妙高山北麓から米山にかけての地域で作られ関川を遡って搬入されたか、魚野川西岸の魚沼丘陵から守門山にかけての地域で作られ、信濃川を遡って搬入されたと想像できる。

第二に、本場の大木式とは若干異なる文様細部や施文技法を持つ大木式系土器には、安山岩に由来する^Tt^C_{13a} 1点（276）・^Tt^C_{13b} 5点（256・265・266・272・273）がみられる（図118）。これらは屋代遺跡群の北方、信越県境付近に至る大木式系土器の分布圏のどこかからの搬入の可能性とともに、屋代遺跡群の人々か屋代遺跡群と技法を共有する人々が既述の安山岩地域のどこかへ素地土採取に行って製作した可能性をも念頭に置く必要がある。そして前節⑦で示したとおり、生業活動などを含む諸事情で大木式系の土器を持ったまま屋代遺跡群に集団で移動して来た可能

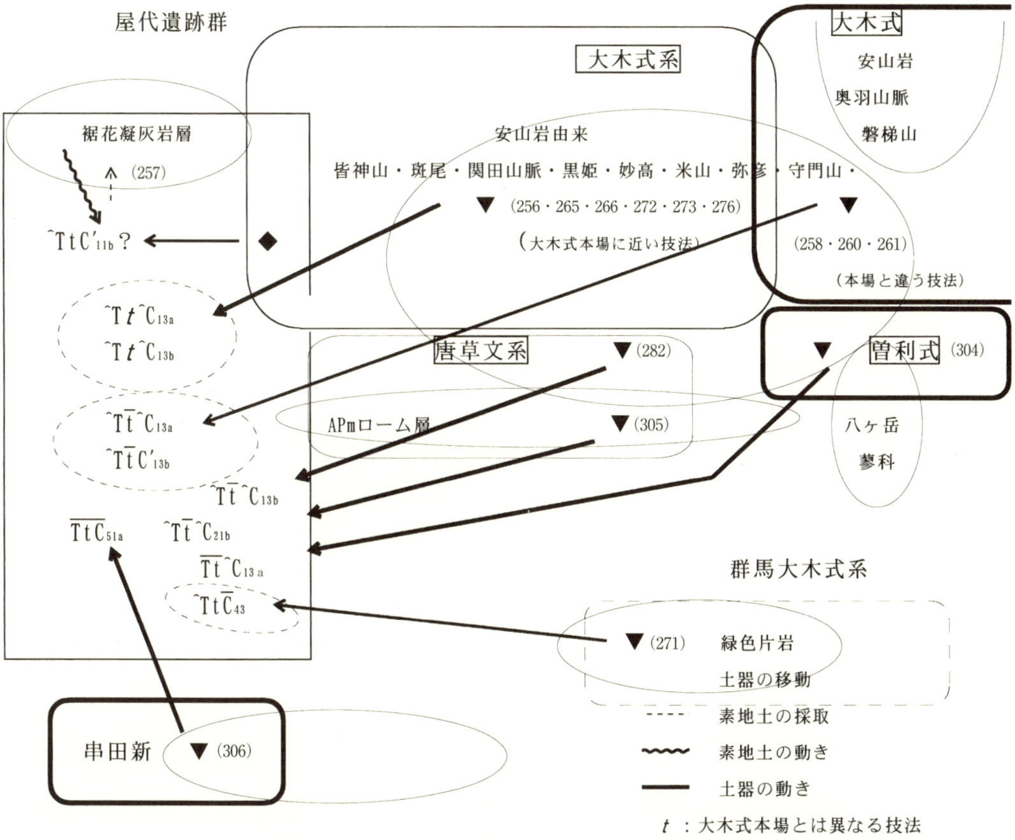

図118　千曲市屋代遺跡群における搬入と模倣

性も考えられる。ただ、その場合でも第１節２（2）⑥で示したように、使用が完了した土器は他の圧痕隆帯文土器や加曽利Ｅ式と一緒に廃棄されていることから、人々は集落の中へ溶け込むことに成功している。また、北信濃の大木式系土器の把手付突起の非常に高い斉一性からは、かなり集中的な土器製作が推定されるため、北信で大木式系土器づくりの核になる集落から土器を調達するようなケースも想像される。大木式系土器の中でただ１点、石英がやや少ないものの裾花凝灰岩に含まれる黒曜岩（石）を含むことから在地胎土の可能性が考えられる257（^TtC′$_{11b}$）は、これら大木式系が屋代遺跡群にもたらされた結果、在地の土で新たに製作されたものであろう。

第三に大木式系として最も特異な^Tt$\overline{C}_{43}$１点（271）があり、変成岩を含むことからⅣ群３類に分類した。これは屋代遺跡群の大木式系土器の中では少数派に属する、頂部に把手付突起を持たない類型である（図75-1）。把手付突起を持たない類型は、群馬・埼玉県や佐久地方で多くみられるため、このような類型は東北地方から北関東経由で佐久地方へもたらされた可能性が高い（水沢2003、水沢・岡村2005）。大木8b式から栃倉式土器を介しての把手付突起を持つ屋代類型への変遷は越後－千曲川水系ライン、大木8b式から加曽利Ｅ式を介しての平縁もしくは波状口縁のキャリパー形土器への変遷は、北関東－佐久平・千曲川水系ライン、という経路が予想される（図120）。前者が主要な土器組成を占める屋代遺跡群と、後者を埋甕に持つ郷土遺跡が互いに40㎞しか離れていないのに、互いの土器組成が全く異なる点は、土器の情報移動と模倣製作、そしてその過程を縄文人がどのように捉えていたか、その意味を象徴的に考える上で非常に重要である[1]。今回屋代遺跡群出土土器で、北信濃の大木式系には少ない把手付突起を持たない271の胎土に変成岩地帯由来の可能性のある片岩が含まれていたことは注意される。群馬県勢多郡宮城村鼻毛石中山遺跡出土土器の胎土分析では、勝坂3式土器に秩父周辺の地質学的影響のある地域でみられる結晶片岩が混和材として含まれていることが指摘され（建石 1996）、群馬県藤岡市の猿田埴輪窯跡と本郷埴輪窯跡の埴輪の胎土にも結晶片岩が確認（志村 2004）されており、この地域に変成岩を含有した土器が広く存在していたことが解る。今後、三波川変成帯から屋代遺跡群に至る諸遺跡の検討を急ぎたい。このような大木式系のTCモデルを更に模式化したものが図121である。屋代遺跡群で出土する大木式系は、胎土の違いと技法「t」の観察から、3つのTCモデルパターンが認められ、その由来のおおまかな地域を推測することができた。つまり、屋代遺跡群には大木式圏からの搬入品 $\overline{\mathrm{TtC}}$ 3点と、屋代遺跡群を含む北信の縄文人がその地域の素地土で作った土器 $\overline{\mathrm{T}}\mathrm{t}\overline{\mathrm{C}}$ 7点、屋代遺跡群の在地で模倣された土器 $\overline{\mathrm{T}}\mathrm{tC}$ 1点の3者が存在し、$\overline{\mathrm{TtC}}$ 1点は南東北から北関東経由で到来した可能性を推測した。

② 唐草文系・曽利式・串田新式（系）について

唐草文系土器（図118）も大木式系と同様に時期によっては主体・客体に変化するため、^Tと表現している。分析の対象とした2点のうち282（図75-1）は、圧痕隆帯文土器に矢羽根状の沈線地文が採用された形態であり、大木式系と共通する安山岩を多く含む胎土であることから^$\mathrm{T}\overline{\mathrm{t}}$^$\mathrm{C}_{13b}$と捉えた。305は上田盆地など東信地域と共通する唐草文系土器であることから $\overline{\mathrm{t}}$ でかつ、五領ヶ台式にみられた大町APmテフラ群に由来するため^$\mathrm{T}\overline{\mathrm{t}}$^$\mathrm{C}_{21b}$とした。中期前葉の大町APmテフラ群を含む土器に東信系土器が多くみられたことからは、搬入の可能性も否定できない[2]。曽利式の304は $\overline{\mathrm{Tt}}$^C_{13a} で、胎土の C_{13a} の火山岩は安山岩が多いが他に流紋岩や黒曜岩（石）をも一定量含んでいた。曽利式の分布圏との重なりからは蓼科山から八ヶ岳山麓由来の可能性も

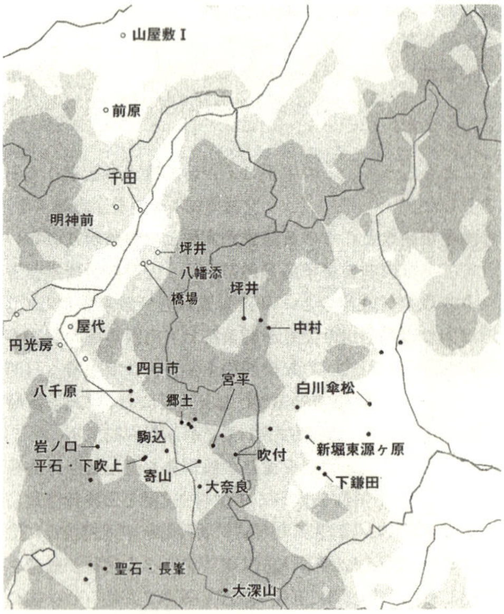

図119　大木式系土器（○）・「郷土式」（●）主要遺跡の分布（綿田 2008 より）

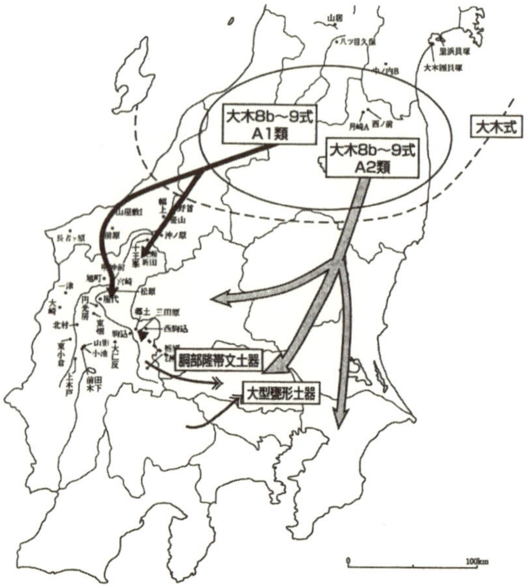

図120　大木式土器の流入経路模式図
（水沢・岡村 2005 より）

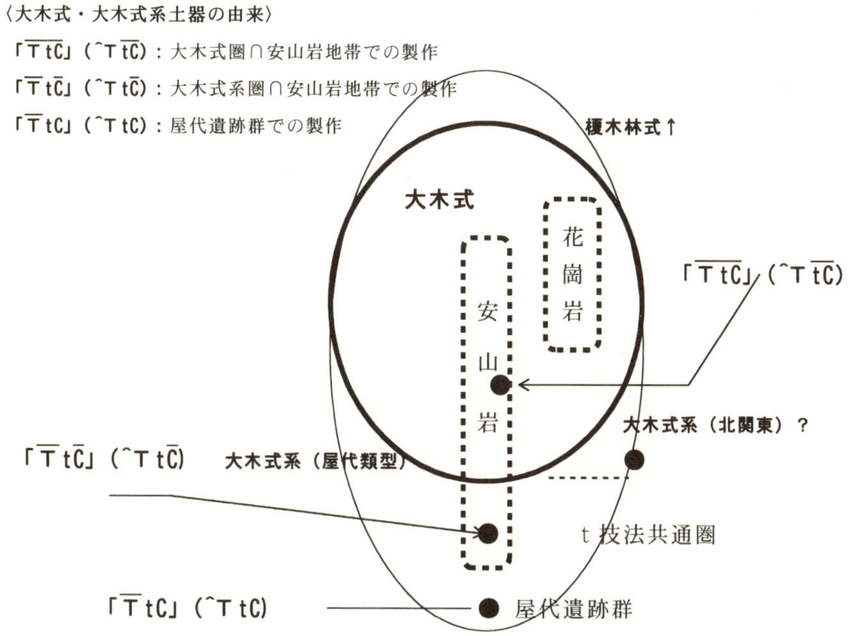

図121　大木式系製作地別TCモデル

考えられる。また、串田新式（系）は$\overline{\text{TtC}}_{51a}$で緑色片岩を含み搬入品と認定される。

このように、千曲市屋代遺跡群では、串田新式（系）と大木式に搬入品、唐草文系土器と曽利式土器に東信地域・八ヶ岳山麓からの搬入の可能性が判別され、その他の殆どの大木式系に在地外の北方を含む素地土での製作が指摘できた。

2　人の移動と模倣製作

TtCモデルは、本来人や物の動きを偏りなく分析するために、提起したモデルである。ところが、実際に分析を進めてみると、製作者が動いている痕跡、つまり在地外の土器型式が出土し、その製作技法も在地外のものだが胎土は在地のものであるというパターンが認識されたものは川原田遺跡の3例と屋代遺跡群の条件付きの2例のみであった。土器型式が在地外であれば胎土も在地外である土器型式間の搬入や、土器型式が在地外であっても胎土と製作技法や文様の細部は在地である模倣製作、そして土器型式は在地であっても技法と胎土が在地外である在地内搬入が圧倒的に優越する。人の移動はそれ単独ではなく土器の搬入に伴って起こるのであろう。ただ、屋代遺跡群の大木式系で主体を占めるⅠ群3類胎土の^Tt^Cのように、土器型式自体が本来は新潟以北の東北地方に分布圏を持つが、変容した一派が一定量組成する土器型式である場合の「T」の扱い、本来の東北地方とは異なる技法という意味で千曲川水系に点在する「t」の扱い、そして大木式系土器の分布圏と重なるかのように8㎞圏から連続して53㎞圏まで、更にそれ以北にも広がる安山岩をベースにした「C」の扱いという3重の課題をどのように取り扱うかによって解釈に差が生することになり、それぞれの定義づけと前提の明示化に課題を残した。大木式系土器の胎土は、在地の圧痕隆帯文土器と異なること、北信地域に類似した土器が多数存在すること等から、これらは土器を伴う集団の移動の結果もたらされた可能性が、屋代遺跡群の人々が遠方

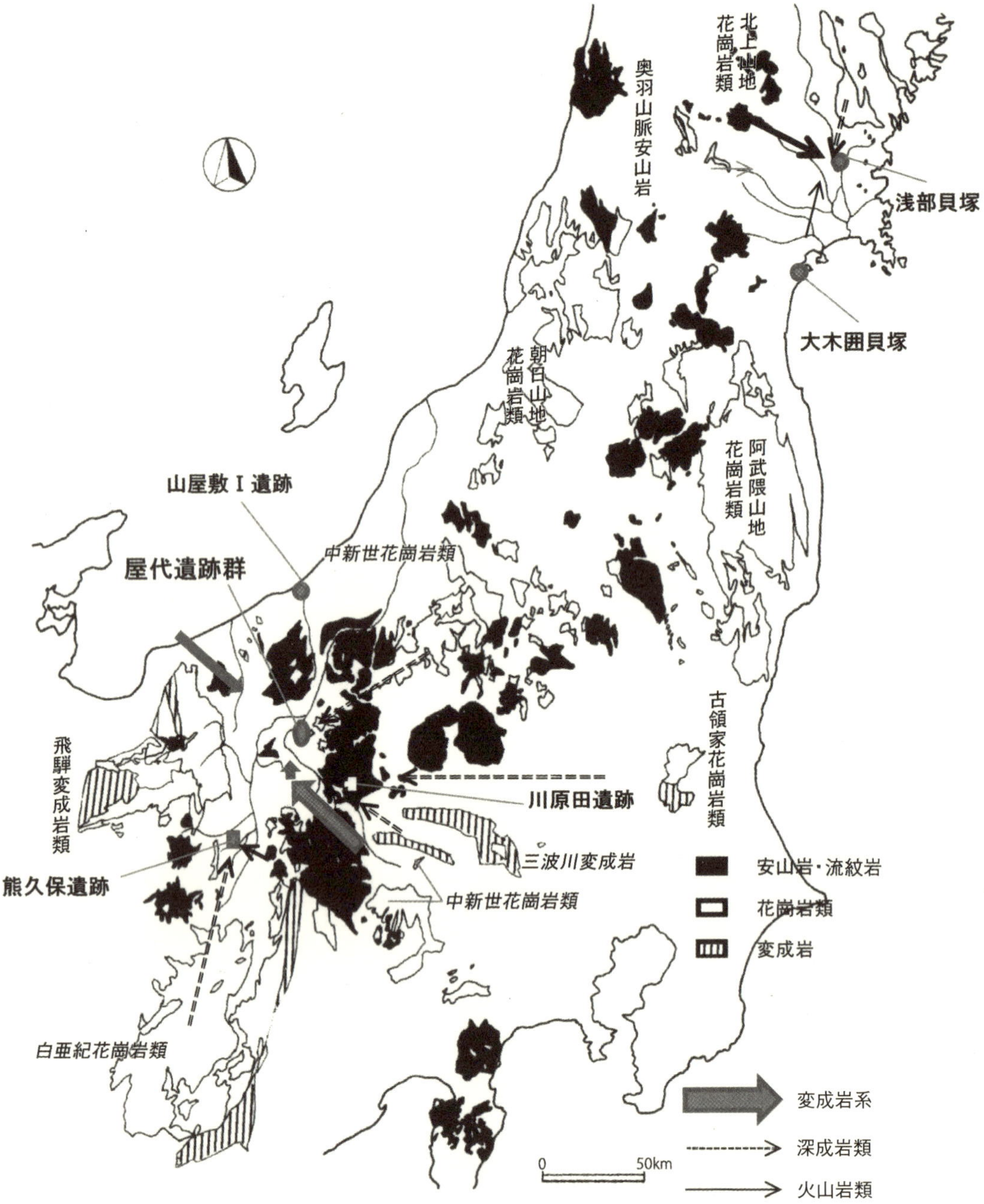

図 122　東北から中央高地の地質模式図と土器の動き模式図

へ素地土を調達に行ったとするよりもやや高い確率で考えられる。ただしその最終判断は、実際の北信から越後の同時期の遺跡の大木式系土器の分析まで先送りせざるをえない。そしてもし集団の移動と解釈された場合、その背景に、大木 8b 式期以来の新潟県南部と北信地域との人の往来や生業活動を推測したい。

さて、屋代遺跡群 2b 期（加曽利ＥⅡ式新段階への移行期）の大木式系土器は、SB5350 の土器組成の17%を構成し、大木式圏からの搬入品そのものも確認された。屋代遺跡群3b期（加曽利EⅢ式段階併行期）でもSB5345の土器組成の21%を大木式系が占め、同住居跡出土の1点が搬入品と認定された。ところが3c期になるとSB5343での大木式系は9%に落ち込み、4期のSB5339では1%と激減し、搬入品がみられない。このような時期毎の大木式系土器量の変化、つまり千曲川水系での模倣品の製作の度合いは、大木式圏との交流の強度や頻度とその背景にある受容のされ易さを反映している可能性がある。第2章第2節でまとめたように遺構の変遷から、3a期から3b期に上中越の住居形態が屋代遺跡群に影響を与えたとすれば、3a期以降の上中越の施設構築と関係する人々の移動も予想される。遡ると、大木9式に先立つ大木8b式と、その変容類型としての栃倉式古段階土器群は、上中越の住居や炉形態とともに北信濃に至り、一時両地域が一体化するほどにその関係は極めて緊密であった。この傾向が大木9式期に踏襲され、2b期の大木式分布圏からの土器の移動を介した人々の交流の中で、北信濃における大木9式系土器が搬入土器の模倣を通じて誕生し、更に人々の交流は住居の型式にまで影響を及ぼしたのであろう。第1章第2節で述べたように男性によって交易が担われ、その一貫として土器が運搬され、同じく男性の仕事である設計を含む家造りの技術が伝わったのかもしれない。居住形態を変えるほどの移動は集落自体の移動の可能性もあり、その流れの中で⑦で提示した一部集落の移動が起こるのかどうか、つまり胎土分析の黎明期から追究されてきた集団の移動（清水1973a）がここでも視野に入るのかどうか、千曲川水系の環境や生業との関係を念頭に置きつつ検証していかなければならない。

第3節　土器づくりの単位

1　裾花凝灰岩を含む胎土から見えてきたこと

熊久保遺跡の花崗岩由来の胎土は平出Ⅲ類A土器とパネル状文を有する北陸系土器に、川原田遺跡の1群と2群の一部の胎土は焼町土器と勝坂式で共有されている。つまり非在地の土器型式の胎土が在地の土器型式と一致する。このことから両土器型式の製作集団が一致すると仮定した場合、土器を製作するには両方の土器型式の文様構造や施文体系を熟知している必要があるわけだがそのような北陸系土器や勝坂式は、それらの本来の中心分布圏のものに比較すれば文様構造や細部での違い（乱れ）が指摘された。つまり、移動してきた製作者のような、本来の土器型式を熟知した人による手慣れた作品ではなく、何らかの土器型式情報の下に製作された土器なのである。型式情報の源は、具体的には搬入された土器である場合が多かったと推測されるが、実際にモデルとなる土器が未だに出土していない場合もみられる。

これに対し屋代遺跡群の在地の土器である深沢タイプや圧痕隆帯文土器の主要胎土を構成した裾花凝灰岩起源の素地土は、村東山手遺跡の圧痕隆帯文土器や加曽利E式（系）土器の胎土、さらには古代の土師器や江戸時代の松代焼まで採用された広域的で通時的なものであり、千曲川対岸の地下深い遺跡の調査・分析が進めば、その素地土で作られた土器が更に増えることが十分予想される。また、少数ではあるが、同時期に土器型式を越えた使われ方をしているため、もし遺構と胎土の対応関係が土器づくり集団を示すとすれば（鐘ヶ江2007）、一遺構から複数の土器型式が出土し、更に土器型式同士が共通した胎土を持つ（表12）背景は、これらが同一の土器づくり集団によって作られたといった見方が可能かもしれない。ただ、第5章第3節に示したように、屋代遺跡群における裾花凝灰岩起源の胎土は、圧痕隆帯文土器では唯一の主要胎土であるが加曽利E式では複数の主要胎土の内の一つにすぎないし、大木式系に至ってはこの範疇に入る胎土は1点に止まる。他の事例でも、異なる土器型式の主要胎土が完全に一種類で、一致している事例は無く、多少なりともずれがみられた。このことは、胎土の選択を含む土器づくりの流儀は土器型式毎に異なることが一般的で、偶発的に他の土器型式を製作することによってこの対応関係が崩れることがあっても、恒常的に同一の土器づくり集団が複数の土器型式を製作するわけではないことを示唆する。

2　土器づくりの拠点

(1) 土器づくりを行う集落の姿

土器づくりに関連する遺構としては、粘土採掘坑、粘土貯蔵穴、土器製作遺構、土器焼成坑が、遺物としては生粘土塊、未焼成土器、焼成粘土塊、台形土器、研磨礫などがあげられる（村石・網倉 2002）。調査面積の制約もあるが、現状ではこれらが全ての遺跡に伴うわけではないことは、土器づくり集落の限定性を示唆する。屋代遺跡群のように多機能を備えた集落でかつ混和材を採取するためか使用後にもう一度強力な火で焼いた土器ならびに焼成粘土塊（図41）やそれが残存する焼土・灰の詰まった土坑、屋外の広範囲の火床（水沢 2000a）等、複数の土器づくり関連資料を兼ね備えた遺跡では、土器づくりと焼成がともになされた可能性がかなり高い。今回の対象遺跡では、川原田遺跡でもJ-11号竪穴住居跡に生粘土塊（堤編 1997）、熊久保遺跡では9号住から台形土器が出土している（樋口編 2003）。

また、第1章第2節で述べたように土器が単なる容器ではなくて、交易を前提にした威信財的な機能も備えていたとすれば、土器づくり集落は多機能を備えると同時に、東西の水陸の交通路の中継地点など交易ネットワークの中心たるべき立地をも期待される。また、近隣に土器焼きを行う際に大量に消費する薪を確保すべき山林と粘土採取地をともに確保できればなおさら有利であろう。その意味で明らかな粘土採掘坑を有する遺跡とその周辺の集落は、土器づくり集落の第一の候補と考えられる(1)。東京都の多摩ニュータウンの発掘調査では、多摩ニュータウン№.245が土器製作遺跡、そこから約100m離れた№.248遺跡が粘土採取地であるという関係が、遺構や出土遺物から捉えられ、しかも後者は粘土の保有量から周辺の集落での共同の粘土採取場所と考えられている（山本孝 2002）。その場合の粘土を利用したと推測される周辺集落は、№.248遺跡の採掘場から同一河川沿いに5～10㎞に想定されていて、まさに屋代遺跡群の素地土獲得距離に匹敵する。また、岩手県盛岡市川目A遺跡（星・管野 2008）では、土器胎土の一部が縄文時代中期後半の粘土採掘坑で採掘された粘土と、岩石・鉱物組成で一致することが判明し、同様に御代田町川原田遺跡出土土器の蛍光X線分析によるSi-Fe比でも、竪穴焼粘土と出土土器胎土は「在地」的傾向として一致していた（建石 2004）(2)。

素地土の調整方法も、素材粘土の質によって千差万別であったろうが、現時点で考古資料から推測される以上のような土器づくり集落の実態と、第5章の分析で何れの遺跡でも5㎞圏に主要な在地素地土の産地が推測されたこと、そして第１章第３節で紹介した居住域の２〜5㎞圏に粘土産地を有する集落が調査サンプル全体の75％を占める民族例から、粘土産地の近くに土器づくりを生業の中に取り込んでいる集落が立地したと考える。

(2) 土器づくりの規制

さて、縄文時代の土器づくりは女性によって担われた可能性が高く、これを前提に本論を進めることを第１章で述べた。それでは、土器づくり集落の具体的な構成はどのようなもので、本書の分析ではどのように捉えられたのだろうか。

先史時代の居住単位は、竪穴住居の大きさなどからは一世代の核家族、出土人骨の組み合わせなどからは、成人の男女（一人もしくは複数）と子供によって構成されていたと仮定する（春成1981）。そうした場合、土器づくりの基本的な技術はスムースに母から娘、娘から孫へと伝達されていったことであろう。ただもし、模倣品を含めて複数の土器型式を作る場合どの程度の比率にするのか、あるいは素地土をどのように用いるかという点は個人の事情で決められたわけではないと考えられる。なぜなら、その住居で使われた土器が必ずしもその住居跡に廃棄されたわけではないとしても個々の住居跡に廃棄もしくは遺棄された土器組成や胎土の種類は、集落全体の傾向とかけ離れたものではないからである。つまり、集落全体の傾向を無視して極端に胎土が異なるとか、ある遺構に極端に一定の土器型式のみが廃棄されるような偏在性は顕著には認められない。仮にある住居跡から出土した一括資料を「単位X」と仮称する。例えば川原田遺跡のJ-11とJ-12という「単位X」を比較した場合、出土する焼町土器１群胎土と２群胎土の比率は近似し、更にそれぞれの住居跡から焼町土器と勝坂式が類似した比率で出土している。屋代遺跡群のSB5316住居跡とSB5345住居跡でも、それぞれの加曽利Ｅ式（系）はⅠ群１・２類とⅠ群３類に分かれ、それぞれの住居跡から加曽利Ｅ式（系）と圧痕隆帯文土器、大木式系土器が類似した比率で出土する。今後全ての住居跡について検証する必要があるものの、傾向として住居跡というまとまりで設定された「単位X」同士は、個々に製作された結果存在しているのではないことが予想される。この点を広く解釈すると、「単位X」は元々一緒に製作された総体として存在していた可能性が考えられそうである。つまり、集落全体で土器が製作され、各単位へ分配され、それがある組成比で使用され、廃棄されて一括資料となったと推測されるのである。このような遺構の「単位X」を遺跡に拡大し、やがて遺跡群そして地域という単位での胎土分析と土器型式の比率の調査を進めることで、更に大きな土器づくりの単位を抽出できる可能性もある。例えば千曲川水系の集落を概観すると、屋代遺跡群の対岸の円光房遺跡でも加曽利Ｅ式（系）と圧痕隆帯文土器が類似した比率で出土する。もしこれらの土器型式それぞれと胎土の関係が屋代遺跡群の今回の結果と一致すれば、その関係がより明確化することになろう。

土器づくりの規制は、分布の中心部の方が縁辺部よりも強く働いたと考えられている（寺内1989）。このことは、分布圏の狭い土器型式の方が、広い土器型式よりも規制が強い、つまり胎土の種類が少ないことに繋がると考えられる。今回の分析結果では、分布圏の広い中期後葉の加曽利Ｅ式は確かに胎土の類型が多く、斉一性の強い中葉の焼町土器の胎土は２種類に限定されるなど、傾向として示唆されている。そしてもしそれが当時の普遍的な実態であれば、素地土入手を含む技術と型式学的な属性は、土器型式の成り立ちそのものに左右されたことになり、よって小規模個人的なものではなく、例えば土器づくり集団の規範の中で集中的に管理されていたとも捉えられよう。その場合、母から娘への世代間の伝習にしても、実際には集団の中で一世代目から二世代目への集中的な伝達の形で行われたと考えられる。フィリピンの民族調査からは土器づくりの専業度が高い場合、結果として大量に土器を作ることになり、土器の規格性が強くなるという指摘がなされていて（小林青 1998）、屋代遺跡群を含む中期後葉の土器にも規格性（黒岩 2008）が指摘されたことは注目される。これらの点から、私は土器づくり集落の女性たちはある種の集団を形成し、生業の繁忙期を除く一定期間、在地の素地土を用いてある程度集中的に土器製作を遂行したと推定する。

かつて瀬川裕一郎は愛鷹山麓の素地土では土器づくりが不能であるという分析結果から、集落毎に土器を作るというそれまでの概念的な土器型式・集団論に異議を唱え、土器は特定の「専業集団」や「特定の人々」によってつくられた可能性が高いとし（瀬川 1994）、更に集落のうち、土器づくり集団が限定的に存在していたと仮定した場合、土器を作っていない集団は土器づくり集団から土器の供給を受ける必要があると述べた。つまり、ある地域に主要な生産地である「土器づくりのコア」があり、そこから各集落へ土器が搬出され、そこで消費されていたという状態を推測した。確かに自然界での粘土の偏在性からは、列島に存在する全ての縄文集落で土器が作られているとは考え難いが、例えば一つの土器型式の全てを一つの集落で作っていたような、大規模な土器生産の遺構が検出された例も無い。今回の加曽利Ｅ式（系）でみられたように屋代遺跡群 5㎞圏の裾花凝灰岩、北方 8㎞～ 53㎞圏の安山岩、例えば南東 64㎞以東の深成岩（北関東の花崗岩など）や南東 74㎞の三波川変成岩類（中野他 1998）等、というような胎土との対応の可能性からは、一定の間隔を置いて、他地域への搬出を前提とした土器づくりを行う集落が点在しているような景観が推測可能であろう。また、屋代遺跡群を中心に解釈すると、圧痕隆帯文土器を在地土器とする集落に、大木式集団が回帰し、更に大木式の回帰地帯を含むいくつかの地域から加曽利Ｅ式がもたらされそれらの模倣品が製作された可能性もある。特に屋代遺跡群の加曽利Ｅ式は、「郷土式」が主体の上田・佐久地域を越えて、北関東との関係が強い。このような土器型式の特異な分布のあり方に現れた差異は、土器づくり集団の関係の強弱や流通機構とも関係してくるのだろう。

第4節　縄文土器を有する社会における土器づくりの構造
―縄文時代中期における土器の移動と交流―

多機能拠点集落の土器製作者は、在地の素地土を用いて在地の土器を作るのと同時に他の土器型式圏からもたらされる搬入土器を受け入れたり、各種情報をもとに模倣品を製作していると推測される（図 123）。土器型式圏内外からの搬入土器の比率は、中期中葉の川原田遺跡、中期前葉・後葉の屋代遺跡群ともに 20％前後を占めるため、TC モデルで「情報の移動」とした場合の「情報」源は実際には潜在的な搬入土器そのものであったと考えられる。純粋な伝聞情報だけでは複雑な文様や施文技法を正確に写すことは困難であろうことと、土器型式の周辺遺跡では文様細部の変容がみられることもこの可能性を補強する。また、仮に人の移動があれば情報が伝わり易いと推

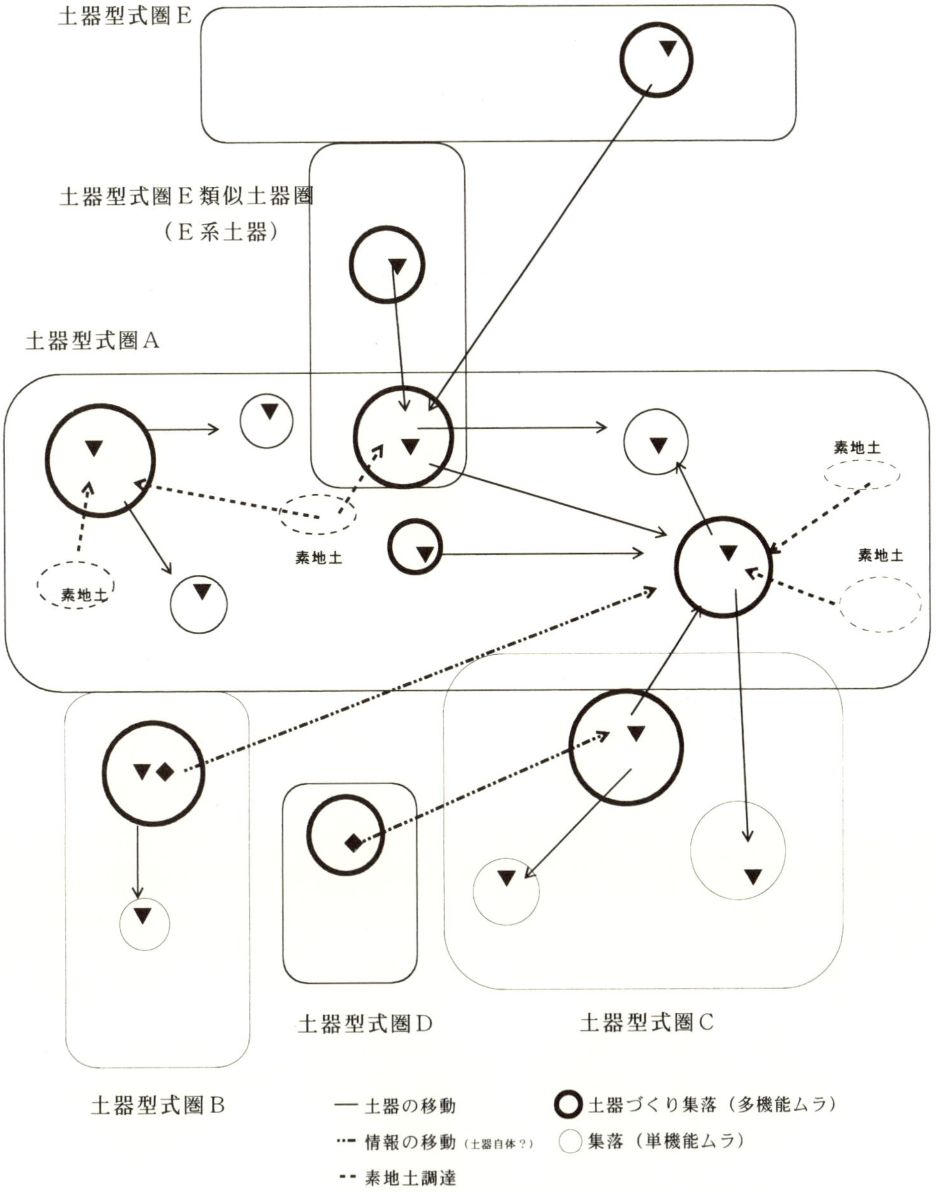

図123　土器型式と土器の移動模式図

測されるが、TCモデルでは、在地外の型式と技術を伴って作られた土器の胎土が純粋に在地である、つまり人が移動してきて故地の土器を作ったと考えられる例はごく少数もしくは条件付でしか得られていない。ただ、今回の分析結果や甲府盆地等での胎土分析の結果における搬入土器の比率から、縄文社会において土器を運搬するための人の移動は活発であったと推定される。

今回の結果から導かれる縄文社会における土器の履歴の一端としては、基本的に在地５km圏の素地土を使い、更にいくつかの遠方の素地土採取地を併存させながら、ある程度限定された集落に集う土器製作者の集団が土器づくりを担う一方で、集落間を交易人に運ばれた土器が動き、それが受容された結果、搬入土器を手本として頻繁に模倣が行われていったと考えたい。今のところはあくまで仮定であるが、土器づくり集落で作られた土器が非土器づくり集落へ搬出されたとすると、近接するいくつかの集落を対象に土器の胎土分析を実施すれば、おそらく類似した胎土の傾向が判明することと思われる。このような調査を幅広く実施し、同時期の土器製作を担った大集落とそうでない小集落で比較できれば、共通する胎土の存在から、やがて土器の分配・交換や集団の移動が推測され、更に遺構形態等を比較する中で分配・移動の両者の判別が可能になるだろう。そしてこれらの近接した搬出入関係にある集落同士は一定のエリアを有することになろう。ただこのエリアを越える集落が常に没交渉であったわけではなく、今回指摘した北関東から中央高地への土器の搬入のように、人の移動によって土器が運ばれ、それを模して土器が作られることで集落間のコミュニケーションが図られていたと考えたい。土器そのものに備わる威信財としての機能と、その他ヒスイなどの装飾品や黒曜岩（石）などの特殊石材の流通ネットワークや内陸のサケをはじめとする食料などとともに集落間の交易関係が維持されることによって集落と集落は更に強固に結ばれることになっただろう。その反面、ネットワークを常に円滑に保持するためには一見して経済的には無意味なもの、例えば北陸地域の砂岩製石斧（林 2004a）などの交換も行われていたかもしれない。また、仙台湾のように土器型式が固定化している地域でも、人の移動によってごく少数の土器が運ばれ、外部の集落とのコミュニケーションが図られることによって、海産物の交易などのルートが円滑に機能するようになったのではないか。隣接地域はもとより遠隔地との土器の交換は、更に高次の経済的な利益を約束するネットワークの保持という使命を担っていたと推測する。

註

【第2節】

（1）（補註）大木 8b 式の古段階中相併行期における中越地域の形態として馬高式塔ヶ崎類型が生成され、その変容形態として栃倉式古段階土器が中越地域から北信地域にかけて分布し、それらが犀川を遡り中信・諏訪地域へ流入し、唐草文系Ⅱ期の土器が成立した。その後北信地域は曽利式の影響などを受けて栃倉式新段階へと推移し、やがて本節で提示した搬入と模倣の連鎖の中で大木9式系が一様に広がるが、唐草文系土器はⅡ期の文様を変容させながら器形は樽形が優勢となり、その後Ⅲ期へと変遷した結果、北信との乖離が生まれた。一方佐久地方では中期後葉初頭期に加曽利E式や件の栃倉式古段階系の土器が流入していた。また北関東には大木 8b 式の大柄渦巻文が胴部に描かれる大形の土器が分布していたが、これらが取り入れられた結果、加曽利EⅡ式併行期に郷土式が成立する。そのため、郷土式1期（綿田弘実 2011「郷土式土器の変遷と分布」『佐久考古通信』№107）には、その後郷土式のメルクマールとなる鱗状短沈線文（川崎 2001）に加え、栃倉式古段階・唐草文系土器特有の綾杉状沈線地文と腕骨文類似の文様要素が揃っていくこととなった。郷土式はその後、樽形器形をも組成に取り込み、唐草文系土器と類似度を高め、加曽利EⅢ式新段階併行期まで独自の変遷を遂げる。このような変遷の結果、大木9式初頭期の屋代遺跡群と郷土遺跡のみを比較すると、その距離は 40㎞に満たないものの、著しい乖離が看取されることになった。同じ千曲川水系にあたり距離的にも近接する屋代遺跡群と郷土遺跡のこの複雑な関係は、単純に距離や水系だけでは推し量れない、縄文社会における物流のネットワークを象徴するものであり、本書で実施した TtC モデルによる分析によってその搬入と模倣の方向性は更に明確になるものと考える。これは一例にすぎないが、縄文土器型式の消長を左右するのはこのような人間集団の行動様式の集合体の蓄積であり、それはとりもなおさず考古学における文化（川崎 2009）を研究することを意味する。

（２）（補註）305 は口唇部に無文帯を持たないこと、地文が水平方向の沈線であることから、上小地域に類例がみられる唐草文系土器の範疇と考え「t」に充てた。最近中野市千田遺跡の報告書（綿田編 2013）が刊行され、北信の中期後葉の様相が明らかになった。そのうち千田遺跡４期には半隆起線地文で弧状腕骨文を有するいわゆる栃倉式新段階に、前段階からの流れで捉えられる縦方向の矢羽根状沈線地文に加え、発達した腕骨文を有する土器群が伴う。千田遺跡５期になると樽形の器形で後者の地文を横に倒して長く引き、前者の弧状腕骨文を文様として配する深鉢が誕生する。これが上越地域から北信、東信に分布する唐草文系土器である。つまり、他の土器が大木９式にモデルチェンジしつつある中で、なお前段階の流儀を踏襲する土器である。

【第３節】

（１）（補註）長野県中野市の千曲川右岸、高丘丘陵の南端一帯では長野県下で粘土採掘跡の調査が最も進んいる。特に沢田鍋土遺跡では、縄文時代後期初頭から前葉、古墳時代前期、平安時代、中世などの粘土採掘坑が調査されている（鶴田典昭 2013『北陸新幹線建設事業埋蔵文化財発掘調査報告書７ 沢田鍋土遺跡・立ヶ花表遺跡・立ヶ花城跡』長野県埋蔵文化財センター他）。また北側に隣接する清水山窯跡には縄文時代中期後半、北側約 300 ｍの池田端窯跡には奈良時代前半と平安時代の粘土採掘跡があり（㈶長野県埋蔵文化財センター 1997）、沢田鍋土遺跡周辺で通時的に粘土が採取され、窯業が盛んであったことが解る。偏光顕微鏡観察では、沢田鍋土遺跡出土縄文後期土器５点のうち２点は採掘跡の粘土と砂粒組成が近似していることが判明した（鶴田同上）。同様に採取粘土の偏光顕微鏡観察で、筆者も長野盆地南部の採取粘土に比べて微細な砂（0.05㎜未満の無色鉱物）が極めて少ないものの粘性・可塑性がともに高い良質な粘土である（水沢 2011）ことを確認している。この他、粘土採掘跡は 2007 年段階で東日本を中心に 22 遺跡が集成されている（山本 2007）。

（２）一方で、新潟県朝日村元屋敷遺跡の縄文時代後晩期土器・土偶・粘土塊、合計 113 点の蛍光Ｘ線分析では、土器・土偶と粘土塊の Si-Fe 比が大きく異なる結果から、両者の母材の相異が指摘された（建石 2004）。この場合、粘土塊の方が塩基性に偏る傾向がみられる。

終　章

本論では、縄文社会における、土器やその情報そして人の動きを、土器の胎土分析と型式学的な分析を中心に据え、集落における遺構の形態や分布、生業などの視点をも取り入れながら論じてきた。特に土器や人の動きを明示的に説明するためのモデルとして1992年に提示したTCモデルを中心に、様々なカテゴリーを増設しながら中央高地等の土器群の動態的解釈を試みた。今後この枠組みを改良しつつ、更に時期的にも地域的にも拡大しながら、連続的な縄文時代の土器や人の動きを歴史叙述へと高めていく試みが必要であろう。そのような課題を含めて本章では、本書の範囲内で判明した結論の概要を確認しておきたい。

第1節　土器の製作と移動に関する現段階の所見

本書で用いた土器の胎土分析は主に薄片の顕微鏡観察による。まずは顕微鏡観察の過程で判明した事柄について触れる。

1　土器の製作

① 含有されていた砂

・胎土には例外なく砂（岩石の細片と鉱物）が含まれており、その量や大きさ、粒径の揃い方の差異が、意図的な混和の有無等、素地土の精製過程を反映しているとみられる。

・胎土中の砂は、岩石が物理的風化・化学的風化の過程を経て粘土鉱床が生成された後、もしくはその複雑な生成過程の中で入り込む場合があり、地滑り等による周辺の堆積物、火山の噴出物（テフラ）、円磨された川や海の砂、プラントオパールなどの植物質の化石や海綿骨針などの動物珪酸体等多岐にわたる。このうち火山の噴出物は分布の広域性によって産地の絞り込みが難しい場合がある。更に人間が粘土を採取する際にそれら周辺の堆積物が採取された可能性もある。

・人為的な混和材には上記の周辺の堆積物や、黒雲母等の特定の鉱物・岩石が推測される。

② 砂と粘土

・天然の粘土は限定的に存在する。たとえ定義に則った粘土であっても必ずしも土器が作れるわけではないし、逆に複雑な精製の過程を経なくても容易に土器が作れる粘土も存在する。そこで土器を作るためには、砂が混じっている粘土を採取する、もしくは砂と粘土を調合して土器の素地土とする、と理解する。

③ 素地土の調達距離

・土器づくりが行われている集落において、在地土器型式における主要な素地土は5㎞圏内外から採取される場合が多く、土器づくりに適した粘土産地の側に集落を営んでいたことに起因する。また、5㎞圏内外の素地土に由来する主要な胎土が分類上2種類以上にわたる場合がある。

・在地土器型式の副次的な素地土が集落から10㎞圏内外に存在する場合がある。この距離は民族例の一般的な粘土採取距離よりは遠い上、分析事例によってはこの距離から土器が型式内搬入されたと解釈されている。そのため直接採取と搬入のグレイゾーンと捉える。ただ、呪術的な意味や集団の軋轢の回避、あるいは特殊な資源の産地の道筋に粘土採取地が立地するなどの特別な状況下で、遠距離でも実際に直接採取が行われた可能性も否定できない。TtCモデルにおいて、「t」と「$\bar{t}$」の判別がどこまで可能かは、グレイゾーンの土器が搬入品か、もしくは10㎞圏に粘土採取に赴き、在地で製作されたかを見極めるための重要な鍵である。

・主要な素地土が5㎞圏に存在せず、10㎞圏内外に存在する場合がある。前項と同様に、グレイゾーンとして搬入の可能性を考える必要があるが、一方、胎土類型が土器型式と一致する場合は、集落の移動に伴い、出先で土器を製作し元の集落へ回帰した結果である可能性もある。また、見かけ上10㎞圏の岩石鉱物が河川砂礫として遺跡近隣まで運搬され、粘土層に隣接して堆積した可能性を検討する必要がある。その意味でも河川砂の調査は大変重要である。

④ 土器型式と胎土の関係

・主要な胎土について、その特徴が土器型式と対応することがある（熊久保遺跡の平出Ⅲ類A土器と花崗岩、屋代遺跡群の五領ヶ台式と黒雲母・同大木式系と安山岩他）。

・それぞれの土器型式のうち在地製作が推測されたものの胎土には、在地内の近似した由来とみられる数種類のみに限られる場合（屋代遺跡群の深沢タイプ）や、在地を含む広域テフラで由来の近似した数種類に限られる場合（屋代遺跡群の五領ヶ台式）がある。

・在地内に由来する主要な胎土と在地外に広域に由来する（広域テフラの場合はその周辺を含む）副次的な胎土がみられる場合（川原田遺跡の焼町土器、屋代遺跡群の圧痕隆帯文土器、浅部貝塚の大木8b・9a式）と、在地に由来する主要胎土とその他多数の副次的胎土（屋代遺跡群の加曽利E式（系））から成る場合がある。在地土器のあり方としては前者が一般的である。

・在地外に由来する主要な胎土と在地内に由来する少数の副次的な胎土から成る場合（屋代遺跡群の大木式系）がある。ここには③のような特殊事情が予想される。

このように、土器型式と胎土が一致する傾向がみられるものの、土器型式を越えて共通する胎土があることや、模倣品が生成されていることからは、一集落内部に土器型式毎に複数の土器づくり単位集団が存在し別個に素地土を調達して排他的に土器を作っていたとするよりも、同一の集団が複数の土器型式を製作するような場合が考えられる。

2　土器の移動

(1) 土器の搬入

① 土器の搬入の諸形態

・土器型式圏の内外双方からの土器の搬入がみられる。

・広大な同一土器型式圏内で、数十㎞離れた遠方からの土器の搬入がみられる。

・同一土器型式圏内でかつ10㎞内外といった近隣からの搬入もしくは直接採取がみられる。

・時期を越えて搬入土器の胎土が共通する背景には、搬出－搬入の集落（もしくは地域）関係が一定期間固定的であった可能性がある。

② 土器の搬入効果の可能性

・同一遺構（もしくは遺跡）から搬入土器と模倣土器が出土する場合がある。搬入された土器が情報源となり、土器が模倣製作される可能性がある。

・土器の搬入に伴い、土器の運搬人が移動することで、集団間のコミュニケーションが維持された可能性がある。

・搬入された土器が容器となり、内容物が運搬された可能性がある。

⑵ 搬入品の胎土の傾向

・屋代遺跡群の胎土分析では、大きさの揃ったホルンフェルスは武蔵甕を中心に古代に限定されるが、変成岩を多く含んだ土器に中期後葉加曽利Ｅ式（系）、五領ヶ台式浅鉢があり、その他、深沢タイプ、圧痕隆帯文土器、大木式にも変成岩を有する土器が少数みられ、遠方からの搬入の可能性が予想される。また、屋代遺跡群周辺にはみられない花崗岩に由来する胎土は五領ヶ台式と加曽利Ｅ式(系)にごく少数みられる。大木式系土器には大木式土器型式圏からの搬入と、大木式の組成の一部が変容し、北信地域かつ安山岩地域で製作され型式内搬入された、もしくは北信地域での集落の移動に伴い製作されたものが存在する。一方、中期前葉の五領ヶ台式や東信系土器は、北信地域から佐久地方でもみられる大町 APm テフラ群に由来すると推測される胎土のものが多く、搬入品の可能性を含むものの、広域に分布する性格からその由来となる地域を厳密に特定するのは難しい。

・川原田遺跡の中期中葉の搬入土器では、南関東から八ヶ岳山麓の中心分布圏の勝坂式には安山岩・花崗岩・石英片岩を含むもの、玄武角閃石を含むものがあり、群馬県から東信地方にかけて製作されたとみられる勝坂式土器には玄武岩質安山岩を含むもの、流紋岩ガラスを含むもの、珪化岩を含むものがみられた。関東で製作されたとみられる阿玉台式には花崗岩の含まれるものがみられた。

・熊久保遺跡の中期中葉は、型式内搬入品として勝坂式の指頭圧痕文土器にはピッチストーンや新鮮な火山ガラスが、勝坂式の技法を有する関西系土器の模倣品には花崗岩が含まれている。

⑶ 特異な土器の搬入過程

・土器は必ずしも土器型式の中心分布圏から搬入されるわけではない。勝坂式や大木式系の一部などは主要な土器型式圏ではなく、むしろ縁辺部の群馬県など北関東で製作された可能性のある土器が信州へ搬入される場合も確認された。土器の製作と模倣、そしてその動きがかなり複雑であることが予想される。

3　土器の模倣

在地外土器が模倣製作された場合、その胎土は在地型式と同一胎土類型の範疇に含まれる（在地の焼町土器と同一胎土の川原田遺跡の勝坂式、在地の平出Ⅲ類Ａ土器と同一胎土の熊久保遺跡の北陸系土器、在地の圧痕隆帯文土器と同一胎土の大木式系土器など）。また、模倣土器が存在する場合、高い確率で搬入土器も出土しているため、搬入土器を介しての模倣が推測される。この比率を今後、遺跡毎に確認したい。

4　製作者の移動

土器製作者の移動には土器製作者のみの移動と集落全体の移動が考えられる。製作者の移動は、胎土の解釈に課題を残しつつも川原田遺跡の越後系土器や北関東系土器で認められた。また、集落全体の移動には、住居内施設の変異が顕著に認められる北信の大木式系土器で、その可能性が指摘された。今後、製作技法 t と由来不明胎土・砂と粘土の総合的な研究をおし進めることで、更に明確な回答を準備したいと考える。

第2節　序章で設定した課題への回答

序章で設定した3つの課題の第1は土器に斉一性が生ずる背景である。

一連の分析の前提の範囲内では、土器製作者の移動という現象は、情報の移動や土器自体の移動に比べて、決して多くないという事実が判明し、土器製作者である女性が結婚による移動後も故郷の土器を作り続けるがゆえにその斉一性が徐々に高まるといった解釈の普遍性は棄却されたと考える。製作者の移動が多少あったとしても、既に完成されていた故地の土器を移動先で作る過程で土器づくり集団内での技術の授受等がみられる程度に止まるとすれば、彼女らの存在が土器型式を規制する主体的な要因にはならないだろう。土器の製作はあくまでも条件の整った拠点集落で、ある程度固定化された複数の素地土を用いて技術伝承も含めて計画的に行われたと考えられるからである。そして代表的な拠点集落で、土器情報の均一化を発生させるものは、土器の持つ呪術的な側面に裏付けられる、かなり厳格な規制であったと考える。土器型式毎に胎土が固定化される傾向がみられる点はこれを裏付けている。また、それとともに、複数の特定の集落における集中的な土器製作とその分配が、極端に異質な土器の存在の足切りとなっている可能性もある。そして土器型式と土器型式が接する地域、つまり土器型式の縁辺部では、この規制が緩み、折衷土器が生まれたり、型式と技法が一致しない土器が存在する。この現象こそが逆に、土器型式に求心的側面があることを示唆していよう。また、今回の分析結果のみならず関東甲信各地で行われてきた縄文土器の胎土分析結果においても、搬入土器が高い比率で報告されている。このことから、搬入土器を介してその情報が広く伝わることが土器の斉一性を後押ししていたと類推される。以上、土器型式の斉一性を生む背景は、私の四半世紀に近いテーマである（水沢 1989 序）が、直接的な回答が出されたとはいえない。胎土分析研究を糸口の一つとして、今後もその背景を追究していきたい。

第2の課題は土器型式の分布圏を越えて似通った土器が出土する背景であった。まず中期中葉土器の場合、搬入品と模倣品が確認される。ただその模倣品は在地の土器型式と折衷し、変容した土器となっている場合と、既存の土器型式からのゆらぎが認められるだけの場合がある。例えば川原田遺跡の勝坂式と阿玉台式には少数の搬入品と少数の模倣品がみられるが、どちらも既存の土器型式内の変容を喚起したのみであった。そして変容した勝坂式と在地の焼町土器は胎土が共通していても両者の折衷品は認められなかった。これに対し熊久保遺跡の北陸系土器は胎土も平出Ⅲ類Ａ土器に共通する上に平出Ⅲ類Ａ土器の要素を取り込んだ折衷土器を生んでいる。また、同遺跡の船元Ⅰ式は、信州への搬入の過程で勝坂式の技法を取り入れた折衷品が生成されたと推測される。これは何れも搬入品を受け入れた在地の製作者が、在地土器をベースに折衷品を製作した結果と考えられる。川原田遺跡の北関東系の土器の場合は、搬入品と移動した製作者が作った土器の両方が存在する可能性がある。また、中期後葉の大木式系土器は大木式の分布圏を越えて使用された土器であるが、本来の分布圏から土器が搬入された割合は低く、少数の搬入品を用いて多量の模倣品が製作された可能性が高い。本来の分布圏と比較して類型が把手が付いて文様が胴部全体に展開するものに限られるのはそのような事情を反映している。ただ、住居形態や河川に依拠した生業などの面でも千曲川水系は大木式文化圏と共通する要素が多い。この背景には単なる両者の行き来だけではなく、住居建設や共通する生業を担う人の集団移動を伴う可能性がある。

以上、似通った土器が出土する背景には、人々の交流による地域間の関係の深まりに基づく搬出入と受容、その結果としての模倣、そして集団の移動があると解釈される。そしてそれがどの程度行われたのかは、その土器型式が成立した背景や地域間の交流の深さ、土器づくり集団の関係のようなものに左右された可能性があり、土器型式毎の調査を進化させた上で総括すべきであろう。

最後に第3の課題は胎土分析の理論と方法の整備であった。今回特にTC(TtC)モデルを用いて、土器やその情報、そしてそれを使った人の動きという縄文時代の動態の解明が可能であることを示した。そして解釈の蓋然性をより高めるためには、集落や集団間の土器づくりの上での技法のメルクマールを抽出し、更に胎土の由来をより精緻に説明することでより確かなTtCモデルを整備していくことが要求されよう。

第3節　今後の課題

以上、成果と若干の課題を整理した。以下にはそのうち更に大きな課題を提示し、まとめとしたい。

1　土器づくりの単位等の追究方法

土器づくりを行う集落は交通の要衝に立地しており、複数の施設を有する多機能ムラである可能性が高いと推測される。そして土器づくりを担う集団は特定の土器づくり集落内に組織されており、作られた土器は土器を作らない集落や土器を作っている土器型式圏内の集落、そして土器型式圏外の集落へ搬出されると仮定される。

この検証方法としては、地域を限って多機能集落とそれ以外の集落の土器の胎土分析を行い、胎土の由来が特定の地域に集中するかどうか、を検討する必要がある。例えば裾花凝灰岩起源の胎土について千曲川左岸･右岸の複数の集落で、通時的な胎土や土器型式別の胎土の調査を行い、その比率を比較することで、直接的に生産を担った集落を絞り込んでいくことができる可能性がある。ただ、ある遺跡において一つの土器型式でかつ同一の「C」を持つ土器同士の「t」をより詳細に観察し、もし「t」に違いがあり、それがまとまるようであれば、その製作者が異なっている可能性、つまりその一部を同一の素地土を用いて土器を作っている他集落から搬入した可能性を疑わなければならないだろう。例えば浅部貝塚でみられたように同一の産地において素地土を採取したとしても、製作した集落が異なる可能性があることになる。

2　把握された傾向の普遍化に向けて

本分析の範囲では、おおむね中期前葉や後葉に比べて中期中葉は胎土のバリエーションが少なかったが、この点は今後分析事例を増やして、どの程度普遍化できるのか検討が必要である。また、変成岩、花崗岩など遺跡近隣に産しない岩石や、それらの造岩鉱物を含むことから遠隔地に由来すると推測される胎土は、主体になる岩石･鉱物の組成によって分類されたにすぎないため、土器同士が在地外の同一の産地に由来するかどうかなどの検討は、今回は十分行っていない。今後、分析事例の増加の中でそのような胎土の出現状況を注視し、由来になる地質地域の在地土器胎土との比較を進めていく必要がある。

3　ミドルレンジ研究の整備

ミドルレンジ研究としての胎土分析は土器の搬入・搬出・模倣製作等の検証に有効である点を説明してきたが、まだ緒に付いたばかりであり、当面以下の課題をあげる。

まずマクロレベルのミドルレンジ研究として考古資料のパターンと推測される動態の関係の精査、更にミクロレベルのミドルレンジ研究として素地土調合と混和材の関係、地質学的観察結果と動態の関係の解明が必要である。

そして胎土分析の結果の蓋然性の高さを保証するためのバックボーンとして、在地胎土の把握をどこまで実態に近い形で整備できるか、粘土部分の化学組成分析と砂部分の顕微鏡観察の併用をどこまで普遍的に行い得るか、「t」と「t̄」の判別をどこまで精密に行い得るか、は重要な鍵となろう。また、同一基準による胎土分析試料を遺構単位・遺跡単位・地域単位・水系単位・土器型式単位と順次増やしていく中で集団（集落）から縄文社会へ向けての動態の叙述領域が広がることになろう。

4　土器在地胎土網と化学組成分析との協働

日本列島の土器づくり集団やそれを使用した集団の関係を胎土分析によって解明するまでには更に多くの課題が残されている。まず土器在地胎土網の整備、そして今回点として提示した遺跡をコアとしてそこから派生する複数遺跡での面的な分析事例の拡大は、急務であろう。土器在地胎土網とは第４章第２節で述べたように日本列島の盆地毎くらいの単位に整えられた、その地域で主要になる土器胎土のリストである。これは胎土分析による在地の認定や素地土の由来の解釈のために、表層地質のより詳細な調査や河川砂やテフラの調査とともに、必要不可欠な事項である。日本列島の土器型式編年網が確立しているがために、１点の土器を表採しただけでもその時期や地域が特定できるのと全く同様に、土器在地胎土網が掴めていれば、新たに分析を開始した場合にその地域の在地に由来するものかどうかが判別できる。今回試行した長野県屋代遺跡群の166点の土器の胎土分析はまさに胎土網整備の始めの一歩である。今後長野県と宮城県を繋ぐ地域での大木式系・大木式の移動の問題を解明していくためにも、北信濃から新潟県、南東北一帯にかけての拠点集落毎に、深鉢･浅鉢など器種それぞれの胎土分析を実施していく必要があろう。

そして最後に再度胎土分析の方法論上の大きな課題をあげる。今回の分析で実施した偏光顕微鏡による砂の種類の同定と、既存のデータを部分的に援用した粘土部分だけを対象にした化学組成分析は、同一の土器において常に併行して実施してこそより確かな「C」の解釈が行えることは疑いの余地が無い。顕微鏡観察だけでは、北信地域の安山岩のように広域に岩帯が広がる場合に由来を特定することが難しくなり、このような場合に差異をより客観化するためにも粘土の化学組成によるまとまりの抽出が望まれる。また逆に分析SEMやEPMA、蛍光X線で化学組成分析のみを行う場合、岩石・鉱物の由来のように依拠すべき地質上の資料に乏しい。解釈をより絞り込んでいくためにはやはり、岩石学的手法との併用が必要である。そして、更に混和材の特定という目的に止まらず、胎土内の砂と実際の地質構成物との直接的な対比のためには個々の鉱物・岩石の化学組成の抽出も急務であろう。このように素地土の具体的な由来、搬入・搬出・模倣製作に言及し、土器の移動、人の移動における解釈の蓋然性を高めるためには、顕微鏡観察と化学組成分析の両者を併用することこそ、21世紀の胎土分析における必要十分条件である。

第4節　結　語

1　縄文社会復元の手続きとしての胎土分析

縄文土器は化学変化による残存条件の良さから発掘調査によって容易に得られ、縄文時代を研究する道具としての基準をなす。ところがその器形や文様は弥生時代以降今日へ繋がる我々日本人の常識をある意味逸脱しているために、分類記述とその意味付与に多大な労力を要する。そのような中で縄文土器の履歴を科学的・客観的に掴むための属性が胎土である。胎土によってたとえ文様が異なっていても、ある素地土産地という条件の下に括れることが判明したり、逆に文様からは括られたにも拘わらず複数の胎土の由来が存在することが判明した。また胎土に加え、土器型式とその型式細部や技法という種々の属性の条件を整備しながら解釈を行うことで、土器製作の実態や胎土の由来､土器の動きをより明示的に説明できることを示した。個々の土器の型式･技法・胎土は土器づくり集団を示す指標であるが、それが究極的にどのように動き、どのように使用されたかという点において、その土器を保有し、使用した集団と集団の関係が反映されよう。集団組織の前提となる集団間の関係は土器や石器など遺物一つ一つを介した点と点の関係から始まる。文化人類学的な概念を時空を越えた縄文時代にあてはめて解釈する前にこのような物質文化に基づいた個々のケースを遺物の分析から地道に再検証すべきではないかと考える。その意味で胎土分析は、まさに「縄文社会復元の手続き」なのである。

2　21世紀の展望

分析データの基本的な操作や解釈のモデル設定など、まだまだ残された課題も多い。ただ、課題を一歩一歩克服することによって､胎土分析は十分｢縄文社会復元の手続き｣となり得るだろう。本書では、現時点までの分析によって、「縄文社会における土器の移動と交流」に関する仮説とその検証方法、ならびに検証作業上の課題を改めて提示したことになる。そして、その検証作業は、新たな土器が出土し続け、縄文社会研究が続く限り連続するものである。つまり、ある日突然明確な結論が出るのではなく、資料数を横軸、結果の蓋然性の高さを縦軸に取った場合、右上がりのＸＹグラフを描いていくにすぎない。そして、そのような作業と結果の提示の連続こそが、先史社会という文字の無い世界を対象にし、縄文社会から弥生社会への社会の大転換を経験した日本列島における考古学研究の、真に信頼のおける仮説検証作業のあり方だと信じる。

21世紀の考古学を左右するのは科学性の如何とそれを解釈する技量だと思う。新しい資料の発見と記述を重視する方向から科学的な説明理論の構築、そしてその検証への方向が定まった時にこそ、考古学は真の学問として未来へ向けての更なる発展を遂げられる。

本書で述べてきた胎土分析研究はその理論においても道半ばではあるが、個々の土器中の砂を同定・カウント・記載し、更に粘土部分の機器分析を併用してデータを提示していくという複雑で膨大かつ地道な作業に対し、一人の一生の、しかも夜と休日のみの時間を継ぎ接ぎした作業量では、大海に水を一滴落とした効果にも満たない。特に胎土分析の課題としてあげた、同一基準による胎土分析試料をどの単位（遺構単位・遺跡単位・地域単位・水系単位・土器型式単位）まで増やせるか、土器在地胎土網をどこまで整備できるか、そして粘土部分の化学組成分析と砂部分の顕微鏡観察の併用をどこまで普遍的に行い得るかは、これらが進めば進むほど、胎土分析が描き出せる歴史像は蓋然性の高いものになることは明確であるにも拘わらず、その実現はもはや私に残された時間との過酷な戦いである。永遠に続くであろう、検証のＸＹグラフの先を継いでもらうために、今後私は、多くの考古学者による岩石鉱物分析、考古学者による地質学的解釈、そして考古学者による化学組成分析が列島各地で同時併行かつ実践的に実現され、日本列島における土器在地胎土網が完全に整備される日まで、この方法の有効性とその技術を広く伝え、次の世代に伝授する作業に微力を尽くしていかなければならないと考える。

21世紀がいよいよ到来し、人間の精神の貧困とはうらはらに科学技術は年を重ねるにつれて進歩して来た。ところが我々の目指す縄文時代は、時間の流れと共に一層遠くなっていく。そして遠くなれば遠くなるほど、考古学研究者には、一世代前よりも、より多くの努力が要求されることになる。都市文明を享受するうちに失われつつある、かつて生活に密着していた「知識」を様々な方法を駆使して補う努力と、再現不可能な遺跡の報告と膨大な遺物という歴史叙述の素材を効率的に集成して用いる努力、そして膨大な資料を対象とする個々の分析に応じた切り口の整理が必要である。たとえ考古資料が文化財保護法に守られていても、考古学の存在意義が問われ、社会的に厳しい視線が注がれる昨今、以前はごく基本的とされていた事柄でさえも予算に伴う調査・整理期間の制約などの理由で十分な記録を掲載できないケースは増加し、将来の分析を期待して多方面のデータをとるような余裕は確実に減少している。しかしながら発掘調査は実験室での研究のように繰り返し行うことができない。未来の考古学に対し、その調査の精度を保証していくためにも、先史時代の社会像を物質文化の具体的かつ誠実な分析から叙述し、学問としての市民権をより確かなものにしていくことこそが、今を生きる考古学研究者一人一人の責務であると信じ、今後も一歩一歩、胎土分析研究を進めていきたいと思い、願っている。

おわりに ―謝辞に代えて―

1990年12月21日、私は修士論文「縄文社会における領域と交流」を提出した。それは縄文社会復元の手続きとしての胎土分析の方向性をはじめて提示したものであり、今回ようやくその実践研究のはじめの一歩をまとめるに至った。

胎土分析

私が縄文土器研究の方法論に取り入れた胎土分析への本格的な取り組みは1989年に遡る。東北大学文学部史学科考古学研究室における考古学の勉強と併行して、教養部の蟹澤聰史教授（現名誉教授）のもとで、地質学の基礎と偏光顕微鏡の理論、そして土器中の岩石・鉱物の鑑定方法を学んだ。先生の教えによって観察の楽しさに加え、胎土分析が縄文土器研究に必要不可欠であるとの確信を得たものの、勉学の途上で仙台を離れて長野県に就職することになる。そのため先生は、北海道大学から信州大学に着任された河内晋平教授に私の推薦状を書いて下さった。1991年の初夏、私は長野市の信州大学を訪ね、その後、夏季は土日の度に、冬季には仕事を終えた後毎夕、河内先生のご指導を受ける幸運に恵まれた。そして先生が突然他界された2001年の夏以降は、変質鉱物の研究で著名な山岸猪久馬博士のお宅に通った。また各遺跡の胎土分析を進める中で、帝京大学山梨文化財研究所の河西学室長、フォッサマグナミュージアムの宮島宏学芸係長、京都大学の清水芳裕准教授より多くの貴重なご指導を賜ったことで、さらに鑑定の幅が広がった。

分析の素材

長野県埋蔵文化財センターに勤務していた1993年、千曲川の堆積物によって地表下4ｍに埋もれた縄文時代中期の大集落である千曲市屋代遺跡群の発掘調査に従事し、報告書編集までを担当する。そしてその過程で、調査研究員の寺内隆夫氏、綿田弘実氏から信州の縄文時代中期の土器について数多のご教示をいただいた。またその頃、学生時代からご指導を賜ってきた西本豊弘教授から国立歴史民俗博物館の共同研究にお誘いただき、後に樋口昇一氏から熊久保遺跡の胎土分析を依頼されたことは、研究の更なる前進となった。それと前後して千曲川の旧流路から出土した長野県初の飛鳥・奈良時代の木簡・木製品の一括資料の報告書作成に携わった。それらの整理・研究・保存処理の一連の作業によって地域文化研究への視点が深まり、国立歴史民俗博物館平川南教授、東北大学大学院今泉隆雄教授、向日市埋蔵文化財センター山中章センター長らにご指導いただく幸運にも恵まれた。そしてその結果、縄文時代中期に南北の土器交流の拠点的な集落が営なまれた千曲市屋代遺跡群の地が、弥生・古墳時代を経てやがて初期国府が置かれたと考えられる信濃国の中枢に成長していったことの歴史的な意義の奥深さを実感する。本書第5章の縄文時代から古代にかけての煮沸具の通時的な胎土分析に挑むきっかけは、このような千曲市屋代遺跡群をめぐる10年以上にわたる取り組みにある。

文化財と学芸員

2001年度からは長野県立歴史館で、学芸員としての活動を開始する。日々の博物館業務に加え、地理学、文献史学、理化学分析の方法論を、それぞれ市川健夫初代館長、郷道哲章第3代学芸部長、長井丈夫第5代学芸部長から親しくご教示いただいた。ただ、2006年度からは文化財の深刻な劣化問題と正面から向き合い、文化財の本質と学芸員の役割について、意見を聞いたり広く内外に説明する機会を得た。そしてその過程で、文化財を未来に遺す哲学とその実現のための方法論の整備・発信の緊急性を強く認識した。そのような厳しくも充実した、しかも学術的な環境に背中を押され、深夜と休日に一定の時間をとり、書き散らした論文を整理しつつ長年の構想を少しずつ博士論文にまとめることにした。特に胎土分析研究に限らず、文化財全体の保存・活用に係る方法論を意識しながら進めた執筆時、平野誠考古資料課長、土屋積調査収集班長、西山克己専門主事、加藤周子職員ら考古資料課や所内の研究会をはじめ県立歴史館の全ての皆さんからいただいた暖かなご指導や多くの激励は、私の活力の源となった。

おわりに

修士論文提出から18年。科学としての考古学を方法論とする博士論文を上梓するという生涯の夢の階段を、最後まで登り詰めることができたのは、阿子島香東北大学大学院教授の暖かく真摯でかつグローバルなご指導の賜である。論文を執筆する途上での集中的で建設的なご指導に導かれ、今日までの道を迷わずに突き進むことができた。また、学部から大学院の6年間を通じてご指導いただいた須藤隆教授（現名誉教授）には、方法論に自然科学分析を含む実証的な考古学研究を常に暖かくお導きいただいた。青葉もゆる仙台の川内キャンパスで、多くの恩師、先輩、そして友人達と出逢い、共に学ぶことができた幸運に、今、改めて感謝したい。そして、しばしば体調を崩し、数知れない危機に直面した紆余曲折の長野県での研究活動を様々な形で後押しして下さった奈良文化財研究所松井章センター長、浅間縄文ミュージアム堤隆主任学芸員をはじめ、長野県立歴史館、長野県埋蔵文化財センター、縄文セミナーの会、県内外で文化財保護に係わられている多くの皆さんに、改めて心より深く御礼申し上げる。

最後に、本稿の校正をも補助してくれた軽井沢の両親と、主治医である伴侶への深い感謝を表し、擱筆する。（2009・3/31稿を基に）

追　記

2009年（平成21）6月1日に学位論文「縄文社会における土器の移動と交流」を東北大学に提出し、阿子島香教授（主査）、今泉隆雄教授、柳田俊雄教授の審査を経て、同11月12日付けで学位授与が決定し、2010年3月25日に仙台市内で行われた学位授与式で学位記をいただきました。本書はそのうち、タイトルや基本的な章立ては踏襲し、必要部分を加筆・修正して仕上げたものです。

その間、2013年4月には12年ぶりに長野県立歴史館を出て初任地長野県埋蔵文化財センターへ異動となり、大竹憲昭調査部長、岡村秀雄調査第2課長のご指導の下、質の高い遺跡調査と研究に邁進する調査研究員や作業員の皆さんの活力溢れる世界に浸り、更なる刺激をいただいて今日を迎えることができました。

さて、私が人生で初めて考古学に触れたのは8歳の11月、かつて茅野市玉川で教員をしていた父に連れられて尖石遺跡を訪れた折でした。そこで、今でも忘れられないくらい鮮烈でかつ怖れにも似た感覚に取り付かれたちょうどその年、敬愛して止まない藤森栄一先生が「縄文の女性」を収録した『縄文の八ヶ岳』を羽佐田真一さんらの編集によって発刊されました。その羽佐田さんにこの４年間背中を押し続けていただき、ついに悲願の本書刊行までこぎ着けたご縁に感謝し、そして研究の原点である我が心のふるさと東北地方の、東日本大震災からの復興を深く祈念し、追記といたします。

初出一覧

本書の各章･節の初出文献は下記のとおりであり、記載の無い部分は2007(平成19)年～2009(平成21)年3月の間に新規に書き下ろしたものである。また、本書の出版に際し、2013(平成25)年に若干の修正や補足と、関連文献の加筆を行った。また、本書の内容に直結する2009(平成21)年1月以降の重要文献は、出版(2013年現在)に際し、別項としてまとめた。また、註のうち「(補註)」とした部分は、出版時に新たに補ったものである。

本書の刊行に際し、阿子島香、蟹澤聰史、西本豊弘、建石　徹各氏のご高配をいただきました。また、資料掲載に際し、原　明芳、大竹憲昭、寺内隆夫、上田典男、堤　隆、菅原弘樹各氏、並びに次の機関にお世話になりました。朝日村教育委員会、奥松島縄文村歴史資料館、国立歴史民俗博物館、東北大学大学院文学研究科、長野県埋蔵文化財センター、長野県立歴史館

第1章　先史・古代社会の領域と交流に関する研究史

1992「縄文社会復元の手続きとしての胎土分析」『信濃』第44巻第4号 pp.16-34、2006「土器をつくる女、土器をはこぶ男」『縄文「ムラ」の考古学』雄山閣 pp.95-129をもとに執筆

第2章　中央高地縄文時代中期集落の構造と展開

第2節 集落の構造と特殊施設

2002「千曲川水系における柄鏡形敷石住居の成立」『長野県の考古学』Ⅱ長野県埋蔵文化財センター pp.65-92を補訂

第3節　生業と食料

2002「縄文中期の動植物遺体の検出」『長野県埋蔵文化財センター紀要』9長野県埋蔵文化財センター pp.28-39に、今回、松井章他2011「遺構土壌の水洗選別法による屋代遺跡群の縄文中期集落における生業活動の再検討」『長野県立歴史館研究紀要』第17号 pp.63-79の成果を基に執筆した2012「長野県における縄文時代の漁撈とサケ・マス論の展開」『長野県考古学会誌』143・144合併号 pp.105-112の内容を加筆

第3章 中央高地の土器からみた人々の交流

第1節 縄文時代中期前・中葉の様相

1998「第5節 縄文文化の爛熟」『御代田町誌 歴史編上』御代田町誌刊行会 pp.75-125を一部削除、補訂

第2節 縄文時代中期後葉の土器

2007「大木式土器情報の移動と模倣」『考古学談叢』東北大学大学院文学研究科考古学研究室須藤隆先生退任記念論文集刊行会編 pp.239-264を一部削除、補訂

第4章　胎土分析の方法とその展望

1992「縄文社会復元の手続きとしての胎土分析」『信濃』第44巻第4号・2008「屋代遺跡群出土煮沸具の胎土分析（下）」『長野県立歴史館研究紀要』14号をもとに書き起こし

第5章　胎土分析の実践

第1節　中央高地における縄文時代中期中葉熊久保遺跡出土土器の胎土分析

2003「第Ⅳ章第1節 熊久保遺跡出土土器の光学顕微鏡による胎土分析」『熊久保遺跡第10次発掘調査報告書』長野県朝日村教育委員会 pp.193-202を補訂

第2節　中央高地における縄文時代中期中葉川原田遺跡出土土器の胎土分析

2004「岩石・鉱物からみた素地土採集領域」『国立歴史民俗博物館研究報告』第120集 pp.237-265を補訂

第3節　縄文時代中期前葉から古代までの屋代遺跡群出土土器の通時的な胎土分析

2007a「屋代遺跡群出土煮沸具の胎土分析（上）」『長野県立歴史館研究紀要』第13号 pp.37-52ならびに2008「屋代遺跡群出土煮沸具の胎土分析（下）」『長野県立歴史館研究紀要』第14号を一部削除、補訂

第4節　東北地方南部における縄文時代中期中後葉浅部貝塚出土土器の胎土分析

1990a「縄文社会における領域と交流—中期縄文土器の胎土分析を通じて—」修士論文（東北大学）をもとに一部書き下ろし

引用・参考文献（50音順）

【あ－お】

会田容弘 1999『鳴瀬町文化財調査報告書　第5集　里浜貝塚発掘調査概報』鳴瀬町教育委員会

相原淳一 1988「V. 考察 1. 土器」『宮城県文化財調査報告書 126集　七ヶ宿ダム関連遺跡発掘調査報告書Ⅳ　大梁川・小梁川遺跡』宮城県教育委員会　pp.395-455

相原淳一 2005「宮城県における複式炉と集落の様相」『日本考古学協会 2005年度福島大会シンポジウム資料集』日本考古学協会 2005年度福島大会実行委員会　pp.97-116

相原淳一 2007「縄文中期における宮城県内の遺跡数の推移について」『考古学談叢』pp.477-492

赤沢　威 1983『狩猟採集民の考古学』海鳴社

青木和夫・石母田正 1982『日本思想体系1　古事記』岩波書店

明石一紀 2006『古代・中世のイエと女性―家族の理論―』校倉書房

赤山容三 1990「鑑定結果の考古学側からの再検討」『三原田遺跡』第2巻　群馬県企業局　pp.533-538

秋田かな子 1991「柄鏡形住居研究の視点」『東海大学校地内遺跡調査報告』第2号　pp.192-199

秋田かな子 1995「柄鏡形住居の一構造」『帝京大学山梨文化財研究所研究報告』第6集　pp.69-95

阿子島香 1983「ミドルレンジセオリー」『考古学論叢』Ⅰ　芹沢長介先生還暦記念論文集刊行会編　pp.171-193

阿子島香 1985「石器の平面分布における静態と動態」『東北大学考古学研究報告』1　pp.37-62

阿子島香 1991「1. 観察方法と記録について」『石器の使用痕』ニュー・サイエンス社　pp.7-15

阿子島香 1998「ルイス・ビンフォードの軌跡」『民族考古学序説』同成社　pp.22-44

Arnold, D. 1985 *Ceramic Theory and Cultural Process.* Cambridge: Cambridge University Press.

安孫子昭二・上條朝宏・石川隆司 1988「№57遺跡出土土器の胎土分析」『多摩ニュータウン№57遺跡』pp.150-161

阿部昭典 1998「縄文時代の卵形住居」『新潟県考古学談話会会報』第19号　pp.35-49

阿部昭典 1999「複式炉の研究―複式炉の成立について―」『新潟県考古学談話会会報』第20号　pp.40-60

阿部秀一 2000『陶土の基礎知識 土を探る』阿部出版

天野哲也・大場孝信 1984「岩石学的手法による土器の分類と製作地推定の試み」『北方文化研究』6　pp.125-163

荒川隆史 1999「土器」『上信越自動車道関係発掘調査報告書V　和泉A遺跡』新潟県教育委員会　pp.141-182

荒牧重雄 1987「第3章　地質」『軽井沢町誌　自然編』pp.33-57

荒牧重雄 1993『火山地質図6　1：50,000浅間火山地質図』地質調査所

安斎正人 1990『無文字社会の考古学』六興出版

安斎正人 1994『理論考古学―モノからコトへ―』柏書房

飯島南海夫 1962「フォッサ・マグナ北東部の火山層序学的並びに岩石学的研究（その1）」『信州大学教育学部紀要』№12　pp.75-111

飯島南海夫・斎藤　豊 1968「第2章　地質」『更級埴科地方史誌』第1巻　pp.43-134

池田　亨・荒木勇次他 1988『万條寺林遺跡』塩沢町文化財調査報告書第7集　塩沢町教育委員会

石井　寛 1977「縄文社会における集団移動と地域組織」『港北ニュータウン埋蔵文化財発掘調査研究集録』2　pp.1-42

石井　寛 1998「柄鏡形住居址・敷石住居址の成立と展開に関する一考察」『縄文時代』第9号　pp.29-56

石川隆司 1989「異系統土器理解へのアプローチ」『貝塚』42　pp.1-12

石川隆司 1990「土器胎土分析の周辺」『法政考古学』第15集　pp.77-82

石原正敏・阿部恭平・菅沼　亘 1998『十日町市埋蔵文化財発掘調査報告書第14集　笹山遺跡』十日町

市教育委員会
市川健夫 1977『日本のサケ─その文化誌と漁』NHK ブックス　日本放送出版会
市川健夫 1987『ブナ帯と日本人』講談社現代新書
市川健夫 1996「信濃・長野県における鮭漁（長野県立歴史館ガイドⅫ）」『信州自治』49 巻 11 号 pp.76-81
伊東信雄 1977「山内博士東北縄文土器編年の成立過程」『考古学研究』第 24 巻第 3・4 号　pp.164-170
伊藤寿和 2005「陸の生業─全体像と多様性の実態解明に向けて─」『列島の古代史 2　暮らしと生業』岩波書店　pp.83-124
伊藤　裕・須田良平 1987「中ノ内 B 遺跡」『宮城県文化財調査報告書第 121 集　中ノ内 A 遺跡・元屋敷遺跡他』宮城県教育委員会　pp.401-465
井上　巌 1989「胎土分析」『房谷戸遺跡』Ⅰ　北橘村教育委員会　pp.503-512
井上　巌 1990「土器胎土分析鑑定結果報告書」『三原田遺跡』第 2 巻　群馬県企業局開発課　pp.519-532
井上真理子 1989「縄文時代の物と人の動き」『考古学論叢』Ⅱ　芹沢長介先生還暦記念論文集刊行会編 pp.225-249
今村啓爾 1985「五領ヶ台式の編年─その細分および東北地方との関係を中心に─」『東京大学考古学研究室紀要』4
岩木雅史・大塚　勉 2001「美濃帯東部─長野県朝日村・木祖村地域における味噌川コンプレックスの地質と放散虫化石」大阪微化石研究会会誌 特別号 no.12　pp.215-226
岩佐今朝人 1976「長野県小県郡東部町祢津小学校敷地遺跡の調査」『長野県考古学会誌』23・24 号 pp.55-65
上田典男 1998「6 章第 2 節 3『松原式土器』について」『上信越自動車道発掘調査報告書 4─長野市内その 2─松原遺跡　縄文時代』㈶長野県埋蔵文化財センター　pp.484-486
上田典男・三上徹也 1995「縄文時代中期初頭土器群について─長野県の動向─」『第 8 回縄文セミナー中期初頭の諸様相』　縄文セミナーの会　pp.155-210
上野佳也 1986『縄文コミュニケーション─縄文人の情報の流れ』海鳴社
鵜飼幸雄 1977「平出Ⅲ類 A 土器の編年的位置付けとその社会的背景」『信濃』第 29 巻第 4 号　pp.9-26
鵜飼幸雄・守矢昌文他 1978『よせの台遺跡』茅野市教育委員会
鵜飼幸雄・守矢昌文他 1990『棚畑』茅野市教育委員会
宇賀神誠司 2000「第 4 章　三田原遺跡群」pp.33-109・「第 5 章　岩下遺跡」pp.110-210『上信越自動車道埋蔵文化財発掘調査報告書 19』長野県埋蔵文化財センター
氏家信行・志田純子 1998『山形県埋蔵文化財センター調査報告書第 53 集　山居遺跡』㈶山形県埋蔵文化財センター
エーレンバーグ, M.（河合信和訳）1997『先史時代の女性─ジェンダー考古学事始め─』河出書房新社
永広昌之 1989「第 2 章　中・古生界 2.1 北上山地 5. ペルム系 13）登米地域」『日本の地質 2　東北地方』共立出版　p.31
江守五夫 1995『歴史の中の女性─人類学と法社会学からの考察─』彩流社
生出慶司・中川久夫・蟹澤聰史 1989『日本の地質 2　東北地方』共立出版
大沢　哲他 1991『明科町の埋蔵文化財第 3 集　ほうろく屋敷遺跡』明科町教育委員会
大竹幸恵 2004『黒耀石の原産地を探る・鷹山遺跡群』黒耀石体験ミュージアム編　新泉社
太田良平・片田正人 1955『1：50,000 地質図　須坂』地質調査所
大塚達朗 2000『縄紋土器研究の新展開』同成社
大塚達朗 2005「縄文土器製作に関する理解─その回顧と展望─」『考古学フォーラム』18　考古学フォーラム編集部　pp.2-12

大西秀之 1998「ルソン島北部・カンカナイ社会において形作られた土器製作者の身体」『物質文化』64 pp.1-28
大野憲司他 1986「第2編　第6章　松木台Ⅲ遺跡」『秋田県埋蔵文化財調査報告書第150集　東北横断自動車道秋田線発掘調査報告書』Ⅰ　秋田県教育委員会　pp.309-544
大林太良 1971「縄文時代の社会組織」『季刊人類学』2-2　pp.3-83
大政正隆 1986「Ⅱ　土とは何か」『土の科学』NHKブックス　pp.21-72
大山　柏 1927「神奈川県下新磯村字勝坂遺物包含地調査報告」『史前学研究会小報』第1号
大屋道則 1991「型式と編年」『埼玉考古学論集』㈶埼玉県埋蔵文化財調査事業団　pp.39-53
大屋道則 2005「土器類の産地推定についての基礎的検討―理論的背景の整備と研究史的課題の明確化―」『研究紀要』第20号　㈶埼玉県埋蔵文化財調査事業団　pp.1-56
大屋道則・安田奈央・横山一己・平尾良光 2006「土器胎土のアルカリ溶解法を利用した分析―土器の胎土分析による産地推定法―」『日本考古学』第22号　pp.95-108
岡本　勇 1959「土器型式の現象と本質」『考古学手帖』6　p.1
小薬一夫・小島正裕・丹野正人 1987「馬高系土器の系統」『東京都埋蔵文化財センター研究論集』Ⅴ pp.1-56
小薬一夫・石川隆司 1990「縄文土器の動態的把握（予察）―早期末葉土器群の蛍光X線分析から―」『東京都埋蔵文化財センター研究論集』Ⅷ　pp.117-143
小薬一夫 1991「『住居型式論』からの視点」『東京都埋蔵文化財センター研究紀要』Ⅹ　pp.171-189
小口英一郎 2003「第Ⅲ章第3節　縄文時代の遺構と遺物（2号住居跡）」pp.22-32・「第Ⅳ章第1節　2号住出土土器の型式学的検討」pp.179-192『熊久保遺跡第10次発掘調査報告書』長野県東筑摩郡朝日村教育委員会
小田由美子 1991「火炎土器様式ノート」『新潟県考古学談話会会報』7　pp.1-5
小田由美子 2004「第Ⅲ章　前原遺跡」『上信越自動車道埋蔵文化財発掘調査報告書』Ⅻ　新潟県教育委員会・㈶新潟県埋蔵文化財調査事業団　pp.9-65

【か－こ】

角林文雄 1978「ニューギニア・マダン周辺の土器作りとその経済的機能の研究」『民族学研究』43-2 pp.138-155
河西　学 1990「付編　大和田第3遺跡出土縄文土器の胎土分析」『大和田第3遺跡』大泉村教育委員会 pp.19-29
河西　学 1997「池之元遺跡の堀之内2式土器の胎土分析」『池之元遺跡発掘調査報告書』富士吉田市資料叢書14　pp.154-168
河西　学 1999a「土器産地推定における在地―岩石学的胎土分析から推定する土器の移動―」『帝京大学山梨文化財研究所研究報告』第9集　pp.285-302
河西　学 1999b「村東山手遺跡出土縄文土器の胎土分析」『上信越自動車道埋蔵文化財発掘調査報告書8―長野市内その6―村東山手遺跡』㈶長野県埋蔵文化財センター　pp.217-233
河西　学 2002「胎土分析から見た土器の生産と移動」『土器から探る縄文社会2002年度研究集会資料集』山梨考古学協会　pp.26-38
河西　学 2004「研究ノート堆積物の混和と土器胎土組成」『帝京大学山梨文化財研究所報』第48号　p.5
河西　学 2005「第6章第1節　酒呑場遺跡出土の異系統縄文土器の胎土分析」『酒呑場遺跡』山梨県教育委員会　pp.80-86
河西　学 2006「下宅部遺跡出土の加曽利B式土器の胎土分析」『下宅部Ⅰ (1)』下宅部遺跡調査団 pp.277-300
河西　学 2007「下野原遺跡出土縄文中期土器の胎土分析」『下野原遺跡』下野原遺跡発掘調査団編

pp.500-507
河西　学 2008「胎土分析と産地推定」『縄文時代の考古学 7　土器を読み取る―縄文土器の情報―』同成社　pp.17-30
河西　学・櫛原功一・大村昭三 1989「八ヶ岳南麓地域とその周辺の縄文中期末土器群の胎土分析」『帝京大学山梨文化財研究所研究報告』第 1 集　pp.1-64
片田正人・礒見　博 1964『5 万分の 1 地質図幅説明書　塩尻』地質調査所
片田正人・蟹澤聰史 1989「第 4 章　4.3 白亜紀深成岩類（1）北上山地」『日本の地質 2　東北地方』共立出版　pp.83-86
加藤　孝 1956「陸前國大松澤貝殻塚の研究（1）、（2）」『宮城学院女子大学研究論文集』9（pp.63-72）、10（pp.139-156）
加藤碵一 1975『1：50,000 地質図　坂城』地質調査所
加藤碵一・赤羽貞幸 1986『地域地質研究報告（5 万分の 1 地質図幅）長野地域の地質』地質調査所
門脇秀典 2000「3　石器・石製品」『更埴条里遺跡・屋代遺跡群―縄文時代編―本文』長野県埋蔵文化財センター　pp.169-181
金井安子 1984「縄文時代の周礫を有する住居址について」『青山考古通信』第 4 号　pp.7-17
金山喜昭 1993「縄文時代前期における黒曜石交易の出現」『法政考古』第 20 集　pp.61-85
可児通宏 2005『縄文土器の技法』同成社
鐘ケ江賢二 2007『胎土分析から見た九州弥生土器文化の研究』九州大学出版会
金子拓男他 1974『森上遺跡発掘調査概報』中里村教育委員会
金子拓男・寺崎裕助 1982『羽黒遺跡』見附市教育委員会
金子直行 2006「縄文中期型環状集落解体への序章」『ムラと地域の考古学』同成社　pp.61-82
金子浩昌・米山一政・森嶋　稔 1965「長野県戸倉町幅田遺跡調査報告」『長野県考古学会誌』2 号　pp.1-32
金子浩昌 2001「第 8 章第 2 節　脊椎動物」『湯倉洞窟』高山村教育委員会　pp.436-438
上條朝宏 1971「縄文土器の製作について」『物質文化』17　pp.22-28
上條朝宏 1983「胎土分析Ⅰ」『縄文文化の研究 5　縄文土器Ⅲ』雄山閣出版　pp.47-67
上條朝宏 1987「松戸ヶ原遺跡出土土器の胎土分析」『東京都埋蔵文化財センター研究論集』Ⅴ　pp.47-56
上條信彦 2003「第Ⅳ章第 4 節　出土石器群の研究」『熊久保遺跡第 10 次発掘調査報告書』pp.215-228　長野県東筑摩郡朝日村教育委員会
上条信彦 2006「松本盆地南部における石器石材の流通」『長野県考古学会誌』118 号　pp.83-103
神村　透 1998「縄文中期後半の火災住居址―伊那・松本・木曽の事例から―」『信濃』第 50 巻第 10 号　pp.12-23
唐木田又三 1993『信州松代焼き』信毎書籍印刷
川崎　保 2001「第 8 章　考察　鱗状短沈線文土器の型式学的分析」『県単農道整備事業（ふるさと）大野田地区埋蔵文化財発掘調査報告書―浅科村内―駒込遺跡』長野県埋蔵文化財センター　pp.111-128
川崎　保 2006「縄文『ムラ』をみる視点」『縄文「ムラ」の考古学』雄山閣　pp.5-15
河内晋平 1994「松原湖（群）をつくった 888 年の八ヶ岳大崩壊―八ヶ岳の地質見学案内・2-1」『信州大学教育学部紀要』第 83 号　pp.171-183
河内晋平 1995「松原湖（群）をつくった 888 年の八ヶ岳大崩壊―八ヶ岳の地質見学案内・2-2」『信州大学教育学部紀要』第 84 号　pp.117-125
河内晋平 2000「Ⅰ-3 長野市内の主要火山岩のみどころ」『長野市誌第 11 巻　資料編』pp.29-44
河内晋平・荒牧重雄 1979『地域地質研究報告（5 万分の 1 地質図幅）小諸地域の地質』地質調査所
神沢昌二郎・大沢　哲・小林康男他 1979『長野県東筑摩郡明科町こや城遺跡発掘調査報告書』明科町教

育委員会
菅野智則 2005「複式炉を有する縄文集落の分布」『日本考古学協会 2005 年度福島大会シンポジウム資料集』日本考古学協会 2005 年度福島大会実行委員会　pp.35-48
菊地政信 1997『米沢市埋蔵文化財調査報告書第 55 集　台ノ上遺跡発掘調査報告書』米沢市教育委員会
興野義一 1996「山内清男先生供与の大木式土器写真セットについて」『画竜点睛』pp.215-224
桐原　健 1988『縄文のムラと習俗』雄山閣出版
久城育夫・荒巻重雄・青木謙一郎 1989『日本の火成岩』岩波書店
櫛原功一 1995「柄鏡形住居の柱穴配置」『帝京大学山梨文化財研究所研究報告』第 6 集　pp.1-40
櫛原功一 2002「土器作りのムラ」『土器から探る縄文社会　2002 年度研究集会資料集』山梨考古学協会 pp.130-133
功刀　司 1993『稗田頭Ａ遺跡』茅野市教育委員会
久保田敦子・中沢徳士 1991「第 4 章　八千原遺跡の調査」『林之郷・八千原』上田市教育委員会
熊井久雄 1988「第 4 章第四系　4.3 内陸地域（8）諏訪盆地　1. 諏訪湖周辺地域 塩嶺累層」『日本の地質 4　中部地方Ⅰ』共立出版　p.162
熊谷常正 1982「Ⅳ解説 1. 縄文時代（3）中期」『岩手の土器』岩手県立博物館　p.77
倉科明生・土屋長久他 1971『唐沢・洞』長野県考古学会研究報告 10
栗岩英治 1937「石器時代と信濃の産業（上）」『信濃通史草案第 1 巻　信濃上代の話』pp.5-8
黒板勝美・国史大系編纂会 1966「日本書紀巻第三　神日本磐余彦天皇　神武天皇」『国史大系　第 1 巻上　日本書紀前編』吉川弘文館　pp.111-133
黒板勝美・国史大系編纂会 1966「令集解　第十　戸令」『新訂増補国史大系 第 23 巻 令集解前篇』吉川弘文館　p.303
黒岩　隆 1987「縄文土器の大きさ―深鉢形土器の容量を中心として―」『東京考古』第 5 号　pp.49-67
黒岩　隆 1993「第 2 章第 2 節 3 中期」『飯山市誌　歴史編上』pp.103-116
黒岩　隆 2008「縄文土器と尺度」『総覧 縄文土器』総覧縄文土器刊行委員会編　pp.1031-1036
黒尾和久・高瀬克範 2003「縄文・弥生時代の雑穀栽培」『ものから見る日本史　雑穀―畑作農耕論の地平―』青木書店　pp.29-56
黒田吉益・諏訪兼位 1968『偏光顕微鏡と岩石鉱物』共立出版
県立三条商業高等学校社会科クラブ考古班 1974『吉野屋遺跡』
小池岳史他 1994『立石遺跡』茅野市教育委員会
小岩末治 1961「上古篇」『岩手県史』1　pp.1-342
甲野　勇 1953『縄文土器のはなし』世界社
小坂共栄他 1988「⑹ 内山地域」『日本の地質 4　中部地方Ⅰ』共立出版　pp.84-86
小坂共栄・鷹野智由・北爪牧 1991「関東山地北西部の第三系（その 1）」『地球科学』45 巻 3 号　pp.43-56
古城　泰 1978「縄文土器の胎土分析」『千葉ニュータウン埋蔵文化財調査研究報告書』Ⅵ　pp.197-201
古城　泰 1981a「遺跡出土土器の岩石学的分析」『木の根―成田市木の根№ 5・№ 6 遺跡発掘調査報告書―』㈶千葉県文化財センター　pp.263-269
古城　泰 1981b「Inter-site pottery movements in The Jomon Period」『人類学雑誌』89-1　pp.27-53
小杉　康 1984「物質的事象としての搬出・搬入、模倣製作」『駿台史学』第 60 号　pp.160-172
小杉　康 1985「鳥浜貝塚における搬出、搬入、模倣土器の作成（1）」『鳥浜貝塚』鳥浜貝塚研究グループ　pp.20-36
小杉　康 1985「木の葉文浅鉢形土器の行方」『季刊考古学』第 12 号　雄山閣出版　pp.47-50
後藤和民 1973「序にかえて―実験的研究の目的と意義―」『縄文土器の技術―その実験的研究序説―』千葉県加曽利貝塚博物館　pp.13-26

後藤和民 1982「縄文集落の概念」『縄文文化の研究 8　社会・文化』雄山閣出版　pp.20-48
後藤和民 1985「物資の交流を支える基盤」『季刊考古学』第 12 号　雄山閣出版　pp.71-74
小林青樹 1998「土器作りの専業製作と規格性に関する民族考古学的研究」『民族考古学序説』同成社　pp.122-138
小林計一郎 1966「信濃の鮭」『長野』第 8 号
小林謙一 1984「中部・関東地方における勝坂・阿玉台式土器成立期の様相」『神奈川考古』第 19 号　pp.35-74
小林謙一 2004『縄紋社会研究の新視点―炭素 14 年代測定の利用―』六一書房
小林達雄 1983「縄文時代領域論」『坂本太郎博士頌寿記念　日本史学論集』上巻　国学院大学文学部史学科　pp.3-29
小林達雄 1989a「縄文土器の編年」『縄文土器大観 1　草創期 早期 前期』小学館　pp.248-255
小林達雄 1989b「縄文土器の様式と型式・形式」『縄文土器大観 4　後期 晩期 続縄文』小学館　pp.248-257
小林深志 1994『勝山遺跡』茅野市教育委員会
小林正史 1993「カリンガ土器の製作技術」『北陸古代土器研究』第 3 号　pp.74-103
小林正史 1998「野焼き方法の変化を生みだす要因」『民族考古学序説』同成社　pp.139-158
小林正史 2000「カリンガ土器の変化過程」『交流の考古学（現代の考古学 5）』朝倉書店　pp.134-179
小林正史・北野博司・久世健二・小島俊彰 2000「北部九州における縄文・弥生土器の野焼き方法の変化」『青丘学術論集』第 17 集　韓国文化研究振興財団　pp.7-140
小林正史・谷　正和 1998「ロングエーカーの民族考古学的研究」『民族考古学序説』同成社　pp.45-54
小林正史他 2006『平成 16・17 年度科学研究費補助金（基盤研究（C））研究結果報告書　黒斑からみた縄文・弥生土器・土師器の野焼き方法』
小林正昇 1995「第 4 節　森泉山系の地形と地質」『御代田町誌　自然編』pp.47-64
駒形敏朗・小熊博史他 1998『中道遺跡』長岡市教育委員会
小松　虔 1966「長野県東筑摩郡波田村葦原遺跡第 1・第 2 次調査概報」『信濃』第 18 巻第 4 号　pp.78-91
五味祐史 1995「第 2 章第二節（5）減少する縄文後晩期のムラ」『諏訪市史』上巻　pp.296-308
小山岳夫 1998「巨大集落の出現」『長野県考古学会誌』86 号　pp.50-62
小山岳夫他 1997『滝沢遺跡』御代田町教育委員会

【さ－そ】

斎藤幸恵 1985「黒曜石の利用と流通」『季刊考古学』第 12 号　雄山閣出版　pp.7-30
斎藤幸恵他 1987『大仁反遺跡―昭和 62 年度発掘調査報告書―』長門町教育委員会
斉藤尚人 1988「広瀬ローム層中の“クリスタルアッシュ”に含まれる斜長石について」『八ヶ岳山麓の第四系』地学団体研究会　pp.137-141
齋藤正憲 2005「エジプト、オアシス地域における土器の製作の民族誌」『世界の土器づくり』同成社　pp.83-103
桜井秀雄 2000「第 7 章 郷土遺跡　第 4 節 縄文時代中期中葉から後期前葉の遺構と遺物」『上信越自動車道埋蔵文化財発掘調査報告書 19』長野県埋蔵文化財センター　pp.252-401
桜岡正信 2003「武蔵甕について―上野地域の生産と流通―」『高崎市史研究』17　pp.1-16
佐々木高明 1971『稲作以前』NHK ブックス
佐々木高明 1991『日本の歴史①　日本史誕生』集英社
佐々木藤雄 1981「縄文時代の通婚圏」『信濃』33 巻第 9 号　pp.45-74
笹沢　浩 2001「第 1 章 原始・古代　第 2 節 縄文時代　⑥明神前遺跡」『豊野町誌「豊野町の資料（一）」』pp.158-184
笹澤　浩 2008「第 3 章第 2 節 6 中期後葉Ⅲ・Ⅳ期の土器」『小玉遺跡―小玉地区コミュニティ消防センター

新築に伴う埋蔵文化財発掘調査報告書―』飯縄町教育委員会　pp.22-23
笹森健一 1977「縄文時代住居址の一考察―張り出し付き住居址・敷石住居址について―」(上)『情報』2　pp.1-7, 12、(下)『情報』3　pp.4-7
佐竹桂一他 1999『山形県埋蔵文化財センター発掘調査報告書 64 集　八ツ目久保遺跡』㈶山形県埋蔵文化財センター
佐藤雅一 1997「堂平遺跡第 1 号住居跡について」『新潟考古』第 8 号　pp.49-56
佐藤雅一 1986『川久保遺跡』湯沢町教育委員会
佐藤雅一 1998「原遺跡の研究」『新潟考古』第 9 号　pp.1-50
佐藤雅一 2003「沖ノ原式土器について」『第 16 回縄文セミナー　中期後半の再検討』縄文セミナーの会　pp.1-70
佐藤雅一他 2005『津南町文化財調査報告第 47 輯　道尻手遺跡』津南町教育委員会
佐藤好一 1995『仙台市文化財調査報告書 190 集　高柳遺跡』仙台市教育委員会
佐原　真 1970a「土器の話」(1)『考古学研究』16-4　pp.107-124
佐原　真 1970b「土器の話」(2)『考古学研究』17-1　pp.93-101
佐原　真 1970c「土器の話」(3)『考古学研究』17-2　pp.86-96
佐原　真 1970d「土器の話」(4)『考古学研究』17-3　pp.81-90
佐原　真 1971a「土器の話」(5)『考古学研究』17-4　pp.53-64
佐原　真 1971b「土器の話」(6)『考古学研究』18-2　pp.70-80
佐原　真 1971c「土器の話」(7)『考古学研究』18-3　pp.87-95
佐原　真 1971d「土器の話」(8)『考古学研究』18-4　pp.89-102
佐原　真 1987『日本の歴史 1　日本人の誕生』小学館
サーリンズ, M.(山内昶訳) 1984『石器時代の経済学』法政大学出版局
Shepard, A. O. 1956 *Ceramics for the Archaeologist*. Carnegie Institution of Washington.
Shepard, A. O. 1966 Rio Grande Glaze-Paint Pottery : *A test of petrographic Analysis, Ceramic and Man.* pp.62-87
塩川団研グループ 1988「御牧ヶ原・八重原台地の層序」『飯島南海夫教授退官記念誌』pp.56-71
茂原信生・松村博文 1997「第 8 節 1 篠ノ井遺跡群(長野県)出土の人骨(弥生時代～平安時代)」『中央自動車道長野線埋蔵文化財 16　篠ノ井遺跡群　成果と課題編』pp.218-267
渋谷文雄 1982「竪穴住居址の柱穴配置と規模について」『考古学雑誌』第 67 巻第 4 号　pp.1-27
下田村教育委員会 1990『下田村文化財調査報告第 29 号　長野遺跡発掘調査報告書』
島田恵子他 1990『大庭遺跡』立科町教育委員会
清水芳裕 1973a「縄文時代の集団領域について」『考古学研究』19-4　pp.90-102
清水芳裕 1973b「縄文土器の胎土分析―滋賀里遺跡出土の北陸、東北系土器について―」『湖西線関係遺跡発掘調査報告書　本文編』pp.225-232
清水芳裕 1977「岩石学的手法による土器の産地推定―伊豆諸島の縄文弥生土器―」『考古学と自然科学』10　日本文化財科学会　pp.45-50
清水芳裕 1981「土器・陶器の流通―胎土分析の方法と成果―」『京都大学構内遺跡調査研究年報』pp.43-52
清水芳裕 1986「集落間の交流 3 土器の動き」『弥生文化の研究』7　雄山閣出版　pp.91-97
清水芳裕 1989「先史時代の土器の移動」『考古学論叢』Ⅱ　芹沢長介先生還暦記念論文集刊行会編　pp.225-249
清水芳裕 1992「土器の器種と胎土」『京都大学埋蔵文化財センター紀要』Ⅸ　pp.59-77
清水芳裕 2004「縄文土器の混和材―長野県川原田遺跡出土土器の分類への視点―」『国立歴史民俗博物館研究報告』第 120 集　pp.219-236

志村　哲 2004「第6章第4節　藤岡産埴輪の供給について」『国立歴史民俗博物館研究報告』第120集　pp.468-481
白水晴雄 1990『粘土のはなし』技報堂出版
神宮司廳蔵版 1979「婚嫁1」『古事類苑　禮式部1』吉川弘文館　pp.883-895
新谷和孝他 1991『松本市南中島遺跡』松本市教育委員会
末木　健 1985「土器廃棄と集落研究」『論集日本原始』吉川弘文館　pp.351-372
鈴川朝宏 1971「縄文土器の製作について」『物質文化』17　pp.22-28
鈴木栄太郎 1966『日本農村社会学原理』(『鈴木栄太郎著作集』Ⅱ　時潮社　1940年、再版・未来社　1966年)
鈴木公雄 1969「安行系組成土器に於ける文様施文の順位と工程数」『信濃』第21巻第4号　pp.1-16
鈴木徳雄 2000「縄紋後期浅鉢形土器の意義―器種と土器行為の変化―」『縄文時代』第11号　pp.69-102
鈴木三男 2002『日本人と木の文化』八坂書房
鈴木保彦 1976「還礫方形配石遺構の研究」『考古學雜誌』第62巻第1号　pp.1-13
須藤　隆 1985「東北地方における縄文集落の研究」『東北大学考古学研究報告』1　pp.1-35
須藤　隆 1986「弥生土器の様式」『弥生文化の研究』3　雄山閣出版　pp.11-26
須藤　隆 2006「大木9式土器」pp.10-12・28-29（早瀬亮介・菅野智則・須藤　隆 2006「東北大学文学研究科考古学陳列館所蔵大木囲貝塚出土基準資料―山内清男編年基準資料―」pp.1-40）*Bulletin of the Tohoku University Museum* No.5
周藤賢治・小山内康人 2001『岩石学概論上　記載岩石学』共立出版
周藤賢治・山岸猪久馬 1988「第3章 3.4（1）北部フォッサマグナ地域およびその周辺」『日本の地質4　中部地方Ⅰ』共立出版　pp.114-116
瀬川拓郎 1996「擦文時代における地域社会の形成」『考古学研究』第43巻第3号　pp.86-99
瀬川裕市郎 1984「土器づくりと縄文土器型式の細分」『沼津市博物館紀要』8　pp.1-34
瀬川裕市郎 1985「土器の原料土の移入は行われたか」『季刊考古学』第12号　雄山閣出版　pp.55-58
瀬川裕市郎 1994「縄文人の生活域と行動範囲」『向坂鋼二先生還暦記念論集「地域と考古学」』pp.43-60
関口裕子 1993『古代婚姻史の研究』（上）・（下）塙書房
関　孝一 1969「上高井郡高山村坪井遺跡の発掘調査」『信濃』第21巻第8号　pp.58-74
関　孝一 1989「縄文クルミ考―栗林遺跡におけるクルミ貯蔵の背景―」『長野県立歴史館研究紀要』第4号　pp.25-37
関　孝一・綿田弘実 1984『八幡添遺跡』上高井郡高山村教育委員会
関根慎二 2003a「群馬県における加曽利E式土器の地域相」『第16回縄文セミナー　中期後半の再検討』縄文セミナーの会　pp.189-238
関根慎二 2003b「黒曜石交易のトレードマーク―イノシシの付いた土器―」『ストーンロード―縄文時代の黒曜石交易―』安中市ふるさと学習館　pp.39-42
早田　勉 1995「第2節　テフラからさぐる浅間山の活動史」『御代田町誌　自然編』pp.22-43
早田　勉 1996「資料　関東地方～東北地方南部の示標テフラの諸特徴」『名古屋大学加速器分析業績報告書』（Ⅶ）pp.256-267
早田　勉 2000「第四紀の環境変化と自然災害」『安中市史第1巻　自然編』pp.36-72

【た－と】

大工原豊 2003「縄文時代前期の黒曜石の交換・交易」『ストーンロード―縄文時代の黒曜石交易―』安中市ふるさと学習館　pp.1-15
高桑俊雄 1992『大村塚田遺跡』松本市教育委員会
高橋　敦 2000「第9章第4節　炭化材の樹種」『上信越自動車道埋蔵文化財発掘調査報告書24　更埴条里遺跡・屋代遺跡群―縄文時代編―』長野県埋蔵文化財センター　pp.249-253

高橋　理 2000a「第 9 章第 5 節　屋代遺跡群出土の魚類遺存体」pp.254-256・「9 章第 6 節 2　水洗選別によって確認された動物遺存体」p.277『上信越自動車道埋蔵文化財発掘調査報告書 24　更埴条里遺跡・屋代遺跡群―縄文時代編―』長野県埋蔵文化財センター
高橋　理 2000b「完新世における subsistence」『北海道考古学』36　pp.1-13
高橋　理・水沢教子・岡村秀雄 2006「屋代遺跡群出土のイノシシの年齢について」『長野県立歴史館研究紀要』第 12 号　pp.72-76
高橋　保 1989「県内における縄文中期前半の関東・信州系土器」『新潟県考古学談話会会報』第 4 号 pp.49-55
高橋　保 1992「土器について」『五丁歩遺跡・十二木遺跡』新潟県教育委員会
高見俊樹 1982「穴場遺跡」『長野県考古学会誌』42・43 号　pp.111-112
高群逸枝 1966『高群逸枝全集第 1 巻　母系制の研究』理論社
高群逸枝 1966『高群逸枝全集第 2 巻　招婿婚の研究 1』理論社
竹内圭史・加藤碵一・柳沢幸夫 1994『1：200,000 地質図　高田』地質調査所
武井晛朔 1986「第 1 章 1.2（1）関東山地北縁部」『日本の地質 3　関東地方』共立出版　p.4
竹下　壽・松本徰夫・山岸猪久馬他 1989「長野県入軽井沢におけるグリーンタフ中の貫入岩のエピドート変質について」『地質学雑誌』第 95 巻第 4 号　pp.335-338
竹原　学他 1997『小池遺跡Ⅱ・一ツ家遺跡』松本市教育委員会
建石　徹 1996「縄文時代中期における土器の移動に関する基礎的研究―群馬県鼻毛石中山遺跡の事例を中心に―」『土曜考古』第 20 号　pp.123-137
建石　徹 2000「第 10 章第 1 節 3 縄文中期土器の胎土（3）粘土の蛍光 X 線分析による在地胎土と異質胎土」『上信越自動車道埋蔵文化財発掘調査報告書 24　更埴条里遺跡・屋代遺跡群―縄文時代編―』長野県埋蔵文化財センター　pp.318-325
建石　徹 2002「縄文土器のライフサイクル」『土器から探る縄文社会　2002 年度研究集会資料集』山梨考古学協会　pp.71-84
建石　徹 2004「縄文時代における粘土の選択性」『国立歴史民俗博物館研究報告』第 120 集　pp.195-218
建石　徹 2007『日本の美術 9　№ 496　縄文土器 前期』至文堂
建石　徹・水沢教子 2004「胎土分析の試料と分析方法」『国立歴史民俗博物館研究報告』第 120 集 pp.185-194
田中邦雄・堀内　義・岸川　修 1989「第 3 章　地質」『朝日村誌上巻　自然・現代・民俗編』朝日村誌刊行会　pp.33-115
田中良之 1995『古墳時代親族構造の研究』ポテンティア叢書
田中良之 1998「出自表示論批判」『日本考古学』第 5 号　pp.1-18
谷井　彪・宮崎朝雄・大塚孝司・鈴木秀雄・青木美代子・金子直行・細田　勝 1982「縄文中期土器群の再編」『研究紀要　1982』㈶埼玉県埋蔵文化財調査事業団　pp.1-137
谷口康浩 1986「縄文時代の親族組織と集団表象としての土器型式」『考古学雑誌』第 72 巻第 2 号 pp.1-21
谷口康浩 2003「縄文時代中期における拠点集落の分布と領域モデル」『考古学研究』第 49 巻第 4 号 pp.39-58
玉田芳英 1990「縄文時代に農耕はあったか」『争点日本の歴史第 1 巻　原始編』pp.141-153
玉田芳英 1995「第Ⅴ章考察 3 土器 B 長屋王家の土器 ii 土師女の作った土器」『平城京左京二条二坊・三条二坊発掘調査報告書―長屋王邸・藤原麻呂邸の調査―』奈良国立文化財研究所 pp.488-490
㈶千葉県文化財センター 1984「自然科学の手法による遺跡、遺物の研究 3―土器胎土分析の基礎的研究―」『千葉県文化財センター研究紀要』8

辻誠一郎 2000「第 10 章第 3 節 1　更埴条里遺跡・屋代遺跡群の環境史（4）」『上信越自動車道埋蔵文化財発掘調査報告書 24　更埴条里遺跡・屋代遺跡群―縄文時代編―』長野県埋蔵文化財センター　pp.349-350

辻誠一郎編 2000『考古学と自然科学③　考古学と植物学』同成社

辻誠一郎・住田雅和・辻　圭子 2000「第 9 章第 3 節　屋代遺跡群の縄文時代の大型植物遺体群」『上信越自動車道埋蔵文化財発掘調査報告書 24　更埴条里遺跡・屋代遺跡群―縄文時代編―』長野県埋蔵文化財センター　pp.243-248

都築恵美子 1990「竪穴住居址の系統について」『東京考古』第 8 号　pp.1-25

堤　隆 1997「浅間山南麓における縄文社会復元に向けて」『川原田遺跡　縄文編』pp.611-630

堤　隆編 1997『川原田遺跡　縄文編』御代田町教育委員会

堤　隆・本橋恵美子 2000『宮平遺跡』御代田町教育委員会

都出比呂志 1984「弥生土器における地域色の性格」『信濃』第 35 巻第 4 号　pp.41-53

都出比呂志 1989『日本農耕社会の成立過程』岩波書店

椿坂恭代 1992「フローテーション法の実際と装置」『考古学ジャーナル』355　ニュー・サイエンス社　pp.32-36

椿坂恭代 1993「アワ・ヒエ・キビの同定」『吉崎昌一先生還暦記念論集「先史学と関連科学」』pp.261-281

鶴田典昭 1999「第 2 章第 2 節　縄文時代の遺構と遺物」『上信越自動車道埋蔵文化財発掘調査報告書 8―長野市内その 6― 村東山手遺跡』長野県埋蔵文化財センター　pp.23-151

ディーツ，J.（関俊彦訳）1988『考古学への招待』雄山閣出版

勅使河原彰 1992a「縄文時代の社会構成（上）―八ヶ岳西南麓の縄文時代中期遺跡群の分析から―」『考古学雑誌』第 78 巻第 1 号　pp.1-44

勅使河原彰 1992b「縄文時代の社会構成（下）―八ヶ岳西南麓の縄文時代中期遺跡群の分析から―」『考古学雑誌』第 78 巻第 2 号　pp.1-27

寺内隆夫 1987「勝坂式土器成立期にみられる差異の顕在化」『下総考古学』第 9 号　pp.18-47

寺内隆夫 1989「長野県塩尻市北原遺跡第 1 号住居址出土土器から派生する問題」『信濃』第 41 巻第 4 号　pp.29-43

寺内隆夫 1996「斜行沈線文を多用する土器群の研究―『後沖式土器』設定は可能か」『長野県の考古学』pp.49-83

寺内隆夫 1997「川原田遺跡縄文中期中葉の土器群について」『川原田遺跡　本文編』　pp.537-557

寺内隆夫 2000a「第 1 章第 3 節 3　調査対象となった層序」pp.14-16・「第 3 章　縄文時代中期前葉（XV・XVI 層検出）の遺構と遺物」pp.25-52・「第 10 章第 1 節 1 中期前葉の土器」289-297『上信越自動車道埋蔵文化財発掘調査報告書 24　更埴条里遺跡・屋代遺跡群―縄文時代編―』長野県埋蔵文化財センター

寺内隆夫 2000b「第 5 章第 9 節　交易と流通関連資料」pp.177-181・「第 5 章　発掘調査資料総論」pp.93-194『上信越自動車道埋蔵文化財発掘調査報告書 28　更埴条里遺跡・屋代遺跡群―総論編―』長野県埋蔵文化財センター

寺内隆夫 2004a「千曲川流域における火焔型土器および曲隆線文の系譜」『火焔型土器の研究』同成社　pp.123-132

寺内隆夫 2004b「千曲川流域の縄文中期中葉の土器」『国立歴史民俗博物館研究報告』第 120 集　pp.59-86

寺内隆夫 2005「千曲川と鬼怒川流域を結ぶもの」『―怒濤の考古学―三澤正善君追悼記念論集』pp.1-24

寺内隆夫 2006「飯山市・深沢遺跡出土土器研究の現状」（1）～（4）『長野県考古学会誌』111（pp.1-15）、113（pp.1-16）、115（pp.27-41）、116 号（pp.1-14）

寺内隆夫 2008「型式学的方法②」『歴史のものさし』同成社　pp.55-71

寺崎保広 1995「SD4750 溝木簡 1971-1976」『平城京木簡二―長屋王家木簡二―解説』奈良国立文化財研究所　pp.106-107
寺崎裕助 1991「火炎土器様式について」『新潟県考古学談話会会報』8　pp.1-19
寺崎裕助他 1981『岩野原遺跡』長岡市教育委員会
寺崎裕助・木島　勉・澤田　敦・立木宏明 2003「山屋敷Ⅰ遺跡」『上越市史　資料編2　考古』pp.72-194
東京大学史料編纂所 1917『大日本古文書』11「天平勝宝2年7月29日　浄清所解　申作土器事」東京大学出版会　pp.350-351
都城秋穂・久城育夫 1972『岩石学』Ⅰ　共立出版
都城秋穂・久城育夫 1975『岩石学』Ⅱ　共立出版
鳥羽英継 1998「第3章第5節1　土器・土製品」『上信越自動車道埋蔵文化財発掘調査報告書 25　更埴条里遺跡・屋代遺跡群―弥生・古墳編―』㈶長野県埋蔵文化財センター　pp.144-186
鳥羽英継 1999「第8章1節　屋代遺跡群における古代の土器」『上信越自動車道埋蔵文化財発掘調査報告書 26　更埴条里遺跡・屋代遺跡群―古代1編―』長野県埋蔵文化財センター　pp.401-466
トリッガー , B. G.（菊地徹夫・岸上伸啓訳）1991『歴史科学としての考古学』雄山閣出版　pp.37-44

【な－の】

長崎元広他 1971『長塚遺跡』岡谷市教育委員会
中沢道彦 2006「第6回韓・日新石器時代共同学術大会『韓・日新石器時代の農耕問題』に参加して」『第16回九州縄文研究会大分大会　九州縄文時代の低湿地遺跡と植物性自然遺物資料集』pp.208-213
中島恒次郎 1989「胎土分析の諸問題―自然科学的分析の考古資料への適用―」『九州考古学』14　pp.19-41
中島庄一 1990 ～ 1992「記号、型式、分類―改めて型式論を考える―」（1）～（6）『東京の遺跡』28（pp.4-5）、29（pp.8-9）、30（pp.4-5）、31（p.3）、33（pp.8-9）、34（pp.4-5）
㈳長野県史刊行会 1988『長野県史 考古資料編　全1巻（4）遺構・遺物』
長野県地学会編 1962『1：200,000 長野県地質図』内外地図
㈶長野県埋蔵文化財センター 1997『飯田古屋敷遺跡・玄照寺跡・がまん淵遺跡・沢田鍋土遺跡・清水山遺跡・池田端窯跡・牛出古窯跡』
中野　俊 1995「Ⅳ. 中期更新世―完新世の火山噴出物」『地域地質研究報告（5万分の1地質図幅）乗鞍岳地域の地質 』地質調査所　pp.62-113
中野　俊・竹内圭史・加藤碵一・酒井　彰・濱崎聡志・広島俊男・駒澤正夫 1998『1：200,000 地質図幅　長野』地質調査所
中村孝三郎 1958『馬高』長岡市立科学博物館
中村由克 2001「Ⅴ　成果と課題」『市道遺跡発掘調査報告書』信濃町教育委員会　pp.102-127
成瀬正和 1980「浮線部分と母体部分の色調の異なる諸磯b式土器の胎土について」『上越新幹線埋蔵文化財発掘調査報告書Ⅳ　伊勢塚、東光寺裏』埼玉県教育委員会　pp.169-170
西沢隆治 1982「深沢遺跡」『長野県史　考古資料編　全1巻（2）東北信』pp.124-128
西沢寿晃 1982「栃原岩陰遺跡」『長野県史　考古資料編　全1巻（2）東北信』pp.559-584
西本豊弘・篠田謙一・松村博文・菅谷通保 2001「ＤＮＡ分析による縄文後期人の血縁関係」『動物考古学』第16号　pp.1-16
西本豊弘他 2004「第1部　縄文土器の生産と流通」『国立歴史民俗博物館研究報告』第120集　pp.15-275
日本の地質『中部地方Ⅰ』編集委員会編 1988『日本の地質4　中部地方Ⅰ』共立出版
丹羽　茂 1981「大木式土器」『縄文文化の研究』4　雄山閣出版　pp.43-60
丹羽　茂 1989「中期大木式土器様式」『縄文土器大観　1』小学館　pp.194-243・pp.346-352

丹羽祐一 1980「埋甕集団の構成と婚姻システム」『奈良大学紀要』第 9 号　pp.39-61
野尻湖地質グループ著 1990『火山灰野外観察の手引き』地学団体研究会
野村一寿 1984「塩尻市焼町遺跡 1 号住居址出土土器とその類例の位置付け」『中部高地の考古学』Ⅲ　長野県考古学会　pp.151-163

【は－ほ】

橋本光男 1987『日本の変成岩』岩波書店
羽生淳子 1984「縄文土器における文様・形態の類似と相異」『信濃』第 36 巻第 10 号　pp.49-61
羽生淳子 1987「諸磯 b 式土器」『季刊考古学』第 21 号　雄山閣出版　pp.40-44
羽生淳子 1990「縄文時代の集落研究と狩猟・採集民との接点」『物質文化』53　pp.1-14
早瀬亮介・菅野智則・須藤　隆 2006「東北大学文学研究科考古学陳列館所蔵大木囲貝塚出土基準資料―山内清男編年基準資料―」*Bulletin of the Tohoku University Museum* №.5　pp.1-40
林　賢 1970「第Ⅲ章第 1 節　東地区の遺構」『茅野和田遺跡』茅野市教育委員会　pp.16-55
林　謙作 1965「縄文文化の発展と地域性―東北―」『日本の考古学』Ⅱ　河出書房新社　pp.64-96
林　謙作 1970「宮城県浅部貝塚のシカ・イノシシ遺体」『物質文化』15　pp.1-11
林　謙作 1971「宮城県浅部貝塚出土の動物遺体」『物質文化』17　pp.7-21
林　謙作 1976「亀ヶ岡文化論」『東北考古学の諸問題』東北考古学会　pp.171-203
林　謙作 1997「縄紋時代の資源利用・土地利用」『考古学研究』第 44 巻第 3 号　pp.35-51
林　謙作 2004a『縄紋時代史』Ⅰ　雄山閣
林　謙作 2004b『縄紋時代史』Ⅱ　雄山閣
林　茂樹 1985「縄文中期土器『平出Ⅲ類A』の系譜再論」『信濃』第 37 巻第 11 号　pp.169-188
原田政信・森嶋　稔 1990『円光房遺跡』戸倉町教育委員会
原　充広 1994「月崎 A 遺跡（第 7-9・11-13 次調査）」『福島市文化財報告書第 65 集　飯坂南部土地区画整理事業関連遺跡調査報告Ⅲ』福島市教育委員会　pp.10-122
原　充広・安中　浩 1997『福島市文化財報告書第 95 集　月崎 A 遺跡（第 6・16・18-26 次調査）』福島市教育委員会
原山　智・足立　守 1995「Ⅳ. 貫入岩類」『地域地質研究報告（5 万分の 1 地質図幅）乗鞍岳地域の地質』地質調査所　pp.36-46
パリノ・サーヴェイ 1996「第 3 章　胎土分析」『上信越自動車道埋蔵文化財発掘調査報告書 7　大星山古墳群・北平 1 号墳』㈶長野県埋蔵文化財センター　pp.150-159
パリノ・サーヴェイ 2000「第 2 章第 3 節 11　栗林・箱清水式土器の重鉱物胎土分析」『上信越自動車道埋蔵文化財発掘調査報告書 5　松原遺跡―弥生・総論 8』長野県埋蔵文化財センター　pp.13-139
春成秀爾 1980「縄文中・後期の抜歯儀礼と居住規定」『鏡山猛先生古稀記念古文化論攷』pp.39-68
春成秀爾 1981「縄文時代の複婚制について」『考古学雑誌』第 67 巻第 2 号　pp.1-40
樋口昇一 2003「総括」『熊久保遺跡第 10 次発掘調査報告書』長野県東筑摩郡朝日村教育委員会　pp.271-280
樋口昇一編 2003『熊久保遺跡第 10 次発掘調査報告書』長野県東筑摩郡朝日村教育委員会
樋口昇一・長崎治他 1997『淀の内遺跡』山形村教育委員会
平賀章三 1978「素地作製の技術解析」『奈良教育大学紀要』23-2　pp.99-113
平林　彰他 1993『中央自動車道長野線埋蔵文化財発掘調査報告書 11　北村遺跡』㈶長野県埋蔵文化財センター
平山次郎他 1960『1：500,000 地質図　秋田』地質調査所
広川　治他 1969『1：500,000 地質図　東京』地質調査所
広瀬昭弘・秋山道生・砂田佳弘・山崎和巳 1985「縄文集落の研究―野川流域の中期を中心として―」『東

京考古』第3号　pp.13-50
廣松　渉 1986『生態史観と唯物史観』ユニテ
Binford, L. R. 1980 Willow Smoke and Dog's Tails：Hunter-Gatherer Settlement Systems and Archaeological Site Fomation. *American Antiquity* 45（1）pp.4-20
Binford, L. R. 1983 *In Pursuit of the Past*. Thames and Hudson.
フォックス，R.（川中健二訳）1977『親族と婚姻（社会人類学入門）』思索社
福島邦男 1989『平石遺跡』望月町教育委員会
福島邦男・森嶋　稔 1978『下吹上』長野県考古学会
福田　理他 1958『1：500,000 地質図　新潟』地質調査所
服藤早苗 1993「婚姻」『日本史大事典』第3巻　pp.456-457
藤田亮策他 1961『栃倉』栃尾市教育委員会
藤巻正信・パリノ・サーヴェイ 1991「土器胎土分析」『関越自動車道関係発掘調査報告書　城之腰遺跡（本文編）』新潟県教育委員会　pp.316-321
藤森栄一 1949「日本原始陸耕の諸問題」『歴史評論』4巻4号（『藤森栄一全集』第9巻　学生社　pp.16-22）
藤森栄一 1963a「縄文中期文化の構成」『考古学研究』36（『藤森栄一全集』第9巻　学生社　pp. 200-209）
藤森栄一 1963b「縄文時代農耕論とその展開」『考古学研究』38（『藤森栄一全集』第9巻　学生社　pp.176-191）
藤森栄一他 1965『井戸尻─長野県富士見町における中期縄文時代遺跡群の研究─』中央公論美術出版
藤森栄一 1969a「峠を降りた坂道」『縄文の世界─古代の人と山河─』講談社　pp.241-258
藤森栄一 1969b「採集から原初農耕へ」『日本文化の歴史1　大地と呪術』学習研究社（『藤森栄一全集』第9巻　学生社　pp.226-230）
舟橋三男監修 1976『新地学教育講座4　岩石』東海大学出版会
古川元三郎 1973『蒐集の記録　松代焼』信毎書籍印刷
古川利意・佐藤光義 1985『博毛遺跡』高郷村教育委員会
星　雅之・管野紀子 2008「縄文時代中期後半の粘土採掘坑」『2008年岩手考古学会第39会研究大会テーマ1　縄文中期後半の集落・テーマ2　中世の埋蔵銭』岩手考古学会　pp.9-18
細田　勝 2003「南関東加曽利E式について」『第16回縄文セミナー　中期後半の再検討』縄文セミナーの会　pp.239-276

【ま－も】

前山精明 1991「巻町豊原遺跡Ⅵ群3類土器考」『新潟考古』第2号　pp.1-20
Murdock, G. P. and C. Provost 1973 Factors in the division of labor by sex：A cross-cultural analysis. *Ethnology* 12: 20　3-225
マードック，G. P.（内藤莞爾監訳）1978『社会構造』新泉社
増島　淳 1980「土器に含まれている砂粒鉱物から見た弥生土器の作成地について」『沼津市歴史民俗資料館紀要』4　pp.103-117
増島　淳 1982「東平遺跡出土土器の作製地について」『西富士道路（富士区）・兵南広域都市計画道路田子浦臨港線埋蔵文化財発掘 調査報告書　東平遺跡　考察編』富士市教育委員会　pp.175-181
増島　淳 1990「県東部地区の縄文土器作製地について」『沼津市博物館紀要』14　pp.21-48
町田勝則 2000「第3章第3節1　石器の石材分析」『上信越自動車道埋蔵文化財発掘調査報告書5　松原遺跡 弥生・総論5　弥生中期・石器本文』長野県埋蔵文化財センター　pp.147-201

町田　洋・新井房夫 2003「大町 APm テフラ群」『新編火山灰アトラス』東京大学出版会　pp.196-200
松井　章 1985「『サケ・マス』論の評価と今後の展望」『考古学研究』第 31 巻第 4 号　pp.39-67
松井　章 2000「動物食と植物食」『古代史の論点 1　環境と食料生産』小学館　pp.184-207
松井　章 2005『環境考古学への招待―発掘からわかる食・トイレ・戦争―』岩波新書
松井　章 2008「サケ・マス論、その後」『芹沢長介先生追悼　考古・民族・歴史学論集』芹沢長介先生追悼論文集刊行会　pp.277-291
松井　章編 2003『環境考古学マニュアル』同成社
松田光太郎 1997「群馬県渡良瀬川中流域における縄文土器の胎土分析―桐生市三島台遺跡出土の縄文前期土器の偏光顕微鏡観察―」『神奈川考古』33　pp.33-47
松田光太郎 2000「坪ノ内・宮ノ前遺跡（No.17）出土縄文土器の胎土分析」『坪ノ内・宮ノ前遺跡（No.16・17）』かながわ考古学財団調査報告 77　pp.491-501
松田光太郎・建石　徹 1999「関連科学研究　胎土分析」『縄文時代』10　pp.308-318
松谷暁子 1983「エゴマ・シソ」『縄文文化の研究 2―生業―』雄山閣出版　pp.50-62
三上徹也 1987「梨久保式土器再考」『長野県埋蔵文化財センター紀要』1　pp.1-23
三上徹也 1995「土器利用炉の分類とその意義」『長野県立歴史館研究紀要』第 1 号　pp.93-102
水沢教子 1989「大木 8b 式の成立とその変容」卒業論文（東北大学）
水沢教子 1990a「縄文社会における領域と交流―中期縄文土器の胎土分析を通じて―」修士論文（東北大学）
水沢教子 1990b「土器型式と縄文土器の移動」『佐久考古通信』No.50　pp.20-22
水沢教子 1992「縄文社会復元の手続きとしての胎土分析」『信濃』44 巻第 4 号　pp.16-34
水沢教子 1994「塚田遺跡出土土器の胎土について」『塚田遺跡』御代田町教育委員会　pp.292-310
水沢教子 1996a「大木 8b 式の変容（上）」『長野県の考古学』㈶長野県埋蔵文化財センター　pp.84-123
水沢教子 1996b「大木式土器と火焔型土器―胎土から考えられること―」『火焔土器研究の新視点』十日町市博物館　pp.20-25
水沢教子 1998「第 5 節　縄文文化の爛熟」pp.75-125・「第 9 節　縄文時代の地域間交流」pp.232-252『御代田町誌　歴史編』（上）　御代田町誌刊行会
水沢教子 2000a「第 5 章第 2 節　縄文中期後葉の遺構と遺物」pp.67-168・「第 9 章第 1 節　縄文時代の動・植物相の復原」p.235・「第 10 章第 1 節 2　中期後葉の土器」pp.293-316・「第 10 章第 2 節 3　中期後葉の集落」pp.335-348『上信越自動車道埋蔵文化財発掘調査報告書 24　更埴条里遺跡・屋代遺跡群―縄文時代編―』本文、遺構図版、遺物・写真図版　長野県埋蔵文化財センター
水沢教子 2000b「縄文土器胎土分析研究の現状と課題」（1）『信州縄文文化研究会 JOMON・NEWS』No.3　pp.5-8
水沢教子 2002a「千曲川水系における柄鏡形敷石住居の成立―長野県更埴市屋代遺跡群の研究その 1―」『長野県の考古学』Ⅱ　長野県埋蔵文化財センター　pp.65-92
水沢教子 2002b「縄文中期の動植物遺体の検出」『長野県埋蔵文化財センター紀要』9　pp.28-39
水沢教子 2003a「中期後葉の渦巻文を有する土器とその周辺」『第 16 回縄文セミナー　中期後半の再検討』・『同―記録集―』縄文セミナーの会　pp.161-188・pp.55-69
水沢教子 2003b「3（2）土器のふるさとを探す」『平成 15 年度夏季企画展図録　SOS ふるさとの文化財をすくえ』長野県立歴史館　pp.38-39
水沢教子 2003c「第Ⅳ章第 1 節　熊久保遺跡出土土器の光学顕微鏡による胎土分析」『熊久保遺跡第 10 次発掘調査報告書』長野県東筑摩郡朝日村教育委員会　pp.193-202
水沢教子 2003d「縄文土器の突起周辺の X 線透過観察」『長野県立歴史館研究紀要』第 9 号　pp.2-14
水沢教子 2003e「第 7 章第 2 節　更埴条里遺跡・屋代遺跡群」『環境考古学マニュアル』同成社　pp.339-345

水沢教子 2004「岩石・鉱物からみた素地土採集領域」『国立歴史民俗博物館研究報告』第 120 集　pp.237-265
水沢教子 2005「屋代遺跡群出土『圧痕隆帯文土器』の胎土」『長野県立歴史館研究紀要』第 11 号　pp.88-95
水沢教子 2006a「平出Ⅲ類Ａ土器の胎土分析」『長野県考古学会誌』118 号　pp.104-117
水沢教子 2006b「金色の黒雲母を追って」『佐久考古通信』No. 97　pp.4-8
水沢教子 2006c「土器をつくる女、土器をはこぶ男」『縄文「ムラ」の考古学』雄山閣　pp.95-129
水沢教子 2007a「屋代遺跡群出土煮沸具の胎土分析（上）」『長野県立歴史館研究紀要』第 13 号　pp.37-52
水沢教子 2007b「大木式土器情報の移動と模倣」『考古学談叢』須藤隆先生退任記念論文集刊行会編　pp.239-264
水沢教子 2008「屋代遺跡群出土煮沸具の胎土分析（下）」『長野県立歴史館研究紀要』第 14 号　pp.3-14
水沢教子 2009「篠ノ井遺跡群出土土師器の胎土分析」『長野県立歴史館研究紀要』第 15 号　pp.77-84
水沢教子・岡村秀雄 2005『平成 17 年度夏季企画展図録　地下 4m の「縄文伝説」―屋代遺跡群愛と出会いの 4 千年―』長野県立歴史館
水谷伸治郎・齋藤靖二・勘米良亀齢 1987『日本の堆積岩』岩波書店
水野正好 1969「縄文時代集落復原への基礎的操作」『古代文化』21-3・4 合併号　pp.1-21
三辻利一 1983「Ⅰ 胎土分析による土器の産地推定」『古代土器の産地推定法』ニュー・サイエンス社　pp.7-8
三村　洋・山本紀之他 1984『塩尻地区県営圃場整備事業発掘調査報告書―昭和 58 年度―柿沢東遺跡他』塩尻市教育委員会
宮内信雄 2007「第Ⅳ章　遺物 1　土器」『十日町市埋蔵文化財発掘調査報告書第 34 集　幅上遺跡発掘調査報告書』十日町市教育委員会　pp.20-33
宮城県教育庁文化財保護課編 1976『山前遺跡』小牛田町教育委員会
宮城県教育委員会 1978『宮城県文化財調査報告書第 52 集　東北自動車道遺跡調査報告書Ⅰ　上深沢遺跡』
宮城県高等学校理科研究会地学部会編 1975『宮城県の地質案内』宝文堂出版
宮坂　清 2003「黒曜石の原産地」『ストーンロード―縄文時代の黒曜石交易―』安中市ふるさと学習館　pp.34-38
宮本一夫 2000「縄文農耕と縄文社会」『古代史の論点 1　環境と食料生産』小学館　pp.116-138
向坂鋼二 1958「土器型式の分布圏」『考古学手帖』2　pp.1-2
村石真澄 2002「縄文土器の流通を考える」『土器から探る縄文社会　2002 年度研究集会資料集』山梨考古学協会　pp.124-129
村石真澄・網倉邦生編 2002「縄文土器製作関連遺構・遺物集成」　同上　pp.135-200
本橋恵美子 1988「縄文時代における柄鏡形敷石住居址の研究」(一)・(二)『信濃』第 40 巻 8 号 (pp.32-51)、9 号 (pp.52-65)
本橋恵美子 1995「縄文時代の柄鏡形住居址の発生について」『帝京大学山梨文化財研究所研究報告』第 6 集　pp.41-68
百瀬一郎 1994『新井下遺跡』茅野市教育委員会
百瀬忠幸他 1987『殿村遺跡』山形村教育委員会
百瀬忠幸他 1991「第 3 章第 2 節　吹付遺跡」『上信越自動車道埋蔵文化財発掘調査報告書 2―佐久市内その 2―吹付遺跡他』㈶長野県埋蔵文化財センター　pp.40-182
百瀬長秀 1998「第 2 章第 3 節 1　土器・土製品」『上信越自動車道埋蔵文化財発掘調査報告書 25　更埴条里遺跡・屋代遺跡群―弥生・古墳編―』㈶長野県埋蔵文化財センター　pp.44-59
百瀬長秀 2000「第 6 章第 2 節 2 (1) 土器」p209・「第 6 章第 4 節 2 (1) 土器」p.213・「第 7 章第 3 節 1　土器」pp.216-217・「第 8 章第 2 節 2 (1) 土器」p.228・「第 8 章第 3 節 2 (1) 土器」pp.229-231・「第 8 章第 4 節 2 (1) 土器」pp.233-234『上信越自動車道埋蔵文化財発掘調査報告書 24　更

埴条里遺跡・屋代遺跡群—縄文時代編—』長野県埋蔵文化財センター
森嶋　稔 1993「第 2 節 1（1）縄文中期の土器」『宮遺跡』中条村教育委員会
守矢昌文 1995『上の平遺跡』茅野市教育委員会
モンテリウス著・浜田耕作訳 1932『考古学研究法』岡書院
【や－よ】
八木健三監修 1976『新地学教育講座 3　鉱物』東海大学出版会
八木光則・千田和文 1982『大館遺跡群—昭和 57 年度発掘調査概報—』盛岡市教育委員会
柳沢　亮編 2005『坂北村東畑遺跡—谷間に生きた縄文人のくらし—』坂北村教育委員会
山岸いくま 1958「長野県上田市北方の緑色凝灰岩類について」『藤本義治教授還暦記念論文集』pp.245-250
山岸いくま 1964「長野県上田北方の地質—とくに緑色凝灰岩について—」『地質学雑誌』第 70 巻第 825 号 pp.315-338
山岸洋一 2005『中山Ａ・中山Ｂ遺跡発掘調査報告書』糸魚川市教育委員会
山口逸弘 1988「新巻遺跡出土の土器について」『群馬の考古学』㈶群馬県埋蔵文化財調査事業団 pp.107-114
山口逸弘他 1989『房谷戸遺跡』Ⅰ　北橘村教育委員会
山口逸弘 1996「曲隆線文様の時代」『火焔土器研究の新視点』十日町市博物館　pp.14-19
山田悟郎・椿坂恭代 1991「遺跡から出土するソバについて」『PROJECT SEEDS NEWS』NO.3　pp.7-17
山田真一 1997「第 5 節　甲信」『古代の土師器生産と焼成遺構』窯跡研究会編　pp.139-152
山田武文・河原喜恵子・宮坂由香利 1996「第Ⅳ章第 1 節　縄文時代の遺構と遺物」『花上寺遺跡』岡谷市教育委員会　pp.19-241
山内清男 1929「関東北に於ける繊維土器」『史前学雑誌』第 1 巻第 2 号　pp.117-146
山内清男 1932「縄紋土器の真相」『ドルメン』1-4　pp.40-43
山内清男 1937「縄紋土器型式の細別と大別」、「附表」『先史考古学』1-1　pp.29-32
山内清男 1964「日本先史時代概説」『日本の美術』Ⅰ　pp.135-147
山辺邦彦 1999「2 章第 5 節　ローム層」『北御牧村誌 自然編』北御牧村史編纂委員会　pp.53-63
山本孝司 2002「粘土採掘と土器製作」『土器から探る縄文社会　2002 年度研究集会資料集』山梨県考古学会　pp.1-15
山本孝司 2007「土器製作のムラ—多摩ニュータウン№.245・248 を中心として—」『縄文時代の考古学 6 ものづくり—道具製作の技術と組織—』同成社　pp.85-99
山本暉久 1976「敷石住居出現のもつ意味」（上）（下）『古代文化』第 28 巻 2 号（pp.1-37）、3 号（pp.1-29）
山本暉久 1994「石柱・石壇をもつ住居址の性格」『日本考古学』第 1 号　pp.1-26
山本暉久 1995「柄鏡形（敷石）住居成立期の再検討」『古代深叢』Ⅳ　pp.97-143
山本暉久 1999「遺構研究　敷石住居址」『縄文時代』10　p113-130
山本暉久 2002『敷石住居址の研究』六一書房
山本暉久 2004「柄鏡形（敷石）住居址をめぐる最近の研究動向について」『縄文時代』15　pp.193-216
結城慎一 1989『仙台市文化財調査報告書第 124 集　上野遺跡』仙台市教育委員会
横山浩一 1985「型式論」『岩波講座日本考古学 1　研究の方法』岩波書店　pp.44-78
義江明子 1990「古代の村の生活と女性」『日本女性生活史』第 1 巻 原始・古代　東京大学出版会　pp.143-180
義江明子 2004『古代女性史への招待』吉川弘文館
吉崎昌一 1993「考古学的に見た北海道の農耕問題」『札幌大学女子短期大学部創立 25 周年記念論文集』pp.35-54
吉田　孝 1992『大系日本の歴史 3　古代国家の歩み』小学館
芳村俊一 1988『陶土の研究』光芸出版

【ら－れ】
Rice, P. M. 1987 *Pottery Analysis*. The University of Chicago Press.
レヴィ＝ストロース, C.（渡辺公三訳）1990『やきもち焼きの土器つくり』みすず書房
【わ】
綿田弘実 1983「北信地方における縄文中期後葉より後期初頭の土着土器」『須高』17号　pp.56-68
綿田弘実 1988「北信濃における縄文中期後葉土器群の概観」『長野県埋蔵文化財センター紀要』2　pp.76-89
綿田弘実 1999「千曲川水系における縄文中期末葉土器群」『縄文土器論集―縄文セミナー10周年記念論集―』pp.309-335
綿田弘実 2003「長野県千曲川流域の縄文中期後葉土器群」『第16回縄文セミナー　中期後半の再検討』縄文セミナーの会　pp.105-159
綿田弘実 2008「郷土式・圧痕隆帯文・大木系土器」『総覧 縄文土器』総覧縄文土器刊行委員会編　pp.444-449
渡辺　仁 1990『縄文式階層化社会』六興出版
渡辺　誠・江坂輝弥 1977『沖ノ原遺跡発掘調査報告書』津南町教育委員会
渡辺正喜 1999「第3節　堆積岩類・第4節　火山岩類」『北御牧村誌　自然編』pp.15-48

【2009年1月以降の主要文献】(50音順)
小畑弘己 2011『東北アジア古民族植物学と縄文農耕』同成社
蟹澤聰史 2010『石と人間の歴史』中央公論新社
川崎　保 2009『文化としての縄文土器型式』雄山閣
小林謙一・坂本　稔・工藤雄一郎編 2009『企画展示　縄文はいつから！？―1万5千年前になにがおこったのか―』国立歴史民俗博物館
清水芳裕 2010『古代窯業技術の研究』柳原出版
中沢道彦 2009「縄文農耕論をめぐって」『弥生時代の考古学5　食糧の獲得と生産』同成社　pp.228-246
長野県考古学会縄文中期部会編 2012『縄文時代中期の植物利用を探る』
松井　章・水沢教子・金原美奈子・金原裕美子 2011「遺構土壌の水洗選別法による屋代遺跡群の縄文中期集落における生業活動の再検討」『長野県立歴史館研究紀要』第17号　pp.63-79
藤森英二 2012「鉱物分析を利用した縄文時代中期中葉における同一系統土器の伝播経路」『長野県考古学会誌』140　pp.23-42
水沢教子 2010「先史時代研究における胎土分析」『信濃』第62巻第4号　pp.1-21
水沢教子 2011「長野盆地南部における粘土に関する一考察」『帝京大学山梨文化財研究所研究報告』第15集
水沢教子 2012「長野県における縄文時代の漁撈とサケ・マス論の展開」『長野県考古学会誌』143・144合併号　pp.105-112、別冊資料　pp.33-35
水沢教子 2013「北信地域における縄文時代中期土器の展開」『一般社団法人日本考古学協会2013年度長野大会研究発表資料集　文化の十字路信州』日本考古学協会2013年度長野大会実行委員会　pp.265-281
水沢教子・建石　徹 2011「屋代遺跡群出土土器胎土の検討」『長野県立歴史館研究紀要』第17号　pp.80-92
宮田佳樹 2009「雑穀の年代測定」『学術創成研究 弥生農耕の起源と東アジア―炭素年代測定による高精度編年体系の構築―』国立歴史民俗博物館　pp.63-65
綿田弘実編 2013『千曲川替佐・柳沢築堤事業関連埋蔵文化財発掘調査報告書―中野市内その1―千田遺跡』長野県埋蔵文化財センター

索　引

■著者紹介

水沢 教子（みずさわ きょうこ）

長野県生まれ
1989年3月　東北大学文学部史学科考古学専攻　卒業
1991年3月　東北大学大学院文学研究科（国史学専攻）博士課程前期　修了
博士（文学）2009年11月
1991年4月～2001年3月　長野県埋蔵文化財センター調査研究員
2001年4月～2013年3月　長野県立歴史館専門主事・学芸員
現在　長野県埋蔵文化財センター調査研究員
　　　東北大学非常勤講師
　　　長野県立歴史館客員学芸員

《主要著書・論文》
「大木8b式の変容（上）」『長野県の考古学』㈶長野県埋蔵文化財センター　1996年
「更埴条里遺跡・屋代遺跡群」『環境考古学マニュアル』同成社　2003年
「縄文土器の突起周辺のX線透過観察」『長野県立歴史館研究紀要』第9号　2003年
「土器をつくる女、土器をはこぶ男」『縄文「ムラ」の考古学』雄山閣　2006年
「長野盆地南部における粘土に関する一考察」『帝京大学山梨文化財研究所研究報告』第15集　2011年　ほか

2014年10月30日　初版発行　《検印省略》

縄文社会における土器の移動と交流

（じょうもんしゃかいにおけるどきのいどうとこうりゅう）

著　者　水沢教子
発行者　宮田哲男
発行所　株式会社 雄山閣
　　　　東京都千代田区富士見2-6-9
　　　　TEL　03-3262-3231 / FAX　03-3262-6938
　　　　URL　http://www.yuzankaku.co.jp
　　　　e-mail　info@yuzankaku.co.jp
　　　　振　替：00130-5-1685
印刷・製本　株式会社ティーケー出版印刷

ISBN978-4-639-02335-7 C3021
N.D.C.210　299p　27cm